Strukturveränderung im Konzern durch Spaltung

Europäische Hochschulschriften
Publications Universitaires Européennes
European University Studies

Reihe II
Rechtswissenschaft

Série II Series II
Droit
Law

Bd./Vol. 3821

PETER LANG
Frankfurt am Main · Berlin · Bern · Bruxelles · New York · Oxford · Wien

Joachim Oetter

Strukturveränderung im Konzern durch Spaltung

Eine Studie zur Spaltung der Hoechst AG

PETER LANG
Europäischer Verlag der Wissenschaften

Bibliografische Information Der Deutschen Bibliothek
Die Deutsche Bibliothek verzeichnet diese Publikation in der Deutschen Nationalbibliografie; detaillierte bibliografische Daten sind im Internet über <http://dnb.ddb.de> abrufbar.

Zugl.: Jena, Univ., Diss., 2003

27
ISSN 0531-7312
ISBN 3-631-51714-9

www.peterlang.de

Vorwort

Die vorliegende Arbeit wurde im Wintersemester 2002/2003 von der juristischen Fakultät der Friedrich-Schiller-Universität Jena als Dissertation angenommen. Rechtsprechung und Schrifttum konnten bis Juni 2003 berücksichtigt werden.
An dieser Stelle sei all jenen gedankt, die zum Gelingen der Arbeit beigetragen haben. In besonderem Maße möchte ich Herrn Prof. Dr. Walter Bayer für die Überlassung des Themas und die Betreuung der Dissertation sowie für die Erstattung des Erstgutachtens danken.
Ebenfalls Dank gebührt dem Zweitberichterstatter, Herrn Prof. Dr. Hartmut Oetker für die zügige Zweitbegutachtung der Dissertation.
Herrn Dr. Tino Preissler und Dr. Günter Metz sowie der Celanese AG danke ich für die entgegenkommende Gesprächsbereitschaft. Ferner möchte ich mich bei Dr. Johannes Peter Müller-Dott und Dr. Christian von Bülow für die Beantwortung von Fragen zur Spaltung der Hoechst AG bedanken. Für die Herstellung des Kontaktes zur Celanese AG und für das Entgegenkommen bei der Finanzierung der Dissertation danke ich Dr. Alexander Mentz und Freshfields Bruckhaus Deringer in Köln.

Für die Hilfe bei der Gestaltung der Verlagsversion danke ich ganz herzlich Pia Lindenberger.

Zuletzt danke ich in ganz besonderer Weise meinen Eltern, die mir bei der Studienwahl und Ausgestaltung des Studiums alle erdenklichen Freiheiten ließen und so den wichtigsten Grundstein für die vorliegende Arbeit legten.

Joachim Oetter — Heidelberg, im Juli 2003

Inhaltsverzeichnis

Teil 1: Einleitung: Eingrenzung des Untersuchungsgegenstandes 1

A) Vorwort 1

B) Untersuchungsgegenstand 2

C) Ausgangslage der Hoechst AG vor Durchführung der Spaltung 3

Teil 2: Instrumente der Umstrukturierung 5

A) Die Unternehmensspaltung und andere Umstrukturierungsmaßnahmen 5

I. Die Primärplatzierung von Tochtergesellschaften 5

II. Der Verkauf von Unternehmen und Unternehmensteilen 7

III. Die Abspaltung eines Geschäftsfeldes 8

IV. Überlegungen zur Auswahl der geeignetsten Umstrukturierungsvariante 8

B) Spaltungsarten 9

I. Geschichte des deutschen Spaltungsrechts 9

II. Formen der Spaltung nach dem UmwG 11

1. Das neue Umwandlungsrecht 11

2. Spaltungsformen nach dem neuen Umwandlungsrecht 12

a) Die Aufspaltung 13

b) Die Abspaltung 14

c) Die Ausgliederung 14

C) Spaltungsmotive 15

I. Die Spaltung und ihre Auswirkungen auf die Unternehmensstruktur 15

1. Die Spaltung unter Berücksichtigung verschiedener Unternehmensstrategien 15

2. Vorteile einer schlanken Organisationsstruktur nach einer Unternehmensspaltung 17

II. Steigerung des Shareholder Value 19

III. Finanzwirtschaftliche Gründe für eine Konzernspaltung 20
IV. Auswirkungen einer Unternehmensspaltung auf den Produktions- und Absatzbereich 21
V. Die Spaltung als Vorbereitung weiterer Umstrukturierungsmaßnahmen 21
VI. Trennung von Gesellschaftergruppen 22
VII. Unterschreitung von der Unternehmensgröße abhängiger Gesetzesgrenzen 22

D) Überlegungen zur Gestaltung einer Unternehmensspaltung nach dem UmwG 22

E) Spaltungsmotive und Gestaltung am Beispiel der Spaltung der Hoechst AG 26
I. Stimmen aus der Wirtschaftspresse zur Umstrukturierung des Hoechst Konzerns 26
II. Die Teilung der Hoechst in Form einer Abspaltung 30
III. Motive für die Abspaltung der Celanese AG 31
1. Vorteile aus unternehmensstrategischer Sicht 31
2. Vorteile für die Aktionäre 32
3. Die Abspaltung und andere Umstrukturierungsmaßnahmen 32
IV. Stellungnahme und Anmerkungen zur Abspaltungsentscheidung der Hoechst AG 33

F) Ergebnis 33

Teil 3: Vorüberlegungen bei der Durchführung eines Spaltungsvorhabens 36

A) Steuerrechtliche Vorgaben und ihr Einfluss auf die Gestaltung der Unternehmensteilung 36
I. Besteuerung nach dem UmwStG 38
1. Grundprinzipien der Steuerneutralität von Abspaltungen nach dem UmwStG 38
2. Die Teilbetriebsvoraussetzung des § 15 Abs. 1 UmwStG und ihre Folgen 40
a) Der „echte“ Teilbetrieb nach § 15 Abs. 1 S. 1 UmwStG 43
b) Mitunternehmeranteil 45
c) 100%ige Beteiligungen 47

d) Zuordnung von Einzelwirtschaftsgütern zu fiktiven Teilbetrieben 48
e) Steuerliche Folgen bei einem Verstoß gegen das doppelte Teilbetriebserfordernis 52
3. Die Missbrauchstatbestände des § 15 Abs. 3 UmwStG 54
a) Folgen des Eingreifens eines Missbrauchstatbestands 54
b) Erwerb oder Aufstockung von Mitunternehmeranteilen und 100%igen Beteiligungen, § 15 Abs. 3 S. 1 UmwStG 54
c) Veräußerung an außenstehende Personen, § 15 Abs. 3 S. 2 UmwStG 57
d) Vorbereitung der Veräußerung an außenstehende Personen 58
e) Überschreiten der 20%-Grenze des § 15 Abs. 3 S. 4 UmwStG 59
aa) Der Missbrauchstatbestand des § 15 Abs. 3 S. 3, 4 UmwStG 59
bb) Folge des Überschreitens der 20%-Grenze 65
f) Trennung von Gesellschafterstämmen 65
4. Besteuerung der Gesellschafter der übertragenden Körperschaft 66
a) Besteuerung von Anteilen in Betriebsvermögen 67
b) Besteuerung von Anteilen in Privatvermögen 68
5. Die Auswirkungen der § 15 Abs. 1 und Abs. 3 UmwStG in der Praxis anhand der Spaltung der Hoechst AG 68
a) Das Teilbetriebserfordernis in der Praxis 68
aa) Die Übertragung ausländischer Beteiligungen auf die 100%ige Tochtergesellschaft Diogenes GmbH nach § 8b Abs. 2 KStG a.F. 69
bb) Die Übertragung von inländischen Beteiligungen auf die 100%ige Tochtergesellschaft Diogenes GmbH 71
cc) Übertragung von Einzelwirtschaftsgütern 75
b) Die Missbrauchstatbestände nach § 15 Abs. 3 UmwStG in der Praxis 77
6. Ergebnis 78
II. Grunderwerbsteuer 80
1. Besteuerung nach dem GrEStG 80
2. Die Grunderwerbsteuer am Beispiel der Spaltung der Hoechst AG 85
3. Ergebnis 86
III. Umsatzsteuer 86
1. Die Umsatzsteuer bei Spaltungsvorgängen 86
2. Die Umsatzsteuer am Beispiel der Spaltung der Hoechst AG 87
3. Ergebnis 87

B) Bilanzielle Auswirkungen der Spaltung 87
I. Handelsbilanz 88
II. Steuerbilanz 88
III. Aufteilung des verwendbaren Eigenkapitals 89
IV. Bilanzielle Auswirkungen bei der Spaltung der Hoechst AG 89

C) Spaltungsbegleitende Maßnahmen 90
I. Die Kapitalerhöhung beim übernehmenden Rechtsträger 90
1. Das Kapitalerhöhungsverbot nach §§ 125 S. 1, 68 Abs. 1 UmwG 92
2. Das Verfahren bei einer spaltungsbegründeten Kapitalerhöhung 92
3. Inhaltliche Anforderungen an eine umwandlungsbedingte Kapitalerhöhung 95
4. Die Registereintragung der spaltungsbegründeten Kapitalerhöhung 96
5. Durchführung der spaltungsbegründeten Kapitalerhöhung bei der Celanese AG 98
6. Ergebnis 99
II. Kapitlherabsetzung beim übertragenden Rechtsträger 99
1. Notwendigkeit und Alternativen zur Kapitalherabsetzung 99
2. Voraussetzungen für die durch Spaltung veranlasste Kapitalherabsetzung 101
3. Gläubigerschutz bei der spaltungsbedingten Kapitalherabsetzung 103
4. Die Eintragungsreihenfolge von Kapitalherabsetzung und Spaltung 104
5. Die Kapitalherabsetzung bei der Hoechst AG 104
6. Ergebnis 105
III. Die Anwendung der Vorschriften über die Nachgründung 106
1. Die Verweisung der §§ 125 S. 1, 67 S. 1 UmwG auf die Nachgründungsvorschriften des Aktienrechts 106
2. Die Anwendung der Nachgründungsvorschriften bei der Verwendung von AG-Mänteln 107
a) Mantelverwendung und Vorratsgründung 108
b) Anwendbarkeit von Sach- oder Nachgründungsvorschriften bei der Verwendung eines AG-Mantels 109
c) Die Mantelverwendung bei einer Spaltung zur Aufnahme 114
d) Einhaltung der Nachgründungsvorschriften bei der Spaltung der Hoechst AG 115
3. Ergebnis 116
IV. Die Unterrichtung der Arbeitnehmer nach § 613a Abs. 5 BGB n.F. 116

D) Zeitlicher Ablaufplan eines Spaltungsvorhabens ... 120
I. Die einzelnen Vorbereitungsphasen ... 120
II. Die Vorbereitung der Spaltung der Hoechst AG ... 122

Teil 4: Die Spaltung und ihre gesetzlichen Durchführungsvoraussetzungen ... 124

A) Der Spaltungs- und Übernahmevertrag ... 124
I. Form- und Verfahrensfragen ... 125
II. Anforderungen an die Aufteilung des Aktiv- und Passivermögens und der damit verbundene Gläubigerschutz ... 126
1. Der Gläubigerschutz und seine Auswirkungen auf die Vertragsgestaltung ... 127
a) Haftung der beteiligten Rechtsträger als Gesamtschuldner zum Schutz der Gläubiger ... 127
b) Haftung nach §§ 133 Abs. 1 S. 2 UmwG, 25, 26, 28 HGB ... 131
c) Anspruch der Gläubiger auf Sicherheitsleistung ... 133
d) Die Auswirkungen des Gläubigerschutzes auf die Vertragsgestaltung ... 133
e) Ergebnis ... 135
2. Die Aufteilung des Aktiv- und Passivvermögens ... 135
a) Angabe der abzuspaltenden Vermögensgegenstände, §126 Abs. 1 Nr. 9 UmwG ... 135
b) Die Eingrenzung der Freiheit der Vermögensaufteilung ... 136
aa) Begründungsansätze für die Zustimmungsfreiheit der Übertragung von Verbindlichkeiten und Vertragsverhältnissen ... 137
bb) Verbleibende Übertragungshindernisse und ihre spaltungshindernde Wirkung ... 141
cc) Teleologische Reduktion des § 132 S. 1 UmwG ... 142
dd) Folgen der Unsicherheiten bei der Auslegung des § 132 S. 1 UmwG für die Praxis ... 147
ee) Ergebnis ... 148
c) Übertragbarkeit einzelner Vermögensgegenstände ... 148
aa) Übertragung von Grundstücken ... 148
bb) Übertragung von beschränkt persönlichen Dienstbarkeiten und Nießbrauchsrechten ... 149
cc) Übertragung von Forderungen ... 150
dd) Abspaltung von Anlage- und Umlaufvermögen ... 151

ee) Übertragung von Beteiligungen und Mitgliedschaften 151
(1) Abspaltung von Beteiligungen an Personen- und Kapitalgesellschaften.. 151
(2) Übertragung der Mitgliedschaft in einem Verein 153
(3) Abspaltung von vinkulierten Anteilen 154
(4) Ergebnis 155
ff) Zuweisung von Verbindlichkeiten und Haftungen 156
(1) Übertragung öffentlich-rechtlicher Verantwortlichkeiten 157
(2) Übertragung von Versorgungsverbindlichkeiten 161
(3) Ergebnis 163
gg) Vollmachten 163
hh) Zuweisung von Vertragsverhältnissen im Allgemeinen 164
(1) Einschränkung der Zuweisung von Verträgen 164
(2) Übertragung von Verträgen mit Sukzessionsverbot 165
(3) Kündigungsrecht des Vertragspartners 166
(4) Aufteilung einzelner Rechte und Pflichten eines Vertrages 167
(5) Verdoppelung der Vertragspartnerstellung 169
(6) Ergebnis 170
ii) Übertragung von speziellen Vertragsverhältnissen 172
(1) Übertragung von Versicherungsverträgen 172
(2) Übertragung von Arbeitsverhältnissen 173
(3) Übertragung von Unternehmensverträgen 174
jj) Übertragung ausländischen Vermögens und internationaler Verträge 175
kk) Immaterialgüterrechte 176
ll) Übertragung von Unterlassungspflichten und unvertretbaren Handlungspflichten 177
mm) Abspaltung öffentlich-rechtlicher Genehmigungen 177
nn) Auswirkungen der Spaltung auf Prozessrechtsverhältnisse 178
d) Anforderungen an die Bestimmtheit der Angaben im Spaltungsvertrag 179
aa) Konkretisierung des abzuspaltenden Vermögens 179
bb) Die Verteilung nicht zugeordneter Gegenstände 181
cc) Veränderungen im Vermögensbestand 183
dd) Ergebnis 185
3. Die Aufteilung des Vermögens in der Praxis anhand des Beispiels der Spaltung der Hoechst AG 185

a) Die Verteilung von Anteilen an verbundenen Unternehmen 186
b) Die Übertragung der Anteile an der Celanese AG 187
c) Übertragung von Rechten und Pflichten 188
d) Die Übertragung von Verträgen im Spaltungsvertrag 191
e) Verdoppelung von Vertragspartnerstellungen und Mitgliedschaften 192
f) Die Auswirkungen des Gläubigerschutzes auf den Spaltungsvertrag 193
g) Die Übertragung von Haftungen 194
h) Haftung für Umweltschäden aus Unternehmenskaufverträgen 195
i) Die Abspaltung von Forderungen 196
j) Die Abspaltung von Arbeitsverhältnissen 196
k) Übertragung der betrieblichen Altersversorgung 197
l) Auffangklausel für gescheiterte Übertragungen 198
m) Mitwirkungspflichten 199
n) Surrogations- und Auffangklausel 200
o) Zeitpunkt der dinglichen Rechtsänderung 201
p) Ergebnis 201

III. Zwingender Inhalt des Spaltungsvertrages im Übrigen 202
1. Firma und Sitz der beteiligten Gesellschaften 202
2. Festlegung der Übertragung als Gesamtheit 203
3. Das Umtauschverhältnis nach § 126 Abs. 1 Nr. 3 UmwG 205
a) Anforderungen an die Festlegung des Umtauschverhältnisses 205
aa) Zeitpunkt der Bewertung 207
bb) Unternehmensbewertung 208
b) Festlegung des Umtauschverhältnisses bei der Spaltung der Hoechst AG 211
c) Ergebnis 212
4. Angabe von Einzelheiten zur Übertragung der Anteile an die Gesellschafter des übertragenden Rechtsträgers 213
5. Zeitpunkt des Gewinnbezugs 213
6. Spaltungsstichtag 215
7. Besondere Rechte und Vorteile einzelner Anteilsinhaber 217
8. Sondervorteile für Mitglieder der Vertretungs- oder Aufsichtsorgane 220
9. Die Vermögensaufteilung 222
10. Die Aufteilung der Anteile an der übernehmenden Gesellschaft 222
a) Anforderungen an die Zuteilung der Gesellschaftsanteile 222

b) Die Zuteilung der Anteile an der Celanese AG 224
c) Ergebnis 225
11. Angaben über die Folgen der Spaltung für Arbeitnehmer und Arbeitnehmervertreter 226
a) Gesetzliche Vorgaben in § 126 Abs. 1 Nr. 11 UmwG 226
b) Die Darstellung der Auswirkungen für Arbeitnehmer und Arbeitnehmervertreter im Spaltungsvertrag der Hoechst AG 232
aa) Individualarbeitsrechtliche Auswirkungen 232
bb) Kollektivarbeitsrechtliche Auswirkungen 234
cc) Darstellung der Auswirkungen für die Aufsichtsratsgremien 235
dd) Angaben im Spaltungsvertrag über Betriebsänderungen 236
c) Ergebnis 236
12. Abfindungsangebot im Spaltungsvertrag 237
13. Ergebnis 237
IV. Fakultative Bestandteile des Spaltungsvertrages 237
1. Satzungsänderungen und Bestimmung von Organstellungen 238
2. Vorschriften zur Gewährleistung im Spaltungsvertrag 239
3. Aufnahme von Bedingungen und Befristungen 240
4. Aufnahme einer salvatorischen Klausel 244
5. Sonstige fakultative Vertragsbestandteile 245
6. Ergebnis 246
V. Ergebnis 247

B) Der Spaltungsbericht 247
I. Formelle Anforderungen an den Spaltungsbericht 248
II. Inhaltliche Anforderungen an den Spaltungsbericht 248
1. Begründung und Erläuterung des Spaltungsvorhabens 248
a) Allgemeine Angaben 248
b) Begründung und Erläuterung des Spaltungsvertrages 251
c) Begründung und Erläuterung des Umtauschverhältnisses 252
d) Angaben über die Mitgliedschaften 252
e) Darstellung der Folgen für die Beteiligung der Anteilsinhaber 253
f) Angaben über verbundene Unternehmen 254
g) Einschränkung der Berichtspflicht 255
2. Der Spaltungsbericht der Hoechst AG 256

a) Einführung 256

b) Die Darstellung verbundener Unternehmen im Spaltungsbericht 256

c) Angaben über rechtliche und finanzielle Strukturen im Spaltungsbericht.. 257

d) Sonstiger Inhalt des Spaltungsberichts 259

III. Folgen eines mangelhaften Spaltungsberichts 261

IV. Ergebnis 261

C) Die Spaltungsprüfung 262

I. Bestellung des Spaltungsprüfers 262

II. Ablauf und Umfang der Prüfung 263

III. Der Prüfungsbericht 264

IV. Die Spaltungsprüfung bei der Spaltung der Hoechst AG 266

1. Beschreibung der Prüfungsdurchführung 266

2. Stellungnahme zur Spaltungsprüfung 267

V. Ergebnis 268

D) Der Spaltungsbeschluss 269

I. Gesetzliche Anforderungen an den Spaltungsbeschluss 269

II. Die Spaltungsbeschlüsse bei der Hoechst AG und der Celanese AG 272

III. Die Anfechtung eines Spaltungsbeschlusses und ihre Folgen 275

1. Die Erhebung einer Anfechtungs- oder Nichtigkeitsklage gegen einen Spaltungsbeschluss 275

2. Das Unbedenklichkeitsverfahren nach § 16 Abs. 3 UmwG 276

3. Die Anfechtung des Spaltungsbeschlusses der Hoechst AG 281

4. Das Unbedenklichkeitsverfahren bei der Spaltung der Hoechst AG 282

a) Der Eilantrag nach § 16 Abs. 3 UmwG bei der Spaltung der Hoechst AG 282

b) Der Freigabebeschluss des LG Frankfurt/Main 283

c) Anmerkungen zu dem Freigabebeschluss des LG Frankfurt/Main 284

5. Der Prozessvergleich über die Anfechtungsklage gegen die Hauptversammlungsbeschlüsse vom 15./16. Juli 1999 288

IV. Ergebnis 289

E) Die Registereintragung 289

I. Die Registeranmeldung 290

II. Prüfungskompetenz des Registerrichters 291

III. Ablauf der Eintragungen 293

IV. Rechtsfolgen der Eintragung 294
V. Die Eintragung bei der Spaltung der Hoechst AG 296
VI. Ergebnis 297

Teil 5: Schlussbetrachtung: Die Zukunft der Konzernspaltung in Deutschland 299

A) Die Spaltung der Hoechst AG – ein Erfolgsmodell? 299

B) Die Abspaltung auf eine 100%ige Tochtergesellschaft zur Aufnahme - ein Modell für künftige Spaltungsvorhaben? 301

C) Die Zukunft der Konzernspaltung im Licht neuer Gesetzgebung – frühes Ende der deutschen Spaltungsgeschichte? 302

D) Ergebnis 305

Teil 6: Zusammenfassung der wesentlichen Ergebnisse in Thesenform 307

Literaturverzeichnis 318

Teil 1: Einleitung: Eingrenzung des Untersuchungsgegenstandes

A) Vorwort

Die Spaltung einer Aktiengesellschaft als Instrument der Umstrukturierung und Konzentration von Konzernen erfreute sich bisher insbesondere im Ausland großer Beliebtheit.[1] In Deutschland ist die Spaltung von Großkonzernen bis heute eine Seltenheit. Die einzigen nennenswerten Umstrukturierungen durch Unternehmensteilung nach deutschem Recht fanden bis zum Jahr 1999 vor der Umgestaltung des Umwandlungsrechts statt. So teilte sich die Varta AG 1977 in drei selbständige Rechtsträger auf. Die Löwenbräu AG trennte 1982 die Getränke- von der Immobiliengesellschaft. Trotz der Erleichterung von Umstrukturierungsmaßnahmen in Deutschland durch Einführung des neuen Umwandlungsrechts und Umwandlungssteuerrechts im Jahr 1995 fehlte es bis zum Jahr 1999 an aktuellen Konzernspaltungsfällen in Deutschland.[2] Ganz anders stellt sich die Situation in Großbritannien oder den USA dar, wo bereits 1993 der britische Konzern Zeneca das Pharma- und Agrogeschäft und der amerikanische Konzern Monsanto 1997 das industrielle Chemiegeschäft abspalteten.[3]

Der Unternehmensteilung als Maßnahme der Konzentration eines Unternehmens auf das Kerngeschäft und der damit verbundenen Stärkung der Flexibilität wird auch in Deutschland eine wachsende Bedeutung vorausgesagt.[4] So beantragte ein amerikanischer Investor 2001 die Aufspaltung des Bayer-Konzerns, um die Mischstruktur aus Chemie- und Pharmageschäft aufzubrechen. Er begründete dies mit dem durch eine Spaltung veranlassten steigenden Unternehmenswert und damit dem Vermögen des Anteilsinhabers.[5] Eine solche Unternehmensspaltung hat das Chemie- und Pharmaunternehmen Hoechst AG bereits hinter sich. Als erster bedeutender deutscher Großkonzern nahm die Hoechst AG ihre Umstrukturierung 1999 mittels Abspaltung des Geschäftsbereichs „Industrielle Chemie" vor.[6] Mit dieser beispielhaften Spaltung eines Großkonzerns nach dem seit 1995 geltenden deutschen Umwandlungsrecht beschäftigen sich die folgenden Ausführungen.

---

1 So ist seit einigen Jahren die Abspaltung von Tochterunternehmen die bedeutendste Umstrukturierungsform in den USA. Dies wird allerdings dadurch begünstigt, dass die Abspaltung aus einem Konzern in den USA steuerneutral möglich ist: vgl. Schultze, Spin-off, S.1, 18 ff.

2 Odenthal, Management, S. 321.

3 Spaltungsbericht der Hoechst AG und der Celanese AG, I 2.3., S. 6.

4 Odenthal, Management, S. 339.

5 Fröndhoff, Handelsblatt vom 26.04.2001, S. 24.

6 Die Abspaltung der Takkt AG von der Gehe AG fand in etwa zeitgleich mit der Spaltung des Hoechst Konzerns statt. Allerdings war die Spaltung der Hoechst AG bei weitem das spektakulärere Ereignis. So bezeichnete auch die Wirtschaftspresse die Abspaltung der Celanese AG als erste Spaltung dieses Ausmaßes in Deutschland: Bernhard, Handelsblatt vom 18.11.1998, S. 14; Bohne, Handelsblatt vom 18.11.1998, S. 14.

B) Untersuchungsgegenstand

Anhand der 1999 erfolgreich durchgeführten Abspaltung der Celanese AG von der Hoechst AG sollen die Problemstellungen erörtert werden, die bei Vollzug des Umwandlungsgesetzes von 1995 in der Praxis auftreten und wie diese gelöst werden. Dabei soll unter Voranstellung der gesetzlichen Anforderungen an die Durchführung eines Spaltungsvorhabens auf die Spaltung der Hoechst AG eingegangen und die Erfüllung der gesetzlichen Voraussetzungen sowie die Zweckmäßigkeit des Vorgehens diskutiert werden. Zwar erfolgte die Abspaltung der Celanese AG im Hinblick auf die Verschmelzung mit Rhône Poulonc. Aufgrund des begrenzten Umfangs dieser Untersuchung werde ich auf die Fusion zwischen Hoechst und Rhône Poulonc nach Abschluss der Abspaltung der Celanese AG aber grundsätzlich nicht eingehen.
Die Ausführungen zu den gesetzlichen Anforderungen an eine Abspaltung orientieren sich dabei an den von der Hoechst AG gewählten Weg der Abspaltung durch Aufnahme. Da die an der zu untersuchenden Spaltung beteiligten Rechtsträger jeweils in der Form einer inländischen Aktiengesellschaft konstituiert sind, beschränkt sich die Darstellung der gesetzlichen Voraussetzungen auf den Fall einer Abspaltung eines Vermögensteils einer inländischen Aktiengesellschaft auf eine inländische Aktiengesellschaft.
Auszugehen ist von der Frage, welche Motive eine Unternehmensführung dazu bewegen, einen Konzern zu teilen und damit Unternehmensstrukturen zu vereinfachen. Da die steuerliche Behandlung von Unternehmensumstrukturierungen auf deren Durchführung einen erheblichen Einfluss hat, werde ich auf die steuerlichen Anforderungen des Umwandlungssteuergesetzes bezüglich einer erfolgsneutralen Umwandlung eingehen. Gleichzeitig ist in eingeschränktem Umfang auf Steuertatbestände anderer Gesetze einzugehen, da diese eine Unternehmensspaltung ebenfalls beeinflussen. Neben steuerlichen Gesichtspunkten spielt aber auch die Vorbereitung von Maßnahmen, die mit der Spaltung einhergehen, eine nicht zu vernachlässigende Rolle. So ist zu fragen, ob der übernehmende Rechtsträger eine Kapitalerhöhung durchführen kann oder muss, um für die Anteilsinhaber des übertragenden Rechtsträgers eine angemessene Gegenleistung für die abgespaltenen Vermögensteile bieten zu können. Weiterhin soll diskutiert werden, unter welchen Voraussetzungen der übertragende Rechtsträger eine Kapitalherabsetzung mit der Spaltung verbinden kann, um so eine ausreichende Eigenkapitalausstattung zu garantieren. Die in der Praxis wichtige Frage der Verwendung von Vorratsgesellschaften zur Abkürzung des langwierigen und haftungsrechtlich problematischen Gründungsvorgangs soll gleichfalls erörtert werden.
Schwerpunkt der Untersuchung ist die Gestaltung des Spaltungsvertrages und die darin enthaltene Aufteilung des Vermögens der Hoechst AG. Die komplexen Strukturen eines Großkonzerns verlangen eine exakte Auseinandersetzung mit der Möglichkeit, Forderungen, Gesellschaftsanteile, Verträge und Verbindlichkeiten abzuspalten. Daneben werde ich die Anforderungen an den Spaltungsbericht, die Spaltungsprüfung, Spaltungsbeschluss und Eintragung anhand der Teilung der Hoechst AG erläutern. Ferner soll auf die Konsequenzen einer Anfechtung des Spaltungsbeschlusses, insbesondere das Unbedenklichkeitsverfahren eingegangen werden, da in der Praxis soge-

nannte „kritische" Aktionäre gerade bei bedeutenden Umstrukturierungen versuchen, den Umwandlungsprozess durch Anfechtungsklage zu verzögern und zu erschweren. Bei den rechtlichen Ausführungen und Diskussionen soll besonderes Augenmerk auf die bei der Spaltung der Hoechst AG problematischen Bereiche gerichtet werden. Rechtsmittel gegen ein Spaltungsvorhaben werden nur insoweit untersucht als sie bei der Spaltung der Hoechst AG eine Rolle spielten.
Weiterhin wird die Frage aufgeworfen, ob die Spaltung aus wirtschaftlicher Sicht erfolgreich war. Dabei sollen den Angaben der beteiligten Unternehmen Kommentare aus der Wirtschaftspresse gegenübergestellt werden. Schließlich muss sich eine Untersuchung, die die praktische Durchführung eines Spaltungsvorhabens zum Gegenstand hat, damit auseinandersetzen, inwieweit die Unternehmenssteuerreform 2001 Auswirkungen auf die Attraktivität von Unternehmensspaltungen in Zukunft haben wird. Am Ende der Untersuchung soll aufgezeigt werden, dass die Art der Durchführung der Abspaltung der Celanese AG aus dem Hoechst Konzern durchaus Beispielcharakter für nachfolgende Konzernspaltungen haben kann.

C) Ausgangslage der Hoechst AG vor Durchführung der Spaltung

Zum Verständnis der wirtschaftlichen Hintergründe der Abspaltung der Celanese AG ist es wichtig, die Konzernstruktur der früheren Hoechst AG und deren Entwicklung kurz darzustellen.[7]
Im Jahr 1994 begann die Phase der Umstrukturierung der Hoechst AG von einem Stammhauskonzern, bei dem Teile des operativen Geschäfts bei der Konzernmutter verbleiben, zu einer Management Holding, bei der sich die Konzernmutter auf Leitungsaufgaben konzentriert.[8] Damit sollte die Verantwortung auf die einzelnen selbständigen Gesellschaften verlagert werden. So stellte zum Beispiel die Tochtergesellschaft Hoechst Marion Roussel AG Pharmaprodukte, Centeon LLC Blutplasmaprodukte, Ticona GmbH technische Kunststoffe und Celanese GmbH Basischemikalien her. Neben diesen selbständigen Tochterunternehmen hielt die Hoechst AG Beteiligungen im Rahmen von Gemeinschaftsunternehmen an sonstigen Industriegesellschaften wie Wacker Chemie GmbH, Targor GmbH oder DyStar Textilfarben GmbH & Co KG. Ziel der Umstrukturierung zu einer Holdinggesellschaft, die 1997 und 1998 von der Hauptversammlung gebilligt wurde, war die Stärkung der Eigeninitiative der einzelnen nun selbständigen Tochtergesellschaften, deren strategische Gesamtausrichtung von der Hoechst AG bestimmt wurde. Als Mantelgesellschaften fungierten Diogenes GmbH und Diogenes AG. Letztere wurde im Rahmen der Spaltung als aufnehmender Rechtsträger eingesetzt und wurde in Celanese AG umfirmiert. Während im Bereich „Life Science" Beteiligungen hinzuerworben wurden, gründete die Hoechst AG im Tätigkeitsfeld „Industrielle Chemie" zusammen mit anderen Chemiekonzernen Gemeinschaftsunternehmungen oder verkaufte Beteiligungen.

7 Vgl. Spaltungsbericht der Hoechst AG und der Celanese AG, I. 1., S. 2 f.
8 Auskunft von Dr. Günter Metz (früherer stellvertretender Vorstandsvorsitzender der Hoechst AG und jetziger Aufsichtsratsvorsitzender der Celanese AG) vom 16.10.2001.

Diese Desinvestitionsmaßnahmen im Bereich „Industrielle Chemie“ sollten im Jahr 1999 fortgesetzt werden, indem man sich von dem gesamten Tätigkeitsfeld „Industrielle Chemie“ mit den Arbeitsgebieten Basischemikalien, Acetate und technische Kunststoffe, die bisher von den Tochtergesellschaften Celanese und Ticona geführt wurden, trennen wollte. Die Hoechst AG sollte zu einem reinen „Life Science“ Konzern umgebaut werden.
Mit der Trennung der Geschäftsbereiche sollte die Möglichkeit eröffnet werden, unabhängige Strategien im Bereich „Life Science“ (Hoechst AG) und im Bereich „Industrielle Chemie“ (Celanese AG) zu verfolgen.[9]

[9] Spaltungsbericht der Hoechst AG und der Celanese AG, I 1., S. 2f.; zur Aufnahme des Spaltungsorhabens in der Öffentlichkeit und den Problemen bei der Entscheidungsfindung: vgl. unten Teil 2 E) I.

Teil 2: Instrumente der Umstrukturierung

A) Die Unternehmensspaltung und andere Umstrukturierungsmaßnahmen

Neben der Unternehmensteilung als Instrument der Reorganisation besteht eine Vielzahl von anderen Möglichkeiten, die Konzentration eines Unternehmens auf bestimmte Geschäftsbereiche zu verwirklichen. Für einen Großkonzern kommen dabei der Verkauf, die Börseneinführung oder die Abspaltung von Teilbereichen in die engere Auswahl. Eine exakte Trennung zwischen Unternehmensteilung und Unternehmensverkauf ist kaum möglich, da einem Verkauf von Teilen eines Unternehmens häufig die Ausgliederung[1] der zu verkaufenden Betriebe oder Teilbetriebe vorausgeht. Die Schaffung eines lebensfähigen Unternehmens durch vorangehende Ausgliederung ist sowohl für dessen späteren Verkauf wie auch für dessen spätere Börsennotierung (equity carve out[2]) oder Abspaltung (spin off[3]) notwendig. Anders verhält es sich grundsätzlich bei einer Holdinggesellschaft, da eine Konzernholding bereits alle operativen Tätigkeiten ausgegliedert hat und die dadurch entstandenen Beteiligung zentral über die Holdinggesellschaft leitet. Die Holdinggesellschaft kann also ohne weitere Zwischenschritte ihre abhängigen Unternehmen in Form von Beteiligungen verkaufen oder abspalten.
Hat sich ein Konzern für eine Konzentration auf die Kerngeschäftsbereiche entschieden, so stellt sich zunächst die Frage, ob andere Tätigkeitsfelder vollständig abgetrennt oder ob lediglich eine neue Kapitalmarktadresse an der Börse geschaffen werden soll.

I. Die Primärplatzierung von Tochtergesellschaften

Eine gewisse Verselbständigung der Tochtergesellschaft kann dadurch erreicht werden, dass die Tochtergesellschaft eine Kapitalerhöhung unter Bezugsrechtsausschluss

---

1 Zu den Unterschieden zwischen den Spaltungsarten: Ausgliederung, Abspaltung, Aufspaltung: vgl. unten Teil 2 B) II 2.

2 So wird die Börseneinführung von Tochtergesellschaften meist nach vorheriger Ausgliederung in der betriebswirtschaftlichen Fachsprache genannt. Diese Variante der Verselbständigung von Tochterunternehmen dient der Konzentration auf bestimmte Kerngeschäftsfelder und ist in Deutschland die am häufigsten durchgeführte Variante der Unternehmensumstrukturierung [Herzig, DB 2000, S. 2237 (2240): Beispiele hierfür sind: Veba (Stinnes: 1998); Daimler-Chrysler (Debitel: 1999); Bayer (Agfa: 1999); Siemens (Epcos: 1999); Siemens (Infineon: 2000); Telekom (T-Online: 2000)].

3 Die englischsprachigen Begriffe „split off“ und „spin off“ sind gleichzusetzen mit den deutschen Rechtsbegriffen Auf- und Abspaltung, bei denen die Anteilseigner der übertragenden Gesellschaft Anteile an der übernehmenden Gesellschaft als Gegenleistung für das übergehende Vermögen erhalten. Der „sell off“ dagegen bezeichnet den Verkauf der durch vorausgehende Ausgliederung sondierten Unternehmensteile: Bühner, ZfBf 1998, S. 809 (809 Fn. 2).

der Altaktionäre vornimmt. Ausschließlich die im Rahmen der Kapitalerhöhung neu geschaffenen Anteile werden dann an der Börse notiert. Eine Börsennotierung in dieser Form wird Primärplatzierung genannt. Mit der Primärplatzierung wird eine neue Kapitalmarktadresse der Tochtergesellschaft etabliert. Die früheren Anteile behält die Muttergesellschaft, so dass sie lediglich einen Teil des Einflusses auf die Tochtergesellschaft verliert.[4] Regelmäßig behält die Muttergesellschaft bei der Börseneinführung einer Tochter über eine Primärplatzierung eine Beteiligungsquote von über 50 %, um sich den Einfluss auf die Unternehmenspolitik der Tochter zu bewahren und weiterhin am Konzernabschluss beteiligt zu sein.[5] Eine vollständige Trennung von der Tochtergesellschaft kann im Wege einer Primärplatzierung nicht vorgenommen werden. Nur die Kombination aus Primärplatzierung und Sekundärplatzierung – so wird der Verkauf einer Gesellschaft an der Börse bezeichnet – ermöglicht eine vollständige Trennung von der Tochtergesellschaft.

Die Börseneinführung von Tochterunternehmen über eine Primärplatzierung dient häufig der von der Muttergesellschaft unabhängigen Finanzierung von Investitionsobjekten. Sie kann notwendig werden, wenn der Kapitalbedarf die Finanzierungsmöglichkeiten der Muttergesellschaft übersteigt oder eine zentrale Finanzierung wegen des abweichenden Risikoprofils der Tochtergesellschaft ungünstig erscheint.[6] Im Gegensatz zur Sekundärplatzierung, bei der die Anteile an der Tochtergesellschaft zugunsten der Muttergesellschaft über die Börse verkauft werden, kommt bei einer Primärplatzierung der Kaufpreis für die neu geschaffenen Anteile ausschließlich der Tochtergesellschaft zugute.[7]

Darüber hinaus ermöglicht die Börseneinführung einzelner Tätigkeitsfelder die Konzentration der Muttergesellschaft auf Kernaktivitäten verbunden mit der Beschaffung liquider Mittel für das Tochterunternehmen.[8] Anders als die Ankündigung einer Kapitalerhöhung der Muttergesellschaft hat die Ankündigung der Börseneinführung eines Tochterunternehmens eine positive Wirkung auf den Aktienkurs der Muttergesellschaft.[9] Diese positive Wirkung ist um so stärker je höher die erwarteten Wachstumsraten der Tochtergesellschaft ausfallen[10] und je mehr die Muttergesellschaft den Einfluss auf die Tochtergesellschaft verliert.[11] Deshalb kann man wohl von einer

---

4 Vgl. auch: Schultze, Spin-off, S. 27.

5 Schultze, Spin-off, S. 27 f.

6 Welzbacher/Christoph, Handelsblatt vom 08.05.2001, S. 29.

7 Kaserer/Ahlers, ZfBf 2000, S. 537 (540); Volk, Going Public, S. 136; Welzbacher/Christoph, Handelsblatt vom 08.05.2001, S. 29.

8 Kaserer/Ahlers, ZfBf 2000, S. 537 (540); Welzbacher/Christoph, Handelsblatt vom 08.05.2001, S. 29.

9 Kaserer/Ahlers, ZfBf 2000, S. 537 (540); Hennings, Börseneinführung, S. 140.

10 Schmitz, ZfgK 1993, S. 842 (842); Volk, Going Public, S. 130.

11 Zu den Auswirkungen einer Ankündigung eines equity carve outs auf den Aktienkurs: Kaserer/Ahlers, ZfBf 2000, S. 537 (542 ff.).

Verbesserung der Eigenkapitalbasis des Tochterunternehmens durch die Börseneinführung in Form einer Primärplatzierung sprechen.[12]
Durch die Börseneinführung kann das Konzernmanagement aufgrund der neuen Kapitalmarktadresse selektiv Eigenmittel für diejenige Gesellschaft aufnehmen, die tatsächlich Kapitalbedarf anzeigt.[13] Darüber hinaus schafft die eigene Börsennotierung der Tochtergesellschaft eine eigenständigere Unternehmenskultur und erhöht die Attraktivität des Unternehmens für hochqualifizierte Führungskräfte.[14] Die Ausgliederung eines Unternehmensteils mit nachfolgender Börsennotierung kommt häufig den Anlegern entgegen, die aus Effektivitätsgründen Zweifel an den bestehenden Konzernstrukturen äußern.[15] Schließlich steigt die Unternehmensattraktivität aufgrund der größeren Publikumswirksamkeit von börsennotierten Aktiengesellschaften.[16]

II. Der Verkauf von Unternehmen und Unternehmensteilen

Eine vollständige Trennung eines Konzerns von einer Tochtergesellschaft kann durch Verkauf oder Abspaltung erreicht werden.
Der Unternehmensverkauf wird häufig an der Börse vorbei zwischen dem verkaufenden Unternehmen und dem Kaufinteressenten ausgehandelt. Dadurch können der Öffentlichkeit wesentliche Informationen über das zu verkaufende Unternehmen vorenthalten werden.[17]
Der Verkauf der Tochtergesellschaft kann aber auch in der Weise vollzogen werden, dass die Muttergesellschaft Anteile aus ihrer 100%igen Beteiligung über die Börse veräußert und damit eine Börseneinführung der Tochtergesellschaft im Wege der Sekundärplatzierung bewirkt. Dieses Vorgehen stärkt anders als die Primärplatzierung ausschließlich das Eigenkapital der Muttergesellschaft. Die Muttergesellschaft deckt durch die Veräußerung stille Reserven auf und realisiert Gewinne, die zu versteuern sind.[18] Diese Variante der Börseneinführung von Tochtergesellschaften wird von der Börse zumeist negativer aufgefasst als die Börseneinführung verbunden mit einer Kapitalerhöhung (Primärplatzierung).[19] Während bei einer Primärplatzierung Kapital für Investitionen der Tochtergesellschaft herangeschafft werden soll, stellt die Sekundärplatzierung ausschließlich ein „Kasse machen" der Muttergesellschaft dar.

---

12 Pellens, ZfBf 1993, S. 852 (855).

13 Schmitz, ZfgK 1993, S. 842 (842); Volk, Going Public, S. 130; vgl. unten Teil 2 C) II.

14 Hennings, Börseneinführung, S. 163; Schmitz, ZfgK 1993, S. 842 (844); Volk, Going Public, S. 132.

15 Hennings, Börseneinführung, S. 135; Schmitz, ZfgK 1993, S. 842 (842); Volk, Going Public, S. 131.

16 Nick, Börseneinführung, S. 140; Volk, Going Public, S. 132.

17 Schultze, Spin-off, S. 30.

18 Nick, Börseneinführung, S. 41; Volk, Going Public, S. 136; Volk, Handelsblatt vom 08.05.2001, S. 29. Bei reinen Beteiligungsveräußerungen können die Anteile nach § 8b Abs. 2 KStG n.F. unter gewissen Voraussetzungen nicht versteuert werden (vgl. unten Teil 5 C)).

19 Volk, Going Public, S. 136; Volk, Handelsblatt vom 08.05.2001, S. 29.

III. Die Abspaltung eines Geschäftsfeldes

Anstatt eines Verkaufs einer Tochtergesellschaft kann die Muttergesellschaft ein Tätigkeitsfeld abspalten, um eine Konzentration auf die Kerngeschäftsfelder zu bewirken. Diese Umstrukturierungsart ist in besonderem Maß aktionärsfreundlich, da die Gegenleistung für das abgespaltene Vermögen den Aktionären der Muttergesellschaft in Form von Anteilen an der Tochtergesellschaft zugeteilt wird und die Trennung in zwei wirtschaftlich selbständige Einheiten häufig eine Wertsteigerung der Gesamtbeteiligung der Aktionäre nach sich zieht.[20] Außerdem treten die für die Börseneinführung genannten Vorteile der Schaffung einer neuen Kapitalmarktadresse in noch größerem Ausmaß ein, da die uneingeschränkte Verselbständigung eines Teilbereichs ausgeprägter und effektiver ist als bei einer Primärplatzierung. Während bei der Abspaltung jeglicher Einfluss der Muttergesellschaft auf die Tochter verloren geht, behält sich bei der Primärplatzierung die Muttergesellschaft die Stimmrechtsmehrheit an der Tochtergesellschaft vor.[21] Im Gegensatz zu Verkauf oder Börseneinführung durch Primärplatzierung verliert der Mutterkonzern die Tochtergesellschaft ohne Gegenleistung und gibt damit auch eine Aquisitionswährung aus der Hand.[22] Zwar wird die aufnehmende Tochtergesellschaft bei der Abspaltung regelmäßig eine Kapitalerhöhung vornehmen. Diese Kapitalerhöhung generiert jedoch keine zusätzlichen Mittel, da die neuen Aktien als Gegenleistung für das abgespaltene Vermögen des übertragenden Rechtsträgers an die Aktionäre der Muttergesellschaft ausgegeben werden. Die Anteilsinhaber des übertragenden Rechtsträgers erbringen keine zusätzliche Gegenleistung für die Anteile am übernehmenden Rechtsträger.

IV. Überlegungen zur Auswahl der geeignetsten Umstrukturierungsvariante

Welche dieser Umstrukturierungsvarianten gewählt wird, hängt von vielen Faktoren ab. Die Veräußerung von Tochterunternehmen hängt zum einen vom Veräußerungserlös, aber auch von den potentiellen Erwerbern ab. Diese müssen wettbewerbsrechtlich in der Lage sein, das Tochterunternehmen aufzunehmen. Je größer das zu veräußernde Unternehmen ist, desto schwieriger gestaltet sich die Suche nach einem Käufer. Damit kommt der zeitliche Faktor ins Spiel, der die Variante des Unternehmensverkaufs unattraktiv machen kann. Andererseits ist die Eingliederung aufgekaufter Unternehmensteile häufig kostengünstiger als eine Börsennotierung einer Tochtergesellschaft, da diese mit einmaligen Kosten und fortlaufenden Kontrollkosten für die Börsenbewertung sowie mit der Preisgabe strategischer Informationen zugunsten der Anleger verbunden ist.[23] Für den Erfolg einer Börseneinführung der Tochtergesellschaft im

---

20 Volk, Going Public, S. 137; Volk, Handelsblatt vom 08.05.2001, S. 29.

21 Kaserer/Ahlers, ZfBf 2000, S. 537 (542 ff.).

22 Kaserer/Ahlers, ZfBf 2000, S. 537 (540); Volk, Going Public, S. 137.

23 Hennings, Börseneinführung, S. 54 f.; Bühner, ZfBf, 1998, S. 809 (818); Volk, Going Public,

Rahmen einer Primär- oder Sekundärplatzierung ist weiterhin der Emissionszeitpunkt ausschlaggebend. Dabei sind einerseits betriebsinterne Faktoren wie Ertragslage und Gewinntrends seitens der Mutter- und der Tochtergesellschaft, andererseits betriebsexterne Daten wie allgemeine Wirtschaftslage und Wirtschaftspolitik von Bedeutung.[24]
Die Börseneinführung einer Tochtergesellschaft durch Primär- oder Sekundärplatzierung ist aufgrund der damit verbundenen Kostenbelastung und einem möglichen Ansehensverlust bei zu hoch gesteckten Anfangskursen in Zeiten schlechter Konjunktur nicht anzuraten.
Bezweckt die Börseneinführung dagegen keine Kapitalaufnahme, wie es bei einer Börsennotierung einer bereits abgespaltenen Kapitalgesellschaft der Fall ist, so schaden schlechte konjunkturelle Eckdaten nicht, da die Anteile am übernehmenden Rechtsträger nicht verkauft, sondern lediglich an die Anteilsinhaber der übertragenden Gesellschaft ausgegeben werden. Eine Spaltung mit nachfolgender Börsennotierung der aufnehmenden Gesellschaft kann daher im Gegensatz zu einer Primärplatzierung einer Tochtergesellschaft unabhängig von der wirtschaftlichen Gesamtsituation vorgenommen werden. Gegenüber der Sekundärplatzierung, also dem Verkauf von Anteilen an der Tochtergesellschaft an der Börse, hat die Spaltung den Vorteil, dass die Nachricht der Verselbständigung der Tochtergesellschaft im Wege der Spaltung von der Börse positiver aufgenommen wird als der bloße Verkauf der Tochtergesellschaft.[25]

B) Spaltungsarten

I. Geschichte des deutschen Spaltungsrechts

Vor der Reform des Umwandlungsrechts im Jahr 1995 stand den Unternehmen lediglich die Spaltung durch Einzelrechtsübertragung der Vermögensgegenstände offen. Dies hatte zur Folge, dass viele einzelne Schritte von der Einbringung bis zur Liquidation oder Kapitalherabsetzung notwendig waren, um eine Unternehmensspaltung zu vollziehen. Die Vermögensübertragung richtete sich nach den allgemeinen Vorschriften (§§ 398 ff., 414 ff., 873 ff., 925 ff. BGB) und erforderte bei einem Übergang von Verbindlichkeiten und Vertragsverhältnissen die jeweilige Zustimmung der Gläubiger.[26]
Das Gesetz über die Spaltung der von der Treuhandanstalt verwalteten Unternehmen (SpTrUG)[27] vom 12.04.1991 regelte erstmals die Voraussetzungen einer Spaltung im Wege der partiellen Gesamtrechtsnachfolge. Der neue Weg der Unternehmensteilung hatte zur Folge, dass das zu übertragende Vermögen insgesamt durch einen Rechtsakt

S. 134.

24 Hennings, Börseneinführung, S. 48 f.

25 Vgl. unten Teil 2 C) II.

26 Zum Spaltungsrecht vor Einführung des neuen Umwandlungsrechts: Gäbelein, BB 1989, S. 1420 (1420 ff.).

27 BGBl. 1991 I, S. 854.

den Rechtsträger wechseln konnte. Da im Gegensatz zur Verschmelzung zweier Rechtsträger bei der Spaltung nur ein Teil des Vermögens des übertragenden Rechtsträgers auf den übernehmenden übergeleitet wird, entstand der Begriff der „partiellen" Gesamtrechtsnachfolge.[28] Das SpTrUG gilt auch heute noch für Kapitalgesellschaften, an denen die Treuhandanstalt mittelbar oder unmittelbar zu 100% beteiligt ist. Durch die Reform des Umwandlungsrechts 1995 wurde dann endlich die Spaltung im Wege der partiellen Gesamtrechtsnachfolge auf eine Vielzahl von Rechtsformen ausgedehnt.[29] Wesentlicher Vorteil der Spaltung im Wege der Gesamtrechtsnachfolge ist das Entfallen der Zustimmungspflicht der Gläubiger bei einer Übertragung von Verbindlichkeiten oder Verträgen nach §§ 414, 415 BGB.[30] Mit der Reform des Umwandlungsgesetzes wurde die Möglichkeit der Einzelübertragung von Vermögensgegenständen außerhalb des UmwG mit dem Ziel der Umstrukturierung nicht beeinträchtigt.[31]

Entsprechend dem UmwG wurde auch das UmwStG zum Jahr 1995[32] reformiert. Bis dahin existierte keine Vorschrift über die Besteuerung der Auf- und Abspaltung von Körperschaften. Eine Steuererleichterung bei einer Spaltung war erst seit 1992 auf Antrag beim Bundesminister der Finanzen nach dem Spaltungserlass[33] möglich. Der neue § 15 UmwStG geht über den Spaltungserlass hinaus, indem er neben der Spaltung zur Neugründung auch die Spaltung zur Aufnahme steuerneutral ermöglicht.[34] Außerdem wird nicht nur die Buchwertfortführung, sondern auch die Übertragung von Verlustvorträgen in Aussicht gestellt.[35]

---

28 Kallmeyer, in: Kallmeyer, § 123 UmwG Rn. 2; Schwarz, in: Widmann/Mayer, § 123 UmwG Rn. 4.1.3; Teichmann, in: Lutter, § 123 UmwG Rn. 9.

29 Vgl. zu den spaltungsfähigen Rechtsträgern: § 124 UmwG.

30 Engelmeyer, Spaltung, S. 11; Sagasser/Sickinger, in: Sagasser/Bula/Brünger, Umwandlungen, M Rn. 13.

31 Kallmeyer, in: Kallmeyer, § 1 UmwG Rn. 7; Lutter, in: Lutter, § 1 UmwG Rn. 17; Sagasser/Sickinger, in: Sagasser/Bula/Brünger, Umwandlungen, M Rn. 2, N Rn. 9ff; zur Spaltung durch Einzelrechts-nachfolge und den damit verbundenen Problemen aus vorrangig betriebswirtschaftlicher Sicht: vgl. Schultze, Spin-off, S. 31 ff. Zu Vor- und Nachteilen einer Ausgliederung im Wege der Einzelrechts-nachfolge einerseits und Gesamtrechtsnachfolge andererseits vgl. Aha, AG 1997, S. 345 (348 ff.); Dietz, Ausgliederung, S. 407 ff.; Engelmeyer, AG 1999, S. 263 (263 ff.); Kallmeyer, in: Kallmeyer, § 123 UmwG Rn. 16; Priester, ZHR 163 (1999), S. 187 (188 f.).

32 Nach § 27 Abs. 1 UmwStG ist das UmwStG auf Rechtsakte anwendbar, die nach dem 31.12.1994 wirksam werden.

33 Schreiben des BMF, BStBl. I 1992, S. 47; dennoch wurde die Spaltung der Löwenbräu AG und der Varta AG aufgrund einer Gesamtbetrachtung der Finanzverwaltung unter den Voraussetzungen einer erfolgsneutralen Verschmelzung durchgeführt: Hartmann, Spaltung nach UmwStG, S. 50.

34 Vgl. zu den unterschiedlichen Regelung in Spaltungserlass und UmwStG 1995: Herzig/Momen, DB 1994, S. 2210 (2211 ff.); Sagasser/Fahrenberg, in: Sagasser/Bula/Brünger, Umwandlungen, P Rn. 11.

35 Vgl. zur Besteuerung von Spaltungsvorhaben: unten Teil 3 A).

II. Formen der Spaltung nach dem UmwG

1. Das neue Umwandlungsrecht

Das Umwandlungsgesetz in der jetzigen Form gilt nach § 318 Abs. 1 UmwG seit dem 1. Januar 1995 und löste das Umwandlungsgesetz von 1969 ab. Im Gegensatz zum Verschmelzungsrecht, das im Rahmen der EU durch die 10. Richtlinie über die Internationale Fusion[36] eine gesamteuropäische Vorgabe für das neue Umwandlungsrecht enthielt, beschränkte sich die gesamteuropäische Regelung im Bereich des Spaltungsrechts auf die Spaltung von Aktiengesellschaften.[37]
Die Reform des Umwandlungsrechts 1995 sollte ein einheitliches Gesetz für die Umstrukturierung von Unternehmen schaffen und somit schnelle, flexible und transparente Umwandlungen ermöglichen.[38] Insbesondere die Erweiterung von Umwandlungsmöglichkeiten soll der Wirtschaft größere Flexibilität bei der Gestaltung der Unternehmensstruktur bieten.[39] Andererseits sollen die Anteilsinhaber durch das neue Umwandlungsgesetz geschützt werden[40], indem ihnen die Entscheidungszuständigkeit über das Umwandlungsvorhaben zugebilligt wurde, §§ 50, 65, 125 S. 1 UmwG. Außerdem wurden umfassende Informationsrechte der Anteilseigener (§§ 5 Abs. 1, 126 Abs. 1, 194 Abs. 1 UmwG) und eine registerrechtliche Kontrolle (§§ 17, 125 S. 1, 146, 199 UmwG) eingeführt. Des weiteren dient das Umwandlungsrecht dem Schutz der Gläubiger und Arbeitnehmer. Um den Gläubiger vor Risiken, die durch eine Umwandlung entstehen können, abzusichern, ordnete der Gesetzgeber bei Gefährdung eines Anspruchs ein Recht auf Sicherheitsleistung gemäß §§ 22, 125 S. 1, 209 UmwG an. Bei Realisierung eines Schadens können der betroffene Rechtsträger, die Anteilsinhaber oder die Gläubiger einen Schadenersatzanspruch aus §§ 25, 27, 125 S. 1, 205 UmwG herleiten. Im Rahmen der Spaltung entschied sich der Gesetzgeber darüber hinaus für eine zeitlich begrenzte Mithaftung aller beteiligten Rechtsträger im Fall der Übertragung von Verbindlichkeiten (§ 133 UmwG).[41] Bezüglich des Arbeitnehmerschutzes enthält das Umwandlungsrecht insbesondere Regelungen über den Bestandsschutz des Arbeitsverhältnisses sowie den Übergang von Haftungen und Ansprüchen aus betrieblicher Altersversorgung.
Das Umwandlungsgesetz gilt nach § 1 Abs. 1 UmwG für alle Rechtsträger mit Sitz im Inland und regelt verschiedene Formen der Verschmelzung und Spaltung von Unternehmen. Die Frage, ob bei der Bestimmung des Sitzbegriffs in § 1 Abs. 1 UmwG auf den statutarischen Sitz[42] oder den tatsächlichen Verwaltungssitz[43] abzustellen ist, wird

---

36 10. Richtlinie vom 08.01.1985, 85 IC 23/08 ABl. v. 25.01.1985 Nr. C 23/11.

37 6. Richtlinie vom 17.12.1982, 82/891 ABl. EG Nr. L 378 v. 31.12.1982, S. 47 ff.

38 Ganske, WM 1993, S. 1117 (1117); Engelmeyer, Spaltung, S. 11f.; Neye, ZIP 1994, S. 165 (166); Sagasser, in: Sagasser/Bula/Brünger, Umwandlungen, C Rn. 3.

39 BT-Drucks. 12/6699, zu: Allg. I.2., S. 71.

40 BT-Drucks. 12/6699, zu: Allg. I.3., S. 71.

41 Vgl. dazu: unten Teil 4 A) II 1 b).

42 Bermel, in: Goutier/Knopf/Tulloch, § 1 UmwG Rn. 6; Lutter, in: Lutter, § 1 UmwG Rn. 7 f.

nicht einstimmig beantwortet.[44] Vorzugswürdig erscheint, in Übereinstimmung mit dem Kollisionsrecht (Sitztheorie[45]) auf den tatsächlichen Verwaltungssitz abzustellen. Daran ändert auch das Überseering-Urteil des EuGH, nach dem eine in einem EU-Mitgliedstaat gegründete Gesellschaft mit effektivem Verwaltungssitz in Deutschland als rechts- und parteifähig anzuerkennen ist, nichts.[46] Aus dem Überseering-Urteil ergibt sich allerdings, dass sich eine Gesellschaft, die im Ausland eingetragen, ihren effektiven Verwaltungssitz aber in Deutschland hat, an einer Umwandlung nach dem deutschen Umwandlungsgesetz beteiligen kann.[47]

2. Spaltungsformen nach dem neuen Umwandlungsrecht

Das neue Umwandlungsrecht gewährt verschiedene Möglichkeiten der Spaltung von Rechtsträgern, wobei die Spaltung nach dem UmwG immer eine partielle Gesamtrechtsnachfolge zur Folge hat. Kennzeichen einer Umstrukturierung nach dem UmwG ist, dass sich die Anteilsübertragung des übernehmenden Rechtsträgers als Gegenleistung für das zu übertragende Vermögen kraft Gesetzes vollzieht und ein erlöschender Rechtsträger im Fall der Aufspaltung und Verschmelzung nicht abgewickelt werden muss.[48] Der vor Inkrafttreten des neuen Umwandlungsrechts einzig mögliche Weg der Spaltung durch Einzelrechtsnachfolge wird durch das Umwandlungsrecht aber nicht ausgeschlossen.[49] Zwar kann eine Ausgliederung im Wege der Einzelrechtsnachfolge im Vergleich zur Gesamtrechtsnachfolge nach dem UmwG insbesondere im Hinblick auf den Gläubiger- und Aktionärsschutz für das Unternehmen vorteilhaft sein,[50] da die strengen Formvorschriften des UmwG bei der Übertragung durch Einzelrechtsnachfolge grundsätzlich nicht anzuwenden sind.[51] Dies schließt aber nicht aus, Informationsrechte der Anteilseigner aus Vorschriften außerhalb des UmwG herzuleiten.[52]

---

43 Dehmer, § 1 UmwG Rn. 5; Kallmeyer, in: Kallmeyer, § 1 UmwG Rn. 14 m.w. N.; Sagasser, in: Sagasser/Bula/Brünger, Umwandlungen, B Rn. 28; Stratz, in: Schmitt/Hörtnagl/Stratz, § 1 UmwG Rn. 5.

44 Ausf. dazu: Lennerz, internationale Verschmelzung und Spaltung, S. 39 ff.

45 BGHZ 51, S. 27 (28); BGHZ 53, S. 181(183); BGHZ 78, S. 318 (334).

46 EuGH, DB 2002, S. 2425; vgl. zu den Folgen des Überseering-Urteils: Forsthoff, DB 2002, S. 2471 ff.; Lutter, BB 2003, S. 7 ff.; Zimmer, BB 2003, S. 1 ff.

47 Kallmeyer, DB 2002, S. 2521, 2522.

48 Kallmeyer, in: Kallmeyer, § 1 UmwG Rn. 3 ff.

49 BT-Drucks. 12/6699, zu § 1, S. 80; Sagasser/Sickinger, in: Sagasser/Bula/Brünger, Umwandlungen, M Rn. 2, N Rn. 9 ff.; Teichmann, in: Lutter, § 123 UmwG Rn 7.

50 Allerdings muss bei der Einzelrechtsnachfolge die Zustimmung der einzelnen Gläubiger eingeholt werden. Zu den Vor- und Nachteilen der Ausgliederungsmöglichkeiten im Wege der Einzel- und der Gesamtrechtsnachfolge: Aha, AG 1997, S. 345 (348 ff.); Dietz, Ausgliederung, S. 407 ff.; Engelmeyer, AG 1999, S. 263 (263 ff.); Kallmeyer, in: Kallmeyer, § 123 UmwG Rn. 16; Priester, ZHR 163 (1999), S. 187 (188 f.).

51 BT-Drucks. 12/6699, zu § 1, S. 80; LG Hamburg, DB 1997, S. 516 (516); Heckschen, DB

An einer Spaltung nach dem UmwG können die in §§ 124 Abs. 1, 3 Abs. 1 UmwG genannten Gesellschaften als übertragender oder übernehmender Rechtsträger mit Verwaltungssitz in der Bundesrepublik Deutschland[53] beteiligt sein. Praktisch wichtig ist die Spaltungsfähigkeit der Kapital- und Personenhandelsgesellschaften.
Das deutsche Umwandlungsrecht unterscheidet im Rahmen des Spaltungsrechts zwischen der Auf- und Abspaltung sowie der Ausgliederung.

a) Die Aufspaltung

Bei der Aufspaltung nach § 123 Abs. 1 UmwG wird das gesamte Vermögen bei gleichzeitiger Auflösung des ursprünglichen Rechtsträgers auf mindestens zwei neue Rechtsträger übertragen. Die Gesellschafter des übertragenden Rechtsträgers erhalten als Gegenleistung für das übergeleitete Vermögen Anteile an den übernehmenden Rechtsträgern. Mit Eintragung der Spaltung im Register am Sitz des übertragenden Rechtsträgers erlischt das sich aufspaltende Unternehmen gemäß § 131 Abs. 1 Nr. 2 UmwG. Der übernehmende Rechtsträger kann gleichzeitig mit Wirksamwerden der Spaltung neu gegründet werden (Spaltung zur Neugründung) oder aber als bestehende Gesellschaft das Vermögen übernehmen (Spaltung zur Aufnahme). Bei der Spaltung zur Neugründung ist § 136 UmwG zu beachten, der an Stelle eines Spaltungsvertrages die Aufstellung eines einseitigen Spaltungsplans verlangt. Ein inhaltlicher Unterschied zwischen Spaltungsvertrag und Spaltungsplan besteht aufgrund der Verweisung in § 135 Abs. 1 S. 1 UmwG aber nicht. Anstatt der Verfahrensvorschriften §§ 129, 130 Abs. 2 UmwG gelten §§ 135 Abs. 1 S. 1, 137 UmwG. In § 135 Abs. 1 UmwG wird klargestellt, dass die den Verschmelzungsvertrag betreffenden Vorschriften §§ 4, 7, 16 Abs. 1 UmwG nicht anzuwenden sind. Entscheidend ist bei der Spaltung zur Neugründung, dass gemäß § 135 Abs. 2 UmwG die Gründungsvorschriften des zu errichtenden Rechtsträgers zu beachten sind. Dies bedeutet insbesondere die Berücksichtigung der Regeln über die Kapitalaufbringung, Sachgründung, Gründungsbericht, -prüfung und -haftung.[54]

1998, S. 1385 (1386); Kallmeyer, in: Kallmeyer, § 123 UmwG Rn. 2; Kallmeyer, FS Lutter, S. 1245 (1252); Priester, ZHR 163 (1999), S. 187 (197); a.A. LG Karlsruhe, DB 1998, S. 120 (121) unter Berufung auf den Gleichheitssatz.

52 Dies ergibt sich bereits aus der Holzmüller-Entscheidung [BGHZ 83, S. 122 (131 f.)], in der bei wesentlichen Vermögensübertragungen die Entscheidungskompetenz der Hauptversammlung nach § 119 Abs. 2 AktG bejaht wurde; vgl. auch: Kallmeyer, FS Lutter, S. 1245 (1253 ff.), der die Anforderungen an die Information der Anteilseigner aus § 131 AktG entnehmen will.

53 Zum Begriff des Sitzes in § 1 Abs. 1 UmwG siehe Teil 2 B) II 1.

54 Goutier, in: Goutier/Knopf/Tulloch, § 135 UmwG Rn. 8; Kallmeyer, in: Kallmeyer, § 135 UmwG Rn. 9; Sagasser/Sickinger, in: Sagasser/Bula/Brünger, Umwandlungen, N Rn. 27. Ausführlich zur Gründerhaftung in diesem Zusammenhang: Ihrig, GmbHR 1995, S. 622 (633 f.); Kallmeyer, in: Kallmeyer, § 135 UmwG Rn. 13; Kallmeyer, ZIP 1994, S. 1746 (1753).

b) Die Abspaltung

Die Abspaltung nach § 123 Abs. 2 UmwG hat dagegen kein Erlöschen des übertragenden Rechtsträgers zur Folge, sondern eine Übernahme eines Teils des Vermögens des übertragenden Rechtsträgers durch den aufnehmenden Rechtsträger. Auch hier unterscheidet man zwischen der Abspaltung zur Neugründung und der Abspaltung zur Aufnahme. Es gelten die Ausführungen zur Aufspaltung sinngemäß. Der Unterschied zur Ausgliederung besteht darin, dass die Anteilsinhaber des übertragenden Rechtsträgers und nicht der übertragende Rechtsträger selbst die Anteile an dem aufnehmenden Rechtsträger als Gegenleistung erhält.
Bei der Abspaltung sind folgende Varianten denkbar:[55]
Eine Tochtergesellschaft überträgt einen Vermögensteil auf eine andere Tochtergesellschaft (Schwestergesellschaft), die der Muttergesellschaft als Gegenleistung Anteile gewährt. Diese Variante der Abspaltung wird als Abspaltung durch Aufnahme auf die Schwestergesellschaft bezeichnet.
Um eine Abspaltung durch Aufnahme „down stream" (§ 123 Abs. 2 Nr. 1 UmwG) handelt es sich, wenn eine Muttergesellschaft einen Vermögensteil auf die Tochtergesellschaft abspaltet, die wiederum den Anteilseignern der Muttergesellschaft Anteile gewährt.
Eine Abspaltung durch Aufnahme mit Dritten (§ 123 Abs. 2 Nr. 1 UmwG) ist anzunehmen, wenn eine Gesellschaft einen Teil ihres Vermögens auf einen nicht verbundenen Rechtsträger abspaltet und die Anteilseigner der übertragenden Gesellschaft Anteile an der übernehmenden Gesellschaft als Gegenleistung erhalten.
Bei einer Abspaltung durch Aufnahme „up-stream" (§ 123 Abs. 2 Nr. 1 UmwG) überträgt die Tochtergesellschaft einen Teil des Vermögens auf die Muttergesellschaft. Die Muttergesellschaft müsste sich selbst als Gegenleistung Anteile gewähren. Diese Unternehmensteilung ist aufgrund der §§ 54, 68, 125 S. 1 UmwG bei Kapitalgesellschaften unzulässig.
Schließlich kann der übertragende Rechtsträger gegen Gewährung von Anteilen Teile seines Vermögens auf eine neu zu gründende Gesellschaft übertragen, was als Abspaltung durch Neugründung bezeichnet wird (§ 123 Abs. 2 Nr. 2 UmwG).

c) Die Ausgliederung

Wie bereits angedeutet[56] ist die Ausgliederung gemäß § 123 Abs. 3 UmwG dadurch gekennzeichnet, dass die Mitgliedschaftsrechte an dem übernehmenden Rechtsträger als Gegenleistung für das zu übertragende Vermögen nicht an die Anteilsinhaber der übertragenden Gesellschaft, sondern an die Gesellschaft selbst ausgegeben werden. Während eine Auf- oder Abspaltung zur Neugründung Schwestergesellschaften entstehen lässt, wird bei einer Ausgliederung zur Neugründung ein 100%iges Tochter-

---

[55] Zu den Varianten der Abspaltung: Sagasser/Sickinger, in: Sagasser/Bula/Brünger, Umwandlungen, N Rn. 10 ff.

[56] Vgl. oben Teil 2 B) II 2 b).

unternehmen geschaffen.[57] Mit einer Ausgliederung ist daher nicht wie bei der Abspaltung eine Vermögensverringerung des übertragenden Rechtsträgers, sondern nur eine Vermögensumschichtung verbunden. Mit der Ausgliederung der gesamten Vermögensteile auf verschiedene eigenständige Rechtsträger kann eine reine Holdinggesellschaft, die nur aus Anteilen an den übernehmenden Rechtsträgern besteht, geschaffen werden.[58]

Eine Kombination zwischen Abspaltung und Ausgliederung ist dergestalt zulässig, dass die vom übernehmenden Rechtsträger zu gewährenden Anteile teilweise dem übertragenden Rechtsträger selbst, teilweise den Anteilsinhabern des übertragenden Rechtsträgers gewährt werden.[59] Dadurch, dass die Anteilsinhaber selbst zu einem Teil am übernehmenden Rechtsträger beteiligt werden, wird ein Anreiz geschaffen, der Umstrukturierung zuzustimmen.[60]

C) Spaltungsmotive

Für die Spaltung eines Rechtsträgers als Maßnahme der Umstrukturierung spricht meist ein Bündel von Motiven, bei dem allerdings die organisatorische Umgestaltung des Unternehmens im Vordergrund steht.[61] Neben der Veränderung der Organisationsstruktur zielt eine Unternehmensteilung häufig auf eine Wertsteigerung des Unternehmens und eine Realisierung von finanzwirtschaftlichen Vorteilen.

I. Die Spaltung und ihre Auswirkungen auf die Unternehmensstruktur

1. Die Spaltung unter Berücksichtigung verschiedener Unternehmens-strategien

Grundlage der Organisation der Mehrzahl deutscher Unternehmen ist die Gliederung in sogenannte Sparten, Divisionen oder Geschäftsbereiche.[62] Die jeweiligen Sparten

---

57 Kallmeyer, in: Kallmeyer, § 123 UmwG Rn. 8; Sagasser/Sickinger, in: Sagasser/Bula/Brünger, Umwandlungen, N Rn. 15.

58 Bermel, in: Goutier/Knopf/Tulloch, § 1 UmwG Rn. 69; Dehmer, § 123 UmwG Rn. 24; Kallmeyer, in: Kallmeyer, § 123 UmwG Rn. 12; Sagasser/Sickinger, in: Sagasser/Bula/Brünger, Umwandlungen, N Rn. 15.

59 Rn. 13; Mayer, DB 1995, S. 861 (861);Sagasser/Sickinger, in: Sagasser/Bula/Brünger, Umwandlungen, N Rn. 21; a.A. Dehmer, § 123 UmwG Rn. 17 unter Berufung auf das Analogieverbot in § 1 Abs. 2 UmwG.Bermel, in: Goutier/Knopf/Tulloch, § 1 UmwG Rn. 30 f.; Kallmeyer, in: Kallmeyer, § 123 UmwG Rn. 13; Mayer, DB 1995, S. 861 (861);Sagasser/Sickinger, in: Sagasser/Bula/Brünger, Umwandlungen, N Rn. 21; a.A. Dehmer, § 123 UmwG Rn. 17 unter Berufung auf das Analogieverbot in § 1 Abs. 2 UmwG.

60 Kallmeyer, in: Kallmeyer, § 123 UmwG Rn. 13.

61 Küblböck, Spaltung, S. 2; Fritz, Spaltung, S. 8; Momen, Steuerneutralität, S. 33.

62 Bühner, Strategie, S. 414 mit einer Darstellung der Vorteile einer Geschäftsbereichsorganisation; Dormann, ZfBf 1993, S. 1067 (1068); Fritz, Spaltung, S. 9; Momen, Steuerneutralität, S. 35; Raupach, IStR 1993, S. 194 (194).

werden dabei nach Objekten zusammengestellt und umfassen Einkauf, Produktion und Vertrieb einer Produktgruppe. Bestimmte Funktionen wie etwa der Bereich der Finanzen, Personalwesen, Forschung und Entwicklung lassen sich nicht in Sparten einordnen und bilden meist einen eigenen überlagernden Funktionsbereich. Dieses System aus vertikaler Spartenorganisation und horizontaler Leitungsebene ist bei Großkonzernen weit verbreitet, da eine Ausrichtung auf relativ selbständige Produkt-Markt Bereiche ermöglicht wird.[63] Aus der Anzahl der unterschiedlichen Geschäftsbereiche lässt sich die jeweilige Unternehmensstrategie ablesen. Ein Großunternehmen, das aus einer Vielzahl von Sparten und Geschäftsbereichen besteht, wird als ausgeprägt diversifiziert bezeichnet. Die Diversifikation eines Konzerns ist ein Gradmesser für dessen Unternehmensstrategie. Man kann zwischen konzentrischer, relationaler und konglomerater Diversifikation unterscheiden.[64]

Die konzentrische Diversifikation beschreibt ein Unternehmen, dessen Geschäftsfeldportfolio zwar Unterschiede aufweist, das hinsichtlich der Produkte und zu bearbeitenden Märkte aber ähnlich aufgebaut ist. Die Tätigkeitsfelder sind geprägt durch gleiche Kunden und gleiche Wettbewerber. Aus der Ähnlichkeit der Geschäftsfelder sollen Wettbewerbsvorteile durch höhere Effizienz entstehen.[65]

Die relationale Diversifikation steht für einen Konzern mit unterschiedlichen Produkten und Märkten, die jedoch vergleichbare Anforderungen an die Unternehmensführung stellen.[66]

Schließlich fällt ein Unternehmen mit stark unterschiedlichen Leistungsprozessen, Produkten und Märkten unter die Kategorie der konglomeraten Diversifikation. Diese Strategie bezweckt den Ausgleich von unterschiedlichen wirtschaftlichen Entwicklungen in den einzelnen Tätigkeitsfeldern und bewirkt damit eine Risikostreuung.[67]

Noch immer ist höchst umstritten, welche Unternehmensstrategie die erfolgreichste ist. Empirische Untersuchungen kamen zu keinem eindeutigen Ergebnis.[68] Nach neueren Studien[69] schnitten konzentrisch organisierte Unternehmen nicht durchgängig besser ab als stark diversifizierte Unternehmen.[70] Unabhängig von dem Diversifikationsgrad

---

63 Bühner, Strategie, S. 413; Cronos, DB 1992, S. 1689 (1689 f.).

64 Eingehend zu dieser Einteilung und zur Bedeutung des Diversifikationsgrades: Hungenberg, Management, S. 387 ff.

65 Hungenberg, Management, S. 388.

66 Hungenberg, Management, S. 388.

67 Hungenberg, Management, S. 389; Mellewigt/Matiaske, ZfB 2000, S. 611 (618).

68 Bühner, ZfB 1984, S. 948 (958), der anhand der Spaltungen der Varta AG und der Löwenbräu AG theoretisch und empirisch einen Vorteil der Unternehmensteilung und damit der Konzentration auf bestimmte Geschäftsfelder gegenüber einem diversifizierten Konzern ermittelte; Hungenberg, Management, S. 390 m.w.N.

69 Eine Studie im Zeitraum von 1988 bis 1997 der Boston Consulting Group (BCG) belegt anhand von 500 diversifizierten Unternehmen in den USA, dass der Erfolg eines Unternehmens an der Börse nicht mit dessen Fokussierung zusammenhängt. Seit 1996 beobachtet BCG 50 Konglomerate aus den wichtigen Industrienationen und kommt bisher zum selben Ergebnis wie bei der Studie in den USA: vgl. Handelsblatt vom 07.03.2000, S. 20.

70 Handelsblatt vom 07.03.2000, S. 20; Hungenberg, Management, S. 390 f.

zeigten diejenigen Unternehmen einen besonderen Erfolg, die wert- und nicht kompetenzorientiert aufgebaut sind und anstatt einer aufwendigen Abstimmungspolitik nur die Kernaufgaben des Managements auf eine schlanke Unternehmenszentrale verlagert haben.[71] Dennoch werden konglomerate Unternehmen mit einem Abschlag von zehn bis zwanzig Prozent gehandelt.[72] Ein solcher pauschaler Wertabschlag wird damit begründet, dass ein stark diversifiziertes Unternehmen für unflexibel und schwerfällig gehalten wird.[73]

2. Vorteile einer schlanken Organisationsstrukur nach einer Unternehmensspaltung

Eine Vielzahl betriebswirtschaftlicher Wissenschaftler vor allem aus dem angelsächsischen Raum befürwortet eine auf bestimmte Geschäftsfelder konzentrierte Unternehmensstruktur mit geringem Diversifikationsgrad.[74] Die Verwirklichung einer solchen Organisationsstruktur kann in rechtlicher Hinsicht durch eine Spaltung des diversifizierten Einheitsunternehmens vollzogen werden.[75] Dadurch entsteht eine Identität von Organisations- und Rechtsstruktur, die aufgrund der Steigerung von Motivation und Innovation vielfach als notwendig erachtet wird.[76] Für eine rechtliche Verselbständigung von Unternehmensbereichen spricht die Bildung eines überschaubaren Verantwortungs- und Führungsbereiches im Hinblick auf das Ziel der Transparenz von Unternehmensentscheidungen.[77] Neben der größeren Transparenz führt eine rechtliche Trennung von Geschäftsbereichen zur Vereinfachung unternehmens-interner Kommunikation und größerer Problemnähe durch Abflachung der Hierarchie.[78] Außerdem werden Innovationskraft und Erfolgskontrolle optimiert, was eine aktivere und flexiblere Reaktion auf Marktgegebenheiten ermöglicht.[79] Insbesondere für internationale

---

71 Handelsblatt vom 07.03.2000, S. 20; Hungenberg, Management, S. 391.

72 Handelsblatt vom 07.03.2000, S. 20.

73 Handelsblatt vom 07.03.2000, S. 20.

74 Bühner, ZfBf 1998, S. 809 (811 ff.); Comment/Jarrel, Journal of Financial Economics, Vol. 37 (1995), S. 67 (68, 86); John/Ofek, Journal of Financial Economics, Vol. 37 (1995), S. 105 (124).

75 Bühner, ZfO 1990, S. 299 (302); Fritz, Spaltung, S. 9 f.

76 Blaschka, ZfB 1982, S. 397 (399); Bühner, ZfO 1990, S. 299 (301); Bühner, WiSt 1993, S. 158 (158); Bühner, ZfO 1993, S. 9 (9); Everling, DB 1980, S. 121 (122); Himmelreich, Unternehmensteilung, S. 54 f., 77; Ott, Realteilung, S. 23 f.; Riotte, ertragssteuerliche Behandlung, S. 22; a.A. Drumm, ZfB 1982, S. 404 (405).

77 Bühner, ZfB 1984, S. 948 (959); Förster, Umstrukturierung, S. 28; Himmelreich, Unternehmensteilung, S. 54; Ott, Realteilung, S. 23.

78 Förster, Umstrukturierung, S. 28; Himmelreich, Unternehmensteilung, S. 63, 67; Keller, DB 1991, S. 1633 (1633); Meffert, ZfBf 1985, S. 121 (131); Momen, Steuerneutralität, S. 36; Ott, Realteilung, S. 23, 26; Picot, ZfBf 1990, S. 119 (129); Raupach, IStR 1993, S. 194 (195); Riotte, ertragssteuerliche Behandlung, S. 21; Schultze, Spin-off, S. 112 f.

79 Bühner, ZfBf 1998, S. 809 (814); Dormann, ZfBf 1993, S. 1067 (1067); Förster, Umstrukturierung, S. 23 f.; Himmelreich, Unternehmensteilung, S. 54 f.; Momen, Steuerneutralität,

Unternehmen ist die unkomplizierte Anpassung an Markterfordernissen ausschlaggebend für den wirtschaftlichen Erfolg.[80] Innovation und Motivation von Mitarbeitern ist im Unternehmensverbund nur schwer möglich, da integrierte Leistungen weder gemessen noch gesteuert werden können. Die Schaffung einheitlicher bürokratischer Regeln sowie einheitlicher Gesamtbetriebsvereinbarungen schrecken kreative Mitarbeiter ab. Die notwendigen risikoreichen Geschäftsaktivitäten werden bei konglomeraten Strukturen durch Routinetätigkeiten ersetzt.[81] Mit der rechtlichen Verselbständigung von Unternehmensbereichen entsteht dagegen eine eigene Führungs- und Ergebnisverantwortlichkeit, die die Steigerung des Ertrags- und Kostenbewusstseins und damit der wirtschaftlichen Effizienz des abgespaltenen Unternehmens zur Folge hat.[82] Die Abspaltung ermöglicht die Schaffung eines Anreizsystems für den Managementbereich, indem die Vergütung an die Aktienentwicklung des Konzerns gekoppelt werden kann. Anders als bei stark diversifizierten Gesamtunternehmen kann die Managementleistung bei konzentrierten Unternehmen direkt aus dem Aktienkurs abgeleitet werden, da die Managementleistungen nicht durch verschiedene Entwicklungen in unterschiedlichen Geschäftsbereichen ausgeglichen und verwässert werden.[83] Gleichzeitig ermöglicht der Maßstab der Kursentwicklung, der bei konzentrierten Unternehmen eine Kontrollfunktion der Managementleistung übernimmt, die Senkung der Monitoring-Kosten (Überwachungs- und Kontrollkosten).[84] Schließlich werden bei einer Abspaltung die mit der Größe eines Konzerns steigenden Overhead-Kosten reduziert.[85]

Gegenüber dieser Vielzahl organisatorischer Vorteile der Spaltung eines Einheitsunternehmens scheinen die Nachteile insbesondere in Form von Kosten bei der Durchführung der Spaltung zurückzustehen. Daneben kann sich eine Trennung der Geschäftsbereiche negativ auswirken, wenn bestehende Synergieeffekte beseitigt werden, die Einkaufsmacht des Konzerns verringert wird oder die Übernahmegefahr für die aus der Spaltung entstehenden Unternehmen steigt.[86] Außerdem muss berücksichtigt werden, dass eine Spaltung zwar den Wegfall von Overhead-Kosten nach sich

---

S. 36; Ott, Realteilung, S. 23, 26; Odenthal, Management, S. 188; Picot, ZfBf 1990, S. 119 (129); Raupach, IStR 1993, S. 194 (195); Schultze, Spin-off, S. 118 f.

80 Förster, Umstrukturierung, S. 19 f.; Momen, Steuerneutralität, S. 36; Picot, ZfBf 1990, S. 119 (129); Schultze, Spin-off, S. 119.

81 Bühner, ZfBf 1998, S. 809(814); Frese, ZfBf 1993, S. 999 (1007); Himmelreich, Unternehmensteilung, S. 77; Schultze, Spin-off, S. 115 ff.

82 Odenthal, Management, S. 188; Schultze, Spin-off, S. 115 ff.

83 Bühner, ZfBF 1998, S. 809 (817); ausf. dazu: Schultze, Spin-off, S. 79 ff. Die damit erreichte Reduzierung des Agency Problems - also der Konfliktsituation zwischen Anteilseigner und Manager - und den damit verbundenen Kosten wird in der Betriebswirtschaftlehre sehr geschätzt (Schultze, Spin-off, S. 61 ff.)

84 Bühner, ZfBF 1998, S. 809 (817); Schultze, Spin-off, S. 81; dies gilt eingeschränkt auch für die Primärplatzierung einer Tochtergesellschaft.

85 Odenthal, Management, S. 188.

86 Dormann, ZfBf 1993, S. 1067 (1067); Odenthal, Management, S. 188.

zieht, auf der anderen Seite aber auch die Schutzfunktion der Muttergesellschaft entfällt.[87]
Die Empfehlung einer rechtlichen Trennung verschiedener Geschäftsbereiche durch Spaltung gilt vor allem dann, wenn das Unternehmen aus unterschiedlichen Produktgruppen zusammengesetzt ist und dadurch die Anergien gegenüber den Synergien überwiegen. Bei einer ausgeprägten Produktvielfalt können interne Regeln für den einen Geschäftsbereich sinnvoll, für den anderen aber hinderlich und einschränkend wirken.[88] Widersprüchlichkeiten dieser Art können durch eine Unternehmensspaltung gelöst werden. Auf jeden Fall müssen die Effizienzerwartungen durch die Spaltung die direkten Kosten der Spaltung - beispielsweise Steuern, Börsen-, Notariatsgebühren, erhöhte Fremdkapitalkosten durch Neuverschuldung und Kosten durch Neuverhandlung von Verträgen - übersteigen.[89]

II. Steigerung des Shareholder Value

Gerade in den 90er Jahren hat die Bedeutung des Shareholder Value für die unternehmerische Entscheidungsfindung stark zugenommen.[90] Insbesondere die wertorientierten institutionellen Anleger können auf Umstrukturierungen von Konzernen erheblichen Einfluss nehmen.[91] Stark diversifizierte Unternehmen[92] werden vor allem im Hinblick auf den Shareholder Value kritisiert. Ihr Ziel eines Risikoausgleichs durch ein breit gefächertes Portfolio ist aus der Sicht vieler Investoren nicht Aufgabe eines Unternehmens, sondern des Anlegers.[93] Die Anteilsinhaber würden bei einer Einheitsaktie eines Mischkonzerns gezwungen, Geschäftsbereiche und Aktivitäten zu finanzieren, denen sie ablehnend gegenüberstehen.[94] Man geht davon aus, dass durch eine Unternehmensteilung das Wertpotential der einzelnen Geschäftsbereiche besser ausgeschöpft werden kann als bei einer Zusammenfassung der Tätigkeitsfelder unter einem Dach.[95] Die institutionellen Anleger üben daher in vielen Fällen großen Druck auf die Unternehmensleitungen aus, um eine Unternehmensspaltung mit der von ihnen

---

87 Odenthal, Management, S. 188.

88 Himmelreich, Unternehmensteilung, S. 78 f.; Ott, Realteilung, S. 26.

89 Bühner, ZfBf, 1998, S. 809 (820).

90 Schmitz, ZfgK 1993, S. 842 (842); Uhde, ZfB 2000, S. 331 (335); Volk, Going Public, S. 125.

91 Schmitz, ZfgK 1993, S. 842 (842); Uhde, ZfB 2000, S. 331 (335).

92 Unternehmen mit einem sehr unterschiedlichen Beteiligungsportfolio.

93 Bühner, ZfB 1984, S. 948 (959), der von einer Interessenkollision zwischen wertorientierten Anteilsinhabern und dem machtorientierten Management ausgeht; Hungenberg, Management, S. 390; Schmitz, ZfgK 1993, S. 842 (842).

94 Bühner, ZfBf, 1998, S. 809 (817); Schmitz, ZfgK 1993, S. 842 (842).

95 Bühner, ZfBf, 1998, S. 809 (817); allerdings wurde durch eine Studie der Boston Consulting Group (BCG) widerlegt, dass die Aufteilung von Mischkonzernen in jedem Fall mehr Börsenwert schafft. Eine Analyse von 16 stark diversifizierten Konzernen, die in einzelne Unternehmen zerlegt wurden, zeigte, dass eine Werterhöhung nur dann eintrat, wenn vorher unterdurchschnittliche Ergebnisse erzielt wurden: vgl. Handelsblatt vom 07.03.2000, S. 20.

erhofften Wertsteigerung zu erreichen.[96] Folgerichtig wurden bisherige Unternehmensspaltungen vor allem im angelsächsischen Raum mit der Aufdeckung versteckter Wertpotentiale begründet.[97] Eine Unternehmensteilung ist dann als wirtschaftlich sinnvoll anzusehen, wenn die einzelnen Geschäftsbereiche wertvoller sind als das Einheitsunternehmen als Ganzes. Dies ist häufig der Fall, wenn die Tätigkeitsfelder für unterschiedliche Anlegerkreise bestimmt sind.[98]

III. Finanzwirtschaftliche Gründe für eine Konzernspaltung

Eine rechtliche Trennung von unterschiedlichen Geschäftsbereichen hat voraussichtlich positiven Einfluss auf die Beschaffung neuen Kapitals auf dem Kapitalmarkt, wenn eine neue Gesellschaft entsteht, die ihrerseits den Kapitalmarkt zur Mittelbeschaffung nutzen kann.[99] Mit dem selbständigen Auftreten des abgespaltenen Tätigkeitsfeldes erfährt das neue Unternehmen eine eigene Bewertung durch den Markt. Es wird eine Anreiz- und Kontrollebene unmittelbar durch den Anteilsinhaber geschaffen. Die Unternehmensleitung kann an diesem neu entstandenen Bewertungssystem beurteilt und vergütet werden. [100]

Außerdem garantiert eine Unternehmensteilung, dass Abschreibungen zur Modernisierung des jeweiligen Anlagevermögens reinvestiert werden, und nicht durch die zentrale Unternehmensführung einem gänzlich anderen Bereich zugewiesen werden.[101]

Schließlich bewirkt eine Abspaltung risikobehafteter Unternehmensbereiche eine Haftungsminderung für den übertragenden Rechtsträger.[102] Allerdings beschränkt die fünf-jährige Mithaftung aller beteiligten Rechtsträger nach § 133 UmwG die Möglichkeit des übertragenden Rechtsträgers, sich von einer Produkt- oder Umwelthaftung insgesamt loszulösen.[103]

---

96 Bühner, ZfBf, 1998, S. 809 (809); Uhde, ZfB 2000, S. 331 (335).

97 Bühner, ZfB 1984, S. 948 (958); Odenthal, Management, S. 105, 323, der Spaltungsfälle in den USA beleuchtet.

98 Odenthal, Management, S. 105; Volk, Handelsblatt vom 08.05.2001, S. 29.

99 Bühner, ZfB 1984, S. 948 (959); Förster, Umstrukturierung, S. 28; Himmelreich, Unternehmensteilung, S. 55 f.; Kallmeyer, DB 1996, S. 28 (29); Ott, Realteilung, S. 28.

100 Bühner, ZfBF 1998, S. 809 (817); Schultze, Spin-off, S. 79 ff.

101 Ott, Realteilung, S. 28.

102 Förster, Umstrukturierung, S. 25; Küblböck, Spaltung, S. 3; Momen, Steuerneutralität, S. 38; Ott, Realteilung, S. 25; Sagasser, Umwandlungen, 3.Teil M) Rn. 4.

103 Hommelhoff, in:Lutter, § 133 UmwG Rn. 27; Kallmeyer, § 133 UmwG Rn. 10, Mertens, AG 1994, S. 66 (70); Schöne, Spaltung GmbH, S. 78; vgl. dazu Teil 4 A II b) aa) und Teil 4 A II e) ff).

IV. Auswirkungen einer Unternehmensspaltung auf den Produktions- und Absatzbereich

Die Verstärkung der Flexibilität durch die Abflachung der Hierarchien nach der Spaltung eines Unternehmens wirkt sich auch auf den Produktionsbereich aus, indem auf die sich ständig fortschreitende technische Weiterentwicklung von Produkten und Produktionsabläufen angemessen reagiert werden kann. Die Spaltung führt zu einer Herausbildung von Kernaktivitäten in bestimmten Produktbereichen und fördert daher eine wirkungsvolle Forschungs- und Entwicklungsarbeit speziell in diesen Bereichen. Gleichzeitig kann durch die Verkürzung der Entscheidungsebenen eine schnellere Anpassung bei Einkauf und Vertrieb erreicht werden.[104]

V. Die Spaltung als Vorbereitung weiterer Umstrukturierungsmaßnahmen

Nicht zu vernachlässigen ist die Bedeutung der Ausgliederung oder Spaltung als Zwischenstufe für weitere Umstrukturierungen. Vor allem eine Ausgliederung ermöglicht die Verselbständigung von Tochterunternehmen, die dann in ein Gemeinschaftsunternehmen eingebracht oder durch Teilfusion mit anderen Unternehmen verschmolzen werden können. Im Rahmen der Ausgliederung erhält die Muttergesellschaft Anteile an der Tochtergesellschaft, die sie an Dritte veräußern oder in ein Gemeinschaftsunternehmen einbringen kann.[105] Mit Kooperation oder Teilfusion von Unternehmen kann der Zweck verfolgt werden, betriebliche Risiken zu verringern und Synergieeffekte auszunutzen.[106]

Weiterhin können gescheiterte Kooperationen oder Fusionen im Wege der Spaltung aufgehoben werden. Anlass hierfür kann unter anderem ein Verstoß gegen Wettbewerbsrecht sein. Eine Unternehmensteilung kann in solchen Fällen durch die Wettbewerbsbehörden erzwungen werden.[107]

Schließlich kann die Spaltung eines Unternehmens der Sanierung dienen, indem verlustbringende Unternehmensbereiche abgetrennt werden, um Verlustbereiche, die bisher im Gesamtergebnis verdeckt waren, herauszustellen. Nach der Teilung kann der verlustbringende Unternehmensteil dann liquidiert, veräußert oder auf andere Weise saniert werden.[108]

---

104 Küblböck, Spaltung, S. 2; Momen, Steuerneutralität, S. 39; Ott, Realteilung, S. 23.

105 Förster, Umstrukturierung, S. 26; Fritz, Spaltung, S. 11f.; Himmelreich, Unternehmensteilung, S. 68; Kottmann, Spaltung, S. 10; Küblböck, Spaltung, S. 2; Momen, Steuerneutralität, S. 39, 41; Ott, Realteilung, S. 26 f, 29; Riotte, ertragssteuerliche Behandlung, S. 24.

106 Momen, Steuerneutralität, S. 39; Ott, Realteilung, S. 27; Bühner, WiSt 1993, S. 158 (160).

107 Fritz, Spaltung, S. 13 ; Momen, Steuerneutralität, S. 40, 45; Ott, Realteilung, S. 34 f.

108 Bühner, ZfB 1984, S. 947 (948); Förster, Umstrukturierung, S. 27; Himmelreich, Unternehmensteilung, S. 65; Momen, Steuerneutralität, S. 41; Ott, Realteilung, S. 29.

VI. Trennung von Gesellschaftergruppen

Die Spaltung von Gesellschaften dient insbesondere bei mittelständischen Unternehmen der frühzeitigen Vorbereitung einer Unternehmensnachfolge durch mehrere Erben oder der Trennung verfeindeter Gesellschaftergruppen bei Streitigkeiten über die zukünftige Unternehmenspolitik.[109] Für die Spaltung von Publikumsgesellschaften hat die Trennung von Gesellschaftergruppen keine Bedeutung, da der Einfluss der Gesellschafter auf die Geschäftsführung sehr begrenzten Umfang hat.

VII. Unterschreitung von der Unternehmensgröße abhängiger Gesetzesgrenzen

Eine meist nur als positiver Nebeneffekt angesehene Folge einer Spaltung ist die Möglichkeit, gesetzlich festgelegte Grenzen für Publizitätspflichten oder Arbeitnehmermitbestimmung zu unterschreiten. Die in § 267 HGB geregelte Publizitätspflicht unterscheidet drei Unternehmensgrößen. Umfang der Prüfungs- und Offenlegungspflichten steigen mit zunehmender Unternehmensgröße. Allerdings ist eine Verringerung der Publizitätspflichten bei Unterordnungskonzernen nach §§ 290, 293 HGB unmöglich, da ein Abschluss für den gesamten Konzern aufgestellt werden muss.[110]
Die Größe des Unternehmens wirkt sich daneben auf den Umfang der Mitbestimmung aus. So kann die Verringerung der Unternehmensgröße durch eine Konzernspaltung zu einem Unterschreiten der nach §§ 1, 6 Abs. 1, 7 Abs. 1 MitbestG für die Aufstellung eines Aufsichtsrates notwendigen Arbeitnehmerzahl führen. In diesem Zusammenhang ist jedoch die Konzernzurechnungsvorschrift des § 5 MitbestG zu beachten, die eine Umgehung der Arbeitnehmermitbestimmung bei einer Ausgliederung verhindert.[111]
Bei einer Abspaltung aus einem Konzern kommt es zumeist zu einer Verringerung der Anzahl der Aufsichtsratsmitglieder bei der übertragenden Gesellschaft. Im Gegenzug erhöht sich aber häufig die Anzahl der Aufsichtsratsmitglieder beim übernehmenden Rechtsträger.

D) Überlegungen zur Gestaltung einer Unternehmensspaltung nach dem UmwG

Die Entscheidung, auf welche Weise eine Konzernumstrukturierung erfolgen soll, hängt wie bereits dargestellt von vielen Faktoren ab. Das Spaltungsrecht des UmwG

---

[109] Dazu: Fritz, Spaltung, S. 13 f.; Kallmeyer, DB 1995, S. 28 (28 f.); Momen, Steuerneutralität, S. 41 ff.; Ott, Realteilung, S. 31 f.; Riotte, ertragssteuerliche Behandlung, S. 17 f.

[110] Fritz, Spaltung, S. 15 f.; Momen, Steuerneutralität, S. 44; Ott, Realteilung, S. 32 f.; Riotte, ertragssteuerliche Behandlung, S. 18 f.

[111] Dazu auch: Fritz, Spaltung , S. 15; Momen, Steuerneutralität, S. 41; Ott, Realteilung, S. 34; Riotte, ertragssteuerliche Behandlung, S. 19 f.

bietet zwei in den wirtschaftlichen Konsequenzen völlig unterschiedliche Umstrukturierungsformen. Während die Ausgliederung aufgrund der Anteilsübertragung vom übernehmenden Rechtsträger auf den übertragenden Rechtsträger zu einer Veränderung innerhalb des Konzerns ohne tatsächliche Verselbständigung des Geschäftsbereichs führt, hat eine Ab- oder Aufspaltung wegen der Anteilsübertragung auf die Gesellschafter der übertragenden Gesellschaft eine vollständige Abtrennung des Tätigkeitsfeldes zur Folge. Die Frage, ob eine Ausgliederung der Ab- oder Aufspaltung vorzuziehen ist, muss daher in erster Linie betriebswirtschaftlich beantwortet werden. Wird der spätere Verkauf eines Unternehmens angestrebt, so muss – wenn der Konzern nicht bereits als Holdinggesellschaft organisiert ist – der zu verkaufende Betrieb zunächst ausgegliedert werden.
Bei der betriebswirtschaftlichen Entscheidung für eine vollständige Trennung der Tätigkeitsbereiche kann weder die Ausgliederung durch Einzelrechtsnachfolge noch die Ausgliederung nach dem UmwG zum Ziel führen. Rechtliche Vorteile der Ausgliederung gegenüber der Ab- oder Aufspaltung spielen keine Rolle, da die wirtschaftlichen Folgen der beiden Umstrukturierungsinstrumente nicht vergleichbar sind.
Für die Verselbständigung von Geschäftsbereichen stellt das UmwG die Umstrukturierungsinstrumente der Ab- und Aufspaltung zur Verfügung. Da eine Aufspaltung das gesamte Vermögen des ursprünglichen Unternehmens betrifft, wird die Aufspaltung kostenintensiver sein. Fallen Ertrags- und/oder Grunderwerbsteuern an, so beziehen sich diese bei der Aufspaltung im Gegensatz zur Abspaltung auf das gesamte Vermögen des übertragenden Rechtsträgers.[112]
Außerdem ist die Gefahr des Scheiterns des gesamten Spaltungsvorgangs bei einer Aufspaltung größer als bei einer Abspaltung. Eine Aufspaltung schlägt nämlich insgesamt fehl, soweit eine erforderliche staatliche Genehmigung zur Übertragung eines Vermögensgegenstandes nicht erteilt wurde, da es bei der Aufspaltung aufgrund des Erlöschens der übertragenden Gesellschaft an einem Rechtsträger fehlt, der nicht übertragbare Gegenstände auffangen könnte. Bei der Abspaltung dagegen existiert der übertragende Rechtsträger fort und kann Gegenstände, die aufgrund von Übertragungshindernissen nicht abgespalten werden können, aufnehmen.[113]
Bei einer Abwägung zwischen Spaltung zur Aufnahme und Spaltung zur Neugründung steht die Beachtung der Sachgründungsvorschriften im Vordergrund. Während bei einer Spaltung zur Neugründung einer Aktiengesellschaft Gründungsprüfung durchzuführen und Gründungsbericht (§§ 144, 75 Abs. 1, 125 S. 1 UmwG, 32, 33 Abs. 2 AktG) zu erstellen sind, ist die Beachtung der vergleichbaren Nachgründungsvorschriften (§ 52 AktG) bei einer Spaltung zur Aufnahme nur erforderlich, wenn der Abschluss des Spaltungsvertrages innerhalb von zwei Jahren nach Eintragung der übernehmenden Gesellschaft in das Handelsregister erfolgte (§§ 125 S. 1, 67 UmwG). Dabei ist allerdings zu beachten, dass im Fall der Verwendung einer Mantelgesell-

112 So auch: Wassermeyer, DStR 1992, S. 589 (590).
113 Kallmeyer, in: Kallmeyer, § 123 UmwG Rn. 15.

schaft ebenfalls Gründungsprüfung durchgeführt und Gründungsbericht angefertigt wird.[114]
Die von *Heidenhain*[115] beschriebene Gefahr, dass bei einer Spaltung zur Neugründung aufgrund der Reihenfolge der Eintragungen in das Handelsregister der neue Rechtsträger vermögenslos entstehe und bei einem Scheitern der Spaltung eine Amtslöschung notwendig werde, besteht bei einer Auslegung der §§ 135, 137 UmwG unter Zugrundelegung des Gesetzeszwecks, der Systematik und des Willens des Gesetzgebers nicht. *Heidenhain* geht zunächst zutreffend davon aus, dass die Spaltung nach § 130 Abs. 1 S. 1 UmwG erst nach Eintragung im Register des übernehmenden Rechtsträgers und mit Eintragung der Spaltung im Register des übertragenden Rechtsträgers wirksam wird. Bereits mit ersterer Eintragung, so *Heidenhain*, entstehe der neue übernehmende Rechtsträger nach §§ 135 Abs. 2 UmwG, 41 Abs. 1 S. 1 AktG, so dass aufgrund noch fehlender Wirksamkeit der Spaltung und der damit einhergehenden Vermögensübertragung zunächst ein Rechtsträger ohne Vermögen gegründet werde. Erst mit Vollzug der Spaltung durch Eintragung im Register des übertragenden Rechtsträgers erhalte der neue Rechtsträger das ihm zugeteilte Vermögen. Aufgrund des zunächst vermögenslosen Rechtsträgers entstehe eine erhebliche Gefahr für den Rechtsverkehr, die um so größer werde je mehr sich die Eintragung beim übertragenden Rechtsträger verschiebe. Das Scheitern einer Spaltung nach Eintragung des neuen Rechtsträgers würde daher eine besonders große Rechtsunsicherheit schaffen.
Gegen diese Ansicht lässt sich vorbringen, dass § 41 Abs. 1 S. 1 AktG bei der Spaltung zur Neugründung entgegen der umfassenden Verweisung in § 135 Abs. 2 UmwG keine Anwendung findet. Die Verweisung in § 135 Abs. 1 S. 1 UmwG auf § 130 Abs. 1 S. 2 UmwG kann nämlich nur so verstanden werden, dass nicht nur hinsichtlich der Spaltung, sondern auch hinsichtlich der Entstehung des neuen Rechtsträgers ein Vermerk in das Register aufzunehmen ist, wonach die Wirksamkeit der Spaltung und der Entstehung des neuen Rechtsträgers von der Eintragung der Spaltung im Handelsregister der übertragenden Gesellschaft abhängig ist.[116] Es ist offensichtlich, dass die neue Gesellschaft nicht vor dem Wirksamwerden der Spaltung entstehen soll. Dies ergibt sich auch aus der Regierungsbegründung, die von einem einheitlichen Zeitpunkt des Wirksamwerdens der Spaltung und der Entstehung des neuen Rechtsträgers ausgeht.[117] Darüber hinaus geht aus § 137 Abs. 2 und Abs. 3 UmwG eindeutig hervor, dass der neue Rechtsträger erst mit Eintragung der Spaltung beim übertragenden Rechtsträger entstehen soll.[118] Würde die neue Gesellschaft nämlich bereits mit Eintragung beim übernehmenden Rechtsträger entstehen, so wäre nicht verständlich,

114 Vgl. dazu: Teil 3 C) III 2.

115 Heidenhain, GmbHR 1995, S. 264 (265); wohl auch: Karollus, in: Lutter, Kölner Umwandlungsrechtstage, S. 157 (172 Fn. 45).

116 Neye, GmbHR 1995, S. 565 (566); ebenso: Engelmeyer, Spaltung, S. 325; Bayer/Wirth, ZIP 1996, S. 817 (821 ff.) mit ausf. Auseinandersetzung mit den Auslegungsmethoden; Bruski, AG 1997, S. 17 (19).

117 BT-Drucks. 12/6699, zu § 137 UmwG, S. 123; so bereits: Bruski, AG 1997, S. 17 (19).

118 Vgl. Bayer/Wirth, ZIP 1996, S. 817 (822); Bruski, AG 1997, S. 17 (19).

warum nicht die Vertretungsorgane des neuen Rechtsträgers nach § 129 UmwG die Anmeldung beim Register des übertragenden Rechtsträgers übernehmen dürften. Gleiches gilt für die Formulierungen in § 137 Abs. 3 UmwG. Würde der Rechtsträger bereits mit Eintragung der Spaltung beim übernehmenden Rechtsträger entstehen, so wäre der von § 130 Abs. 2 UmwG abweichende Wortlaut in § 137 Abs. 3 UmwG nicht verständlich. Aus all dem ist abzuleiten, dass der neue Rechtsträger zusammen mit dem Wirksamwerden der Spaltung entsteht. Rechtsunsicherheiten sind daher nicht zu befürchten.
Dennoch hat die Entstehung der neuen Gesellschaft erst mit Wirksamwerden der Spaltung Nachteile. Während bei einer Spaltung zur Aufnahme Vorbereitungshandlungen bereits vor Vollzug der Spaltung vorgenommen werden können und die Haftungsfragen klar sind, so stellt sich bei der Spaltung zur Neugründung die Frage, ob die künftigen Vorstände für die entstehende Gesellschaft bereits handeln können und dürfen. Dies dürfte aufgrund der Verweisung in § 135 Abs. 2 UmwG bei Verträgen über Sondervorteilen, Gründungsaufwand, Sacheinlagen oder Sachübernahmen nach § 41 Abs. 3 AktG nur bei einer Festsetzung in der Satzung des neuen Rechtsträgers zulässig sein.[119] Im übrigen ist noch völlig ungeklärt, wie sich der Abschluss von Rechtsgeschäften für die entstehende Gesellschaft und die daraus resultierenden Haftungen gestalten. Aufgrund des begrenzten Umfangs der Untersuchung, die sich in erster Linie mit der Abspaltung zur Aufnahme beschäftigt, soll ein Hinweis auf die Anwendbarkeit der allerdings umstrittenen Regelung zur Einmanngründung bei der GmbH genügen.[120]
Die Frage, ob eine Spaltung zur Neugründung oder eine Spaltung zur Aufnahme durchgeführt werden soll, ist in erster Linie eine Frage der Unternehmenspolitik. Bestehen bereits Mantelgesellschaften, so ist es sicherlich vorteilhaft, diese bei einer Spaltung auch einzusetzen. Andernfalls würde die Neugründung des übernehmenden Rechtsträgers dazu führen, dass die bestehende Gesellschaft überflüssig wird und damit eine kosten- und zeitintensive Liquidation der alten Gesellschaft vorgenommen werden müsste. Die Verwendung einer 100%igen Tochtergesellschaft hat allerdings im Vergleich zur Spaltung zur Neugründung den Nachteil, dass ein Abhängigkeitsbericht nach § 312 AktG über alle Rechtsgeschäfte und Maßnahmen bis zum Wegfall der Abhängigkeit erstellt werden muss.[121]
Sollen bei der neu zu gründenden Gesellschaft bereits im Vorfeld Geschäfte getätigt werden, so ist aufgrund erheblicher Rechtsunsicherheiten über die Frage eines Sonder-

119 Ebenso: Bruski, AG 1997, S. 17 (22 f.).

120 Vgl. dazu Bruski, AG 1997, S. 17 (23 ff.), der eine Haftung nach der Sondervermögenstheorie bei der Einmanngründung befürwortet; zur Frage der Einmanngründung im Aktienrecht: Hüffer, § 41 AktG Rn. 17a ff.

121 Darauf hat Herr Preissler (damals verantwortlicher Justiziar der Hoechst AG) im Gespräch vom 31.10.2001 hingewiesen; zur Entbehrlichkeit eines Abhängigkeitsberichts: Kropff, in Münchener Kommentar, § 312 AktG Rn. 31.

vermögens des Alleingründers bei der Einmanngründung, die eine Spaltung zur Neugründung im Ergebnis darstellt,[122] eher zu einer Spaltung zur Aufnahme zu raten. Es bleibt daher festzuhalten, dass grundsätzlich bei der Entscheidung für die vollständige Abtrennung eines Geschäftsbereichs insbesondere aus Kostengründen eine Abspaltung der Aufspaltung vorzuziehen ist. Daneben ist eine Spaltung zur Aufnahme jedenfalls dann anzuraten, wenn ein geeigneter Rechtsträger bereits besteht und beim übernehmenden Rechtsträger bereits vor der Spaltung Vorbereitungen getroffen werden sollen.

E) Spaltungsmotive und Gestaltung am Beispiel der Spaltung der Hoechst AG

Die Abspaltung der Celanese AG aus dem Hoechst Konzern war die erste Spaltung eines Großkonzerns nach Inkrafttreten des UmwG.[123] In den folgenden Ausführungen soll daher aufgezeigt werden, wie die Abspaltung aber auch die eng mit der Spaltung verbundene Fusion mit Rhône Poulonc in der Öffentlichkeit aufgenommen wurde. Im Anschluss daran soll die Art der Durchführung der Spaltung qualifiziert und die Begründung für das Spaltungsvorhaben beleuchtet werden.

I. Stimmen aus der Wirtschaftspresse zur Umstrukturierung des Hoechst Konzerns

Die Verselbständigung der Celanese Tochter wurde bereits vor der Kundmachung des Spaltungsvorhabens der Hoechst AG am 17.11.1998 von der Öffentlichkeit erwartet. Analysten rieten zu einem schnellen Umbau des Hoechst Konzerns zu einem Life Science Unternehmen, da eine eindeutige Zuordnung zu einer Unternehmenssparte für die Bewertung des Konzerns maßgeblich sei und Chemietitel im allgemeinen niedriger bewertet würden als Pharma- und Life Science Unternehmen. Allerdings rechnete man mit einem Börsengang oder einem Verkauf des Geschäftsbereichs „Industrielle Chemie“ an einen Wettbewerber. [124]

Im Gegensatz zum Börsenkurs der Hoechst AG, der auf die Veröffentlichung des Abspaltungsvorhabens um 3,40 DM nachgab, waren die Stimmen zur Abspaltung sehr positiv. Es sei genau die Maßnahme, die angelsächsische Analysten von der deutschen

122 Bruski, AG 1997, S. 17 (19); Hüffer, § 41 AktG Rn. 17a; Pentz, Münchener Kommentar, § 41 AktG Rn. 74.

123 Die Abspaltung der Takkt AG von der Gehe AG fand in etwa zeitgleich mit der Spaltung des Hoechst Konzerns statt. Allerdings war die Spaltung der Hoechst AG bei weitem das spektakulärere Ereignis. So bezeichnete auch die Wirtschaftspresse die Abspaltung der Celanese AG als erste Spaltung dieses Ausmaßes in Deutschland: Bernhard, Handelsblatt vom 18.11.1998, S. 14; Bohne, Handelsblatt vom 18.11.1998, S. 14.

124 Handelsblatt vom 13.10.1998, S. 15.

Großchemie schon geraume Zeit forderten.[125] Eine positive Kursreaktion am Börsenmarkt sei dagegen nicht zu erwarten gewesen, weil für die Marschrichtung der Hoechst AG bereits Vorschusslorbeeren verteilt worden seien und der Konglomerat-Discount bereits weggefallen sei. Die KGV[126]- Bewertung sei schon zum damaligen Zeitpunkt mit der Bewertung von reinen Pharmawerten vergleichbar gewesen.[127] Auch im übrigen sprach man von einer eleganten Lösung, die eine Umstrukturierung unabhängig von den angespannten Absatz- und Finanzmärkten ermöglicht habe.[128] Es wurde aber auch die Überlebensfähigkeit der Celanese AG angezweifelt. Aufgrund der hohen Investitionskosten im Geschäftsbereich „Industrielle Chemie" glaubte man, die künftige Celanese AG sei wohl zu klein, um wirklich bestehen zu können. Wegen der schlechten Finanzausstattung drohe das Abwandern der Aktionäre von der Celanese AG.[129] Mit dem darauf folgenden sinkenden Börsenwert würde dann die Übernahmegefahr für die Celanese AG steigen.
Das bei der Veröffentlichung des Spaltungsvorhabens geäußerte Durchführungsverfahren stimmte in den meisten Eckdaten mit der schließlich realisierten Umstrukturierung überein. Anstatt 1,9 Mrd DM Verbindlichkeiten sollten anfangs 3,2 Mrd. DM Verbindlichkeiten auf die Celanese AG übertragen werden. Die Abspaltung sollte darüber hinaus bereits am 22.01.1999 von der Hauptversammlung beschlossen werden. Eine Börseneinführung war zum Frühjahr 1999 geplant. Umtauschverhältnisse und sonstige Modalitäten standen dagegen bereits Mitte November 1998 fest.[130]
Erste Gerüchte einer Fusion zwischen Hoechst und Rhône Poulonc wurden dagegen bei der Veröffentlichung des Spaltungsvorhabens nicht bestätigt.[131] Erst am 25.11.1998 erfolgte die offizielle Kundmachung von Verhandlungen über eine Fusion von Hoechst und Rhône Poulonc als „Merger of Equals" zu einem Konzern namens Aventis. Dabei sollte zunächst nur ein Gemeinschaftsunternehmen geschaffen werden, um Zeit für die Veräußerung bestimmter Chemieunternehmungen zu gewinnen. Erst etwa zwei Jahre danach sollte eine Vollfusion mit dem Ziel der Rationalisierung stattfinden.[132] Die Reaktionen in der Wirtschaftspresse waren vorwiegend negativ, da ein Zusammengehen zweier innovations- und forschungsschwacher Unternehmen ohne gefestigten Zugang zum amerikanischen Wachstumsmarkt keine Erfolgsgeschichte verspreche.[133] Vorrangiger Zweck der Fusion sei wohl der Schutz vor feindlichen Übernahmen, mutmaßte die Wirtschaftspresse.[134]

---

125 Handelsblatt vom 18.11.1998, S. 14.
126 Kurs-Gewinn-Verhältnis.
127 Handelsblatt vom 18.11.1998, S. 14.
128 Bernhard, Handelsblatt vom 18.11.1998, S. 14.
129 Bohne, Handelsblatt vom 18.11.1998, S. 14.
130 Handelsblatt vom 18.11.1998, S. 13.
131 Handelsblatt vom 18.11.1998, S. 1.
132 Handelsblatt vom 26.11.1998, S. 1; Handelsblatt vom 02.12.1998, S. 1, S. 13.
133 Bernhard, Handelsblatt vom 02.12.1998, S. 2; Bernhard, Handelsblatt vom 26.11.1998, S. 2.
134 Handelsblatt vom 26.11.1998, S. 1, S. 21.

Am 16. und 17.02.1999 hat die einvernehmliche und friedliche Atmosphäre zunächst ein Ende, da der kuwaitische Großaktionär der Hoechst AG einer 50 zu 50 Fusion mit Rhône Poulonc nicht zustimmen wollte. Die Zustimmung des kuwaitischen Anteilsinhabers war ausschlaggebend für den Erfolg des Vorhabens, da die Kuwait Petroleum Corporation (KPC) 24,5 % der Hoechst-Anteile hielt und damit eine faktische Sperrminorität innehatte.
Eine Fusion unter Gleichen entsprach weder den Börsen- noch den realen Vermögenswerten der beiden Gesellschaften.[135] Man sprach bereits von einer Sonderdividende und einem Aktienrückkaufprogramm zur Wertverringerung bei der Hoechst AG.[136] Ein Verhältnis von 60: 40 lehnte aber der französische Partner ab.
Bei einem Besuch in Kuwait am 10.03.1999 erfuhr der Hoechst Vorstand, dass der Fusionsplan mit der stufenweisen Umstrukturierung nicht im Interesse des Großaktionärs sei.[137] Der Großaktionär und einige institutionelle Anleger forderten den Abschluss der Umstrukturierung noch im Jahr 1999 mit dem Ziel einer baldigen Wertsteigerung durch das Entstehen eines reinen Life Science Unternehmens.[138] Dies führte dazu, dass am 18.03.1999 ein neuer Zeitplan verkündet wurde, wonach die Stufe der Bildung eines Gemeinschaftsunternehmens mit Rhône Poulonc entfallen und die Fusion noch 1999 stattfinden sollte.[139]
In der Hauptversammlung vom 04.05.1999, in der die Hoechst-Aktionäre das Aktienrückkaufprogramm zur Wertverringerung bei der Hoechst AG beschlossen, wurde heftige Kritik an der beabsichtigten Fusion geübt, weil die Ziele einer Präsenz im Wachstumsmarkt USA, hohes technisches Niveau und eine starke Pharma Produktpalette mit der Verschmelzung mit Rhône Poulonc nicht erreicht werden könnten.[140] Nur mit dem Zugeständnis eines Fusionsverhältnisses von 53 % Hoechst und 47 % Rhône Poulonc und einer außerordentlichen Dividendenzahlung durch Beschluss eines Rumpfgeschäftsjahres ließ sich der kuwaitische Anteilsinhaber von seiner ablehnenden Haltung hinsichtlich der Fusion abbringen.[141] Diese Forderungen standen vor dem Hintergrund, dass ein „Merger of Equals" für die Kuwait Petroleum Corporation nicht nur finanziell Nachteile eingebracht hätte, sondern zusätzlich der Einfluss der Kuwaitis bei Aventis im Vergleich zur bisherigen faktischen Sperrminorität bei Hoechst wesentlich verringert worden wäre.[142]
Während bei Rhône Poulonc die Abspaltung des Chemiesektors bereits im Mai vollzogen war, bestand bei Hoechst noch große Unsicherheit über die Verwirklichung des

135 Handelsblatt vom 17.02.1999, S. 13.
136 Handelsblatt vom 18.02.1999, S. 1; Weber, Handelsblatt vom 18.02.1999, S. 2.
137 Handelsblatt vom 11.03.1999, S. 21
138 Handelsblatt vom 17.03.1999, S. 13.
139 Handelsblatt vom 19./20.03.1999, S. 16.
140 Handelsblatt vom 05.05.1999, S. 14.
141 Handelsblatt vom 12.05.1999, S. 14.
142 Handelsblatt vom 15.05.1999, S. 2.

Projekts. Daher bezeichnete die Wirtschaftspresse die Situation der Rhône Poulonc als blühende Landschaft, die bei Hoechst dagegen als Großbaustelle.[143]
Am 17.05.1999 erklärte Kuwait die Zustimmung zur Umstrukturierung. Aufgrund des engen Zeitplans konnten jedoch die geplanten Beteiligungsverkäufe von Wacker, Clariant und Messer Griesheim nicht vor der Fusion verwirklicht werden. Da die Hoechst AG damit einen erheblich größeren Wert bei der Fusion eingebracht hätte, sollte die Zahlung einer Sonderdividende und ein Aktienrückkaufprogramm eine Gewichtsreduzierung bei Hoechst herbeiführen.[144] Mit der Konkretisierung der Verschmelzungspläne wurden auch genauere Daten zur Abspaltung der Celanese AG bekannt. Wegen der Zeitnot sollte Celanese mehr Beteiligungen erhalten als zunächst geplant. Auch die Kapitalausstattung wurde verbessert, indem der Celanese AG anstatt 3,2 Mrd. DM lediglich 1,9 Mrd. DM Verbindlichkeiten zugewiesen werden sollten. Diese Stärkung der Celanese AG wurde in der Wirtschaftspresse positiv aufgefasst. Die Befürchtungen der Hoechst Aktionäre ein Risikopapier zu erhalten, seien damit ein wenig gedämpft worden.[145]
Nachdem Hoechst Teile ihrer 45% igen Beteiligung an Clariant teils durch Sekundärplatzierung, teils durch Hoechst Wandelanleihen am 9.07.1999 veräußerte, stand am 15. und 16.07.1999 die außerordentliche Hauptversammlung über die Fusion mit Rhône Poulonc, der Abspaltung der Celanese AG und der Verkürzung des Geschäftsjahres auf dem Programm. Die Aktionäre der Rhône Poulonc stimmten bereits am 13.07.1999 einer Verschmelzung mit einem Verhältnis von 53 zu 47 bei paritätischer Führung zu.[146]
Die Hauptversammlung am 15. und 16.07.1999 führte trotz einiger Schwierigkeiten mit sogenannten Berufsopponentengruppen zu einer mehrheitlichen Zustimmung[147] zu Fusion, Abspaltung und Verkürzung des Geschäftsjahres. Die Stimmen von Aktionären auf der Hauptversammlung wie auch die Stimmen der Analysten zur Umstrukturierung, insbesondere aber zur Fusion mit Rhône Poulonc, waren vorwiegend negativ.[148] Es wurde von einer Beerdigung nach 136 Jahren deutscher Industriegeschichte gesprochen. Vertreter institutioneller Anleger äußerten erhebliche Bedenken gegen die Beschneidung der Rechte deutscher Aktionäre, indem die Rechte der Aktionäre in Hauptversammlungen französischer Gesellschaften weitaus weniger ausgeprägt seien als die in deutschen Hauptversammlungen. Außerdem sei eine Verschlechterung des Zugangs zu Unternehmensinformationen für deutsche Anleger zu erwarten. Diese Folgen seien auch nicht durch die steuerlichen Vorteile der Fusion in Frankreich zu rechtfertigen.[149] Die Analysten waren ebenso wenig von der Um-

143 Handelsblatt vom 15.05.1999, S. 22.
144 Handelsblatt vom 18.05.1999, S. 1.
145 Handelsblatt vom 18.05.1999, S. 17.
146 Handelsblatt vom 14.07.1999, S. 14.
147 Zustimmung zur Fusion: 99,7 %, zur Abspaltung: 99,9 % und zur Verkürzung des Geschäftsjahres ebenfalls: 99,9 %: Handelsblatt vom 19.07.1999, S. 13.
148 Handelsblatt vom 16/17.07.1999, S. 12.
149 Handelsblatt vom 16/17.07.1999, S. 16.

strukturierung begeistert, da beide Unternehmen zusammen eine veraltete und schlechte Produktpalette aufweisen würden.[150]

Ursprünglich war die Eintragung der Spaltung für Anfang Oktober 1999 geplant. Aufgrund einer Anfechtungsklage, die durch einen Prozessvergleich erledigt wurde, konnte die Eintragung ins Handelsregister Mitte Oktober 1999 vorgenommen werden.[151]

Nach Eintragung der Abspaltung der Celanese AG im Handelsregister der Hoechst AG am 22.10.1999 stand am 25.10.1999 bereits die Börsennotierung in Frankfurt und New York auf dem Programm. Der Emissionspreis lag mit 16 € am unteren Ende der Preisbildungsspanne von 16 bis 23 €, da die Celanese AG mit einer niedrigen Bewertung und hochroten Zahlen aufzuwarten hatte.[152] Der Ansicht des Vorstandsvorsitzenden Claudio Sonder, die Celanese AG sei für die Zukunft gut ausgerüstet, wurde nicht geglaubt. Man war der Auffassung, dass das Verhältnis von 5 Mrd. € Umsatz zu einem Börsenwert von 800 Mrd. € keine aktive Rolle in der kapitalintensiven Chemieindustrie ermögliche. Eine Übernahme der Celanese AG sei wohl nur eine Frage der Zeit.[153]

Mit dem Gesamtprojekt der Umstrukturierung des Hoechst Konzerns zeigte sich die Wirtschaftspresse zufriedener.[154] Der Vorgang wurde als beispielloser Umbauprozess in Deutschland gewürdigt. Damit folge man dem „britischen Trend" der Konzentration, der 1993 mit der Spaltung der Imperial Chemical Industrials (ICI) begonnen habe. Neben dem persönlichen Ehrgeiz des Vorstandsvorsitzenden Dormann sei die Umstrukturierung Konsequenz industrieller Logik. Anders als etwa Bayer oder BASF hätte der Hoechst Konzern einen schwachen Chemiezweig und einen ausbaufähigen Life Science Bereich gehabt. Der Geschäftsbereich „Life Science" sei durch Spaltung und Fusion folgerichtig getrennt und gefördert worden. Schließlich sei der Umbauprozess auch von der Börse frühzeitig positiv aufgenommen worden.[155]

Am 15.12.1999 wurde die Umstrukturierung als Kombination aus Spaltung und Verschmelzung mit der Gründung der Aventis AG formal abgeschlossen.[156]

II. Die Teilung der Hoechst in Form einer Abspaltung

Die Hoechst AG hat sich für eine Umstrukturierung durch Abspaltung entschieden. Da die Hoechst AG nicht aufgelöst wurde, ist der Umwandlungsvorgang nicht als Aufspaltung zu qualifizieren. Eine Ausgliederung der Celanese AG ist ebenfalls nicht anzunehmen, weil nicht die Hoechst AG, sondern deren Anteilsinhaber die Mitgliedschaftsrechte an der Celanese AG erhielten.[157]

150 Handelsblatt vom 15.07.1999, S. 16; Handelsblatt vom 19.07.1999, S. 23.

151 Handelsblatt vom 05.10.1999, S. 21.

152 Handelsblatt vom 25.10.1999, S. 22; Handelsblatt vom 26.10.1999, S. 36.

153 Handelsblatt vom 26.10.1999, S. 36.

154 Handelsblatt vom 25.10.1999, S. 22.

155 Handelsblatt vom 25.10.1999, S. 22.

156 Handelsblatt vom 16.12.1999, S. 18.

157 § 2 des Spaltungs- und Übernahmevertrags, in: Spaltungsbericht der Hoechst AG und der

Da die Hoechst AG als Muttergesellschaft Teile ihres Vermögens auf die Tochtergesellschaft gegen Gewährung von Anteilen an ihre Anteilsinhaber abspaltete, handelte es sich um eine Abspaltung „down stream".
Bei der 1999 durchgeführten Abspaltung übernahm die Diogenes Erste Vermögensverwaltungs AG, die nach Eintragung der Spaltung in ihrem Register zu Celanese AG umfirmierte, als bereits bestehender Rechtsträger das zu übertragende Vermögen. Die Spaltung der Hoechst AG ist daher als Spaltung zur Aufnahme und nicht als Spaltung zur Neugründung zu systematisieren.
Die Hoechst AG führte die Abspaltung, rechtlich insbesondere von Deringer, Tessin, Herrmann & Sedemund betreut, auf zwei unterschiedlichen Wegen durch. Die Übertragung der Beteiligungen auf die Celanese AG erfolgte zum einen direkt über die Vorschriften des UmwG. Zum anderen brachte die Hoechst AG aus steuerlichen Gründen, auf die im Lauf der Untersuchung noch eingegangen wird,[158] insbesondere Auslandsbeteiligungen zunächst in eine von ihr zu 100 % gehaltene Zwischenholding mit dem Namen Diogenes GmbH ein. Die Anteile an der Diogenes GmbH wiederum wurden auf die Celanese AG übertragen. Dies sollte gewährleisten, dass die stillen Reserven in den Auslandsbeteiligungen steuerfrei realisiert werden konnten.[159]

III. Motive für die Abspaltung der Celanese AG

1. Vorteile aus unternehmensstrategischer Sicht

Die Spaltung der Hoechst AG wurde vorrangig mit den unterschiedlichen Strategien und Märkten im Bereich „Life Science" auf der einen Seite und „Industrieller Chemie" auf der anderen Seite begründet.[160] Mit der unternehmerischen Entscheidung, sich auf den Geschäftsbereich „Life Science" zu konzentrieren, müssten alle zur Verfügung stehenden Mittel für die Entwicklung neuartiger patentgeschützter Produkte verwendet werden. Damit gehe einher, dass für die Sicherung und den Ausbau der Marktstellung im Bereich „Industrieller Chemie" nicht genügend Ressourcen vorhanden seien.
Die Beibehaltung der damaligen Holdingstruktur sei auch deshalb nicht sinnvoll, weil aufgrund der unterschiedlichen Ausrichtungen und Anforderungen Synergien nicht entstünden. Während der Bereich „Life Science" von Forschung und Entwicklung geprägt sei, käme es im Bereich „Industrielle Chemie" auf Weiterentwicklung von Produktionstechniken und hohen Investitionen in Sachanlagen an.
Gerade im Bereich „Life Science" sei aufgrund ständiger Weiterentwicklung der Bio- und Gentechnologie ein erhöhter Wettbewerbsdruck vorzufinden, der ein hohes Innovationsniveau und erhebliche Investitionen fordere.

Celanese AG, Anhang I, S. 102.

158 Teil 3 A).

159 Spaltungsbericht der Hoechst AG, S. 15, 125f.

160 Zu den von der Hoechst AG angeführten Spaltungsmotiven: Spaltungsbericht der Hoechst AG und der Celanese AG , I.2., S. 4 ff.

In der „Industriellen Chemie“ liege der Schwerpunkt dagegen auf Verringerung der Produktionskosten und Steigerung der Produktivität.
Zwei neu geschaffene Konzernunternehmen hätten den Vorteil, schneller und effizienter Kapitalressourcen einzusetzen. Damit könnten sie auch ihre jeweilige Wettbewerbsfähigkeit steigern. Jede Geschäftssparte könnte nach einer Spaltung eigenständig Allianzen eingehen und Akquisitionen tätigen. Weiterhin zeige ein internationaler Vergleich, dass „Life Science“ Unternehmen wie Monsanto (USA), Zeneca (GB) und Rhône Poulenc (F) ihr jeweiliges Industriechemikaliengeschäft bereits mit Erfolg veräußert oder abgespalten haben.
Schließlich erleichtere die Konzentration der Hoechst AG auf das „Life Science“ Geschäft den Unternehmenszusammenschluss mit Rhône Poulenc.

2. Vorteile für die Aktionäre

Die Hoechst AG weist in ihrem Spaltungsbericht darauf hin, dass Hoechst Aktionäre Aktien der Celanese AG erhalten und damit wirtschaftlich an den gleichen Vermögensgegenständen beteiligt bleiben wie vor der Spaltung. Die Spaltung der Geschäftsbereiche werde eine nachhaltige Steigerung der Werthaltigkeit der Anteile zur Folge haben. Die Trennung beider Bereiche sei gerade für Investoren interessant, da „Life Science“ und „Industrielle Chemie“ unterschiedliche Risikoprofile und Anlegergruppen anspreche. Mit der Abspaltung sei ein Investor, der sich für das „Life Science“ Geschäft interessiert, nicht mehr gezwungen, in die „Industrielle Chemie“ zu investieren.[161] Dadurch würden neue Investorengruppen erschlossen, ohne die alten Investoren, die bei beiden Gesellschaften Aktien erwerben können, abzuhalten.
Die Abspaltung ermögliche zudem, dass Managementleistungen mit anderen Gesellschaften derselben Branche besser verglichen werden könnten. Dies biete Anreize für das Management und erleichtere, qualifiziertes und motiviertes Personal zu finden und zu halten.[162]

3. Die Abspaltung und andere Umstrukturierungsmaßnahmen

Die Begründung der Durchführung einer Unternehmensspaltung im gemeinsamen Spaltungsbericht setzt sich auch mit alternativen Umstrukturierungsmaßnahmen auseinander. Im Gegensatz zum Verkauf der einzelnen Aktivitäten oder der Einbringung in Gemeinschaftsunternehmen ermögliche die Abspaltung eine Trennung in einer einzigen Transaktion. Dies halte die Transaktionskosten niedrig und mache die Vorteile der Trennung schnell nutzbar.
Ein Verkauf oder eine Einbringung in Gemeinschaftsunternehmen hätte aufgrund vieler Verhandlungen und Genehmigungsverfahren eine erhebliche Kostensteigerung und Verzögerung des unternehmerischen Ziels zur Folge gehabt.

---

161 Vgl. oben Teil 2 C) II.

162 Spaltungsbericht der Hoechst AG und der Celanese AG, I.2.3, S. 6; vgl auch oben Teil 2 C) I 2.

Die Alternative des Börsengangs sei aus Bewertungsgesichtspunkten im Jahr 1999 ungünstig gewesen. Das an der Börse zu notierende Geschäft im Bereich industrieller Chemie habe sich als zyklischer Wert im damaligen Zeitpunkt am unteren Ende des Zyklus befunden. Die Wahrscheinlichkeit, die erhofften Erlöse durch einen Börsengang zu erwirtschaften, sei daher gering gewesen. Außerdem hätten bei der Platzierung aller Aktien aufgrund der Größe der Sparte „Industrielle Chemie" erhebliche Unsicherheiten bestanden. Teilplatzierungen wiederum hätten eine ungewünschte zeitliche Verzögerung bedeutet. Weitere Unsicherheiten seien wegen der Unberechenbarkeit der jeweiligen Kapitalmarktbedingungen zu befürchten gewesen.[163]

IV. Stellungnahme und Anmerkungen zur Abspaltungsentscheidung der Hoechst AG

Die Hoechst AG entschied sich für eine vollständige Trennung der Geschäftsbereiche „Life Science" und „Industrielle Chemie" unter anderem als Folge eines Wechsels auf der Vorstandsebene. Eine Verjüngung und Internationalisierung des Vorstands hatte zur Folge, dass eine Unternehmensteilung aufgrund der unter C I-III diskutierten betriebswirtschaftlichen Erwägungen als beste Alternative für eine Umstrukturierung des Konzerns angesehen wurde. Ein Einfluss seitens der institutionellen Anleger in Richtung Unternehmensteilung fand nicht statt.[164]

Die Entscheidung, den Geschäftsbereich „Industrielle Chemie" abzuspalten und nicht nur auszugliedern und danach zu verkaufen oder als Tochtergesellschaft an die Börse zu bringen, ist im Hinblick auf die sehr dürftige deutsche Spaltungserfahrung mutig und konsequent. Wie bereits angesprochen entsteht durch die Unternehmensteilung eine neue „corporate identity" mit der ganzen Bandbreite an Gestaltungsmöglichkeiten auf dem Kapitalmarkt. Die Entscheidungsebenen werden verkürzt und die Overhead-Kosten verringert. Das Personal kann sich mit der neuen Gesellschaft besser identifizieren und erfährt durch Ausgabe von Belegschaftsaktien direkt einen Anreiz zu produktiver Arbeit.

F) Ergebnis

Aus betriebswirtschaftlicher Sicht kann keine eindeutige Aussage darüber getroffen werden, ob eine Abspaltung von Tätigkeitsfeldern aus diversifizierten Konzernen zu empfehlen ist. Vielmehr ist die Spaltung eines Konzerns Folge einer Unternehmenspolitik, die die Konzentration des Unternehmens auf seine Kernbereiche favorisiert.

Diese Unternehmenspolitik hat unabhängig von ihrem umstrittenen Erfolg an der Börse bedeutende Vorteile gegenüber einer konglomeraten Konzernstruktur. Die

---

163 Spaltungsbericht der Hoechst AG und der Celanese AG, I.2.4, S. 7 f.

164 Auskunft von Dr. Günter Metz (früherer stellvertretender Vorstandsvorsitzender der Hoechst AG und jetziger Aufsichtsratsvorsitzender der Celanese AG) vom 16.10.2001.

Konzernspaltung bewirkt eine Abflachung der Hierarchien und damit eine Steigerung von Flexibilität und Transparenz. Der Börsenkurs kann anders als bei einem Mischkonzern als Spiegelbild des Erfolgs des Unternehmens Belegschafts- und Managementleistung bewerten. Darüber hinaus entsteht mit der Abspaltung eines Geschäftsfeldes eine neue Kapitalmarktadresse mit der Möglichkeit, eigenständig Kapital aus dem Markt zu generieren. Auch der Shareholder Value profitiert nach Auffassung der meisten institutionellen Anleger von einer Abspaltung, da durch eine Unternehmensteilung Investoren angesprochen werden, die sich nur für ein bestimmtes Tätigkeitsfeld interessieren.

Diese Vorteile einer Unternehmensteilung kommen aber nur dann ausreichend zur Geltung, wenn die Transaktionskosten niedrig gehalten werden können. Außerdem dürfen durch eine Spaltung bereits existierende Synergien nicht beseitigt werden.

Entscheidet sich der Konzern für eine vollständige Trennung der Geschäftsfelder, so kann neben einer Abspaltung auch ein Verkauf der betroffenen Betriebe in Betracht gezogen werden. Der Unternehmensverkauf hat den Vorteil, dass der Konzern effektiv kein Vermögen abgibt. Er erhält für die veräußerten Unternehmen eine Aquisitionswährung in Form von Geld oder Anteilen und kann damit das eigene Unternehmen durch Zukauf von anderen Beteiligungen stärken. Dennoch kann ein Unternehmensverkauf erhebliche Hindernisse bereitstellen. So wird die Suche nach einem geeigneten Käufer um so schwieriger je größer das zu verkaufende Geschäftsfeld ist. Dazu kommen zeitliche Verzögerungen durch das Einholen von Genehmigungen und die Durchführung von Vertragsverhandlungen. Auch der Unternehmensverkauf über die Börse stellt eine schlechte Alternative im Vergleich zur Abspaltung dar, wenn zeitliche Verzögerungen vermieden werden sollen und die allgemeine Wirtschaftslage für eine Börsennotierung ungünstig ist.

Insbesondere der zeitliche Faktor sowie die Größe des abzuspaltenden Geschäftsfeldes und die aktuelle Wirtschaftslage spielen bei der Abwägung, ob ein Unternehmensverkauf der Abspaltung vorzuziehen ist, eine große Rolle. Es ist wohl weniger kompliziert eine Gruppe von Unternehmen als Einheit abzuspalten als sie an einen Wettbewerber oder an der Börse zu veräußern.

Kommt der Konzern zu dem Ergebnis, dass eine Spaltung besser in das Unternehmenskonzept passt als der Verkauf eines Tätigkeitsfeldes, so bietet die Abspaltung zur Aufnahme die Spaltungsvariante mit den wenigsten Hindernissen. Eine Aufspaltung hat im Vergleich zur Abspaltung den Nachteil, dass das gesamte Vermögen verteilt wird. Dementsprechend beziehen sich die Transaktionskosten auch auf das gesamte Vermögen und nicht wie bei der Abspaltung auf einen vergleichsweise kleinen Teil des Gesamtvermögens. Darüber hinaus scheitert eine Aufspaltung bei der Unübertragbarkeit einzelner Gegenstände insgesamt, während bei einer Abspaltung immer die Möglichkeit besteht, dem übertragenden Rechtsträger vergessene oder unübertragbare Gegenstände zuzuordnen.

Die Entscheidung zwischen Spaltung zur Aufnahme und Spaltung zur Neugründung sollte zugunsten der ersten Variante ausfallen. Die Spaltung zur Aufnahme hat den Vorteil, dass die Haftungsfragen des übernehmenden Rechtsträger bei Vertragsabschlüssen vor Wirksamwerden der Spaltung keine Probleme bereiten. Bei der Spaltung zur Neugründung dagegen muss man wohl eine Haftung des übertragenden Rechtsträgers nach den Grundsätzen der Einmanngründung bei der GmbH annehmen. In diesem Bereich gibt es aber noch eine Vielzahl ungeklärter Streitfragen. Diese Haftungsfragen können dadurch vermieden werden, dass der aufnehmende Rechtsträger bereits im Vorfeld gegründet wird. Dies hat auch den Vorteil, dass Probleme bei der Gründung und Probleme bei der Spaltung zeitlich auseinandergezogen werden.

Teil 3: Vorüberlegungen bei der Durchführung eines Spaltungsvorhabens

Ein Spaltungsvorhaben setzt eine umfangreiche Vorbereitung der einzelnen notwendigen oder zweckmäßigen Maßnahmen voraus. Ein wichtiger Bestandteil der Vorüberlegungen bei einem Spaltungsvorhaben ist die Berücksichtigung der steuerrechtlichen Vorgaben. Da der Umfang der Transaktionskosten und damit der anfallenden Steuerpflichten für den Erfolg eines Spaltungsvorhabens entscheidend ist, müssen die beteiligten Rechtsträger die Spaltung auf eine Art und Weise durchführen, bei der auf Gesellschafts- und Gesellschafterebene die wenigsten Steuertatbestände erfüllt werden.

Darüber hinaus muss im Vorfeld der Spaltung geklärt werden, ob eine Kapitalerhöhung beim übernehmenden Rechtsträger, eine Kapitalherabsetzung beim übertragenden Rechtsträger sowie die Einhaltung der Nachgründungsvorschriften bei dem geplanten Umstrukturierungsvorhaben notwendig werden.

A) Steuerrechtliche Vorgaben und ihr Einfluss auf die Gestaltung der Unternehmensteilung

Neben den handelsrechtlichen Transaktionskosten wie etwa Aufwendungen für Notar und Rechtsberatung nehmen anlässlich der Spaltung anfallende Steuerpflichten einen wesentlichen Stellenwert bei der Beurteilung der finanziellen Durchführbarkeit des Umstrukturierungsvorhabens ein. Die bereits diskutierten Vorteile einer Unternehmensaufteilung kommen nur dann in ausreichendem Maße zur Geltung, wenn die Transaktionskosten niedrig gehalten werden können.

Zwar wird zunehmend hervorgehoben, dass die frühere Leitfunktion des Steuerrechts für Holdingkonstruktionen und Unternehmensstrukturen von führungs- und strukturorganisatorischen Motiven zurückgedrängt wurde. Teilweise werden steuerliche Nachteile sogar bewusst in Kauf genommen, um die Vorteile von bestimmten Holdingstrukturen ausnutzen zu können.[1] Allerdings hängt die Rentabilität eines Spaltungsvorhabens immer von einem Kosten - Nutzen Verhältnis ab. Von einer Abspaltung ist trotz betriebswirtschaftlicher Vorteile abzuraten, wenn die Transaktionskosten einschließlich des Steueraufkommens die erwarteten Einsparungen und finanziellen Optimierungen überschreiten.[2] Damit ist auch zu erklären, dass sich die Abspaltung in den USA aufgrund der dort geltenden Steuerneutralität großer Beliebtheit erfreut.[3]

Neben der Frage, ob überhaupt eine Umstrukturierung durch Abspaltung aus Sicht des Steuerrechts sinnvoll ist, stellt sich auch immer die Frage, welche Art der Durchfüh-

1 Herzig, DB 2000, S. 2237 (2239); Keller, DB 1991, S. 1633 (1639).

2 Vgl. oben Teil 2 C) I 2.

3 Schultze, Spin-off, S. 1, 18 ff.

rung einer Umstrukturierungsmaßnahme die günstigsten steuerlichen Auswirkungen zur Folge hat.
Da Umstrukturierungsvorgänge grundsätzlich die Veräußerung oder den Tausch von Vermögensgegenständen beinhalten, werden mit den zu übertragenden Gegenständen auch stille Reserven übergeleitet, wenn der übernehmende Rechtsträger die Gegenstände bilanziell zu Buchwerten[4] fortführt und dadurch die stillen Reserven nicht aufdeckt. Stille Reserven werden dabei definiert als bilanziell nicht erfasste Wertzuwächse aufgrund einer bilanziellen Unterbewertung von zur Einkunftserzielung dienenden aktiven Wirtschaftsgütern. Ebenso entstehen stille Reserven bei der Überbewertung von passiven Wirtschaftsgütern.[5] Da stille Reserven lediglich einen mittelbaren und unsicheren Vorteil im Vermögen des Steuerpflichtigen darstellen, werden sie wegen des Verhältnismäßigkeitsgrundsatzes im Steuerrecht nur bei deren Realisierung besteuert.[6] Mit der Übertragung der Gegenstände und der damit verbundenen stillen Reserven realisiert der übertragende Rechtsträger regelmäßig einen Gewinn. Dabei spielt es keine Rolle, ob der übertragende Rechtsträger als Gegenleistung Geld oder Anteile erhält, da Anteile im steuerrechtlichen Sinn ebenfalls als Entgelt behandelt werden.[7] Auch die Tatsache, dass bei einer Abspaltung die Anteilsinhaber des übertragenden Rechtsträgers die Gegenleistung in Form von Anteilen am übernehmenden Rechtsträger erhalten, ändert an der Abspaltung als Realisationsakt nichts, weil die Anteilsgewährung einer verdeckten Gewinnausschüttung gleichkommt.[8] Der dadurch entstehende Gewinn unterliegt Körperschafts- und Gewerbeertragssteuer.
Die mit der Aufdeckung stiller Reserven verbundene Steuerpflicht ist für das Unternehmen akzeptabel, soweit es eine Gegenleistung erhält, mit der die Steuerzahlungen finanziert werden können. Das Unternehmen wird aber dann erheblich belastet, wenn die Umstrukturierung eine reine Umorganisation ist, die zu keinem Mittelzufluss führt. In solchen Fällen kann das Steuerrecht zu einem Hindernis für wirtschaftlich sinnvolle Umstrukturierungen werden.[9]
Daher ist nach der Markteinkommenstheorie[10] der Aufschub der Besteuerung von stillen Reserven dann zu rechtfertigen, wenn der bei der Umwandlung realisierte Gewinn lediglich einen Nebeneffekt einer Umstrukturierung und keinen frei verfügbaren Gewinn darstellt. Die Markteinkommenstheorie bezweckt die Schonung der Erwerbsgrundlage zugunsten einer später tatsächlich beabsichtigten Gewinnrealisierung. Der Staat soll also erwerbswirtschaftliches Vermögen ermöglichen und erhalten. Die Teilhabe an Erwerbsgrundlagen durch Besteuerung von Unternehmensumstrukturierungen

4 Ansatz des Wertes für ein Wirtschaftsgut, den der übertragende Rechtsträger im Zeitpunkt der Umwandlung nach den steuerlichen Vorschriften über die Gewinnermittlung in der Steuerbilanz ansetzen muss: Kußmaul, Steuerlehre, S. 595.

5 Biergans, FS Schmidt, S. 74 (84).

6 Kupfer, Teilbetriebserfordernis, S. 76 f.

7 BFH, BStBl. III 1964, S. 561 (564); Hartmann, Spaltung nach UmwStG, S. 44; Kupfer, Teilbetriebserfordernis, S. 78.

8 Hartmann, Spaltung nach UmwStG, S. 47; Kupfer, Teilbetriebserfordernis, S. 79.

9 Wöhe, Steuerlehre II/1, S. 29, 475f.; ebenso: Hartmann, Spaltung nach UmwStG, S. 46; Momen, Steuerneutralität, S. 7.

10 Vgl. dazu ausf.: Kupfer, Teilbetriebserfordernis, S. 80 ff.

soll ihm verwehrt sein. Lediglich aus einer beabsichtigten Gewinnrealisierung soll er Steuern abschöpfen dürfen.
Da das UmwStG keinen Verzicht auf die Besteuerung stiller Reserven, sondern nur einen Aufschub der Besteuerung bezweckt und darüber hinaus Unternehmensumstrukturierungen gegenüber sonstigen Veräußerungen privilegiert, kann das UmwStG als Umsetzung des Markteinkommensprinzips bezeichnet werden.[11]
Im UmwStG hat der Gesetzgeber Fallkonstellationen entwickelt, bei denen eine Spaltung - mit Ausnahme der Grunderwerbsteuer - erfolgsneutral durchgeführt werden kann.
Welche Steuern bei einer Unternehmensumstrukturierung anfallen, richtet sich vor allem nach dem Umwandlungssteuergesetz (UmwStG), dem Grunderwerbsteuergesetz (GrEStG) und dem Umsatzsteuergesetz (UStG). Aufgrund der Fallbezogenheit dieser Untersuchung soll in den folgenden Ausführungen die Besteuerung nach dem im Jahr 1999 geltenden Recht dargestellt werden. Die Auswirkungen der Unternehmenssteuerreform 2001 auf die Zukunft der Abspaltung im Konzern werden dann im Überblick unter Teil 5 C) beschrieben.

I. Besteuerung nach dem UmwStG

Die folgenden Ausführungen zu den steuerlichen Fragen einer Abspaltung aus einem Konzern haben an ihrer Aktualität seit der Umwandlung der Hoechst AG nicht verloren. Die Unternehmenssteuerreform 2001[12] hat keine durchgreifenden Änderungen bei der Besteuerung von Spaltungsvorhaben gebracht. Eine steuerneutrale Spaltung bleibt unter den bisherigen und im Folgenden darzustellenden Voraussetzungen möglich. Lediglich gewisse Detailänderungen aufgrund der Einführung des Halbeinkünfteverfahrens müssen künftig bei der Spaltung beachtet werden. So hat die Abschaffung des Anrechnungsverfahrens[13] zur Folge, dass der Übergang des verwendbaren Eigenkapitals im Spaltungsvertrag nicht mehr geregelt werden muss.[14] Zu beachten ist aber, dass die Unternehmenssteuerreform durch die Erleichterung von Beteiligungsveräußerungen mittelbar erheblichen Einfluss auf die Attraktivität einer Spaltung haben wird.[15]

1. Grundprinzipien der Steuerneutralität von Abspaltungen nach dem UmwStG

Das UmwStG gewährt unter bestimmten Voraussetzungen die Möglichkeit einer steuerneutralen Spaltung von Unternehmen. Die Erfolgsneutralität einer Spaltung basiert

---

11 Kupfer, Teilbetriebserfordernis, S. 81; konkretisiert werden die Voraussetzungen des Aufschubs der Besteuerung durch die Fortführung des persönlichen und sachlichen Engagements sowie der Sicherstellung der künftigen Besteuerung der stillen Reserven: vgl. unten Teil 3 A) I 1.

12 Steuersenkungsgesetz (BStBl. I 2000, S. 1428).

13 Vgl. zur Besteuerung von Dividendeneinkünften nach dem Halbeinkünfteverfahren im Unterschied zum Anrechnungsverfahren: Pricewaterhouse Coopers, Unternehmenssteuerreform 2001, S. 48 ff.

14 Vgl. dazu: Pricewaterhouse Coopers, Unternehmenssteuerreform 2001, S. 210.

15 Vgl. dazu: unten Teil 5 C).

dabei auf dem Grundgedanken, dass eine Spaltung förderungswürdig ist, wenn das unternehmerische Engagement[16] in sachlicher und persönlicher Hinsicht fortgeführt wird und die Besteuerung der stillen Reserven zu einem späteren Zeitpunkt sichergestellt ist.[17] Die sachliche Kontinuität des Engagements verlangt ein Fortführen der wirtschaftlichen Tätigkeit des Unternehmens im Gegensatz zur Zerschlagung des Betriebs in einzelne Wirtschaftsgüter.[18] Außerdem muss das persönliche Engagement gewahrt bleiben, indem die Gesellschafter des übertragenden Rechtsträgers Beteiligungen am übernehmenden Rechtsträger als Gegenleistung für das abzuspaltende Vermögen erhalten.[19] Damit soll eine gewisse Gesellschafteridentität gewahrt werden. Die Voraussetzung der Sicherstellung der Besteuerung stiller Reserven bezieht sich nicht nur auf die Ebene der Gesellschaft, sondern auch auf die stillen Reserven in den Anteilen der Gesellschafter am übertragenden Rechtsträger. Dabei ist aber zu berücksichtigen, dass die Besteuerung der stillen Reserven bei Umstrukturierungen nur aufgeschoben wird, wenn die spätere Besteuerung der stillen Reserven der Besteuerung der sofortigen Gewinnrealisierung gleichkommt.[20]

Diese in Literatur und Rechtsprechung entwickelten Grundsätze zur Steuerneutralität von Spaltungsvorhaben finden sich in den Kernpunkten im UmwStG wieder.[21] Das UmwStG soll ebenso wie das UmwG wirtschaftlich sinnvolle Umstrukturierungen fördern und nicht behindern.[22] Aus diesem Grund eröffnete der Gesetzgeber die Möglichkeit, einen Großteil der Umwandlungen steuerneutral zu gestalten, indem er die Buchwertfortführung der abgespaltenen Wirtschaftsgüter ohne Auflösung der stillen Reserven erlaubt.[23] Grundsätzlich muss der Erwerber die erworbenen Wirtschaftsgüter

---

16 RFH, RStBl. 1933, S. 999 (1001 ff.).

17 Fritz, Spaltung, S. 140 ff ; Hartmann, Spaltung nach UmwStG, S. 53 ff.; Herzig, DB 1986 S. 1401 (1405 f.); Küblböck, Spaltung, S. 207 ff.; Kupfer, Teilbetriebserfordernis, S. 59 ff.; Luckey, Gewinnrealisierung, S. 174 ff.; Luckey, StuW 1979, S. 129 (147); Momen, Steuerneutralität, S. 136; Ott, Realteilung, S. 89 ff.; Riotte, ertragssteuerliche Behandlung, S. 272, 275, 277; Wegener, Spaltung, S. 137.

18 Luckey, StuW 1979, S. 129 (145); gleichfalls: Herzig, DB 1986, S. 1401 (1405 f.); Kupfer, Teilbetriebserfordernis, S. 61 f.; Momen, Steuerneutralität, S. 136; Ott, Realteilung, S. 95 ff.; Riotte, ertragssteuerliche Behandlung, S. 275; Wegener, Spaltung, S. 137.

19 Luckey, StuW 1979, S. 129 (145 f.); ebenso: Hartmann, Spaltung nach UmwStG, S. 53; Kupfer, Teilbetriebserfordernis, S. 60; Ott, Realteilung, S. 104 f.; Riotte, ertragssteuerliche Behandlung, S. 275 f.; daher war bis zur Unternehmenssteuerreform 2001 nur Spaltung und Verschmelzung, nicht aber die Unternehmensveräußerung steuerneutral möglich. Eine Abkehr von der Pflicht zur Gewährung von Anteilen als Gegenleistung fand aber bereits bei Einführung des UmwStG statt. Nach §§ 15 Abs. 1 S. 1, 11 Abs. 1 Nr. 2 UmwStG kann auch bei einem Verzicht auf eine Gegenleistung die Steuerneutralität von Verschmelzung oder Spaltung erreicht werden kann.

20 BFH, BStBl. III S. 351 (353); Momen, Steuerneutralität, S. 137; Ott, Realteilung, S. 117.

21 Herzig/Momen, DB 1994, S. 2157 (2159); Kupfer, Teilbetriebserfordernis, S. 63 ff.; Momen, Steuerneutralität, S. 138; Thiel, DStR 1995, S. 237 (241); Wegener, Spaltung, S. 138.

22 BT-Drucks. 12/6885, zu A) Allgemeine Begründung S. 14.

23 Kupfer, Teilbetriebserfordernis, S. 74; Sagasser/Fahrenberg, in: Sagasser/Bula/Brünger, Umwandlungen, P Rn. 6.

zum Verkehrswert ansetzen. Der Übergang vom Buchwert zum Verkehrswert führt dann zu Aufdeckung der stillen Reserven und einer Gewinnrealisierung. Eine Aufdeckung der stillen Reserven wird nur dann verhindert, wenn dem übernehmenden Rechtsträger die Fortführung der Buchwerte gestattet wird. Da man bei einer allgemeinen steuerneutralen Gestaltung der Abspaltung - einschließlich der nach dem UmwG unproblematischen Abspaltung von Einzelgegenständen - die Besteuerung der Veräußerung von einzelnen Wirtschaftsgütern leicht hätte umgehen können und das Prinzip der Fortführung des unternehmerischen Engagements verletzt worden wäre, erklärte der Gesetzgeber den Übergang von „Teilbetrieben“ zur Mindestvoraussetzung für die Buchwertfortführung und damit für eine steuerneutrale Umwandlung, §§ 15, 16, 20 ff., 24 UmwStG. Daneben sind Mitunternehmeranteile und 100%ige Beteiligungen an Kapitalgesellschaften, sogenannte „fiktive“ Teilbetriebe als steuerneutrale Abspaltungsobjekte erklärt worden, § 15 Abs. 1 S. 3 UmwStG.
Die Voraussetzungen an die Steuerneutralität sind aber je nach Spaltungsart und beteiligten Rechtsträgern unterschiedlich.
Da die Abspaltung der Celanese AG den Schwerpunkt dieser Untersuchung bildet, sollen hier lediglich Ab- und Aufspaltungen von Körperschaften auf Körperschaften und damit insbesondere die Problemstellungen bei der Anwendung von § 15 UmwStG dargestellt werden.

2. Die Teilbetriebsvoraussetzung des § 15 Abs. 1 UmwStG und ihre Folgen

Der Anwendungsbereich des UmwStG richtet sich nach dem UmwG. § 1 Abs. 1 S. 1 UmwStG setzt für die Anwendbarkeit der Teile zwei bis sieben – und damit der Spaltungsvorschriften - voraus, dass der Umstrukturierungsvorgang unter § 1 UmwG fällt. Daher müssen die beteiligten Rechtsträger ihren Sitz im Inland haben (§ 1 UmwG).[24]
Die im UmwStG vorgesehene Regelung für Ab- und Aufspaltung von Körperschaften auf Körperschaften beinhaltet in § 15 Abs. 1 UmwStG eine Verweisung auf die für die Verschmelzung geltenden Vorschriften (§§ 11-13 UmwStG). Diese Verweisung gilt aber nur bei der Abspaltung von originären Teilbetrieben (§ 15 Abs. 1 S. 1 UmwStG), Mitunternehmeranteilen oder 100%igen Beteiligungen (§ 15 Abs. 1 S. 3 UmwStG).
§ 11 UmwStG ermöglicht die Fortführung der übertragenen Wirtschaftsgüter zu Buchwerten unter den in § 11 UmwStG zusätzlich genannten Voraussetzungen. Demnach hat der übertragende Rechtsträger ein Wahlrecht hinsichtlich des Ansatzes des Buchwertes[25], des Teilwertes[26] oder eines Zwischenwertes[27], wenn die spätere Besteu-

24 Vgl. oben Teil 2 B) II. 1.

25 Ansatz des Wertes für ein Wirtschaftsgut, den der übertragende Rechtsträger im Zeitpunkt der Umwandlung nach den steuerlichen Vorschriften über die Gewinnermittlung in der Steuerbilanz ansetzen muss: Kußmaul, Steuerlehre, S. 595.

26 Der Teilwert ist nach § 6 Abs. 1 S. 3 EStG der Betrag, den ein Erwerber des gesamten Betriebs im Rahmen des Gesamtkaufpreises für das einzelne Wirtschaftsgut ansetzen würde. In der Praxis stimmen Teilwert und gemeiner Wert (Verkehrswert) nach § 9 Abs. 2 BewG meist überein: Kußmaul, Steuerlehre, S. 63.

27 Ansatz des Wertes eines Wirtschaftsgutes über dem Buchwert und unter dem Teilwert: Kußmaul, Steuerlehre, S. 595.

erung der stillen Reserven sichergestellt ist und außer Gesellschaftsrechten keine Gegenleistung gewährt wird (§§ 15 Abs. 1 S. 1, 11 Abs. 1 S. 1 Nr. 1 und Nr. 2 UmwStG). Außerdem besteht das Ansatzwahlrecht nur, wenn kein Missbrauchstatbestand nach § 15 Abs. 3 UmwStG erfüllt wird.[28] Da der übernehmende Rechtsträger die Werte aus der steuerlichen Schlussbilanz des übertragenden Rechtsträgers übernehmen muss (§§ 15 Abs. 1 S. 1, 12 Abs. 1 S. 1, 4 Abs. 1 UmwStG) hat der Ansatz des übertragenden Rechtsträgers zu Buchwerten zur Folge, dass die stillen Reserven nicht aufgedeckt und nicht versteuert werden müssen.

Ob dieses Ansatzwahlrecht einheitlich ausgeübt werden muss oder ein Wahlrecht für jeden einzelnen Teilbetrieb besteht, hängt von der Auslegung des Wortes „insgesamt" in § 15 Abs. 1 S. 1 UmwStG ab. Dieser Wortlaut legt nahe, nur eine einheitliche Ausübung des Wahlrechts zuzulassen. [29] Allerdings ist bei der Spaltung eines Unternehmens zu bedenken, dass mehrere Teilbetriebe übertragen werden können, so dass sich das Wort „insgesamt" nur auf den jeweiligen Teilbetrieb beziehen kann.[30] Für die letztgenannte Auslegung spricht, dass die einheitliche Ausübung bezogen auf das gesamte übertragene Vermögen dazu führen kann, dass die Teilbetriebe bewusst stufenweise abgespalten werden, um so einen unterschiedlichen Wertansatz zu ermöglichen. Außerdem knüpft § 15 Abs. 1 UmwStG bei der Spaltung an den einzelnen Teilbetrieb als für das Steuerrecht ausschlaggebenden Vermögensteil an und nicht an das übertragene Vermögen als Ganzes.[31] Diese Anknüpfung muss dann konsequenterweise auch für das Ansatzwahlrecht in § 11 UmwStG gelten.[32] Aus beiden Argumenten ergibt sich, dass die Ausübung des Ansatzwahlrechts gesondert für jeden Teilbetrieb möglich ist.

§ 12 Abs. 2 S. 1 UmwStG ordnet die Steuerneutralität des Übernahmeergebnisses an, soweit nicht die tatsächlichen Anschaffungskosten der übergegangenen Wirtschaftsgüter den Buchwert der Anteile an der übertragenden Körperschaft übersteigen (§ 12 Abs. 2 S. 2 UmwStG). Dabei sind die Begriffe Übertragungsgewinn und Übernahmegewinn streng zu unterscheiden. Während der Übertragungsgewinn die Gewinnrealisierung durch den Ansatzwechsel vom Buchwert zum Teilwert der Wirtschaftsgüter meint, betrifft der Übernahmegewinn den Unterschiedsbetrag zwischen dem übergehenden Wert der Wirtschaftsgüter und dem Buchwert der vom übernehmenden Rechtsträger als Gegenleistung gewährten Anteile.[33]

Die Anwendbarkeit der §§ 11-13 UmwStG wirkt sich weiterhin auf einen beim übertragenden Rechtsträger bestehenden Verlustvortrag (§ 10 d Abs. 4 S. 2 EStG) aus.[34]

---

28 Vgl. dazu: unten Teil 3 A) I 3.

29 So: Thiel, DStR 1995, S. 237 (239); Sagasser/Fahrenberg, in: Sagasser/Bula/Brünger, Umwandlungen, P Rn. 26.

30 Haritz, in: Haritz/Benkert, § 15 UmwStG Rn. 166; Herzig/Momen, DB 1994, S. 2157 (2158); Herzig/Förster, DB 1995, S. 338 (347); Hörger, FR 1994, S. 765 (766); Rödder, DStR 1995, S. 322 (324); darauf weist auch Thiel hin: DStR 1995, S. 237 (239, Fn. 17).

31 Herzig/Förster, DB 1995, S. 338 (347).

32 Herzig/Momen, DB 1994, S. 2157 (2158)

33 Dötsch, Umwandlungssteuerrecht, Rn. 47 ff.; ausf. zum Übernahmeergebnis: Sagasser/Pfaar, in: Sagasser/Bula/Brünger, Umwandlungen, L Rn. 16 ff.

34 Vgl. zum Verlustvortrag: Sagasser/Pfaar, in: Sagasser/Bula/Brünger, Umwandlungen, L

Der Verlustvortrag wird zwischen dem übertragenden und dem übernehmenden Rechtsträger aufgeteilt (§§ 12 Abs. 3 S. 2, 15 Abs. 4 UmwStG). Ausschlaggebend für die Aufteilung ist das Verhältnis des abgespaltenen Vermögens zu dem bei der übertragenden Gesellschaft vor der Spaltung vorhandenen Vermögen. Grundsätzlich wird hierfür das im Spaltungsvertrag benannte Umtauschverhältnis herangezogen (§§ 15 Abs. 4 S. 1 UmwStG, 126 Abs. 1 Nr. 3 UmwG). Nur wenn das Umtauschverhältnis nicht den tatsächlichen Wertverhältnissen entspricht, ist das Verhältnis der gemeinen Werte ausschlaggebend, § 15 Abs. 4 S. 2 UmwStG. Der Übergang des Verlustvortrags ist unabhängig von der Ausübung des Ansatzwahlrechts nach § 11 Abs. 1 UmwStG. Werden allerdings die stillen Reserven durch Ansatz des Teilwertes aufgedeckt, so verringert sich der Verlustvortrag durch Verrechnung mit dem durch die Aufdeckung der stillen Reserven realisierten Gewinn. Der Übergang des Verlustvortrags hängt schließlich noch davon ab, dass der den Verlust verursachende Betriebsteil über den Spaltungsstichtag hinaus in vergleichbarem Umfang fünf Jahre fortgeführt wird, §§ 15 Abs. 1 S. 1, 12 Abs. 3 S. 2 UmwStG.

Die Verweisung auf § 13 UmwStG betrifft schließlich die Besteuerung der Anteilseigner[35] der übertragenden Gesellschaft. In § 13 UmwStG wird prinzipiell die Steuerneutralität der Abspaltung auf Gesellschafterebene gewährleistet.

Diese Privilegierungsvorschriften (§§ 11-13 UmwStG) gelten bei einer Vermögensübertragung durch Ab- oder Aufspaltung nach § 15 Abs. 1 UmwStG nur dann, wenn ein Teilbetrieb übertragen wird. Der Übertragung eines Teilbetriebs wird in § 15 Abs. 1 S. 3 UmwStG die Ab- oder Aufspaltung von Mitunternehmeranteilen oder 100%igen Beteiligungen gleichgesetzt. Bei der Abspaltung ist zu beachten, dass das beim übertragenden Rechtsträger verbleibende Vermögen für die Erfolgsneutralität ebenfalls mindestens einem Teilbetrieb zugeordnet werden muss, § 15 Abs. 1 S. 2 UmwStG. Da sowohl ausschließlich Teilbetriebe übertragen werden dürfen als auch ausschließlich Teilbetriebe beim übertragenden Rechtsträger verbleiben dürfen, spricht man von der doppelten Teilbetriebsvoraussetzung. Die Regelung des § 15 Abs. 1 UmwStG steht im Einklang mit dem Ziel des UmwStG, eine Umgehung der Besteuerung der Veräußerung von Einzelwirtschaftsgütern durch Abspaltung zu verhindern, weil die Übertragung von Wirtschaftsgütern, die keinem Teilbetrieb zuzuordnen sind, steuerlich nicht begünstigt werden soll. Gleichzeitig wird gewährleistet, dass eine an den wirtschaftlichen Bedürfnissen orientierte und sinnvolle Umstrukturierung ermöglicht wird.[36]

Die Prüfung der steuerlichen Auswirkungen bei einer Abspaltung lässt sich daher in folgende Reihenfolge bringen.

Werden ausschließlich originäre oder fiktive Teilbetriebe im Wege der Spaltung nach dem UmwG übertragen und verbleiben beim übertragenden Rechtsträger lediglich Vermögensgegenstände, die einem Teilbetrieb zugeordnet werden können, so sind die für die Verschmelzung geltenden Vorschriften der §§ 11-13 UmwStG grundsätzlich

Rn. 34 ff.

35 Vgl. dazu: unten Teil 3 A) I 4.

36 Sagasser/Fahrenberg, in: Sagasser/Bula/Brünger, Umwandlungen, P Rn. 20.

anwendbar. Dies gilt für § 11 Abs. 1 UmwStG und damit dem Ansatzwahlrecht nicht, wenn ein Missbrauchstatbestand nach § 15 Abs. 3 UmwStG erfüllt ist.

a) Der „echte" Teilbetrieb nach § 15 Abs. 1 S. 1 UmwStG

Eine gesetzliche Definition des Begriffs Teilbetrieb fehlt. Im Umwandlungssteuererlass[37] und in Teilen der Literatur[38] geht man davon aus, dass der Teilbetrieb im Sinn der §§ 15, 20 UmwStG entsprechend dem Teilbetriebsbegriff der §§ 16, 34 EStG auszulegen ist, um eine ertragssteuerlich einheitliche Auslegung desselben Begriffs zu erreichen. Den Stimmen in der Literatur,[39] die eine weitere Auslegung des Teilbetriebsbegriffs in §§ 15, 20 UmwStG als der in §§ 16, 34 EStG verlangen, wird entgegengehalten, dass der Gesetzgeber vom Teilbetriebsbegriff des § 16 EStG ausging.[40] Danach ist der Teilbetrieb von der Rechtsprechung als mit gewisser Selbständigkeit ausgestatteter, organisch geschlossener Teil eines Gesamtbetriebs, der für sich allein alle Merkmale eines Betriebs aufweist und als solcher lebensfähig ist, definiert.[41]
Eine solche Auslegung des Teilbetriebsbegriffs im UmwStG ist aber unbefriedigend. Wird eine wesentliche Betriebsgrundlage von mehreren Teilbetrieben genutzt, müsste nach dem engen Teilbetriebsbegriff des §§ 16, 34 EStG eine Selbständigkeit des abzuspaltenden Vermögensteils abgelehnt werden.[42] Infolgedessen wäre eine steuerneutrale Spaltung grundsätzlich nicht möglich. Die Selbständigkeit des übergehenden Vermögensteils ist nämlich nur dann zu bejahen, wenn der Erwerber zumindest wirtschaftlicher Eigentümer aller wesentlichen Betriebsgrundlagen ist. Eine bloße Mitnutzung von wesentlichen Betriebsgrundlagen reicht für die Einhaltung der Voraussetzungen für

---

37 Schreiben des BMF, BStBl. I 1998, S. 267 ff., Tz. 15.02.

38 Dehmer, § 15 UmwStG Rn. 30 f.; Friedrichs, in: Haritz/Benkert, § 20 UmwStG Rn. 98; Hartmann, Spaltung nach UmwStG, S. 62; Hörtnagl, in: Schmitt/Hörtnagl/Stratz, § 15 UmwStG Rn. 54; Thiel, DStR 1995, S. 237 (240); Wegener, Spaltung, S. 162; a.A. Blumers, DB 1995, S. 496 (496); Haritz, in: Haritz/Benkert, § 15 UmwStG Rn. 31; Wacker, in Schmidt, § 16 EStG Rn. 141; ebenso: Wälzholz, Teilbetriebsbegriff, S. 226 f.

39 Blumers/Kramer, DB 1993, S. 852 (853 f.); Blumers, DB 1995, S. 496 (496); Haritz, in: Haritz/Benkert, § 15 UmwStG Rn. 31; Wacker, in Schmidt, § 16 EStG Rn. 141, die sich darauf berufen, dass identische Rechtsbegriffe je nach Normzusammenhang unterschiedlich ausgelegt werden können; für eine normspezifische Auslegung des Begriffs „wesentliche Betriebsgrundlage" auch: BFH, BStBl. II 1998, S. 104 (105) und im Anschluss daran Schreiben des BMF, BStBl. I 2000, S. 1253; ausf. Kupfer, Teilbetriebserfordernis, S. 195 ff., die darauf hinweist, dass eine enge Auslegung des Teilbetriebsbegriffs entsprechend §§ 16, 34 EStG über das Erfordernis der Fortsetzung des unternehmerischen Engagements hinaus der ausgeprägten Spaltungsfreiheit im UmwG widersprechen würde.

40 Zum UmwStG 1969: BR-Drucks. 292/68, 3.Teil, S. 14; so auch: ausf. Kupfer, Teilbetriebserfordernis, S. 7 f., die allerdings aufgrund der zivilrechtlichen Ordnungsstruktur eine weitere Auslegung des Teilbetriebsbegriffs im UmwG verlangt (S. 195 ff.); Reiß, in: Kirchhof, § 16 EStG Rn. 98.

41 BFH, BStBl. II 1996, S. 409 (410) m.w.N.; BFH, BStBl. II 1989, S. 458 (460); weitere Nachweise bei: Kupfer, Teilbetriebserfordnernis, S. 10 Fn. 28 und Momen, Steuerneutralität, S. 157.

42 So konsequent: Schreiben des BMF, BStBl. I 1998, S. 267 ff., Tz. 15.07; zur Auslegung des Teilbetriebsbegriffs in §§ 16, 34 EStG: BFH, BStBl. II 1990, S. 373 (375) und BFH, BStBl. II 1989, S. 376 (378) verlangen ein völlig getrenntes Anlagevermögen.

den Teilbetriebsbegriff nach §§ 16, 34 EStG nicht aus, auch wenn der übernehmende Rechtsträger einen eigenständig funktionsfähigen Teil des Betriebs fortführt.[43] Trotz der Kontinuität des unternehmerischen Engagements auch bei bloßer Mitnutzung wesentlicher Betriebsgrundlagen würde aus der konsequenten Anwendung des Teilbetriebsbegriffs des §§ 16, 34 EStG im UmwStG folgen, dass die Spaltung in Fällen der Mitnutzung wesentlicher Betriebsgrundlagen nicht steuerneutral durchgeführt werden könnte.[44] Hintergrund der Steuerneutralität nach dem UmwStG ist aber gerade die Fortführung des unternehmerischen Engagements, für das die Eigentumsverhältnisse anders als bei §§ 16, 34 EStG keine Rolle spielen.[45] Die Zielrichtung des UmwStG ist daher eine andere als die des EStG.[46] Aus diesem Grund spricht sich ein großer Teil der Literatur[47] für eine Auslegung des Teilbetriebsbegriffs ohne das Erfordernis der Selbständigkeit des Teilbetriebs aus, soweit eine eigenständige Funktionsfähigkeit des abzuspaltenden Teils anzunehmen ist. In diesem Sinne ist auch der vom EuGH geprägte Teilbetriebsbegriff zu verstehen.[48] Eine Funktionsfähigkeit kann im Gegensatz zur Selbständigkeit, die einen zivilrechtlichen Eigentumsübergang verlangt, auch bei einer garantierten Nutzungsüberlassung an dem abzuspaltenden Vermögensteil bejaht werden.[49]

Entscheidender Zeitpunkt für das Vorliegen der Voraussetzungen für einen Teilbetrieb ist der Tag des Beschlusses der Gesellschafterversammlung des übertragenden Rechtsträgers.[50] Dies entspricht einer umwandlungsfreundlichen Auslegung, da eine Verselb-

---

43 BFH, BStBl. II 1990, S. 373 (375) und BFH, BStBl. II 1989, S. 376 (378) verlangen ein völlig getrenntes Anlagevermögen.

44 So: Schreiben des BMF, BStBl. I 1998, S. 267 ff., Tz. 15.07.

45 Blumers, DB 1995, S. 496 (498 ff.)

46 Blumers, DB 1995, S. 496 (496); Blumers/Kramer, DB 1993, S. 852 (853 ff.); Blumers, DB 2001, S. 722 (724); Haritz, in: Haritz/Benkert, § 15 UmwStG Rn. 31; Herzig/Dautzenberg/Heyeres, DB 1991, Beilage zu Heft 12 S. 1 (6); Hörger, StbJb 1994/95, S. 225 (240); Wälzholz, Teilbetriebsbegriff, S. 226 f.

47 Haritz, in: Haritz/Benkert, § 15 UmwStG Rn. 31; Herzig/Momen, DB 1994, S. 2210 (2213); Herzig/Förster, DB 1995, S. 338 (342); Hörger, DStR 1998, Beilage zu Heft 17 S. 29 (29); Kupfer, Teilbetriebserfordernis, S. 49; Wälzholz, Teilbetriebsbegriff, S. 228 f. Das Urteil des BFH, BStBl. II 1998 S. 104 (104 f.) sagt bezüglich des Teilbetriebsbegriffs und der Voraussetzung der Selbständigkeit noch nichts aus. Dem Urteil kann lediglich entnommen werden, dass für den Begriff der wesentlichen Betriebsgrundlage eine normspezifische Auslegung gilt. Damit wird allerdings der unterschiedliche Hintergrund von EStG und UmwStG bereits anerkannt. Offen bleibt dennoch, ob der Begriff des Teilbetriebs ebenso normspezifisch auszulegen ist wie der Begriff der wesentlichen Betriebsgrundlage und welche Konsequenzen eine solche Auslegung haben wird. Das Urteil des BFH spricht aber wohl dafür, den Teilbetriebsbegriff mehr tätigkeits- und weniger vermögensbezogen auszulegen (Herzig, DB 2000, S. 2237 (2239)).

48 EuGH, EuZW, S. 737 (738), mit einer tätigkeitsbezogenen Auslegung des Teilbetriebsbegriffs.

49 Blumers, DB 1995, S. 496 (500); Haritz, in: Haritz/Benkert, § 15 UmwStG Rn. 37; Sagasser/Fahrenberg, in: Sagasser/Bula/Brünger, Umwandlungen, P Rn. 14; im Ergebnis ebenso: Wälzholz, Teilbetriebsbegriff, S. 229.

50 Schreiben des BMF, BStBl. I 1998, S. 267 ff., Tz. 15.10.; Haritz, in: Haritz/Benkert, § 15 UmwStG Rn. 34; a.A. Herzig/Förster, DB 1995, S. 338 (343); Hartmann, Spaltung nach

ständigung eines Teilbetriebes häufig erst in der Planungsphase der Abspaltung stattfindet.[51] Soweit die wesentlichen Betriebsgrundlagen[52] bereits vorliegen, erkennt die Finanzverwaltung sogar bei fehlender Ausübung der Tätigkeit einen Teilbetrieb im Aufbau an.[53]

Auch ausländische „echte" Teilbetriebe erfüllen die Teilbetriebsvoraussetzung des § 15 Abs. 1 S. 1 UmwStG, da § 15 Abs. 1 UmwStG nicht an den inländischen Teilbetrieb anknüpft und durch die Spaltung das Besteuerungsrecht nicht geändert wird.[54] Sofern die an der Spaltung beteiligten Rechtsträger ihren Sitz im Inland haben (§§ 1 Abs. 4 UmwStG, 1 Abs. 1 UmwG), schadet es der Steuerneutralität des Spaltungsvorhabens nicht, wenn ein ausländischer Teilbetrieb übertragen wird. Das gesellschaftsrechtliche Problem, dass möglicherweise die Sonderrechtsnachfolge in dem Staat, in dem der Teilbetrieb belegen ist, nicht anerkannt wird, wirkt sich auf die Steuerneutralität nicht aus, wenn die notwendige Einzelübertragung in zeitlicher Nähe zum Spaltungsvorhaben durchgeführt wird und die Besteuerung stiller Reserven im übertragenen Vermögen des ausländischen Teilbetriebs sichergestellt ist.[55]

b) Mitunternehmeranteil

Eine steuerneutrale Spaltung wird auch bei einer Übertragung von Mitunternehmeranteilen ermöglicht, § 15 Abs. 1 S. 3 UmwStG. Ein Mitunternehmeranteil ist entsprechend dem Begriff in § 16 EStG jeder Anteil an Personengesellschaften, Beteiligungen an Innengesellschaften ohne gesamthänderisch gebundenem Vermögen (Unterbeteiligung, atypisch stille Gesellschaft) und Erbengemeinschaften, soweit die Gemeinschaft einen Gewerbebetrieb nach § 15 Abs. 1 S. 1 Nr. 1, Abs. 2 EStG betreibt.[56]

Zu dem Mitunternehmeranteil gehört grundsätzlich auch das Sonderbetriebsvermögen, also Wirtschaftsgüter, die zivilrechtlich oder wirtschaftlich (§ 39 Abs. 2 Nr. 1 AO) im Eigentum des Mitunternehmers stehen und dazu bestimmt sind, dem gemeinschaftlichen Unternehmen (Sonderbetriebsvermögen I) oder der Beteiligung des Gesellschafters an der Mitunternehmerschaft (Sonderbetriebsvermögen II) zu dienen.[57] Nach dem

---

UmwStG, S. 64; Hörger, DStR 1998, Beilage zu Heft 17 S. 29 (30); Sagasser/Fahrenberg, in: Sagasser/Bula/Brünger, Umwandlungen, P Rn. 15.

51 Haritz, in: Haritz/Benkert, § 15 UmwStG Rn. 34.

52 Vgl. zum Begriff der wesentlichen Betriebsgrundlage: unten Teil 3 A) I 2 b).

53 Schreiben des BMF, BStBl. I 1998, S. 267 ff., Tz. 15.10; so auch: Haritz, in: Haritz/Benkert, § 15 UmwStG Rn. 34.

54 Haritz, in: Haritz/Benkert, § 15 UmwStG Rn. 43; Hartmann, Spaltung nach UmwStG, S. 64; Knopf/Hill, in: Goutier/Knopf/Tulloch, § 15 UmwStG Rn. 30; Momen, Steuerneutralität, S. 163.

55 Knopf/Hill, in: Goutier/Knopf/Tulloch, § 15 UmwStG Rn. 30; Momen, Steuerneutralität, S. 163.

56 Haritz, in: Haritz/Benkert, § 15 UmwStG Rn. 50; Momen, Steuerneutralität, S. 164; a.A. Dehmer, § 15 UmwStG, Rn. 56 f., 66 ff., Hörtnagl, in: Schmitt/Hörtnagl/Stratz, § 15 UmwStG Rn. 76; Widmann, in: Widmann/ Mayer, Rn. S 422, 6820 ff., die freiberufliche Tätigkeiten sowie Land- und Forstwirtschaft zu den Mitunternehmerschaften zählen.

57 Zuletzt: BFH, BStBl. II 1998, S. 104 (105); BFH, BStBl. II 1993, S. 864 (866) m.w.N.

Umwandlungssteuererlass ist ein Mitunternehmeranteil nicht mehr als Teilbetrieb anzusehen, wenn er ohne das Sonderbetriebsvermögen I übertragen wird.[58]
Soweit das Sonderbetriebsvermögen keine wesentliche Betriebsgrundlage für die Mitunternehmerschaft darstellt, muss es nicht auf den übernehmenden Rechtsträger übertragen werden, falls es einem Teilbetrieb der übertragenden Gesellschaft zugeteilt werden kann.[59] Dabei ist der Begriff der wesentlichen Betriebsgrundlage weder gesetzlich noch von der Rechtsprechung eindeutig definiert. Als wesentliche Betriebsgrundlage können aber wohl all diejenigen Wirtschaftsgüter angesehen werden, die zur Erreichung des Betriebszwecks erforderlich sind und denen eine besondere Bedeutung insbesondere aus funktionaler Sicht für die Betriebsführung zukommt.[60] Nach neuerer Rechtsprechung wird die wesentliche Betriebsgrundlage im Sinn der §§ 16, 34 EStG anders definiert als im Sinn des UmwStG. Neben funktional für den Betriebsablauf wesentlichen Wirtschaftsgütern zählen diejenigen Wirtschaftsgüter zu den wesentlichen Betriebsgrundlagen im Sinn der §§ 16, 34 EStG, die erhebliche stille Reserven beinhalten.[61] Diese Ausdehnung des Begriffs der wesentlichen Betriebsgrundlage gilt nach dem BFH allerdings ausdrücklich nicht für wesentliche Betriebsgrundlagen im Sinn der §§ 15 ff., 20 ff. UmwStG.[62] Der BFH stellt durch diese Entscheidung klar, dass der Begriff der wesentlichen Betriebsgrundlage im Umwandlungssteuerrecht anders als der gleichlautende Begriff im EStG vor dem Hintergrund der Fortführung des unternehmerischen Engagements steht.[63]
Der Begriff der wesentlichen Betriebsgrundlage ist insofern von Bedeutung, als dass lediglich Wirtschaftsgüter, die keinem Teilbetrieb als wesentliche Betriebsgrundlage dienen, als willkürliches Betriebsvermögen[64] einem beliebigen Teilbetrieb zugeordnet werden können.[65]
Im Gegensatz zur 100%igen Beteiligung wird der Bruchteil eines Mitunternehmeranteils steuerlich genauso behandelt wie der Mitunternehmeranteil selbst.[66] Der verblei-

58 Schreiben des BMF, BStBl. I 1998, S. 267 ff., Tz. 15.07, 15.09.

59 Hörger, FR 1994, S. 765 (768); Knopf/Hill, in: Goutier/Knopf/Tulloch, § 15 UmwStG Rn. 20; Sagasser/Fahrenberg, in: Sagasser/Bula/Brünger, Umwandlungen, P Rn. 17; Thiel, DStR 1995 S. 237 (240); a.A. Dehmer, § 15 UmwStG Rn. 81; Hörtnagl, in: Schmitt/ Hörtnagl/ Stratz, § 15 UmwStG Rn. 79; Widmann, in: Widmann/ Mayer, S 422, die davon ausgehen, dass selbst wesentliche Betriebsgrundlagen zurückbehalten werden können.

60 BFH, BStBl. II 1997, S. 236 (238) m.w.N.

61 BFH, BStBl. II 1996, S. 409 (412); BFH, BStBl. II 1998, S. 104 (105).

62 BFH, BStBl. II 1998, S. 104 (105); Schreiben des BMF, BStBl. I 2000, S. 1253, wonach insoweit das Schreiben des BMF, BStBl. I 1998, S. 267 ff., Tz. 15.02 und 20.08 S. 3 zu korrigieren sind.

63 BFH, BStBl. II 1998, S. 104 (105); so auch: Herzig, DB 2000, S. 2237 (2239).

64 Das willkürliche Betriebsvermögen wird auch als neutrales Betriebsvermögen bezeichnet, da es keinem Teilbetrieb als wesentliche Betriebsgrundlage dient. Zum willkürlichen Betriebsvermögen zählt etwa der Kapitaleinlage dienendes Geld oder fremdvermietete Grundstücke.

65 Thiel, DStR 1995 S. 237 (240); im Ergebnis ebenso: Hörger, FR 1994, S. 765 (768), der allerdings davon ausgeht, dass eine Zuordnung überhaupt nur von wesentlichen Betriebsgrundlagen notwendig ist.

66 Schreiben des BMF, BStBl. I 1998, S. 267 ff., Tz. 15.04; Haritz, in: Haritz/Benkert, § 15

bende Bruchteil bildet dann beim übertragenden Rechtsträger einen eigenen Teilbetrieb.[67]

c) 100%ige Beteiligungen

Steuerlich begünstigt ist außerdem die Übertragung von 100%igen Beteiligungen an Kapitalgesellschaften, die nach § 15 Abs. 1 S. 3 UmwStG einem „echten" Teilbetrieb gleichgesetzt werden. Dabei spielt es keine Rolle, ob die Anteile von einer in- oder ausländischen Kapitalgesellschaft stammen.[68] Die unbeschränkte Steuerpflicht der abzuspaltenden Beteiligung ist nicht notwendig, da sich § 1 Abs. 5 UmwStG nur auf die übertragende oder übernehmende Partei bezieht, nicht auf die übertragenen Wirtschaftsgüter.[69] Die Beteiligung nach § 15 Abs. 1 S. 3 UmwStG muss anders als in § 271 Abs. 1 HGB nicht so ausgestaltet sein, dass sie auf Dauer mit dem eigenen Unternehmen verbunden ist.[70] Der steuerrechtliche Beteiligungsbegriff setzt nur die zivilrechtliche Gesellschafterstellung voraus. Eine 100%ige Beteiligung kann aber nach dem Umwandlungssteuererlass nicht als Teilbetrieb qualifiziert werden, wenn die Beteiligung eine wesentliche Betriebsgrundlage[71] eines anderen Teilbetriebs darstellt.[72]
Die steuerneutrale Abspaltung von Beteiligungen ist weiterhin nur möglich, wenn der übertragende Rechtsträger das gesamte Nennkapital der Gesellschaft mit Ausnahme der eigenen Anteile hält und an die übernehmende Gesellschaft weitergibt. Die bei der Alternative der Mitunternehmerschaft gewährte Gleichsetzung des Bruchteils einer Mitunternehmerschaft mit dieser selbst gilt bei der 100%igen Beteiligung nicht.[73]
Hier zeigt sich ein wichtiger Unterschied zwischen einer Abspaltung und einer Einbringung einer Beteiligung an einer Kapitalgesellschaft in eine Kapitalgesellschaft gegen Gewährung von Gesellschaftsanteilen.[74] Letztere ist nach § 20 Abs. 1 S. 2 UmwStG bereits steuerneutral, wenn die übernehmende Gesellschaft nach der Einbringung die Mehrheit der Stimmrechte an der Gesellschaft hat, deren Beteiligungen

UmwStG Rn. 54; Hörger, StbJb, 1994/95, S. 225 (244 f.); Knopf/Hill, in: Goutier/Knopf/Tulloch, § 15 UmwStG Rn. 22; Widmann, in: Widmann/ Mayer, Tz. 6556.32.

67 Haritz, in: Haritz/Benkert, § 15 UmwStG Rn. 54.

68 Dötsch, Umwandlungssteuerrecht, Rn. 596; Haritz, in: Haritz/Benkert, § 15 UmwStG Rn. 55; Herzig/Förster, DB 1995, S. 338 (342); Knopf/Hill, in: Goutier/Knopf/Tulloch, § 15 UmwStG Rn. 22; Sagasser/Fahrenberg, in: Sagasser/Bula/Brünger, Umwandlungen, P Rn. 18; Widmann, in: Widmann/ Mayer, Rn. 6847.

69 Haritz, in: Haritz/Benkert, § 15 UmwStG Rn. 55.

70 Zu § 20 Abs. 4 UmwStG 1977: OFD Münster, DStR 1989, S. 150; OFD Köln, DStR 1989, S. 394 (394); Haritz, in: Haritz/Benkert, § 15 UmwStG Rn. 55.

71 Zum Begriff der wesentlichen Betriebsgrundlage im UmwStG: oben Teil 3 A) I 2 b).

72 Schreiben des BMF, BStBl. I 1998, S. 267 ff., Tz. 15.06; Dötsch, Umwandlungssteuerrecht, Rn. 597; Thiel/Eversberg/v. Lishaut/Neumann, Umwandlungssteuer-Erlass, S. 157.

73 Dötsch, Umwandlungssteuerrecht, Rn. 596 f.; Haritz, in: Haritz/Benkert, § 15 UmwStG Rn. 55; Knopf/Hill, in: Goutier/Knopf/Tulloch, § 15 UmwStG Rn. 23; Sagasser/Fahrenberg, in: Sagasser/Bula/Brünger, Umwandlungen, P Rn. 18.

74 Die in § 20 Abs. 1 S. 2 UmwStG bezeichnete Einbringung in eine Kapitalgesellschaft stellt aus Sicht der übertragenden Gesellschaft zumeist eine Ausgliederung gegen Gewährung von Anteilen dar.

übertragen werden. Konsequenz dieses Auseinanderfallens der Besteuerungskriterien ist die Möglichkeit, Beteiligungen mit einer Beteiligungsquote unter 100% in eine Kapitalgesellschaft, an der der übertragende Rechtsträger 100% der Anteile hält, einzubringen und danach als fiktiven Teilbetrieb abzuspalten.[75] Diese Umgehungsform hat der Gesetzgeber allerdings durch den Missbrauchstatbestand des § 15 Abs. 3 S. 1 UmwStG eingeschränkt.[76] Nur wenn zwischen Einbringung und Spaltung ein Zeitraum von drei Jahren liegt, wird die Steuerneutralität gewährt. Ein Verstoß gegen § 15 Abs. 3 S. 1 UmwStG führt dazu, dass das Ansatzwahlrecht nach § 11 Abs. 1 UmwStG ausgeschlossen ist. Es muss aber betont werden, dass lediglich die Anwendung des § 11 Abs. 1 UmwStG ausscheidet. Die Teilbetriebseigenschaft und die Anwendung der §§ 12, 13 UmwStG bleibt erhalten.

Bei der Voraussetzung der Übertragung des gesamten Nennkapitals einer Beteiligung werden treuhänderisch von Dritten verwaltete Anteile der übertragenden Gesellschaft gemäß § 39 Abs. 2 Nr. 1 S. 2 1.Alt. AO zugerechnet. Im Spaltungsvertrag müssen dann aber die Herausgabeansprüche des übertragenden Rechtsträgers mit übergehen, da sonst eine Aufteilung der Beteiligung entstehen würde.[77] Umgekehrt erfüllt der übertragende Rechtsträger die Voraussetzungen des § 15 Abs. 1 S. 3 UmwStG nicht, wenn er lediglich als Treuhänder Anteile verwaltet.[78]

d) Zuordnung von Einzelwirtschaftsgütern zu fiktiven Teilbetrieben

Inwieweit Einzelwirtschaftsgüter an Teilbetriebe angehängt werden können, ohne dass die Begünstigungen nach §§ 15, 11 ff. UmwStG versagt werden, ist sehr umstritten.

Bei originären Teilbetrieben im Sinn des § 15 Abs. 1 S. 1 UmwStG können einzelne Gegenstände im Spaltungsvertrag nach § 126 Abs. 1 Nr. 9 UmwG ohne weiteres einem der Teilbetriebe zugewiesen werden, soweit es sich nicht um wesentliche Betriebsgrundlagen[79] eines Teilbetriebs handelt.[80] Demnach folgt aus § 15 Abs. 1 UmwStG, dass neben Teilbetrieben auch neutrale Wirtschaftsgüter steuerneutral übertragen werden können, soweit diese dem Teilbetrieb angehören oder zugeordnet werden. Darüber hinaus dürfen Gegenstände, die zu keinem Teilbetrieb gehören, nicht übertragen werden oder beim übertragenden Rechtsträger verbleiben, § 15 Abs. 1 S. 2 UmwStG.

---

75 Haritz, in: Haritz/Benkert, § 15 UmwStG Rn. 58; Herzig/Förster, DB 1995, S. 338 (343); Momen, Steuerneutralität, S. 166; Wochinger/Dötsch, DB 1994, Beilage zu Heft 14, S. 1 (23).

76 Ausf. zum Missbrauchstatbestand des § 15 Abs. 3 S. 1 UmwStG: unten Teil A) I 3 b).

77 Dehmer, § 15 UmwStG Rn. 85; Haritz, in: Haritz/Benkert, § 15 UmwStG Rn. 56; Hörtnagl, in: Schmitt/Hörtnagl/Stratz, § 15 UmwStG Rn. 87.

78 Dehmer, § 15 UmwStG Rn. 85; Haritz, in: Haritz/Benkert, § 15 UmwStG Rn. 56; Hörtnagl, in: Schmitt/Hörtnagl/Stratz, § 15 UmwStG Rn. 87.

79 Zum Begriff der wesentlichen Betriebsgrundlage: vgl. oben Teil 3 A) I 2 b).

80 Schreiben des BMF, BStBl. I 1998, S. 267 ff., Tz. 15.08; Blumers/Siegel, DB 1996, S. 7 (7); Dehmer, § 15 UmwStG Rn. 47; Dötsch, Umwandlungssteuerrecht, Rn. 607 f.; Hartmann, Spaltung nach UmwStG, S. 69; Herzig/Förster, DB 1995, S. 338 (343); Hörtnagl, in: Schmitt/Hörtnagl/Stratz, § 15 UmwStG Rn. 67; Knopf/Hill, in: Goutier/Knopf/Tulloch, § 15 UmwStG Rn. 24; Sagasser/Fahrenberg, in: Sagasser/Bula/Brünger, Umwandlungen, P Rn. 19; Schwedhelm/Streck/Mack, GmbHR 1995, S. 100 (101).

Bei der Übertragung fiktiver Teilbetriebe wird eine Zuordnung in Teilen der Literatur überhaupt nicht zugestanden.[81] Für die Ablehnung einer solchen Zuordnung besteht aber keine ausreichende Rechtsgrundlage. Vielmehr ergibt sich schon aus der Gleichstellung der fiktiven Teilbetriebe mit originären Teilbetrieben in § 15 Abs. 1 S. 3 UmwStG, dass auch dort eine Zuordnung von Einzelwirtschaftsgütern möglich sein muss.[82] Für eine Ungleichbehandlung von originären und fiktiven Teilbetrieben gibt es weder einen gesetzlichen Anhaltspunkt noch entspricht diese Unterscheidung dem Ziel des UmwStG, wirtschaftlich sinnvolle Umwandlungen durch steuerrechtliche Vorschriften nicht zu behindern.[83]
Teilweise wird vertreten, dass die Zuordnung einer Verbindlichkeit zu einer 100%igen Beteiligung nicht ohne Verstoß gegen § 11 Abs. 1 S. 1 Nr. 2 UmwStG, der eine Gegenleistung für das übergehende Vermögen nur in Form von Gesellschaftsanteilen gestattet, stattfinden könne.[84] Dies hätte aber die für die Praxis verheerende Folge, dass eine übernehmende Körperschaft nur als Holding ohne Verbindlichkeiten entstehen könnte.[85] Gegen diese aus praktischer Sicht untaugliche Lösung spricht weiterhin, dass die Übertragung einer Verbindlichkeit nicht als Gegenleistung im Sinn des § 11 Abs. 1 S. 1 Nr. 2 UmwStG angesehen werden kann, da die Gesellschafter der übertragenden Gesellschaft als Empfänger der Gegenleistung nicht von einer Verbindlichkeit befreit werden.[86] Die Übertragung einer Verbindlichkeit steht folglich nicht im für die Spaltung typischen Gegenseitigkeitsverhältnis des Güteraustausches. *Blumers/Siegel* weisen in diesem Zusammenhang mit Recht darauf hin, dass eine Übertragung von 100%igen Beteiligungen ohne die Möglichkeit, Verbindlichkeiten auf den übernehmenden Rechtsträger abzuspalten, zu einer untragbaren Beeinträchtigung der Finanzlage des übertragenden Rechtsträgers führen würde.[87] Dies kann schlichtweg nicht Sinn und Zweck des UmwStG sein.

---

81 Herzig/Momen, DB 1994, S. 2157 (2160); Thiel, DStR 1995, S. 237 (241); Widmann, in: Widmann/Mayer, UmwG, UmwStG,, S 422.

82 Ausf. Blumers/Siegels, DB 1996, S. 7 (9); Blumers, in: Neues Umwandlungssteuerrecht, S. 45 (59) mit Beispielen aus der Praxis; Dehmer, § 15 UmwStG Rn. 86, 95; Haritz, in: Haritz/Benkert, § 15 UmwStG Rn. 57; Herzig, in: Steuerorienierte Umstrukturierung, S. 1 (43); Hörtnagl, in: Schmitt/Hörtnagl/Stratz, § 15 UmwStG Rn. 83, 89; Sagasser/Fahrenberg, in: Sagasser/Bula/Brünger, Umwandlungen, P Rn. 20; Schwedhelm/Streck/Mack, GmbHR 1995, S. 100 (101) mit der Begründung, dass die Besteuerung ja durch die Buchwertfortführung gesichert sei; Wegener, Spaltung, S. 173 f.; im Grundsatz ebenso: Herzig/Förster, DB 1995, S. 338 (343), die aber eine vorangehende Überführung der neutralen Wirtschaftsgüter in das Vermögen der 100%igen Beteiligung verlangen; sich diesen anschließend: Hartmann, Spaltung nach UmwStG, S. 70, a.A. für 100%ige Beteiligungen: Herzig/Momen, DB 1994, S. 2157 (2160); Widmann, in: Widmann/Mayer, UmwG, UmwStG, S 422; Wochinger, in: Neues Umwandlungssteuerrecht, S. 45 (59 ff.).

83 Zum Ziel der Förderung wirtschaftlich sinnvoller Umstrukturierungen durch das UmwStG: BT-Drucks.12/6885, zu A) Allgemeine Begründung S. 14.

84 Dötsch, Umwandlungssteuerrecht, Rn. 609; Herzig/Momen, DB 1994, S. 2157 (2160); Hörger, StbJb, 1994/95 S. 225 (248).

85 Dehmer, § 15 UmwStG Rn. 86; Haritz, in: Haritz/Benkert, § 15 UmwStG Rn. 57.

86 Dehmer, § 15 UmwStG Rn. 86.

87 Blumers/Siegels, DB 1996, S. 7 (9 f.); ebenso: Wegener, Spaltung, S. 174.

In vielen Fällen erfordert eine Spaltung, die jeweils lebensfähige Gesellschaften entstehen lassen soll, einen weiten Spielraum für die Zuordnung von neutralen Wirtschaftsgütern.[88] Das UmwG soll zusammen mit dem UmwStG ein Instrument zur Verwirklichung wirtschaftlich sinnvoller Umstrukturierung bereitstellen. Dies setzt aber in den Grenzen des Rechtsmissbrauchs voraus, dass dem Unternehmen bei der Zuordnung neutraler Wirtschaftsgüter ein angemessener Spielraum zugebilligt wird. Gerade bei der Spaltung einer Holdinggesellschaft zeigt sich das Hindernis, das ein Verbot der Zuordnung von neutralen Wirtschaftsgütern zu fiktiven Teilbetrieben bereitet. Eine Holding, die neben 100%igen Beteiligungen eigene Verbindlichkeiten oder andere Gegenstände besitzt, die sie für die Verwaltung der Beteiligungen benötigt, könnte keine steuerneutrale Spaltung durchführen.[89] Sie müsste nämlich entweder den abzuspaltenden Beteiligungen Vermögensgegenstände zuordnen oder aber einzelne Vermögensgegenstände behalten. Da § 15 Abs. 1 UmwStG für eine steuerneutrale Spaltung voraussetzt, dass ausschließlich Teilbetriebe übertragen werden und gleichzeitig lediglich Vermögensgegenstände beim übertragenden Rechtsträger verbleiben, die einem Teilbetrieb angehören, kann die Spaltung einer Holding ohne Zuordnung von einzelnen Wirtschaftsgütern zu fiktiven Teilbetrieben grundsätzlich nicht erfolgen. Sowohl der Zweck des UmwStG, wirtschaftlich sinnvolle Umstrukturierungen nicht zu behindern, als auch der Wortlaut des § 15 Abs. 1 UmwStG zwingen gerade dazu, die Möglichkeit der Zuordnung von einzelnen Wirtschaftsgütern zu fiktiven Teilbetrieben zuzulassen.

Nach welcher Maßgabe Einzelwirtschaftsgüter fiktiven Teilbetrieben zugeordnet werden können, ist noch nicht geklärt. Die Finanzverwaltung gesteht eine Zuordnung nur zu, wenn der Gegenstand einen unmittelbaren wirtschaftlichen Zusammenhang mit der Kapitalgesellschaftsbeteiligung oder dem Mitunternehmeranteil hat.[90] Dies hätte allerdings für Holdinggesellschaften, die neben 100%igen Beteiligungen und damit unmittelbar zusammenhängenden Wirtschaftsgütern auch mittelbar zugehörige Wirtschaftsgüter übertragen wollen, zur Folge, dass eine steuerneutrale Spaltung nicht möglich wäre. Unter mittelbar zugehörigen Wirtschaftsgütern fallen wohl Beteiligungen mit einer Beteiligungsquote unter 100%, Wertpapierbestände, Verbindlichkeiten, Finanzierungsschulden und liquide Mittel.[91] Die Finanzverwaltung erkennt als unmittelbar zusammenhängende Wirtschaftsgüter nur die für die Verwaltung erforderlichen Güter wie Verwaltungsgrundstücke, Einrichtungsgegenstände und Erträgniskonten an.[92] Eine einheitliche Linie, wann ein unmittelbar wirtschaftlicher Zusammenhang

---

88 Ausf. Blumers/Siegels, DB 1996, S. 7 (9); Herzig, in: Steuerorienierte Umstrukturierung, S. 1 (43) mit Hinweisen zu Gestaltungsmöglichkeiten, falls die Finanzverwaltung eine Zuordnung von Wirtschaftsgütern zu 100%igen Beteiligungen nicht anerkennt; Wegener, Spaltung, S. 173.

89 Dazu bereits: Blumers/Siegels, DB 1996, S. 7 (9); ähnlich: Herzig, in: Steuerorienierte Umstrukturierung, S. 1 (43).

90 Schreiben des BMF, BStBl. I 1998, S. 267 ff., 15.09; so auch: Momen, Steuerneutralität, S. 169; vgl. auch: Dötsch, Umwandlungssteuerrecht, Rn. 609; kritisch dazu: Hörtnagl, in: Schmitt/Hörtnagl/Stratz, § 15 UmwStG Rn. 84, 90.

91 Sagasser/Fahrenberg, in: Sagasser/Bula/Brünger, Umwandlungen, P Rn. 21.

92 Schreiben des BMF, BStBl. I 1998, S. 267 ff., 15.09; Dötsch, Umwandlungssteuerrecht,

eines Vermögensgegenstandes zu einem Teilbetrieb zu bejahen ist, besteht nicht. Daher wird vorgeschlagen, in der Praxis eine verbindliche Auskunft bezogen auf den Einzelfall einzuholen.[93] Die Finanzverwaltung verweist diesbezüglich auch ausdrücklich auf den Billigkeitsweg.[94]
Aufgrund des Zieles des UmwStG, wirtschaftlich notwendige Umstrukturierungen steuerneutral zu ermöglichen,[95] muss die Zugehörigkeit zu Teilbetrieben weiter ausgelegt werden als dies die Finanzverwaltung mit dem Kriterium des unmittelbar wirtschaftlichen Zusammenhangs tut. Vorgeschlagen wird, dass gerade Verbindlichkeiten des übertragenden Rechtsträgers bis zu einem bestimmten Verhältnis des übertragenen Fremdkapitals zum Wert der 100%igen Beteiligung zugeordnet werden können.[96] Teilweise wird darauf abgestellt, ob die Abspaltung gerade der Umgehung der Besteuerung der Übertragung von Einzelwirtschaftsgütern dient, indem an einen fiktiven Teilbetrieb eine Fülle von Einzelgegenständen angehängt wird.[97] Sollte aber ein gewisser sachlicher oder wirtschaftlicher Zusammenhang zwischen Einzelwirtschaftsgütern und fiktiven Teilbetrieb anzunehmen sein, so sollte die Zugehörigkeit zu einem Teilbetrieb nicht verneint werden.[98] Ausschlaggebend sollte dabei die Lebensfähigkeit des übertragenden und übernehmenden Rechtsträgers nach der Spaltung sein, nicht aber das formale Kriterium des unmittelbar wirtschaftlichen Zusammenhangs. Die Grenze zur Missbräuchlichkeit ist dort zu ziehen, wo die „angehängten" Einzelgüter ein gewisses Verhältnis zum Wert der Beteiligung überschreiten. Ein solches Verhältnis sollte zur Gewährleistung ausreichender Rechtssicherheit verbindlich festgeschrieben werden.
Die restriktive Handhabung der Zuordnung neutraler Wirtschaftsgüter zu fiktiven Teilbetrieben seitens der Finanzverwaltung erfordert in der Praxis gewissen Einfallsreichtum, um dennoch zu einer wirtschaftlich vertretbaren Spaltung einer Holdinggesellschaft zu kommen. Zum einen kann das neutrale Vermögen unter Aufdeckung der stillen Reserven in den neutralen Wirtschaftsgütern in eine Beteiligungsgesellschaft eingebracht werden.[99] Mit der Aufdeckung der stillen Reserven geht deren Besteue-

---

Rn. 609, der versucht nach dem Umwandlungssteuererlass zuordnungsfähige Wirtschaftsgüter in Beispielen darzustellen. Danach könnten Verwaltungsgrundstück, Büroeinrichtungen und Fuhrpark sowie Erträgniskonten, Verbindlichkeiten und Forderungen, die mit der jeweiligen Beteiligung zusammenhängen, einer 100%igen Beteiligung zugeordnet werden. Grundstücke, die dem Halten der Beteiligung nicht dienen, sowie Bankguthaben aus Beteiligungsverkäufen und Verbindlichkeiten, die der 100%igen Beteiligung nicht zugeordnet werden können, führen bei deren Abspaltung zu einem Verstoß gegen das Teilbetriebserfordernis.

93 Haritz, in: Haritz/Benkert, § 15 UmwStG Rn. 54, 57; Hörtnagl, in: Schmitt/Hörtnagl/Stratz, § 15 UmwStG Rn. 84.

94 Schreiben des BMF, BStBl. I 1998, S. 267 ff., 15.09.

95 BT-Drucks. 12/6885, zu A) Allg. , S. 14.

96 Haritz, in: Haritz/Benkert, § 15 UmwStG Rn. 57.

97 Sagasser/Fahrenberg, in: Sagasser/Bula/Brünger, Umwandlungen, P Rn. 21.

98 Dehmer, § 15 UmwStG, Rn. 86, 95 ff.; Sagasser/Fahrenberg, in: Sagasser/Bula/Brünger, Umwandlungen, P Rn. 21; Wegener, Spaltung, S. 174; für eine gänzlich freie Zuordnung: Blumers/Siegels, DB 1996, S. 7 (9); Blumers, in: Neues Umwandlungssteuerrecht, S. 45 (59); Schwedhelm/Streck/Mack, GmbHR 1995, S. 100 (101).

99 Herzig/Förster, DB 1995, S. 338 (343); Herzig, in: Steuerorienierte Umstrukturierung, S. 1

rung einher, wenn nicht der Weg über § 20 Abs. 1 S. 2 UmwStG gewählt wird. Die Beteiligungsgesellschaft kann dann als 100%ige Beteiligung steuerneutral abgespalten werden. Bei einer steuerneutralen Einbringung von Mehrheitsbeteiligungen nach § 20 Abs. 1 S. 2 UmwStG mit dem Ziel, dieselben einer 100%igen Beteiligung zuzuordnen, muss allerdings berücksichtigt werden, dass jedenfalls das Ansatzwahlrecht nach § 11 Abs. 1 UmwStG wegen Verstoßes gegen die Missbrauchsvorschrift des § 15 Abs. 3 S. 1 UmwStG verloren geht, wenn die Spaltung innerhalb von drei Jahren nach der Einbringung stattfindet.[100]
Mit dem zweistufigen Verfahren über eine Ausgliederung von Beteiligungen mit einer Beteiligungsquote unter 100% in eine 100%ige Tochtergesellschaft mit nachfolgender Abspaltung der Tochtergesellschaft wird zwar keine Steuerneutralität der Abspaltung der Beteiligungen erreicht. Allerdings kann mithilfe dieses Verfahrens die Einhaltung des doppelten Teilbetriebserfordernisses sichergestellt werden.
Anstatt einer vorausgehenden Einbringung neutraler Wirtschaftsgüter in eine 100%ige Beteiligung kann eine 100%ige Tochtergesellschaft mit dem zu spaltenden Rechtsträger verschmolzen werden, um so einen originären Teilbetrieb im Sinn des § 15 Abs. 1 S. 1 UmwStG zu schaffen, dem neutrales Vermögen ohne weiteres zugeordnet werden kann.[101] Der originäre Teilbetrieb kann dann zusammen mit der 100%igen Beteiligung und deren wirtschaftlich nur mittelbar zusammenhängenden neutralen Wirtschaftsgüter abgespalten werden.

e) Steuerliche Folgen bei einem Verstoß gegen das doppelte Teilbetriebserfordernis

Eine Übertragung von Sachgesamtheiten im Wege einer Abspaltung, die das Teilbetriebserfordernis nicht erfüllen, hat zur Folge, dass die Begünstigungen der §§ 11-13 UmStG nicht eingreifen. Es erfolgt eine Besteuerung nach den allgemeinen steuerrechtlichen Grundsätzen. Gleiches gilt, wenn die Vermögensgegenstände, die beim übertragenden Rechtsträger belassen werden, die Voraussetzungen eines originären oder fiktiven Teilbetriebs nicht erfüllen, § 15 Abs. 1 S. 2 UmwStG. Darüber hinaus sind die Vergünstigung der §§ 15 Abs. 1, 11-13 UmwStG nicht anzuwenden, wenn die Spaltung nicht nach dem UmwG durchgeführt wird (§§ 1 Abs. 1, Abs. 4 UmwStG, 1 Abs. 1 UmwG). Die Ab- und Aufspaltung im Wege der Einzelrechtsnachfolge und die Spaltung unter Beteiligung einer ausländischen Körperschaft als übertragender oder übernehmender Rechtsträger kann nur außerhalb der durch das UmwStG gewährten steuerlichen Vergünstigungen stattfinden.

---

(44); sich diesen anschließend: Hartmann, Spaltung nach UmwStG, S. 70.

100 Vgl. dazu: unten Teil 3 A) I 3 a) und b).

101 Herzig, in: Steuerorienierte Umstrukturierung, S. 1 (44). Die Alternative der Überführung der Einzelwirtschaftsgüter in eine Mitunternehmerschaft mit nachfolgender Abspaltung derselben konnte im Zeitpunkt der Spaltung der Hoechst AG aufgrund der Aufhebung des Mitunternehmererlasses durch Neufassung des § 6 Abs. 5 EStG im Rahmen des StEntlG 1999/2000/2001 keine steuerneutrale Spaltung mehr herbeiführen. Die teilweise Wiedereinführung des Mitunternehmererlasses durch die erneute Abänderung des § 6 Abs. 5 EStG im Rahmen der Unternehmenssteuerreform 2001 führt wohl dazu, dass in Zukunft die Überführung von neutralen Wirtschaftsgütern in Mitunternehmerschaften mit nachfolgender Abspaltung derselben eine Zuordnung von neutralen Wirtschaftsgütern ermöglichen wird.

Zunächst hat der Verstoß gegen das Teilbetriebserfordernis des § 15 Abs. 1 UmwStG die Konsequenz, dass stille Reserven im übertragenen Vermögen aufzudecken und zu versteuern sind, weil das Ansatzwahlrecht nach § 11 Abs. 1 UmwStG nicht anwendbar ist.

Da bei Auf- und Abspaltung die Gegenleistung für das abzuspaltende Vermögen nicht dem übertragenden Rechtsträger, sondern dessen Anteilsinhabern zusteht, ist die Ab- oder Aufspaltung als verdeckte Gewinnausschüttung (§ 8 Abs. 3 S. 2 KStG) und als andere Ausschüttung im Sinn des § 27 Abs. 3 S. 2 KStG a.F. zu behandeln. Damit wird die übertragende Gesellschaft gezwungen, die stillen Reserven in den übertragenden Wirtschaftsgütern aufzudecken und zu versteuern.[102] Der entstehende Gewinn ist als verwendbares Eigenkapital zu bilanzieren.[103] Die Abspaltung stellt daher eine Sachausschüttung an die Anteilseigner der übertragenden Gesellschaft zum gemeinen Wert der Wirtschaftsgüter und eine Einlage der Wirtschaftsgüter in die übernehmende Gesellschaft dar.[104] Aufzudecken und zu versteuern sind nur die stillen Reserven der übertragenen Wirtschaftsgüter einschließlich immaterieller Wirtschaftsgüter wie Firmen- oder Geschäftswert, nicht aber die beim übertragenden Rechtsträger verbleibenden Vermögensteile.[105]

Die Aufdeckung der stillen Reserven führt zu einem Übertragungsgewinn, der dem Thesaurierungskörperschaftssteuersatz nach § 23 Abs. 1 KStG a.F. und der Gewerbeertragssteuer (§ 19 Abs. 1 S. 1 UmwStG) unterliegt.[106]

Neben der Besteuerung und Aufdeckung stiller Reserven hat der Vermögensübergang von Wirtschaftsgütern, die keinen Teilbetrieb darstellen, zur Folge, dass die oben beschriebenen Vorteile der §§ 12, 13 UmwStG[107] nicht greifen. Dies bedeutet, dass die Spaltung nicht auf den Übertragungsstichtag zurückbezogen werden kann (§ 2 Abs. 1 UmwStG), ein Übernahmegewinn steuerlich zu berücksichtigen ist, eine Aufteilung des Verlustvortrags ausscheidet und die Spaltung für die Anteilseigner nicht nach § 13 UmwStG steuerneutral erfolgen kann. Die Spaltung hat für die Anteilseigner eine Gewinnrealisierung hinsichtlich der am übernehmenden Rechtsträger erworbenen Anteile zur Folge.[108] Eine analoge Anwendung des § 13 UmwStG über die Anwendung der Grundsätze des Tauschgutachtens des BFH[109] unter bestimmten Voraussetzungen war nur bis Ende 1998 möglich. Die Anwendbarkeit des Tauschgutachtens endete mit In-

---

102 Dehmer, § 15 UmwStG, Rn. 105; Herzig/Förster, DB 1995, S. 338 (339); Hörtnagl, in: Schmitt/Hörtnagl/Stratz, § 15 UmwStG Rn. 101; Knopf/Hill, in: Goutier/Knopf/Tulloch, § 15 UmwStG Rn. 85; Sagasser/Fahrenberg, in: Sagasser/Bula/Brünger, Umwandlungen, P Rn. 22.

103 Herzig/Förster, DB 1995, S. 338 (339); Momen, Steuerneutralität, S. 149.

104 Schreiben des BMF, BStBl. I 1998, S. 267 ff., Tz. 15.11; Dehmer, § 15 UmwStG, Rn. 105 f.; Haritz, in: Haritz/Benkert, § 15 UmwStG Rn. 25; Sagasser/Fahrenberg, in: Sagasser/Bula/Brünger, Umwandlungen, P Rn. 22.

105 Schreiben des BMF, BStBl. I 1998, S. 267 ff., Tz. 15.11; Dehmer, § 15 UmwStG, Rn. 106.

106 Es sei daran erinnert, dass aufgrund der Betrachtung der Abspaltung der Celanese AG das im Jahr 1999 geltende Steuerrecht dargestellt wird. Auswirkungen des StSenkG auf die Attraktivität von Abspaltungen in der Zukunft werden unter Teil 5 C) aufgezeigt.

107 Vgl. dazu oben Teil 3 A) I 1.

108 Haritz, in: Haritz/Benkert, § 15 UmwStG Rn. 28.

109 BFH, BStBl. III 1959, S. 30 (32 ff.).

krafttreten des Steuerentlastungsgesetzes 1999/2000/2001.[110] Die Steuerneutralität eines Spaltungsvorhabens auf Gesellschafterebene kann folglich nur erreicht werden, wenn das doppelte Teilbetriebserfordernis erfüllt wird. Der Verstoß gegen das Teilbetriebserfordernis des § 15 Abs. 1 UmwStG hat demnach aus steuerlicher Sicht erhebliche negative Auswirkungen.

3. Die Missbrauchstatbestände des § 15 Abs. 3 UmwStG

a) Folgen des Eingreifens eines Missbrauchstatbestands

Im Gegensatz zum Teilbetriebserfordernis des § 15 Abs. 1 UmwStG hat das Eingreifen einer Missbrauchsklausel des § 15 Abs. 3 UmwStG nicht zur Folge, dass die Anwendbarkeit der §§ 11-13 UmwStG ausscheidet. Vielmehr wird lediglich die Anwendbarkeit des § 11 Abs. 1 UmwStG und damit des Bewertungswahlrechts für den übertragenden Rechtsträger ausgeschlossen. Wird ein Missbrauchstatbestand des § 15 Abs. 3 UmwStG erfüllt, so müssen die stillen Reserven bezüglich des übertragenen Vermögens auf Gesellschaftsebene aufgedeckt und versteuert werden. Dies geschieht durch Ansatz des Teilwertes für die übertragenen Wirtschaftsgüter.[111] Im übrigen sind bei einer Übertragung eines originären oder fiktiven Teilbetriebs die §§ 11-13 UmwStG anwendbar.[112] Das bedeutet unter anderem, dass auf Gesellschafterebene das Vorliegen eines Missbrauchstatbestands nicht zur Besteuerung der dort gebildeten stillen Reserven führt.

b) Erwerb oder Aufstockung von Mitunternehmeranteilen und 100%igen Beteiligungen, § 15 Abs. 3 S. 1 UmwStG

§ 15 Abs. 3 S. 1 UmwStG verbietet die steuerneutrale Buchwertfortführung nach § 11 Abs. 1 UmwStG bei der Übertragung von fiktiven Teilbetrieben nach § 15 Abs. 1 S. 3 UmwStG, wenn diese innerhalb von drei Jahren vor dem Übertragungsstichtag durch Übertragung von Wirtschaftsgütern, die die Voraussetzungen eines Teilbetriebs nicht erfüllen, aufgestockt oder erworben wurden. Diese Regelung soll verhindern, dass Wirtschaftsgüter, die keinem Teilbetrieb angehören, zunächst nach § 20 UmwStG

---

110 Die Einführung des § 6 Abs. 6 EStG hatte die Abschaffung des Tauschgutachtens zur Folge; vgl. auch: Haritz, in: Haritz/Benkert, § 15 UmwStG Rn. 28; Herzig, DB 2000, S. 2236 (2237, Fn. 23). Auch das StSenkG führt nicht zur Wiedereinführung des Tauschgutachtens. Lediglich der ebenfalls durch das Steuerentlastungsgesetz 1999/2000/2001 weggefallene Mitunternehmererlass, der die steuerneutrale Einbringung von Einzelwirtschaftsgütern in ein Gesamthandsvermögen einer Mitunternehmerschaft zuließ, wurde teilweise durch § 6 Abs. 5 EStG n.F. wieder eingeführt.

111 Schreiben des BMF, BStBl. I 1998, S. 267 ff., Tz. 15.21, 15.32.

112 Schreiben des BMF, BStBl. I 1998, S. 267 ff., Tz. 15.32; Dehmer, § 15 UmwStG, Rn. 174; Haritz, in: Haritz/Benkert, § 15 UmwStG Rn. 73; Herzig/Förster, DB 1995, S. 338 (341); Hörtnagl, in: Schmitt/Hörtnagl/Stratz, § 15 UmwStG Rn. 202; Knopf/Hill, in: Goutier/Knopf/Tulloch, § 15 UmwStG Rn. 87 f.; unklar: Widmann, in: Widmann/Mayer, S 429, S 461.

steuerneutral in fiktive Teilbetriebe eingebracht und dann mit den fiktiven Teilbetrieben steuerneutral abgespalten werden.[113]
Diese Missbrauchsklausel gilt nach dem eindeutigen Wortlaut nur für fiktive Teilbetriebe. originäre Teilbetriebe können daher auch noch unmittelbar vor der Umwandlung durch Zuordnung von Wirtschaftsgütern verändert werden.[114] Daraus folgt, dass ein originärer Teilbetrieb nach § 15 Abs. 1 S. 1 UmwStG, der einen fiktiven Teilbetrieb als wesentliche Betriebsgrundlage enthält, zusammen mit dem fiktiven Teilbetrieb übertragen werden kann, ohne dass die Missbrauchsklausel des § 15 Abs. 3 S. 1 UmwStG eingreift.[115]
Die in § 15 Abs. 3 S. 1 UmwStG bezeichnete Übertragung muss durch den später spaltenden Rechtsträger erfolgen. Wird die Aufstockung auf eine 100%ige Beteiligung durch einen Dritten vorgenommen, so ist dies nicht schädlich.[116]
Es ist weiterhin zu beachten, dass § 15 Abs. 3 S. 1 UmwStG nur dann einschlägig ist, wenn als Gegenleistung für die eingebrachten Wirtschaftsgüter Gesellschaftsrechte oder Beteiligungsrechte gewährt werden. Der entgeltliche Erwerb von Wirtschaftsgütern wird nicht nach § 15 Abs. 3 S. 1 UmwStG sanktioniert.[117] Gleiches gilt bei einem Zukauf von Anteilen an einer Kapitalgesellschaft, um eine 100%ige Beteiligung zu erlangen.[118]
Ebenso unschädlich ist das Einbringen einer verdeckten Einlage in eine Kapitalgesellschaft ohne Gegenleistung neuer Gesellschaftsrechte trotz Werterhöhung der bestehenden Beteiligung, da insoweit eine vorhandene Beteiligung nicht aufgestockt wird

---

113 BT-Drucks. 12/6885, zu § 15, S. 23; so auch: Dehmer, § 15 UmwStG, Rn. 117; Haritz, in: Haritz/ Benkert, § 15 UmwStG Rn. 70.

114 Schreiben des BMF, BStBl. I 1998, S. 267 ff., Tz. 15.14; Dehmer, § 15 UmwStG, Rn. 118; Herzig/Förster, DB 1995, S. 338 (343); Hörtnagl, in: Schmitt/Hörtnagl/Stratz, § 15 UmwStG Rn. 111; Thiel, DStR 1995, S. 237 (240); Widmann, in: Widmann/ Mayer, UmwG, UmwStG, S 422, S 432.

115 Dehmer, § 15 UmwStG, Rn. 125; Haritz, in: Haritz/Benkert, § 15 UmwStG Rn. 82; Herzig/Förster, DB 1995, S. 338 (343 f.); Hörtnagl, in: Schmitt/Hörtnagl/Stratz, § 15 UmwStG Rn. 114; Widmann, in: Widmann/Mayer, UmwG, UmwStG, Rn. S 428. Ob diese Ansicht auch von der Finanzverwaltung vertreten wird, ist unklar. Das Schreiben des BMF, BStBl. I 1998, S. 267 ff. enthält in Tz. 15.06 lediglich die Aussage, dass fiktive Teilbetriebe nicht steuerneutral abgespalten werden können, wenn sie als wesentliche Betriebsgrundlagen eines originären Teilbetriebs anzusehen sind. Eine Erklärung dahingehend, dass ein originärer Teilbetrieb nicht mit einem fiktiven Teilbetrieb als wesentliche Betriebsgrundlage ohne Eingreifen des § 15 Abs. 3 S. 1 UmwStG abgespalten werden kann, wird nicht getroffen.

116 Schreiben des BMF, BStBl. I 1998, S. 267 ff., Tz. 15.19; auch: Dehmer, § 15 UmwStG, Rn. 124; Hörtnagl, in: Schmitt/Hörtnagl/Stratz, § 15 UmwStG Rn. 119.

117 Schreiben des BMF, BStBl. I 1998, S. 267 ff., Tz. 15.20; Dehmer, § 15 UmwStG, Rn. 124; Haritz, in: Haritz/Benkert, § 15 UmwStG Rn. 85; Herzig/Förster, DB 1995, S. 338 (344); Hörger, StbJb 1994/95, S. 225 (243); Knopf/Hill, in: Goutier/Knopf/Tulloch, § 15 UmwStG Rn. 33; Momen, Steuerneutralität, S. 167; Sagasser/Fahrenberg, in: Sagasser/Bula/Brünger, Umwandlungen, P Rn. 30; Widmann, in: Widmann/Mayer, UmwG, UmwStG, S 431.

118 Schreiben des BMF, BStBl. I 1998, S. 267 ff., Tz. 15.20; Dehmer, § 15 UmwStG, Rn. 127; Haritz, in: Haritz/Benkert, § 15 UmwStG Rn. 85; Herzig/Förster, DB 1995, S. 338 (344); Hörger, StbJb 1994/95, S. 225 (243); Sagasser/Fahrenberg, in: Sagasser/Bula/Brünger, Umwandlungen, P Rn. 30.

und ein Missbrauch nicht vorliegen kann.[119] Allerdings führt die verdeckte Einlage zu einer Gewinnrealisierung, die der Steuerpflicht unterliegt.[120]
Teilweise wird vertreten, dass § 15 Abs. 3 S. 1 UmwStG nicht nur die Aufstockung im abzuspaltenden Vermögen, sondern auch die Aufstockung im verbleibenden Vermögen betrifft. Dies hätte zur Folge, dass ein nach § 15 Abs. 3 S. 1 UmwStG schädlicher Übertragungsvorgang hinsichtlich des verbleibenden Vermögens die Steuerneutralität des Spaltungsvorhabens beeinträchtigen würde. Diese Auffassung beruft sich auf die Begründung zu § 15 Abs. 3 UmwStG, wonach sich § 15 Abs. 3 S. 1 UmwStG sowohl auf die übertragenen wie auch auf die verbleibenden Wirtschaftsgüter beziehen soll.[121] Aufgrund des eindeutigen Wortlauts des §§ 15 Abs. 3 S. 1 UmwStG, der lediglich die Anwendbarkeit des § 11 Abs. 1 UmwStG ausschließt, kann dieser Ansicht nicht gefolgt werden. § 11 Abs. 1 UmwStG bezieht sich ausschließlich auf das übertragene, nicht aber auf das verbleibende Vermögen.[122] Das bedeutet, dass Erwerb oder Aufstockung eines Teilbetriebs im zurückbleibenden Vermögen nicht nach § 15 Abs. 3 S. 1 UmwStG steuerschädlich ist.[123]
Eine andere Frage ist, welche Rechtsfolge bei einem Verstoß gegen § 15 Abs. 3 S. 1 UmwStG eintritt. Teilweise wird vertreten, dass der in der Regierungsbegründung enthaltene Verweis auf übertragenes und verbleibendes Vermögen dazu führen müsse, dass sowohl die stillen Reserven des abgespaltenen wie auch die stillen Reserven des zurückbleibenden Vermögens aufzudecken und zu versteuern seien.[124] Gegen ein sol-

---

[119] Schreiben des BMF, BStBl. I 1998, S. 267 ff., Tz. 15.18; Dehmer, § 15 UmwStG, Rn. 121; Haritz, in: Haritz/Benkert, § 15 UmwStG Rn. 88; Herzig/Förster, DB 1995, S. 338 (344); Hörger, DStR 1998, Beilage zu Heft 17 S. 29 (30); Hörtnagl, in: Schmitt/Hörtnagl/Stratz, § 15 UmwStG Rn. 120; Knopf/Hill, in: Goutier/Knopf/Tulloch, § 15 UmwStG Rn. 33; Widmann, in: Widmann/Mayer, UmwG, UmwStG, S 428.

[120] Widmann, in: Widmann/Mayer, UmwG, UmwStG, S 428; ebenso: Hörger, DStR 1998, Beilage zu Heft 17 S. 29 (30). Eine solche steuerpflichtige verdeckte Einlage nahm auch die Hoechst AG vor, indem sie inländische Beteiligungen in die Rücklagen der Diogenes GmbH einbrachte. Vgl. dazu: unten Teil 3 A) I 5 a) bb).

[121] BT-Drucks. 12/6885, zu § 15, S. 23.

[122] Dehmer, § 15 UmwStG, Rn. 119; Haritz, in: Haritz/Benkert, § 15 UmwStG Rn. 80; Herzig/Förster, DB 1995, S. 338 (344); Hörger, FR 1994, S. 765 (766); Hörtnagl, in: Schmitt/Hörtnagl/Stratz, § 15 UmwStG Rn. 125; Knopf/Hill, in: Goutier/Knopf/Tulloch, § 15 UmwStG Rn. 32; a.A. Schreiben des BMF, BStBl. I 1998, S. 267 ff., Tz. 15.15; Dötsch, Umwandlungssteuerrecht, Rn. 619; Thiel, DStR 1995, S. 237 (241).

[123] Dehmer, § 15 UmwStG, Rn. 119; Haritz, in: Haritz/Benkert, § 15 UmwStG Rn. 80; Herzig/Förster, DB 1995, S. 338 (344); Herzig/Momen, DB 1994, S. 2157 (2160); Hörger, FR 1994, S. 765 (766); Hörger, DStR 1998, Beilage zu Heft 17 S. 29 (30); Hörtnagl, in: Schmitt/Hörtnagl/Stratz, § 15 UmwStG Rn. 125; Knopf/Hill, in: Goutier/Knopf/Tulloch, § 15 UmwStG Rn. 32; Rödder, DStR 1995, S. 322 (324); Widmann, in: Widmann/Mayer, UmwG, UmwStG, S 430; a.A. Schreiben des BMF, BStBl. I 1998, S. 267 ff., Tz. 15.15.; Dötsch, Umwandlungssteuerrecht, Rn. 619; Thiel, DStR 1995, S. 237 (241).

[124] Thiel, DStR 1995, S. 237 (241); Wochinger/Dötsch, DB 1994, Beilage zu Heft 14, S. 1 (21), da nur so Missbrauchsmöglichkeiten vorgebeugt werden könnte; a.A. Schreiben des BMF, BStBl. I 1998, S. 267 ff., Tz. 15. 21; Dehmer, § 15 UmwStG, Rn. 119, 173; Dötsch, Umwandlungssteuerrecht, Rn. 627; Haritz, in: Haritz/Benkert, § 15 UmwStG Rn. 73; Herzig/Förster, DB 1995, S. 338 (344); Hörger, FR 1994, S. 765 (767); Hörtnagl, in: Schmitt/Hörtnagl/Stratz,

ches Ergebnis wird zu Recht vorgebracht, dass es bei dem beim übertragenden Rechtsträger verbleibenden Vermögen an einem Übertragungsvorgang mit Gewinnrealisierung fehlt.[125] Die Aufdeckung und Versteuerung stiller Reserven hinsichtlich der beim übertragenden Rechtsträger verbleibenden Vermögensgegenstände muss daher nicht vorgenommen werden. Vielmehr sind die beim übertragenden Rechtsträger verbleibenden Wirtschaftsgüter zwingend zu Buchwerten fortzuführen.
Werden neben einem unter § 15 Abs. 3 S. 1 UmwStG fallenden fiktiven Teilbetrieb weitere Teilbetriebe übertragen, auf die § 15 Abs. 3 S. 1 UmwStG nicht anzuwenden ist, so bleibt für diese das Ansatzwahlrecht erhalten.[126] Eine Ausweitung der Rechtsfolgen des § 15 Abs. 3 S. 1 UmwStG auf Teilbetriebe, die den jeweiligen Missbrauchstatbestand gerade nicht erfüllen, ist mit dem Wortlaut der Vorschrift nicht zu vereinbaren. § 15 Abs. 3 S. 1 UmwStG erklärt § 11 Abs. 1 UmwStG für Mitunternehmeranteile und 100%igen Anteile für nicht anwendbar, die den jeweiligen Missbrauchstatbestand erfüllen. Hätte der Ausschluss für alle übertragenen Teilbetriebe gelten sollen, so hätte der Gesetzgeber formuliert, dass § 11 Abs. 1 UmwStG auf das gesamte abzuspaltende Vermögen nicht anwendbar ist, wenn ein Missbrauchstatbestand hinsichtlich eines Teilbetriebs erfüllt ist. Außerdem ist der Bezugspunkt für die Frage der Steuerneutralität einer Spaltung immer der Teilbetrieb nach § 15 Abs. 1 UmwStG. Demnach ist für jeden Teilbetrieb getrennt zu entscheiden, ob die Voraussetzungen des Ansatzwahlrechtes vorliegen oder nicht. Wir nur bei einem Teilbetrieb die Missbrauchsvorschrift des § 15 Abs. 3 S. 1 UmwStG erfüllt, so müssen nur hinsichtlich dieses Teilbetriebes die stillen Reserven aufgedeckt werden.

c) Veräußerung an außenstehende Personen, § 15 Abs. 3 S. 2 UmwStG

Soll durch die Spaltung die Veräußerung an außenstehende Personen vollzogen werden, so scheidet die Anwendung des § 11 Abs. 1 UmwStG ebenfalls aus, § 15 Abs. 3 S. 2 UmwStG. Ziel ist es, einen steuerneutralen Verkauf von Teilbetrieben, Mitunternehmeranteilen oder 100%igen Kapitalgesellschaftsbeteiligungen durch Abspaltung zu verhindern.[127]
Dieser Missbrauchtatbestand hat losgelöst von den folgenden Missbrauchstatbeständen keine eigene Bedeutung, da der Vollzug der Spaltung nicht Teil einer Veräußerung ist

§ 15 UmwStG Rn. 125; Knopf/Hill, in: Goutier/Knopf/Tulloch, § 15 UmwStG Rn. 32; Sagasser/Fahrenberg, in: Sagasser/Bula/Brünger, Umwandlungen, P Rn. 32; im Ergebnis ebenso: Schwedhelm/Streck/Mack, GmbHR 1995, S. 100 (102); Widmann, in: Widmann/Mayer, UmwG, UmwStG, Rn. S 429 f.

125 Herzig/Förster, DB 1995, S. 338 (344); Hörger, FR 1994, S. 765 (767); Sagasser/Fahrenberg, in: Sagasser/Bula/Brünger, Umwandlungen, P Rn. 32; Wegener, Spaltung, S. 180 f., 214; a.A. Thiel, DStR 1995, S. 237 (241) unter Berufung auf die Gesetzesbegründung.

126 Dehmer, § 15 UmwStG, Rn. 174, 193; Herzig/Förster, DB 1995, S. 338 (341); Hörtnagl, in: Schmitt/Hörtnagl/Stratz, § 15 UmwStG Rn. 125; Knopf/Hill, in: Goutier/Knopf/Tulloch, § 15 UmwStG Rn. 87; Sagasser/Fahrenberg, in: Sagasser/Bula/Brünger, Umwandlungen, P Rn. 32; a.A. möglicherweise Schreiben des BMF, BStBl. I 1998, S. 267 ff., Tz. 15.14, 15.21. Eine eindeutige Stellungnahme zu diesem Problem ist dem Umwandlungssteuererlass aber nicht zu entnehmen.

127 BT-Drucks. 12/6885, zu § 15, S. 23.

und damit eine Veräußerung nicht durch eine Spaltung vollzogen werden kann.[128] Die Vorschrift muss daher im Zusammenhang mit § 15 Abs. 3 S. 3-5 UmwStG gesehen werden.[129] Diese einheitliche Auslegung der § 15 Abs. 3 S. 2-5 UmwStG führt dazu, dass eine Veräußerung von Anteilen in jedem der Missbrauchsfälle nur schädlich ist, wenn außenstehende Personen die Anteile erwerben.[130] Außenstehende Personen im Sinn dieser Norm sind Personen, die weder den Gesellschaftern der an der Spaltung beteiligten Rechtsträger[131] noch verbundenen Unternehmen (§ 271 Abs. 2 HGB) des übertragenden Rechtsträgers[132] zuzuordnen sind.

d) Vorbereitung der Veräußerung an außenstehende Personen

Auch eine Spaltung als Vorbereitung der Veräußerung an außenstehende Personen hat gemäß § 15 Abs. 3 S. 3 f. UmwStG den Wegfall des Bewertungswahlrechts (§ 11 Abs. 1 UmwStG) zur Folge. Dabei ist zu berücksichtigen, dass eine Spaltung zur Vorbereitung einer Veräußerung objektiv nicht notwendig ist, da Mitunternehmeranteile oder sonstige Beteiligungen jederzeit direkt veräußert werden können.[133] Daher kommt es bei der Frage, ob die Spaltung missbräuchlich zur Vorbereitung einer Veräußerung verwendet wird, auf den Willen des übertragenden Rechtsträgers an, auf die Spaltung

---

128 Dehmer, § 15 UmwStG, Rn. 137; Haritz, in: Haritz/Benkert, § 15 UmwStG Rn. 110; Hartmann, Spaltung nach UmwStG, S. 86 ff.; Knopf/Hill, in: Goutier/Knopf/Tulloch, § 15 UmwStG Rn. 37; ausf. Momen, DStR 1997, S. 355 (355); Widmann, in: Widmann/Mayer, UmwG, UmwStG, S 434, wonach sich der Wegfall des Ansatzwahlrechtes in den vom Gesetzgeber bei § 15 Abs. 3 S. 2 UmwStG gemeinten Missbrauchsfällen bereits aus § 15 Abs. 3 S. 5 UmwStG ergebe.

129 Haritz, in: Haritz/Benkert, § 15 UmwStG Rn. 101; Hartmann, Spaltung nach UmwStG, S. 85, 96; Knopf/Hill, in: Goutier/Knopf/Tulloch, § 15 UmwStG Rn. 36; Sagasser/Fahrenberg, in: Sagasser/ Bula/Brünger, Umwandlungen, P Rn. 34.

130 Dötsch, in: Dötsch/Eversberg/Jost/Witt, KStG, Anhang UmwStG, Rn. 332; ausf. Fey/Neyer, GmbHR 1999, S. 274 (277f.); Haritz, in: Haritz/Benkert, § 15 UmwStG Rn. 125; Herzig/Förster, DB 1995, S. 338 (345); Knopf/Hill, in: Goutier/Knopf/Tulloch, § 15 UmwStG Rn. 38; Momen, DStR 1997, S. 355 (357 Fn. 9); Sagasser/Fahrenberg, in: Sagasser/Bula/Brünger, Umwandlungen, P Rn. 35; Thiel, DStR 1995, S. 237 (242); Thies, DB 1999, S. 2179 (2181); im Ergebnis auch: Hörger, StbJb 1994/95, S. 225 (253); wohl auch Schreiben des BMF, BStBl. I 1998, S. 267 ff., Tz. 15.22 bis 15.26, in denen § 15 Abs. 3 S. 2 bis 4 UmwStG als Einheit behandelt werden; a.A. Widmann, in: Widmann/Mayer, UmwG, UmwStG, Rn. S 443; Dehmer, § 15 UmwStG Rn. 149, wonach es für die Tatbestände des § 15 Abs. 3 S. 3, 4 UmwStG nicht darauf ankommen soll, ob die Veräußerung an außenstehende Personen erfolgt.

131 Dehmer, § 15 UmwStG, Rn. 141; Hartmann, Spaltung nach UmwStG, S. 95; Herzig/Förster, DB 1995, S. 338 (345); Hörger, StbJb 1994/95, S. 225 (253); Hörtnagl, in: Schmitt/Hörtnagl/Stratz, § 15 UmwStG Rn. 191; Knopf/Hill, in: Goutier/Knopf/Tulloch, § 15 UmwStG Rn. 41; Sagasser/Fahrenberg, in: Sagasser/Bula/Brünger, Umwandlungen, P Rn. 34.

132 Schreiben des BMF, BStBl. I 1998, S. 267 ff., Tz. 15.26; Haritz, in: Haritz/Benkert, § 15 UmwStG Rn. 108; Hartmann, Spaltung nach UmwStG, S. 95; Herzig/Förster, DB 1995, S. 338 (345); Hörger, StbJb 1994/95, S. 225 (253); Knopf/Hill, in: Goutier/Knopf/Tulloch, § 15 UmwStG Rn. 44; Sagasser/Fahrenberg, in: Sagasser/Bula/Brünger, Umwandlungen, P Rn. 34; Widmann, in: Widmann/ Mayer, UmwG, UmwStG, S 435; Wochinger, DB 1992, S. 163 (169); Thiel, DStR 1995, S. 238 (242).

133 Haritz, in: Haritz/Benkert, § 15 UmwStG Rn. 85.

eine Veräußerung der Gesellschaftsanteile durch die Anteilsinhaber folgen zu lassen. Diese subjektive Voraussetzung des Missbrauchstatbestands wird nach § 15 Abs. 3 S. 4 UmwStG vermutet, wenn innerhalb von fünf Jahren nach dem steuerlichen Übertragungsstichtag Anteile an einem an der Spaltung beteiligten Rechtsträger veräußert werden, die mehr als 20% der vor Wirksamwerden der Spaltung an der übertragenden Körperschaft bestehenden Anteile ausmachen.

e) Überschreiten der 20%-Grenze des § 15 Abs. 3 S. 4 UmwStG

aa) Der Missbrauchstatbestand des § 15 Abs. 3 S. 3, 4 UmwStG

Die Buchwertfortführung der übertragenen Wirtschaftsgüter wird gemäß § 15 Abs. 3 S. 2-4 UmwStG verwehrt, wenn innerhalb von fünf Jahren Anteile in Höhe von 20% des Wertes der übertragenden Gesellschaft vor der Spaltung veräußert werden. Zunächst muss es sich bei der Veräußerung nach § 15 Abs. 3 S. 3, 4 UmwStG genauso wie bei § 15 Abs. 3 S. 2 UmwStG um eine Veräußerung an außenstehende Personen handeln, obwohl dies in § 15 Abs. 3 S. 3, 4 UmwStG nicht ausdrücklich als Voraussetzung genannt ist. § 15 Abs. 3 Satz 3 und 4 UmwStG stehen in engem Zusammenhang zu § 15 Abs. 3 S. 2 UmwStG, dem eine Art Einleitungsfunktion zu den Sätzen 3 und 4 zukommt.[134] Außerdem gibt es keinen sachlichen Grund, die durch die Spaltung vollzogene Veräußerung steuerlich anders zu behandeln als deren Vorbereitung.[135] Daher umfasst der Missbrauchstatbestand des § 15 Abs. 3 S. 3, 4 UmwStG nur die Vorbereitung der Veräußerung eines fiktiven Teilbetriebs an außenstehende Dritte.[136] Umstrukturierungsmaßnahmen innerhalb verbundener Unternehmen (§ 271 Abs. 2 HGB) erfüllen den Tatbestand der Veräußerung im Sinn des § 15 Abs. 3 S. 3 UmwStG nicht.[137] Allein ausschlaggebend hierfür ist, dass der Erwerber der Anteile ein verbun-

---

134 Dötsch, in: Dötsch/Eversberg/Jost/Witt, KStG, Anhang UmwStG, Rn. 332; ausf. Fey/Neyer, GmbHR 1999, S. 274 (277f.); Haritz, in: Haritz/Benkert, § 15 UmwStG Rn. 125; Herzig/Förster, DB 1995, S. 338 (345); Hörtnagl, in: Schmitt/Hörtnagl/Stratz, § 15 UmwStG Rn. 139; Knopf/Hill, in: Goutier/Knopf/Tulloch, § 15 UmwStG Rn. 38; Sagasser/Fahrenberg, in: Sagasser/Bula/Brünger, Umwandlungen, P Rn. 35; Thiel, DStR 1995, S. 237 (242); Thies, DB 1999, S. 2179 (2181); im Ergebnis auch: Hörger, StbJb 1994/95, S. 225 (253); wohl auch Schreiben des BMF, BStBl. I 1998, S. 267 ff., Tz. 15.22 bis 15.26, in denen § 15 Abs. 3 S. 2 bis 4 UmwStG als Einheit behandelt werden; a.A. Widmann, in: Widmann/Mayer, UmwG, UmwStG, Rn. S 443; Dehmer, § 15 UmwStG Rn. 149.

135 Fey/ Neyer, GmbHR 1999, S. 274 (278); Sagasser/Fahrenberg, in: Sagasser/Bula/Brünger, Umwandlungen, P Rn. 35.

136 Schreiben des BMF, BStBl. I 1998, S. 267 ff., Tz. 15.22; Dötsch, in: Dötsch/Eversberg/Jost/Witt, KStG, Anhang UmwStG, Rn. 332; Fey/ Neyer, GmbHR 1999, S. 274 (277 f.); Haritz, in: Haritz/Benkert, § 15 UmwStG Rn. 125; ; Herzig/Förster, DB 1995, S. 338 (345); Hörger, StbJb 1994/95, S. 225 (250, 253); Knopf/Hill, in: Goutier/Knopf/Tulloch, § 15 UmwStG Rn. 38; Sagasser/Fahrenberg, in: Sagasser/ Bula/Brünger, Umwandlungen, P Rn. 35; Thiel, DStR 1995, S. 237 (242); a.A. Widmann, in: Widmann/Mayer, UmwG, UmwStG, S 443; Dehmer, § 15 UmwStG Rn. 149 unter Berufung auf den Wortlaut des § 15 Abs. 3 S. 3 UmwStG.

137 Schreiben des BMF, BStBl. I 1998, S. 267 ff., Tz. 15.26; Haritz, in: Haritz/Benkert, § 15 UmwStG Rn. 120; Herzig/Förster, DB 1995, S. 338 (345); Thiel, DStR 1995, S. 237 (242).

denes Unternehmen des Veräußerers ist.[138] Übertragender oder übernehmender Rechtsträger müssen kein verbundenes Unternehmen des Veräußerers oder Erwerbers sein.[139]

Unter dem Begriff der Veräußerung ist die entgeltliche Übertragung des wirtschaftlichen Eigentums an den Anteilen zu verstehen.[140] Während Einbringung[141] und Umwandlung[142] als Veräußerung angesehen werden, stellen unentgeltliche Übertragungen sowie Kapitalerhöhungen keine Veräußerungen dar.[143] Im Fall der Kapitalerhöhung gilt dies nur, wenn die der Kapitalgesellschaft zugeführten Mittel nicht innerhalb der Fünf-Jahres-Frist an die Anteilsinhaber ausgekehrt werden.[144]

Unter den Veräußerungsbegriff fallen allerdings nur direkte Veräußerungen von Anteilen der an der Spaltung beteiligten Rechtsträger. Die Veräußerung von Anteilen an Muttergesellschaften der an der Spaltung beteiligten Rechtsträger sind unschädlich, da die Muttergesellschaft selbst lediglich Gesellschafterin der jeweiligen Spaltungspartei ist. § 15 Abs. 3 S. 4 UmwStG ist nach seinem Wortlaut insoweit nicht einschlägig.[145] Eine Ausdehnung des Wortlauts ist nicht gerechtfertigt, da komplizierte und streitige Berechnungen den Börsenwert und die wirtschaftliche Zukunft der Muttergesellschaft erheblich beeinträchtigen können.[146]

Darüber hinaus betrifft die Missbrauchsklausel des § 15 Abs. 3 S. 2, 4 UmwStG nur Veräußerungen von Anteilen durch die Gesellschafter der beteiligten Rechtsträger.[147] Veräußerungen seitens der Körperschaften selbst sind unschädlich, da bei Auf- und Abspaltung die Gegenleistung nicht wie bei der Ausgliederung an die ausgliedernde Gesellschaft, sondern an die Anteilsinhaber geht, § 123 Abs. 1, Abs. 2 UmwG. Eine Vorbereitung der Veräußerung im Sinn des § 15 Abs. 3 S. 3, 4 UmwStG kann daher

---

138 Dehmer, § 15 UmwStG, Rn. 141; Haritz, in: Haritz/Benkert, § 15 UmwStG Rn. 108, 120; Hörger, StBJb 1994/95, S. 225 (253); Hörtnagl, in: Schmitt/Hörtnagl/Stratz, § 15 UmwStG Rn. 194; Widmann/Mayer, UmwG, UmwStG, S 435.

139 Haritz, in: Haritz/Benkert, § 15 UmwStG Rn. 108, 120.

140 BFH, BStBl. II 1993, S. 228 (229); Dötsch, Umwandlungssteuerrecht, Rn. 632; Widmann, in: Widmann/Mayer, UmwG, UmwStG, S 442; ausf. zum Veräußerungsbegriff: Fey/Neyer, GmbHR 1999, S. 274 (276 f.).

141 BFH BStBl. II 1980, S. 494 (496); Schreiben des BMF, BStBl. I 1998, S. 267 ff., Tz. 15.24; Dötsch, Umwandlungssteuerrecht, Rn. 632; Haritz, in: Haritz/Benkert, § 15 UmwStG Rn. 115; Hörtnagl, in: Schmitt/Hörtnagl/Stratz, § 15 UmwStG Rn. 153.

142 Dötsch, Umwandlungssteuerrecht, Rn. 632; Hörtnagl, in: Schmitt/Hörtnagl/Stratz, § 15 UmwStG Rn. 152; Knopf/Hill, in: Goutier/Knopf/Tulloch, § 15 UmwStG Rn. 46; Widmann, in: Widmann/Mayer, UmwG, UmwStG, S 446; a.A. Dehmer, § 15 UmwStG Rn. 135; Haritz, in: Haritz/Benkert, § 15 UmwStG Rn. 114.

143 Schreiben des BMF, BStBl. I 1998, S. 267 ff., Tz. 15.23, 15.25; Dötsch, Umwandlungssteuerrecht, Rn. 632; Hörger, FR 1994, S. 765 (768); Hörtnagl, in: Schmitt/Hörtnagl/Stratz, § 15 UmwStG Rn. 150; Knopf/Hill, in: Goutier/Knopf/Tulloch, § 15 UmwStG Rn. 46 f.

144 Schreiben des BMF, BStBl. I 1998, S. 267 ff., Tz. 15.25; Dötsch, Umwandlungssteuerrecht, Rn. 632; Haritz, in: Haritz/Benkert, § 15 UmwStG Rn. 118; Hörger/von Gronau, DStR 1992, S. 93 (96); Knopf/Hill, in: Goutier/Knopf/Tulloch, § 15 UmwStG Rn. 47.

145 Haritz, in: Haritz/Benkert, § 15 UmwStG Rn. 127; Thies, DB 1999, S. 2179 (2182).

146 Haritz, in: Haritz/Benkert, § 15 UmwStG Rn. 127; Thies, DB 1999, S. 2179 (2182).

147 Thiel, DStR 1995, S. 237 (242); Wegener, Spaltung, S. 185.

nur angenommen werden, wenn die Anteilsinhaber als Empfänger der Gegenleistung im nachhinein Anteile veräußern.

Ob die Anteile im Zuge der Spaltung oder erst später ohne Zusammenhang zur Spaltung veräußert werden, spielt keine Rolle.[148] Allein die Tatsache der Veräußerung der Anteile ist schädlich, selbst wenn Anteile an der übertragenden Gesellschaft nach dem Vollzug der Spaltung veräußert werden.[149]
Bei der Ermittlung der 20%-Grenze werden alle Veräußerungen von Anteilen, die weniger als 20% betragen, zusammengezählt, unabhängig davon, ob Anteile des übertragenden oder übernehmenden Rechtsträgers veräußert werden.[150] Nach anderer Ansicht werden Veräußerungen von Anteilen an mehreren an der Spaltung beteiligten Rechtsträger nicht addiert. Nach dieser Ansicht darf lediglich die Veräußerungsquote eines jeden an der Spaltung beteiligten Rechtsträgers nicht über die 20%-Grenze hinausgehen.[151] Eine solche Auslegung widerspricht allerdings der grammatikalischen Satzkonstruktion des § 15 Abs. 3 S. 4 UmwStG.[152] Dieser spricht von der Veräußerung von Anteilen an einer beteiligten Körperschaft, die mehr als 20 vom Hundert der Anteile an der übertragenden Gesellschaft vor der Spaltung ausmachen. Hätte der Gesetzgeber eine getrennte Berechnung beabsichtigt, so hätte er „die jeweils mehr als" formuliert. Außerdem würde die getrennte Betrachtung der Anteilsveräußerungen dazu führen, dass bereits bei einer Spaltung auf fünf Rechtsträger die Missbrauchsvorschrift des § 15 Abs. 3 S. 4 UmwStG nicht mehr eingreift, da die einzelnen Rechtsträger getrennt voneinander nicht mehr als 20% der Anteile am übertragenden Rechtsträger veräußern können.[153] Schließlich soll nach dem Gesetzeszweck die Abspaltung eines Teilbetriebs nur dann steuerneutral erfolgen können, wenn das personelle Engagement erhalten bleibt.[154] Dies kann aber nur dann gewährleistet werden, wenn 80% der Anteile innerhalb von fünf Jahren bei den Anteilsinhabern des übertragenden und übernehmenden Rechtsträgers verbleiben. Eine getrennte Berechnung der 20%-Grenze hätte zur Folge,

---

148 Herzig/Förster, DB 1995, S. 338 (345).

149 Einzelheiten zur Berechnung der 20%-Quote: Schreiben des BMF, BStBl. I 1998, S. 267 ff., Tz. 15.28 f.; Haritz, in: Haritz/Benkert, § 15 UmwStG Rn. 125; Hörger, FR 1994, S. 765 (769); Knopf/Hill, in: Goutier/Knopf/Tulloch, § 15 UmwStG Rn. 52; Sagasser/Fahrenberg, in: Sagasser/Bula/Brünger, Umwandlungen, P Rn. 36; Wegener, Spaltung, S. 193.

150 Dehmer, § 15 UmwStG Rn. 159; Dötsch, Umwandlungssteuerrecht, Rn. 648; Haritz, in: Haritz/Benkert, § 15 UmwStG Rn. 126; Hartmann, Spaltung nach UmwStG, S. 97; Herzig/Förster, DB 1995, S. 338 (345); Hörger, FR 1994, S. 765 (769); Hörtnagl, in: Schmitt/Hörtnagl/Stratz, § 15 UmwStG Rn. 167; Knopf/Hill, in: Goutier/Knopf/Tulloch, § 15 UmwStG Rn. 53.

151 Sagasser/Fahrenberg, in: Sagasser/Bula/Brünger, Umwandlungen, P Rn. 36; Schwedhelm/Streck/Mack, GmbHR 1995, S. 100 (102).

152 Haritz, in: Haritz/Benkert, § 15 UmwStG Rn. 125; im Ergebnis ebenso: Dötsch, Umwandlungssteuerrecht, Rn. 646, 649; Herzig/Momen, DB 1994, S. 2157 (2160); Hörger, FR 1994, S. 765 (769).

153 Wegener, Spaltung, S. 191 f.

154 Haritz, in: Haritz/Benkert, § 15 UmwStG Rn. 37; Herzig/Momen, DB 1994, S. 2157 (2160); Wegener, Spaltung, S. 191.

dass das persönliche Engagement[155] mit steigender Anzahl von übernehmenden Rechträgern nicht mehr gewährleistet wäre.[156] Eine derartige Auslegung würde somit der eigentlichen Rechtfertigung der Steuerneutralität von Spaltungsvorhaben widersprechen.

Bei der Feststellung der 20%-Grenze wird nur der Erstverkauf der Anteile einberechnet. Wird derselbe Anteil mehrmals verkauft, so führt dies nicht zu einem Überschreiten der 20%-Grenze, da das für maßgeblich erklärte Verhältnis der veräußerten Anteile zu den vor der Spaltung bestehenden Anteile am übertragenden Rechtsträger durch eine mehrfache Veräußerung derselben Anteile nicht geändert werden kann.[157] Allerdings ist die Bestimmung, ob es sich um einen erstmaligen Verkauf der Anteile handelt unmöglich, wenn die Anteile über die Börse veräußert werden können. Die Mitteilungspflicht der Kreditinstitute über ihre Transaktionen nach § 9 WpHG umfasst nämlich keine Angabe, die darauf schließen ließe, ob die jeweiligen Anteile zum ersten Mal verkauft wurden.[158]

Aus diesem Grund behaupten *Sagasser/Fahrenberg*, dass es den Finanzbehörden schwer fallen würde, ein Überschreiten der 20%-Grenze bei börsennotierten Publikumsgesellschaften nachzuweisen.[159] Diese Ansicht übersieht allerdings, dass das Unterschreiten der 20%-Grenze vom Steuerpflichtigen zu beweisen ist. Die Finanzbehörden müssen lediglich den Handel mit Gesellschaftsanteilen nachweisen, um den Missbrauchstatbestand der Vorbereitung der Veräußerung an außenstehende Personen zu begründen. Der Steuerpflichtige muss dann das Unterschreiten der für ihn günstigen 20%-Grenze nachweisen.[160]

Das Überschreiten der 20%-Grenze in § 15 Abs. 3 S. 4 UmwStG kann von börsennotierten Kapitalgesellschaften mit nicht unerheblichem Streubesitz kaum verhindert werden.[161] Nur bei einer Bindung von 80% der vor der Spaltung am übertragenden Rechtsträger bestehenden Anteile für einen Zeitraum von fünf Jahren ist eine steuerneutrale Spaltung denkbar. Das bedeutet, dass bereits ein Streubesitz von mehr als 20% der Anteile schädlich sein kann. Bei einer Quote von unter 20% Streubesitz kann eine Vereinbarung zwischen den Großaktionären der beteiligten Rechtsträger, eine

---

155 Vgl. dazu: oben Teil 3 A) I 1.

156 Wegener, Spaltung, S. 191.

157 Dehmer, § 15 UmwStG Rn. 158; Dötsch, Umwandlungssteuerrecht, Rn. 645; Haritz, in: Haritz/Benkert, § 15 UmwStG Rn. 126; Hartmann, Spaltung nach UmwStG, S. 97 f.; Herzig/Förster, DB 1995, S. 338 (345); Hörtnagl, in: Schmitt/Hörtnagl/Stratz, § 15 UmwStG Rn. 187; Knopf/Hill, in: Goutier/Knopf/ Tulloch, § 15 UmwStG Rn. 54; Sagasser/Fahrenberg, in: Sagasser/Bula/Brünger, Umwandlungen, P Rn. 36; Wegener, Spaltung, S. 192.

158 Wegener, Spaltung, S. 193.

159 Sagasser/Fahrenberg, in: Sagasser/Bula/Brünger, Umwandlungen, P Rn. 36; wohl ebenso: Hörtnagl, in: Schmitt/Hörtnagl/Stratz, § 15 UmwStG Rn. 189.

160 Ebenso: Blumers, DB 2000, S. 589 (590). Davon geht wohl auch die Praxis aus, da das Eingreifen des Missbrauchstatbestands bei der Spaltung der Hoechst AG und der Gehe AG nicht in Zweifel gezogen wurde.

161 Haritz, in: Haritz/Benkert, § 15 UmwStG Rn. 126; Knopf/Hill, in: Goutier/Knopf/Tulloch, § 15 UmwStG Rn. 51; Thiel, DStR 1995, S. 237 (242); Hörger, DStR 1998, Beilage Heft 17, S. 29 (31); Hörtnagl, in: Schmitt/Hörtnagl/Stratz, § 15 UmwStG Rn. 189.

Veräußerung innerhalb von fünf Jahren zu unterlassen, eine steuerneutrale Spaltung ermöglichen.
Konsequenz der 20%-Grenze ist, dass die Spaltung von Großkonzernen aufgrund der mit der Spaltung verbundenen erheblichen Steuerpflicht an Attraktivität verliert.[162] Wegen der umstrukturierungshemmenden Folge des § 15 Abs. 3 S. 3, 4 UmwStG für börsennotierte Aktiengesellschaften wird teilweise gefordert, jedenfalls hinsichtlich des anonymen Börsenhandels eine Erlassregelung einzuführen.[163] Es würde sich anbieten, die Veräußerung von Anteilen über die Börse gegenüber anderen Anteilsveräußerungen zu privilegieren und aus dem Anwendungsbereich des § 15 Abs. 3 S. 4 UmwStG herauszunehmen. Eine Unterscheidung zwischen der Veräußerung über die Börse und anderen Veräußerungen ist dem Gesetzgeber nicht fremd. So enthält etwa die Neufassung der Nachgründungsvorschriften in § 52 Abs. 9 AktG n.F. eine Differenzierung danach, ob Vermögen über die Börse erworben wurde. Auch in anderen Rechtsordnungen wie etwa Großbritannien oder USA wird anerkannt, dass der Börsenhandel von übrigen Veräußerungen zu unterscheiden ist.[164] Für eine solche Differenzierung bedürfte es jedoch einer ausdrücklichen gesetzlichen Regelung.
Andere sprechen von einer Schlechterstellung börsennotierter Aktiengesellschaften, die eine Verletzung von Art. 3 Abs. 1 GG darstelle.[165] Dann müsste allerdings die Gleichbehandlung der gewöhnlichen Veräußerung und der Veräußerung von Anteilen über die Börse eine Gleichstellung verschiedener Sachverhalte ohne sachlichen Grund darstellen. Im deutschen Recht gibt es jedoch keinen Anhaltspunkt dafür, dass die Veräußerung über die Börse grundsätzlich anders zu behandeln ist als eine sonstige Veräußerung von Anteilen.
Für eine besondere Behandlung börsennotierter Konzerne besteht keine gesetzliche Grundlage.
Teilweise wird vorgeschlagen, entweder die in § 15 Abs. 3 S. 4 UmwStG geregelte Vermutung der Veräußerungsabsicht als widerlegbare Vermutung auszulegen[166] oder aber Billigkeitsentscheidungen nach §§ 163, 227 AO bei besonderen Sachverhaltsgestaltungen zuzulassen.[167] Beide Wege führen aber nicht zur Steuerneutralität von Abspaltungen börsennotierter Unternehmen, da nur unvorhersehbare Gründe, wie der Tod oder Konkurs eines Gesellschafters die Vermutung der Veräußerungsabsicht widerle-

162 So betrug die Ertragssteuerbelastung bei der Spaltung der Hoechst AG € 250-350 Mio. (Spaltungsbericht der Hoechst AG und der Celanese AG, IV.2.2.1, S. 79), die Ertragssteuerbelastung bei der Spaltung der Gehe AG wurde auf DM 103 Mio. beziffert (Spaltungsbericht der Gehe AG und der Takkt AG, IV.4.3, S. 14).

163 Blumers, DB 2000, S. 589 (594); Haritz, in: Haritz/Benkert, § 15 UmwStG Rn. 128; a.A. Dötsch, Umwandlungssteuerrecht, Rn. 645.

164 Blumers, DB 2000, S. 589 (594).

165 Hörger, DStR 1998, Beilage Heft 17, S. 29 (31).

166 Haritz, in: Haritz/Benkert, § 15 UmwStG Rn. 111; a.A. Dehmer, § 15 UmwStG Rn. 146; Dötsch, Umwandlungssteuerrecht, Rn. 645; wohl auch: Widmann, in: Widmann/Mayer, UmwG, UmwStG, S 440.

167 Thiel, DStR 1995, S. 237 (242 Fn. 32); Wegener, Spaltung, S. 215; Wochinger, DB 1992, S. 163 (169).

gen oder eine Billigkeitsentscheidung rechtfertigen könnten.[168] Die bewusste und vorhersehbare Anteilsveräußerung bei börsennotierten Unternehmen rechtfertigt keine Ausnahme von § 15 Abs. 3 S. 3, 4 UmwStG ohne gesetzliche Regelung.

Zu denken wäre auch an eine teleologische Reduktion des § 15 Abs. 3 S. 3, 4 UmwStG. Dieser Missbrauchstatbestand soll verhindern, dass aufgrund von Doppelbesteuerungsabkommen (DBA) steuerbefreite Anteilseigner oder inländische steuerbefreite Institutionen Anteile an den an einer Spaltung beteiligten Rechtsträgern steuerfrei veräußern können oder eine Veräußerung nach §§ 17, 34 EStG steuerbegünstigt ist.[169] Diese Absicht lässt der Wortlaut der Vorschrift jedoch nicht erkennen.[170]

Der über seinen eigentlichen Zweck hinausgehende Wortlaut des § 15 Abs. 3 S. 3, 4 UmwStG gibt Anlass, über eine teleologische Reduktion dieser Vorschrift nachzudenken. Voraussetzung einer teleologischen Reduktion muss aber sein, dass der mit § 15 Abs. 3 S. 3, 4 UmwStG verfolgte Zweck der Verhinderung der steuerbefreiten Anteilsveräußerung nach einer Spaltung gewährleistet wird.[171] Bei der Spaltung einer börsennotierten Aktiengesellschaft kann die uneingeschränkte Besteuerung der späteren Anteilsveräußerungen aber nicht sichergestellt werden. Es müsste nämlich garantiert werden, dass sich alle Anteile entweder in einem inländischen Betriebsvermögen befinden oder die Veräußerung nach §§ 15 Abs. 1 S. 1, 13 UmwStG steuerpflichtig ist.[172] Auch wenn der Anteil der steuerbefreiten Veräußerungen bei Aktiengesellschaften gering sein mag, so muss das Anliegen des Gesetzgebers, eine steuerfreie Anteilsveräußerung im Anschluss an eine Spaltung zu verhindern, respektiert werden. Für eine Ausnahme von § 15 Abs. 3 S. 3, 4 UmwStG ist somit eine gesetzliche Grundlage notwendig.

---

168 Haritz, in: Haritz/Benkert, § 15 UmwStG Rn. 111; Herzig/Momen, DB 1994, S. 2210 (2211), für eine Zwangsveräußerung; zu den Anforderungen an eine Billigkeitsentscheidung: Wochinger, DB 1992, S. 163 (169 f.).

169 Dies geht aus den in BT-Drucks. 12/6885, zu § 15, S. 23 aufgeführten Beispielen hervor; Günkel; in: Neues Umwandlungssteuerrecht, S. 79 (90); Haritz, in: Haritz/Benkert, § 15 UmwStG Rn. 112; Herzig, DB 2000, S. 2237 (2240 Fn. 57); Hörger, DStR 1998, Beilage Heft 17, S. 29 (31); Schwedhelm/Streck/Mack, GmbHR 1995, S. 100 (102), die § 15 Abs. 3 S. 3, 4 UmwStG wegen des über den Gesetzeszweck hinausgehenden Wortlauts für verfehlt halten und eine Regelung entsprechend § 20 Abs. 3 UmwStG fordern; Wegener, Spaltung, S. 200, der aufzeigt, dass die 20%-Grenze nicht geeignet ist, die Veräußerung durch steuerbefreite Anteilsinhaber zu verhindern (S. 203 ff.).

170 Haritz, in: Haritz/Benkert, § 15 UmwStG Rn. 112; Herzig, DB 2000, S. 2237 (2240); Hörger, DStR 1998, Beilage Heft 17, S. 29 (31); Sagasser/Fahrenberg, in: Sagasser/Bula/Brünger, Umwandlungen, P Rn. 39.

171 Haritz, in: Haritz/Benkert, § 15 UmwStG Rn. 112.

172 A.A. Haritz, in: Haritz/Benkert, § 15 UmwStG Rn. 112; Hörger, DStR 1998, Beilage Heft 17, S. 29 (31), die sich für eine teleologische Reduktion des § 15 Abs. 3 S. 3, 4 UmwStG aussprechen; ähnlich: Wegener, Spaltung, S. 205 f., der eine Anteilsveräußerung der Gesellschafter unabhängig von der 20%-Grenze nur für steuerschädlich hält, wenn die Spaltung nach objektiven Gesichtspunkten aufgrund eines rechtsmissbräuchlichen Motivs durchgeführt wird. Dem ist entgegenzuhalten, dass das Vorliegen eines rechtsmissbräuchlichen Motivs wohl kein taugliches Abgrenzungskriterium für die Durchführung eines steuerneutralen Spaltungsvorhabens sein kann.

Die Begrenzung des § 15 Abs. 3 S. 3, 4 UmwStG auf seinen eigentlichen Zweck wurde bereits vor der Unternehmenssteuerreform 2001 wegen der faktischen Unmöglichkeit einer steuerneutralen Spaltung börsennotierter Kapitalgesellschaften gefordert.[173] Spätestens mit der Freistellung von Gewinnen aus der Veräußerung sämtlicher Beteiligungen nach § 8b Abs. 2 KStG n.F.[174] ist die 20%-Grenze des § 15 Abs. 3 S. 3, 4 UmwStG aufgrund des Wertungswiderspruchs zu § 8b Abs. 2 KStG bei der Spaltung unhaltbar und in seiner spaltungshemmenden Konsequenz dringend reformbedürftig.[175]

bb) Folge des Überschreitens der 20%-Grenze

Mit Überschreiten der 20%-Grenze ist die Fortführung der Buchwerte der abgespaltenen Vermögensteile für den übertragenden Rechtsträger nach §§ 15 Abs. 3 S. 2, 4, 11 Abs. 1 UmwStG ausgeschlossen. Da das Ansatzwahlrecht nach § 11 Abs. 1 UmwStG lediglich für den übertragenen Vermögensteil gilt, kann sich der Ausschluss des Wahlrechts nach § 15 Abs. 3 S. 2 UmwStG ebenfalls nur auf das abgespaltene Vermögen beziehen. Die Auffassung[176], das Bewertungswahlrecht sei nur hinsichtlich des Vermögensteils derjenigen übernehmenden Gesellschaft ausgeschlossen, deren Anteilsveräußerung die 20%-Grenze überschritten hat, setzt die oben diskutierte getrennte Berechnung der 20%-Grenze voraus und wird aus oben genannten Gründen abgelehnt.[177]

f) Trennung von Gesellschafterstämmen

Die Missbrauchsvorschrift des § 15 Abs. 3 S. 5 UmwStG soll verhindern, dass eine außenstehende Person zunächst als Gesellschafter in den zu spaltenden Rechtsträger eintritt und danach eine nicht-verhältniswahrende Spaltung der Gesellschafterstämme vollzieht, um Inhaber der abgespaltenen Vermögensteile zu werden. Diese Variante der Ausnutzung der Steuerneutralität der Spaltung sanktioniert § 15 Abs. 3 S. 5 UmwStG ebenfalls mit dem Entzug des Wertansatzwahlrechts nach § 11 Abs. 1 UmwStG, wenn die Beteiligungen der außenstehenden Person nicht bereits fünf Jahre bestanden haben. Dabei ist die Änderung der Beteiligungshöhe unschädlich, wenn jedenfalls die Beteiligung an sich bereits fünf Jahre bestanden hat.[178]

---

173 Haritz, in: Haritz/Benkert, § 15 UmwStG Rn. 112; Hörger, DStR 1998, Beilage Heft 17, S. 29 (31); Schwedhelm/Streck/Mack, GmbHR 1995, S. 100 (102).

174 Vgl. dazu: unten Teil 5 C).

175 Im Ergebnis auch: Haritz/Wisniewski, GmbHR 2000, S. 789 (796); Herzig, DB 2000, S. 2237 (2241).

176 So: Sagasser/Fahrenberg, in: Sagasser/Bula/Brünger, Umwandlungen, P Rn. 39; Schwedhelm/Streck/ Mack, GmbHR 1995, S. 100 (102).

177 Im Ergebnis genauso: Schreiben des BMF, BStBl. I 1998, S. 267 ff., Tz. 15.32; Herzig/Förster, DB 1995, S. 338 (346); Wegener, Spaltung, S. 214.

178 Schreiben des BMF, BStBl. I 1998, S. 267 ff., Tz. 15.35; Haritz, in: Haritz/Benkert, § 15 UmwStG Rn. 142; Herzig/Förster, DB 1995, S. 338 (346); Sagasser/Fahrenberg, in: Sagasser/Bula/Brünger, Umwandlungen, P Rn. 41; Schwedhelm/Streck/Mack, GmbHR 1995, S. 100 (102).

4. Besteuerung der Gesellschafter der übertragenden Körperschaft

Bei einer Abspaltung verlieren die Anteile am übertragenden Rechtsträger aufgrund des abfließenden Vermögens an Wert. Dieser Wertverlust wird dadurch ausgeglichen, dass die Anteilsinhaber des übertragenden Rechtsträgers Anteile am übernehmenden Rechtsträger erhalten. Aus steuerrechtlicher Sicht handelt es sich dabei um einen Tausch, indem die Aktionäre des übertragenden Rechtsträgers als Ausgleich für den Wertverlust ihrer Anteile am übernehmenden Rechtsträger beteiligt werden.
Ein Tausch hat grundsätzlich zur Folge, dass die in den Anteilen am übertragenen Rechtsträger enthaltenen stillen Reserven aufgedeckt und versteuert werden müssen.
Mit dem Ziel der Erleichterung der Umstrukturierung von Unternehmen hat der Gesetzgeber auf die Besteuerung dieser stillen Reserven unter gewissen Voraussetzungen verzichtet (§§ 15 Abs. 1, 13 UmwStG). Dieser Verzicht steht vor dem Hintergrund, dass die Steuerneutralität der Umstrukturierung auf Gesellschafterebene eine besondere Bedeutung hat.[179] Führt die Spaltung zu einer Besteuerung der Anteilsinhaber, so werden diese wesentlich schwerer von der wirtschaftlichen Notwendigkeit der Spaltung zu überzeugen sein, als wenn die Umstrukturierungsmaßnahme für sie steuerneutral durchgeführt werden kann. Da drei Viertel der in der Hauptversammlung anwesenden Anteilseigner der Unternehmensspaltung zustimmen müssen (§§ 125 S. 1, 65 Abs. 1 S. 1 UmwG), sollte bei der Vorbereitung der Umstrukturierung darauf geachtet werden, dass sich das Spaltungsvorhaben auf die Aktionäre aus steuerrechtlicher Sicht nicht nachteilig auswirkt.
Die Steuerneutralität auf Gesellschafterebene setzt voraus, dass das doppelte Teilbetriebserfordernis nach §§ 15 Abs. 1, 13 UmwStG eingehalten wird. Der Anwendbarkeit des § 13 UmwStG schadet es nicht, wenn ein Missbrauchstatbestand nach § 15 Abs. 3 UmwStG eingreift.[180] Für die Steuerneutralität auf Gesellschafterebene spielt es daher keine Rolle, ob eine Buchwertfortführung auf Gesellschaftsebene nach § 11 Abs. 1 UmwStG möglich ist.
Lediglich bei der Gewährung von baren Zuzahlungen oder Abfindungen trifft § 13 UmwStG keine für die Anteilsinhaber steuervergünstigende Regelung. Barabfindungen und bare Zuzahlungen sind nach § 20 Abs. 1 Nr. 1 EStG zu versteuern.[181]
Eine unbeschränkte Steuerpflicht der Anteilseigner setzt § 13 UmwStG nicht voraus, so dass ausländische und inländische Anteilseigner gleich behandelt werden.[182] Dies

---

179 Auskunft von Dr. Günter Metz (früherer stellvertretender Vorstandsvorsitzender der Hoechst AG und jetziger Aufsichtsratsvorsitzender der Celanese AG) vom 16.10.2001; Auskunft von Dr. Müller-Dott vom 08.01.2002.

180 Dehmer, § 15 UmwStG Rn. 399 ff; Haritz, in: Haritz/Benkert, § 15 UmwStG Rn. 190; Hörtnagl, in: Schmitt/Hörtnagl/Stratz, § 15 UmwStG Rn. 202; Sagasser/Fahrenberg, in: Sagasser/Bula/Brünger, Umwandlungen, P Rn. 62.

181 Schreiben des BMF, BStBl. I 1998, S. 267 ff., Tz. 13.04.; Haritz, in: Haritz/Benkert, § 15 UmwStG Rn. 190; Sagasser/Fahrenberg, in: Sagasser/Bula/Brünger, Umwandlungen, P Rn. 62.

182 Günkel; in: Neues Umwandlungssteuerrecht, S. 79 (90 f.); Knopf/Hill, in: Goutier/Knopf/Tulloch, § 15 UmwStG Rn. 80; Momen, Steuerneutralität, S. 189 ff.; Wassermeyer, in: Neues Umwandlungssteuerrecht, S. 79 (91 f.); Widmann, in: Widmann/Mayer, UmwG, UmwStG, Rn. 501.

ergibt sich auch daraus, dass die fünfjährige Veräußerungssperre nach § 15 Abs. 3 S. 3, 4 UmwStG geschaffen wurde, um eine nach einem Doppelbesteuerungsabkommen (DBA) steuerbefreite Gewinnabschöpfung aus der späteren Veräußerung der Anteile zu verhindern.[183] Allerdings ist nach den meisten DBA für die Besteuerung der Veräußerung wesentlicher Anteile das Steuerrecht des Staates maßgeblich, in dem der Gesellschafter seinen Wohnsitz hat. Daher ist in jedem Einzelfall zu prüfen, ob das ausländische Steuerrecht eine dem § 13 UmwStG vergleichbare Regelung enthält und damit tatsächlich eine Steuerneutralität auf Gesellschafterebene eintreten wird.[184]

a) Besteuerung von Anteilen in Betriebsvermögen

Soweit die Anteile am übertragenden Rechtsträger einem Betriebsvermögen zugehören, müsste nach allgemeinen Gewinnermittlungsvorschriften der Tausch zur Aufdeckung der in den Anteilen enthaltenen stillen Reserven führen.[185] Fällt das Spaltungsvorhaben aber unter § 15 Abs. 1 UmwStG, so gelten nach § 13 Abs. 1 UmwStG die Anteile an der übertragenden Gesellschaft als zum Buchwert veräußert und die an deren Stelle tretenden Anteile am übernehmenden Rechtsträger zum Buchwert angeschafft. Die Anwendung des § 13 UmwStG über § 15 Abs. 1 S. 1 UmwStG ermöglicht daher die Fortführung der Buchwerte oder der Anschaffungskosten für den Gesellschafter. Das bedeutet, dass ein Austausch von Beteiligungen stattfinden kann, ohne die in den Anteilen enthaltenen stillen Reserven aufzudecken.

Im Regelfall erfolgt bei der Abspaltung allerdings kein Anteilsaustausch, sondern ein Erwerb der Anteile am übernehmenden Rechtsträger als Gegenleistung für den Wertverlust bei den Anteilen am übertragenden Rechtsträger. Daher sind die steuerlichen Buchwerte der Anteile am übertragenden Rechtsträger nach der Abspaltung im Verhältnis des übergegangenen Vermögens zum gesamten Vermögen der übertragenden Gesellschaft auf die neuen Anteile am übernehmenden Rechtsträger und die alten Anteile am übertragenden Rechtsträger aufzuteilen.[186] Das Verfahren der Aufteilung ist gesetzlich nicht geregelt, da § 13 UmwStG auf die Verschmelzung zugeschnitten ist, bei der ein Anteilsaustausch stattfindet. Analog §§ 15 Abs. 4 S. 3 UmwStG, 38a KStG a.F. kann bei einer Abspaltung ohne Anteilsaustausch auf das Verhältnis der gemeinen Werte des abgespaltenen Vermögens zum vor der Spaltung vorhandenen Vermögen des übertragenden Rechtsträgers abgestellt werden, da die in §§ 15 Abs. 4 S. 3 UmwStG, 38a KStG a.F. vorgesehene Aufteilungsregelung auf andere Aufteilungsfragen übertragen werden kann.[187] Spiegelt das Umtauschverhältnis die tatsächlichen Wertverhältnisse wider, so ist dieses als Verteilungsmaßstab heranzuziehen.[188]

---

183 Günkel; in: Neues Umwandlungssteuerrecht, S. 79 (90 f.); vgl. zu Sinn und Zweck der Fünf-Jahres-Frist und der 20%-Grenze in § 15 Abs. 3 S. 3, 4 UmwStG: oben Teil 3 A) I 3 e) aa).

184 Haritz, in: Haritz/Benkert, § 15 UmwStG Rn. 213.

185 Thiel, DStR 1995, S. 276 (279).

186 Schreiben des BMF, BStBl. I 1998, S. 267 ff., Tz. 15.51; Haritz, in: Haritz/Benkert, § 15 UmwStG Rn. 192; ; Hartmann, Spaltung nach dem UmwStG, S. 124.

187 Schreiben des BMF, BStBl. I 1998, S. 267 ff., Tz. 15.51 S. 3; Herzig/Förster, DB 1995, S. 338

b) Besteuerung von Anteilen in Privatvermögen

Soweit die Anteile am übertragenden Rechtsträger vor der Spaltung Teil eines Privatvermögens waren und eine wesentliche Beteiligung im Sinn des § 17 EStG[189] bildeten, gelten die von der übernehmenden Gesellschaft als Gegenleistung gewährten Anteile nach §§ 15 Abs. 1, 13 Abs. 2 S. 2 UmwStG als sogenannte „spaltungsgeborene Anteile“[190] als Beteiligungen im Sinn des § 17 EStG. Die Eigenschaft einer wesentlichen Beteiligung setzt sich fort bis die Beteiligung durch Veräußerung auf eine nicht mehr wesentliche Beteiligung im Sinn des § 17 EStG gesunken ist.[191]
Werden durch die Spaltung aus nicht wesentlichen Beteiligungen an der übertragenden Gesellschaft wesentliche Beteiligungen an einer der beteiligten Körperschaften, so gelten die gemeinen Werte der Beteiligung am steuerlichen Übertragungsstichtag als Anschaffungskosten (§§ 15 Abs. 1, 13 Abs. 2 S. 3 UmwStG). Daraus folgt, dass die in den Anteilen bis zur Spaltung entstandenen stillen Reserven bei einer späteren Veräußerung nicht zu versteuern sind.[192]

5. Die Auswirkungen der § 15 Abs. 1 und Abs. 3 UmwStG in der Praxis anhand der Spaltung der Hoechst AG

a) Das Teilbetriebserfordernis in der Praxis

Im Rahmen der steuerrechtlichen Vorüberlegungen zu einem Spaltungsvorhaben ist zunächst die Frage zu beantworten, wie die Unternehmensspaltung durchzuführen ist, um das Teilbetriebserfordernis hinsichtlich des zu übertragenden Vermögens zu erfüllen. Nur dann sind nach § 15 Abs. 1 S. 1, 3 UmwStG die für die Verschmelzung geltenden §§ 11-13 UmwStG anzuwenden. Darüber hinaus dürfen bei der Hoechst AG als übertragender Rechtsträger nach der Abspaltung keine Wirtschaftsgüter verbleiben, die keinem Teilbetrieb zugeordnet werden können (§ 15 Abs. 1 S. 2 UmwStG).
Die in Anlage 1 1.a) zum Spaltungsvertrag genannten abzuspaltenden Beteiligungen an Kapitalgesellschaften sind ausschließlich 100%ige Beteiligungen und daher fiktive Teilbetriebe nach § 15 Abs. 1 S. 3 2.Alt. UmwStG. Auch die in Anlage 1 2. aufgeführten Beteiligungen an ausländischen Kapitalgesellschaften sind 100%ige Beteiligungen. § 15 Abs. 1 UmwStG differenziert nicht danach, ob das abgespaltene Vermögen aus

---

(349); Herzig/Momen, DB 1994, S. 2210 (2210); Knopf/Hill, in: Goutier/Knopf/Tulloch, § 15 UmwStG Rn. 79; Thiel, DStR 1995, S. 237 (279).

188 Schreiben des BMF, BStBl. I 1998, S. 267 ff., Tz. 15.51 S. 2.

189 Im Zuge des StSenkG (BStBl. I 2000, S. 1428 ff.) wurde die Quote der wesentlichen Beteiligung von 10% auf 1% herabgesenkt.

190 Herzig/Momen, DB 1994, S. 2157 (2161); Knopf/Hill, in: Goutier/Knopf/Tulloch, § 15 UmwStG Rn. 78; Momen, Steuerneutralität, S. 190.

191 Dehmer, § 15 UmwStG Rn. 440; Haritz, in: Haritz/Benkert, § 15 UmwStG Rn. 195; Hartmann, Spaltung nach dem UmwStG, S. 122; Sagasser/Fahrenberg, in: Sagasser/Bula/Brünger, Umwandlungen, P Rn. 64.

192 Dehmer, § 15 UmwStG Rn. 441; Hartmann, Spaltung nach dem UmwStG, S. 122; Momen, Steuerneutralität, S. 190; Sagasser/Fahrenberg, in: Sagasser/Bula/Brünger, Umwandlungen, P Rn. 65; Sagasser/Pfaar, in: Sagasser/Bula/Brünger, Umwandlungen, L Rn. 47; Schwedhelm/Streck/Mack, GmbHR 1995, S. 100 (104).

dem In- oder Ausland stammt, solange die an der Spaltung beteiligten Rechtsträger nach § 1 Abs. 4, Abs. 5 UmwStG unbeschränkt steuerpflichtig sind. Bei der Spaltung der Hoechst AG ist dies der Fall, da sowohl die Hoechst AG wie auch die Celanese AG ihren Sitz in Deutschland haben.
Daneben wurden Beteiligungen an Kommanditgesellschaften (Anlage 1 1b) abgespalten. Diese stellen Mitunternehmeranteile nach § 15 Abs. 1 S. 3 1.Alt. UmwStG dar und schaden dem Teilbetriebserfordernis nicht.
Problematisch stellt sich die Ausgangslage der Hoechst AG insofern dar, als neben 100%igen Beteiligungen sowie Mitunternehmeranteilen auch Beteiligungen mit einer Beteiligungsquote unter 100% abgespalten werden sollten, um eine effektive Trennung der Geschäftsbereiche zu erreichen. Solche Beteiligungen können wie oben ausgeführt[193] zunächst in eine 100%ige Beteiligung eingebracht werden, die dann als fiktiver Anteil nach § 15 Abs. 1 S. 1, 3 UmwStG abgespalten wird.
Die Einbringung der Beteiligungen in die 100%ige Tochtergesellschaft kann über verschiedene Wege erfolgen. Zunächst ist eine Anteilsübertragung nach dem UmwStG über § 20 Abs. 1 S. 2 UmwStG möglich. Daneben war bis zum 31.12.1998 die steuerneutrale Einbringung von Vermögensteilen über das Tauschgutachten[194] möglich.[195] Da die Einbringung der in Anlage 2 zum Spaltungsvertrag genannten Beteiligungen nach § 4.1. des Spaltungsvertrages im Jahr 1999 erfolgen sollte, kam die Anwendung des Tauschgutachtens nicht mehr in Betracht. Schließlich kann eine Übertragung ausländischer Anteile auch über § 8b Abs. 2 KStG a.F. steuerneutral vorgenommen werden.[196] Darüber hinaus besteht die Möglichkeit, unter Aufdeckung der stillen Reserven Beteiligungen in die Rücklagen einer Tochtergesellschaft einzubringen.

aa) Die Übertragung ausländischer Beteiligungen auf die 100%ige Tochtergesellschaft Diogenes GmbH nach § 8b Abs. 2 KStG a.F.

Für die Übertragung der ausländischen Beteiligungen auf die Diogenes GmbH wählte die Hoechst AG den Weg über die steuerbefreite Anteilsveräußerung ausländischer Beteiligungen nach § 8b Abs. 2 KStG a.F.
Das Standortsicherungsgesetz[197] hat mit Einführung des § 8b Abs. 2 KStG a.F. steuerliche Hemmnisse für inländische Holdinggesellschaften abgebaut, indem unbeschränkt steuerpflichtige Körperschaften (§ 1 Abs. 1 Nr. 1, 2, 3 oder 6 KStG) Veräußerungsgewinne aus dem Verkauf von ausländischen Beteiligungen mit einer Beteiligungsquote von mindestens 10% unter gewissen Voraussetzungen nicht zu versteuern hatten.
Anders als die Vorschriften nach dem UmwStG regelte § 8b Abs. 2 KStG a.F. nicht die Gewinnneutralität der Übertragung, sondern die Steuerfreiheit des entstandenen

---

193 Vgl. oben Teil 3 A) I 2 d).

194 BFH, BStBl. III 1959, S. 30 (32 ff.).

195 Vgl. zur zeitlichen Anwendbarkeit des Tauschgutachtens: §§ 6 Abs. 6, 52 Abs. 16 S. 13, 14 EStG.

196 Im folgenden wird § 8b Abs. 2 KStG in der Fassung vor Inkrafttreten des StSenkG untersucht, da die Abspaltung der Celanese AG unter Anwendung des § 8b Abs. 2 KStG a.F. durchgeführt wurde. Zu § 8b Abs. 2 KStG n.F.: vgl. Teil 5 C).

197 BGBl. I 1993, S. 1569.

Gewinns.[198] Dabei musste die Veräußerung der ausländischen Anteile nicht gegen Geld erfolgen. Auch Tausch oder tauschähnliche Vorgänge waren von dem Begriff der Veräußerung im Sinn des § 8b Abs. 2 KStG a.F. erfasst.[199] Zunächst musste die Gewinnausschüttung der ausländischen Gesellschaft nach einem Doppelbesteuerungsabkommen (DBA) oder nach § 8b Abs. 5 KStG a.F. beim betreffenden Veräußerer steuerbefreit sein oder nach § 26 Abs. 2 oder Abs. 3 KStG a.F. durch indirekte oder fiktive Steueranrechnung begünstigt sein. Der Veräußerer musste daher mit mindestens 10% an der ausländischen Gesellschaft beteiligt sein. Bei § 26 Abs. 2, Abs. 3 KStG a.F. war darüber hinaus die Mindestbesitzdauer von zwölf Monaten zu beachten. Die Steuerfreiheit des Veräußerungsgewinns war somit abhängig von der Steuerfreiheit der Schachteldividenden nach DBA.[200]
Gemäß § 8b Abs. 3 KStG a.F. waren die Veräußerungsgewinne nicht steuerfrei, wenn die ausländische Beteiligung im Wege eines Anteilsaustauschs nach §§ 20 Abs. 1 S. 2, 23 Abs. 4 UmwStG oder durch Einbringung einer Betriebsstätte nach § 23 Abs. 1 oder Abs. 3 UmwStG zu einem unter dem Teilwert angesetzten Wert innerhalb von sieben Jahren vor der Veräußerung erworben wurde. Des weiteren musste das Besteuerungsrecht für die stillen Reserven in den eingebrachten Anteilen der Bundesrepublik Deutschland zustehen. Damit sollte verhindert werden, dass nach einem steuerneutralen Anteilsaustausch die in den erworbenen Anteilen enthaltenen stillen Reserven durch eine steuerfreie Veräußerung nach § 8b Abs. 2 KStG a.F. endgültig an der deutschen Besteuerung vorbeigeleitet werden.[201]
Die Steuerfreiheit nach § 8b Abs. 2 KStG a.F. galt nach § 7 GewStG auch für die Gewerbeertragssteuer und war unabhängig davon, ob der Erwerber unbeschränkt steuerpflichtig war.[202] Ebenso war - anders als bei §§ 20 Abs. 1 S. 2 UmwStG - unerheblich, ob der Erwerber nach der Übertragung eine Stimmrechtsmehrheit an der ausländischen Gesellschaft hielt.[203] Die Alternative der steuerneutralen Ausgliederung nach §§ 123 Abs. 3 UmwG, 20 Abs. 1 S. 2 UmwStG war bereits aus diesem Grund weniger interessant für die Hoechst AG als die Anteilsveräußerung nach § 8b Abs. 2 KStG a.F.
Die steuerneutrale Ausgliederung hatte gegenüber der steuerfreien Anteilsveräußerung aber noch weitere Nachteile. Während der steuerneutrale Anteilsaustausch nach §§ 20 Abs. 1 S. 2 UmwStG immer zu einer Verlängerung der Beteiligungskette im Konzernaufbau führt, kann durch eine konzerninterne Veräußerung von ausländischen wesentlichen Beteiligungen nach § 8b Abs. 2 KStG a.F. die Auflösung von Konzernverschachtelungen und die Verkürzung von Beteiligungsketten erreicht werden.[204]

198 Albrecht, in: Haritz/Benkert, § 20 UmwStG Rn. 253; Herzig/Förster, StuW 1998, S. 99 (103).

199 Thiel, StbJb 1994/95, S. 185 (201).

200 BT-Drucks. 12/4487, S. 38; Förster, DB 1994, S. 385 (385); Grotherr, BB 1995, S. 1510 (1515); Hundt, DB 1993, S. 2098 (2099 f.).

201 BT-Drucks. 12/4487, S. 39; Förster, DB 1994, S. 385 (390); Grotherr, BB 1995, S. 1510 (1515).

202 Vgl. Grotherr, BB 1995, S. 1510 (1515).

203 Förster, DB 1994, S. 385 (391); Grotherr, BB 1995, S. 1510 (1515).

204 Förster, DB 1994, S. 385 (391); Grotherr, BB 1995, S. 1510 (1516); Herzig/Förster, StuW

Darüber hinaus bestand die Gefahr einer steuerwirksamen Verdoppelung der stillen Reserven bei der steuerbefreiten Veräußerung von ausländischen Beteiligungen nach § 8b Abs. 2 KStG a.F. anders als bei der Einbringung nach § 20 UmwStG nicht.[205]
Wird ein Betrieb oder Teilbetrieb nach § 20 UmwStG steuerneutral eingebracht, so gehen die stillen Reserven in den eingebrachten Wirtschaftsgütern aufgrund der Bedingung der Buchwertverknüpfung und Buchwertfortführung gleichfalls auf den übernehmenden Rechtsträger über. Damit entsteht die Gefahr einer Doppelbesteuerung nach ausländischem und deutschem Steuerrecht, wenn die vorhandenen stillen Reserven später tatsächlich realisiert werden.[206] Da im Fall des § 8b Abs. 2 KStG a.F. die stillen Reserven aufgedeckt, aber nicht versteuert werden, ist bei einer Übertragung auf diese Weise eine Doppelbesteuerung ausgeschlossen.[207]
Aus den genannten Gründen war die steuerfreie Veräußerung ausländischer Anteile nach § 8b Abs. 2 KStG a.F. gegenüber dem Anteilstausch nach §§ 20 Abs. 1 S. 2, 23 Abs. 4 UmwStG vorzugswürdig.[208]
Die ausländischen Beteiligungen Hoechst Fluorpolymer Holdings Inc., USA, Hoechst Trespaphan UK Ltd., und Hoechst Trespaphan Iberica SL., Spanien, wurden über § 8b Abs. 2 KStG a.F. in die Diogenes GmbH eingebracht. Die dabei aufzudeckenden stillen Reserven waren nicht zu versteuern, da die Hoechst AG mehr als 10% der Anteile der jeweiligen Kapitalgesellschaft hielt und die Beteiligungen mindestens sieben Jahre vor der Einbringung erworben hatte (§ 8b Abs. 3 KStG a.F.).

bb) Die Übertragung von inländischen Beteiligungen auf die 100%ige Tochtergesellschaft Diogenes GmbH

Die inländischen Beteiligungen mussten auf einem anderen Weg in die Diogenes GmbH eingebracht werden.
Zunächst erscheint eine Ausgliederung nach §§ 123 Abs. 3 UmwG, 20 Abs. 1 S. 2 UmwStG als geeignetes Instrument für die Anteilsübertragung. § 20 Abs. 1 S. 2 UmwStG ermöglicht die steuerneutrale Einbringung von Beteiligungen an Kapitalgesellschaft mit einer Beteiligungsquote unter 100% in eine andere Kapitalgesellschaft. Diese Einbringung muss allerdings nach § 20 Abs. 1 S. 2 UmwStG dazu führen, dass die erwerbende Gesellschaft nach der Einbringung die Stimmrechtsmehrheit an der eingebrachten Kapitalgesellschaft hält. Weitere Voraussetzung für die Erfolgsneutralität ist die Zuteilung neuer Gesellschaftsanteile an die übertragende Gesellschaft als Gegenleistung für die eingebrachten Kapitalanteile. Dies hat zur Folge, dass die über-

1998, S. 99 (102 f.).

205 Förster, DB 1994, S. 385 (391 f.); Grotherr, BB 1995, S. 1510 (1514); Thiel, StbJb 1994/95, S. 185 (202).

206 Förster, DB 1994, S. 385 (391) m.w.N. zum Problem der Doppelbesteuerung stiller Reserven.

207 Förster, DB 1994, S. 385 (391 f.); Grotherr, BB 1995, S. 1510 (1514); Thiel, StbJb 1994/95, S. 185 (203).

208 Albrecht, in: Haritz/Benkert, § 20 UmwStG Rn. 253; Buyer, in: D/E/J/W, § 8b KStG, Rn. 85; Herzig/ Förster, StuW 1998, S. 99 (103); Thiel, StbJb 1994/95, S. 185 (203 f.).

nehmende Gesellschaft eine Kapitalerhöhung durchzuführen hat.[209] Die Übertragung bereits bestehender Anteile erfüllt die Voraussetzung des § 20 Abs. 1 UmwStG nicht. Die gesellschaftsrechtliche Natur der Einbringungstatbestände des § 20 Abs. 1 UmwStG sind vielfältig. Sie sind nur dadurch begrenzt, dass im UmwStG gesondert geregelte Vermögensübergänge, wie etwa die Spaltung von Kapitalgesellschaften (§ 15 UmwStG), nicht in den Anwendungsbereich des § 20 UmwStG fallen.[210] Eine Ausgliederung nach § 123 Abs. 3 UmwG stellt eine Einbringung nach § 20 Abs. 1 UmwStG dar, da die Gegenleistung für das übertragene Vermögen nicht wie bei einer Auf- oder Abspaltung den Gesellschaftern der übertragenden Gesellschaft, sondern der übertragenden Gesellschaft selbst zukommt.[211] Im Fall der Spaltung der Hoechst AG war dieser Weg aber uninteressant, da die nachfolgende Abspaltung der Diogenes GmbH als 100%ige Tochtergesellschaft einschließlich der eingebrachten Beteiligungen innerhalb eines Zeitraumes von drei Jahren zur Aufdeckung und Besteuerung der stillen Reserven nach § 15 Abs. 3 S. 1 UmwStG geführt hätte.
Da die Besteuerung der stillen Reserven in den abzuspaltenden inländischen Beteiligungen nicht abzuwenden war, konnte die aus gesellschaftsrechtlicher Sicht einfachste Art und Weise der Vermögensübertragung gewählt werden.[212]
Eine in der Praxis häufig vorkommende Art der Vermögensübertragung ist die Einbringung von Betrieben, Teilbetrieben und Beteiligungen in die Rücklagen von Tochterunternehmen.[213]
Anstatt der Einlage gegen Gesellschaftsanteile können die Vermögensgegenstände auf diese Weise ohne Gegenleistung den Kapitalrücklagen von Tochterunternehmen zugeführt werden (§ 272 Abs. 2 Nr. 4 HGB).[214] Steuerneutral kann diese Umstrukturierung nicht vorgenommen werden, da die Buchwertfortführung nach § 20 Abs. 1 UmwStG nur gewährt wird, wenn als Gegenleistung für die Einlage Gesellschaftsanteile am übernehmenden Rechtsträger an die ausgliedernde Gesellschaft ausgegeben werden.
Der Reiz einer Einlage von Beteiligungen in die Rücklagen einer Tochtergesellschaft liegt in der Vermeidung der Sachkapitalerhöhungsvorschriften und der strengen Kapitalschutzregeln des UmwG. Es wird darüber hinaus ermöglicht, ohne eine zeitaufwendige Kapitalherabsetzung einfach durch eine Auflösung der Rücklagen die eingebrachten Eigenkapitalposition weiter zu verschieben.[215] Nur wenn die aufnehmende Tochtergesellschaft nicht zu 100% in der Hand der Muttergesellschaft ist, überwiegen die Nachteile der Einlage von Wirtschaftsgütern in die Rücklagen eines

209 Dehmer, § 20 UmwStG Rn. 211; Momen, Steuerneutralität, S. 293; Tulloch, in: Goutier/Knopf/Tulloch, § 20 UmwStG Rn. 19; Schmitt, in: Schmitt/Hörtnagl/Stratz, § 20 UmwStG Rn. 211.

210 Friedrichs, in: Haritz/Benkert, § 20 UmwStG Rn. 140.

211 Dehmer, § 20 UmwStG Rn. 196; Friedrichs, in: Haritz/Benkert, § 20 UmwStG Rn. 27; Schmitt, in: Schmitt/Hörtnagl/Stratz, § 20 UmwStG Rn. 196; Tulloch, in: Goutier/Knopf/Tulloch, § 20 UmwStG Rn. 11.

212 Bestätigt durch: Auskunft von Dr. Müller-Dott vom 08.01.2002.

213 Reichert, in: Habersack/Koch/Winter, S. 25 (67).

214 Reichert, in: Habersack/Koch/Winter, S. 25 (66); Priester, ZHR (163) 1999, S. 187 (199).

215 Zu den Vorteilen einer Einlage von Beteiligungen in die Rücklagen einer Tochtergesellschaft: vgl. Reichert, in: Habersack/Koch/Winter, S. 25 (67).

anderen Rechtsträgers. Der übertragende Rechtsträger erhält bei einer Einlage in die Rücklagen keine Gegenleistung in Form von Geld oder Anteilen. Vielmehr erhöht sich der Wert aller Anteile am übernehmenden Rechtsträger um die eingebrachten Vermögensgegenstände. Dies hat zur Folge, dass auch die Anteile von konzernfremden Anteilsinhabern oder Minderheitsgesellschaftern aufgrund der erhöhten Rücklagen an Wert gewinnen.[216]

Fraglich ist, welche formalen Anforderungen an eine Einlage in die Rücklagen zu stellen sind. Für die Beantwortung dieser Frage ist es notwendig, herauszufinden, ob die Einlage in die Rücklagen einer Gesellschaft als Ausgliederung oder als Verkauf von Vermögensgegenständen zu qualifizieren ist. Im Gegensatz zur Ausgliederung führt der Verkauf von Betrieben oder Teilbetrieben zur völligen Ablösung der Vermögensgegenstände. Eine Beteiligung am erwerbenden Unternehmen wird bei einem Verkauf nicht begründet.[217] Bei der Einlage in die Rücklagen der Tochtergesellschaft erfolgt eine solche Ablösung nicht. Vielmehr erhöht sich der Wert der Anteile der Muttergesellschaft an der Tochtergesellschaft um den Wert der eingebrachten Vermögensgegenstände. Aufgrund der wertmäßigen Verstärkung der Beteiligung der einbringenden Gesellschaft stellt die Einlage in die Rücklage einer Tochtergesellschaft eine Form der Ausgliederung dar.[218] Es handelt sich um eine Ausgliederung im Wege der Einzelrechtsnachfolge, da eine Ausgliederung nach dem UmwG immer eine Anteilsgewährung als Gegenleistung für das übertragene Vermögen voraussetzt (§ 123 Abs. 3 UmwG).
Die Einlage der Beteiligungen in die Rücklagen der Diogenes GmbH hatte als Ausgliederung außerhalb des UmwG den Vorteil, dass weder ein förmlicher Ausgliederungsvertrag noch ein Ausgliederungsplan oder ein Registerverfahren notwendig waren.[219]
Für eine Ausgliederung im Wege der Einzelrechtsnachfolge reicht die Wiedergabe der Abtretungserklärungen und die Angabe der zu übertragenden Vermögensgegenstände aus.[220] Sowohl Angaben über die Folgen für die Arbeitnehmer wie auch die Zuleitung des Ausgliederungsvertrages an den Betriebsrat entfallen bei der Ausgliederung im Wege der Einzelrechtsnachfolge.[221]

---

216 Pricewaterhouse Coopers, Unternehmenssteuerreform 2001, S. 217.

217 Reichert, in: Habersack/Koch/Winter, S. 25 (67).

218 Reichert, in: Habersack/Koch/Winter, S. 25 (67); Priester, ZHR (163) 1999, S. 187 (188).

219 Aha, AG 1997, S. 345 (348 ff.); ausf. Dietz, Ausgliederung, S. 319 ff.; Engelmeyer, AG 1999, S. 263 (265 f.); Reichert, in: Habersack/Koch/Winter, S. 25 (56 f.); Priester, ZHR (163) 1999, S. 187 (198 f.); die h.M. verneint die analoge Anwendung der Vorschriften des UmwG auf die Ausgliederung im Wege der Einzelrechtsnachfolge: BT-Drucks. 12/6699, zu § 1, S. 80; LG Hamburg, DB 1997, S. 516 (516); Aha, AG 1997, S. 345 (356); Heckschen, DB 1998, S. 1385 (1386); Kallmeyer, in: Kallmeyer, § 123 UmwG Rn. 2; Kallmeyer, FS Lutter, S. 1245 (1252); Priester, ZHR 163 (1999), S. 187 (197); a.A. LG Karlsruhe, DB 1998, S. 120 (121) unter Berufung auf den Gleichheitssatz.

220 Aha, AG 1997, S. 345 (348); Dietz, Ausgliederung, S. 320.

221 Dietz, Ausgliederung, S. 320; Engelmeyer, AG 1999, S. 263 (265); Priester, ZHR (163) 1999, S. 187 (199).

Etwas anderes gilt nach den Grundsätzen der Holzmüller- Entscheidung[222], wenn das auszugliedernde Vermögen den wertvollsten Teil des Gesellschaftsvermögens ausmacht und damit den Kernbereich der Unternehmenstätigkeit betrifft.[223] Wenn also die Unternehmensstruktur von Grund auf geändert werden soll, muss nach § 119 Abs. 2 AktG die Zustimmung der Anteilsinhaber eingeholt werden.[224] Dies gilt nach dem BGH auch für die Ausgliederung auf eine 100%ige Tochtergesellschaft, da mit der Ausgliederung von Vermögensteilen der Verlust der unmittelbaren Entscheidung etwa über den Einsatz des übertragenen Betriebskapitals oder über die Gewinnverwendung verbunden ist. Bestünde keine Pflicht zur Einholung der Zustimmung der Anteilseigner bei einer wesentlichen Vermögensausgliederung, so würden wichtige Entscheidungen von der Muttergesellschaft auf die Tochtergesellschaft verlagert, in der ausschließlich der Vorstand der Muttergesellschaft die Aktionärsrechte ausübt, ohne dass den Anteilseignern der Muttergesellschaft ein Entscheidungsrecht eingeräumt wird.[225]

Beurteilt man die Ausgliederung der inländischen Beteiligungen der Hoechst AG in die Diogenes GmbH am Maßstab der Holzmüller-Entscheidung, so muss man zu dem Ergebnis kommen, dass eine Zustimmung der Hauptversammlung zu dieser Ausgliederung nicht einzuholen war.

Auf die Streitfrage, bis zu welchem Umfang eine Vermögensübertragung im Wege der Ausgliederung ohne Zustimmung der Anteilseigner durchgeführt werden kann,[226] kommt es dabei nicht an. Die an die Diogenes GmbH übertragenen Beteiligungen umfassten nur einen Bruchteil der an die Celanese AG abzuspaltenden Beteiligungen. Die Gesamtheit der an die Celanese AG abgespaltenen Beteiligungen stellte aber weniger als ein Zehntel des Vermögens der Hoechst AG dar. Selbst wenn man die Wesentlichkeitsschwelle sehr niedrig ansetzen würde,[227] könnte man eine Zustimmungspflicht bereits aus dem Gesichtspunkt der Wesentlichkeit des übertragenen Vermögens nicht annehmen.[228]

Gegen die Zustimmungsbedürftigkeit der Hauptversammlung zur Ausgliederung der inländischen Beteiligungen in die Diogenes GmbH spricht aber noch ein weiteres Argument. Der BGH begründete die Zuständigkeit der Hauptversammlung für die Ausgliederung im Wege der Einzelrechtsnachfolge auf eine 100%ige Tochtergesellschaft damit, dass die Hauptversammlung durch die Betriebsausgliederung die unmittelbare Entscheidung über die Gewinnverwendung verliere.[229] Diese Begründung greift bei

---

222 BGHZ 83, S. 122 ff.

223 BGHZ 83, S. 122 (131 f.).

224 BGHZ 83, S. 122 (131 f.).

225 BGHZ 83, S. 122 (136 f.).

226 Vgl. zur Wesentlichkeitsschwelle bei der Ausgliederung im Wege der Einzelrechtsnachfolge: Dietz, Ausgliederung, S. 260 ff. mit ausführlicher Auseinandersetzung mit der bisherigen Rechtsprechung.

227 So etwa das LG Frankfurt/M., ZIP 1993, S. 830 (832), das bereits die Ausgliederung von 10% des Grundkapitals der übertragenden Gesellschaft für zustimmungsbedürftig hält.

228 So auch: Auskunft von Dr. Preissler (damals verantwortlicher Justiziar der Hoechst AG) vom 09.01.2002.

229 BGHZ 83, S. 122 (136 f.).

der Ausgliederung in die Rücklagen der Diogenes GmbH nicht. Die Diogenes GmbH erhielt keine Betriebe, sondern ausschließlich Beteiligungen. Hinsichtlich der Gewinnverwendung in den abhängigen Unternehmen stand der Hauptversammlung der Hoechst AG deshalb auch vor der Ausgliederung keine unmittelbare Entscheidung über die Gewinnverwendung zu. Den Anteilsinhabern der Hoechst AG wurde durch die Ausgliederung somit keine unmittelbare Entscheidungsbefugnis genommen. Auch aus diesem Grund ist die Zuständigkeit der Hauptversammlung für die Entscheidung über die Ausgliederung der inländischen Beteiligungen auf die Diogenes GmbH zu verneinen.[230]

Schließlich hat die Hauptversammlung der Hoechst AG jedenfalls mittelbar über die Ausgliederung entschieden. Der Spaltungsbericht enthält ausführliche Informationen über das gesamte Spaltungsvorhaben und über die wesentlichen verbundenen Unternehmen.[231] Außerdem wird den Anteilsinhabern in Spaltungsbericht[232] und Spaltungsvertrag (§ 4.1.) mitgeteilt, dass der Abspaltung der Celanese AG eine Ausgliederung bestimmter Beteiligungen in die Diogenes GmbH vorausgehen soll, um so den steuerlich günstigsten Weg beschreiten zu können. Die Einbringung der Beteiligungen in die Diogenes GmbH war damit untrennbar mit dem gesamten Spaltungsvorhaben verbunden. Der Zustimmungsbeschluss zur Spaltung umfasste daher auch die Ausgliederung der Beteiligungen. Ein gesonderter Zustimmungsbeschluss zur Ausgliederung der Beteiligungen war auch deshalb entbehrlich, weil diese Ausgliederung lediglich einen vorläufigen Zwischenzustand darstellte, der die Rechte der Anteilseigner nicht beeinträchtigte. Alle notwendigen Informationen auch über die ausgegliederten Beteiligungen erhielten die Anteilseigner bereits durch den Spaltungsbericht.[233]

Der Ausgliederung der inländischen Beteiligungen durch Einbringung in die Rücklagen der Diogenes GmbH lagen jeweils notariell beurkundete Verträge zugrunde, so dass die formalen Anforderungen an eine Ausgliederung im Wege der Einzelrechtsnachfolge eingehalten wurden. Im übrigen stellte die Ausgliederung der Beteiligungen in die Rücklagen der Diogenes GmbH eine gewöhnliche Geschäftsführungsmaßnahme dar.

cc) Übertragung von Einzelwirtschaftsgütern

Neben den 100%igen Beteiligungen übertrug die Hoechst AG Verträge, Forderungen und Arbeitsverhältnisse als Einzelwirtschaftsgüter. Für eine Abspaltung nach § 15 Abs. 1 UmwStG, die Übernahmegewinn oder –verlust steuerlich unberücksichtigt lässt (§§ 15 Abs. 1, 12 Abs. 2 S. 1 UmwStG) und die Wertfortführung auf Gesellschafterebene ermöglicht (§§ 15 Abs. 1, 13 UmwStG), dürfen Wirtschaftsgüter, die zu keinem

---

230 So auch: Auskunft von Dr. Preissler (damals verantwortlicher Justiziar der Hoechst AG) vom 09.01.2002; LG Hamburg, DB 1997, S. 516 (517); Kallmeyer, FS Lutter, S. 1245 (1247).

231 Für einen ähnlichen Fall, bei dem eine Information über die Umstrukturierungsmaßnahme im Rahmen eines Geschäftsberichts für ausreichend erachtet wurde: LG Hamburg, DB 1997, S. 516 (517).

232 Spaltungsbericht der Hoechst AG und der Celanese AG, V.4., S. 84.

233 Spaltungsbericht der Hoechst AG und der Celanese AG, II.2., S. 36 ff.

Teilbetrieb gehören, nicht übertragen werden. Daher mussten diese neutralen Wirtschaftsgüter den abzuspaltenden Teilbetrieben zugerechnet werden können.
Da die Hoechst AG keine originären Teilbetriebe abspaltete, konnte eine unkomplizierte Zuordnung von Einzelwirtschaftsgütern zu originären Teilbetrieben nicht vorgenommen werden.
Die Zuordnung von Einzelwirtschaftsgütern zu 100%igen Beteiligungen wird von der Finanzverwaltung jedoch sehr restriktiv gehandhabt. Die Finanzverwaltung verlangt, dass ein unmittelbar wirtschaftlicher Zusammenhang zwischen dem Teilbetrieb und dem neutralen Wirtschaftsgut besteht.[234] Wie ein solcher unmittelbar wirtschaftlicher Zusammenhang zu definieren ist, lässt sich aus dem Umwandlungssteuererlass aber nicht erkennen. Eine den praktischen Anforderungen genügende Gesetzesauslegung müsste eine weitgehende Zurechnung von neutralen Wirtschaftsgütern zu fiktiven Teilbetrieben erlauben, da andernfalls eine Spaltung von Holdinggesellschaften wie der Hoechst AG scheitern würde.[235] Die von der Finanzverwaltung vorgenommene Differenzierung zwischen originärem Teilbetrieb, dem nicht wesentliches Betriebsvermögen beliebig zugeordnet werden kann, und fiktiven Teilbetrieben ergibt sich nicht aus dem Gesetz. Vielmehr lässt sich § 15 Abs. 1 S. 3 UmwStG entnehmen, dass der fiktive Teilbetrieb dem originären Teilbetrieb gleichgestellt werden soll. Es muss daher möglich sein, Beteiligungen mit einer Beteiligungsquote unter 100%, Verbindlichkeiten, Verträge und Forderungen abzuspalten, ohne das Teilbetriebserfordernis zu verletzen. Da bisher unklar ist, was die Finanzverwaltung unter einem unmittelbaren wirtschaftlichen Zusammenhang zu einem Teilbetrieb versteht, muss in der Praxis auf jeden Fall der Dialog mit der Finanzverwaltung geführt werden.
Eine Absprache zwischen der Hoechst AG und der Finanzverwaltung fand offensichtlich statt, da andernfalls die Abspaltung der Verträge und Forderungen, die mit den übertragenen fiktiven Teilbetrieben nicht in unmittelbar wirtschaftlichem Zusammenhang stehen, nicht ohne Verstoß gegen das Teilbetriebserfordernis hätten übertragen werden können.[236] Im Ergebnis akzeptierte die Finanzverwaltung die Zurechnung der Verträge, Forderungen und Verbindlichkeiten zu den abgespaltenen 100%igen Beteiligungen.
Neben der Schwierigkeit der Zuordnung von einzelnen Wirtschaftsgütern zu 100%igen Beteiligungen stellte sich bei der Spaltung der Hoechst AG ein weiteres Problem. Nach § 15 Abs. 1 S. 2 UmwStG mussten bei der Hoechst AG als übertragenden Rechtsträger ebenfalls lediglich Teilbetriebe oder fiktive Teilbetriebe nach der Spaltung verbleiben.
Diese Voraussetzung konnte die Hoechst AG ebenfalls nicht erfüllen. So sind bei der Hoechst AG Mehrheitsbeteiligungen verblieben, deren Beteiligungsquote unter 100% lag (Centeon, AgreVO und andere Beteiligungen). Auch insoweit war eine Abstimmung mit der Finanzverwaltung unabdingbar, wollte man den Verstoß gegen das Teilbetriebserfordernis vermeiden. Die Verletzung des doppelten Teilbetriebs-

234 Schreiben des BMF, BStBl. I 1998, S. 267 ff., Tz. 15.09.

235 Vgl. oben Teil 3 A) I 2 d).

236 Ein Hinweis auf eine Absprache mit der Finanzverwaltung findet sich auch im Spaltungsbericht: Spaltungsbericht der Hoechst AG und der Celanese AG, IV.2.1., S. 78.

erfordernisses mit der Konsequenz der Besteuerung der stillen Reserven auf Gesellschafterebene hätte das Spaltungsvorhaben von Anfang an zum Scheitern verurteilt. Insbesondere der kuwaitische Großaktionär wäre bei einer Besteuerung der in den Anteilen enthaltenen stillen Reserven mit der Spaltung nicht einverstanden gewesen.[237] Letztendlich konnte die Abspaltung der Celanese AG unter den Voraussetzungen des § 15 Abs. 1 UmwStG erfolgen, so dass insbesondere die Wertfortführung auf Gesellschafterebene (§ 13 UmwStG) grundsätzlich möglich war.[238]

b) Die Missbrauchstatbestände nach § 15 Abs. 3 UmwStG in der Praxis

Die Spaltung der Hoechst AG erfolgte auf zwei Arten. Zum einen wurden fiktive Teilbetriebe, also 100%ige Beteiligungen und Mitunternehmeranteile direkt auf die Celanese AG abgespalten. Zum anderen wurden insbesondere Beteiligungen mit einer Beteiligungsquote unter 100% zunächst in die Diogenes GmbH eingebracht und dann auf die Celanese AG abgespalten. Die Einbringung der Beteiligungen in die Diogenes GmbH hatte lediglich das Ziel, einen fiktiven Teilbetrieb zu schaffen, der dann unter Anwendung der §§ 15 Abs. 1 S. 3, 12, 13 UmwStG abgespalten werden konnte.

Die Buchwertfortführung bei der Abspaltung nach §§ 15 Abs. 1, 11 Abs. 1 UmwStG setzt jedoch neben der Erfüllung des doppelten Teilbetriebserfordernisses voraus, dass kein in § 15 Abs. 3 UmwStG geregelter Missbrauchstatbestand einschlägig ist.

Im Fall der Spaltung der Hoechst AG konnte das Eingreifen des Missbrauchstatbestands des § 15 Abs. 3 S. 3, 4 UmwStG nicht verhindert werden.

Die stillen Reserven in den inländischen Beteiligungen, die zunächst in die Diogenes GmbH eingebracht wurden, mussten bereits im Rahmen der Einlage in die Rücklagen der Diogenes GmbH offen gelegt und versteuert werden. Eine erneute Steuerpflicht aufgrund der nachfolgenden Abspaltung entstand hinsichtlich dieser Beteiligungen nicht, da die stillen Reserven insoweit ja bereits aufgedeckt worden waren. Der Missbrauchstatbestand des § 15 Abs. 3 S. 1 UmwStG, der verhindern will, dass bloße Mehrheitsbeteiligungen zunächst in eine 100%ige Tochtergesellschaft nach § 20 UmwStG steuerneutral eingebracht und dann nach § 15 Abs. 1 UmwStG steuerneutral abgespalten werden, kam aufgrund der steuerpflichtigen Einlage der Beteiligungen in die Rücklagen der Diogenes GmbH nicht zur Anwendung.

Bei der direkten Abspaltung der inländischen 100%igen Beteiligungen war jedoch der Missbrauchstatbestand des § 15 Abs. 3 S. 2-4 UmwStG einschlägig. § 15 Abs. 3 S. 3, 4 UmwStG sanktioniert die Veräußerung von 20% der Anteile der vor Wirksamwerden der Spaltung an der übertragenden Gesellschaft bestehenden Anteile innerhalb von fünf Jahren nach dem Übertragungsstichtag. Wie oben bereits ausgeführt führt diese 20%-Grenze dazu, dass eine Publikumsgesellschaft eine steuerneutrale Spaltung nicht vollziehen kann. Insbesondere reicht es für die Erfüllung des Missbrauchstatbestands aus, wenn die Anteilsveräußerungen der Gesellschafter der Hoechst AG und der Celanese AG zusammen die 20%-Grenze überschreiten.

---

237 Auskunft von Dr. Günter (früherer stellvertretender Vorstandsvorsitzender der Hoechst AG und jetziger Aufsichtsratsvorsitzender der Celanese AG) vom 16.10.2001.

238 Spaltungsbericht der Hoechst AG und der Celanese AG, IV.2.1., S. 78.

Da der Streubesitz an der Hoechst AG mehr als 20% der maßgeblichen Anteile betrug, konnte die Einhaltung der 20%-Grenze nicht durch Vereinbarungen zwischen den Großaktionären gesichert werden.[239] Auch die Tatsache, dass eine mehrmalige Veräußerung eines Anteils unschädlich ist, kann bei der Spaltung eines börsennotierten Großkonzerns wie der Hoechst AG das Eingreifen des § 15 Abs. 3 S. 3, 4 UmwStG nicht verhindern, da die Hoechst AG das Unterschreiten der 20%-Grenze nachweisen müsste.[240]

Die absehbaren Anteilsveräußerungen fanden an der Börse statt. Insofern handelte es sich bei den Erwerbern der Anteile auch um außenstehende Dritte im Sinn des § 15 Abs. 3 S. 2 UmwStG.

Aus diesem Grund war das Ansatzwahlrecht hinsichtlich des übertragenen Vermögens nach §§ 15 Abs. 3 S. 2-4, 11 Abs. 1 UmwStG ausgeschlossen. Bezüglich des bei der Hoechst AG verbleibenden Vermögens waren die Buchwerte fortzuführen, da es insoweit an einem Gewinnrealisierungstatbestand fehlte. Eine Aufdeckung der stillen Reserven war folglich nur in Bezug auf das übertragene Vermögen notwendig. Hinsichtlich der ausländischen Beteiligungen schadete diese Aufdeckungspflicht nicht, da die stillen Reserven bereits durch die Anteilsveräußerung nach § 8b Abs. 2 KStG a.F. aufgedeckt wurden, ohne dass dieser Vorgang steuerbar gewesen wäre.

Das Ansetzen des Teilwertes der Vermögensgegenstände führte bei der Spaltung der Hoechst AG zur Aufdeckung der stillen Reserven und einer Steuerpflicht von € 250-350 Millionen.[241]

6. Ergebnis

Die Entscheidungskompetenz der Hauptversammlung führt dazu, dass sich das Spaltungsvorhaben nicht nachteilig auf die Anteilsinhaber auswirken darf. Die Spaltung muss daher auf Gesellschafterebene steuerneutral durchgeführt werden können. Dies setzt voraus, dass das doppelte Teilbetriebserfordernis des § 15 Abs. 1 UmwStG erfüllt wird. Demnach dürfen im Wege der Spaltung ausschließlich originäre oder fiktive Teilbetriebe übertragen werden. Gleichzeitig dürfen beim übertragenden Rechtsträger keine Vermögensgegenstände verbleiben, die keinem Teilbetrieb zugeordnet werden können. Hauptproblem bei der Abspaltung eines Geschäftsfeldes aus einem Konzern mit einer Holdingstruktur ist dabei die Zuordnung von neutralen Wirtschaftsgütern zu fiktiven Teilbetrieben. Die restriktive Auffassung der Finanzverwaltung, die einen unmittelbaren wirtschaftlichen Zusammenhang zwischen neutralen Wirtschaftsgütern und den abzuspaltenden 100%igen Beteiligungen verlangt, führt in der Praxis dazu, dass eine Holdinggesellschaft mit eigenen Verträgen und Verbindlichkeiten nicht gespalten werden kann. Zwar gibt es die Möglichkeit, andere als 100%ige Beteiligungen in einer ersten Stufe in eine 100%ige Beteiligung einzubringen. Die Zuordnung von Verträgen und Verbindlichkeiten scheitert aber dennoch an der zu engen Auffassung der Finanzverwaltung. Diese restriktive Ansicht ist nicht mit dem Gesetz zu vereinbaren, da § 15 Abs. 1 S. 3 UmwStG die 100%ige Beteiligung uneingeschränkt dem ori-

239 Bestätigt durch: Auskunft von Dr. Müller-Dott vom 08.01.2002.

240 Vgl. zur Nachweispflicht des Steuerpflichtigen: oben Teil 3 A) I 3 e) aa).

241 Spaltungsbericht der Hoechst AG und der Celanese AG, IV.2.1., S. 79.

ginären Teilbetrieb gleichsetzt. Hinsichtlich des originären Teilbetriebs ist die Möglichkeit der Zuordnung von neutralen Wirtschaftsgütern aber unstreitig. Billigt man eine Zuordnung von Wirtschaftsgütern zu 100%igen Teilbetrieben zu, so muss dennoch eine Grenze dieser Zuordnungsfreiheit geschaffen werden, da ansonsten die Besteuerung der Veräußerung von Einzelwirtschaftsgütern leicht umgangen werden könnte. Für die Entscheidung, welche Wirtschaftsgüter einem fiktiven Teilbetrieb zugeordnet werden können und welche nicht, darf keinesfalls die von der Finanzverwaltung befürwortete formale Sichtweise herangezogen werden. Vielmehr muss beurteilt werden, ob die aus der Spaltung entstehenden Rechtsträger für sich lebensfähig sind. Ist dies der Fall, so darf die Anwendung des § 15 Abs. 1 UmwStG nicht wegen der Übertragung einiger neutraler Wirtschaftsgüter abgelehnt werden. Nur wenn die Summe der neutralen Wirtschaftsgüter, die einem fiktiven Teilbetrieb zugeordnet werden, ein gewisses vom Gesetzgeber festzulegendes Wertverhältnis überschreitet, darf die Anwendung der steuerlichen Vergünstigungen nach §§ 15 Abs. 1, 12, 13 UmwStG verweigert werden.

Die Auffassung der Finanzverwaltung führt nach bisheriger Rechtslage dazu, dass vor Durchführung des Spaltungsvorhabens eine Absprache mit der Finanzverwaltung getroffen werden muss.

Neben den über § 15 Abs. 1 UmwStG gewährten Steuervorteilen der Wertfortführung auf Gesellschafterebene, der Steuerfreiheit von Übernahmegewinnen, der Fortführung der Bilanzbewertungen und der Möglichkeit des Verlustvortrags ist auch die Buchwertfortführung auf Gesellschaftsebene bei einer Abspaltung erstrebenswert. Diese Buchwertfortführung wird aber nur gewährt, wenn das doppelte Teilbetriebserfordernis erfüllt wird und kein Missbrauchstatbestand des § 15 Abs. 3 UmwStG eingreift. Bei der Spaltung einer börsennotierten Publikumsgesellschaft kann eine Buchwertfortführung nicht erreicht werden, da regelmäßig mehr als 20% der Anteile, die vor der Spaltung am übertragenden Rechtsträger bestanden, innerhalb von fünf Jahren seitens der Anteilsinhaber des übertragenden oder übernehmenden Rechtsträgers veräußert werden. Dieser Missbrauchstatbestand, der eigentlich nur die Veräußerung von Anteilen nach der Spaltung durch steuerbefreite Anteilsinhaber verhindern sollte, ist jedenfalls im Hinblick auf börsennotierte Aktiengesellschaften verfehlt. Anders als bei Gesellschaften, deren Anteile kaum gestreut sind, kann eine börsennotierte Aktiengesellschaft den Verstoß gegen § 15 Abs. 3 S. 3, 4 UmwStG nicht verhindern.

Vergleicht man das Interesse eines Konzerns an einer wertschaffenden Umstrukturierung mit den geringen Steuerausfällen, die dadurch entstehen, dass steuerbefreite Anteilseigner nach der Spaltung Anteile steuerfrei veräußern können, so muss der Förderung wirtschaftlich sinnvoller Umstrukturierungen der Vorzug gegeben werden. Anders als bei kleineren Kapitalgesellschaften hat die börsennotierte Aktiengesellschaft keine Möglichkeit, auf die Anteilsveräußerungen Einfluss zu nehmen. Das sollte bei der Formulierung des Missbrauchstatbestands des § 15 Abs. 3 S. 3, 4 UmwStG Berücksichtigung finden, indem die Anteilsveräußerung über die Börse aus der 20%-Grenze des § 15 Abs. 3 S. 4 UmwStG herausgenommen wird. Eine solche Ausnahme bedarf natürlich einer ausdrücklichen gesetzlichen Regelung. Bis zu einer Gesetzesänderung muss ein Spaltungsvorhaben mit der Finanzverwaltung abgesprochen werden.

Die genannten Probleme hatte auch die Hoechst AG bei ihrem Spaltungsvorhaben zu bewältigen. Dabei kam der Hoechst AG zu Gute, dass eine Vielzahl ihrer Beteiligungen als ausländische Beteiligungen nach § 8b Abs. 2 KStG a.F. unter Aufdeckung der stillen Reserven aber ohne Versteuerung derselben zunächst an die Diogenes GmbH veräußert werden konnten. Danach wurde die Diogenes GmbH als 100%ige Tochtergesellschaft der Hoechst AG auf die Celanese AG abgespalten.
Daneben wurden inländische Beteiligungen auf die Diogenes GmbH übertragen, um so wenigstens das Teilbetriebserfordernis hinsichtlich des abzuspaltenden Vermögens mit Ausnahme der übertragenen Verträge und Verbindlichkeiten zu erfüllen. Hierfür wurde der aus gesellschaftsrechtlicher Sicht einfachste Weg gewählt, da eine ertragssteuerneutrale Abspaltung der inländischen Beteiligungen, die eine Beteiligungsquote von 100% nicht erreichten, ohnehin ausgeschlossen war. Die Hoechst AG legte die Beteiligungen in die Rücklagen der Diogenes GmbH ein und vermied die Beachtung der strengen Vorschriften bei einer Sachkapitalerhöhung.
Zwar konnte man auf diesem Weg nach Abstimmung mit der Finanzverwaltung das doppelte Teilbetriebserfordernis erfüllen. Die Einhaltung der 20%-Grenze des § 15 Abs. 3 S. 3, 4 UmwStG war jedoch nicht möglich. Eine Buchwertfortführung hinsichtlich des übertragenen Vermögens konnte letztlich nicht erreicht werden.

II. Grunderwerbsteuer

Die Grunderwerbsteuer darf bei der Planung einer Umstrukturierung nicht außer Acht gelassen werden, da nicht nur die Übertragung der Grundstücke im Wege der Veräußerung, sondern auch die Übertragung von 100%igen Tochtergesellschaften mit Grundstücksbesitz zu einer Steuerbarkeit nach dem GrEStG führt. Eine Differenzierung danach, ob die Beteiligungsverschiebung auf einen konzernfremden Rechtsträger oder innerhalb des Konzerns erfolgt, sieht das GrEStG nicht vor. Der damit entstehende umstrukturierungshemmende Effekt wurde durch die Anhebung des Steuersatzes von 2 auf 3,5 % erheblich verstärkt. [242] Hinzu kommt die Änderung der Bewertungsgrundlage durch das StEntlG 1999/2000/2001. Anstatt der niedrigen Einheitswerte sind nach § 23 Abs. 6 S. 1 GrEStG seit 01.04.1999 die Bedarfswerte nach § 138 Abs. 2, Abs. 3 BewG, 8 Abs. 2 Nr. 2 Nr. 3 GrEStG bei der Ermittlung der Steuerpflicht zugrunde zu legen.[243]

1. Besteuerung nach dem GrEStG

Bei einer Übertragung inländischer Grundstücke (§ 2 Abs. 1 GrEStG) oder grundstücksgleicher Rechte (§ 2 Abs. 2 GrEStG) im Wege der Gesamtrechtsnachfolge wird der Steuertatbestand des § 1 Abs. 1 Nr. 3 S. 1 GrEStG erfüllt. Gleiches gilt, wenn ein Grundstück nach Maßgabe eines Spaltungsvertrages übertragen wird. Die als partielle Gesamtrechtsnachfolge ausgestaltete Vermögensübertragung führt zu einem Eigen-

242 § 11 Abs. 1 GrEStG, geändert durch das Gesetz vom 20.10.1996, BGBl. I 1996, S. 2049.

243 Dies hat zur Folge, dass sich die Bewertung jetzt nach etwa 70% des Verkehrswertes richtet, während früher die Bewertung im Rahmen der Ermittlung der Grunderwerbsteuer etwa 5-30% des Verkehrswertes ausmachte: Wienands, DB 1997, S. 1362 (1362).

tumsübergang kraft Gesetzes gemäß § 131 Abs. 1 Nr. 1 UmwG und erfüllt damit den Tatbestand des § 1 Abs. 1 Nr. 3 S. 1GrEStG.[244]
Wird eine 100%ige Beteiligung abgespalten, zu der inländischer Grundbesitz gehört, so ist der Steuertatbestand des § 1 Abs. 3 Nr. 3, Nr. 4 GrEStG a.F. einschlägig.[245] Aber auch die Vereinigung der Anteile bei der übernehmenden Gesellschaft zu einer 100%igen Beteiligung führt zur Steuerpflicht nach § 1 Abs. 3 Nr. 2 GrEStG. Damit wird nicht der gesellschaftsrechtliche Vorgang der Anteilsübertragung über das Ertragssteuerrecht hinaus besteuert. Vielmehr wird lediglich aufgrund des Herrschaftswechsels ein Grundstückserwerb fingiert.[246]
Dies gilt sowohl für die Vereinigung von Anteilen an Kapitalgesellschaften zu 100%igen Beteiligungen wie auch für die Vereinigung von Beteiligungen an Personengesellschaften. Bei der Übertragung von Anteilen an Personengesellschaften muss jedoch die vorrangige Anwendung des § 1 Abs. 2a GrEStG berücksichtigt werden (§ 1 Abs. 3 S. 1 GrEStG).[247]
Eine Vereinigung von Anteilen ist nicht nur dann anzunehmen, wenn nach dem Erwerbsvorgang eine 100%ige Beteiligung der erwerbenden Gesellschaft entstanden ist. Vielmehr können Anteile, die ein Treuhänder oder eine 100%ige Tochtergesellschaft hält der erwerbenden Gesellschaft zugerechnet werden, so dass Mutter- und Tochtergesellschaft zusammen eine 100%ige Beteiligung erworben haben. Es handelt sich dann um eine mittelbare Anteilsvereinigung.[248] Dass der Steuertatbestand des § 1 Abs. 3 GrEStG auch durch mittelbare Anteilsvereinigung erfüllt werden kann, ergab sich vor der ausdrücklichen Einbeziehung der mittelbaren Anteilsvereinigung in der seit 01.01.2000 geltenden Fassung aus dem Wort „gehört".[249]
Ist die Muttergesellschaft an der Tochtergesellschaft nicht zu 100% beteiligt, so ist eine steuerpflichtige mittelbare Anteilsvereinigung nach § 1 Abs. 3 Nr. 1 GrEStG auch dann anzunehmen, wenn eine Gesellschaft von der anderen abhängig ist.[250] Das Abhängigkeitsverhältnis gemäß § 1 Abs. 3 Nr. 1 GrEStG ist dann zu bejahen, wenn ein

---

244 BFH, BStBl. II 1989, S. 466 (466 f.) m.w.N., wonach Grunderwerbsteuer auch bei Übertragungen im Rahmen einer Umwandlung mit gesetzlich angeordneter Gesamtrechtsnachfolge anfallen; Fischer, in: Boruttau, § 1 GrEStG Rn. 560; Grotherr, BB 1994, S. 1970 (1979); Pahlke, in: Pahlke/Franz, § 1 GrEStG Rn. 168.

245 Ab 01.01.2000 (§ 23 Abs. 6 Satz 2 GrEStG) reicht die Übertragung einer Beteiligung von 95% aus. Vgl. dazu: Fischer, in: Boruttau, § 1 GrEStG Rn. 899. In den folgenden Ausführungen wird noch von der zur Zeit der Abspaltung der Celanese AG geltenden Rechtslage ausgegangen.

246 BFH, BStBl. II 1995, S. 736 (737).

247 Zur Anwendung des § 1 Abs. 2a GrEStG in der Fassung der Bekanntmachung des Steuerentlastungsgesetzes 1999/2000/2001 (BGBl. I 1999, S. 402 ff.) vgl. Fin.Min. Baden Württemberg, Erlass vom 26.02.2003 in DB 2003, S. 907.

248 Ausf. zur mittelbaren Anteilsvereinigung: Fischer, in: Boruttau, § 1 GrEStG Rn. 897 ff.

249 BFH, BStBl. II 1975, S. 834 (834); BFH, BStBl. II 1988, S. 550 (550); BFH, BStBl. II 1994, S. 408 (408) m.w.N.; Hofmann, § 1 GrEStG Rn. 145; Pahlke, in: Pahlke/Franz, § 1 GrEStG Rn. 332 f.

250 Dazu: Pahlke, in: Pahlke/Franz, § 1 GrEStG Rn. 335, 341; ebenso: Beckmann, GmbHR 1999, S. 217 (219).

Unternehmen aus finanzieller, wirtschaftlicher und organisatorischer Sicht in ein anderes Unternehmen eingegliedert wurde.[251]
Wird keine 100%ige Beteiligung an einer Kapitalgesellschaft übertragen[252] und findet eine Vereinigung zu einer 100%igen Beteiligung nicht statt, so ist dieser Vorgang nicht nach § 1 Abs. 3 GrEStG steuerbar, wenn nicht ein Abhängigkeitsverhältnis nach § 1 Abs. 3 Nr. 1 GrEStG eine Zurechnung ermöglicht. Gleiches gilt bei einer Personengesellschaft, wenn neben dem übertragenen Mitunternehmeranteil zumindest eine Beteiligung nicht veräußert wird.[253] Das Zurückbehalten von sogenannten Zwerganteilen mit dem Ziel der Vermeidung des Eingreifens eines Grunderwerbsteuertatbestandes stellt keinen Missbrauch rechtlicher Gestaltungsmöglichkeiten nach § 42 AO dar.[254]
Umstritten ist, wie das Umhängen von Beteiligungen innerhalb eines Konzerns grunderwerbsteuerlich zu behandeln ist. Auszugehen ist zunächst von dem Fall, dass die Muttergesellschaft Anteile an einer grundstücksbesitzenden Gesellschaft unmittelbar erwirbt. Besitzt ihre Tochtergesellschaft bereits Anteile an dieser Gesellschaft und führt die Summe der von der Tochter und der Mutter gehaltenen Anteile nach dem Anteilserwerb zu einer 100% Beteiligung, so ist der Erwerbsvorgang steuerbar.[255] Die unmittelbaren Anteile der Muttergesellschaft und die über die Tochtergesellschaft mittelbar gehaltenen Anteile werden nach § 1 Abs. 3 GrEStG zusammengerechnet.
Bleibt die Frage, ob die Muttergesellschaft nochmals Grunderwerbsteuer zu entrichten hat, wenn sie die Anteile der Tochtergesellschaft erwirbt und so unmittelbar zu 100% an der grundstücksbesitzenden Gesellschaft beteiligt ist. Da bereits vorher eine mittelbare Anteilsvereinigung und damit eine Grunderwerbsteuerpflicht zu bejahen war, kann eine erneute Grunderwerbsteuerpflicht nicht angenommen werden, da sich die Grundstückseigentümerstellung nicht verändert hat.[256] Im umgekehrten Fall, also bei Übertragung der Anteile der Muttergesellschaft auf die 100%ige Tochtergesellschaft mit der Konsequenz der Vereinigung der Anteile zu einer 100%igen Beteiligung auf der Ebene der Tochtergesellschaft kommt man zum selben Ergebnis. Da der Erwerb von Anteilen an einer grundstücksbesitzenden Gesellschaft seitens der Mutter- oder Tochtergesellschaft bereits dazu geführt hat, dass Mutter- und Tochtergesellschaft zusammen nach dem Erwerb mit 100% an dieser Gesellschaft beteiligt waren, führt die spätere Verschiebung der Anteile von der Mutter- auf die Tochtergesellschaft nicht zur erneuten Grunderwerbsteuerpflicht.[257]

---

251 Vgl. dazu: Hofmann, § 1 GrEStG Rn. 168.

252 seit 01.01.2000 (§ 23 Abs. 6 S. 2 GrEStG, Steuerentlastungsgesetz 1999/2000/2001, BGBl. I 1999, S. 402 ff.) reicht die Übertragung von 95% der Anteile.

253 Fischer, in: Boruttau, § 1 GrEStG Rn. 872;

254 BFH, BStBl. III 1966, S. 254 (254 f.); Beckmann, GmbHR 1999, S. 217 (219); Hofmann, § 1 GrEStG Rn. 141.

255 BFH, BStBl. II 1994, S. 408 (408).

256 BFH, BStBl. II 1994, S. 121 (122); BFH, BStBl. II 1994, S. 408 (409); Koordinierter Ländererlass, FinMin. Baden Württemberg, DB 1995, S. 2294 (2294).

257 BFH, BStBl. II 1979, S. 153 (154).

Anders hat der BFH dagegen für den Fall entschieden, dass die Tochtergesellschaft eine 100%ige Beteiligung mit Grundstücksbesitz auf eine andere 100%ige Tochtergesellschaft überträgt.[258] Dies wird damit begründet, dass anders als bei den bereits dargestellten Fallgestaltungen eine neue Person, nämlich die zweite Tochtergesellschaft, Eigentümerin des Gründstücks wird. Zwar bleibt die Muttergesellschaft mittelbare Grundstückseigentümerin. Die erwerbende Tochtergesellschaft wird allerdings neue unmittelbare Grundstückseigentümerin, womit aus formaler Sicht ein Rechtsträgerwechsel zu bejahen ist. Da die erwerbende Tochtergesellschaft zum ersten Mal Eigentümerin der 100%igen Beteiligung und damit der darin enthaltenen Grundstücke wird, ist dieser Vorgang grunderwerbsteuerpflichtig.[259] Die Tatsache, dass die Muttergesellschaft bereits vor dem Erwerb der Beteiligung durch die veräußernde 100%ige Tochtergesellschaft mittelbare Grundstückseigentümerin war, schadet aufgrund der Zurechnungsregel des § 1 Abs. 3 GrEStG nicht. § 1 Abs. 3 GrEStG lässt ausdrücklich zu, dass ein Grundstück mehreren Personen zugerechnet werden kann. Daraus folgt, dass die Verschiebung von 100%igen Beteiligungen auf einer Konzernebene steuerbar ist, obwohl sowohl Veräußerer wie auch Erwerber 100%ige Tochtergesellschaften der übergeordneten Konzernmutter sind.

Im Ergebnis kann festgehalten werden, dass die Grunderwerbsteuerpflicht bei der Anteilsübertragung im Konzern nur dann entfällt, wenn eine Beteiligungskette verkürzt und so eine bestehende mittelbare Beteiligung nur verstärkt wird.[260] Eine Steuerbarkeit bei der Anteilsübertragung nach oben ist nicht nur bei der Vereinigung von unmittelbaren und mittelbaren Anteilen, sondern auch bei einer Anteilsübertragung im Wege der Einzel- oder Gesamtrechtsnachfolge zu verneinen.[261] Dies hat zur Folge, dass alle Anteilsübertragungsfälle von der 100%igen Tochtergesellschaft auf die Muttergesellschaft keine Grunderwerbsteuer auslösen. Bei einem Umhängen von Beteiligungen auf andere Konzerntöchter ist dagegen Grunderwerbsteuer zu entrichten.

Werden mehrere nach dem GrEStG steuerpflichtige Umstrukturierungsmaßnahmen hintereinandergeschaltet, so wird die bereits entrichtete Steuer zur Vermeidung einer Doppelbesteuerung auf die erneut fällige Grunderwerbsteuer nicht nach § 1 Abs. 6 S. 2 GrEStG angerechnet. § 1 Abs. 6 S. 2 GrEStG setzt nämlich voraus, dass der Erwerber der aufeinander folgenden Umwandlungsvorgänge dieselbe Person ist. Da bei aufeinander folgenden konzerninternen Umstrukturierungen der Erwerber regelmäßig nicht personengleich ist, fallen bei jeder einzelnen konzerninternen Übertragung Grunder-

---

258 BFH, BStBl. II 1988, S. 682 (682), in dem eine grunderwerbsteuerliche Einheit des Organkreises abgelehnt wird.

259 BFH, BStBl. II 1988, S. 682 (682 f.); Koordinierter Ländererlass, FinMin. Baden Württemberg, DB 1995, S. 2294 (2294); Hofmann, § 1 GrEStG Rn. 172; a.A. Fischer, in: Boruttau, § 1 GrEStG Rn. 903, 974; Pahlke, in: Pahlke/Franz, § 1 GrEStG Rn. 344; Stoschek, BB 1997, S. 1929 (1930); Wienands, DB 1997, S. 1362 (1363 f.), mit dem Argument, dass die Sachherrschaft der Muttergesellschaft nicht qualitativ verändert werde und deshalb ein Rechtsträgerwechsel nicht stattfinde.

260 Fischer, in: Boruttau, § 1 GrEStG Rn. 901, 974; Beckmann, GmbHR 1999, S. 217 (221); Herzig, DB 2000, S. 2236 (2238).

261 Koordinierter Ländererlass, FinMin. Baden Württemberg, DB 1995, S. 2294 (2295); Beckmann, GmbHR 1999, S. 217 (221).

werbsteuern an.[262] Dies kann nur durch eine Abkoppelung des Grundstücks von der Beteiligung durch Direktübertragung verhindert werden.[263] Auch die Steuerbefreiungstatbestände der §§ 5, 6 GrEStG können bei einer Umstrukturierung von Kapitalgesellschaften nicht zur Verringerung der Grunderwerbsteuern herangezogen werden, da diese nur den Grundstücksübergang auf oder von einer Personengesellschaft begünstigen.[264]

Das mehrfache Anfallen von Grunderwerbsteuer bei konzerninternen Umstrukturierungen schafft ein erhebliches Hindernis bei der Anteilsverschiebung zur Optimierung der Unternehmensstruktur. Dieses missliche Ergebnis kann aber nicht durch eine Auslegung des § 1 Abs. 3 oder § 1 Abs. 6 GrEStG beseitigt werden.[265] Vielmehr bedarf es einer Änderung der Gesetzeslage, indem eine Konzernbefreiungsklausel eingeführt wird.

Bei der Übertragung von Beteiligungen an Personengesellschaften ist eine weitere Besonderheit zu beachten. Der Übergang aller Gesellschaftsanteile einer Personengesellschaft ist auch ohne eine unmittelbare oder mittelbare Vereinigung aller Anteile in einer Hand steuerbar, wenn sich innerhalb von fünf Jahren der Gesellschafterbestand vollständig ändert, § 1 Abs. 2a S. 1 GrEStG.[266] Unter den Begriff der Personengesellschaft fallen sowohl die Gesellschaften bürgerlichen Rechts wie auch oHG und KG.[267] Greift sowohl der Steuertatbestand des § 1 Abs. 3 GrEStG wie auch der des § 1 Abs. 2a GrEStG, so kommt letzterem ein Anwendungsvorrang zu, § 1 Abs. 3 GrEStG. Die Übertragung sämtlicher Anteile an einer Personengesellschaft ist somit nach § 1 Abs. 2a GrEStG und nicht nach § 1 Abs. 3 GrEStG steuerbar. Der Anwendungsvorrang des § 1 Abs. 2a GrEStG vor § 1 Abs. 3 GrEStG hat seit dem Inkrafttreten des StEntlG 1999/2000/2001 allerdings keine Auswirkungen mehr auf die Höhe der anfallenden Grunderwerbsteuer.[268]

262 Hofmann, § 1 GrEStG Rn. 174; ebenso: Beckmann, GmbHR 1999, S. 217 (220); Herzig, DB 2000, S. 2236 (2238); für eine anloge Anwendung des § 1 Abs. 6 GrEStG auf konzerninterne Umstrukturierungen: Wienands, DB 1997, S. 1362 (1364 f.); wohl auch: Fischer, in: Boruttau, § 1 GrEStG Rn. 975 f.

263 Dazu ausführlich: Fleischer, DStR 1996, S. 1390 (1391); Herzig, DB 2000, S. 2236 (2238); Pahlke, in: Pahlke/Franz, § 1 GrEStG Rn. 166, 373.

264 Fleischer, DStR 1996, S. 1390 (1392); Franz, in: Pahlke/Franz, GrEStG § 5 Rn. 7; Pahlke, in: Pahlke/Franz, § 1 GrEStG Rn. 168.

265 Hofmann, § 1 GrEStG Rn. 174; ebenso: Beckmann, GmbHR 1999, S. 217 (220); Herzig, DB 2000, S. 2236 (2238); für eine anloge Anwendung des § 1 Abs. 6 GrEStG auf konzerninterne Umstrukturierungen: Wienands, DB 1997, S. 1362 (1364 f.); wohl auch: Fischer, in: Boruttau, § 1 GrEStG Rn. 975 f. .

266 Seit 01.01.2000 (§ 23 Abs. 6 S. 2 GrEStG,Steuerentlastungsgesetz 1999/2000/2001, BGBl. 1999, S. 402 ff.) reicht ein Gesellschafterwechsel von 95% der Anteile; ausf. zu § 1 Abs. 2 a GrEStG: Beckmann, GmbHR 1999, S. 217 (223).

267 Hofmann, § 1 GrEStG, Rn. 90.

268 Für Anteilsübertragungen vor dem 01.01.2000 (23 Abs. 4 S. 1 GrEStG) galten je nach Anwendung von § 1 Abs. 3 oder § 1 Abs. 2 a GrEStG unterschiedliche Bemessungsgrundlagen. Bei § 1 Abs. 2 a GrEStG war auf die Gegenleistung nach § 9 Abs. 1 Nr. 8 GrEStG abzustellen, während bei § 1 Abs. 3 GrEStG der zumeist günstigere Grundbesitzwert nach § 138 BewG ausschlaggebend war.

Erwähnt werden sollte weiterhin, dass bei der Anwendung des § 1 Abs. 2a GrEStG im Gegensatz zur rein formalen Betrachtungsweise von konzerninternen Umstrukturierungen im Rahmen des § 1 Abs. 3 GrEStG ein wirtschaftlicher Maßstab anzusetzen ist. Wird eine Beteiligung an einer Personengesellschaft aus wirtschaftlicher Sicht innerhalb eines Konzerns nicht auf einen neuen Gesellschafter übertragen, so ist eine Steuerbarkeit nach § 1 Abs. 2a GrEStG zu verneinen.[269] Gleichzeitig lebt bei der Ablehnung des § 1 Abs. 2a GrEStG die Möglichkeit der Steuerbarkeit nach § 1 Abs. 3 GrEStG wieder auf, wenn danach eine mittelbare Anteilsvereinigung aller Beteiligungen in der Hand einer Person zu bejahen ist.[270]
Wichtig im Zusammenhang mit der Grunderwerbsteuer ist schließlich, dass nach dem Umwandlungssteuererlass die Kosten der Vermögensübertragung einschließlich der Grunderwerbsteuer von dem übernehmenden Rechtsträger als Betriebsausgaben geltend gemacht werden können.[271]

2. Die Grunderwerbsteuer am Beispiel der Spaltung der Hoechst AG

Da das GrEStG nicht danach unterscheidet, ob der Erwerbsvorgang innerhalb oder außerhalb eines Konzerns stattgefunden hat, sind die einzelnen Übertragungsvorgänge bei der Spaltung der Hoechst AG nach einer Grunderwerbsteuerbarkeit zu untersuchen.
Bei der konzerninternen Einbringung inländischer Beteiligungen in die Diogenes GmbH fielen keine Grunderwerbsteuern an, da lediglich Mehrheitsbeteiligungen, die eine Beteiligungsquote von 100% nicht erreichten, übertragen wurden. Auch eine unmittelbare oder mittelbare Anteilsvereinigung zu einer 100%igen Beteiligung fand nicht statt.
Bei der direkten Abspaltung von Beteiligungen auf die Celanese AG entstand jedoch eine Grunderwerbsteuerpflicht. Die Hoechst AG übertrug der Celanese AG unter anderem Anteile an Personenhandelsgesellschaften, deren Vermögen inländische Grundstücke umfasst. Da bereits vor der Spaltung Kommanditanteile dieser Kommanditgesellschaften an operative Gesellschaften der Hoechst AG veräußert wurden, konnte das Eingreifen des § 1 Abs. 2a GrEStG durch die Anteilsveräußerung im Wege der Abspaltung nicht verhindert werden. Insgesamt wurden damit alle Anteile der jeweiligen Kommanditgesellschaften innerhalb von fünf Jahren zumindest ein Mal bewegt.[272]
Dies hatte eine Grunderwerbsteuerpflicht in Höhe von insgesamt € 21 Millionen zur Folge, die nach § 14 des Spaltungsvertrages auf die Hoechst AG und die Celanese AG

269 Koordinierter Ländererlass: Fin.Min. NRW, BStBl. I 1998, S. 925 (925 f.); Beckmann, GmbHR 1999, S. 217 (224).

270 Beckmann, GmbHR 1999, S. 217 (225).

271 Schreiben des BMF, BStBl. I 1998, S. 267 ff., Tz. 04.43; Sagasser/Fahrenberg, in: Sagasser/Bula/ Brünger, Umwandlungen, P Rn. 130; a.A. Hahn, DStZ 1998, S. 561 (565); Müller, Michael, DB 1997, S. 1433 (1434).

272 Auskunft von Dr. Müller-Dott vom 08.01.2002.

zu gleichen Teilen aufgeteilt wurde.[273] Die gezahlten Grunderwerbsteuern wurden als Betriebsausgaben angesetzt.[274]
Ob darüber hinaus bei der Übertragung 100%iger Beteiligungen auf die Celanese AG Grunderwerbsteuern anfielen, konnte nicht in Erfahrung gebracht werden.

3. Ergebnis

Neben der Ertragssteuer kann die Grunderwerbsteuer ein Spaltungsvorhaben erheblich belasten. Grunderwerbsteuer fällt unabhängig davon an, ob ein Grundstück direkt im Wege der Spaltung übertragen wird oder ob lediglich eine 100%ige Tochtergesellschaft mit Grundbesitz abgespalten wird. Selbst die mittelbare Anteilsvereinigung, bei der erst die Summe der Beteiligung der Muttergesellschaft und der Beteiligung einer 100%igen Tochtergesellschaft an einem Unternehmen den Erwerb einer 100%igen Beteiligung ergeben, führt zu einer Steuerpflicht nach dem GrEStG.
Grunderwerbsteuerbar sind auch konzerninterne Übertragungen von 100%igen Tochtergesellschaften mit Grundstücksbesitz soweit die Beteiligungskette nicht lediglich verkürzt wird.
Eine Besonderheit gilt bei der Veräußerung von Beteiligungen an Personengesellschaften. Danach tritt eine Grunderwerbsteuerpflicht bereits dann ein, wenn alle Anteile an der Personengesellschaft innerhalb von fünf Jahren den Inhaber gewechselt haben. Auf eine Anteilsvereinigung kommt es also nicht an.
Dieser letzte Steuertatbestand wurde auch bei der Spaltung der Hoechst AG verwirklicht, indem Anteile an Kommanditgesellschaften mit Grundbesitz abgespalten wurden. Da die übrigen Anteile innerhalb der letzten fünf Jahre bereits bewegt wurden, konnte die Grunderwerbsteuerpflicht aufgrund der Anteilsübertragung im Wege der Spaltung nicht mehr verhindert werden. Allerdings konnten die Spaltungsparteien die entstandenen Kosten als Betriebsausgaben bei der Ertragsteuer ansetzen.

III. Umsatzsteuer

1. Die Umsatzsteuer bei Spaltungsvorgängen

Grundsätzlich handelt es sich bei Unternehmensumwandlungen um umsatzsteuerbare Vorgänge, da Vermögensgegenstände entgeltlich übertragen werden (§ 1 Abs. 1 Nr. 1 S. 1 UStG). Umsatzsteuer fällt nach § 1 Abs. 1a UStG jedoch bei Geschäftsveräußerungen im Ganzen nicht an. Eine solche Geschäftsveräußerung liegt gemäß § 1 Abs. 1a S. 2 UStG vor, wenn ein Unternehmen oder ein in der Gliederung eines Unternehmens gesondert geführter Betrieb (Teilbetrieb) insgesamt entgeltlich oder unentgeltlich übereignet oder in eine Gesellschaft eingebracht wird. Dies setzt jedoch voraus, dass der Betrieb des Unternehmens ein für sich wirtschaftlich selbständiger und lebensfähiger Organismus ist, der unabhängig vom übrigen Geschäftsbetrieb des Veräußerers geführt wird und nach außen hin ein geschlossenes Wirtschaftsgebilde

273 Spaltungsbericht der Hoechst AG und der Celanese AG, IV 2.2.2., S. 80.
274 Auskunft von Dr. Müller-Dott vom 08.01.2002.

darstellt.[275] Liegen die einkommenssteuerlichen Voraussetzungen eines Teilbetriebs nach § 16 EStG vor, so ist auch umsatzsteuerrechtlich von einem gesondert geführten Betrieb auszugehen.[276] Daher nimmt die Finanzverwaltung, die zwischen den Voraussetzungen für einen Teilbetrieb im Sinn des § 15 UmwStG und § 16 EStG nicht unterscheidet, an, dass die Übertragung eines Teilbetriebs nach § 16 EStG oder § 15 UmwStG umsatzsteuerfrei ist. Die Übertragung von Einzelwirtschaftsgütern oder Vermögensgesamtheiten nach dem UmwG, die keinen Teilbetrieb darstellen, unterfällt jedoch der Umsatzsteuerpflicht.[277] Umsatzsteuerrechtlich ist die Übertragung eines originären Teilbetriebs im Sinn des § 15 Abs. 1 S. 1 UmwStG mit der eines fiktiven Teilbetriebs nach § 15 Abs. 1 S. 3 UmwStG gleichzusetzen, da nach § 4 Nr. 8e, f UStG Wertpapierumsätze oder Umsätze von Gesellschaftsanteilen ohnehin von der Umsatzsteuerpflicht ausgenommen sind.

Eine umsatzsteuerrechtlich nicht steuerbare Unternehmensübertragung hat zur Folge, dass der Erwerber nach § 1 Abs. 1a S. 3 UStG hinsichtlich des Umsatzsteuerrechts an die Stelle des Veräußerers tritt. Die mit der Umwandlung in Verbindung stehenden Kosten, wie etwa Beratungs- oder Notarkosten, können von der Vorsteuer nach § 15 Abs. 2 UStG abgezogen werden.[278]

2. Die Umsatzsteuer am Beispiel der Spaltung der Hoechst AG

Die Abspaltung der Vermögensteile auf die Celanese AG wurde nach Abstimmung mit der Finanzverwaltung in der Weise vorgenommen, dass ausschließlich Teilbetriebe übertragen wurden. Diese ertragssteuerliche Beurteilung setzt sich in der umsatzsteuerlichen Beurteilung nach Ansicht der Finanzverwaltung fort. Daher fielen bei der Spaltung der Hoechst AG gemäß § 1 Abs. 1a UStG keine Umsatzsteuern an.

3. Ergebnis

Bei einem Spaltungsvorhaben, das das Teilbetriebserfordernis hinsichtlich des übertragenen Vermögens erfüllt, fällt keine Umsatzsteuer an, da die Veräußerung von lebensfähigen Teilbetrieben im Vergleich zur Veräußerung von Einzelwirtschaftsgütern privilegiert ist.

B) Bilanzielle Auswirkungen der Spaltung

Eng verbunden mit den steuerlichen Auswirkungen einer Spaltung ist die Frage, welche Bilanzen wann erstellt werden müssen und ob Absetzungen für Abnutzung, Be-

---

275 BFH, BStBl. III 1967, S. 161 (162); BFH, BStBl. II 1993, S. 700 (701 f.); Abschn. 5 III S. 2 UStR 2000.

276 Abschn. 5 III S. 3 UStR 2000; Benkert, in: Haritz/Benkert, Einf. UmwStG Rn. 423; Zeuner, in: Bunjes/Geist, § 1 UStG Rn. 12A; Wegener, Spaltung, S. 355.

277 Ballreich, Fallkommentar, S. 228 f.; Benkert, in: Haritz/Benkert, Einf. UmwStG 427, Sagasser/ Fahrenberg, in: Sagasser/Bula/Brünger, Umwandlungen, P Rn. 129.

278 Benkert, in: Haritz/Benkert, Einf. UmwStG Rn. 425; Wegener Spaltung, S. 355.

wertungsabschläge und sonstige Sonderabschreibungen hinsichtlich des übertragenen Vermögens auf den übernehmenden Rechtsträger übergehen können.

I. Handelsbilanz

Der übertragende Rechtsträger muss nach §§ 125 S. 1, 17 Abs. 2 UmwG eine Schlussbilanz nach den Vorschriften der Jahresbilanz erstellen. Diese muss er der Anmeldung der Spaltung zum Handelsregister beifügen.[279]

Der Stichtag dieser Handelsbilanz darf höchstens acht Monate vor der Anmeldung zum Handelsregister liegen, §§ 125 S. 1, 17 Abs. 2 S. 4 UmwG. Die handelsrechtliche Schlussbilanz umfasst das gesamte Vermögen des übertragenden Rechtsträgers und weist die fortgeführten Buchwerte aus.[280]

Bei der Aufstellung der Handelsbilanz der aufnehmenden Gesellschaft besteht dagegen nach §§ 125 S. 1, 24 UmwG ein Wahlrecht zum Ansatz eines im Vergleich zum Buchwert höheren Wertes. Auf diese Weise kann das Entstehen eines Übernahmegewinns oder –verlusts[281] verhindert werden.[282]

II. Steuerbilanz

Daneben muss eine Steuerbilanz des übertragenden Rechtsträgers nach § 15 Abs. 2 UmwStG auf den Stichtag der Schlussbilanz (§ 17 Abs. 2 UmwG) aufgestellt werden. Eine gesonderte Steuerbilanz nach § 15 Abs. 2 UmwStG muss nur dann aufgestellt werden, wenn der steuerrechtliche Übertragungsstichtag mit dem Spaltungsstichtag nicht übereinstimmt, da die Steuerbilanz nach § 15 Abs. 2 UmwStG die Gliederung des verwendbaren Eigenkapitals aufzeigen soll[283] und bei Identität der Stichtage ohnehin eine Steuerbilanz im Rahmen der allgemeinen Steuerpflicht aufgestellt werden muss.[284] Eine gesonderte Steuerbilanz ist insbesondere dann erforderlich, wenn die Buchwertfortführung hinsichtlich des zu übertragenden Vermögens nach §§ 15 Abs. 1, 11 Abs. 1 UmwStG unzulässig ist.[285]

---

279 Nach OLG Jena, NZG 2003, S. 43 f. kann die Schlussbilanz auch noch nachgereicht werden.

280 Bermel, in: Goutier/Knopf/Tulloch, § 17 UmwG Rn. 20 ff.; Dehmer, § 17 UmwG, Rn. 18; Haritz, in: Haritz/Benkert, § 15 UmwStG Rn. 65; Hartmann, Spaltung nach UmwStG, S. 102.

281 Vgl. zu Übernahmegewinn und Übernahmeverlust: oben I. 2.

282 Hartmann, Spaltung nach UmwStG, S. 102.

283 BT-Drucks. 12/6885, zu § 15, S. 24.

284 Dötsch, Umwandlungssteuerrecht, Rn. 578; Haritz, in: Haritz/Benkert, § 15 UmwStG Rn. 67.

285 Zu den bilanziellen Folgen der §§ 15, 11 UmwStG auf der einen Seite und §§ 125 S. 1, 24 UmwG auf der anderen Seite: Haritz, in: Haritz/Benkert, § 15 UmwStG Rn. 68; Hartmann, Spaltung nach UmwStG, S. 104; Herzig, in: Neues Umwandlungssteuerrecht, S. 35; Sagasser/Pfaar, in: Sagasser/Bula/Brünger, Umwandlungen, L Rn. 14; die in den unterschiedlichen Wirkungen der Vorschriften des UmwStG und des UmwG eine Durchbrechung des Maßgeblichkeitsgrundsatzes der Handelsbilanz für die Steuerbilanz sehen; a.A. Schreiben des BMF, BStBl. I 1998, S. 267 ff., 15.12., in dem entgegen des Wortlauts des § 11 UmwStG von einer Koppelung der Steuerbilanz an die Handelsbilanz ausgegangen wird.

Falls das doppelte Teilbetriebserfordernis erfüllt wird, kann die übernehmende Körperschaft die Werte aus der steuerlichen Schlussbilanz des übertragenden Rechtsträgers nach §§ 15 Abs. 1, 12 Abs. 1, 4 Abs. 1 UmwStG fortsetzen.[286] Eine spezielle steuerliche Übernahmebilanz wird gesetzlich nicht verlangt. Der aufnehmende Rechtsträger bilanziert die übernommenen Wirtschaftsgüter erst in der auf die Spaltung folgenden steuerlichen Jahresbilanz.[287] Dabei tritt der übernehmende Rechtsträger in die steuerrechtliche Rechtsstellung der übertragenden Gesellschaft ein. Absetzungen für Abnutzung, Sonderabschreibungen, Bewertungsabschläge und andere steuerliche Erleichterungen bezüglich der übertragenen Wirtschaftsgüter werden von dem übernehmenden Rechtsträger fortgeführt, §§ 15 Abs. 1, 12 Abs. 3 S. 1 UmwStG.

III. Aufteilung des verwendbaren Eigenkapitals

Das verwendbare Eigenkapital des übertragenden Rechtsträgers musste nach der Rechtslage zum Zeitpunkt der Spaltung der Hoechst AG nach dem Aufteilungsschlüssel gemäß § 38a KStG a.F. verteilt werden.[288] Der Aufteilungsschlüssel richtete sich regelmäßig nach dem Umtauschverhältnis der Anteile im Spaltungsvertrag.

IV. Bilanzielle Auswirkungen bei der Spaltung der Hoechst AG

Die Hoechst AG hat nach §§ 125 S. 1, 17 Abs. 2 UmwG eine Schlussbilanz zum 01.01.1999 erstellt. Diese Handelsbilanz diente nicht zugleich als steuerrechtliche Übertragungsbilanz, obwohl Spaltungsstichtag und steuerlicher Übertragungsstichtag nach § 2 Abs. 1 UmwStG jeweils auf den 01.01.1999 festgesetzt wurden (§ 13 des Spaltungsvertrages). Eine eigene steuerrechtliche Übertragungsbilanz war notwendig, weil eine ertragsteuerneutrale Spaltung nicht möglich war. Während die Handelsbilanz daher die Buchwerte fortführen konnte, musste die Steuerbilanz jedenfalls für die übertragenen Vermögensteile die stillen Reserven durch Einstellen der Teilwerte aufdecken und versteuern.

Die Celanese AG konnte die steuerliche Rechtsposition der Hoechst AG hinsichtlich der abgespaltenen Vermögensteile und damit die in der steuerlichen Übertragungsbilanz festgelegten Verkehrswerte übernehmen, weil das doppelte Teilbetriebserfordernis des § 15 Abs. 1 UmwStG erfüllt wurde. Mit dem Eintritt in die steuerrechtliche Rechtsposition der Hoechst AG konnte die Celanese AG auch Absetzungen für Abnutzung, Sonderabschreibungen und andere steuerliche Bewertungen fortsetzen. Für

---

286 Haritz, in: Haritz/Benkert, § 15 UmwStG Rn. 177; Sagasser/Fahrenberg, in: Sagasser/Bula/Brünger, Umwandlungen, P Rn. 48.

287 Dehmer, § 15 UmwStG Rn. 264 ff.; Sagasser/Fahrenberg, in: Sagasser/Bula/Brünger, Umwandlungen, P Rn. 48.

288 Mit dem Wechsel vom Anrechnungsverfahren zum Halbeinkünfteverfahren im Rahmen des StSenkG entfällt die Notwendigkeit, das verwendbare Eigenkapital nach § 38a KStG aufzuteilen (vgl. auch: Pricewaterhouse Coopers, Unternehmenssteuerreform 2001, S. 210; ausf. Pung, DB 2000, S. 1835 (1838)).

die Celanese AG war die Abspaltung darüber hinaus ertragsteuerneutral, da steuerpflichtige Übernahme- oder Aufwertungsgewinne nicht realisiert wurden.[289]
Da beide an der Spaltung beteiligten Rechtsträger unbeschränkt steuerpflichtige Körperschaften waren (1 Abs. 1 Nr. 1 KStG), musste das für Ausschüttungen verwendbare Eigenkapital der Hoechst AG aufgeteilt werden. Das Umtauschverhältnis von 1 zu 10 konnte nicht als Aufteilungsmaßstab dienen, da es nicht auf einer Unternehmensbewertung beruhte.[290] Nach Abstimmung mit den Finanzbehörden wurde deshalb das Verhältnis der Börsenwerte beider Gesellschaften als Ausdruck des Verhältnisses der tatsächlichen Werte[291] herangezogen. Damit entfiel eine komplizierte und kostspielige Einzelbewertung der an der Spaltung beteiligten Rechtsträger.

C) Spaltungsbegleitende Maßnahmen

Ein Spaltungsvorhaben beschränkt sich regelmäßig nicht auf die reine Durchführung der Abspaltung von Vermögensteilen. Vielmehr müssen weitere Maßnahmen ergriffen werden, um sicherzustellen, dass die Vermögensübertragung bilanziell ausgeglichen ist. Deshalb sind häufig kapitaländernde Maßnahmen seitens übernehmenden oder übertragenden Rechtsträgers vorzunehmen. So muss der übernehmende Rechtsträger zur Kapitalbeschaffung im Regelfall eine Kapitalerhöhung vornehmen. Bei der übertragenden Gesellschaft kann dagegen eine Kapitalherabsetzung notwendig werden. Schließlich sind die Vorschriften über die Nachgründung von Aktiengesellschaften (§§ 125 S. 1, 67 UmwG, 52 Abs. 3, Abs. 4, Abs. 7 bis Abs. 9 AktG) zu beachten, wenn der Spaltungsvertrag innerhalb von zwei Jahren nach der Eintragung der übernehmenden Aktiengesellschaft abgeschlossen wurde.
Neben den vorgenannten Kapitalmaßnahmen müssen die an der Spaltung beteiligten Rechtsträger seit 01.04.2002 jeden Arbeitnehmer, der von einem im Rahmen der Spaltung stattfindenden Betriebsübergang betroffen ist, nach Maßgabe des § 613a Abs. 5 BGB informieren.

I. Die Kapitalerhöhung beim übernehmenden Rechtsträger

Im Gegenzug für das von dem übertragenden Rechtsträger abzuspaltende Vermögen muss die übernehmende Gesellschaft den Anteilsinhabern der übertragenden Gesellschaft Anteile gewähren, § 123 Abs. 2 UmwG. Bare Zuzahlungen sind nur als Ergän-

289 Spaltungsbericht der Hoechst AG und der Celanese AG, IV.2.3., S. 80.

290 Spaltungsbericht der Hoechst AG und der Celanese AG, IV.2.2.1., S. 79 f.; Auskunft von Dr. Müller-Dott vom 08.01.2002.

291 Für das Steuerrecht legt bereits § 11 Abs. 1 BewG fest, dass der Wert von Wertpapieren anhand des Börsenwertes festgestellt werden kann. Vgl. zur Möglichkeit, den Unternehmenswert anhand des Börsenwertes zu ermitteln: Teil 4 A) III a) bb); insbes. Luttermann, ZIP 1999 S. 45 (50), der feststellt, dass für die Ermittlung von Einkommens- und Körperschaftssteuer der Marktpreis ausschlaggebend ist, der sich im Börsenkurs wiederfindet; Rodloff, DB 1999, S. 1149 (1150), der den Börsenkurs als ideales Mittel zur Feststellung des Verkehrswertes bezeichnet.

zung, nicht dagegen als Ersatz für eine Anteilsübertragung zulässig.[292] Regelmäßig muss der übernehmende Rechtsträger zur Bereitstellung der Gegenleistung zunächst Anteile im Wege einer Kapitalerhöhung schaffen, da eine ausreichende Zahl auskehrbarer Anteile bei der übernehmenden Gesellschaft selten zur Verfügung steht.
Der Umfang der Kapitalerhöhung des übernehmenden Rechtsträgers ist durch den Wert des abzuspaltenden Vermögens begrenzt.[293] Eine Kapitalerhöhung ist nach §§ 125 S. 1, 68 Abs. 1 S. 2 UmwG möglich aber nicht notwendig, wenn der übernehmende Rechtsträger eigene Anteile inne hat oder die übertragende Gesellschaft voll eingezahlte Anteile der übernehmenden Gesellschaft hält und diese an die übernehmende Gesellschaft abspaltet. Die übernehmende Gesellschaft kann die damit erworbenen eigenen Aktien den Anteilsinhaber des übertragenden Rechtsträgers als Gegenleistung zuleiten.[294] Werden die Anteile nicht weitergeleitet, so muss die übernehmende Gesellschaft nach § 272 Abs. 4 S. 1 HGB eine Rücklage bilden und bei Überschreiten der 10%-Grenze für eigene Anteile (§§ 71c Abs. 2 AktG) Aktien veräußern.[295]
Die übernehmende Gesellschaft kann auch bereits vorhandenes genehmigtes Kapital (§§ 202-206 AktG) als Gegenleistung für das abzuspaltende Vermögen verwenden, soweit die Ermächtigung nach § 205 Abs. 1 AktG die Ausgabe gegen Sacheinlage zulässt. Eine Ermächtigung speziell zur Sacheinlage durch Verschmelzung oder Spaltung ist aber nicht notwendig.[296] Dient das genehmigte Kapital der Durchführung einer Umwandlung, so gelten die Erleichterungen des § 69 Abs. 1 S. 2 UmwG sowie §§ 202-206 AktG.
Die Umwandlung mit Hilfe bedingter Kapitalerhöhung scheidet dagegen aus praktischer Sicht aus, da die Pflicht zur Offenlegung der Verwendung nach § 193 Abs. 2 AktG der Öffentlichkeit zu früh Kenntnis von dem Vorhaben verschafft.[297]

292 Kallmeyer, in: Kallmeyer, § 123 UmwG Rn. 2; Schöne, Spaltung GmbH, S. 125; für das Verschmelzungsrecht: Dehmer, § 2 UmwG Rn. 14 f.; Lutter, in: Lutter, § 2 Rn. 22; Stratz, in: Schmitt/Hörtnagl/Stratz, § 2 UmwG Rn. 14 f.

293 Für das GmbH-Verschmelzungsrecht: Dehmer, § 55 UmwG Rn. 15; Kallmeyer, in: Kallmeyer, § 55 UmwG Rn. 3; Mayer, in: Widmann/Mayer, UmwG, § 55 Rn. 60; Sagasser/Ködderitzsch, in: Sagasser/Bula/Brünger, Umwandlungen, J Rn. 131; Stratz, in: Schmitt/Hörtnagl/Stratz, § 55 UmwG Rn. 15.

294 Für das Verschmelzungsrecht: Bermel, in: Goutier/Knopf/Tulloch, § 68 UmwG Rn. 10; Marsch-Barner, in: Kallmeyer, § 68 UmwG Rn. 13; für das alte Recht: Grunewald, in: Geßler/Hefermehl/ Eckardt/Kropff, § 344 AktG, Rn. 11; Kraft, in: Kölner Kommentar, § 344 AktG Rn. 9; zur entsprechenden Vorschrift für die Kapitalerhöhung bei der GmbH: Winter, in: Lutter, § 54 UmwG Rn. 13; a.A.: Lutter, in: Kölner Kommentar, § 71 AktG Rn. 64; § 183 AktG Rn. 34, der von einer Weiterleitungspflicht ausgeht.

295 Zum Verschmelzungsrecht: Bermel, in: Goutier/Knopf/Tulloch, § 68 UmwG Rn. 10; Marsch-Barner, in: Kallmeyer, § 68 UmwG Rn. 13.

296 Zum Verschmelzungsrecht: Bermel, in: Goutier/Knopf/Tulloch, § 69 UmwG Rn. 32; Marsch-Barner, in: Kallmeyer, § 69 UmwG Rn. 14; Grunewald, in: Lutter, § 69 UmwG Rn. 23; Rieger, in: Widmann/Mayer, § 69 UmwG Rn. 52 f.

297 Zum Verschmelzungsrecht: Grunewald, in: Lutter, § 69 UmwG Rn. 24; Bermel, in: Goutier/Knopf/ Tulloch, § 69 UmwG Rn. 33; Rieger, in: Widmann/Mayer, § 69 UmwG Rn 49.

1. Das Kapitalerhöhungsverbot nach §§ 125 S. 1, 68 Abs. 1 UmwG

In den in §§ 125 S. 1, 68 Abs. 1 S. 1 UmwG genannten Fällen ist eine Kapitalerhöhung des übernehmenden Rechtsträgers bei Auf- und Abspaltung unzulässig. §§ 125 S. 1, 68 Abs. 1 S. 1 Nr. 1 und Nr. 2 UmwG wollen verhindern, dass der übernehmende Rechtsträger durch die Kapitalerhöhung im Zusammenhang mit der Spaltung eigene Aktien erwirbt.[298] Bei der Ab- oder Aufspaltung „up stream"[299] ist eine Kapitalerhöhung unzulässig, da sich der übernehmende Rechtsträger als 100%ige Muttergesellschaft die neu geschaffenen Anteile selbst gewähren müsste. Dadurch würden unmittelbar durch die Spaltung eigene Anteile der Muttergesellschaft geschaffen.
Hält der übertragende Rechtsträger eigene Anteile, so erhält er trotz seiner Stellung als Anteilsinhaber keine Anteile am übernehmenden Rechtsträger, § 131 Abs. 1 Nr. 3 S. 1 2. Hs. 2. Alt. UmwG. Anders als bei Verschmelzung und Aufspaltung erlöschen die eigenen Anteile des übertragenden Rechtsträgers bei der Abspaltung allerdings nicht automatisch, da der übertragende Rechtsträger fortbesteht. Es verringert sich lediglich der Wert der Anteile.[300] Schließlich verbietet §§ 125 S. 1, 68 Abs. 1 Nr. 3 UmwG die Kapitalerhöhung, wenn ein übertragender Rechtsträger Anteile an der übernehmenden Gesellschaft hält, auf deren Ausgabebetrag nicht voll geleistet wurde. Ein Verstoß gegen die genannten Kapitalerhöhungsverbote führt zur Ablehnung der Eintragung seitens des Registerrichters.[301]

2. Das Verfahren bei einer spaltungsbegründeten Kapitalerhöhung

Die Kapitalerhöhung des übernehmenden Rechtsträgers richtet sich bei gleichzeitiger Spaltung des übertragenden Rechtsträgers nach §§ 125 S. 1, 66-69 UmwG und erfährt eine Vereinfachung des Verfahrens, indem §§ 125 S. 1, 69 UmwG bestimmte Normen der im Aktiengesetz geregelten Kapitalerhöhung für nicht anwendbar erklärt. Die Verfahrensvereinfachung ist darin zu sehen, dass auf den Spaltungsvertrag, der Zweck und Umfang der Kapitalerhöhung beschreibt, Bezug genommen werden kann. Die Empfänger der neuen Anteile sind ebenfalls bereits im Spaltungsvertrag genannt.
Wie bei einer gewöhnlichen Kapitalerhöhung muss gemäß §§ 124 Abs. 2 S. 2, 23 Abs. 3 Nr. 3 AktG die Bekanntmachung der Tagesordnung zur Beschlussfassung den Wortlaut der Satzungsänderung und damit insbesondere Grundkapital, Erhöhungsbetrag, Zahl der neuen Aktien, Nennbetrag, Ausgabebetrag, Gattung und Art der Anteile sowie den ausdrücklichen Hinweis auf den Gegenstand der Sacheinlage (§ 183 Abs. 1 AktG) enthalten.
In diesem Zusammenhang ist ein Sonderproblem zu beachten, das in der Praxis häufig auftritt. Der Umfang der Kapitalerhöhung des übernehmenden Rechtsträgers ergibt

---

298 BT-Drucks. 12/6699, zu § 20, S. 91.

299 Zum Begriff der „up stream" Spaltung: Teil 2 B) II 2 b.

300 Kallmeyer, in: Kallmeyer, § 131 UmwG Rn. 10, 12; ebenso: Bungert/Hentzen, DB 1999, S. 2501 (2501).

301 Zum Streit, ob ein Verstoß gegen das Kapitalerhöhungsverbot zur Nichtigkeit oder zur Anfechtbarkeit des Hauptversammlungsbeschlusses führt: Dehmer, § 54 UmwG Rn. 22 ff.; Marsch-Barner, in: Kallmeyer, § 68 UmwG Rn. 16; Rieger, in: Widmann/Mayer, § 68 UmwG Rn. 51 ff.; Stratz, in: Schmitt/Hörtnagl/Stratz, § 54 UmwG Rn. 22 ff.

sich aus dem im Spaltungsvertrag vereinbarten Umtauschverhältnis und der Anzahl der Anteile des übertragenden Rechtsträgers. Kauft der übertragende Rechtsträger vor der Spaltung eigene Anteile zurück, so verringert sich damit auch die Zahl der vom übernehmenden Rechtsträger an die Anteilsinhaber des übertragenden Rechtsträgers zu gewährenden Anteile, da der übertragende Rechtsträger für eigene Anteile keine Gegenleistung vom übernehmenden Rechtsträger erhält (§ 131 Abs. 1 Nr. 3 S. 1, 2.HS, 2.Alt. UmwG). Damit soll die Gefährdung des Eigenkapitals des übernehmenden Rechtsträgers verhindert werden.[302] Folge dieses Anteilsgewährungsverbotes ist die Beeinflussung des Umfangs der Kapitalerhöhung durch ein laufendes Aktienrückkaufprogramm. Je mehr eigene Aktien vom übertragenden Rechtsträger aufgekauft werden, um so geringer fällt die Kapitalerhöhung aus. Dies bedeutet gleichzeitig, dass der Betrag der Kapitalerhöhung bei einem laufenden Aktienrückkaufprogramm im Zeitpunkt des Beschlusses der Hauptversammlung über das Spaltungsvorhaben noch nicht feststeht. Will der übertragende Rechtsträger das Aktienrückkaufprogramm nicht bis zur Beschlussfassung oder bis zur Beurkundung des Spaltungsvertrages abschließen, so bleibt nur die Möglichkeit, die Angaben im Spaltungsvertrag über die Kapitalerhöhung variabel auszugestalten. Dies kann durch die Bestimmung eines Höchstbetrags für die Kapitalerhöhung im Spaltungsvertrag geschehen.[303] Die Kapitalerhöhung wird dann nach Maßgabe des Spaltungsvertrages zusammen mit dem Spaltungsvorhaben von der Hauptversammlung beschlossen. Da der endgültige Umfang einer Kapitalerhöhung mit Höchstbetrag nicht im Ermessen der Verwaltung stehen darf, sollte die schließlich durchzuführende Kapitalerhöhung an die Anzahl der als Gegenleistung auszugebenden Anteile gekoppelt werden.[304] Dadurch, dass die übertragende und nicht die übernehmende Gesellschaft das Aktienrückkaufprogramm durchführt, wird dem Vorstand des übernehmenden Rechtsträgers der Einfluss auf die Höhe der Kapitalerhöhung genommen. Es reicht dann aus, wenn das Aktienrückkaufprogramm kurz vor der Eintragung der Kapitalerhöhung abgeschlossen ist und vor der Eintragung der genaue Betrag der Kapitalerhöhung feststeht.[305]

Die Acht-Monats-Frist des §§ 125 S. 1, 17 Abs. 2 S. 1 UmwG wird nicht dadurch verletzt, dass der endgültige Umfang der Kapitalerhöhung im Zeitpunkt der Anmeldung der Spaltung noch nicht feststeht, da die Frist mit der Anmeldung von Schlussbilanz, Umwandlungsvertrag und Umwandlungsbeschlüssen eingehalten wird. Die Vollständigkeit aller Unterlagen ist nicht Voraussetzung für die Einhaltung der Frist des § 17 Abs. 2 S. 1 UmwG.[306] Da Registergerichte und Beschwerdeinstanzen bei der Frage, ob

302 BT-Drucks. 12/6699, zu § 20, S. 91.

303 Die Kapitalerhöhung mit Höchstbetrag wird allgemein als zulässig erachtet. Vgl. anstatt aller: Hüffer, § 182 AktG Rn. 12; Lutter, in: Kölner Kommentar, § 182 AktG Rn. 17. Zur Alternative eines genehmigten oder bedingten Kapitals in diesem Fall: Bungert/Hentzen, DB 1999, S. 2501 (2502); Stratz, in: Schmitt/Hörtnagl/Stratz, § 69 UmwG Rn. 26.

304 Bungert/Hentzen, DB 1999, S. 2501 (2502).

305 Bungert/Hentzen, DB 1999, S. 2501 (2504).

306 Zum Verschmelzungsrecht: LG Frankfurt, GmbHR 1998, S. 380 (381), wenn die Heilung kurzfristig nach der Anmeldung erfolgt; Bermel, in: Goutier/Knopf/Tulloch, § 17 UmwG Rn. 12; Bork, in: Lutter, § 17 UmwG Rn. 6; Bungert/Hentzen, DB 1999, S. 2501 (2503); Germann, GmbHR 1999, S. 591 (592 f.); Heckschen, DB 1998, S. 1385 (1393); Widmann, in:

die Unterlagen im Zeitpunkt der Anmeldung bereits vollständig vorliegen müssen, zum Teil sehr streng sind, sollte darauf geachtet werden, dass das Aktienrückkaufprogramm bereits zum Zeitpunkt der Anmeldung von Kapitalerhöhung und Spaltung abgeschlossen ist.
Ein laufendes Aktienrückkaufprogramm kann außerdem Auswirkungen auf die Sacheinlageprüfung nach §§ 142, 69 UmwG, 183 Abs. 3 AktG haben. In dem Sacheinlageprüfungsbericht muss erklärt werden, dass der Wert des abzuspaltenden Vermögens den Gesamtnennwert der neu zu schaffenden Aktien bei einer Kapitalerhöhung im Umfang des Höchstbetrages abdeckt.[307]
Das übrige Verfahren bei der spaltungsbedingten Kapitalerhöhung bereitet keine speziellen Probleme. Die Hauptversammlung muss den Beschluss mit mindestens Dreiviertelmehrheit der stimmberechtigten Anteilsinhaber bei Anwesenheit der einfachen Stimmenmehrheit fassen (§§ 182 Abs. 1 S. 1, 133 Abs. 1 AktG). Bei mehreren Aktiengattungen muss nach § 182 Abs. 2 S. 1 AktG jede Gattung der Kapitalerhöhung zustimmen.
Da die neu geschaffenen Anteile als Gegenleistung für das zu übertragende Vermögen dienen und diese Vermögen eine Sacheinlage darstellt, sind die §§ 183, 194, 205 AktG zu beachten.
Eine Prüfung der Sacheinlagen entfällt anders als in bestimmten Fällen der Verschmelzung (§ 69 Abs. 1 S. 1 2.HS UmwG) gemäß §§ 69, 142 Abs. 1 UmwG bei einer Spaltung nicht, da die Gefahr der Übertragung nicht ausreichender Vermögenswerte größer ist als bei einer Verschmelzung des gesamten Vermögens.[308] Mit der Sacheinlageprüfung wird gewährleistet, dass die Kapitalerhöhung mindestens durch den tatsächlichen Wert unter Einbeziehung des Firmen- und Geschäftswertes des zu übertragenden Vermögens gedeckt ist.[309] Andernfalls wäre die Sacheinlage nicht vollständig bewirkt, was zu einer unzulässigen Unter-pari-Emission (§ 9 Abs. 1 AktG) führen würde. In einem solchen Fall ist die Überschuldung des übertragenden Rechtsträgers zunächst im Wege einer sanierenden Kapitalherabsetzung mit anschließender Kapitalerhöhung oder mithilfe freiwilliger Zuschüsse der Gesellschafter in dem Maß abzubauen, dass der Wert des abzuspaltenden Vermögens dem Nennbetrag der Kapitalerhöhung entspricht.[310]

Widmann/Mayer, § 24 UmwG Rn. 68; Zimmermann, in: Kallmeyer, § 17 UmwG Rn. 7 f.; a.A. KG, NJW-RR 1999, S. 186 (187 f.); AG Duisburg GmbHR 1996, S. 372 (372), mit der Begründung, dass sich die Registereintragung zügig an die Anmeldung anschließen und die Schlussbilanz eine gewisse Aktualität haben soll.

307 Vgl. auch: Bungert/Hentzen, DB 1999, S. 2501 (2504).

308 BT-Drucks. 12/6699, zu § 142, S. 126; Petersen, Gläubigerschutz, S. 303, der darauf hinweist, dass durch die Sacheinlageprüfung verhindert werden soll, dass stille Reserven auf den übernehmenden Rechtsträger verschoben werden und dadurch die Kapitalausstattung des übertragenden Rechtsträgers gefährdet wird; Rieger, in: Widmann/Mayer, § 142 UmwG Rn. 8.

309 Zum GmbH-Verschmelzungsrecht: Dehmer, § 55 UmwG Rn. 16; Mayer, in: Widmann/Mayer, UmwG, § 55 Rn. 83.7; Sagasser/Ködderitzsch, in: Sagasser/Bula/Brünger, Umwandlungen, J Rn. 131; Stratz, in: Schmitt/Hörtnagl/Stratz, § 55 UmwG Rn. 16.

310 Zum GmbH-Verschmelzungsrecht: Dehmer, § 55 UmwG Rn. 26, 30; Mayer, in: Widmann/Mayer, UmwG, § 55 Rn. 83.8 ff.; Sagasser/Ködderitzsch, in: Sagasser/Bula/Brünger, Umwandlungen, J Rn. 131; Stratz, in: Schmitt/Hörtnagl/Stratz, § 55 UmwG Rn. 26, 30.

Der Prüfungsbericht ist dem Vorstand zu übergeben und beim Registergericht nach §§ 142 Abs. 1 UmwG, 183 Abs. 3, 34 Abs. 2, Abs. 3 AktG einzureichen. Außerdem muss gemäß § 142 Abs. 2 UmwG in dem Spaltungsbericht auf die Sacheinlageprüfung unter Angabe des zuständigen Handelsregisters hingewiesen werden, ohne dass eine Pflicht zur Erläuterung oder Besprechung der Einlageprüfung im Sachbericht bestünde.[311] Der Einlageprüfer wird vom Amtsgericht am Sitz der übernehmenden Gesellschaft (§§ 183 Abs. 3, 33 Abs. 3 AktG) bestellt. Er prüft, ob der Wert der abzuspaltenden Vermögensgegenstände dem Nennbetrag der Aktien entspricht, die den Anteilsinhabern der übertragenden Gesellschaft als Gegenleistung gewährt werden sollen. Eine Pflicht zur Auslage des Sacheinlageprüfungsberichts in den Geschäftsräumen des übernehmenden Rechtsträgers besteht nicht.[312] Dennoch ist eine Auslegung aufgrund des Auskunftsrechtes der Aktionäre nach § 131 AktG zu empfehlen, wenn der übernehmende Rechtsträger nicht lediglich eine 100%ige Tochtergesellschaft des übertragenden Rechtsträgers ist.

3. Inhaltliche Anforderungen an eine umwandlungsbedingte Kapitalerhöhung

Der Hauptversammlungsbeschluss beinhaltet den Erhöhungsbetrag als Höchstbetrag, den Nennbetrag der neuen Aktien, die Aktienart, Gegenstand der Sacheinlage sowie die Person des Inferenten, § 183 Abs. 1 S. 1 AktG. Grundsätzlich entspricht der Ausgabebetrag der neuen Aktien im Fall der Ausgabe von Nennbetragsaktien dem Nennbetrag.[313]

Sind die Anteile des Rechtsträgers in Form von Stückaktien (§ 8 Abs. 3 AktG) ausgegeben, so sind die jungen Aktien notwendig Stückaktien. Der durch die einzelne Stückaktie repräsentierte Betrag ist im Kapitalerhöhungsbeschluss nicht anzugeben, da sich der Umfang der Mitgliedschaft aus Kapitalhöhe und Aktienzahl von selbst ergib, § 8 Abs. 3 S. 2 AktG. Die Anzahl der jungen Aktien ist dagegen nach §§ 125 S. 1, 69 Abs. 1 S. 1 1.Halbsatz UmwG, 182 Abs. 1 S. 5 AktG im Erhöhungsbeschluss aufzuführen, da sich diese Zahl im selben Verhältnis wie das Grundkapital erhöhen muss.

Wird, was bei der umwandlungsbedingten Kapitalerhöhung selten vorkommen wird, ein höherer Ausgabebetrag als der Nennbetrag oder bei Stückaktien als der anteilige Betrag des Grundkapitals festgelegt, so ist die übersteigende Summe (Agio) nach §§ 9 Abs. 2 AktG, 272 Abs. 2 Nr. 1 HGB als Kapitalrücklage einzustellen, auch wenn der Ausgabebetrag nicht förmlich festgestellt wird.[314]

311 BT-Drucks. 12/6699, zu § 142, S. 126; Dehmer, § 142 UmwG, Rn. 1; Hörtnagl, in: Schmitt/Hörtnagl/ Stratz, § 142 UmwG Rn. 2; Hommelhoff, in: Lutter, § 142 UmwG Rn. 10; Kallmeyer, in: Kallmeyer, § 142 UmwG Rn. 2; für das Verschmelzungsrecht: Rieger, in: Widmann/Mayer, § 69 UmwG Rn. 11.

312 Hommelhoff, in: Lutter, § 142 UmwG Rn. 11

313 Zum Verschmelzungsrecht: Marsch-Barner, in: Kallmeyer, § 69 UmwG Rn. 17.

314 Zum Verschmelzungsrecht: Dehmer, § 69 UmwG, Rn. 21; Bermel, in: Goutier/Knopf/Tulloch, § 69 UmwG Rn. 19; Grunewald, in: Lutter, § 69 UmwG Rn. 7; Marsch-Barner, in: Kallmeyer, § 69 UmwG Rn. 17; Rieger, in: Widmann/Mayer, § 69 UmwG Rn. 18; Stratz, in: Schmitt/Hörtnagl/Stratz, § 69 UmwG Rn. 21.

Bei der Kapitalerhöhung im Zusammenhang mit einer Umwandlung sind nach §§ 125 S. 1, 69 Abs. 1 S. 1 UmwG gewisse Vorschriften des Aktienrechts nicht zu beachten.
So ist die spaltungsbedingte Kapitalerhöhung nicht durch noch ausstehende Einlagen auf das bisherige Grundkapital ausgeschlossen. Insoweit entfallen auch Angaben über noch ausstehende Einlagen nach § 184 Abs. 2 AktG. Auch die Vorschrift über die Zeichnung neuer Aktien (§ 185 AktG) ist nicht anzuwenden, da die Anteilseigner der übertragenden Gesellschaft mit Wirksamwerden der Spaltung per Gesetz nach den jeweiligen Bestimmungen des Umwandlungsvertrages Anteilsinhaber der übernehmenden Gesellschaft werden.[315] Der Ausschluss des Bezugsrechts von Altaktionären nach §§ 125 S. 1, 69 Abs. 1 S. 1 UmwG, 186 AktG ist damit zu begründen, dass eine Anteilsgewährungspflicht nur gegenüber den Aktionären der übertragenden Gesellschaft besteht.[316] Die Anteilsgewährung und den damit verbundenen Bezugsrechtsausschluss haben die Altaktionäre des übernehmenden Rechtsträgers durch Zustimmung zur Spaltung auch selbst beschlossen.[317]
Eine weitere Besonderheit der Kapitalerhöhung bei gleichzeitiger Umwandlung liegt darin, dass eine tatsächliche Leistung der Einlage aufgrund des automatischen Vermögensübergangs kraft partieller Gesamtrechtsnachfolge entgegen §§ 36 Abs. 2, 36a, 37 Abs. 1 AktG nicht erforderlich ist.[318]

4. Die Registereintragung der spaltungsbegründeten Kapitalerhöhung

Sowohl der Kapitalerhöhungsbeschluss wie auch die Durchführung der Kapitalerhöhung sind zur Eintragung in das Handelsregister anzumelden (§§ 188 Abs. 1, 188 Abs. 4 AktG). Beide Anmeldungen können zusammen mit der Anmeldung der Satzungsänderung und der Spaltung erfolgen.[319] Einzureichen sind die Niederschriften über die Hauptversammlung mit dem Kapitalerhöhungsbeschluss, die Niederschriften über die Spaltungsbeschlüsse in zumindest öffentlich beglaubigter Abschrift, der Spaltungsvertrag (§§ 125 S. 1, 69 Abs. 2 UmwG), die Zusammenstellung der Kosten der Kapitalerhöhung (§ 188 Abs. 3 Nr. 3 AktG) und der Sacheinlageprüfungsbericht (§§ 142 Abs. 1 UmwG, 183 Abs. 3, 34 Abs. 3 AktG).

---

315 Zum Verschmelzungsrecht: Bayer, WM 1989, S. 121 (123); Bermel, in: Goutier/Knopf/Tulloch, § 69 UmwG Rn. 6; Grunewald, in: Lutter, § 69 UmwG Rn. 15; Henze, AG 1993, S. 341 (349); Marsch-Barner, in: Kallmeyer, § 69 UmwG Rn. 12; Rieger, in: Widmann/Mayer, § 69 UmwG Rn. 9.

316 Zum Verschmelzungsrecht: Bermel, in: Goutier/Knopf/Tulloch, § 69 UmwG Rn. 7; Grunewald, in: Lutter, § 69 UmwG Rn. 16; Marsch-Barner, in: Kallmeyer, § 69 UmwG Rn. 12; Rieger, in: Widmann/Mayer, § 69 UmwG Rn. 10.

317 Zum Verschmelzungsrecht: Henze, AG 1993, S. 341 (349); Grunewald, in: Lutter, § 69 UmwG Rn. 16.

318 Zum Verschmelzungsrecht: Bermel, in: Goutier/Knopf/Tulloch, § 69 UmwG Rn. 8; Grunewald, in: Lutter, § 69 UmwG Rn. 18; Marsch-Barner, in: Kallmeyer, § 69 UmwG Rn. 13; Rieger, in: Widmann/Mayer, § 69 UmwG Rn. 12.

319 Zum Verschmelzungsrecht: Dehmer, § 69 UmwG Rn. 26; Grunewald, in: Lutter, § 69 UmwG Rn. 18; Rieger, in: Widmann/Mayer, § 69 UmwG Rn. 42; Zimmermann, in: Kallmeyer, § 66 UmwG Rn. 15.

Das Registergericht überprüft die Vollständigkeit der Unterlagen und die Plausibilität der Bewertung der Sacheinlagen.[320] Dabei sind die Verhältnisse im Zeitpunkt des Vermögensübergangs, also der Eintragung der Spaltung im Register des übertragenden Rechtsträgers (§ 131 Abs. 1 UmwG), maßgeblich.[321]
Anders als bei einer gewöhnlichen Kapitalerhöhung wird die Kapitalerhöhung bei gleichzeitiger Umwandlung erst mit der Eintragung der Umwandlung wirksam (§ 66 UmwG), da erst in diesem Zeitpunkt der Vermögensübergang stattfindet und die Mitgliedschaftsrechte an der übernehmenden Gesellschaft entstehen sollen. § 66 UmwG ordnet daher für das Verschmelzungsrecht an, dass die Eintragung der Kapitalerhöhung der Eintragung der Spaltung beim übernehmenden Rechtsträger zeitlich vorangehen muss. Diese Eintragungsreihenfolge steht vor dem Hintergrund, dass die neuen Anteile bereits entstanden sein müssen bevor die Verschmelzung durch Eintragung im Register des übernehmenden Rechtsträgers nach § 20 Abs. 1 UmwG wirksam wird.[322]
Anders als bei der Verschmelzung muss aber bei der Spaltung die Eintragung der Kapitalerhöhung nicht zwingend vor der Eintragung der Spaltung beim übernehmenden Rechtsträger erfolgen, da der Vermögensübergang nicht wie bei der Verschmelzung mit der Eintragung in das Handelsregister des übernehmenden Rechtsträgers, sondern mit Eintragung im Register des übertragenden Rechtsträgers stattfindet, § 131 Abs. 1 UmwG. Das heißt, dass auch eine Eintragung der Kapitalerhöhung nach der Eintragung der Spaltung im Register des übernehmenden Rechtsträgers und vor Vollzug der Spaltung mit Eintragung im Register des übertragenden Rechtsträgers ausreicht, da die neuen Anteile bereits vor dem Wirksamwerden der Spaltung entstehen. Eine spaltungsspezifische Auslegung des § 66 UmwG führt daher zu der Feststellung, dass die gleichzeitige Eintragung von Kapitalerhöhung und Spaltung beim übernehmenden Rechtsträger nicht schadet.
Die Wirksamkeit der Kapitalerhöhung ist aufgrund der engen Verknüpfung mit der Umwandlung aufschiebend bedingt durch die Eintragung der Spaltung beim übertragenden Rechtsträger nach § 131 Abs. 1 UmwG. Die Kapitalerhöhung ist unwirksam, wenn es zu keinem Vollzug der Umwandlung kommt.[323] Mängel bei der Kapitalerhöhung werden folgerichtig nicht durch die Eintragung der Kapitalerhöhung, sondern erst mit Eintragung der Spaltung in das Register des übertragenden Rechtsträgers geheilt.[324] Ist der Kapitalerhöhungsbeschluss nichtig oder erfolgreich angefochten, so

320 Hüffer, § 188 AktG Rn. 20 f.; Lutter, in: Kölner Kommentar, § 188 AktG Rn. 42.

321 Zum Verschmelzungsrecht: Bermel, in: Goutier/Knopf/Tulloch, § 69 UmwG Rn. 28; Ihrig, GmbHR 1995, 622 (640 f.); der Vermögensübergang findet bei der Verschmelzung dagegen mit Eintragung beim übernehmenden Rechtsträger statt (§ 20 Abs. 1 UmwG).

322 Zum Verschmelzungsrecht: Dehmer, § 66 UmwG Rn. 2; Stratz, in: Schmitt/Hörtnagl/Stratz, § 66 UmwG Rn. 2; Zimmermann, in: Kallmeyer, § 66 UmwG Rn. 20.

323 Zum Verschmelzungsrecht: Bermel, in: Goutier/Knopf/Tulloch, § 69 UmwG Rn. 29; Grunewald, in: Lutter, § 69 UmwG Rn. 22; Rieger, in: Widmann/Mayer, § 69 UmwG Rn. 43; Stratz, in: Schmitt/Hörtnagl/Stratz, § 69 UmwG Rn. 26, 28 (anders noch Dehmer in der Vorauflage); Zimmermann, in: Kallmeyer, § 66 UmwG Rn. 22; für das GmbH-Verschmelzungsrecht: Winter, in: Lutter, § 55 UmwG Rn. 3; a.A. Dehmer, § 69 UmwG Rn. 26, 28.

324 Zum Verschmelzungsrecht: Bermel, in: Goutier/Knopf/Tulloch, § 69 UmwG Rn. 29; Ihrig,

führt dies auch zur Unwirksamkeit der Spaltung, da nur mithilfe der Kapitalerhöhung die Gegenleistung für das abzuspaltende Vermögen geschaffen werden kann. Ohne Anteilsgewährung kann eine Spaltung nach § 123 Abs. 1 UmwG aber nicht stattfinden.[325]

Lehnt der Registerrichter pflichtwidrig die Eintragung der Spaltung nicht ab, so wird nach § 131 Abs. 2 UmwG die Umwandlung und die Kapitalerhöhung wirksam. Der übernehmende Rechtsträger ist aus dem Spaltungsvertrag verpflichtet, die nachträgliche Eintragung der Kapitalerhöhung herbeizuführen.[326]

5. Durchführung der spaltungsbegründeten Kapitalerhöhung bei der Celanese AG

Die Celanese AG erhöhte zur Durchführung der Abspaltung nach § 9 des Spaltungsvertrages ihr Grundkapital von DM 100.000,- auf DM 279.576.845,-. Dabei wurden 55.895.369 neue Namensaktien mit einem Nennbetrag von DM 5.- ausgegeben. Die Kapitalerhöhung diente nach § 8.2 des Spaltungsvertrages als Gegenleistung für das von der Hoechst AG abgespaltene Vermögen. Jeder Aktionär der Hoechst AG erhielt für 10 Hoechst-Anteile einen Anteil an der Celanese AG gemäß § 8.1 des Spaltungsvertrags. Dies galt nicht für eigene Anteile der Hoechst AG.

Da im Zeitpunkt der Hauptversammlungsbeschlüsse das Aktienrückkaufprogramm der Hoechst AG zur Reduzierung ihres Gesamtwertes noch nicht abgeschlossen war und die Hoechst AG für eigene Aktien keine Anteile an der Celanese AG erhalten durfte (§ 131 Abs. 1 Nr. 3 S. 1 2.HS 2.Alt. UmwG), musste die Kapitalerhöhung im Spaltungsvertrag variabel ausgestaltet werden.

§ 9 des Spaltungsvertrages bestimmt dementsprechend, dass das Grundkapital der Celanese AG um bis zu 293.876.845,- DM erhöht werden könne. Eine solche Kapitalerhöhung zu einem Höchstbetrag ist wie oben aufgezeigt zulässig. Allerdings hätte in § 9 des Spaltungsvertrages klargestellt werden sollen, dass der Umfang der Kapitalerhöhung von dem Aktienrückkaufprogramm abhängt und damit nicht im Ermessen der Verwaltung der Celanese AG steht.

Das Aktienrückkaufprogramm der Hoechst AG war im Zeitpunkt der Anmeldung der Kapitalerhöhung und der Spaltung abgeschlossen, so dass der Ablauf der Acht-Monats-Frist nicht zu befürchten war.

Außerdem wurde eine Sacheinlageprüfung durchgeführt, auf die im Spaltungsbericht unter Angabe des zuständigen Handelsregisters hingewiesen wurde.[327] Bei der Sacheinlageprüfung wurde der Höchstbetrag der Kapitalerhöhung zugrunde gelegt.

GmbHR 1995, 622 (640 f.); Marsch-Barner, in: Kallmeyer, § 69 UmwG Rn. 24; Rieger, in: Widmann/Mayer, § 69 UmwG Rn. 44, 48; Zimmermann, in: Kallmeyer, § 66 UmwG Rn. 23.

325 Zum Verschmelzungsrecht: Bermel, in: Goutier/Knopf/Tulloch, § 69 UmwG Rn. 29; Dehmer, § 69 UmwG Rn. 29; Rieger, in: Widmann/Mayer, § 69 UmwG Rn. 47; Stratz, in: Schmitt/Hörtnagl/Stratz, § 69 UmwG Rn. 29; zur Verschmelzung von GmbH: Winter, in: Lutter, § 55 UmwG Rn. 3.

326 Zum Verschmelzungsrecht: Bermel, in: Goutier/Knopf/Tulloch, § 20 UmwG Rn. 59; Zimmermann, in: Kallmeyer, § 66 UmwG Rn. 23.

327 Spaltungsbericht der Hoechst AG und der Celanese AG, I.6.3, S. 20.

Die Kapitalerhöhung wurde in Höhe von 279.476.845 DM am 18.10.1999 gleichzeitig mit der Spaltung in das Register der Celanese AG als übernehmenden Rechtsträger eingetragen.[328] Wie oben aufgezeigt schadet die gleichzeitige Eintragung von Kapitalerhöhung und Spaltung nicht. Jedenfalls wurden etwaige Mängel bei der Kapitalerhöhung mit Vollzug der Spaltung durch Eintragung in das Handelsregister der Hoechst AG am 22.10.1999 gemäß § 131 Abs. 2 UmwG geheilt.
Anfechtungsklagen seitens der Aktionäre der Celanese AG bezüglich Inhalt oder Verfahren der Kapitalerhöhung waren nicht zu befürchten, da die Hoechst AG sämtliche Anteile an der Celanese AG hielt.

6. Ergebnis

Im Regelfall muss der übernehmende Rechtsträger bei einer Spaltung eine Kapitalerhöhung vornehmen, um den Anteilseignern der übertragenden Gesellschaft Anteile als Gegenleistung für das abzuspaltende Vermögen anbieten zu können. Falls ein laufendes Aktienrückkaufprogramm bis zur Beschlussfassung der Hauptversammlung noch nicht abgeschlossen ist, sollte die Kapitalerhöhung in Form eines Höchstbetrags in den Spaltungsvertrag aufgenommen werden. Der Umfang der zurückgekauften Aktien bestimmt mittelbar den Umfang der Kapitalerhöhung, da der übertragende Rechtsträger für eigene Anteile keine Anteile am übernehmenden Rechtsträger erhalten darf. Erst mit Abschluss des Aktienrückkaufprogramms kann daher die Summe der Kapitalerhöhung endgültig festgelegt werden. Da nach Auffassung einiger Gerichte die Anmeldungsunterlagen vollständig sein müssen, um den Fristlauf des §§ 125 S. 1, 17 Abs. 2 S. 4 UmwG zu unterbrechen, sollte der konkrete Umfang der Kapitalerhöhung im Zeitpunkt der Anmeldung feststehen. Das hat zur Folge, dass das Aktienrückkaufprogramm im Zeitpunkt der Anmeldung abgeschlossen sein sollte.
Die Eintragung der Kapitalerhöhung bei der Spaltung kann, anders als es der Wortlaut des § 66 UmwG für die Verschmelzung festlegt, auch gleichzeitig mit der Eintragung der Spaltung im Register des übernehmenden Rechtsträgers erfolgen, da erst die Eintragung im Register des übertragenden Rechtsträgers den Vollzug der Spaltung bewirkt. Die Eintragung der Kapitalerhöhung gleichzeitig mit der Eintragung der Spaltung im Register des übernehmenden Rechtsträgers findet daher zeitlich bereits vor dem Wirksamwerden der Spaltung statt.

II. Kapitalherabsetzung beim übertragenden Rechtsträger

1. Notwendigkeit und Alternativen zur Kapitalherabsetzung

Die in § 145 UmwG normierte vereinfachte Kapitalherabsetzung bei einer Aktiengesellschaft als übertragenden Rechtsträger soll Zeit- und Kostenaufwand schmälern und so eine Umstrukturierung durch Spaltung erleichtern.[329] Hintergrund der Notwendigkeit einer Kapitalherabsetzung ist die Gefahr, dass im Fall einer Vermögensübertra-

---

328 Handelsregisterauszug vom 14.06.2000 (Amtsgericht Frankfurt/Main, HRB 42283).

329 Zur inhaltsgleichen Vorschrift bei der Spaltung einer GmbH: BT-Drucks. 12/6699, zu § 139, S. 125.

gung im Wege einer Abspaltung die bei der übertragenden Aktiengesellschaft verbleibenden Netto-Buchwerte das ausgewiesene Grundkapital nicht mehr abdecken.[330] Bei einer Spaltung zur Aufnahme ist im Regelfall eine Kapitalerhöhung bei dem übernehmenden Rechtsträger notwendig, um den Anteilseignern des übertragenden Rechtsträgers eine Gegenleistung für das abzuspaltende Vermögen zur Verfügung zu stellen. Dem Vermögensabfluss auf Seiten der übertragenden Gesellschaft steht anders als bei der Ausgliederung kein Vermögenszufluss gegenüber, da die durch Kapitalerhöhung beim übernehmenden Rechtsträger geschaffenen Anteile nicht der übertragenden Gesellschaft, sondern deren Anteilsinhaber zugeteilt werden.[331]
Im Ergebnis verringert sich durch die Abspaltung das Nettobuchvermögen der übertragenden Gesellschaft. Dieser Verlust muss entweder durch Auflösung von Rücklagen oder durch eine Kapitalherabsetzung kompensiert werden. Besteht keine ausreichende Summe an Rücklagen zur Deckung des abfließenden Nettobuchvermögens, so muss eine Kapitalherabsetzung vorgenommen werden, da andernfalls der Grundsatz der Erhaltung des Grundkapitals (§ 57 Abs. 1 AktG) verletzt würde.[332]
Eine ordentliche Kapitalherabsetzung nach §§ 222 ff. AktG hat den Nachteil, dass sie aufgrund des in § 225 AktG festgelegten Gläubigerschutzes in Form von Wartefristen und Befriedigungspflichten sehr zeitaufwendig und kompliziert ist. Um die Spaltung als Instrument der Umstrukturierung in der Praxis überhaupt interessant und sinnvoll zu gestalten, wurde die Möglichkeit einer vereinfachten Kapitalherabsetzung mit Verweis auf das Aktienrecht eingeführt (§ 145 S. 1 UmwG).[333] Dieser Verweis auf die vereinfachte Kapitalherabsetzung nach §§ 229 ff. AktG ist nicht unproblematisch, da diese Vorschriften der Erleichterung der Sanierung notleidender Gesellschaften dienen.[334] Mithin ist der Gläubigerschutz in den §§ 229 ff. AktG ausgeprägter als es bei einer Kapitalherabsetzung im Zusammenhang mit einer Spaltung von zumeist finanziell gut ausgestatteten Unternehmen notwendig wäre.[335] Da der Gesetzgeber anders als bei §§ 138, 144 UmwG offengelassen hat, welche einzelnen Vorschriften des Aktienrechts anzuwenden sind, stellt sich die Frage, ob § 145 S. 1 UmwG eine Rechtsfolgenverweisung auf die vereinfachte Kapitalherabsetzung im Aktienrecht enthält.[336]
Auf der einen Seite spricht zunächst die fehlende Bezugnahme auf konkrete Vorschriften des AktG und des GmbHG für eine Rechtsfolgenverweisung. Außerdem wäre die Anwendung der Tatbestandsvoraussetzungen der §§ 229 ff. AktG bei einer spaltungsbedingten Kapitalherabsetzung unangemessen, da die strengen Gläubigerschutz-

330 Dehmer, § 145 UmwG Rn. 1; Hommelhoff, in: Lutter, § 145 UmwG Rn. 2; Priester, FS Schippel, S. 487 (488); Rieger, in: Widmann/Mayer, § 145 UmwG Rn. 5.

331 Priester, FS Schippel, S. 487 (488).

332 Hommelhoff, in: Lutter, § 145 UmwG Rn. 12; Rieger, in: Widmann/Mayer, § 145 UmwG Rn. 5; für die Parallelvorschrift bei der Spaltung einer GmbH: Dehmer, § 139 UmwG Rn. 5; Kallmeyer, in: Kallmeyer, § 139 UmwG Rn. 2; Naraschewski, GmbHR 1995, S. 697 (697); Hörtnagl, in: Schmitt/Hörtnagl/ Stratz, § 139 UmwG Rn. 5, 7 f.

333 Zur inhaltsgleichen Vorschrift bei der Spaltung einer GmbH: BT-Drucks. 12/6699, zu §§ 145, 139, S. 127, 125.

334 Hüffer, § 229 AktG Rn. 1; Lutter, in: Kölner Kommentar, Vor § 229 AktG Rn. 1.

335 Naraschewski, GmbHR 1995, S. 697 (702); Petersen, Gläubigerschutz, S. 312.

336 Petersen, Gläubigerschutz, S. 309.

vorschriften der §§ 229 ff. AktG auf eine Unternehmenssanierung und nicht auf eine Spaltung von finanzkräftigen Unternehmen zugeschnitten ist.[337] Im Gegensatz zur vereinfachten Kapitalherabsetzung des Aktienrechts dient die spaltungsbedingte Kapitalherabsetzung eben nicht dem Ausgleich von Wertminderungen, der Deckung sonstiger Verluste oder der Bildung von Kapitalrücklagen.[338] Auf der anderen Seite ist ein gewisser Gläubigerschutz bei der spaltungsbedingten Kapitalherabsetzung durchaus notwendig. Aufgrund dieses Spannungsverhältnisses zwischen Gläubigerschutz und Umwandlungsinteresse muss je nach Schutzzweck der einzelnen Norm der §§ 229 ff. AktG ermittelt werden, ob die jeweilige Vorschrift auch auf die spaltungsbedingte Kapitalherabsetzung anzuwenden ist.[339] Eine allgemeine Aussage darüber, ob § 145 S. 1 UmwG eine Rechtsfolgen- oder eine Rechtsgrundverweisung enthält, lässt sich nicht treffen. Die dadurch entstehende Rechtsunklarheit wird aber eingeschränkt, da § 145 S. 1 UmwG Erleichterungen nur gewährt, wenn die Kapitalherabsetzung „erforderlich" ist. Diese Voraussetzung grenzt den Anwendungsbereich der spaltungsbedingten vereinfachten Kapitalherabsetzung bereits erheblich ein. Erst wenn eine Kapitalherabsetzung für eine Spaltung erforderlich nach § 145 S. 1 UmwG ist, muss die Entscheidung getroffen werden, welche der §§ 229 ff. AktG auf die spaltungsbedingte Kapitalherabsetzung anzuwenden sind.

2. Voraussetzungen für die durch Spaltung veranlasste Kapitalherabsetzung

Nach dem Wortlaut des § 145 S. 1 UmwG muss die Kapitalherabsetzung für die Abspaltung oder Ausgliederung erforderlich sein. Ist eine Kapitalherabsetzung nur wirtschaftlich sinnvoll, weil mit der Eingrenzung des Tätigkeitsfeldes auch das Grundkapital verringert werden soll, so reicht dies für eine vereinfachte Kapitalherabsetzung nach § 145 S. 1 UmwG nicht aus. Der Gläubigerschutz darf lediglich dann eingeschränkt werden, wenn ein Ausgleich für das abzuspaltende Vermögen nicht anders als durch eine gläubigergefährdende vereinfachte Kapitalherabsetzung durchgeführt werden kann.[340]

Eine Kapitalherabsetzung ist lediglich wirtschaftlich motiviert und damit nicht von § 145 S. 1 UmwG erfasst, wenn durch Auflösung offener und ungebundener Rücklagen das abfließende Vermögen abgedeckt werden kann.[341]

---

337 Naraschewski, GmbHR 1995, S. 697 (698); Petersen, Gläubigerschutz, S. 310; Priester, FS Schippel, S. 487 (492).

338 So der Wortlaut des § 229 Abs. 1 AktG für die aktienrechtliche vereinfachte Kapitalherabsetzung.

339 Hommelhoff, in: Lutter, § 145 UmwG Rn. 22; Priester, FS Schippel, S. 487 (498); ähnlich wohl: Petersen, Gläubigerschutz, S. 311 f.

340 Dehmer, § 145 UmwG Rn. 2, § 139 UmwG Rn. 5, 8; Hörtnagl, in: Schmitt/Hörtnagl/Stratz, § 145 UmwG Rn. 3; Hommelhoff, in: Lutter, § 145 UmwG Rn. 11; Kallmeyer, in: Kallmeyer, § 139 UmwG Rn. 2; Petersen, Gläubigerschutz, S. 313; Priester, FS Schippel, S. 487 (493 ff.); a.A. Naraschewski, GmbHR 1995, S. 697 (698).

341 Hommelhoff, in: Lutter, § 145 UmwG Rn. 10; Kallmeyer, in: Kallmeyer, § 145 UmwG Rn. 1; Kallmeyer, ZIP 1994, S. 1746 (1754); Petersen, Gläubigerschutz, S. 313; Priester, DNotZ 1995, S. 427 (447 f.); Priester, FS Schippel, S. 487 (496); a.A. Naraschewski, GmbHR

Gegen die Notwendigkeit der vorrangigen Auflösung von Gewinnvorträgen und ungebundenen Rücklagen wird vorgebracht, dass diese Voraussetzungen nur für Unternehmen in der Krise, nicht aber für eine spaltungsbedingte Kapitalherabsetzung gelten könnten. Für den Fall der Spaltung sei der individuelle Gläubigerschutz nach §§ 133, 22, 125 S. 1 UmwG ausreichend.[342] Diese Ansicht überzeugt jedoch nicht, da der individuelle Gläubigerschutz lediglich die Aufteilung der Schuldnerseite und die damit verbundenen Gefahren, nicht aber das Problem einer mittelbaren Ausschüttung an die Gesellschafter über eine spaltungsbedingte vereinfachte Kapitalherabsetzung abfangen kann.[343]

Die Möglichkeit, stille Reserven aufzulösen, verhindert dagegen eine vereinfachte spaltungsbegründete Kapitalherabsetzung nicht, da für die Kapitalerhaltung nach § 57 Abs. 1 AktG allein das buchmäßige Eigenkapital maßgeblich ist.[344]

Gebundene Rücklagen nach § 150 Abs. 3, Abs. 4 AktG müssen im Gegensatz zu ungebundenen Rücklagen anders als bei der vereinfachten Kapitalherabsetzung nach Aktienrecht (§ 229 Abs. 2 AktG) nicht aufgelöst werden. Insofern muss § 145 S. 1 UmwG als Rechtsfolgenverweisung ausgelegt werden, da § 229 Abs. 2 AktG eng mit den in § 229 Abs. 1 AktG genannten Sanierungsfällen zusammenhängt.[345] Eine gegenteilige Auffassung würde der durch eine Spaltung veranlassten Kapitalherabsetzung den Charakter einer sanierungsbedingten Kapitalherabsetzung nach § 229 AktG geben, was dem Interesse nach einer reibungslosen und wirtschaftlich vertretbaren Umstrukturierung widerspräche. Die Berücksichtigung des Interesses an einer Umstrukturierung muss in diesem Fall dem Gläubigerschutz vorgehen, da nur in den wenigsten Spaltungsvorhaben ein Vergleich den in §§ 229 ff. AktG geregelten Sanierungsfällen gezogen werden kann.

Aus den bisherigen Ausführungen wird deutlich, dass die Durchführung einer vereinfachten spaltungsbegründeten Kapitalherabsetzung nicht im Ermessen des übertragenden Rechtsträgers steht, sondern davon abhängt, ob das beim übernehmenden Rechtsträger zu bildende gebundene Eigenkapital durch ungebundene Rücklagen des übertragenden Rechtsträgers abgedeckt wird.

1995, S. 697 (698), der weder aus § 58 a Abs. 2 GmbHG bzw. § 229 Abs. 2 AktG noch aus dem Wort „erforderlich“ in §§ 139, 145 UmwG das Erfordernis der vorrangigen Auflösung von Rücklagen anerkennt.

342 Naraschewski, GmbHR 1995, S. 697 (698 f.); wohl auch: Hommelhoff, in: Lutter, Kölner Umwandlungsrechtstage, S. 117 (127).

343 Dazu ausf.: Petersen, Gläubigerschutz, S. 315, der aufgrund des Nebeneinander von individuellem und insitutionellem Gläubigerschutz das Argument eines Mehr an individuellem Gläubigerschutz (§§ 133, 22, 125 S. 1 UmwG) zum Ausgleich eines Weniger an institutionellem Gläubigerschutz nicht zulassen will.

344 IDW, HFA 1/1998, WPg. 1998, S. 508 (510); Kallmeyer, in: Kallmeyer, § 139 UmwG Rn. 2; Priester, in: Lutter, § 139 UmwG Rn. 8; Sagasser/Sickinger, in: Sagasser/Bula/Brünger, Umwandlungen, N Rn. 85.

345 Hommelhoff, in: Lutter, § 145 UmwG Rn. 19; Kallmeyer, in: Kallmeyer, § 139 UmwG Rn. 2, § 145 UmwG Rn.1; a.A. IDW, HFA 1/1998, WPg. 1998, S. 508 (510); Dehmer, § 145 UmwG Rn. 4; Hörtnagl, in: Schmitt/Hörtnagl/Stratz, § 145 UmwG Rn. 4; Sagasser/Sickinger, in: Sagasser/Bula/Brünger, Umwandlungen, N Rn. 85.

Das Kriterium der Erforderlichkeit in § 145 S. 1 UmwG ist darüber hinaus in einem quantitativen Sinn zu verstehen. Die Höchstgrenze für das durch eine vereinfachte Kapitalherabsetzung auszugleichende Nettobuchvermögen wird durch die Höhe der beim übernehmenden Rechtsträger erfolgten Kapitalerhöhung einschließlich Agio ebenfalls durch die Notwendigkeit einer „erforderlichen" Kapitalherabsetzung festgelegt, [346] da bei der übernehmenden Gesellschaft durch die Spaltung kein freies, ausschüttbares Kapital entstehen soll.[347] Dabei können die an der Spaltung beteiligten Rechtsträger entscheiden, in welcher Höhe die übernehmende Gesellschaft eine Kapitalerhöhung vorzunehmen hat oder in welcher Höhe einer neu zu gründenden Gesellschaft Grundkapital zur Verfügung gestellt werden soll.[348] Nur wenn die Kapitalausstattung des übernehmenden Rechtsträgers wegen des Zieles der Ermöglichung einer vereinfachten Kapitalherabsetzung unangemessen hoch ausfällt, stellt die unternehmerische Entscheidung hinsichtlich der Kapitalausstattung des übernehmenden Rechtsträgers eine missbräuchliche Rechtsausübung dar.[349] Hält sich die Kapitalausstattung des übernehmenden Rechtsträgers, der lediglich das Grundkapital, nicht aber Kapitalrücklagen nach § 272 Abs. 2 Nr. 4 HGB zuzurechnen sind,[350] in einem vertretbaren Rahmen und reichen die beim übertragenden Rechtsträger vorhandenen Rücklagen nicht zu deren Deckung aus, so kann hinsichtlich der nicht gedeckten Summe eine vereinfachte spaltungsbedingte Kapitalherabsetzung vorgenommen werden.[351]

Ist eine Kapitalherabsetzung nach den vorgenannten Kriterien nicht „erforderlich", so bleibt der übertragenden Gesellschaft jedenfalls die Möglichkeit einer ordentlichen Kapitalherabsetzung (§§ 222 ff. AktG) unter Beachtung der in § 225 AktG vorgesehenen Gläubigerschutzvorkehrungen.

3. Gläubigerschutz bei der spaltungsbedingten Kapitalherabsetzung

Die Erleichterung der Kapitalherabsetzung hat zur Folge, dass die bei der gewöhnlichen Kapitalherabsetzung bestehenden Gläubigerschutzvorschriften zum Teil gelockert werden.[352] Die Ausschüttungsbeschränkung in § 233 AktG ist eng verknüpft mit der vereinfachten Kapitalherabsetzung nach Aktienrecht, der Sanierungs- und Krisenbewältigungsfunktion zukommt.[353] Bei einer bloßen Umstrukturierung von zumeist

346 Hommelhoff, in: Lutter, § 145 UmwG Rn. 13, 16; zum GmbH-Recht: Hörtnagl, in: Schmitt/Hörtnagl/Stratz, § 139 UmwG Rn. 28; Kallmeyer, in: Kallmeyer, § 139 UmwG Rn. 3; Mayer, in Widmann/Mayer, § 139 UmwG Rn. 20; Priester, FS Schippel, S. 487 (497); Priester, in: Lutter, § 139 UmwG Rn. 9.

347 BT-Drucks. 12/6699, zu § 139, S. 125.

348 Dehmer, § 139 UmwG Rn. 13; Hörtnagl, in: Schmitt/Hörtnagl/Stratz, § 139 UmwG Rn. 12 ff.; Hommelhoff, in: Lutter, § 145 UmwG Rn. 13.

349 Hommelhoff, in: Lutter, § 145 UmwG Rn. 13; ähnlich: Mayer, in: Widmann/Mayer, § 139 UmwG Rn. 21, der ebenfalls auf die Gefahr des Missbrauchs hinweist.

350 Hommelhoff, in: Lutter, § 145 UmwG Rn. 16.

351 Hommelhoff, in: Lutter, § 145 UmwG Rn. 14.

352 BT-Drucks. 12/6699, zu § 139, S. 125; Hommelhoff, in: Lutter, § 145 UmwG Rn. 6.

353 Hommelhoff, in: Lutter, § 145 UmwG Rn. 25; Priester, FS Schippel, S. 487 (500); zur parallelen Problematik bei der GmbH-Kapitalherabsetzung: Dehmer, § 139 UmwG Rn. 23; Kallmey-

gesunden Unternehmen wäre eine Ausschüttungsbeschränkung umstrukturierungs- und spaltungshemmend.[354] Insbesondere im Hinblick auf die für den Zustimmungsbeschluss der Hauptversammlung zum Spaltungsvertrag notwendige drei Viertel Mehrheit wäre eine Ausschüttungsbeschränkung für den dividendenorientierten Anteilsinhaber äußerst abschreckend. Letztlich würden die Bestrebungen, eine Spaltung durch das Zugeständnis einer vereinfachten Kapitalherabsetzung zu erleichtern,[355] durch die Festlegung eines Ausschüttungsverbots konterkariert.
Im Gegensatz zum Gewinnausschüttungsverbot nach § 233 AktG ist das Auszahlungsverbot nach § 230 AktG über § 145 S. 1 UmwG auch bei der vereinfachten spaltungsbedingten Kapitalherabsetzung anzuwenden.[356] § 230 AktG verbietet demnach jede Auszahlung an die Aktionäre, die anstatt eines bilanziellen Ausgleichs der entstandenen Vermögensminderung, sei es direkt über die übertragende oder indirekt über die übernehmende Gesellschaft, vorgenommen wird.[357]

4. Die Eintragungsreihenfolge von Kapitalherabsetzung und Spaltung

Gemäß § 145 S. 2 UmwG muss die Kapitalherabsetzung zeitlich vor der Spaltung eingetragen werden. Allerdings wird die Kapitalherabsetzung nicht vor der Eintragung der Spaltung wirksam, da die Spaltung für die vereinfachte Kapitalherabsetzung nach § 145 S. 1 UmwG Wirksamkeitsvoraussetzung ist.[358]

5. Die Kapitalherabsetzung bei der Hoechst AG

Eine Kapitalherabsetzung war nach herrschender Meinung für die Hoechst AG als übertragenden Rechtsträger nicht erforderlich im Sinn des § 145 S. 1 UmwG. Die Schlussbilanz der Hoechst AG vom 01.01.1999 weist Kapitalrücklagen im Sinn des

er, in: Kallmeyer, § 139 UmwG Rn. 6; Mayer, in: Widmann/Mayer, § 139 UmwG Rn. 4; Priester, in: Lutter, § 139 UmwG Rn. 16. Im Ergebnis genauso: IDW, HFA 1/1998, WPg. 1998, S. 508 (510); Naraschewski, GmbHR 1995, S. 697 (699); Sagasser/Sickinger, in: Sagasser/Bula/Brünger, Umwandlungen, N Rn. 91, allerdings mit der Begründung, die Gläubiger seien ausreichend durch § 133 UmwG geschützt. Dem ist entgegenzuhalten, dass § 133 UmwG eine Ausschüttung an die Anteilsinhaber nicht verhindert. Insofern kann die Nichtanwendbarkeit des § 233 AktG nur im Rahmen einer Abwägung der Interessen der Spaltungsparteien auf der einen Seite und des Gläubigerschutzes auf der anderen Seite begründet werden (Petersen, Gläubigerschutz, S. 312).

354 Priester, FS Schippel, S. 487 (500).

355 BT-Drucks. 12/6699, zu § 139, S. 125.

356 Nach der Regierungsbegründung soll eine Auszahlung der durch die Kapitalherabsetzung freigewordenen Mittel verhindert werden: BT-Drucks. 12/6699 zu § 139 S. 125. Daraus folgt, dass § 230 AktG über § 145 S. 1 UmwG auch bei der spaltungsbedingten Kapitalherabsetzung anzuwenden ist.

357 BT-Drucks. 12/6699, zu § 139, S. 125 für § 58 b Abs. 1 GmbHG, der § 230 AktG entspricht; Dehmer, § 145 UmwG Rn. 6; Hörtnagl, in: Schmitt/Hörtnagl/Stratz, § 145 UmwG Rn. 6; Hommelhoff, in: Lutter, § 145 UmwG Rn. 23; Priester, FS Schippel, S. 487 (498 f.); a.A. IDW, HFA 1/1998, WPg. 1998, S. 508 (510).

358 Hommelhoff, in: Lutter, § 145 UmwG Rn. 29; zur inhaltsgleichen Regelung bei der GmbH: Kallmeyer. in: Kallmeyer, § 139 UmwG Rn. 7; Mayer, in Widmann/Mayer, § 139 UmwG Rn. 45; Rieger, in: Widmann/Mayer, § 145 UmwG Rn. 24.

§ 272 Abs. 2 HGB in Höhe von € 1.993 Mio. und Gewinnrücklagen im Sinn des § 272 Abs. 3 HGB in Höhe von € 7.218 Mio. aus. Im Rahmen der Spaltung verringerte die Hoechst AG die Gewinnrücklagen um € 3.023 Mio. Davon wurden etwa € 150 Mio. zur Abdeckung der Kapitalerhöhung bei der Celanese AG verwendet. Die übrigen € 2.873 Mio. wurden als Kapitalrücklagen bei der Celanese AG verbucht. Der Umfang der Kapitalrücklage bei der Celanese AG wurde durch den Unterschiedsbetrag zwischen der Summe der abgespaltenen Beteiligungen und Forderungen zu Buchwerten und der Summe aus übertragenen Rückstellungen und Grundkapital bestimmt.[359] Die Hoechst AG verringerte damit ihr Eigenkapital insgesamt um € 3.023 Mio. Das gesamte Eigenkapital der Celanese AG betrug mit Wirkung zum 02.01.1999 ebenfalls € 3.023 Mio.

Darüber hinaus hat die Hoechst AG € 1 Mio. Pensionsrückstellungen und € 111 Mio. sonstige Rückstellungen auf die Celanese AG übertragen.[360]

Anstatt einer vereinfachten Kapitalherabsetzung nach § 145 S. 1 UmwG hat die Hoechst AG eine Kapitalherabsetzung durch Einziehung eigener Anteile nach §§ 71 Abs. 1 Nr. 8 S. 6, 237 Abs. 1 S. 1 2.Alt. AktG durchgeführt. Diese Kapitalherabsetzung stand allerdings nicht in Verbindung zur Abspaltung, sondern wurde mit dem Ziel der Verringerung des Unternehmenswertes der Hoechst AG durchgeführt. Man wollte mithilfe der Vermögensverringerung einen „merger of equals“ mit Rhône Poulonc ermöglichen.[361] Zunächst erwarb die Hoechst AG zur Reduzierung ihres Unternehmenswertes aufgrund eines Hauptversammlungsbeschlusses vom 04.05.1999 eigene Aktien über einen Nennbetrag von DM 144.000.000,-. Dieser Erwerb erfolgte zu Lasten von Gewinnrücklagen nach §§ 71 Abs. 2 S. 2 AktG, 272 Abs. 4 HGB und hielt sich im Rahmen der zehn Prozent des Grundkapitals (§ 71 Abs. 2 S. 1 AktG). Aufgrund der Ermächtigung der Hauptversammlung vom 04.05.1999 konnte die Hoechst AG die erworbenen Anteile nach § 71 Abs. 1 Nr. 8 S. 6 AktG einziehen.[362]

Die Eintragung der Kapitalherabsetzung erfolgte am 22.10.1999 und damit vor der Eintragung der Spaltung. Da es sich nicht um eine spaltungsbedingte vereinfachte Kapitalherabsetzung nach § 145 S. 1 UmwG handelte, hätte auch eine Eintragung der Kapitalherabsetzung nach der Spaltung nicht geschadet.

6. Ergebnis

Eine spaltungsbedingte vereinfachte Kapitalherabsetzung des übertragenden Rechtsträgers kann nach § 145 S. 1 UmwG nur durchgeführt werden, wenn offene und ungebundene Rücklagen nicht zum Ausgleich des abgespaltenen Nettobuchvermögens herangezogen werden können. Wird eine Kapitalherabsetzung nach § 145 S. 1 vorgenommen, so ist die Ausschüttungsbeschränkung des § 233 AktG nicht anzuwenden.

---

359 Spaltungsbericht der Hoechst AG und der Celanese AG, IV. 1.2, S. 74 ff.

360 Spaltungsbericht der Hoechst AG und der Celanese AG, IV.1.1, S. 76 f.

361 Auskunft von Dr. Preissler (damals verantwortlicher Justiziar der Hoechst AG) vom 09.01.2002; Handelsblatt vom 18.02.1999, S. 1; Weber, Handelsblatt vom 18.02.1999, S. 2.

362 Auskunft von Dr. Preissler (damals verantwortlicher Justiziar der Hoechst AG) vom 09.01.2002; vgl. zu Sinn und Zweck des Aktienrückkaufprogramms: Teil 2 E) I.

Das Auszahlungsverbot des § 230 AktG gilt dagegen auch bei einer spaltungsbedingten vereinfachten Kapitalherabsetzung.
Die Kapitalherabsetzung der Hoechst AG stand nicht in unmittelbarem Zusammenhang mit der Spaltung, sondern wurde im Anschluss an das Aktienrückkaufprogramm in Form einer Einziehung von Aktien vorgenommen. Die Hoechst AG konnte aufgrund der ihr zur Verfügung stehenden offenen Rücklagen keine Kapitalherabsetzung nach § 145 S. 1 UmwG durchführen.

III. Die Anwendung der Vorschriften über die Nachgründung

1. Die Verweisung der §§ 125 S. 1, 67 S. 1 UmwG auf die Nachgründungsvorschriften des Aktienrechts

Bei einer Auf- oder Abspaltung von Vermögensgegenständen auf eine Aktiengesellschaft, die im Zeitpunkt des Abschlusses des Spaltungsvertrages in notarieller Form[363] noch nicht zwei Jahre als Aktiengesellschaft eingetragen ist, sind die Vorschriften über die Nachgründung einer Aktiengesellschaft zu beachten, §§ 125 S. 1, 67 S. 1 UmwG, 52 Abs. 3, Abs. 4, Abs. 7 bis Abs. 9 AktG.[364] Dies gilt aber nur, wenn die Anzahl der als Gegenleistung zu gewährenden Anteile 10% des erhöhten Grundkapitals der übernehmenden Gesellschaft übersteigt, §§ 125 S. 1, 67 S. 2, 3 UmwG. Die Nachgründungsvorschriften sind unter den Voraussetzungen des § 67 S. 1 UmwG gleichermaßen bei Verschmelzung und Spaltung (§ 125 S. 1 UmwG) anzuwenden. Hintergrund der Nachgründungsprüfung ist die Vermeidung einer Umgehung des Kapitalaufbringungsgrundsatzes bei Sachgründungen.[365]
Die Anwendung der Nachgründungsvorschriften hat zur Folge, dass der Aufsichtsrat den Umwandlungsvertrag vor der Beschlussfassung prüfen und einen Nachgründungsbericht insbesondere über das Umtauschverhältnis und die Ertragssituation des übertragenden Rechtsträgers in den letzten beiden Jahren erstellen muss (§§ 125 S. 1 UmwG, 67 S. 1, 52 Abs. 3, 32 Abs. 2, Abs. 3 AktG). Eine Bezugnahme auf den Spaltungsbericht und den Spaltungsprüfungsbericht ist zulässig, da die Nachprüfung nicht als zusätzliche Informationsquelle für den Aktionär, sondern lediglich als weitere Prüfungsstation dient.[366]
Darüber hinaus muss eine Gründungsprüfung über die gesamten Umstände der Umwandlung gemäß §§ 125 S. 1, 67 S. 1 UmwG, 52 Abs. 4, 33 Abs. 3- Abs. 5, 34, 35

363 Dehmer, § 67 UmwG Rn. 3; Grunewald, in: Lutter, § 67 UmwG Rn. 4; Marsch-Barner, in: Kallmeyer, § 67 UmwG Rn. 3; Rieger, in: Widmann/Mayer, § 67 UmwG Rn. 5; Stratz, in: Schmitt/Hörtnagl/Stratz, § 67 UmwG Rn. 3.

364 Vgl. zum Nachgründungsrecht bei der Spaltung auch Schwab, Nachgründung, S. 13, 76 f.

365 Eckardt, in: Geßler/Hefermehl/Eckardt/Kropff, § 52 AktG Rn. 2; Engelmeyer, Spaltung, S. 199; Hüffer, § 52 AktG Rn. 1; Kraft, in: Kölner Kommentar, § 339 AktG Rn. 22; Pentz, in: Münchener Kommentar, § 52 AktG Rn. 5. Im Ergebnis wird durch die Nachgründungsvorschriften aber nicht die Kapitalaufbringung gesichert, sondern eine Garantie der Kapitalaufbringung für zwei Jahre konstituiert.

366 Dehmer, § 67 UmwG Rn. 10; Grunewald, in: Lutter, § 67 UmwG Rn. 11; Marsch-Barner, in: Kallmeyer, § 67 UmwG Rn. 7; Rieger, in: Widmann/Mayer, § 67 UmwG Rn. 21; Stratz, in: Schmitt/Hörtnagl/Stratz, § 67 UmwG Rn. 10.

AktG vor der Beschlussfassung durchgeführt werden. Bei den vom Gericht nach Anhörung der Industrie- und Handelskammer zu bestellenden Prüfern sollte darauf geachtet werden, dass die Spaltungsprüfer auch für die Nachprüfung ausgewählt werden.[367] Der Gründungsbericht ist dem Gericht sowie dem Vorstand zuzuleiten, §§ 125 S. 1, 67 S. 1 UmwG, 52 Abs. 4, 34 Abs. 3 AktG. Erst nach der Beschlussfassung der Hauptversammlung über die Umwandlung können die in § 52 Abs. 6 AktG[368] bezeichneten Unterlagen eventuell zusammen mit der Anmeldung der Kapitalerhöhung beim Registergericht eingereicht werden. Daraufhin wird der Umwandlungsvertrag nach § 52 Abs. 6 AktG eingetragen, soweit das Registergericht die Eintragung nicht nach §§ 125 S. 1, 67 S. 1 UmwG, 52 Abs. 7 AktG ablehnt. Diese Eintragung ist Voraussetzung für die Eintragung der Spaltung.[369]
Wird eine Nachprüfung nicht durchgeführt, obwohl die Voraussetzungen des §§ 125 S. 1, 67 S. 1 UmwG vorliegen, so ist der Spaltungsbeschluss nichtig (§ 241 Nr. 3 AktG).[370] Andere Fehler führen lediglich zur Anfechtbarkeit des Beschlusses.[371] Eine Eintragung der Spaltung heilt die Mängel aber in jedem Fall, § 131 Abs. 2 UmwG.[372]

2. Die Anwendung der Nachgründungsvorschriften bei der Verwendung von AG-Mänteln

Ein weiteres Problemfeld, das sich zunächst nicht sofort erschließt, da die zwei Jahres Frist des §§ 125 S. 1, 67 S. 1 UmwG häufig verstrichen ist, stellt sich bei der Verwendung von Mantelgesellschaften bei einer Spaltung zur Aufnahme.

---

367 Bermel, in: Goutier/Knopf/Tulloch, § 67 UmwG Rn. 10; Dehmer, § 67 UmwG Rn. 12; Grunewald, in: Lutter, § 67 UmwG Rn. 13; Marsch-Barner, in: Kallmeyer, § 67 UmwG Rn. 7; Rieger, in: Widmann/Mayer, § 67 UmwG Rn. 28; Stratz, in: Schmitt/Hörtnagl/Stratz, § 67 UmwG Rn. 12.

368 Trotz Fehlens des § 52 Abs. 6 AktG in der Verweisungskette des § 67 UmwG ist dieser im Rahmen des Umwandlungsrecht anzuwenden, da laut Gesetzesbegründung (BT- Drucks. 12/6699 zu § 67, S. 104) geltendes Recht unverändert übernommen werden sollte; so auch: Dehmer, § 67 UmwG Rn. 14; Grunewald, in: Lutter, § 67 UmwG Rn. 15; Marsch-Barner, in: Kallmeyer, § 67 UmwG Rn. 7; Rieger, in: Widmann/Mayer, § 67 UmwG Rn. 36.

369 Grunewald, in: Lutter, § 67 UmwG Rn. 17; Marsch-Barner, in: Kallmeyer, § 67 UmwG Rn. 8.

370 Bermel, in: Goutier/Knopf/Tulloch, § 67 UmwG Rn. 13; Dehmer, § 67 UmwG Rn. 16; Grunewald, in: Lutter, § 67 UmwG Rn. 18; Marsch-Barner, in: Kallmeyer, § 67 UmwG Rn. 10; Stratz, in: Schmitt/Hörtnagl/Stratz, § 67 UmwG Rn. 16; a.A. Rieger, in: Widmann/Mayer, § 67 UmwG Rn. 34, da es sich um einen Verfahrensfehler und nicht um einen Inhaltsfehler handele.

371 Bermel, in: Goutier/Knopf/Tulloch, § 67 UmwG Rn. 13; Dehmer, § 67 UmwG Rn. 16; Grunewald, in: Lutter, § 67 UmwG Rn. 18; Marsch-Barner, in: Kallmeyer, § 67 UmwG Rn. 10; Rieger, in: Widmann/Mayer, § 67 UmwG Rn. 34; Stratz, in: Schmitt/Hörtnagl/Stratz, § 67 UmwG Rn. 16.

372 Bermel, in: Goutier/Knopf/Tulloch, § 67 UmwG Rn. 13; Dehmer, § 67 UmwG Rn. 16; Grunewald, in: Lutter, § 67 UmwG Rn. 18; Marsch-Barner, in: Kallmeyer, § 67 UmwG Rn. 10; Rieger, in: Widmann/Mayer, § 67 UmwG Rn. 34; Stratz, in: Schmitt/Hörtnagl/Stratz, § 67 UmwG Rn. 16.

In der Praxis ist es sehr beliebt,[373] die zeitaufwendige und wegen Eintragungsverzögerungen haftungsrechtlich problematische Gründung von Kapitalgesellschaften entweder durch den Kauf eines Gesellschaftsmantels oder durch eine Vorratsgründung zu umgehen.[374] Beide Gestaltungsvarianten sind aufgrund der wirtschaftlichen Bedeutung einer schnellen und flexiblen Aufnahme von Geschäftsbetrieben anzuerkennen.[375] Dennoch stellt sich die Frage, ob zumindest die Sach- oder Nachgründungsvorschriften[376] bei der Verwendung eines Mantels oder einer Vorratsgesellschaft einzuhalten sind. Diese Frage muss zunächst allgemein gestellt werden. Erst wenn man zu dem Ergebnis kommt, dass die Sach- oder Nachgründungsvorschriften bei der Mantelverwendung grundsätzlich anzuwenden sind, kann man die Frage beantworten, ob auch bei der Verwendung eines AG-Mantels bei der Spaltung zur Aufnahme Sach- oder Nachgründungsvorschriften zu beachten sind.

a) Mantelverwendung und Vorratsgründung

Eine Mantel- oder Vorratsgesellschaft ist dadurch gekennzeichnet, dass der in der Satzung angegebene Unternehmensgegenstand nicht oder zunächst nicht verwirklicht werden soll.[377]

Zwischen einer Mantelgesellschaft und einer Vorratsgesellschaft besteht ein grundlegender Unterschied.[378] Der Begriff der Mantelgesellschaft[379] bezeichnet eine Kapitalgesellschaft, deren Vermögen regelmäßig aufgebraucht ist. Da die Gesellschaft an sich

---

373 Reichert, ZGR 2001, S. 554 (559).

374 Ob eine Vorratsgründung in Zukunft nach der Entscheidung des BGH vom 09.12.2002, (BGH, GmbHR 2003, S. 227 ff.) aus haftungsrechtlicher Sicht Vorteile gegenüber einer Neugründung haben wird, erscheint höchst zweifelhaft. Zwar hat der BGH in vorgenanntem Beschluss lediglich entschieden, dass im Zeitpunkt der Aktivierung einer Vorratsgesellschaft mbH die Versicherung, dass die Stammeinlage erbracht ist, abgegeben werden muss. Es spricht aber einiges dafür, dass der BGH in Zukunft eine Haftung für das Vorhandensein des Mindeststammkapitals bei der Aktivierung der Vorratsgesellschaft begründen wird. Vgl. dazu: Mellert, FAZ vom 19.02.2003, S. 21; Peetz, GmbHR 2003, S. 229 (231); Thaeter/Meyer, DB 2003, S. 539 (540 f.).

375 Zur Mantelverwendung bei der GmbH: BGHZ 117, S. 323 (332); Priester, DB 1983, S. 2291 (2299); Bärwaldt/Schabacker, GmbHR 1998, S. 1005 (1007); a.A. OLG Hamburg, ZIP 1983, S. 570 (571); von Godin/Wilhelmi, § 1 AktG Rn. 12, die die Mantelverwendung aufgrund der Umgehung der Nachgründungsvorschriften für unzulässig erachten; vgl. zu den aufgrund der genannten BGH-Entscheidung veralteten Ansichten: Schmidt, K, Gesellschaftsrecht § 4 III, S. 74 m.w.N.; Bärwaldt/Schabacker, GmbHR 1998, S. 1005 (1007 f.) m.w.N.

376 Zu sonstigen Haftungsproblematiken bei der Verwendung von Gesellschaftsmänteln wie Unterbilanzhaftung, Handelndenhaftung: vgl. Ahrens, DB 1998, S. 1069 (1070 ff.); Hüffer, § 23 AktG Rn. 27a; Pentz, in: Münchener Kommentar, § 23 AktG Rn. 105 ff.; Röhricht, in: Großkomm., § 23 AktG Rn. 137 ff., der darauf hinweist, dass dieser Bereich noch völlig ungeklärt ist; Thaeter/Meyer, DB 2003, S. 539 (540 f.).

377 BGHZ 117, S. 323 (330); Kraft, in: Kölner Kommentar, § 23 AktG Rn. 55; Priester, DB 1983, S. 2291 (2291). Man unterscheidet dabei den Mantelkauf von der Vorratsgründung: vgl. für die GmbH: Priester, DB 1983, S. 2291 (2291).

378 So: BGHZ 117, S. 323 (330 ff.).

379 Vgl. dazu: Ahrens, DB 1998, S. 1069 (1069); Bärwaldt/Schabacker, GmbHR 1998, S. 1005 (1005).

sowie deren Anteile durch die reine Vermögenslosigkeit nicht erlöschen,[380] kann der Mantel als reine Hülle verkauft werden und anstatt einer Gründung einer neuen Gesellschaft den Rahmen für einen neuen Geschäftsbetrieb bilden.
Bei der Vorratsgesellschaft ist dagegen vorrangiges Ziel, eine Gesellschaft zu gründen, die erst zu einem späteren Zeitpunkt die eigentliche Zweckverfolgung aufnehmen soll.[381]
Dabei ist zu beachten, dass nur die Gründung einer offenen Vorratsgesellschaft zulässig ist.[382] Das bedeutet, dass der Vorratscharakter durch die Angabe des Haltens und Verwaltens des Vermögens als Unternehmensgegenstand (§ 23 Abs. 3 Nr. 2 AktG) in der Satzung angegeben werden muss.[383] Andernfalls ist die Satzung nichtig und damit die Gründung der Gesellschaft unwirksam.[384]

b) Anwendbarkeit von Sach- oder Nachgründungsvorschriften bei der Verwendung eines AG-Mantels

Nachdem festgestellt wurde, dass die Aktivierung von Mänteln und offenen Vorratsgesellschaften grundsätzlich zulässig ist, muss nun erörtert werden, ob die Sachgründungsvorschriften bei der Verwendung von Mantel- oder Vorratsgesellschaften zu beachten sind. Hier muss auf einen wesentlichen Unterschied zwischen dem Recht der AG und dem Recht der GmbH aufmerksam gemacht werden. Während bei der GmbH die Neuverwendung von Vorrats- und Mantelgesellschaft ausschließlich auf die Frage gerichtet ist, ob eine analoge Anwendung der Gründungsvorschriften der GmbH zu befürworten ist, muss die Frage bei der Aktiengesellschaft lauten, ob die Gründungs- (§§ 27 ff. AktG) oder die Nachgründungsvorschriften (§§ 52 f. AktG) bei einer Neuverwendung anzuwenden sind.
Die Frage der Rechtsfolgen der Aktivierung eines AG-Mantels[385] unterscheidet sich aufgrund der Nachgründungsvorschriften im Aktienrecht (§ 52 f. AktG) wesentlich

---

380 Das LöschG verlangt nach § 2 Abs. 1 LöschG einen Antrag auf Erlöschen der Gesellschaft. Ohne diesen Antrag erlischt die Gesellschaft nicht. Dazu: Bärwaldt/Schabacker, GmbHR 1998, S. 1005 (1006 f.).

381 Ahrens, DB 1998, S. 1069 (1069); Bärwaldt/Schabacker, GmbHR 1998, S. 1005 (1005); Röhricht, in: Großkomm., § 23 AktG Rn. 121.

382 BGHZ 117, S. 323 (333).

383 BGHZ 117, S. 323 (333); Priester, DB 1983, S. 2291 (2298); ebenso: Ahrens, DB 1998, S. 1069 (1072 f.); Röhricht, in: Großkomm., § 23 AktG Rn. 122 f.

384 Seit dem Urteil des BGH: BGHZ 117, S. 323 (334) einhellige Ansicht: Priester, DB 1983, S. 2291 (2298); ebenso: Ahrens, DB 1998, S. 1069 (1072 f.); Bärwaldt/Schabacker, GmbHR 1998, S. 1005 (1006); Röhricht, in: Großkomm., § 23 AktG Rn. 123.

385 In den folgenden Ausführungen soll der Begriff des AG-Mantels sowohl für die Vorratsgesellschaft wie auch für den Mantelkauf oder eine sonstige Mantelverwendung gebraucht werden. Auch wenn in der Entscheidung des BGH vom 09.12.2002 (BGH, GmbHR 2003, 227 ff.) ausdrücklich nur von der Einhaltung der Gründungsvorschriften bei der Vorrats-GmbH gesprochen wird, so spricht vieles für eine Gleichstellung von der Aktivierung einer Vorratsgesellschaft und der Aktivierung eines Mantels: Mellert, FAZ vom 19.02.2003, S. 21; Peetz, GmbHR 2003, S. 229 (231); Thaeter/Meyer, DB 2003, S. 539 (539); a.A. Altmeppen, NZG 2003, S. 145 (147 ff.).

von der Situation im GmbH-Recht, in dem Nachgründungsvorschriften nicht existieren.

Zum einen führt die Existenz von Nachgründungsvorschriften im Aktienrecht dazu, dass die Notwendigkeit der Beachtung der Gründungsvorschriften wesentlich offensichtlicher ist als bei der GmbH.[386] Zum anderen werfen die Nachgründungsvorschriften ein neues Problem auf. Es ist nämlich zu erörtern, ob bei der Verwendung eines AG-Mantels die Gründungs- oder die weniger strengen Nachgründungsvorschriften zu beachten sind.

Zunächst sprechen für die Anwendung der Gründungs- oder Nachgründungsvorschriften bei der Neuverwendung von AG-Mänteln bereits die bei der Rechtslage der GmbH vorgebrachten Argumente der wirtschaftlichen Neugründung der Gesellschaft durch die Mantelverwendung und der Gefahr der Umgehung der Gründungsvorschriften.[387] Die wohl herrschende Ansicht geht davon aus, dass die Verwendung eines juristischen Mantels bei gleichzeitiger Änderung beinahe aller Begleitumstände eine wirtschaftliche Neugründung darstelle, bei der die Gründungsvorschriften zu beachten seien.[388] Außerdem führe die Aktivierung eines Mantels zur Umgehung der Sachgründungsvorschriften. Eine gläubigergefährdende Verletzung der Kapitalaufbringungsregeln sei nicht ausgeschlossen.[389]

---

386 Die Rechtslage bei der GmbH ist höchst umstritten. Dabei scheint die Entscheidung des BGH vom 09.12.2002 (BGH, GmbHR 2003, S. 227 ff.) darauf hinzuweisen, dass bei der Aktivierung einer Vorrats-GmbH die Gründungsvorschriften zu beachten sind. Vor dieser Entscheidung war die Anwendung der Gründungsvorschriften bei der Mantelverwendung in Literatur und Rechtsprechung von unterschiedlichsten Ansichten geprägt. Grundsätzlich für die Beachtung der Gründungsvorschriften bei der Neuverwendung von Mantel- und Vorratsgesellschaft: BGHZ 117, S. 323 (331), wobei zwischen Vorrats- und Mantelgesellschaft differenziert wird; OLG Frankfurt/Main, GmbHR 1999, S. 32 (33); OLG Stuttgart, GmbHR 1999, S. 610 (611); Vorlagebeschluss v. 28.01.2002 des OLG Brandenburg, NZG 2002, S. 641 (642); LG Dresden, GmbHR 2000, S. 1151 (1152); AG Erfurt, GmbHR 1997, S. 74; AG Duisburg, GmbHR 1998, S. 87 (88); Ahrens, DB 1998, S. 1069 (1070); Emmerich, in: Scholz, § 3 GmbHG Rn. 22; Ihrig, BB 1988, S. 1197 (1201 ff.); Priester, DB 1983, S. 2291 (2295 f.); Schmidt, Gesellschaftsrecht, § 4 III, S. 76; Ulmer, BB 1983, S. 1123 (1126); Ulmer, in: Hachenburg, § 3 GmbHG Rn. 39; jeweils mit der Begründung, dass die wirtschaftliche Neugründung die Anwendung der Gründungsvorschriften rechtfertige und eine Umgehung der Gründungsvorschriften zu verhindern sei; für die Anwendung der Gründungsvorschriften auf die Mantelverwendung beim Mantelkauf, nicht aber bei der Vorratsgründung: LG Duisburg, RPfl 1998, S. 115 ebenso: Rawert, EWiR 1998, S. 223 (224); gegen die analoge Anwendung der Gründungsvorschriften und gegen eine registerrechtliche Kontrolle: OLG Frankfurt/Main, GmbHR 1992, S. 456 (456); BayObLG, DB 1999, S. 954 (956); Banerjea, GmbHR 1998, S. 814 (815); Bärwaldt/Schabacker, GmbHR 1998, S. 1005 (1008 ff.), Heerma, Mantelverwendung, S. 113 ff.; Lutter/Hommelhoff, § 3 GmbHG Rn. 8; Rasner, in: Rohwedder, § 60 GmbHG Rn. 7.

387 Vgl. zum Streitstand bei der GmbH: vorherige Fn.

388 Ahrens, DB 1998, S. 1069 (1069 f.); Ihrig, BB 1988, S. 1197 (1201); Ulmer, BB 1983, S. 1123 (1125 f.); ebenso: BGHZ 117, S. 323 (331).

389 Das Argument der Umgehung greifen auf: BGHZ 117, S. 323 (331); OLG Brandenburg, NZG 2002, S. 641 (643); LG Dresden, GmbHR 2000, S. 1151 (1152); Ahrens, DB 1998, S. 1069 (1070); Schmidt, Gesellschaftsrecht, § 4 III, S. 74.

Darüber hinaus erschließt sich die Notwendigkeit der Beachtung der Gründungs- oder Nachgründungsvorschriften bei der Aktivierung eines AG-Mantels aus der Möglichkeit, mithilfe der Verwendung älterer Mantelgesellschaften die Nachgründungsvorschriften (§§ 52 f. AktG), die im Grundsatz auf die gesetzlichen Vorgaben bei der Sachgründung verweisen, zu umgehen.
Immerhin scheint es sehr verlockend, eine Aktiengesellschaft auf Vorrat zu gründen, um dann erst nach Ablauf von zwei Jahren den eigentlichen Geschäftsbetrieb dieser Aktiengesellschaft aufzunehmen. Die Nachgründungszeit und die damit verbundenen Unannehmlichkeiten könnten einfach „verschlafen" werden.
Diese Umgehungsvariante ist aber schwerlich vereinbar mit dem Schutzzweck der Nachgründungsvorschriften. Diese dienen vorrangig der Sicherstellung der realen Kapitalaufbringung.[390] Daneben soll durch die Beachtung der Sachgründungsvorschriften unter den Voraussetzungen der §§ 52 f. AktG der Einfluss der Gründer geschmälert werden.[391] Die neue Gesellschaft soll nicht nur im Zeitpunkt ihres Entstehens, sondern für einen Zeitraum von zwei Jahren eine reale Kapitalaufbringung garantieren. Wegen der durch die Nachgründungsvorschriften bestehenden Einschränkungen der Handlungsfähigkeit im Geschäftsverkehr hat *Bröcker* die Nachgründungsvorschriften treffend als Taschengeldparagraf des Aktienrechts bezeichnet.[392]
Die in den Nachgründungsvorschriften enthaltene Sicherung der Kapitalaufbringung für zwei Jahre darf durch eine Aktivierung von AG-Mänteln nicht faktisch aufgehoben werden.
Hätte der Gesetzgeber den Fall der Mantelverwendung oder der Vorratsgründung und die damit verbundene Umgehungsmöglichkeit der Nachgründungsvorschriften bedacht, so hätte er zur Sicherstellung der Kapitalaufbringung besondere Vorschriften für diese Fälle erlassen, da nur so ein Mindestschutz für Gläubiger und Gesellschafter gewährleistet werden kann. Das Fehlen besonderer Vorschriften für die Verwendung eines AG-Mantels stellt daher eine planwidrige Gesetzeslücke dar, die durch die analoge Anwendung entweder der Gründungs- oder der Nachgründungsvorschriften geschlossen werden muss.
Bereits die Anwendung der weniger strengen Nachgründungsvorschriften kann die gesetzliche Regelungslücke angemessen füllen.[393] Es wäre nicht einsichtig, die Einhal-

---

390 Eckardt, in: Geßler/Hefermehl/Eckardt/Kropff, § 52 AktG, Rn. 2; Hüffer, § 52 AktG Rn. 1; Kraft, in: Kölner Kommentar, § 52 AktG Rn. 3; Pentz, in Münchener Kommentar, § 52 AktG Rn. 5.

391 BGHZ 110, S. 47 (55); Holzapfel/Roschmann, FS Bezzenberger, S. 163 (170); Hüffer, § 52 AktG Rn. 1; Krieger, FS Claussen, S. 223 (224 f.); Pentz, in Münchener Kommentar, § 52 AktG Rn. 5; a.A. Bröcker, ZIP 1999, S. 1029 (1029), der einen selbständigen Normzweck der Beschränkung der Einflussnahme der Gründer bezweifelt.

392 Bröcker, ZIP 1999, S. 1029 (1029).

393 A.A. wohl die herrschende Ansicht, die sich ohne nähere Begründung für die Anwendung der Gründungsvorschriften ausspricht: Grooterhorst, NZG 2001, S. 145 (146); Hüffer, § 23 AktG Rn. 27; Pentz, in: Münchener Kommentar, § 23 AktG Rn. 103 f.; Röhricht, in: Großkomm., § 23 AktG Rn. 132 ff., der allerdings bei der Vorratsgründung die Vorschriften der Gründungsvorschriften nicht anwenden will; unklar, ob Gründungs- oder Nachgründungsvorschriften Anwendung finden sollen: Holzapfel/Roschmann, FS Bezzenberger, S. 163 (170); Reichert, ZGR 2001, S. 554 (559); a.A. Kraft, in: Kölner Kommentar, § 23 AktG Rn. 60, der

tung der strengen Gründungsvorschriften zu verlangen, da die tatsächliche Gründung der Gesellschaft unter Beachtung der Gründungsvorschriften bereits vollzogen wurde.[394] Begrifflich kann in der Aktivierung eines AG-Mantels kein Gründungsfall gesehen werden, da die Gründung der Aktiengesellschaft nach Prüfung der Stammkapitalausstattung mit Eintragung der Gesellschaft ins Handelsregister bereits abgeschlossen war. Bei der Aktivierung eines AG-Mantels wird eine bereits entstandene Gesellschaft meist durch Satzungsveränderung den jeweiligen neuen Bedürfnissen angepasst, aber nicht neu gegründet. Die Aktivierung eines AG-Mantels ist eher vergleichbar mit einem Nachgründungsfall dar. Wie ein Nachgründungsfall findet die Aktivierung eines AG-Mantels nach Abschluss des Gründungsvorgangs und Entstehung der Gesellschaft im Regelfall durch Änderung der Satzung des AG-Mantels statt. Findet eine Mantelverwendung innerhalb der zwei-Jahres-Frist statt, so sind unter den Voraussetzungen des § 52 AktG die Nachgründungsvorschriften einzuhalten. Wird nun aber diese zwei-Jahres-Frist umgangen, indem der Ablauf der Frist abgewartet wird, um so die Anwendung des § 52 AktG zu vermeiden, so wäre es nur schwer nachvollziehbar, wollte man nicht die umgangene Vorschrift, sondern die strengeren allgemeinen Sachgründungsvorschriften anwenden. Eine analoge Anwendung von Gründungs- oder Nachgründungsvorschriften setzt neben einer Regelungslücke auch eine vergleichbare Rechtslage voraus. Vergleichbar ist die Mantelverwendung – wie bereits ausgeführt – mit den Nachgründungsvorschriften, nicht aber mit den Sachgründungsvorschriften selbst.

Die Anwendung der Vorschriften zur Nachgründung haben nicht nur den Vorteil der präziseren begrifflichen Anknüpfung, sondern bieten anders als die Gründungsvorschriften ein Instrumentarium, das die Interessen der Gründer zu einem Mindestmass berücksichtigt. Wie bereits erwähnt, dienen Vorratsgründung und Mantelverwendung sowohl der Zeitersparnis als auch der Vermeidung von wirtschaftlichen und haftungsrechtlichen Risiken. Eine undifferenzierte Pflicht zur Einhaltung der Sachgründungsvorschriften würde diese Vorteile zunichte machen.[395]

Zwar verlangt der BGH[396] eine sinngemäße Anwendung der Gründungsvorschriften auch bei der Aktivierung der Mantel- oder Vorratsgesellschaft zur Sicherstellung der realen Kapitalaufbringung. Gleichzeitig betont er aber auch, dass wirtschaftliche und haftungsrechtliche Interessen der Gründer an einer Vorratsgründung oder einer Mantelverwendung zu respektieren sind.[397] Würde man das Urteil des BGH so verstehen, dass auch bei der Verwendung eines AG-Mantels die Sachgründungs- und nicht die Nachgründungsvorschriften zu beachten wären, so wäre nicht nachvollziehbar, warum der BGH zum einen den wirtschaftlichen und haftungsrechtlichen Sinn der Aktivie-

lediglich für eine Durchgriffshaftung plädiert; ebenso für das GmbH-Recht: Bommert, GmbHR 1983, S. 209 (211).

394 So für das GmbH-Recht: BayObLG, DB 1999, S. 954 (955); Bärwaldt/Schabacker, GmbHR 1998, S. 1005 (1010); Banerjea, GmbHR 1998, S. 814 (815 f.), die deshalb auch die analoge Anwendung der Gründungsvorschriften bei der GmbH ablehnen.

395 So zum GmbH-Recht: BayObLG, DB 1999, S. 954 (956).

396 BGHZ 117, S. 323 (331).

397 BGHZ 117, S. 323 (330 f.).

rung von AG-Mänteln anerkennen will, zum anderen aber dieselben Anforderungen an die Aktivierung stellt wie bei einer rechtlichen Neugründung. Damit wäre im Ergebnis jeder Vorteil einer Neuverwendung eines AG-Mantels wieder genommen.
Eine Erleichterung hinsichtlich der Anforderungen an die Einhaltung der Gründungsvorschriften brächte die Anwendung der Nachgründungsvorschriften auf die Aktivierung von Mantelgesellschaften.
Zum einen müsste eine Nachgründungsprüfung nur durchgeführt werden, wenn nach § 52 Abs. 1 S. 1 AktG a.F. Vermögensgegenstände erworben werden, die den zehnten Teil des Grundkapitals übersteigen. Zum anderen mussten die Nachgründungsvorschriften nach § 52 Abs. 9 AktG dann nicht eingehalten werden, wenn der Erwerb der Vermögensgegenstände den Gegenstand des Unternehmens bildete (§ 52 Abs. 9 AktG).[398] Mit Inkrafttreten des neuen Nachgründungsrechts im Rahmen des Namensaktiengesetzes rückwirkend zum 01.01.2000 wird die Anwendung des Nachgründungsrechts darüber hinaus wesentlich eingeschränkt.[399] Die Nachgründungsvorschriften sind gemäß § 52 Abs. 1 AktG n.F. nur auf Verträge mit Gründern oder hinzugetretenen Aktionären anzuwenden, die mit mindestens 10% am Grundkapital beteiligt sind. Weiterhin wird der Ausnahmetatbestand des § 52 Abs. 9 AktG a.F. dahingehend ausgeweitet und abgeändert, dass der Erwerb von Vermögensgegenständen im Rahmen des laufenden Geschäfts, in der Zwangsvollstreckung und über die Börse die Notwendigkeit der Nachgründungsprüfung entfallen lässt.
Außerdem ist zu berücksichtigen, dass bei einer Nachgründungsprüfung lediglich die Gründungsprüfung durchzuführen und ein Gründungsbericht zu erstellen ist (§§ 52 Abs. 3, Abs. 4 AktG). Würde man dagegen die Gründungsvorschriften entsprechend anwenden, so müsste man neben Gründungsbericht und Gründungsprüfung die Vorschriften des § 27 AktG und § 31 AktG beachten. Insbesondere die Beachtung des § 27 AktG würde aufgrund der Unwirksamkeit der Sacheinlageleistung bei fehlenden Angaben in der Satzung nach § 27 Abs. 3 AktG erhebliche Rechtsunsicherheiten mit sich bringen. Schließlich wird die Gründungsprüfung durch den Aufsichtsrat nach § 52 Abs. 3 S. 1 AktG der Situation der Aktivierung einer bestehenden Gesellschaft besser gerecht als die Prüfung durch die Gründer der Gesellschaft nach § 32 Abs. 1 AktG.
Neben der Berücksichtigung der Interessen der Gründer einer Vorratsgesellschaft dient die Anwendung der Nachgründungsvorschriften auch der Handhabung in der Praxis. Anders als bei der Gründung einer Gesellschaft[400] muss das Registergericht das Vorliegen eines Nachgründungsfalles nicht prüfen. Die Schwierigkeiten, die gerade mit

---

398 Ab 01.01.2000 gelten die Nachgründungsvorschriften in veränderter Fassung. Da die zu untersuchende Abspaltung der Celanese AG im Jahr 1999 stattfand, ist grundsätzlich die damalige Rechtslage Gegenstand der Darstellung. Dennoch wird im Rahmen der Argumentation in den folgenden Ausführungen auf die Neufassung des § 52 AktG durch das NaStraG (BGBl. 2000 I S. 123) eingegangen.

399 Vgl. dazu und zur Aktualität der früheren Streitfragen: Reichert, ZGR 2001, S. 554 (560 ff.); Schwab, Nachgründung, S. 46 ff.

400 Die Prüfungspflicht des Registergerichts bei der Gründung von Aktiengesellschaften ergibt sich aus § 38 AktG. Eine Prüfung des Registerrichters erfolgt bei einem Nachgründungsfall nur, wenn der Vertrag zur Eintragung ins Handelsregister angemeldet wird (§ 52 Abs. 6, Abs. 7 AktG).

der Feststellung der Aktivierung eines Alt-Mantels verbunden sind,[401] würden entfallen. Die Neuverwendung eines AG-Mantels ohne Beachtung der Nachgründungsvorschriften hätte allerdings immer die Gefahr der Unwirksamkeit des Erwerbs der jeweiligen Vermögensgegenstände zur Folge, § 52 Abs. 1 S. 2 AktG. Gerade deshalb werden in der Praxis im Regelfall die Nachgründungsvorschriften Beachtung finden, ohne dass eine Registerkontrolle notwendig wäre.[402]
Daneben sind wohl die Nachgründungsvorschriften für weitere zwei Jahre ab Neuverwendung der Mantelgesellschaft einzuhalten.[403] Eine nähere Auseinandersetzung mit diesem Problem, das bei der Anwendung der Nachgründungsvorschriften wohl einer besonderen Begründung bedarf, kann aufgrund des begrenzten Untersuchungsgegenstandes nicht geleistet werden.
Es bleibt die Frage zu beantworten, ob die grundsätzliche Entscheidung für die Anwendung der Nachgründungsvorschriften bei der Neuverwendung von Mantelgesellschaften bei einer Aktivierung anlässlich einer Spaltung zur Aufnahme nach dem UmwG anders entschieden werden muss.

c) Die Mantelverwendung bei einer Spaltung zur Aufnahme

Grundsätzlich macht es keinen Unterschied, ob die Mantelverwendung anlässlich einer gewöhnlichen Neuverwendung oder anlässlich einer Spaltung erfolgt, da das Spaltungsrecht zum einen in §§ 125 S. 1, 67 S. 1 UmwG umfassend[404] auf die Nachgründungsvorschriften, zum anderen in § 135 Abs. 2 UmwG umfassend auf die Gründungsvorschriften des Aktienrechts bei einer Spaltung zur Neugründung verweist.[405] Die Problemlage ist also vergleichbar, wenn nicht sogar identisch. Auch die oben angesprochene Änderung des § 52 Abs. 9 AktG findet bei einer umwandlungsrechtlichen Nachgründungsprüfung gemäß §§ 67 S. 1, 125 S. 1 UmwG Anwendung. Hinsichtlich Gründungsprüfung und Gründungsbericht stellt § 144 UmwG klar, dass die Ausnahmen von der Erstellung von Gründungsbericht und Durchführung der Gründungsprüfung im Verschmelzungsrecht (§ 75 Abs. 2 UmwG) für das Spaltungsrecht nicht gelten.[406] Abweichend von den Nachgründungsvorschriften des AktG führt

---

401 Dazu: BayObLG, DB 1999, S. 954 (956); Bärwaldt/Schabacker, GmbHR 1998, S. 1005 (1011 f.); a.A. BGHZ 117, S. 323 (331 f.), wonach der Registerrichter die Mantelverwendung anhand eintragungspflichtiger Änderungen bestimmen könne; ebenso: Pentz, in: Münchener Kommentar, § 23 AktG Rn. 102; Röhricht, in: Großkomm., § 23 AktG Rn. 136; Schick, GmbHR 1997, S. 982 (985).

402 Bei der Mantelverwendung im Rahmen einer Spaltung gelten Besonderheiten, dazu unter Teil 3 C) III 2 c).

403 So die h.M. Grooterhorst, NZG 2001, S. 145 (148); Holzapfel/Roschmann, FS Bezzenberger, S. 163 (170); Hüffer, § 23 AktG Rn. 27a; Pentz, in: Münchener Kommentar, § 23 AktG Rn. 102, Reichert, ZGR 2001, S. 554 (559).

404 BT-Drucks. 12/6699, zu § 67, S. 62.

405 Für einen umfassenden Verweis auf die Gründungsvorschriften auch: Bruski, AG 1997, S. 17 (26).

406 Die Erleichterung der Verschmelzung kann damit begründet werden, dass bei der Spaltung anders als bei einer Verschmelzung die Übertragung von Teilvermögen zu einer verbotenen

die Missachtung der Nachgründungsvorschriften bei einer Spaltung nicht zur Nichtigkeit des Vermögenserwerbs, da § 67 S. 1 UmwG nicht auf § 52 Abs. 1 S. 2 AktG verweist. Der Vorstand muss aber den Spaltungsvertrag nach §§ 125 S. 1, 67 S. 1 UmwG, 52 Abs. 6 S. 1 AktG als Nachgründungsfall unter Beifügung der in § 67 S. 2 UmwG genannten Unterlagen zur Eintragung anmelden.[407]
Es bleibt daher festzuhalten, dass bei der Verwendung einer Mantelgesellschaft die Nachgründungsvorschriften einzuhalten sind. Dies gilt auch für die Aktivierung eines Mantels im Rahmen einer Spaltung. Trotz der hier vertretenen Ansicht empfiehlt es sich, bei der Verwendung eines Mantels im Rahmen einer Spaltung entsprechend der herrschenden Meinung die Gründungsvorschriften des Aktienrechts nach §§ 32 ff AktG zu beachten.[408] Nach herrschender Auffassung sind darüber hinaus die Nachgründungsvorschriften für zwei Jahre ab Aktivierung des Mantels anzuwenden.

d) Einhaltung der Nachgründungsvorschriften bei der Spaltung der Hoechst AG

Obwohl die Diogenes Erste Vermögensverwaltungs AG[409] bereits am 22.11.1996 gegründet wurde[410] und damit die zwei-Jahres-Frist des §§ 125 S. 1, 67 S. 1 UmwG im Zeitpunkt des notariellen Abschlusses des Spaltungsvertrages bereits abgelaufen war, führte die Celanese AG eine Nachgründungsprüfung durch.[411] Zum Gründungsprüfer wurde die PwC Deutsche Revision AG, die auch die Spaltungsprüfung vornahm, bestellt. Der Prüfungsbericht und der Bericht des Aufsichtsrates wurde beim Handelsregister eingereicht.
Die Nachgründungsvorschriften wurden laut Spaltungsbericht aus Vorsichtsgründen eingehalten,[412] da die Celanese AG als übernehmende Rechtsträgerin zunächst als offene Vorratsgesellschaft gegründet wurde. Gemäß den Anforderungen des BGH an eine wirksame Vorratsgründung wurde der Unternehmensgegenstand der Diogenes Erste Vermögensverwaltungs AG mit „der Verwaltung des eigenen Vermögens" beschrieben.[413] Wie oben ausgeführt mussten dann bei der Verwendung der Vorratsgesellschaft im Rahmen der Spaltung nach wohl herrschender Ansicht Gründungsprüfung und Gründungsbericht angefertigt werden. Auf zusätzliche Voraus-

---

Unter-pari-Emission führen kann: Hommelhoff, in: Lutter, § 144 UmwG Rn. 7; Petersen, Gläubigerschutz, S. 292.

407 Vgl. oben Teil 3 C) III 1.

408 So wohl die herrschende Auffassung, die ebenso nicht davon ausgeht, dass §§ 27 ff. AktG einzuhalten sind: Hüffer, § 23 AktG Rn. 27a; Pentz, in: Münchener Kommentar, § 23 AktG Rn. 103 sprechen sich lediglich für die Anwendung der Gründungsprüfung aus (33 ff. AktG); Röhricht, in: Großkomm., § 23 AktG Rn. 136 verlangt die Anwendung der §§ 27 und 32 ff. AktG, allerdings nur für die Mantelverwendung, nicht dagegen für die Vorratsgründung, Rn. 142.

409 So firmierte die Celanese AG vor der Spaltung.

410 Spaltungsbericht der Hoechst AG und der Celanese AG, III 3, S. 65.

411 Spaltungsbericht der Hoechst AG und der Celanese AG, I 6.3, S. 20.

412 So ausdrücklich: Spaltungsbericht der Hoechst AG und der Celanese AG, I 6.3, S. 20.

413 Handelsregisterauszug vom 14.06.2000 (HRB 42283, Amtsgericht Frankfurt/Main), Eintragung vom 22.11.1996, Spalte 2.

setzungen der Sachgründung konnte nach der hier vertretenen und der herrschenden Ansicht verzichtet werden.
Auch bei der Anwendung der Nachgründungsvorschriften anstatt der direkten Anwendung der §§ 32 ff. AktG musste eine Gründungsprüfung durchgeführt und ein Gründungsbericht erstellt werden (§§ 125 S. 1, 67 S. 1 UmwG, 52 Abs. 3 S. 2, Abs. 4 S. 2, 32 Abs. 2, Abs. 3, 33 Abs. 3-Abs.5, 34, 35 AktG), da die 10% Grenze des §§ 125 S. 1, 67 S. 2 UmwG überschritten wurde und eine Ausnahme nach §§ 125 S. 1, 67 S. 1 UmwG, 52 Abs. 9 AktG a.F. nicht vorlag.

3. Ergebnis

Die Nachgründungsvorschriften sind nach §§ 125 S. 1, 67 S. 1 UmwG auch bei einer Spaltung zu beachten. Gleichfalls müssen bei einer Verwendung eines AG-Mantels oder einer Vorratsgesellschaft im Rahmen einer Spaltung zur Aufnahme Gründungsprüfung durchgeführt und Prüfungsbericht erstellt werden. Dies ist aber nur dann der Fall, wenn durch die Aufnahme der abgespaltenen Wirtschaftsgüter die Voraussetzungen einer Nachgründung nach §§ 125 S. 1, 67 S. 1 UmwG mit Ausnahme der zwei-Jahres-Frist vorliegen.

IV. Die Unterrichtung der Arbeitnehmer nach §§ 613a Abs. 5 BGB n.F.

Die Änderungen der §§ 613a BGB, 324 UmwG im Zuge des Gesetzes zur Änderung des Seemannsgesetzes und anderer Gesetze[414] haben eine Pflicht des übertragenden und übernehmenden Rechtsträgers geschaffen, die von einem Betriebsübergang betroffenen Arbeitnehmer individuell über die geplante Umstrukturierung zu unterrichten.[415] Im Zuge der Einführung der neuen Berichtspflichten, die am 01.04.2002 in Kraft getreten sind und nach § 324 UmwG n.F. auch für Umwandlungen nach dem UmwG gelten, wurde das Widerspruchsrecht des Arbeitnehmers im Fall eines Betriebsübergangs in § 613a Abs. 6 BGB n.F. kodifiziert.[416] Ziel ist es, den Arbeitnehmer für die Entscheidung über die Ausübung seines Widerspruchsrechts bei einem Betriebsübergang ausreichend zu informieren.[417] Wird die Pflicht zur Erteilung der in § 613a Abs. 5 BGB n.F. bestimmten Informationen nicht erfüllt, so beginnt die in § 613a Abs. 6 BGB n.F. normierte Frist zur Ausübung des Widerspruchsrechts nicht zu laufen.
Zwar musste die Hoechst AG die Anforderungen des § 613a BGB n.F. nicht beachten. Da bei zukünftigen Spaltungen jeder Arbeitnehmer nach § 613a Abs. 5 BGB individu-

---

414 BGBl. I 2002, S. 1163. Die Neuregelung des § 613a Abs. 5 BGB dient der Umsetzung des Art. 7 Abs. 6 der Richtlinie 2001/23/EG des Rates vom 12.03.2001, AblEG Nr. L 82 v. 22.03.2001, S. 16. Näher zu dieser Richtlinie Bauer/von Steinau-Steinrück, ZIP 2002, S. 457 (460 f.).

415 Kritisch zur Neufassung Bauer/von Steinrück, ZIP 2002, S. 457 (458); Willemsen/Lembke, NJW 2002, S. 1159 (1161 f.).

416 Vgl. dazu Willemsen/Lembke, NJW 2002, S. 1159 (1160).

417 BT-Drucks. 14/7760, S. 19.

ell zu unterrichten ist, soll an dieser Stelle kurz auf die Neuregelung eingegangen werden.

Dass §§ 613 a Abs. 5 und Abs. 6 BGB n.F. auch auf die Betriebsübertragung im Wege der Spaltung anzuwenden ist, geht aus § 324 UmwG n.F. hervor, wonach § 613a Abs. 1 und 4 bis 6 BGB durch die Wirkungen der Eintragung der Verschmelzung, Spaltung oder Vermögensübertragung unberührt bleiben. Neben die Informationspflicht nach § 126 Abs. 1 Nr. 11[418] und § 126 Abs. 3 UmwG tritt daher auch bei Unternehmensumwandlungen die Unterrichtungspflicht und das Widerspruchsrecht der von dem Betriebsübergang betroffenen Arbeitnehmer nach §§ 613a Abs. 5 und 6 BGB n.F.

Dem einzelnen Arbeitnehmer ist vor dem Betriebsübergang[419] in Textform nach § 126b BGB n.F., also in schriftlicher aber unterschriftsloser Weise[420], darüber Auskunft zu geben, zu welchem Zeitpunkt (§ 613a Abs. 5 Nr. 1 BGB n.F.), aus welchem Grund (§ 613a Abs. 5 Nr. 2 BGB n.F.) der Betriebsübergang stattfinden wird, welche rechtlichen, wirtschaftlichen und sozialen Folgen des Betriebsübergangs für die Arbeitnehmer zu erwarten sind (§ 613a Abs. 5 Nr. 3 BGB n.F.) und welche Maßnahmen hinsichtlich der Arbeitnehmer in Aussicht genommenen werden (§ 613a Abs. 5 Nr. 4 BGB n.F.).

Schwierigkeiten bestehen bereits bei der Angabe des Zeitpunkts des Betriebsübergangs, da die Spaltung erst mit Eintragung im Handelsregister des übertragenden Rechtsträgers (§ 131 Abs. 1 Nr. 1 S. 1 UmwG) wirksam wird. Aus diesem Grund wird eine ungefähre Angabe mit der Formulierung „von ... bis ..." und der Aufklärung, dass der Betrieb erst mit Eintragung im Handelsregister des übertragenden Rechtsträgers übergehen wird, ausreichen.[421] Zu empfehlen ist darüber hinaus der Vorbehalt, dass bei einer Anfechtung des Umwandlungsvorgangs ein späterer Zeitpunkt des Betriebsübergangs eintreten wird. Insgesamt dürfte § 613a Abs. 5 Nr. 1 BGB n.F. nicht zu streng auszulegen sein, da die Entscheidung über die Ausübung des Widerspruchsrechts nach § 613a Abs. 6 BGB n.F., die durch die Unterrichtung nach § 613a Abs. 5 BGB n.F. eine Grundlage erhalten soll, kaum von der Angabe des Zeitpunkts des Betriebsübergangs abhängen wird.[422] Für die geringe Bedeutung der Angabe des Zeitpunkts des Betriebsübergangs spricht auch, dass die Frist zur Erklärung des Widerspruchs nicht von dem Betriebsübergang, sondern von dem Zugang der Unterrichtung abhängt.[423]

Aus demselben Grund dürfte bei § 613a Abs. 5 Nr. 2 BGB n.F. eine kurze schlagwortartige Beschreibung des Grundes, also die Angabe der Form der Transaktion (Be-

418 Vgl. unten Teil 4 A) III 11.

419 Vgl. zum zeitlichen Aspekt der Unterrichtung Bauer/von Steinau-Steinrück, ZIP 2002, S. 457 (459); Willemsen/Lembke, NJW 2002, S. 1159 (1163).

420 Dazu näher Bauer/von Steinau-Steinrück, ZIP 2002, S. 457 (458 f.); Willemsen/Lembke, NJW 2002, S. 1159 (1164); Worzalla, NZA 2002, S. 353 (356).

421 Ähnlich Willemsen/Lembke, NJW 2002, S. 1159 (1165). Zur Pflicht einer erneuten Unterrichtung bei erheblicher zeitlicher Verschiebung: Worzalla, NZA 2002, S. 353 (354).

422 Für § 613a Abs. 5 Nr. 2 BGB n.F. bereits Willemsen/Lembke, NJW 2002, S. 1159 (1162).

423 Worzalla, NZA 2002, S. 353 (354).

triebsveräußerung, Verschmelzung, Spaltung) unter Bezeichnung der Vertragspartei und des Vertrages ausreichen,[424] natürlich unter dem Vorbehalt der Verständlichkeit der Ausführungen für die Arbeitnehmer.
Hinsichtlich der nach § 613a Abs. 5 Nr. 3 und 4 BGB n.F. notwendigen Erklärungen scheint es möglich, aufgrund der ähnlichen Formulierung eine Parallele zu §§ 5 Abs. 1 Nr. 9, 126 Abs. 1 Nr. 11 UmwG zu ziehen, auch wenn sich die Beschreibung im Spaltungsvertrag an die Arbeitnehmervertreter und die Unterrichtung nach § 613a Abs. 5 BGB n.F. individuell an jeden Arbeitnehmer richtet.[425] Bei der konkreten Bestimmung der einzelnen Angabepflichten[426] ist aber immer zu berücksichtigen, dass die Information nach § 613a Abs. 5 BGB der Vorbereitung der Entscheidung über die Ausübung des Widerspruchs dient. Die Darstellung von Folgen für die Arbeitnehmervertreter ist daher im Rahmen der individuellen Unterrichtungspflicht nach § 613a Abs. 5 BGB n.F. anders als bei der Angabepflicht nach § 126 Abs. 1 Nr. 11 UmwG entbehrlich. Ebensowenig ist auf Belange des einzelnen Arbeitnehmers einzugehen.[427] Eine derart weitreichende Informationspflicht ergibt sich nicht aus dem Gesetz und würde die beteiligten Rechtsträger überfordern. Es gibt keine Anhaltspunkte im Gesetz, dass der Arbeitgeber Rechtsrat im konkreten Einzelfall geben müsste. Dafür ist jeder Arbeitnehmer selbst verantwortlich.
Hinsichtlich der Aufklärung über wirtschaftliche und soziale Umstände im Fall des Betriebsübergangs, zumeist sogenannte mittelbare oder Sekundär - Folgen, gelten die zu Teil 4 A) III 11 a) gemachten Ausführungen entsprechend. Demnach müssen nur konkret geplante Maßnahmen[428] und nur solche, die nicht unter ein legitimes Geheimhaltungsinteresse fallen, benannt werden.[429] Ableiten lässt sich die nähere Bestimmung des Umfangs der Informationspflicht bereits aus dem Wortlaut des § 613a Abs. 5 Nr. 3 BGB n.F., wonach „die ... Folgen“ und nicht „die möglichen/denkbaren ... Folgen“ zu beschreiben sind.[430]
Der Auskunftsanspruch[431] der Arbeitnehmer richtet sich sowohl gegen den Veräußerer als auch den Erwerber des Betriebes. Da der Arbeitnehmer die Unterrichtung nur ein-

---

424 So auch Willemsen/Lembke, NJW 2002, S. 1159 (1162); Worzalla, NZA 2002, S. 353 (354).

425 So schon Willemsen/Lembke, NJW 2002, S. 1159 (1162 f.); ähnlich Bauer/ v. Steinau-Steinrück, ZIP 2002, S. 457 (462 f.) allerdings für eine wesentlich engere Auslegung des Begriffs Maßnahmen bei § 613a Abs. 5 BGB; a.A. Worzalla, NZA 2002, S. 353 (355), mit dem Argument die Angaben nach § 126 Abs. 1 Nr. 11 UmwG würden sich an den Betriebsrat richten. Dem ist entgegenzuhalten, dass im Spaltungsvertrag auch individualarbeitsrechtliche Belange zu erläutern sind. Der Hinweis auf einen unterschiedlichen Empfängerhorizont bei Arbeitnehmern und Arbeitnehmervertretern ist nicht nachvollziehbar. Vgl. zu § 126 Abs. 1 Nr. 11 UmwG unten Teil 4 A) III 11 a).

426 Vgl. zu einzelnen Angabepflichten Bauer/ v. Steinau-Steinrück, ZIP 2002, S. 457 (463).

427 Bauer/ v. Steinau-Steinrück, ZIP 2002, S. 457 (462); Willemsen/Lembke, NJW 2002, S. 1159 (1163).

428 Willemsen/Lembke, NJW 2002, S. 1159 (1163); Worzalla, NZA 2002, S. 353 (355).

429 Willemsen/Lembke, NJW 2002, S. 1159 (1163); Bauer/von Steinau-Steinrück, ZIP 2002, S. 457 (461).

430 Willemsen/Lembke, NJW 2002, S. 1159 (1163) mit Beispielen zu Sekundärfolgen.

431 Vgl. dazu ausf. Willemsen/Lembke, NJW 2002, S. 1159 (1161); a.A. Bauer/von Steinau-

mal verlangen kann und keine Anhaltspunkte im Gesetz dafür bestehen, dass die beteiligten Rechtsträger nicht gleichstufig verpflichtet sein sollen, sind Erwerber und Veräußerer nach §§ 421 ff. BGB als Gesamtschuldner zur Erfüllung der Unterrichtungspflicht anzusehen.[432] Vereinbarungen im Innenverhältnis, die möglich aber nicht von Gesetzes wegen notwendig sind, können den Charakter der Verpflichtung als Gesamtschuld nicht ändern.[433] Der Gesetzgeber hat eine gemeinschaftliche Informationspflicht der beteiligten Rechtsträger begründet, auch wenn der Betriebsveräußerer vorrangig an einer umfassenden Unterrichtung der Arbeitnehmer interessiert sein wird, da bei unzureichender Information jeder einzelne Arbeitnehmer das ihm nunmehr ausdrücklich nach § 613a Abs. 6 BGB n.F. zustehende Widerspruchsrecht ausüben kann. Nur wenn der Erwerber an der personellen Zusammensetzung der Arbeitnehmer des betreffenden Betriebes interessiert ist, wird er ebenfalls auf eine umfassende Information der Arbeitnehmer nach § 613a Abs. 5 BGB n.F. Wert legen. In einem solchen Fall wird der neue Arbeitgeber aber durch entsprechende Maßnahmen die Ausübung des Widerspruchsrechts zu verhindern wissen.

Hintergrund der Notwendigkeit einer ausreichenden und umfassenden Berichterstattung ist die Regelung des § 613a Abs. 6 BGB n.F., wonach das Widerspruchsrecht des Arbeitnehmers nur dann innerhalb eines Monats nach Zugang der schriftlichen Unterrichtung erlischt, wenn diese vollständig, richtig und formgerecht erteilt wurde.[434] Im Fall der Ausübung des Widerspruchsrechts muss dann der Betriebsveräußerer den widersprechenden Arbeitnehmer beschäftigen oder eine betriebsbedingte Kündigung bei Vorliegen der entsprechenden Voraussetzungen aussprechen. Während es dem Betriebsveräußerer darauf ankommen wird, den Arbeitnehmer möglichst umfassend zu informieren, um den Lauf der Widerspruchsfrist nach § 613a Abs. 6 BGB in Gang zu setzen, ist dem Erwerber zumeist an der Geheimhaltung der von ihm geplanten Maßnahmen gelegen. Dieser Konflikt sollte insbesondere im Interesse des Veräußerers sehr detailliert im Spaltungsvertrag behandelt und gelöst werden. Dies gilt vor allem bei der Ab- oder Aufspaltung auf konzernfremde Rechtsträger.

Problematisch erscheint neben der gesamtschuldnerischen Verpflichtung der beteiligten Rechtsträger zur Auskunftserteilung die Rechtsunsicherheit darüber, ob die Monatsfrist nach § 613a Abs. 6 BGB n.F. abgelaufen ist und damit das Widerspruchsrecht der Arbeitnehmer erloschen ist. Angesichts der Vielzahl der ungeklärten Fragen zu den Einzelheiten der angabepflichtigen Tatsachen und dem Fehlen einer maximalen Fristobergrenze für die Ausübung des Widerspruchsrechts ist durch die Neuregelung des § 613a BGB ein wesentlicher Unsicherheitsfaktor geschaffen worden, der bei jeder Be-

---

Steinrück, ZIP 2002, S. 457 (458), der von einer bloßen Obliegenheit spricht.

432 Bauer/von Steinau-Steinrück, ZIP 2002, S. 457 (458); Willemsen/Lembke, NJW 2002, S. 1159 (1161); a.A. Worzalla, NZA 2002, S. 353 (354).

433 a.A. Worzalla, NZA 2002, S. 353 (354).

434 Willemsen/Lembke, NJW 2002, S. 1159 (1164); Worzalla, NZA 2002, S. 353 (355). Zu Folgen unvollständiger Unterrichtung und der Verwirkung des Widerspruchsrechts ausf. Bauer/ v. Steinau-Steinrück, ZIP 2002, S. 457 (464 ff.); Zu weiteren Rechtsfolgen einer nicht ordnungsgemäßen Unterrichtung: Willemsen/Lembke, NJW 2002, S. 1159 (1164); a.A. Bauer/ v. Steinau-Steinrück, ZIP 2002, S. 457 (458), mit dem Argument, die Unterrichtungspflicht habe den Charakter einer bloßen Obliegenheit.

triebsveräußerung durch Übertragung der einzelnen Vermögensgegenstände und bei jeder Umwandlung nach dem UmwG zu beachten ist. Lediglich bei der Betriebsübertragung durch Anteilsveräußerung („share deal") ist § 613a BGB[435] auch nach Inkrafttreten des Gesetzes vom 23.03.2002 unanwendbar.

D) Zeitlicher Ablaufplan eines Spaltungsvorhabens

I. Die einzelnen Vorbereitungsphasen

Zeitlich ist der Ablauf der Spaltung von §§ 125 S. 1, 17 Abs. 2 S. 4 UmwG bestimmt, wonach der Anmeldung beim Registergericht eine Schlussbilanz des übertragenden Rechtsträgers beizufügen ist, die höchstens acht Monate vor der Anmeldung erstellt wurde. Innerhalb dieser acht Monate muss zunächst die Schlussbilanz, für die gemäß §§ 125 S. 1, 17 Abs. 2 S. 2 UmwG die Vorschriften über die Jahresbilanz bis auf die zwingende Bekanntmachung (§§ 125 S. 1, 17 Abs. 2 S. 3 UmwG) gelten, geprüft und aufgestellt werden.
Dieser gesetzlich vorgeschriebene acht-Monats-Zeitraum kann grundsätzlich in vier Phasen eingeteilt werden.[436]
An den durch die Konzernleitung gefassten Spaltungsentschluss schließt sich unmittelbar die Planungsphase an, in der ein Zeitplan unter Einbeziehung von Beratern, Wirtschaftsprüfern und Notaren erarbeitet wird.
In der darauf folgenden Vorbereitungsphase muss zunächst die Unternehmensbewertung der beteiligten Rechtsträger vorgenommen werden. Danach sollen der Entwurf des Spaltungsvertrags, die Jahresabschlüsse und Lageberichte der letzten drei Jahre (§§ 125 S. 1, 63 Abs. 1 Nr. 2 UmwG), gegebenenfalls eine Zwischenbilanz[437] nach §§ 125 S. 1, 63 Abs. 1 Nr. 3 UmwG, der Spaltungsbericht (§§ 125 S. 1, 63 Abs. 1 Nr. 4 UmwG) sowie die nach §§ 125 S. 1, 60 UmwG zu erstellenden Prüfungsberichte angefertigt werden. Diese Unterlagen sind dann zur Einsichtnahme der Aktionäre ab Einberufung der Hauptversammlung in den Geschäftsräumen bereitzulegen (§§ 125 S. 1 63 UmwG). Diese Pflicht zur Information der Aktionäre soll den Beschluss der Hauptversammlung über die Spaltung vorbereiten. Bei der Spaltung von Aktiengesellschaften muss nach §§ 125 S. 1, 9 Abs. 1, 60, UmwG mindestens ein Spaltungsprüfer bestellt werden, wenn es sich nicht um eine Ausgliederung handelt (§ 125 S. 2 UmwG). Beabsichtigen die beteiligten Gesellschaften die Beauftragung eines gemeinsamen Spaltungsprüfers, so sollten die jeweiligen Vorstände frühzeitig eine Bestellung durch ein zuständiges Gericht beantragen, §§ 125 S. 1, 60 Abs. 3 S. 1, 10 Abs. 2 UmwG.

---

435 Zur Nichtanwendbarkeit des § 613a BGB auf den „share deal": Putzo, in: Palandt, § 613a BGB Rn. 6.

436 So: Sagasser/Ködderitzsch, in: Sagasser/Bula/Brünger, Umwandlungen, J Rn. 9 ff.

437 Eine Zwischenbilanz ist nur zu errichten, wenn sich der letzte Jahresabschluss auf ein Geschäftsjahr bezieht, das mehr als sechs Monate vor Aufstellung des Entwurfs des Spaltungsvertrages abgelaufen ist, §§ 125 S. 1, 63 Abs. 1 Nr. 3 UmwG.

Bei einer Kapitalerhöhung des übernehmenden Rechtsträgers muss gemäß §§ 142 Abs. 1 UmwG, 183 Abs. 3 AktG eine Sacheinlagenprüfung durchgeführt und ein Bericht hierüber fertiggestellt werden. Dieser Bericht ist beim Registergericht einzureichen und im Spaltungsbericht zu erwähnen (§ 142 Abs. 2 UmwG). Die Kapitalerhöhung beim übernehmenden Rechtsträger ist frühzeitig zu planen, da spätestens mit der Eintragung der Spaltung die Kapitalerhöhung nach §§ 125 S. 1, 66 UmwG in das Handelsregister des übernehmenden Rechtsträgers eingetragen werden muss. Daneben sind im Fall einer Nachgründung oder einer Mantelverwendung gemäß §§ 125 S. 1, 67 S. 1 UmwG, 52 Abs. 3, Abs. 4 AktG ein schriftlicher Nachgründungsbericht des Aufsichtsrates vorzubereiten und eine Gründungsprüfung möglichst durch den Spaltungsprüfer zu veranlassen. In dieser Phase, jedenfalls aber einen Monat vor der Tagung der Hauptversammlung, muss der Entwurf des Spaltungsvertrages den Arbeitnehmervertretungen zugestellt werden (§§ 125 S. 1, 5 Abs. 3 UmwG), damit sich diese ein Bild von den Folgen der Spaltung für die Arbeitnehmer und deren Vertreter machen können.

Falls sich bei der Überprüfung des Spaltungsvertrages durch die Spaltungsprüfer herausstellen sollte, dass das Umtauschverhältnis zu korrigieren ist, sollte die Bestimmung des verbesserten und endgültigen Umtauschverhältnisses noch in der Vorbereitungsphase vorgenommen werden. Außerdem muss der Spaltungsvertrag oder dessen Entwurf vor Einberufung der Hauptversammlung durch den Vorstand beim Handelsregister eingereicht werden (§§ 125 S. 1, 61 S. 1 UmwG). Da für diese Einreichung keine gesetzliche Frist besteht und zwischen der Einberufung und dem Stattfinden der Hauptversammlung nach § 123 Abs. 1 AktG mindestens ein Zeitraum von einem Monat liegen muss, kann die Hauptversammlung unmittelbar nach Einreichung einberufen werden.[438] Beim Handelsregister kann jeder nach § 9 Abs. 1 HGB den Vertrag einsehen und kostenpflichtig Abschriften fertigen (§ 9 Abs. 2 S. 1 HGB, § 36 Abs. 1 Nr. 1 KostO). Eine verspätete oder fehlende Einreichung macht den Beschluss zwar anfechtbar, allerdings beruht der Beschluss nicht auf dem Mangel, wenn der Spaltungsvertrag oder dessen Entwurf nach §§ 125 S. 1, 63 Abs. 1 Nr. 1 UmwG vor der Einberufung in den Geschäftsräumen ausgelegt wurde.[439] Sodann sind die Aktionäre unter Angabe des Tagesordnungspunktes „Spaltung" zur Hauptversammlung zu laden.

An die Vorbereitungsphase schließt sich die Beschlussphase an, in der beide beteiligten Rechtsträger einen Zustimmungsbeschluss der Anteilseigner mit einer Mehrheit von mindestens drei Viertel des erschienenen Kapitals herbeiführen müssen (§§ 125 S. 1, 65 Abs. 1 S. 1 UmwG). Bestehen verschiedene stimmberechtigte Aktiengattungen, so hat jede Aktiengattung nach §§ 125 S. 1, 65 Abs. 2 UmwG der Spaltung gesondert zuzustimmen. Vor der Abstimmung müssen die Verwaltungen die in

---

438 Dehmer, § 61 UmwG Rn. 2; Grunewald, in: Lutter, § 61 UmwG Rn. 2; Grunewald, Kölner Umwandlungsrechtstage, S. 51; Marsch-Barner, in: Kallmeyer, § 61 UmwG Rn. 2; Rieger, in: Widmann/Mayer, § 61 UmwG Rn.7; Stratz, in: Schmitt/Hörtnagl/Stratz, § 61 UmwG Rn. 2.

439 Bermel, in: Goutier/Knopf/Tulloch, § 61 UmwG Rn. 8; Dehmer, § 61 UmwG Rn. 4; Grunewald, in: Lutter, § 61 UmwG Rn. 4; Marsch-Barner, in: Kallmeyer, § 61 UmwG Rn. 3; Stratz, in: Schmitt/Hörtnagl/Stratz, § 61 UmwG Rn. 4.

§§ 125 S. 1, 63 Abs. 1 UmwG bezeichneten Unterlagen, die bereits in den Geschäftsräumen eingesehen werden konnten, im Versammlungsraum auslegen (§§ 125 S. 1, 64 Abs. 1 UmwG). Die Vorstandsvorsitzenden müssen bei der Erläuterung des Spaltungsvorhabens in der Hauptversammlung alle wesentlichen Kriterien und Daten mitteilen.[440] Die mündliche Darstellung muss über den Spaltungsbericht hinausgehen, wenn aktuelle Ereignisse die Beurteilung des Umtauschverhältnisses beeinflussen.[441] Im Vordergrund der Erläuterungspflicht stehen alle Informationen, die für die Ermittlung des Umtauschverhältnisses maßgeblich sind. Der Vorstand muss auf Verlangen Auskunft über den anderen beteiligten Rechtsträger gemäß §§ 125 S. 1, 64 Abs. 2 UmwG erteilen und muss sich notwendige Informationen über den anderen Rechtsträger beschaffen.

Die Beschlüsse der beteiligten Rechtsträger sind samt Zustimmungserklärungen der Aktionäre notariell zu beurkunden (§§ 125 S. 1, 13 Abs. 3, UmwG). Im Fall einer Kapitalerhöhung beim übernehmenden Rechtsträger muss diesbezüglich ein Kapitalerhöhungsbeschluss nach §§ 125 S. 1, 69 UmwG gefasst werden. Außerdem muss, soweit nur über den Entwurf des Spaltungsvertrages entschieden wurde, der Spaltungsvertrag jetzt gemäß §§ 125 S. 1, 6 UmwG notariell beurkundet werden.

In der Vollzugsphase sind zunächst die verschiedenen eintragungspflichtigen Beschlüsse zu Kapitalherabsetzung, Kapitalerhöhung und Spaltung und andere Satzungsänderungen bei den jeweiligen Handelsregistern anzumelden. Daraufhin wird die Spaltung nach Eintragung der Kapitalerhöhung zunächst in das Register des übernehmenden und danach in das Register des übertragenden Rechtsträgers eingetragen (§ 130 Abs. 1 S. 1 UmwG).[442]

II. Die Vorbereitung der Spaltung der Hoechst AG

Nach der Entscheidung durch den neuen und reformfreudigen Vorstand der Hoechst AG, den Bereich der industriellen Chemie von dem Hoechst-Konzern abzuspalten, wurde eine Unternehmensbewertung durch die PwC Deutsche Revision AG veranlasst, um eine Grundlage für die Ermittlung des Umtauschverhältnisses zu schaffen. Diese Wirtschaftsprüfungsgesellschaft hat die Schlussbilanz der Hoechst AG zum 01.01.99 am 12.05.99 fertiggestellt. Die gesamte Vorbereitung der Spaltung musste daher bis zum 31.08.99 abgeschlossen sein, um innerhalb der acht-Monats-Frist des §§ 125 S. 1, 17 Abs. 2 S. 4 UmwG die Spaltung anzumelden. Die PwC erstellte darüber hinaus den für die Kapitalerhöhung bei der Celanese AG notwendigen Sacheinlageprüfungsbericht sowie den Nachgründungsprüfungsbericht. Bereits einen Tag nach Aufstellung des Entwurfes des Spaltungsvertrages (01.06.1999) vollendete die PwC die Prüfung des Spaltungsvertrages und fertigte einen Spaltungsprüfungsbericht an. Damit konnte der Spaltungsbericht im Juni 1999 fertiggestellt werden.

---

440 Zum Ablauf der Hauptversammlung im Einzelnen: Teil 4 D).

441 Bayer, AG 1988, 323 (329); Bermel, in: Goutier/Knopf/Tulloch, § 64 UmwG Rn. 8; Dehmer, § 64 UmwG Rn. 3; Grunewald, in: Lutter, § 64 UmwG Rn. 4; Marsch-Barner, in: Kallmeyer, § 64 UmwG Rn. 4; Stratz, in: Schmitt/Hörtnagl/Stratz, § 61 UmwG Rn. 3.

442 Zur Anmeldung und dem Eintragungsverfahren im Einzelnen: Teil 4 E).

Da der Entwurf des Spaltungsvertrages vor Ablauf der sechs Monate nach dem Geschäftsjahr der Schlussbilanz aufgestellt wurde, brauchte keine Zwischenbilanz nach §§ 125 S. 1, 63 Abs. 1 Nr. 3 UmwG errichtet werden.
Bereits in der Vorbereitungsphase wurden die Aufgabenbereiche der künftigen Celanese AG verteilt. Dies hatte zur Folge, dass neben den damals auszuführenden Aufgaben für die Hoechst AG die Geschäfte für die Celanese AG und die Hoechst AG getrennt durchdacht wurden. Die Arbeitsgruppen wurden so zusammengestellt, als ob die Spaltung bereits vollzogen gewesen wäre. Die Übergangsphase von dem einheitlichen Hoechstkonzern zu zwei getrennten Holdingstrukturen erfolgte damit vorgelagert bereits während der Vorbereitung der Spaltung. So war ein Gewöhnungseffekt im Zeitpunkt der Wirksamkeit der Spaltung erreicht. Negative wirtschaftliche Konsequenzen oder Abstimmungsprobleme gab es mit dem tatsächlichen Eintritt in die neuen Aufgabengebiete nicht mehr.[443]
Am 15. und 16.07.99 fand die Hauptversammlung der Hoechst AG statt, in der 99,9 % der erschienenen Aktionäre der Spaltung zustimmten. Die Eintragung der Spaltung in das Handelsregister der Hoechst AG fand schließlich am 22.10.99 statt.

443 Auskunft von Dr. Günter Metz (früherer stellvertretender Vorstandsvorsitzender der Hoechst AG und jetziger Aufsichtsratsvorsitzender der Celanese AG) vom 16.10.2001.

Teil 4: Die Spaltung und ihre gesetzlichen Durchführungsvoraussetzungen

Im Folgenden sollen die Voraussetzungen für eine Abspaltung und die Erfüllung dieser Voraussetzungen am Beispiel der Abspaltung der Celanese AG von der Hoechst AG erörtert werden. Die beteiligten Rechtsträger müssen einen Spaltungsvertrag schließen und die Aktionäre im Rahmen eines Spaltungsberichts über Absichten und Gründe für die Spaltung sowie wirtschaftliche Hintergründe informieren. Darüber hinaus erfolgt eine Spaltungsprüfung, die den Spaltungsvertrag und insbesondere das Umtauschverhältnis zu kontrollieren hat. Danach muss die Hauptversammlung durch Spaltungsbeschluss über die Abspaltung entscheiden. Schließlich ist die Spaltung in den Handelsregistern der beteiligten Rechtsträger einzutragen, was den Übergang des im Spaltungsvertrag bezeichneten Vermögens durch Universalsukzession zur Folge hat.

A) Der Spaltungs- und Übernahmevertrag

Der Spaltungs- und Übernahmevertrag, den das Gesetz in § 126 UmwG für die Durchführung einer Spaltung fordert, hat als Gegenstück zum Verschmelzungsvertrag vorrangig die Funktion eines gesellschaftsrechtlichen Organisationsaktes, der unmittelbar das Vermögen der Anteilsinhaber betrifft.[1] Daneben enthält der Spaltungsvertrag Verpflichtungen der Spaltungsparteien und kann daher auch als schuldrechtlicher Vertrag qualifiziert werden.[2] Er bildet die rechtliche Grundlage des Spaltungsvorgangs und soll alle wesentlichen Entscheidungsgrundlagen für den Spaltungsvorgang verdeutlichen. Neben dem Spaltungsbericht stellt der Spaltungsvertrag folglich eine Informationsquelle für die Anteilsinhaber dar. Der Spaltungsvertrag selbst hat keine dingliche Wirkung, sondern dient als Grundlage für die Eintragung der Spaltung ins Handelsregister.[3] Diese Eintragung bewirkt dann erst die Vermögensübertragung durch Universalsukzession.
Bei dem Spaltungsvertrag handelt es sich grundsätzlich um ein einheitliches Vertragswerk, das selbst bei Beteiligung von mehreren Gesellschaften und bei der Übertragung mehrerer Gegenstände in einem einzigen Vertrag zusammengefasst werden muss, weil der wesentliche Inhalt des Vertrages wie etwa Umtauschverhältnis sowie Aufteilung

---

1 Priester, in: Lutter, § 126 UmwG Rn. 6; zum Verschmelzungsvertrag: Dehmer, § 4 UmwG Rn. 7; Kraft, in: Kölner Kommentar, § 339 AktG Rn. 12; Marsch-Barner, in: Kallmeyer, § 4 UmwG Rn. 2; Mayer, in: Widmann/Mayer, § 4 UmwG Rn. 25; Stratz, in: Schmitt/Hörtnagl/Stratz, § 4 UmwG Rn. 7.

2 Zum Verschmelzungsvertrag: Dehmer, § 4 UmwG Rn. 8; Marsch-Barner, in: Kallmeyer, § 4 UmwG Rn. 2; Mayer, in: Widmann/Mayer, § 4 UmwG Rn. 26; Stratz, in: Schmitt/Hörtnagl/Stratz, § 4 UmwG Rn. 8.

3 Priester, in: Lutter, § 126 UmwG Rn. 6; zum Verschmelzungsvertrag: Dehmer, § 4 UmwG Rn. 7; Marsch-Barner, in: Kallmeyer, § 4 UmwG Rn. 2; Kallmeyer, ZIP 1994 S. 1746 (1754); Stratz, in: Schmitt/Hörtnagl/Stratz, § 4 UmwG Rn. 7.

des Aktiv- und Passivvermögens nur einheitlich geregelt werden kann.[4] Nur wenn der Sache nach getrennte Abspaltungen oder Ausgliederungen vorgenommen werden, können mehrere Spaltungsverträge verfasst werden.[5] Unterschiedliche Spaltungszeitpunkte weisen dabei auf sachlich getrennte Vorgänge hin, da zeitliche Unterschiede Auswirkungen auf die Vermögenssituation der beteiligten Rechtsträger und damit auf die sachliche Gestaltung der Umstrukturierung haben.[6] Sachlich getrennte Spaltungsvorhaben sollten demnach auch zeitlich getrennt durchgeführt werden, um sicherzustellen, dass das Erfordernis des einheitlichen Vertragswerkes nicht verletzt wird.

Ob die Vertretungsorgane der beteiligten Gesellschaften den Vertrag vor oder nach Zustimmung der Anteilseigner abschließen und beurkunden lassen (§§ 125 S. 1, 6 UmwG), können die Vertragspartner nach §§ 125 S. 1, 4 Abs. 2 UmwG selbst entscheiden. Der Abschluss vor der Entscheidung durch die Hauptversammlung hat den Nachteil, dass bei etwaiger Änderung des Vertragswerkes die notarielle Beurkundung nochmals durchzuführen ist, was weitere Kosten nach sich zieht. Deshalb dürfte die Ausgestaltung in Form eines Entwurfes bis zur Hauptversammlung die vorzugswürdige Alternative darstellen.[7]

I. Form- und Verfahrensfragen

Für den Abschluss des Spaltungsvertrages sind gemäß §§ 125 S. 1, 4 Abs. 1 S. 1 UmwG die Vertretungsorgane der Vertragsparteien zuständig. Im Fall der Aktiengesellschaft sind dies die Vorstände (§§ 76 Abs. 1, 78 Abs. 1 AktG). Der Spaltung einer Aktiengesellschaft muss zudem der Aufsichtsrat gemäß § 111 Abs. 4 S. 2 AktG zustimmen, wenn eine solche Zustimmungspflicht in der Satzung festgeschrieben ist. Dieser Zustimmungspflicht kommt jedoch keine Außenwirkung zu.[8] Der Spaltungsvertrag bedarf schließlich der Beurkundung durch einen deutschen Notar nach §§ 125 S. 1, 6 UmwG. Teilweise wurden insbesondere bei Verschmelzungsverträgen ausländische Notare zur Beurkundung beauftragt. Nach einer Entscheidung des BGH, nach der die notarielle Beurkundung von Satzungsänderungen auch materielle Richtigkeitsgewähr bieten soll, kann eine ausländische Beurkundung der Beurkundung durch einen deutschen Notar bei Satzungsänderungen und Umwandlungsvorgängen jedenfalls

4 BT-Drucks. 12/6699, zu § 126 S. 117; Dehmer, § 126 UmwG Rn. 13; Goutier, in: Goutier/Knopf/Tulloch, § 126 UmwG Rn. 1; Mayer, in: Widmann/Mayer, § 126 UmwG Rn.8; Heidenhain, NJW 1995, 2873 (2873); Priester, in Lutter: Kölner Umwandlungsrechtstage, S. (99) 99; Priester, in: Lutter, § 126 UmwG Rn. 7; a.A. Borges, BB 1997, S. 589 (589 f.), mit dem Argument, dass auch die Ausgliederung im Wege der Einzelrechtsnachfolge in mehreren Schritten erfolgen könne.

5 Priester, in Lutter: Kölner Umwandlungsrechtstage, S. 99 (99); Priester, in: Lutter, § 126 UmwG Rn. 7; noch weitergehend: Borges, BB 1997, S. 589 (590 f.).

6 Borges, BB 1997, S. 589 (589 f.), der allerdings das Erfordernis eines einheitlichen Vertrages bei Abspaltung und Ausgliederung insgesamt ablehnt.

7 So auch: Mayer, in: Widmann/Mayer, § 126 UmwG Rn.16.

8 Zum Verschmelzungsrecht: Lutter, in: Lutter, § 4 UmwG Rn. 12; Sagasser/Ködderitzsch, in: Sagasser/Bula/Brünger, Umwandlungen, J Rn. 2.

nicht mehr generell gleichgestellt werden.[9] Nachdem seit 1997 in § 39 Abs. 4 KostO eine Obergrenze des Geschäftswertes bei der Beurkundung von Verträgen nach dem Umwandlungsgesetz von DM 10 Mio. (jetzt € 5 Mio.) festgelegt wurde, hat diese Problematik wohl an Brisanz verloren.[10] Ein Berater sollte aber auf die mit einer Auslandsbeurkundung verbundene Gefahr der Unwirksamkeit der Satzungsänderung oder des Umwandlungsvertrages auf jeden Fall hinweisen.

Der Spaltungsvertrag der Hoechst AG und der Celanese AG wurde zunächst als Entwurf aufgestellt, §§ 125 S. 1, 4 Abs. 2 UmwG. Nach Zustimmung der Hauptversammlung der Hoechst AG vom 15./16.07.1999 und der Zustimmung der Hauptversammlung der Celanese AG vom 29.07.1999 schlossen die Vorstände der Hoechst AG und der Celanese AG mit Zustimmung der Aufsichtsräte den Spaltungsvertrag ab. Die notarielle Beurkundung des Spaltungsvertrages erfolgte durch einen deutschen Notar.[11]

II. Anforderungen an die Aufteilung des Aktiv- und Passivermögens und der damit verbundene Gläubigerschutz

Die Aufteilung des Aktiv- und Passivvermögens ist das Kernelement der Spaltung und zieht aufgrund des Spannungsverhältnisses zwischen erleichterter Umstrukturierung und Gläubigerschutz eine Vielzahl von Problemen mit sich, die bei der praktischen Durchführung durch geschickte Vertragsgestaltung gelöst werden müssen. Während im Verschmelzungsrecht sämtliches Vermögen der beteiligten Rechtsträger im Wege der Gesamtrechtsnachfolge im Zeitpunkt der Eintragung ins Handelsregister übergeht, wird bei der Abspaltung nur ein Teil des Vermögens des übertragenden Rechtsträgers einer anderen Gesellschaft zugeteilt (§ 131 Abs. 1 Nr. 1 UmwG). Welche Vermögensgegenstände auf den anderen Rechtsträger mit Eintragung der Spaltung übergehen sollen, ist im Spaltungsvertrag genau zu bezeichnen, § 126 Nr. 9 UmwG. Aufgrund der zentralen Bedeutung der Aufteilung des Vermögens des übertragenden Rechtsträgers wird dieser Teil des Spaltungsvertrages getrennt von den übrigen in § 126 Abs. 1 UmwG gesetzlich vorgeschriebenen Bestandteilen eines Spaltungsvertrages behandelt. Bei der Aufteilung der Vermögensgegenstände sind zum einen die für die Einzelrechtsübertragung bestehende Hindernisse nach § 132 S. 1 UmwG, zum anderen der besondere Schutz der Gläubiger gemäß §§ 133, 125 S. 1, 22 UmwG zu beachten. Der spezielle Gläubigerschutz ist notwendig, da durch die Abspaltung von Wirtschaftsgütern die Haftungsmasse beim übertragenden Rechtsträger verkürzt wird.

---

9 BGHZ 105, S. 324 (338) zur Satzungsänderung einer GmbH und Beurkundung eines Unternehmensvertrages. Im einzelnen ist dies sehr umstr. Vgl. zum Streitstand: Heckschen, in: Widmann/Mayer, § 6 UmwG Rn. 54; Lutter, in: Lutter, § 6 UmwG Rn. 8 UmwG; Röhricht, in: Großkomm., § 23 AktG Rn. 49 ff.; Zimmermann, in: Kallmeyer, § 6 UmwG Rn. 11.

10 Bayer, ZIP 1997, S. 1613 (1619); Sagasser/Ködderitzsch, in: Sagasser/Bula/Brünger, Umwandlungen, J Rn. 77.

11 Auskunft von Herrn Dr. Preissler (damals verantwortlicher Justiziar der Hoechst AG) vom 31.10.2001.

1. Der Gläubigerschutz und seine Auswirkungen auf die Vertragsgestaltung

Das System des Spaltungsrechts wird maßgeblich beeinflusst von den im UmwG enthaltenen Gläubigerschutzvorschriften. Diese können in einigen Fällen die Übertragbarkeit einzelner Vermögensgegenstände rechtfertigen und sollen deshalb vorab dargestellt werden. Auch die Gestaltung des Umwandlungsvertrages hängt nicht nur von der Übertragbarkeit einzelner Vermögensgegenstände, sondern auch von dem gesetzlich vorgesehenen Gläubigerschutz ab.

Der Gläubigerschutz im Spaltungsrecht ist aufgrund der umfassend gewährleisteten Spaltungsfreiheit sehr ausgeprägt[12] und setzt sich aus der Mithaftung der beteiligten Rechtsträger begrenzt auf fünf Jahre (§ 133 UmwG), der Haftung aus Firmenfortführung (§§ 133 Abs. 1 S. 2 UmwG, 25, 26, 28 HGB) und einem Anspruch auf Sicherheitsleistung bei Gefährdung des Anspruchs des Gläubigers (§§ 125 S. 1, 22 UmwG) zusammen. Zwar kommt der Haftung aus Firmenfortführung nach der hier vertretenen Auffassung nur geringe Bedeutung zu. Aufgrund der umstrittenen Rechtsfolge der Verweisung auf §§ 25 ff. HGB soll die Haftung aus Firmenfortführung dennoch eigens aufgeführt werden.

a) Haftung der beteiligten Rechtsträger als Gesamtschuldner zum Schutz der Gläubiger

Der Gläubigerschutz bei der Übertragung von Verbindlichkeiten und Vertragsverhältnissen im Wege der Spaltung ist in § 133 UmwG geregelt und wird bei der Zuweisung von Arbeitsverhältnissen von § 134 UmwG modifiziert. § 133 Abs. 1 S. 1 UmwG ordnet nach seinem Wortlaut eine primäre und unbeschränkte gesamtschuldnerische Haftung der beteiligten Rechtsträger an.[13] Die Rechtfertigung einer solchen Mithaftung aller beteiligten Rechtsträger ergibt sich daraus, dass mit der Abspaltung von Wirtschaftsgütern die Haftungsmasse des übertragenden Rechtsträgers verkleinert wird.

Innerhalb der Haftungsverhältnisse ist zu differenzieren zwischen dem Hauptschuldner, dem die Verbindlichkeit im Spaltungsvertrag zugewiesen wurde und dessen Haftung nicht nach § 133 Abs. 3 UmwG befristet ist, und den übrigen an der Spaltung beteiligten Rechtsträgern, die als „mithaftende" Rechtsträger lediglich fünf Jahre für die jeweilige Verbindlichkeit einstehen müssen.[14] Zwischen Hauptschuldner und mithaftenden Rechtsträgern besteht entgegen des Wortlauts des § 133 Abs. 1 S. 1 UmwG, der eine gesamtschuldnerische Haftung der beteiligten Rechtsträger anordnet, eine akzessorische Haftung nach dem Vorbild der §§ 128 f. HGB, 322 AktG, da andernfalls über die Einzelwirkung des § 425 BGB Einwendungen gegen den mithaftenden

---

12 Hommelhoff, in: Lutter, Kölner Umwandlungsrechtstage, S. 117 (119); Lüttge, NJW 1995, S. 417 (423 f.); Petersen, Gläubigerschutz, S. 257.

13 Für eine gesamtschuldnerische Haftung demnach auch: Goutier, in: Goutier/Knopf/Tulloch, § 133 UmwG Rn. 7; Hommelhoff, in: Lutter, Kölner Umwandlungsrechtstage, S. 117 (120 f.); Schöne, Spaltung GmbH, S. 80.

14 Schmidt, ZGR 1993, S. 366 (386); ebenso: Habersack, FS Bezzenberger, S. 93 (102); Hommelhoff, in: Lutter, § 133 UmwG Rn. 19 ff.; Ihrig, in: Habersack/Koch/Winter, S. 80 (82 f.); Kallmeyer, § 133 UmwG Rn. 4; Petersen, Gläubigerschutz, S. 258 f.; Wirth, Spaltungen einer eG, S. 404.

Rechtsträger aufrechterhalten würden, die gegen den Hauptschuldner bereits erloschen sind.[15]

Die befristete Mithaftung aller an der Spaltung beteiligten Rechtsträger bedeutet, dass der Gläubiger für fünf Jahre durch zusätzliche Schuldner als Ausgleich für die fehlende Mitwirkung bei der Spaltung gesichert wird.[16] Diese Mithaftungsregelung veranlasst den übertragenden Rechtsträger, die Verteilung der Verbindlichkeiten sinnvoll und vernünftig zu gestalten und verhindert eine Spaltung mit dem Ziel der Sanierung und Gläubigerbenachteiligung.[17]

Die Mithaftung betrifft nur diejenigen Verbindlichkeiten, die vor Wirksamwerden der Spaltung, also gemäß § 131 Abs. 1 UmwG vor Eintragung der Spaltung in das Handelsregister des übertragenden Rechtsträgers, begründet worden sind. Dabei ist eine Verbindlichkeit nicht erst begründet, wenn sie fällig ist,[18] sondern bereits wenn die Ursache für sie gesetzt wurde. Für vertragliche Verbindlichkeiten und Haftungen reicht regelmäßig der Abschluss des Rechtsgeschäfts.[19] Eine Produkt- oder Umwelthaftung ist bereits begründet, wenn das schädigende Verhalten vorgenommen wurde,[20] unabhängig davon, ob die Haftung voraussehbar war.[21] Dies ist insbesondere für Produkt- und Umwelthaftung bedeutend, da die Haftungsursache in diesen Fällen häufig zeitlich weit vorgelagert ist und der Gläubiger im Regelfall nicht rechtzeitig Sicherheitsleistung nach §§ 125 S. 1, 22 UmwG[22] verlangen kann.[23] Nur bei einer derart weitgehenden Auslegung des § 133 Abs. 1 S. 1 UmwG kann ein effektiver Gläubiger-

---

15 Da die Frage der Ausgestaltung der Haftungsverhältnisse vorrangig dogmatischer Natur ist und für die Praxis eher unbedeutend ist, wird auf eine ausführliche Diskussion dieses Problems verzichtet. Ausführlich dazu: Habersack, FS Bezzenberger, S. 93 (102 ff.); sich ihm anschließend: Kallmeyer, in: Kallmeyer, § 133 UmwG Rn. 5; Petersen, Gläubigerschutz, S. 259 f.; wohl auch: Dehmer, § 133 UmwG Rn. 2, 4; noch offengelassen: Hommelhoff, in: Lutter, § 133 UmwG Rn. 19; a.A. Gutzler, Übertragungshindernisse, S. 67, der gerade die Einzelwirkung als vom Gesetzgeber gewollte Gestaltung des Gläubigerschutzes ansieht; Heidenhain, NJW 1995, S. 2873 (2879); Ihrig, in: Habersack/ Koch/Winter, S. 80 (85); Theißen, Gläubigerschutz, S. 40, der aber eine analoge Anwendung des § 322 Abs. 2-4 AktG befürwortet; Vossius, in: Widmann/Mayer, § 133 UmwG Rn. 27.

16 Hommelhoff, in: Lutter, § 133 UmwG Rn. 14; ähnlich: Habersack, FS Bezzenberger, S. 93 (102); Ihrig, in: Habersack/Koch/Winter, S. 80 (88); Petersen, Gläubigerschutz, S. 258.

17 Schmidt, ZGR 1993, S. 366 (389); ebenso: Hommelhoff, in: Lutter, § 133 UmwG Rn. 17.

18 Dehmer, § 133 UmwG, Rn. 7; Hörtnagl, in: Schmitt/Hörtnagl/Stratz, § 133 UmwG Rn. 7; Hommelhoff, in: Lutter, § 133 UmwG Rn. 29; Kallmeyer, in: Kallmeyer, § 133 UmwG Rn. 9; Vossius, in: Widmann/Mayer, § 133 UmwG Rn. 21.

19 Schmidt, in: Schlegelberger, § 128 HGB Rn. 51 m.w.N.; Dehmer, § 133 UmwG, Rn. 6; Hörtnagl, in: Schmitt/Hörtnagl/Stratz, § 133 UmwG Rn. 6; Kallmeyer, in: Kallmeyer, § 133 UmwG Rn. 9.

20 Hommelhoff, in: Lutter, § 133 UmwG Rn. 31; Kallmeyer, in: Kallmeyer, § 133 UmwG Rn. 10; Petersen, Gläubigerschutz, S. 263; Sagasser/Sickinger, in: Sagasser/Bula/Brünger, Umwandlungen, N Rn. 70; Schöne, Spaltung GmbH, S. 78; Theißen, Gläubigerschutz, S. 42.

21 Kallmeyer, in: Kallmeyer, § 133 UmwG Rn. 10; Mertens, AG 1994, S. 66 (70).

22 Vgl. zum Anspruch der Gläubiger auf Sicherheitsleistung: unten Teil 4 A) II 1 c).

23 Mertens, AG 1994, S. 66 (70).

schutz gewährleistet werden. Für Neuschulden dagegen haftet nur der Rechtsträger, der sie begründet hat.

Während die Mithaftung bei Finanzverbindlichkeiten unproblematisch ist, stellt sich bei Sachleistungs- und Unterlassungspflichten die Frage, ob eine Erfüllungshaftung derjenigen Rechtsträger, denen die Verbindlichkeit im Spaltungsvertrag nicht zugewiesen wurde, den spaltungsspezifischen Anforderungen gerecht wird. Mit der Zuweisung von Vermögensteilen und Produktionskapazitäten auf den übernehmenden Rechtsträger begibt sich das übertragende Unternehmen der tatsächlichen Möglichkeit, die Sachleistung zu erbringen. Daher wird die Ansicht vertreten, dass eine effektive und wirtschaftlich sinnvolle Umstrukturierung durch Spaltung eines Rechtsträgers dazu führen müsse, dass sich die Mithaftung bei Primärpflichten, die lediglich der Hauptschuldner nach den ihm zugewiesenen Vermögensgegenständen erfüllen kann, darauf beschränkt, dass er auf die Erfüllung durch den Hauptschuldner hinwirken und bei Nichterfüllung Schadensersatz leisten muss.[24] Eine Erfüllungshaftung auch des mithaftenden Rechtsträger, so *Hommelhoff*,[25] hätte eine nicht zu unterschätzende negative Auswirkung auf Spaltungen mit dem Ziel der Spezialisierung des übertragenden Rechtsträgers.
Dieser Ansicht kann jedoch nicht gefolgt werden, weil damit eine Risikoverlagerung der Unternehmensumwandlung auf den Gläubiger verbunden wäre.[26] Der Gläubiger müsste entgegen dem Sinn und Zweck der gesamtschuldnerischen oder akzessorischen Haftung zunächst ermitteln, wer überhaupt der Schuldner der Primärleistungspflicht ist.[27] Der durch § 133 UmwG bezweckte Gläubigerschutz würde damit auf den Kopf gestellt, obwohl die Spaltungsparteien das Haftungsproblem durch eine Freistellungsklausel im Spaltungsvertrag umgehen können.[28] Fehlt eine solche Regelung im Spaltungsvertrag, so ist das mithaftende Unternehmen verpflichtet, den Hauptschuldner zur Primärleistung zu veranlassen oder einen Dritten zu beauftragen. Nur bei höchstpersönlichen Verpflichtungen - wie etwa betriebsbezogenen Unterlassungspflichten oder Wettbewerbsverboten[29] - muss aufgrund der Höchstpersönlichkeit die Haftung auf eine Einwirkungs- beziehungsweise Schadensersatzpflicht beschränkt werden.[30]

---

24 Hommelhoff, in: Lutter, § 133 UmwG Rn. 25 f., natürlich mit der Ausnahme einer Schädigungsabsicht der beteiligten Rechtsträger; ihm folgend: Voigt, Umwandlung, S. 69; a.A. Gutzler, Übertragungshindernisse, S. 68; Ihrig, in: Habersack/Koch/Winter, S. 80 (92); Kallmeyer, in: Kallmeyer, § 133 Rn. 5; wohl auch: Habersack, FS Bezzenberger, S. 93 (108); Petersen, Gläubigerschutz, S. 266 ff; Rieble, ZIP 1997, S. 301 (312); Schöne, Spaltung GmbH, S. 81 ff.

25 Hommelhoff, in: Lutter, § 133 UmwG Rn. 25 f.

26 Petersen, Gläubigerschutz, S. 267.

27 Schöne, Spaltung GmbH, S. 82.

28 Ihrig, in: Habersack/Koch/Winter, S. 80 (85); Kallmeyer, in: Kallmeyer, § 133 Rn. 5; Rieble, ZIP 1997, S. 301 (312); Schöne, Spaltung GmbH, S. 82 f. Vgl. zu den Auswirkungen des Gläubigerschutzes auf die Gestaltung des Spaltungsvertrages unten Teil 4 A) II 1 d).

29 Zur Übertragbarkeit von Unterlassungspflichten und Wettbewerbsverboten vgl. unten Teil 4 A) II 2 c) ll).

30 Ihrig, in: Habersack/Koch/Winter, S. 80 (94); Petersen, Gläubigerschutz, S. 268; wohl auch: Habersack, FS Bezzenberger, S. 93 (108).

Die Enthaftung der mithaftenden Rechtsträger nach § 133 Abs. 3 UmwG stellt eine rechtsvernichtende Einwendung dar und setzt voraus, dass die Verbindlichkeit innerhalb der Fünf-Jahres-Frist fällig wird und der Gläubiger eine fristunterbrechende Maßnahme nach Maßgabe der allgemeinen Verjährungsvorschriften des BGB vorgenommen hat.[31]
Die Frist beginnt nicht mit Wirksamwerden der Spaltung, sondern nach § 133 Abs. 4 S. 1 UmwG mit der Bekanntmachungsfiktion des §§ 125 S. 1, 19 Abs. 3 S. 2 UmwG. Demnach ist bei der Spaltung zur Aufnahme der Erscheinungstag des Bekanntmachungsblattes maßgeblich, das die Spaltung des übertragenden Rechtsträgers (§ 131 Abs. 1 UmwG) als letztes veröffentlicht. Die Berechnung der Frist richtet sich mangels anderweitiger Angaben nach §§ 187, 188 BGB.
Tritt die Fälligkeit der Forderung nicht innerhalb der Fünf-Jahres-Frist ein - wie es bei einem langfristig ausgegebenen Kredit, Mietzinsansprüchen, später eintretenden Produktschäden oder Umwelthaftungen der Fall sein kann - so ist die Mithaftung ausgeschlossen.[32] Ebenso ausgeschlossen ist die Mithaftung, wenn nicht innerhalb der Frist eine Leistungsklage erhoben, Maßnahmen nach § 209 BGB[33] ergriffen oder ein schriftliches Anerkenntnis des Mithaftenden nach § 133 Abs. 5 UmwG erklärt wurde.

Nimmt man eine akzessorische Haftung der mithaftenden Rechtsträger an, so können diese gegen die Inanspruchnahme entsprechend § 129 HGB sowohl eigene Einwendungen und Einreden wie auch Einwendungen und Einreden des Hauptschuldners geltend machen.[34] Regressansprüche sind ebenso nach den für persönlich haftende Gesellschafter einer oHG oder KG entwickelten Grundsätzen zu beurteilen. Ein Erstattungsanspruch ergibt sich regelmäßig nur für den in Anspruch genommenen mithaftenden Rechtsträger, da die Verbindlichkeit im Spaltungsvertrag allein dem Hauptschuldner zugewiesen wurde.[35] Dementsprechend hat der mithaftende Rechtsträger mit Erfüllung der Verbindlichkeit einen Erstattungsanspruch aufgrund des auf ihn übergeleiteten Anspruchs. Außerdem steht dem mithaftenden Rechtsträger bereits

---

31 Goutier, in: Goutier/Knopf/Tulloch, § 133 UmwG Rn. 12; Hommelhoff, in: Lutter, § 133 UmwG Rn. 52; Kallmeyer, in: Kallmeyer, § 133 Rn. 19; Vossius, in: Widmann/Mayer, § 133 UmwG Rn. 43.

32 Goutier, in: Goutier/Knopf/Tulloch, § 133 UmwG Rn. 11; Hommelhoff, in: Lutter, Kölner Umwandlungsrechtstage, S. 117 (126); Hommelhoff, in: Lutter, § 133 UmwG Rn. 51.

33 Seit 01.01.2002 wurden die Verjährungsunterbrechung nach § 209 BGB durch die Hemmung der Verjährung nach § 204 BGB n.F. ersetzt. Zur zeitlichen Anwendbarkeit der neuen Verjährungsvorschriften vgl. Art. 229 EGBGB § 6.

34 Ausführlich dazu und zum Regress der mithaftenden Rechtsträger: Habersack, FS Bezzenberger, S. 93 (106 ff.) m.w.N.

35 So die allgemeine Meinung unabhängig von der Anwendung der Gesamtschuldregeln oder der Akzessorietätsregeln: Habersack, FS Bezzenberger, S. 93 (106); Heidenhain, NJW 1995, S. 2873 (2879); Hommelhoff, in: Lutter, § 133 UmwG Rn. 77; Kallmeyer, in: Kallmeyer, § 133 UmwG Rn. 12; Schöne, Spaltung GmbH, S. 83. Die Befürworter der Anwendung der Regeln zur Gesamtschuld kommen über § 426 Abs. 1 Satz 1 BGB („soweit") zu diesem Ergebnis.

bei drohender Inanspruchnahme gegen den Hauptschuldner ein Freistellungsanspruch zu, der im Spaltungsvertrag gesondert aufgeführt werden sollte.[36]
Bilanziell wirkt sich die in § 133 Abs. 1 S. 1 UmwG angeordnete Mithaftung so aus, dass lediglich der Hauptschuldner die Verbindlichkeit passiviert,[37] der übertragende Rechtsträger allerdings zur Information der Anteilseigner und der Öffentlichkeit den Jahresabschlüssen einen Unterstrichsvermerk nach §§ 251, 268 Abs. 7 HGB[38] oder eine Anhangsangabe gemäß § 285 Nr. 3 HGB beifügt.[39] Bei drohender Inanspruchnahme muss der übertragende Rechtsträger entsprechende Rückstellungen[40] bilden und bei tatsächlicher Inanspruchnahme die Verbindlichkeit passivieren.[41]

b) Haftung nach §§ 133 Abs. 1 S. 2 UmwG, 25, 26, 28 HGB

Die Mithaftung nach § 133 Abs. 1 S. 1 UmwG schließt andere Haftungsgrundlagen nicht aus, was § 133 Abs. 1 S. 2 UmwG durch eine ausdrückliche Rechtsgrundverweisung auf §§ 25, 26, 28 HGB klarstellt.[42] Aus dieser Verweisung mit rein deklaratorischem Charakter lässt sich nicht entnehmen, welcher der im Rahmen der §§ 25 ff. HGB vertretenen Theorien zu folgen ist. Insbesondere kann aus der Tatsache, dass der Verweis auf Anraten von *Karsten Schmidt* in das Haftungssystem des Spal-

36 Heidenhain, NJW 1995, S. 2873 (2880); Hommelhoff, in: Lutter, § 133 UmwG Rn. 78; Kallmeyer, in: Kallmeyer, § 133 UmwG Rn. 12; Mertens, AG 1994, S. 66 (70).

37 Dehmer, § 133 UmwG Rn. 31 f.; Goutier, in: Goutier/Knopf/Tulloch, § 133 UmwG Rn. 9f.; Hörtnagl, in: Schmitt/Hörtnagl/Stratz, § 133 UmwG Rn. 31; Petersen, Gläubigerschutz, S. 275; Priester, in: Lutter, Kölner Umwandlungsrechtstage, S. 148 (154 f.); ausführlich: Tries, in: Habersack/Koch/Winter, S. 96 (102); die früher vertretene Ansicht (Mertens, AG 1994, S. 66 (69); Kleindiek, ZGR 1992, S. 513 (526 ff.); Schulze-Osterloh, ZGR 1993, S. 421 (448 ff.)), wonach alle haftenden Rechtsträger die Verbindlichkeit zu passivieren hätten, hat sich nicht durchgesetzt, da dies in vielen Fällen eine bilanzielle Überschuldung der beteiligten Rechtsträger hervorgerufen hätte.

38 Heidenhain, NJW 1995, S. 2873 (2880); Hommelhoff, in: Lutter, Kölner Umwandlungsrechtstage, S. 117 (121 Fn. 104).

39 Dehmer, § 133 UmwG Rn. 31; Goutier, in: Goutier/Knopf/Tulloch, § 133 UmwG Rn. 10; Heiss, DZWiR 1993, S. 12 (17); Hörtnagl, in: Schmitt/Hörtnagl/Stratz, § 133 UmwG Rn. 31; sowohl §§ 251, 268 Abs. 7 HGB wie auch § 285 Nr. 3 HGB für anwendbar halten: Priester, in: Lutter, Kölner Umwandlungsrechtstage, S. 148 (154 f.); Hommelhoff, in: Lutter, § 133 UmwG Rn. 33; Vossius, in: Widmann/Mayer, § 133 UmwG Rn. 16 f.

40 Dehmer, § 133 UmwG Rn. 32; Goutier, in: Goutier/Knopf/Tulloch, § 133 UmwG Rn. 9; Gutzler, Übertragungshindernisse, S. 54; Heiss, DZWiR 1993, S. 12 (17); Hörtnagl, in: Schmitt/Hörtnagl/Stratz, § 133 UmwG Rn. 32; Müller, Welf, in: Kallmeyer, § 133 UmwG Rn. 12; Priester, in: Lutter, Kölner Umwandlungsrechtstage, S. 148 (155).

41 Dehmer, § 133 UmwG Rn. 32; Heidenhain, NJW 1995, S. 2873 (2880); Heiss, DZWiR 1993, S. 12 (17); Hörtnagl, in: Schmitt/Hörtnagl/Stratz, § 133 UmwG Rn. 32; Hommelhoff, in: Lutter, § 133 UmwG Rn. 33; Tries, in: Habersack/Koch/Winter, S. 96 (104 f.), der eine gleichzeitige Ausweisung eines vorsichtig bewerteten Ausgleichsanspruch als Aktivposten befürwortet; Wirth, Spaltungen einer eG, S. 407.

42 Zum Konkurrenzproblem: § 133 UmwG zu § 613a Abs. 2 BGB, dessen Darstellung den Umfang der Untersuchung zu sehr ausweiten würde: vgl. Boecken, ZIP 1994, S. 1087 (1094); Gutzler, Übertragungshindernisse, S. 217 ff.; Joost, in: Lutter, Kölner Umwandlungsrechtstage, S. 297 (323 ff.); Kallmeyer, ZIP 1995, S. 550 ff.; Petersen, Gläubigerschutz, S. 275 f.

tungsrechts eingefügt wurde, nicht geschlossen werden, dass dessen Theorie der unternehmerischen Haftungskontinuität[43] mit der Konsequenz einer automatischen Überleitung von unternehmensbezogenen Verträgen und Verbindlichkeiten auf den übernehmenden Rechtsträger Einzug in das UmwG hielt. Für eine solche Auslegung und der damit verbundenen erheblichen Einschränkung der Zuweisungsfreiheit gibt es keine Anhaltspunkte.[44] Einzige Konsequenz der Verweisung auf §§ 25 ff. HGB ist daher, dass der firmenfortführende Rechtsträger, dem die mit der Firma verbundene Verbindlichkeit nicht zugewiesen wurde, nach §§ 133 Abs. 1 S. 2, 25 Abs. 1 HGB zeitlich unbegrenzt in Anspruch genommen werden kann.

Diese Haftung kann vertraglich ausgeschlossen werden, da der Verweis auf §§ 25, 26, 28 HGB nur so verstanden werden kann, dass auch § 25 Abs. 2 HGB, der eine von der Haftungsregelung des § 25 Abs. 1 HGB abweichende Vereinbarung der Vertragsparteien unter der Voraussetzung der Eintragung ins Handelsregister zulässt, Anwendung finden soll.[45] Für eine teleologische Reduktion der Verweisung in § 133 Abs. 1 S. 2 UmwG, nach der § 25 Abs. 2 HGB im Spaltungsrecht nicht anzuwenden sei,[46] gibt es weder Anhaltspunkte noch wesentliche Gründe.[47] Der Gläubigerschutz im deutschen Spaltungsrecht geht bereits über das von der Spaltungsrichtlinie[48] geforderte Maß hinaus.[49] Allein der Gläubigerschutz kann daher eine teleologische Reduktion der Verweisung in § 133 Abs. 1 S. 2 UmwG nicht rechtfertigen.

---

43 Dazu: Schmidt, Gesellschaftsrecht, § 13 IV 5 b) S. 407; ders., Handelsrecht, § 8 I 3. S. 220 ff., § 8 II 1 e) S. 248; ihm folgend: Voigt, Umwandlung, S. 76 ff. mit Ausführungen zu den zu § 25 HGB vertretenen Theorien und weiteren Nachweisen. Voigt will die §§ 133 Abs. 1 Satz 2 UmwG, 25 Abs. 1 HGB im Anschluss an Schmidt, Gesellschaftsrecht, § 13 IV 5 b) S. 408 so auslegen, dass es auf eine Firmenfortführung nicht mehr ankomme, da nur so § 25 HGB auch auf die Abspaltung von Unternehmensteilen Anwendung finden könne (S. 87); gegen die Annahme einer Haftungskontinuität: z.B.: BGHZ 22, S. 234 (239); BGHZ 38, S. 44 (47).

44 So auch: Dehmer, § 133 UmwG Rn. 13; Petersen, Gläubigerschutz, S. 283; Theißen, Gläubigerschutz, S. 143; Wiesner, in: Habersack/Koch/Winter, S. 168 (172); auch die Regierungsbegründung geht offensichtlich von einer umfassenden, ja sogar „willkürlichen" Zuweisungsfreiheit aus: BT-Drucks.-12/6699, zu § 133, S. 122; die h.M. spricht sich gegen das Verständnis des § 25 HGB als Haftungsüberleitungsnorm und für eine kumulative Schuldübernahme aus: BGHZ 42, S. 381 (384); Baumbach/Hopt, § 25 HGB Rn. 10; Emmerich in: Heymann, § 25 HGB Rn. 30; Oetker, Dauerschuldverhältnis, S. 658 f.; Oetker, Handelsrecht, § 4 D II 1a; Hüffer, in: Staub, § 25 HGB Rn. 50.

45 Dehmer, § 133 UmwG Rn. 13; Hörtnagl, in: Schmitt/Hörtnagl/Stratz, § 133 UmwG Rn. 11; Hommelhoff, in: Lutter, § 133 UmwG Rn. 45; Mertens, AG 1994, S. 66 (71); Petersen, Gläubigerschutz, S. 283 f.; Schmidt, Handelsrecht, § 8 II 1e) S. 248; Schmidt ZGR 1993, S. 367 (392); Schöne, Spaltung GmbH, S. 86 Fn. 274; Wirth, Spaltungen einer eG, S. 408; a.A. Voigt, Umwandlung, S. 87, die den Verweis auf § 25 HGB als unabdingbaren Gläubigerschutz ansieht.

46 So: Voigt, Umwandlung, S. 87.

47 So auch: Petersen, Gläubigerschutz, S. 284.

48 6. Richtlinie vom 17.12.1982, 82/891 ABl. EG Nr. L 378 v. 31.12.1982, S. 47 ff.

49 Die Spaltungsrichtlinie verlangt in Art. 12 Abs. 3 lediglich eine gesamtschuldnerische Ausfallhaftung mit einer Möglichkeit der Haftungsbeschränkung auf das zugeteilte Nettoaktivvermögen. Eine gesamtschuldnerische Haftung für alle Verbindlichkeiten ist nach Art. 12 Abs. 6 nur als fakultative Regelung vorgesehen.

Aufgrund der Voraussetzung der Firmenfortführung in § 25 Abs. 1 S. 1 HGB und der auf fünf Jahre begrenzten Haftung des übertragenden Rechtsträgers nach § 26 Abs. 1 HGB kommt der Haftung nach §§ 25 ff. HGB im Spaltungsrecht wenig Bedeutung zu, soweit man nicht § 25 HGB im Spaltungsrecht als Haftungs- und Vertragsüberleitungsnorm und damit im Sinn eines Trennungsverbotes von Aktiva und Passiva versteht.[50]

c) Anspruch der Gläubiger auf Sicherheitsleistung

Neben dem soeben beschriebenen Haftungssystem für bereits begründete Verbindlichkeiten stellt der Gesetzgeber zum Schutz der Gläubiger das Instrument der Sicherheitsleistung nach §§ 133 Abs. 1 S. 2 2. Halbsatz, 125 S. 1, 22 UmwG zur Verfügung. Der Gläubiger kann eine Sicherheitsleistung, die sich nach §§ 232 ff. BGB richtet, nur vom Hauptschuldner[51] und auch nur dann verlangen, wenn er innerhalb von sechs Monaten nach Eintragung[52] glaubhaft macht, dass die Erfüllung seiner noch nicht fälligen Forderung gefährdet ist, §§ 125 S. 1, 22 Abs. 1 S. 2 UmwG. Dabei muss er das Bestehen der Forderung nachweisen.[53] Bei anderweitiger, gleichwertiger Sicherheit ist ein Anspruch auf Sicherheitsleistung nach dem UmwG ausgeschlossen.[54]

d) Die Auswirkungen des Gläubigerschutzes auf die Vertragsgestaltung

Die in § 133 UmwG angeordnete Mithaftung hat zur Folge, dass die beteiligten Rechtsträger im Innenverhältnis einen Freistellungsanspruch vereinbaren sollten, um zu vermeiden, dass derjenige Rechtsträger in Anspruch genommen wird, der die Verbindlichkeit insbesondere aufgrund der verteilten Produktionskapazitäten nicht erfüllen kann. Um ein schnelles Eingreifen des verantwortlichen Rechtsträgers zu veranlassen, ist die Formulierung der Freistellung auf erstes Anfordern hilfreich.[55] Danach muss der in Anspruch genommene Rechtsträger den Freistellungsfall nicht nachweisen, sondern lediglich schlüssig behaupten. Das tatsächliche Vorliegen der Freistellungssituation bleibt einem späteren Prozess vorbehalten.[56] Dies entlastet die

---

50 So: Schmidt, Gesellschaftsrecht, § 13 IV 5 b) S. 407; ders., Handelsrecht, § 8 II 1 e); Voigt, Umwandlung, S. 94; ähnlich: Kallmeyer, in: Kallmeyer, § 126 UmwG Rn. 31, der allerdings Finanzverbindlichkeiten von der Einschränkung der Zuweisungsfreiheit ausnimmt, da diese keinem bestimmten Unternehmensbereich zuzuordnen seien.

51 Dies ergibt sich bereits aus § 133 Abs. 1 Satz 2 2. Halbsatz UmwG; ebenso: Dehmer, § 133 UmwG Rn. 16 f.; Hörtnagl, in: Schmitt/Hörtnagl/Stratz, § 133 UmwG Rn. 16 f.; Hommelhoff, in: Lutter, § 133 UmwG Rn. 38; Kallmeyer, in: Kallmeyer, § 133 UmwG Rn. 22.

52 Maßgeblich ist der Zeitpunkt der Bekanntmachungsfiktion der Eintragung im Register des Rechtsträgers, dessen Gläubiger sie sind (§§ 125 Satz 1, 22 Abs. 1 Satz1, 19 Abs. 3 UmwG).

53 Hommelhoff, in: Lutter, § 133 UmwG Rn. 40; zum Verschmelzungsrecht: Dehmer, § 22 UmwG Rn. 14.

54 Vgl. dazu: Grunewald, in: Lutter, § 22 UmwG Rn. 23; Kallmeyer, in: Kallmeyer, § 22 UmwG Rn. 9 f.

55 Kallmeyer, in: Kallmeyer, § 126 UmwG Rn. 59; Hommelhoff, in: Lutter, Kölner Umwandlungsrechtstage, S. 117 (130 f.).

56 Zur Garantie auf erstes Anfordern: Habersack, in: Münchener Kommentar, vor § 765 BGB

mithaftende Gesellschaft von umfangreichen Prüfungen und veranlasst den Hauptschuldner, die Freistellung unverzüglich vorzunehmen. Nur die Vereinbarung eines Freistellungsanspruchs kann die von *Hommelhoff*[57] problematisierte Situation der Inanspruchnahme desjenigen Rechtsträgers, dem die für die Erfüllung des Anspruchs notwendige sachliche Ausstattung fehlt, interessengerecht lösen.[58]
Gleichzeitig sollte eine umfassende Auskunfts- und Mitwirkungspflicht unter den Rechtsträgern geregelt werden, da häufig nur so eine angemessene Vertragsabwicklung ermöglicht wird.[59] Ob dem nicht verantwortlichen Rechtsträger gegen den Hauptschuldner ein Anspruch auf Sicherheitsleistung eingeräumt werden soll, hängt davon ab, ob das Vermögen auf ein konzernfremdes Unternehmen übertragen wird.[60] Bei einer konzerninternen Spaltung oder bei einer Spaltung auf eine frühere Tochtergesellschaft ist die Vereinbarung einer Sicherheitsleistung durch den Hauptschuldner eher hinderlich.
Die Vereinbarung eines Freistellungsanspruchs sollte mit einem Ausgleichsanspruch des Rechtsträgers, der entgegen der vertraglichen Zuweisung für die Verbindlichkeit aufgekommen ist, verbunden werden. Ohne eine eindeutige Ausgleichsregelung bestimmt sich das Innenverhältnis der Spaltungsparteien nach noch herrschender Meinung nach § 426 Abs. 1 S. 1 BGB. Auch wenn aus der Zuweisung einer Verbindlichkeit im Spaltungsvertrag aufgrund der „soweit"- Formulierung in § 426 Abs. 1 S. 1 2.Halbsatz BGB im Regelfall die alleinige Verantwortlichkeit des Hauptschuldners folgt,[61] sollte eine ausdrückliche Vereinbarung über Ausgleichspflichten in den Spaltungsvertrag aufgenommen werden.[62] Darüber hinaus empfiehlt sich, das Verhältnis der Haftungen mehrerer mithaftender Rechtsträger im Spaltungsvertrag aufzunehmen.[63]

Rn. 25; zur Bürgschaft auf erstes Anfordern: Habersack, in: Münchener Kommentar, § 765 BGB Rn. 99.

57 Vgl. oben Teil 4 A) II 1 a).

58 Heidenhain, in: Münchener Vertragshandbuch I, XI.1 § 5 Abs. 5 des Mustervertrages, S. 1290; Kallmeyer, in: Kallmeyer, § 133 UmwG Rn. 5; die Formularvorschläge sind diesbezüglich häufig lückenhaft: Arens/Spieker, Umwandlungsrecht, S. 128 ff; Kiem, Verträge zur Umwandlung, Rn. 97, S. 82 ff.; Langenfeld, GmbH-Vertragspraktikum, S. 180 Rn. 307, S. 183 Rn. 311.

59 Kallmeyer, in: Kallmeyer, § 126 UmwG Rn. 59.

60 So der Vorschlag von Kallmeyer: Kallmeyer, in: Kallmeyer, § 126 UmwG Rn. 59.

61 Bei einer akzessorischen Haftung hat der akzessorisch Haftende bei Erfüllung der Verbindlichkeit einen Anspruch auf Aufwendungsersatz: für die akzessorische Haftung des Gesellschafters einer BGB-Gesellschaft: Anstatt aller: Ulmer, in: Münchener Kommentar, § 705 Rn. 156.

62 Kallmeyer, in: Kallmeyer, § 126 UmwG Rn. 58, mit einem Formulierungsvorschlag für Freistellungsklausel und Ausgleichspflicht in Rn. 59.

63 Hommelhoff, in: Lutter, Kölner Umwandlungsrechtstage, S. 117 (130 f.); Kallmeyer, in: Kallmeyer, § 126 UmwG Rn. 58

e) Ergebnis

Die zeitlich begrenzte Mithaftung der beteiligten Rechtsträger, denen die Verbindlichkeit im Spaltungsvertrag nicht zugewiesen wurde, ist als akzessorische Haftung zu qualifizieren. Die Mithaftung tritt bereits dann ein, wenn bis zum Zeitpunkt der Spaltung die Ursache für die Verbindlichkeit gesetzt wurde.

Über § 133 Abs. 3 UmwG hinaus haftet der Rechtsträger, der die Firma des übertragenden Rechtsträgers übernimmt, nach §§ 133 Abs. 1 S. 2 UmwG, 25 Abs. 1 HGB unbeschränkt. In der Verweisung auf §§ 25 ff. HGB kann jedoch keine Anordnung einer allgemeinen Vertragsüberleitung gesehen werden.

Die fünf-jährige Mithaftung der beteiligten Rechtsträger ist nicht dadurch eingeschränkt, dass die mithaftenden Rechtsträger über die nötigen Produktionskapazitäten aufgrund der Abspaltung nicht mehr verfügen. Das Problem der übertragenen Produktionskapazitäten müssen die Spaltungsparteien dadurch lösen, dass sie eine Freistellungspflicht des Hauptschuldners im Spaltungsvertrag aufnehmen.

2. Die Aufteilung des Aktiv- und Passivvermögens

Die genaue Bezeichnung des abzuspaltenden Vermögens im Spaltungsvertrag ist nach § 126 Abs. 1 Nr. 9 UmwG notwendig, weil das dort beschriebene Vermögen ohne weitere Übertragungsakte mit der Eintragung der Spaltung im Handelsregister übergeht. Da bei einer Abspaltung nur ein Teil des Vermögens des übertragenden Rechtsträgers übergeht, muss der sachenrechtliche Bestimmtheitsgrundsatz bei der Beschreibung des abzuspaltenden Vermögens eingehalten werden, § 126 Abs. 2 S. 1 UmwG. Bei der Auswahl, welche Vermögensteile im Rahmen der partiellen Gesamtrechtsnachfolge abgespalten werden sollen, sind die beteiligten Rechtsträger mit Ausnahme der Übertragung von Arbeitsverhältnissen, für die nach §§ 324 UmwG, 613 a BGB Besonderheiten gelten, weitgehend frei.[64] Lediglich das Verbot missbräuchlicher Rechtsanwendung[65] und § 132 S. 1 UmwG, der die Einhaltung der für die Einzelrechtsnachfolge maßgeblichen Übertragungsvoraussetzungen verlangt, schränken die Spaltungsfreiheit ein. Im Gegenzug zu dieser sogenannten „Spaltungsfreiheit" hat der Gesetzgeber eine zeitlich begrenzte gesamtschuldnerische Haftung[66] der beteiligten Rechtsträger in § 133 Abs. 1 UmwG angeordnet.

a) Angabe der abzuspaltenden Vermögensgegenstände (§ 126 Abs. 1 Nr. 9 UmwG)

Die beteiligten Rechtsträger sind nach § 126 Abs. 1 Nr. 9 UmwG verpflichtet, im Spaltungsvertrag die zu übertragenden Gegenstände genau zu bezeichnen. Der Begriff

---

64 BT-Drucks. 12/6699, zu § 133, S. 121 f.; Goutier, in: Goutier/Knopf/Tulloch, § 126 UmwG Rn. 15; Ihrig, in: Habersack/Koch/Winter, Spaltung, S. 80 (81); Mayer, in: Widmann/Mayer, § 55 UmwG Rn. 175; Sagasser/Sickinger, in: Sagasser/Bula/Brünger, Umwandlungen, N Rn. 42.

65 Vgl. dazu: Hommelhoff, in: Lutter, § 133 UmwG Rn. 15; Ihrig, in: Habersack/Koch/Winter, Spaltung, S. 80 (81).

66 Zur Frage, ob die beteiligten Rechtsträger gesamtschuldnerisch haften oder ob die Rechtsträger, denen die Verbindlichkeit im Spaltungsvertrag nicht zugeordnet wurde, akzessorisch haften: vgl. oben Teil 4 A) II 1 a).

„Gegenstände" umfasst dabei grundsätzlich Sachen und Rechte auf der Aktivseite und Verbindlichkeiten auf der Passivseite. Um eine möglichst hohe Rechtssicherheit zu gewährleisten, sind unter dem Begriff „Gegenstände" auch immaterielle Vermögensgegenstände, schwebende Geschäfte, Dauerschuldverhältnisse und bilanziell abgeschriebene Gegenstände zu verstehen.[67] Auf der Passivseite sind als Verbindlichkeiten auch mögliche Haftungen nach dem Produkthaftungsgesetz oder mögliche Kosten für die Beseitigung von Altlasten zu nennen.[68] Da die Angabe der übergehenden Vermögensteile einen zivilrechtlichen Ursprung hat, kommt es nicht darauf an, ob die Gegenstände bilanziell abgeschrieben sind oder nicht. Die bilanziell festzustellende Werthaltigkeit von Gegenständen hat für die bloße Zuordnung im Rahmen des Umwandlungsrechts keine Bedeutung.[69]

Daneben sind abzuspaltende Betriebe und Betriebsteile nach der arbeitsrechtlichen Definition[70] gemäß § 126 Abs. 1 Nr. 9 2.Alt UmwG zu bezeichnen.[71] Der steuerrechtliche Betriebs- oder Teilbetriebsbegriff ist für die Angabepflicht nach § 126 Abs. 1 Nr. 9 UmwG nicht ausschlaggebend. Die handelsrechtlichen Übertragungsmöglichkeiten sind unabhängig vom steuerlichen Betriebs- und Teilbetriebsbegriff und ermöglichen auch die Übertragung von einzelnen Vermögensgegenständen.[72]

b) Die Eingrenzung der Freiheit der Vermögensaufteilung

Die Spaltung ermöglicht den Übergang von Vermögensteilen von einem Rechtsträger auf einen anderen als Gesamtheit, § 131 Abs. 1 Nr. 1 S. 1 UmwG. Welche Teile des Vermögens davon betroffen sein sollen, können die Parteien grundsätzlich frei bestimmen. Allerdings soll § 132 S. 1 UmwG die Umgehung besonderer Voraussetzungen für die Übertragung von Gegenständen im Wege der Einzelrechtsnachfolge durch eine Spaltung verhindern.[73] Rechtsfolge eines Verstoßes gegen Vorschriften im Sinn des § 132 S. 1 UmwG ist nicht die Unwirksamkeit der Spaltung, sondern lediglich die Unwirksamkeit der Übertragung des Gegenstands.[74] Das bedeutet bei der Abspaltung, dass die Gegenstände, deren Übertragungsvorschriften nicht eingehalten wurden, beim übertragenden Rechtsträger verbleiben, § 131 Abs. 1 Nr. 1 S. 2 UmwG.

---

67 Dehmer, § 126 UmwG Rn. 58 ff.; Gutzler, Übertragungshindernisse, S. 6 ff.; Hörtnagl, in: Schmitt/Hörtnagl/Stratz, § 126 UmwG Rn. 70 ff.; Priester, in: Lutter, § 126 UmwG Rn. 36.

68 Priester, in: Lutter, § 126 UmwG Rn. 36.

69 BT-Drucks. 12/6699, zu § 126, S. 118; Dehmer, § 126 UmwG Rn. 60; Hörtnagl, in: Schmitt/Hörtnagl/Stratz, § 126 UmwG Rn. 72; Sagasser/Sickinger, in: Sagasser/ Bula/Brünger, Umwandlungen, N Rn. 111.

70 Vgl. dazu: Putzo, in: Palandt, Einf. vor § 611 BGB Rn. 14.

71 So ausdrücklich: BT-Drucks. 12/6699, zu § 126, S. 118; Dehmer, § 126 UmwG Rn. 62; Hörtnagl, in: Schmitt/Hörtnagl/Stratz, § 126 UmwG Rn. 76.

72 So ausdrücklich: BT-Drucks. 12/6699, zu § 126, S. 118; Dehmer, § 126 UmwG Rn. 62; Hörtnagl, in: Schmitt/Hörtnagl/Stratz, § 126 UmwG Rn. 76.

73 BT-Drucks. 12/6699, zu § 132, S. 121.

74 BT-Drucks. 12/6699, zu § 132, S. 121; Heidenhain, NJW 1995, S. 28 75 (2879); Kupfer, Teilbetriebserfordernis, S. 170 f.; Mayer, in: Widmann/Mayer, § 132 UmwG Rn. 100; Teichmann, in: Lutter, § 132 UmwG Rn. 2.

Der Verweis in § 132 S. 1 UmwG hat bei einer wortlautgetreuen Auslegung zur Folge, dass trotz Übertragung der Gegenstände im Wege der partiellen Gesamtrechtsnachfolge die Vorschriften zur Übertragung im Wege der Einzelrechtsnachfolge einzuhalten sind. Eine streng am Wortlaut des § 132 S. 1 UmwG orientierte Auslegung würde damit alle Erleichterungen bei der Vermögensübertragung, die mit einer Gesamtrechtsnachfolge einhergehen, beseitigen. § 132 S. 1 UmwG wurde daher vielfach als missglückt und umstrukturierungsfeindlich bezeichnet.[75]
Insbesondere würde der Wortlaut des § 132 S. 1 UmwG durch den Verweis auf die allgemeinen Vorschriften bedeuten, dass bei der Übertragung von Verbindlichkeiten und Verträgen gemäß §§ 415 Abs. 1 S. 1 BGB die Zustimmung der Gläubiger notwendig wäre.
Obwohl das für die Umstrukturierung wichtige Ergebnis der Übertragung von Verbindlichkeiten und Vertragsverhältnissen ohne Zustimmung der Gläubiger unumstritten ist und bereits in der Regierungsbegründung anerkannt und zugebilligt wird,[76] sind aufgrund der uneingeschränkten Verweisung in § 132 S. 1 UmwG auf die Vorschriften zur Einzelrechtsübertragung die Begründungen für die Zustimmungsfreiheit vielfältig.

aa) Begründungsansätze für die Zustimmungsfreiheit der Übertragung von Verbindlichkeiten und Vertragsverhältnissen

Betrachtet man den Wortlaut des § 132 S. 1 UmwG genauer, so könnte man wegen der Verweisung auf Vorschriften, die an die Übertragbarkeit oder Übertragung von Gegenständen im Wege der Einzelrechtsnachfolge anknüpfen, zu der Auffassung kommen, dass Verbindlichkeiten von dem Gegenstandsbegriff des § 132 S. 1 UmwG nicht umfasst seien. Damit wäre auch die Zustimmungspflicht des Gläubigers zur Übertragung einer Verbindlichkeit nach § 415 Abs. 1 S. 1 BGB von der Verweisung des § 132 S. 1 UmwG ausgenommen. Dementsprechend wird der Begriff des Gegenstandes in § 132 S. 1 UmwG von Teilen der Literatur so verstanden, dass Vertragsverhältnisse,[77] Verbindlichkeiten[78], Sach- oder Rechtsgesamtheiten wie etwa Unternehmen[79] nicht unter § 132 S. 1 UmwG fallen sollen. Dagegen spricht bereits, dass der Gegenstands-

75 Dehmer, § 132 UmwG Rn. 1; Goutier, in: Goutier/Knopf/Tulloch, § 131 UmwG Rn. 11; Heidenhain, ZIP 1995, S. 801 (803); Hennrichs, ZIP 1995, S. 794 (797); Hörtnagl, in: Schmitt/Hörtnagl/Stratz, § 132 UmwG Rn. 1; Mayer, in: Widmann/Mayer, § 132 UmwG Rn. 14; Müller, Klaus, BB 2000, S. 365 (367); Teichmann, in: Lutter, Kölner Umwandlungsrechtstage, S. 140 (142).

76 BT-Drucks. 12/6699, zu Allgemeines III 2 b, S. 74 f; vgl. anstatt aller: Kallmeyer, in: Kallmeyer, § 132 UmwG Rn. 10; Teichmann, in: Lutter, § 132 UmwG Rn. 26.

77 Hennrichs, Formwechsel, S. 152; Hennrichs, ZIP 1995, S. 794 (798); Mayer, in: Widmann/Mayer, § 132 UmwG Rn. 25; Mayer, GmbHR 1996, S. 403 (407); Petersen, Gläubigerschutz, S. 348; Wirth, Spaltungen einer eG, S. 344.

78 Dehmer, § 132 UmwG Rn. 12; Heidenhain, ZIP 1995, S. 801 (804); Hörtnagl, in: Schmitt/Hörtnagl/Stratz, § 132 UmwG Rn. 17; Mayer, GmbHR 1996, S. 403 (407); Petersen, Gläubigerschutz, S. 348; Pickhardt, DB 1999, S. 729 (731); für den Fall einer Ausgliederung: Dietz, Ausgliederung, S. 106.

79 Dehmer, § 132 UmwG Rn. 14; Mayer, GmbHR 1996, S. 403 (407); Hörtnagl, in: Schmitt/Hörtnagl/Stratz, § 132 UmwG Rn. 18; Mayer, in: Widmann/Mayer, § 132 UmwG Rn. 26.

begriff des § 132 S. 1 UmwG an dem Gegenstandsbegriff des § 126 Abs. 1 Nr. 9 UmwG anknüpft.[80] Dieser wiederum umfasst wie bereits aufgezeigt auch Verbindlichkeiten und Vertragsverhältnisse. Eine unterschiedliche Auslegung desselben Begriffs in §§ 126 Abs. 1 Nr. 9 und 132 S. 1 UmwG erscheint weder notwendig noch sinnvoll.[81] *Petersen*[82] hält diesem Argument entgegen, dass der Gegenstandsbegriff des § 132 S. 1 UmwG nicht dem Gegenstandsbegriff des § 126 Abs. 1 Nr. 9 UmwG, sondern dem Gegenstandsbegriff des § 131 Abs. 1 Nr. 1 S. 2 UmwG entspreche. In der letztgenannten Vorschrift umfasse der Gegenstandsbegriff aber keine Verbindlichkeiten und Verträge, da es eine Inhaberschaft von Verbindlichkeiten nicht gebe.
Diese Argumentation kann ebenfalls nicht überzeugen. Auch der Gegenstandsbegriff des § 131 Abs. 1 Nr. 1 S. 2 UmwG betrifft - trotz der zugegebenermaßen ungenauen Formulierung - Verträge und Verbindlichkeiten.[83] Der Gesetzgeber wollte in § 131 Abs. 1 Nr. 1 S. 2 UmwG eine umfassende Regelung treffen, wie mit Gegenständen, Rechten und Verbindlichkeiten zu verfahren ist, die nicht übertragbar sind. Während der Gesetzgeber bei § 131 Abs. 3 UmwG zwischen Aktiv- und Passivposten unterscheidet, ist bei § 131 Abs. 1 Nr. 1 S. 2 UmwG eine solche Differenzierung nicht zu finden. Hätte der Gesetzgeber eine Unterscheidung zwischen Gegenständen auf der einen Seite und Verbindlichkeiten und Vertragspflichten auf der anderen Seite treffen wollen, so hätte er eine besondere Regelung für nicht übertragbare Verbindlichkeiten und Vertragspflichten formulieren müssen. Würde man § 131 Abs. 1 Nr. 1 S. 2 UmwG derart verstehen, dass lediglich Gegenstände in einem engen Sinn im Fall ihrer fehlenden Übertragbarkeit beim übertragenden Rechtsträger verbleiben, so wäre unklar, was mit Verbindlichkeiten und Verträgen geschehen soll, die nicht abgespalten werden können. Es kann aber nicht unterstellt werden, dass der Gesetzgeber eine solche Regelungslücke schaffen wollte. Vielmehr ist auch hier der Gegenstandsbegriff – trotz ungenauer Formulierung – wie in § 126 Abs. 1 Nr. 9 UmwG zu verstehen. Der Gegenstandsbegriff ist daher in § 126 Abs. 1 Nr. 9, § 131 Abs. 1 Nr. 1 S. 2 und § 132 S. 1 UmwG einheitlich auszulegen. Eine unterschiedliche Auslegung des Gegenstandsbegriffs in § 126 Abs. 1 Nr. 9 UmwG und § 132 S. 1 UmwG ist – wie sich in den nachfolgenden Ausführungen zeigen wird - nicht erforderlich, um zu dem allgemein anerkannten Ergebnis der zustimmungsfreien Übertragung von Verbindlichkeiten zu gelangen.

80 A.A. Hörtnagl, in: Schmitt/Hörtnagl/Stratz, § 132 UmwG Rn. 18; Petersen, Gläubigerschutz, S. 348.

81 Gutzler, Übertragungshindernisse, S. 21 ff.; Kallmeyer, GmbHR 1996, S. 242 (243); Kallmeyer, § 132 UmwG Rn. 3; Kupfer, Teilbetriebserfordernis, S. 166 f.; Müller, Klaus, BB 2000, S. 365 (366); Peters, Erleichterungswirkungen der Spaltung, S. 273 f.; Teichmann, in: Lutter, § 132 UmwG Rn. 4; Schäfer, in: Habersack/Koch/Winter, S. 114 (119 f.); Voigt, Umwandlung, S. 47; Wiesner, in: Habersack/ Koch/Winter, S. 168 (169 f.); im Ergebnis auch: Goutier, in: Goutier/Knopf/Tulloch, § 132 UmwG Rn. 13 mit dem zutreffenden Argument, dass Verträge und Sachgesamtheiten aus einzelnen Rechten und Pflichten zusammengesetzt seien. Die Sachgesamtheit könne daher nicht anders behandelt werden als das einzelne Recht.

82 Petersen, Gläubigerschutz, S. 348.

83 Müller, Klaus, BB 2000, S. 365 (365).

Eine andere Ansicht geht davon aus, dass die Zustimmungspflicht zur Übertragung einer Verbindlichkeit nach § 415 Abs. 1 S. 1 BGB eine Übertragungsvoraussetzung darstelle. Da § 132 S. 1 UmwG zwischen Übertragbarkeitsvoraussetzung und Übertragungsvoraussetzung unterscheidet und auf letztere nur verwiesen wird, wenn es sich um eine staatliche Genehmigung handelt, müsse die Zustimmung des Gläubigers als privatrechtliche Übertragungsvoraussetzung bei einer Spaltung nicht eingeholt werden.[84] Hintergrund dieser Ansicht ist, dass die ersten beiden Varianten des § 132 S. 1 UmwG auf Vorschriften verweisen, die die inhaltliche Übertragbarkeit von Vermögensgegenständen entweder ausschließen oder an die Zustimmung von Behörden oder privaten Dritten binden. Davon zu unterscheiden ist die Verweisung in § 132 S. 1 3. Var. UmwG auf Vorschriften, die nicht die inhaltliche Übertragbarkeit, sondern den Vorgang der Übertragung selbst regeln. Vorschriften im letzteren Sinn sind nach § 132 S. 1 3. Var. UmwG aber nur dann zu beachten, wenn sie eine staatliche Genehmigung erfordern. Auf eine private Zustimmung wird hier gerade nicht verwiesen. Diese Unterscheidung ist unumstritten und bereits in der Regierungsbegründung so dargestellt.[85] Teilweise wird vertreten, dass die Zustimmung zur Übertragung einer Verbindlichkeit nach § 415 Abs. 1 S. 1 BGB als ein Fall der 3. Variante des § 132 S. 1 UmwG und damit als Übertragungsvoraussetzung zu qualifizieren sei.[86] Die Übertragbarkeit von Verbindlichkeiten werde durch § 415 Abs. 1 S. 1 BGB nicht ausgeschlossen, sondern nur in seiner Art und Weise geregelt. Damit würde § 415 Abs. 1 S. 1 BGB die Übertragung selbst regeln, die lediglich von einer privaten Zustimmung, nicht aber von einer staatlichen Genehmigung abhänge. Da § 132 S. 1 3. Var. UmwG hinsichtlich der Übertragungsvoraussetzungen nur auf Vorschriften verweist, die eine staatliche Genehmigung erfordern, enthalte § 132 S. 1 UmwG nach dieser Ansicht keinen Verweis auf § 415 Abs. 1 S. 1 BGB.[87]

---

84 Kallmeyer, in: Kallmeyer, § 132 UmwG Rn. 2, 11; Teichmann, in: Lutter, § 132 UmwG Rn. 9; Voigt, Umwandlung, S. 46 f.; für die Ausgliederung: Dietz, Ausgliederung, S. 107; a.A. Bayer, ZHR 163 (1999), S. 138 (139); Gutzler, Übertragungshindernisse, S. 52; Kupfer, Teilbetriebserfordernis, S. 169; Mayer, in Widmann/Mayer, 132 Rn. 53; Peters, Erleichterungswirkungen der Spaltung, S. 275.

85 BT-Drucks. 12/6699, zu § 132, S. 121; Bayer, ZHR 163 (1999), S. 138 (139); Kallmeyer, in: Kallmeyer, § 132 UmwG Rn. 2, 11; Mayer, in Widmann/Mayer, § 132 UmwG Rn. 30; Teichmann, in: Lutter, § 132 UmwG Rn. 9; Voigt, Umwandlung, S. 46 f.

86 Kallmeyer, in: Kallmeyer, § 132 UmwG Rn. 2, 11; Teichmann, in: Lutter, § 132 UmwG Rn. 9; Voigt, Umwandlung, S. 46 f.; für die Ausgliederung: Dietz, Ausgliederung, S. 107; a.A. Bayer, ZHR 163 (1999), S. 138 (139); Gutzler, Übertragungshindernisse, S. 52; Kupfer, Teilbetriebserfordernis, S. 169; Mayer, in Widmann/Mayer, § 132 UmwG Rn. 53; Peters, Erleichterungswirkungen der Spaltung, S. 275, die die Voraussetzung des § 415 Abs. 1 BGB nicht als Übertragungsvoraussetzung einordnen.

87 Teichmann, in: Lutter, § 132 UmwG Rn. 5 ff.; Kallmeyer, in: Kallmeyer, § 132 UmwG Rn. 2, 11, der darauf hinweist, dass die § § 414 f. BGB nicht das Ob der Übertragung, sondern das Wie betreffen; Voigt, Umwandlung, S. 46 f.; ähnlich Dehmer, § 132 UmwG Rn. 9 f., 15 sowie Hörtnagl, in: Schmitt/Hörtnagl/Stratz, § 132 UmwG Rn. 19 f., die allerdings darüber hinaus davon ausgehen, dass alle rechtsgeschäftlich begründeten Übertragungshindernisse sowie alle Vorschriften, die dazu ermächtigen, die Übertragbarkeit durch ein Rechtsgeschäft auszuschließen, nicht von § 132 Satz 1 UmwG nicht umfasst seien. Diese Ansicht legt den Anwendungsbereich der Vorschriften, die eine Übertragung und keine Übertragbarkeit regeln, zu

Dieser Ansicht ist nicht zu folgen. § 415 Abs. 1 S. 1 BGB regelt nicht die Art und Weise der Übertragung eines Gegenstandes im Sinn des § 132 S. 1 3. Var. UmwG, sondern macht die Übertragung von Verbindlichkeiten inhaltlich davon abhängig, dass der Gläubiger der Schuldübernahme zustimmt.[88] Ohne eine Zustimmung des Gläubigers kann die Übertragung einer Verbindlichkeit im Wege der Einzelrechtsnachfolge nicht wirksam erfolgen.

Das Entfallen der Zustimmungspflicht zur Übertragung von Verbindlichkeiten im Wege der Abspaltung kann aber dem System des UmwG entnommen werden. §§ 133, 125 S. 1, 22 UmwG regeln einen der Zustimmungspflicht des § 415 Abs. 1 S. 1 BGB vorgehenden Gläubigerschutz.[89] Die Übertragung von Verbindlichkeiten im Wege der Spaltung nach dem UmwG bedarf der Zustimmung der Gläubiger nicht, weil es sich nicht um eine befreiende Schuldübernahme nach §§ 414 f. BGB handelt, sondern um eine Übertragung von Verbindlichkeiten unter Fortlauf der Haftung des übertragenden Rechtsträgers nach § 133 UmwG für einen Zeitraum von fünf Jahren.[90] Außerdem steht den Gläubigern ein Recht auf Sicherheitsleistung nach §§ 125 S. 1, 22 UmwG zu, wenn sie die Gefährdung ihrer Forderung glaubhaft machen. Dieser Gläubigerschutz ersetzt die in § 415 Abs. 1 S. 1 BGB vorgesehene Zustimmungspflicht als Instrument des Gläubigerschutzes. Ohne eine derartige Auslegung des § 132 S. 1 UmwG würde die Verweisung auf die allgemeinen Vorschriften alle durch das Institut der Gesamtrechtsnachfolge gewonnenen Vorteile zunichte machen.[91] Außerdem würde der Gläubigerschutz unverständlich weit ausgedehnt, indem der übertragende Rechtsträger nicht nur die Zustimmung des Gläubigers einholen müsste, sondern darüber hinaus einer gesamtschuldnerischen oder akzessorischen Haftung unterläge.

Dadurch dass die Zustimmungspflicht für die Übertragung von Verbindlichkeiten entfällt, wird auch die Übertragung von Vertragsverhältnissen ohne Zustimmung des

---

weit aus. Auch privatrechtliche Zustimmungen zur Übertragung können eine inhaltliche Voraussetzung für die Übertragbarkeit darstellen (so auch: BT-Drucks. 12/6699, zu § 132 S. 121; Dietz, Ausgliederung, S. 108; Kallmeyer, GmbHR 1996, S. 242 (244)). Andernfalls wäre § 132 Satz 2 UmwG, der für die Aufspaltung ausdrücklich die Möglichkeit einer Übertragung trotz Abtretungsverbotes vorsieht, hinfällig. Würde § 399 2.Alt. BGB nicht in den Anwendungsbereich des § 132 S. 1 UmwG fallen, so wäre auch eine diesbezügliche Ausnahme in § 132 S. 2 UmwG unverständlich.

88 So auch: Bayer, ZHR 163 (1999), S. 138 (139); Gutzler, Übertragungshindernisse, S. 52; Kupfer, Teilbetriebserfordernis, S. 169; Mayer, in Widmann/Mayer, § 132 UmwG Rn. 53; Peters, Erleichterungswirkungen der Spaltung, S. 275; Teichmann, in: Lutter 1.Aufl., § 132 UmwG Rn. 9; a.A. Hörtnagl, in: Schmitt/Hörtnagl/Stratz, § 132 UmwG Rn. 20, der davon ausgeht, dass §§ 414 ff. BGB das Wie und nicht das Ob der Übertragung regeln. Dass § 415 Abs. 1 S. 1 BGB das Ob der Übertragung regelt, ergibt sich aus der von der h.M. vertretenen Verfügungstheorie, wonach Schuldner und Übernehmer einen Vertrag schließen, der inhaltlich von der Zustimmung des Gläubigers abhängt: Vgl. zu Verfügungstheorie und Angebotstheorie: Möschel, in: Münchener Kommentar, § 415 BGB Rn. 1 m.w.N.

89 Bayer, ZHR 163 (1999), S. 138 (139); Boecken, Unternehmensumwandlungen und Arbeitsrecht, Rn. 103 S. 75; Kallmeyer, in: Kallmeyer, § 132 UmwG Rn. 11; Kupfer, Teilbetriebserfordernis, S. 173; Schäfer, in: Habersack/Koch/Winter, S. 114 (121); Wiesner, in: Habersack/Koch/Winter, S. 168 (171).

90 Kallmeyer, in: Kallmeyer, § 132 UmwG Rn. 11.

91 Hennrichs, Formwechsel, S. 145; Mertens, Umwandlung, S. 145.

Gläubigers ermöglicht, da sich der Übertragungsvorgang bei einer Vertragsübernahme nach §§ 414 f. BGB richtet.[92] Die Vertragsübernahme ist zwar kein im BGB geregeltes Rechtsinstitut. Sie wird aber als nach §§ 414 f. BGB vom Gläubiger zustimmungspflichtiges Rechtsgeschäft allgemein anerkannt.[93] Auch für die Vertragsübernahme gilt die oben getroffene Feststellung, dass die Zustimmungspflicht des § 415 Abs. 1 S. 1 BGB durch die Haftungsregelung des § 133 UmwG ersetzt wird.[94]

bb) Verbleibende Übertragungshindernisse und ihre spaltungshindernde Wirkung

Trotz der Möglichkeit der Abspaltung von Verbindlichkeiten und Verträgen bleibt das Problem der Vertragsabspaltung bei einem vereinbarten Abtretungsverbot (§ 399 2.Alt. BGB) und das Problem des Verbotes der Übertragung höchstpersönlicher Rechte nach § 399 1.Alt. BGB.

Die Schwierigkeiten bei der Übertragung einer Forderung mit vorher vereinbartem Abtretungsverbot werden bereits dadurch in gewissem Maß eingeschränkt, dass die Vereinbarung eines Abtretungsverbotes bei einem beidseitigen Handelsgeschäft für Geldforderungen nach § 354 a HGB unwirksam ist.[95] Allerdings werden damit die Probleme der Übertragung vinkulierter Anteile gemäß §§ 15 Abs. 5 GmbHG, 68 Abs. 2 AktG und der Übertragung der Vertragspartnerstellung bei vorher vereinbartem Abtretungsverbot nicht aus dem Weg geräumt.[96]

Bei der Abspaltung ist daher nach dem Wortlaut des § 132 S. 1 UmwG die Übertragung von Forderungen, bei denen ein Abtretungsverbot vereinbart wurde (§ 399 2.Alt. BGB), genauso wie die Übertragung von höchstpersönlichen Rechten ausgeschlossen. Als höchstpersönlich sind Rechte zu qualifizieren, wenn ihre Abtretung eine Inhaltsänderung herbeiführen würde oder die Unübertragbarkeit gesetzlich angeordnet ist. Gesetzlich angeordnete höchstpersönliche Rechte sind die Vereinsmitgliedschaft gemäß § 38 BGB, Gesellschaftsrechte nach § 717 BGB, das Nießbrauchsrecht (§ 1059 BGB), beschränkt persönliche Dienstbarkeiten (§ 1092 BGB) sowie im Zweifel Dienstvertrag (§ 613 S. 2 BGB) und Auftrag (§ 662 Abs. 2 BGB). Im Wege der Einzelrechtsnachfolge nicht übertragbar sind außerdem personengebundene Ansprüche wie Ansprüche aus Vorvertrag, Ansprüche auf zweckgebundene Leistungen, Freistellungsansprüche und unselbständige Ansprüche wie akzessorische Nebenrechte und gewisse Unterlassungsansprüche. Darüber hinaus gelten Ansprüche als höchstpersönlich, bei denen ein Gläubigerwechsel nicht zumutbar erscheint.[97] Eine Erleichterung

---

92 Bayer, ZHR 163 (1999), S. 138 (139); ausführlich dazu: Gutzler, Übertragungshindernisse, S. 79 ff.; Dehmer, § 132 UmwG Rn. 40; Voigt, Umwandlung, S. 47.

93 Anstatt aller: Heinrichs, in: Palandt, § 398 BGB Rn. 38 f.; ausführlich zur Vertragsübernahme im Umwandlungsrecht: Voigt, Umwandlung, S. 35 ff.

94 Im Ergebnis ebenso: Bayer, ZHR 163 (1999), S. 138 (139); Gutzler, Übertragungshindernisse, S. 299; Hennrichs, Formwechsel, S. 125 ff.; Teichmann, in: Lutter, § 132 UmwG Rn. 38; Voigt, Umwandlung, S. 46 f.; Wiesner, in: Habersack/Koch/Winter, S. 168 (171).

95 So auch: Dehmer, § 132 UmwG Rn. 20; Hörtnagl, in: Schmitt/Hörtnagl/Stratz, § 132 UmwG Rn. 24.

96 Vgl. dazu: unten Teil 4 A) II 2 c) ee) (3).

97 Zu den einzelnen höchstpersönlichen Rechten: Roth, in: Münchener Kommentar, § 399 BGB

der Übertragung eines grundsätzlich höchstpersönlichen Rechts ist regelmäßig dann anzunehmen, wenn der übertragende Rechtsträger eine juristische Person ist. Bei Verträgen mit juristischen Personen wird eine Auslegung meist ergeben, dass die Vertragspartnerstellung nicht auf den tatsächlichen Vertragspartner begrenzt sein soll und damit eine Höchstpersönlichkeit der vertraglich geschuldeten Leistung abzulehnen ist. Dies kann damit begründet werden, dass für den Vertragspartner einer juristischen Person nicht die Person selbst, sondern deren finanzielle Leistungsfähigkeit ausschlaggebend ist, da er auf die persönliche Zusammensetzung der juristischen Person keinen Einfluss hat. Höchstpersönliche Rechte sind daher im Zusammenhang mit Kapitalgesellschaften weniger häufig anzutreffen als bei natürlichen Personen.[98]
Im Gegensatz zur Verschmelzung, bei der grundsätzlich auch höchstpersönliche Rechte auf den übernehmenden Rechtsträger mit Eintragung der Verschmelzung übergehen,[99] verhindert der Wortlaut des §§ 132 S. 1 UmwG, der auch auf § 399 1.Alt. BGB verweist, jedenfalls bei der Abspaltung die Übertragung höchstpersönlicher Rechte. Wenn aber höchstpersönliche Rechte und Rechte, die einem Abtretungsverbot unterliegen, nach § 132 S. 1 UmwG nur mit Zustimmung des Vertragspartners übertragen werden können, so folgt daraus, dass das gesamte abzuspaltende Vermögen nach höchstpersönlichen Rechten untersucht werden muss. Dies führt zum einen - jedenfalls bei einer umfangreichen Vermögensübertragung - zu erheblichem juristischen Aufwand. Zum anderen besteht regelmäßig Rechtsunsicherheit darüber, ob die jeweiligen Vermögensgegenstände tatsächlich im Wege der Spaltung übertragen wurden. Dieser Rechtsunsicherheit gilt es, durch teleologische Auslegung des § 132 S. 1 UmwG zu begegnen.

cc) Teleologische Reduktion des § 132 S. 1 UmwG

Es bleibt festzuhalten, dass das UmwG von 1995 aufgrund des Wortlauts des § 132 S. 1 UmwG seinem Ziel, wirtschaftlich notwendige Umstrukturierungen von Unternehmen zu fördern, nicht gerecht wurde. Die wortlautgetreue Auslegung des § 132 S. 1 UmwG würde die Rechtsfolge der partiellen Universalsukzession darauf reduzieren, dass an Stelle einer rechtsgeschäftlichen Übertragung die Eintragung der Spaltung im Register treten würde. Für die Umstrukturierung in der Praxis wäre diese Konsequenz wenig hilfreich.[100] Im Übrigen müssten gemäß § 132 S. 1 UmwG die Vorschriften zur Einzelrechtsübertragung beachtet werden.
Für das Ziel der Reduzierung des Regelungsinhalts des § 132 S. 1 UmwG werden mehrere Wege vorgeschlagen.
Teilweise wird vertreten, dass eine richtlinienkonforme Auslegung des § 132 S. 1 UmwG bei Aktiengesellschaften dergestalt vorgenommen werden müsste, dass ent-

Rn. 2 ff.

98 Dehmer, § 132 UmwG Rn. 32; Hörtnagl, in: Schmitt/Hörtnagl/Stratz, § 132 UmwG Rn. 37; Rieble, ZIP 1997, S. 301 (305).

99 Bermel, in: Goutier/Knopf/Tulloch, § 20 UmwG Rn. 14, 20 f.; Dehmer, § 132 UmwG Rn. 46, 58, 63, 67; Marsch-Barner, in: Kallmeyer, § 20 UmwG Rn. 6, 23.

100 Vgl. auch: Dehmer, § 132 UmwG Rn. 7; Goutier, in: Goutier/Knopf/Tulloch, § 131 UmwG Rn. 8; Heidenhain, ZIP 1995, S. 801 (805); Hörtnagl, in: Schmitt/Hörtnagl/Stratz, § 132 UmwG Rn. 1; Teichmann, in: Lutter, § 132 UmwG Rn. 13.

sprechend Art. 17 Abs. 1 lit. a der Spaltungsrichtlinie[101] die Möglichkeit bestehen muss, den gesamten Bestand von Aktiv- und Passivvermögen übertragen zu können.[102] Eine solche Aussage kann § 17 Abs. 1 lit. a der Spaltungsrichtlinie aber nicht entnommen werden, da die Richtlinienumsetzung immer einen landesspezifischen Spielraum lässt.[103] Die Spaltungsrichtlinie ordnet die Schaffung einer Gesamtrechtsnachfolge an. Wie diese auszugestalten ist, lässt die Richtlinie offen. Insbesondere geht aus der Richtlinie nicht hervor, dass die Übertragung des Bestands des Aktiv- und Passivvermögens ohne Einschränkungen möglich sein muss.[104]

Eine andere Auffassung sieht die Lösung des Problems nicht in der Auslegung des Gesetzes, sondern in der Auslegung des zu übertragenden Rechtsverhältnisses, das ein höchstpersönliches Recht oder ein Abtretungsverbot - wie etwa die Vinkulierung von Geschäftsanteilen oder Namensaktien - enthält.[105] Bei der Übertragung des Rechtsverhältnisses im wirtschaftlichen Zusammenhang mit der Abspaltung von Betrieben oder Teilbetrieben soll die Auslegung regelmäßig zu dem Ergebnis kommen, dass das Abtretungsverbot nicht eingreifen soll.[106] Eine derartige Auslegung des jeweiligen Rechtsverhältnisses anhand des Kriteriums der Übertragung eines Betriebs oder Teilbetriebs trägt meines Erachtens nicht zur Schaffung von Rechtssicherheit für die Praxis bei. Eine ergänzende Auslegung setzt zunächst das Bestehen einer Regelungslücke voraus.[107] Es erscheint bereits zweifelhaft, dass ein vereinbartes Übertragungsverbot hinsichtlich der Übertragung im Wege einer Spaltung eine Regelungslücke aufweist. Eine ergänzende Vertragsauslegung scheidet jedenfalls aus, wenn die getroffene Regelung für die Parteien bewusst abschließend war.[108] Bereits an dieser Voraussetzung lässt sich unschwer erkennen, dass mit der Lösung über die ergänzende Vertragsauslegung eine erhebliche Rechtsunsicherheit in das Spaltungsvorhaben eingebracht würde. Die generelle Aussage, ein Abtretungsverbot sei von den Vertragsparteien bei einer Spaltung nicht gewollt, kann im Hinblick auf das Erfordernis einer Regelungslücke so nicht getroffen werden. Selbst wenn man eine Regelungslücke bei der Vereinbarung

---

101 Richtlinie 82/891/EWG v. 17.12.1982, ABl. Nr. L 378/47 v. 17.12.1982.

102 Dehmer, § 132 UmwG Rn. 6 ff.; Heidenhain, ZIP 1995, S. 801 (805); Heidenhain, EuZW 1995, S. 327 (330); Hörtnagl, in: Schmitt/Hörtnagl/Stratz, § 132 UmwG Rn. 8; Mayer, in: Widmann/Mayer, § 132 UmwG Rn. 6f., 22; Mayer, GmbHR 1996, S. 403 (405).

103 Jesch, in: Habersack/Koch/Winter, S. 148 (153), der außerdem darauf hinweist, dass gerade bei einer Abspaltung dem Rechtsmissbrauch durch Wegfall der Vorschriften für die Einzelrechtsnachfolge in gewissen Fällen Vorschub geleistet würde; Kupfer, Teilbetriebserfordernis, S. 189; Teichmann, in: Lutter, § 132 UmwG Rn. 12.

104 So auch: Jesch, in: Habersack/Koch/Winter, S. 148 (153); Peters, Erleichterungswirkungen der Spaltung, S. 272; Teichmann, in: Lutter, § 132 UmwG Rn. 12.

105 Kallmeyer, GmbHR 1996, S. 242 (244); ders., in: Kallmeyer, § 132 UmwG Rn. 5; ebenso: Dietz, Ausgliederung, S. 111; Rieble, ZIP 1997, S. 301 (308), mit der Einschränkung, dass eine Auslegung nicht in jedem Fall eine umwandlungsfreundliche Lösung bietet, da hierfür eine dem § 354 a HGB vergleichbare Norm erforderlich wäre; Tauchert-Nosko, Verschmelzung und Spaltung, S. 47 f.; Bedenken hinsichtlich der Wirkung dieser Lösung äußert: Müller, Klaus, BB 2000, S. 365 (367 Fn. 29).

106 Kallmeyer, GmbHR 1996, S. 242 (244); ders., in: Kallmeyer, § 132 UmwG Rn. 5.

107 BGHZ 40, S. 91 (103); BGHZ 77, S. 301 (304).

108 BGH, NJW 1985, S. 1836 (1838).

eines Übertragungsverbotes annehmen würde, so stellt sich immer die Frage nach der Ermittlung des hypothetischen Parteiwillens.[109] Ob bei einer Interessenabwägung das Umstrukturierungsinteresse in jedem Fall zu einer Durchbrechung des Übertragungsverbotes führen kann, erscheint fraglich. Die Lösung über die ergänzende Vertragsauslegung kann daher in jedem konkreten Einzelfall zu einem anderen Ergebnis führen. Ein für die Praxis verlässliches Instrument stellt dieser Weg folglich nicht dar.
Konsequenter ist es wohl, mit Hilfe der teleologischen Auslegung festzustellen, wann ein Übertragungshindernis bei der Einzelrechtsübertragung auch für die partielle Gesamtrechtsnachfolge bei der Spaltung gelten soll. Das heißt zugleich, dass zu ermitteln ist, ob eine Umgehung der Vorschriften für die Einzelrechtsübertragung droht. In welchen Fällen die Beachtung der Vorschriften der Einzelrechtsübertragung tatsächlich notwendig ist, richtet sich auch nach dem Zweck einer Gesamtrechtsnachfolge, die Übertragung von Gegenständen zu erleichtern, sowie nach dem bereits im UmwG enthaltenen Schutz der Gläubiger und Dritter.
Eine Umgehung der Vorschriften über die Einzelrechtsnachfolge liegt nahe, wenn einzelne Rechtsgüter im Wege der Gesamtrechtsnachfolge übertragen werden sollen.[110] Bei der Abspaltung von Sachgesamtheiten wie Betrieben oder Teilbetrieben steht dagegen regelmäßig das Interesse an der Unternehmensumstrukturierung im Vordergrund. Der Aufwand für die Untersuchung der abzuspaltenden Vermögensgegenstände nach Übertragungshindernissen und für die folgende Durchführung der Einzelübertragung wächst mit der Anzahl der zu übertragenden Gegenstände.[111] Bei einer Übertragung von Betrieben oder Teilbetrieben führt die Bindung an die Einzelrechtsübertragungsvorschriften zu erheblich höheren Kosten als bei der Übertragung von einzelnen Gegenständen. Gerade für den Fall der Übertragung von Unternehmen oder Unternehmensteilen wurde die Spaltung als partielle Gesamtrechtsnachfolge eingeführt.[112] Die durch die Beachtung nahezu sämtlicher Einzelrechtsübertragungsvorschriften entstehende spaltungshindernde Wirkung für die Übertragung von Betrieben und Teilbetrieben kann nicht gewollt gewesen sein.[113] Deshalb sollte eine Privilegierung der Übertragung von Betrieben und Teilbetrieben entsprechend dem gesetzgeberischen Ziel der Erleichterung von Umstrukturierungen dazu führen, dass die bei der Verschmelzung zu beachtenden Übertragungsregeln auch bei der Abspaltung von Betrieben und Teilbetrieben Anwendung finden.
Da das UmwG aufgrund der erheblichen finanziellen Auswirkungen faktisch in engem Zusammenhang mit dem UmwStG steht,[114] erscheint es naheliegend, die im UmwStG

109 BGHZ 7, S. 232 (235); BGHZ 9, S. 273 (278).

110 Daher wird teilweise vertreten, dass nur bei der Übertragung einzelner Gegenstände im Wege der Gesamtrechtsnachfolge die Vorschriften über die Einzelrechtsnachfolge anzuwenden seien: Hennrichs, Formwechsel, S. 153; ders., ZIP 1995, S. 794 (798).

111 Darauf weisen hin: Goutier, in: Goutier/Knopf/Tulloch, § 131 UmwG Rn. 8; Kallmeyer, in: Kallmeyer, § 132 UmwG Rn. 4; Müller, Klaus, BB 2000, S. 365 (367).

112 Hahn, GmbHR 1991, S. 242 (247).

113 Gewollt war eine Erleichterung von Umstrukturierung mit der Einführung der partiellen Gesamtrechtsnachfolge (BT-Drucks. 12/6699, I 2, S. 71; III 2 b), S. 74). Mit einem umfassenden Verweis auf die Einzelübertragungsvorschriften kann dies aber nicht erreicht werden.

114 Vgl. zu den Auswirkungen des Steuerrechts auf ein Spaltungsvorhaben: Teil 3 A).

vorgenommene Privilegierung der Abspaltung von Betrieben und Teilbetrieben nach § 15 Abs. 1 S. 2 UmwStG gegenüber nicht zusammenhängenden Vermögensgruppen bei der Auslegung des UmwG zu berücksichtigen.[115] Dem widerspricht auch nicht die Begründung des Regierungsentwurfes, in der ausgeführt wird, dass die Vermögensübertragung im Rahmen der Spaltung nicht an die steuerlichen Begrifflichkeiten gebunden werden sollen.[116] Die Bindung an den steuerlichen Betriebs- und Teilbetriebsbegriff wurde nur deshalb unterlassen, weil eine zeitraubende Prüfung durch das Registergericht befürchtet wurde.[117]
Der Gesetzgeber hat mit der in § 15 Abs. 1 S. 2 UmwStG festgelegten steuerrechtlichen Privilegierung der Abspaltung von Betrieben und Teilbetrieben eine allgemeine Wertentscheidung dahingehend getroffen, dass die Übertragung von Betrieben und Teilbetrieben erleichtert und bevorzugt werden soll.[118] Diese Privilegierung würde aber leer laufen, wenn bei der Übertragung im Wege der Gesamtrechtsnachfolge alle Vorschriften der Einzelrechtsübertragung zu beachten wären. Es war gerade Ziel bei der Reformierung des UmwG den Erleichterungen im Steuerrecht ein zivilrechtliches Gegenüber zu schaffen.[119] Eine gesetzesübergreifende Auslegung und Berücksichtigung der gesetzgeberischen Wertentscheidung muss daher zu dem Ergebnis führen, dass bei Abspaltung eines Betriebs oder Teilbetriebs keine über das Verschmelzungsrecht hinausgehenden Anforderungen an die Übertragung von Gegenständen gestellt werden.[120]

---

115 So: Teichmann, in: Lutter, § 132 UmwG Rn. 20; ihm folgend: Gutzler, Übertragungshindernisse, S. 192 ff.; ebenso: Kupfer, Teilbetriebserfordernis, S. 182 ff.; für eine Privilegierung von Teilbetrieben: Mayer, GmbHR 1996, S. 403 (412 f.); Mayer, in: Widmann/Mayer, § 132 UmwG Rn. 22 f.; Müller, Klaus, BB 2000, S. 365 (367); Teichmann, ZGR 1993, S. 397 (409) de lege ferenda; ähnlich auch: Aha, AG 1997, S. 345 (351); Hennrichs, ZIP 1995, S. 794 (798), der auf die dahingehende Formulierung des § 123 Abs. 5 des Referentenentwurfs zum Umwandlungsrecht vom 15.04.1992 verweist; andere Vorschläge einer teleologischen Auslegung: Hennrichs, Formwechsel, S. 153; ders., ZIP 1995, S. 794 (798), der nur bei einer tatsächlichen Gefahr der Umgehung den Verweis auf die allgemeinen Vorschriften anerkennt, also insbesondere bei der Übertragung einzelner Gegenstände; Schwedhelm/Streck/Mack, GmbHR 1995, S. 5 (9), die ebenfalls die Vorschriften zur Einzelrechtsübertragung nur im Einzelfall anwenden wollen; Simon/Fuhrmann, AG 2000, S. 49 (56); für eine teleologische Reduktion auch: Hörtnagl, in: Schmitt/Hörtnagl/Stratz, § 132 UmwG Rn. 9 f.; a.A. Dietz, Ausgliederung, S. 111; Jesch, in: Habersack/Koch/Winter, S. 148 (153); Peters, Erleichterungswirkungen der Spaltung, S. 269 ff.; Petersen, Gläubigerschutz, S. 355 f.

116 BT-Drucks. 12/6699, zu § 126, S. 118.

117 BT-Drucks. 12/6699, zu § 126, S. 118.

118 Ausführlich dazu: Gutzler, Übertragungshindernisse, S. 192 ff.; Kupfer, Teilbetriebserfordernis, S. 182 ff.; Teichmann, in: Lutter, § 132 UmwG Rn. 17.

119 BT-Drucks. 12/6699, zu Allg. III 2b), S. 74.

120 So auch der Vorschlag von Teichmann, in: Lutter, § 132 UmwG Rn. 17 ff; für eine Privilegierung der Übertragung eines Betriebs oder Teilbetriebs im steuerlichen Sinn: Gutzler, Übertragungshindernisse, S. 207; Kupfer, Teilbetriebserfordernis, S. 182 ff.; für eine Gleichstellung mit der Verschmelzung auch: Fuhrmann/Simon, AG 2000, S. 49 (56) mit der Begründung, dass die partielle Gesamtrechtsnachfolge keine Gesamtrechtsnachfolge zweiter Klasse sei; Hörtnagl, in: Schmitt/Hörtnagl/Stratz, § 132 UmwG Rn. 5.

Bei einer Abspaltung von Betrieben und Teilbetrieben wird die organisatorische Struktur des früher einheitlichen Unternehmens fortgeführt. Diese Beibehaltung der Strukturen rechtfertigt die Übertragungserleichterungen im Rahmen der Gesamtrechtsnachfolge bei der Verschmelzung.[121] Werden bei der Spaltung lebensfähige organisatorische Strukturen in Form von Betrieben und Teilbetrieben und nicht nur einzelne Wirtschaftsgüter übertragen, so kann dies ebenfalls eine Erleichterung der Übertragungsvoraussetzungen begründen. [122] Außerdem werden spaltungsspezifische Gefahren der Auftrennung des ursprünglichen Rechtsträgers für die Gläubiger durch die Mithaftungsregelung in § 133 UmwG abgemildert, so dass bei der Übertragung von Betrieben und Teilbetrieben im Wege der Spaltung ein Vergleich mit dem Verschmelzungsrecht durchaus angestellt werden kann.

Der Verweis auf die Übertragungsvoraussetzungen im Verschmelzungsrecht kann allerdings nicht als genereller Verweis verstanden werden. Vielmehr ist bei jeder Art von Vermögensgegenstand zu prüfen, ob nicht spaltungsrechtliche Besonderheiten oder aber die Notwendigkeit eines besonderen Gläubigerschutzes eine Abweichung von den Verschmelzungsregeln verlangen.[123] Dies wird besonders deutlich, wenn man sich die Übertragung von Vertragsverhältnissen vor Augen führt. Während bei der Verschmelzung die Übernahme der Vertragsverhältnisse keine Probleme aufwirft, so muss bei einer Abspaltung gefragt werden, ob eine bloße Übertragung oder gar eine Verdoppelung des Vertragsverhältnisses gewollt und zulässig ist.[124]

Die Bedenken der Gegenauffassung,[125] die eine Privilegierung von Teilbetrieben und Betrieben ablehnt, können aus dem Weg geräumt werden. Die Differenzierung danach, ob ein Teilbetrieb übertragen wurde, trägt nicht zu erhöhter Rechtsunsicherheit bei,[126] da der Begriff des Teilbetriebs aus steuerrechtlicher Sicht weitgehend geklärt ist.[127] Ein Teilbetrieb ist steuerrechtlich definiert als organisch geschlossener Teil eines Gesamtbetriebs, der eine gewisse Selbständigkeit aufweist und als solcher lebensfähig ist.[128]

Aufgrund der besonderen Bedeutung der Einhaltung der Voraussetzungen des § 15 Abs. 1 UmwStG und der Vielzahl der ungeklärten Fragen in diesem Bereich wird das übertragende Unternehmen ohnehin nicht umhin kommen, mit der Finanzverwaltung eine Klärung im Hinblick auf das Vorliegen der doppelten Teilbetriebsvorausset-

121 Hügel, Verschmelzung, S. 27 ff.; Kupfer, Teilbetriebserfordernis, S. 152 ff.

122 So auch: Hahn, GmbHR 1991, S. 241 (247); Hügel, Verschmelzung, S. 118; Kupfer, Teilbetriebserfordernis, S. 185.

123 Vgl. zur Übertragbarkeit einzelner Gegenstände: unten Teil 4 A) II 2 c).

124 Vgl. dazu: unten Teil 4 A) II 2 c) hh).

125 Dietz, Ausgliederung, S. 111; Jesch, in: Habersack/Koch/Winter, S. 148 (153); Peters, Erleichterungswirkungen der Spaltung, S. 269 ff.; Petersen, Gläubigerschutz, S. 355 f.

126 So aber: Jesch, in: Habersack/Koch/Winter, S. 148 (154).

127 Offen ist lediglich die Frage, ob der Erwerber wirtschaftlicher Eigentümer aller wesentlichen Betriebsgrundlagen werden muss oder ob die Funktionsfähigkeit des Teilbetriebs ausreicht. Vgl. dazu: oben Teil 3 A) I 2 a).

128 BFH, BStBl. II 1996, S. 409 (410) m.w.N.; BFH, BStBl. II 1989, S. 458 (460); vgl. auch: oben Teil 3 A) I 2 a).

zung[129] anzustreben. Eine solche Übereinkunft muss dann auch für die Interessenabwägung im Rahmen des § 132 S. 1 UmwG Beachtung finden. Werden die steuerrechtlichen Vorgaben des § 15 Abs. 1 UmwStG eingehalten, so geht das Interesse an einer vereinfachten Umstrukturierung dem Interesse an der Einhaltung der Vorschriften zur Einzelrechtsübertragung vor. Die Übertragungserleichterungen bei der Verschmelzung können somit eingreifen, falls durch die Spaltung kein besonderes Schutzbedürfnis Dritter begründet wird.
Eine Prüfung der Teilbetriebsvoraussetzungen durch das Registergericht erscheint entbehrlich, da im Regelfall die Teilbetriebsvoraussetzungen in den Grundzügen bereits von den Finanzbehörden überprüft wurden. Das Registergericht kann daher die Beurteilung der Finanzbehörden übernehmen, ohne eine erneute umfangreiche Prüfung vorzunehmen. Es würde sich sogar empfehlen, eine Abänderung des § 132 S. 1 UmwG dahingehend vorzunehmen, dass der Registerrichter an eine Entscheidung der Finanzbehörden hinsichtlich der Einhaltung der Teilbetriebsvoraussetzungen gebunden wird.
Eine ähnliche Verfahrensweise findet sich auch in § 1059a Abs. 1 Nr. 2 BGB bei der Übertragung von Nießbrauch, beschränkt persönlichen Dienstbarkeiten und dinglichen Vorkaufsrechten im Wege der Einzelrechtsnachfolge. Nach dieser Vorschrift soll die behördliche Entscheidung für die Gerichte und sonstige Verwaltungsbehörden bindend sein.
Eine zeitraubende Vorprüfung durch das Registergericht[130] würde dadurch vermieden. Mit der Vorlage einer entsprechenden Absprache hätten es die beteiligten Rechtsträger selbst in der Hand, die Spaltungserleichterungen des Verschmelzungsrechts herbeizuführen.

dd) Folgen der Unsicherheiten bei der Auslegung des § 132 S. 1 UmwG für die Praxis

Für die Formulierung eines Spaltungsvertrages folgt aus § 132 S. 1 UmwG, dass neben Aktivvermögen grundsätzlich Verbindlichkeiten und Vertragsverhältnisse abgespalten werden können. Andererseits muss nach bisheriger Rechtslage im Einzelnen geprüft werden, ob die abgespaltenen Verträge ein wirksames Abtretungsverbot oder die Übertragung eines höchstpersönlichen Rechtes enthalten. In einem solchen Fall muss dann die Zustimmung des Vertragspartners eingeholt werden. Fehlt eine Zustimmung des Vertragspartners, so kann nach der hier vertretenen Auffassung dennoch versucht werden, das Rechtsverhältnis abzuspalten, wenn es im wirtschaftlichen Zusammenhang mit einem Betrieb oder Teilbetrieb steht und von der Finanzverwaltung als zu einem Teilbetrieb gehörig betrachtet wird.
Aufgrund des damit verbundenen Risikos und zur allgemeinen Absicherung sollten die Spaltungsparteien vertraglich vereinbaren, dass bei Scheitern einer Übertragung durch

---

129 Vgl. dazu: oben Teil 3 A) I 2.

130 Für eine Vorprüfung durch das Registergericht: Goutier, in: Goutier/Knopf/Tulloch, § 131 UmwG Rn. 8; ebenso: Claussen, Gesamtnachfolge, S. 184 f; Gutzler, Übertragungshindernisse, S. 200; Hahn, GmbHR, 1991 S. 242 (248 f.); Teichmann, in: Lutter, § 132 UmwG Rn. 19, die darauf hinweisen, dass dem Registerrichter gemäß § 12 FGG ähnliche Mittel zur Prüfung der Teilbetriebseigenschaft zur Verfügung stehen wie dem Sachbearbeiter nach § 88 AO und deshalb die Prüfung dem Registergericht zumutbar sei.

partielle Gesamtrechtsnachfolge die Parteien verpflichtet sind, eine Einzelrechtsübertragung herbeizuführen.[131] Dies kann insbesondere dann hilfreich sein, wenn ein Übertragungshindernis bei der Prüfung der abzuspaltenden Vermögensgegenstände übersehen wurde.

ee) Ergebnis

Die Verweisung des § 132 S. 1 UmwG auf die Vorschriften der Einzelrechtsübertragung gilt nicht für die Abspaltung von Verbindlichkeiten und Verträgen. Dies ergibt sich nicht bereits aus dem Gegenstandsbegriff des § 132 S. 1 UmwG, da eine einheitliche Auslegung mit dem Gegenstandsbegriff in § 126 Abs. 1 Nr. 9 UmwG und § 131 Abs. 1 Nr. 1 S. 2 UmwG, die jeweils Verbindlichkeiten und Verträge umfassen, vorgenommen werden sollte. Auch die Unterscheidung in § 132 S. 1 UmwG zwischen Übertragbarkeitsvoraussetzungen und Übertragungsvoraussetzungen kann nicht dazu führen, dass Verbindlichkeiten und Verträge aus dem Verweisungstatbestand des § 132 S. 1 UmwG herausfallen. Vielmehr ergibt sich die Zustimmungsfreiheit der Abspaltung von Verbindlichkeiten und Verträgen aus der Tatsache, dass der Gesetzgeber besondere Gläubigerschutzvorschriften in das UmwG eingeführt hat, die die Schutzvorschrift des § 415 Abs. 1 S. 1 BGB ersetzen.
Daneben ist § 132 S. 1 UmwG dahingehend teleologisch zu reduzieren, dass die Übertragungserleichterungen des Verschmelzungsrechts im Grundsatz gelten, wenn lediglich Teilbetriebe im steuerrechtlichen Sinn übertragen werden. Ob die Teilbetriebsvoraussetzungen vorliegen, hat im Regelfall die Finanzverwaltung im Vorfeld der Spaltung entschieden. Diese Entscheidung kann der Registerrichter übernehmen. Damit kann eine zügige Eintragung der Spaltung nachfolgen.

c) Übertragbarkeit einzelner Vermögensgegenstände

Die Formulierung eines Spaltungsvertrages setzt voraus, dass der Verfasser Vorkehrungen für den Fall trifft, dass einzelne Vermögensgegenstände im Wege der Spaltung nur unter bestimmten Voraussetzungen übertragen werden können. Dazu muss er zunächst ermitteln, welche Vermögensgegenstände nicht lediglich durch Benennung im Spaltungsvertrag übertragen werden können. Die Übertragbarkeit einzelner Vermögensgegenstände soll daher in den folgenden Ausführungen näher betrachtet werden.

aa) Übertragung von Grundstücken

Bei der Übertragung von Grundstücken sind nach §§ 126 Abs. 2 S. 2 UmwG, 28 GBO zumindest Grundbuchbezirk und Grundbuchblatt im Spaltungsvertrag anzugeben. Eine gesonderte Auflassung ist entbehrlich, da gemäß § 131 Abs. 1 Nr. 1 UmwG das Eigen-

---

131 Teichmann, in: Lutter, § 132 UmwG Rn. 20; ähnlich: Heidenhain, in: Münchener Vertragshandbuch I, XI.18, 5 (3) S. 1345, wonach Angebot und Annahme sowie Besitzübergang bereits im Spaltungsvertrag vereinbart werden sollen. Eine solche Klausel ersetzt aber nicht die eigentlich problematische Zustimmung Dritter als Übertragungshindernis, daher ist eine Verpflichtungsklausel eher zu empfehlen; Kiem, Verträge zur Umwandlung, Rn. 97, Ziff. h) S. 85 enthält zwar eine Verpflichtung aller Parteien, sich bei der Abwicklung der Spaltung gegenseitig zu unterstützen, die Verpflichtung zur Einzelrechtsübertragung ist jedoch nicht Bestandteil des Formulierungsvorschlags.

tum am Grundstück mit Eintragung der Spaltung im Handelsregister übergeht. Daher ist das Grundbuch nach Eintragung der Spaltung lediglich zu berichtigen.[132] Die Zuweisung von Grundstücksteilflächen setzt eine vorherige Genehmigung nach der jeweiligen landesrechtlichen Bauordnung voraus.[133]

bb) Übertragung von beschränkt persönlichen Dienstbarkeiten und Nießbrauchsrechten

Nießbrauch, beschränkt persönliche Dienstbarkeit und dingliches Vorkaufsrecht sind aufgrund des Vertrauensverhältnisses zwischen Nießbraucher und Eigentümer gesetzlich als höchstpersönliche Rechte ausgestaltet und deswegen grundsätzlich nicht übertragbar, §§ 1059, 1092 Abs. 1, 1098 Abs. 1, 473 n.F.[134] BGB. Dieses Übertragungsverbot hat nach § 132 S. 1 UmwG Bedeutung für den Vermögensübergang im Wege der Spaltung. Für alle drei Rechtsinstitute gilt nach §§ 1059a, 1092 Abs. 2, 1098 Abs. 3 BGB aber eine Ausnahme, wenn der Rechtsinhaber als juristische Person konstituiert ist. In einem solchen Fall unterscheidet sich der Übertragungsvorgang danach, ob die Rechtsübertragung im Wege der Gesamt- oder Einzelrechtsnachfolge vorgenommen wird. Während bei der Einzelrechtsnachfolge gemäß § 1059a Abs. 1 Nr. 2 BGB für die Rechtsübertragung eine Zustimmung der Verwaltungsbehörde notwendig ist, erfolgt die Übertragung im Wege der Gesamtrechtsnachfolge zustimmungsfrei, § 1059a Abs. 1 Nr. 1 BGB. Bei der Spaltung stellt sich allerdings das Problem, dass nicht wie bei der Verschmelzung das gesamte Vermögen auf den übernehmenden Rechtsträger übergeht, sondern nur Teile davon. Eine formale Unterscheidung zwischen Einzelrechtsnachfolge und Gesamtrechtsnachfolge, nach der man die Spaltung als partielle Gesamtrechtsnachfolge den § 1059a Abs. 1 Nr. 1 BGB zuordnen müsste, erscheint hier nicht angebracht, da § 132 S. 1 UmwG durch den Verweis auf die Einzelrechtsnachfolge gerade den Charakter der Gesamtrechtsnachfolge in Zweifel zieht.[135] Eine Argumentation unter Zuhilfenahme des Charakters der Gesamtrechtsnachfolge bei der Spaltung würde die Existenz des § 132 S. 1 UmwG und die darin enthaltene gesetzgeberische Intention ignorieren. Bei der Übertragung von einzelnen Gegenständen im Wege der Spaltung erscheint der Verweis auf die Einzelrechtsnachfolge durchaus notwendig, weil sonst die beabsichtigte Erschwerung der Übertragung durch Einzelrechtsnachfolge einfach durch die Übertragung des einzelnen Nießbrauchsrechts im Wege der Abspaltung umgangen werden könnte.[136] Eine solche

---

[132] Goutier, in: Goutier/Knopf/Tulloch, § 126 UmwG Rn. 22; Mayer, in: Widmann/Mayer, § 126 UmwG Rn. 214; Teichmann, in: Lutter, § 132 UmwG Rn. 22.

[133] Zur Teilung von Grundstücken anlässlich der Spaltung: Kallmeyer, in: Kallmeyer § 126 UmwG Rn. 23; Mayer, DB 1995, S. 861 (865); Mayer, in: Widmann/Mayer, § 126 UmwG Rn. 213.

[134] Entspricht § 514 BGB a.F.

[135] A.A. Masing, Betriebliche Altersversorgung, S. 414; Simon/Fuhrmann, AG 2000, S. 49 (56).

[136] Für eine Anwendung des § 1059a Abs. 1 Nr.2 BGB bei der Spaltung: Gutzler, Übertragungshindernisse, S. 106 ff.; Teichmann, in: Lutter, § 132 UmwG Rn. 27; im Ergebnis genauso: Kallmeyer, in: Kallmeyer, § 132 UmwG Rn. 7; ders., ZIP 1994, S. 1746 (1756); Rieble, ZIP 1997, S. 301 (306); für eine freie Übertragung nach § 1059a Abs. 1 Nr. 1 BGB: Bungert, BB 1997, S. 897 (898 f.); Dehmer, § 131 UmwG Rn. 18; Engelmeyer, Spaltung, S. 338; Hörtnagl,

Umgehungsgefahr besteht bei der Übertragung von Betrieben oder Teilbetrieben nicht, weil hier die Umstrukturierung des Unternehmens im Vordergrund steht. Außerdem kommt die Übertragung von Sachgesamtheiten einer in § 1059a Abs. 1 Nr. 1 BGB privilegierten Gesamtrechtsnachfolge sehr nahe. Deshalb erscheint die Pflicht zur Beantragung einer behördlichen Genehmigung nach §§ 132 S. 1 UmwG, 1059a Abs. 1 Nr. 2 BGB bei der Übertragung von Nießbrauchsrechten, beschränkt persönlichen Dienstbarkeiten oder dinglichen Vorkaufsrechten im Zusammenhang mit Betrieben oder Teilbetrieben übertrieben.[137]
Für die Praxis ist aufgrund der nicht allgemein anerkannten Privilegierung der Übertragung von Betrieben und Teilbetrieben im Rahmen einer teleologischen Reduktion des § 132 S. 1 UmwG allerdings anzuraten, die Voraussetzungen des § 1059a Abs. 1 Nr. 2 BGB zu erfüllen. Dies bedeutet, dass eine Feststellungserklärung der obersten Landesbehörde einzuholen ist. Diese kann erteilt werden, wenn mindestens ein Unternehmensteil abgespalten wird und das Nießbrauchsrecht, die beschränkt persönliche Dienstbarkeit oder das dingliche Vorkaufsrecht diesem Teilbetrieb zugeordnet werden kann.

cc) Übertragung von Forderungen

Die Abspaltung von Forderungen setzt die Bezeichnung von Betrag, Fälligkeit und Schuldner voraus. Auch hier bietet sich die Übertragung aller Forderungen aus einem bestimmten Geschäftsbereich durch Formulierung einer „Allklausel" an. Während Geldforderungen nach herrschender Ansicht uneingeschränkt teilbar sind,[138] setzt eine Aufteilung sonstiger Forderungen deren Teilbarkeit[139] voraus. Außerdem darf zwischen den Vertragsparteien kein Teilungsverbot vereinbart worden sein, § 399 2.Alt. BGB.[140]
Die Schuldnerschutzvorschriften der §§ 404 ff. BGB sind auch bei einer Spaltung anwendbar, da die partielle Gesamtrechtsnachfolge auf dem Spaltungsvertrag als rechtsgeschäftlichem Akt beruht und der Schuldner aufgrund des Fortbestehens des übertragenden Rechtsträgers bei Abspaltung und Ausgliederung schutzbedürftig ist.[141] Akzessorische Sicherungsmittel wie Bürgschaft oder Hypothek können nach allgemei-

---

in: Schmitt/Hörtnagl/Stratz, § 132 UmwG Rn. 40; Mayer, DB 1995, S. 861 (865); Schäfer, in: Habersack/ Koch/Winter, S. 114 (134 f.); Schwedhelm/ Streck/Mack, GmbHR 1995, S. 7 (10).

137 So auch: Kallmeyer, in: Kallmeyer, § 123 UmwG Rn. 7.

138 BGHZ 23, S. 53 (56); Kallmeyer, in: Kallmeyer, § 126 UmwG Rn. 24; Priester, in: Lutter, § 126 UmwG Rn. 46; Rieble, ZIP 1997, S. 301 (310); Roth, in: Münchener Kommentar, § 398 BGB Rn. 60 f; Sagasser/ Sickinger, in: Sagasser/Bula/Brünger, Umwandlungen, N Rn. 60.

139 Unteilbar sind etwa umfangreiche Leistungspflichten: Rieble, ZIP 1997, S. 301 (310).

140 Gutzler, Übertragungshindernisse, S. 305; Kallmeyer, in: Kallmeyer, § 126 UmwG Rn. 24; Rieble, ZIP 1997, S. 301 (310); Roth, in: Münchener Kommentar, § 398 BGB Rn. 60 f; Sagasser/Sickinger, in: Sagasser/Bula/ Brünger, Umwandlungen, N Rn. 60; Teichmann, in: Lutter, § 132 UmwG Rn. 33; Wirth, Spaltungen einer eG, S. 346.

141 Rieble, ZIP 1997, S. 301 (309); Teichmann, in: Lutter, § 132 UmwG Rn. 33; Vossius, in: Widmann/ Mayer, § 131 UmwG, Rn. 91; a.A. für die Aufspaltung: Wiesner, in: Habersack/ Koch/Winter, S. 168 (175).

nen Grundsätzen ebenso wenig von der zugrundeliegenden Forderung getrennt werden wie die Hauptforderung von der Nebenforderung.[142]

dd) Abspaltung von Anlage- und Umlaufvermögen

Die Übertragung von Anlage- und Umlaufvermögen im Wege der Spaltung ist unproblematisch, wenn die unter 1 d) aufgezeigten Bestimmtheitserfordernisse eingehalten werden. Grundsätzlich sind die zur Sicherungsübereignung entwickelten Bestimmtheitsgrundsätze zu beachten.[143]

ee) Übertragung von Beteiligungen und Mitgliedschaften

Die Übertragung von Beteiligungen spielt insbesondere bei der Umstrukturierung von Holdinggesellschaften eine große Rolle, da auf diese Weise Tochterunternehmen als Gesamtheit übertragen werden können. Stammhauskonzerne dagegen, die selbst ein operatives Geschäft führen, müssen einzelne Vermögensgegenstände übertragen oder vor der Abspaltung das operative Geschäft ausgliedern.

(1) Abspaltung von Beteiligungen an Personen- und Kapitalgesellschaften

Bei der Übertragung von Beteiligungen ist zu beachten, dass Mitgliedschaftsrechte an Personengesellschaften schwieriger zu übertragen sind als Mitgliedschaften an Kapitalgesellschaften. Beteiligungen an Personengesellschaften oder stillen Gesellschaften können aufgrund der Höchstpersönlichkeit des Zusammenschlusses grundsätzlich nicht ohne die Zustimmung aller Gesellschafter übertragen werden.[144] Fehlt eine solche Zustimmung, so geht die Mitgliedschaft nach dem Wortlaut des § 132 S. 1 2. Alt.UmwG auch bei einer Übertragung im Wege der partiellen Gesamtrechtsnachfolge nicht auf den übernehmenden Rechtsträger über, da die Zustimmung eine Übertragbarkeitsvoraussetzung darstellt.[145] Dies gilt prinzipiell auch für Personengesellschaften unter Beteiligung von Kapitalgesellschaften, wie etwa einer GmbH & Co. KG, bei denen in der Praxis allerdings zumeist im Gesellschaftsvertrag der GmbH-Anteil entweder ebenfalls vinkuliert ist oder aber die Abtretung der Kommanditanteile freigestellt wird.[146]

---

142 BT-Drucks. 12/6699, zu § 132, S. 121; Dehmer, § 131 UmwG Rn. 73; Hörtnagl, in: Schmitt/Hörtnagl/ Stratz, § 132 UmwG Rn. 21 f.; Kallmeyer, in: Kallmeyer, § 126 UmwG Rn. 24; Mayer, DB 1995, S. 861 (865); Priester, in: Lutter, § 126 UmwG Rn. 42; Rieble, ZIP 1997, S. 301 (311); Schöne, Spaltung, GmbH, S. 42; Schwedhelm/Streck/Mack, GmbHR 1995, S. 5 (10).

143 Dazu: Bassenge, in: Palandt, § 930 BGB Rn. 2 ff.

144 BGHZ 13, S. 179 (183 ff.); BGHZ 24, S. 106 (114); dagegen für eine grundsätzliche Übertragbarkeit von Mitgliedschaftsrechten in Personengesellschaften jedenfalls bei der Aufspaltung: Hennrichs, ZIP 1995, S. 794 (798 f.); für eine Interessenabwägung im Einzelfall: Mertens, Umwandlung, S. 155; Teichmann, in: Lutter, Kölner Umwandlungsrechtstage, S. 140 (144).

145 Gutzler, Übertragungshindernisse, S. 255; Mayer, in: Widmann/Mayer, § 132 UmwG Rn. 65; zur Unterscheidung zwischen Voraussetzungen der Übertragung und Voraussetzungen der Übertragbarkeit: Vgl. oben Teil 4 A) II 2 c) aa).

146 Binz, Die GmbH & Co., § 8 Rn.4, S. 120; Brönner/Rux/Wagner, Die GmbH &Co. KG, Rn. 560.

Entsprechend der Einzelrechtsübertragung müssen bei der Spaltung nach § 132 S. 1 UmwG die Voraussetzungen für die Übertragung von Beteiligungen an Personengesellschaften beachtet werden. Eine formale Unterscheidung zwischen der Personengesellschaft unter Beteiligung von Kapitalgesellschaften und ohne Beteiligung einer solchen kann nicht vorgenommen werden, da eine solche Unterscheidung auch bei der Übertragung im Wege der Einzelrechtsnachfolge nicht unternommen wird.[147]
Dennoch ist die Übertragung der Komplementärstellung im Wege der Spaltung möglich, wenn dadurch die Unternehmensstruktur beibehalten wird.[148] Sinn und Zweck der Zustimmungspflicht der übrigen Gesellschafter in einer Personengesellschaft bei Übertragung eines Gesellschaftsanteils ist das Aufrechterhalten der Unternehmensführungspolitik. Wird diese durch Abspaltung eines Betriebs oder Teilbetriebs, der im Zusammenhang mit dem Gesellschaftsanteil steht, beibehalten, so wird bereits dadurch das Interesse der übrigen Gesellschafter gewahrt.[149] Eine andere Auslegung würde dazu führen, dass eine effektive und für die Personengesellschaft objektiv nützliche Umwandlung nur deshalb nicht vorgenommen werden könnte, weil einzelne Gesellschafter aus möglicherweise sachfremden Gründen eine Zustimmung verweigern.
In den Fällen der Übertragung der Kommanditistenstellung, die im Wege der Einzelrechtsnachfolge ebenfalls nur mit Zustimmung der übrigen Gesellschafter wirksam ist,[150] steht aufgrund der bloßen finanziellen Beteiligung des Gesellschafters nicht das persönliche Vertrauensverhältnis im Vordergrund, sondern die Liquidität des Kommanditisten. Die Berücksichtigung dieses Interesses dürfte aufgrund der fünf-jährigen Mithaftung aller beteiligten Rechtsträger nach § 133 UmwG sichergestellt sein.[151] Aus diesem Grund führt eine teleologische Reduktion des § 132 S. 1 UmwG dazu, dass – wie im Fall der Verschmelzung – eine Übertragung von Kommanditanteilen im Zusammenhang mit Betrieben oder Teilbetrieben ohne Zustimmung der übrigen Gesellschafter möglich ist. Spaltungsrechtliche Besonderheiten sind dabei nicht zu beachten,

---

147 Anders wohl: Kraft, in: Kölner Kommentar, § 346 AktG Rn. 22; Rieble, ZIP 1997, S. 301 (307); für die Zustimmungspflicht bei der Einzelrechtsnachfolge: Binz, Die GmbH & Co., § 8 Rn. 4, S. 120; Brönner/ Rux/Wagner, Die GmbH &Co. KG, Rn. 560; Schmidt, Gesellschaftsrecht, § 53 III, S. 1534.

148 So auch: Gutzler, Übertragungshindernisse, S. 259; Teichmann, in: Lutter, § 132 UmwG Rn. 50; im Ergebnis auch: Engelmeyer, Spaltung, S. 342 ff; Fuhrmann/Simon, AG 2000, S. 49 (56); Heidenhain, ZIP 1995 S. 801 (803 f.); Mertens, Umwandlung, S. 150 f.; Schäfer, in: Habersack/Koch/Winter, S. 114 (143); ähnlich: Hennrichs, Formwechsel, S. 77 sowie Kallmeyer, in: Kallmeyer, § 132 UmwG Rn. 8, die durch Auslegung des Gesellschaftsverhältnisses zum selben Ergebnis kommen wollen; a.A. wohl Dehmer, § 132 UmwG Rn. 31, der aber andererseits davon ausgeht, dass § 132 S. 1 UmwG Mitgliedschaften als Bündel von Rechten und Pflichten nicht umfasst; Wirth, Spaltungen einer eG, S. 351.

149 Gutzler, Übertragungshindernisse, S. 259; Teichmann, in: Lutter, § 132 UmwG Rn. 50.

150 Anstatt aller: Schmidt, Gesellschaftsrecht, § 53 III, S. 1534.

151 Ausführlich dazu: Gutzler, Übertragungshindernisse, S. 260 f.; für die Übertragbarkeit der Kommanditistenstellung: Engelmeyer, Spaltung, S. 343; Fuhrmann/Simon, AG 2000, S. 49 (56); Kallmeyer, in: Kallmeyer, § 132 UmwG Rn. 8; Mertens, Umwandlung, S. 150; Schäfer, in: Habersack/Koch/Winter, S. 114 (143); Teichmann, in: Lutter, § 132 UmwG Rn. 50; Wirth, Spaltungen einer eG, S. 351 f.

da § 133 UmwG die finanziellen Interessen der übrigen Gesellschafter ausreichend berücksichtigt.
Wie bei der Kommanditistenstellung kommt es bei der Beteiligung als stiller Gesellschafter auf Liquidität und nicht auf die persönlichen Eigenschaften des Gesellschafters an. Insofern verhält sich die Übertragbarkeit im Wege der Spaltung genauso wie die Übertragbarkeit einer Kommanditistenstellung.[152]

(2) Übertragung der Mitgliedschaft in einem Verein

Die Mitgliedschaft in einem Verein ist ebenso höchstpersönlich wie die Gesellschafterstellung in der Personengesellschaft und nach § 38 BGB weder vererblich noch übertragbar. Dies kann gemäß § 40 BGB in der Vereinssatzung abbedungen werden, was dann zu einer Übertragbarkeit der Mitgliedschaft führen kann. Ohne eine solche Bestimmung in der Satzung kann die Übertragbarkeit der Mitgliedschaft bei einer Spaltung ebenso wenig herbeigeführt werden wie bei der Verschmelzung.[153] Die Übertragung von Betrieben oder Teilbetrieben kann nur dazu führen, dass die im Verschmelzungsrecht anerkannten Übertragungserleichterungen Anwendung finden.[154] Darüber hinaus kann eine Privilegierung der Übertragung von Betrieben und Teilbetrieben bei einer Spaltung nicht stattfinden.
Eine praktisch interessante Frage stellt sich im Hinblick auf die Teilbarkeit der Mitgliedschaft in einem Arbeitgeberverband. Im Gegensatz zur Übertragung der Mitgliedschaft geht es in diesem Fall nicht nur um einen Übergang der Rechtsposition, sondern um eine Verdoppelung der Mitgliedschaft. Damit wird eine inhaltliche Veränderung der bisherigen Rechtsposition bewirkt, die nicht ohne Zustimmung der anderen Seite herbeigeführt werden kann.[155] Einem Arbeitgeberverband oder einem sonstigen Verein kann es nicht zugemutet werden, ohne eingehende Prüfung der strukturellen und per-

---

152 So bereits: Gutzler, Übertragungshindernisse, S. 261 f.; im Ergebnis für eine Abspaltung ohne Zustimmungspflicht auch: Engelmeyer, Spaltung, S. 342 f.; Jung, Peter, ZIP 1996, S. 1734 (1739), Kallmeyer, in: Kallmeyer, § 132 UmwG Rn. 12; Schäfer, in: Habersack/Koch/Winter, S. 114 (143); Wirth, Spaltungen einer eG, S. 351 f.

153 Im Verschmelzungsrecht ist die Mitgliedschaft in einem Verein nur übertragbar, wenn die Satzung dies bestimmt: BAG, NZA 1995, S. 479 (480); BAG, ZIP 1998, S. 2180 (2182); Bermel, in: Goutier/Knopf/Tulloch, § 5 UmwG Rn. 77, § 20 UmwG Rn.17; Grunewald, in: Lutter, § 20 UmwG Rn. 21; Marsch-Barner, in: Kallmeyer, § 20 UmwG Rn. 7; bezüglich der Mitgliedschaft im Arbeitgeberverband: Mengel, Umwandlungen im Arbeitsrecht, S. 174; Vossius, in: Widmann/Mayer, § 20 UmwG Rn. 171; weitergehend: Hennrichs, Formwechsel, S. 62 ff., der eine ergänzende Auslegung der Satzung insbesondere bei unternehmensbezogenen Mitgliedschaften für möglich hält.

154 Im Ergebnis ebenso: Ittner, MittRhNotK 1997, S. 105 (116); Wirth, Spaltungen einer eG, S. 352; ähnlich aber für die Möglichkeit einer ergänzenden Auslegung hin zur Übertragbarkeit: Hennrichs, Formwechsel, S. 63 f.; Mayer, in: Widmann/Mayer, § 132 UmwG Rn. 37; Rieble, ZIP 1997, S. 301 (307); für die Übertragbarkeit bei Erfüllen der Voraussetzungen der Mitgliedschaft: Gutzler, Übertragungshindernisse, S. 269; Mertens, Umwandlung, S. 162 ff.; Schäfer, in: Habersack/ Koch/Winter, S. 114 (143); Teichmann, in: Lutter, § 132 UmwG Rn. 49.

155 Dazu auch: Schäfer, in: Habersack/Koch/Winter, S. 114 (145); Teichmann, in: Lutter, § 132 UmwG Rn. 49; zum ähnlichen Problem der Verdoppelung der Vertragspartnerstellung vgl. unten Teil 4 A) II 2 c hh).

sönlichen Voraussetzungen neue Mitglieder aufnehmen zu müssen. Dies gilt auch dann, wenn das neue Mitglied vor der Spaltung ausschließlich ein Teil des alten Mitgliedes gewesen ist. Selbst wenn man der Ansicht ist, dass die Übertragung ausschließlich von Betrieben oder Teilbetrieben die Fortführung der organisatorischen Struktur gewährleistet, wiegt die Höchstpersönlichkeit der Vereinsmitgliedschaft so schwer, dass eine automatische Mitgliedschaft des aufnehmenden Rechtsträgers nach Maßgabe des Spaltungsvertrages nicht angenommen werden kann.

(3) Abspaltung von vinkulierten Anteilen

Bei der Zuweisung von GmbH-Anteilen und Aktien ist eine Einzelrechtsnachfolge nicht ohne Zustimmung der Gesellschaft möglich, wenn die Anteile nach § 15 Abs. 5 GmbHG oder § 68 Abs. 2 S. 1 AktG vinkuliert sind. Es handelt sich dabei um die Vereinbarung eines Abtretungsverbotes nach § 399 2.Alt. BGB, das grundsätzlich über § 132 S. 1 UmwG auch für die Abspaltung und Ausgliederung gilt. Folgt man der Ansicht, die eine teleologische Reduktion bei einer Abspaltung von mehr als einzelnen Gegenständen[156] oder von Teilbetrieben[157] fordert, so werden die vinkulierten Anteile ohne Zustimmung der übrigen Gesellschafter im Wege der Gesamtrechtsnachfolge übertragen, wenn sie im Zusammenhang mit einem Betrieb oder Teilbetrieb stehen. Dieses Ergebnis stimmt mit der unstreitigen Rechtslage bei der Verschmelzung überein.[158] Dem könnte entgegengehalten werden, dass aus § 132 S. 2 UmwG gerade hervorgeht, dass bei einer Abspaltung ein Übertragungsverbot nicht überwunden werden kann. Dies ergibt sich wohl auch aus der Regierungsbegründung.[159] Dem kann aber nicht gefolgt werden. Es ist nicht einsichtig, warum bei einer Aufspaltung ein Übertragungsverbot keine Wirkung entfalten soll, bei einer Abspaltung aber schon.[160] Begründen kann man diese Unterscheidung sicherlich mit dem Erlöschen des übertragenden Rechtsträgers bei der Aufspaltung. Ein Übertragungsverbot würde dazu führen, dass der vinkulierte Anteil erlöschen müsste. Dies hätte zur Folge, dass die gesamte Aufspaltung wegen eines Übertragungsverbotes scheitern würde. Bei einer

---

156 Hennrichs, ZIP 1995, S. 794 (798); Schwedhelm/Streck/Mack, GmbHR 1995, S. 5 (9), ähnlich: Fuhrmann/Simon, AG 2000, S. 49 (56).

157 Aha, AG 1997, S. 345 (351); Kupfer, Teilbetriebserfordernis, S. 182 ff.; Mayer, GmbHR 1996, S. 403 (412 f.); Mayer, in: Widmann/Mayer, § 132 UmwG Rn. 22 f.; Müller, Klaus, BB 2000, S. 365 (367); Teichmann, in: Lutter, § 132 UmwG Rn. 20; Teichmann, ZGR 1993, S. 397 (409).

158 Hennrichs, Formwechsel, S. 57; ebenso: Grunewald, in Lutter, § 20 UmwG Rn. 19; Marsch-Barner, in: Kallmeyer, § 20 UmwG Rn. 7.

159 BT-Drucks. 12/6699, zu § 132, S. 121.

160 So auch: Müller, Klaus, BB 2000, S. 365 (366), der darauf hinweist, dass ein Schuldneraustausch gravierender ist als ein Gläubigeraustausch und insofern einerseits der Verweis auf § 399 BGB und andererseits der Ausschluss des § 415 BGB nicht folgerichtig sei; auf diese Unstimmigkeit weisen auch Dietz, Ausgliederung, S. 108; Hennrichs, Formwechsel, S. 142 und Mayer, in: Widmann/Mayer, § 132 UmwG Rn. 15 hin; in anderem Zusammenhang gegen die Unterscheidung von Ab- und Aufspaltung: Hennrichs, Formwechsel, S. 138; Mertens, Umwandlung, S. 170; Teichmann, ZGR 1993, S. 396 (408); a.A. Petersen, Gläubigerschutz, S. 358.

Abspaltung könnte dagegen der nicht übertragbare Gegenstand beim übertragenden Rechtsträger verbleiben.
Eine Rechtfertigung für die Übertragungserleichterung bei der Aufspaltung kann daraus aber nicht abgeleitet werden.[161] Einen Ausgleich für die aufgrund der Durchbrechung des Übertragungsverbotes verlorene Rechtsposition erhält der Vertragspartner auch bei einer Aufspaltung nicht. Es kann aber nicht Sinn und Zweck des UmwG sein, das eine Umstrukturierung erleichtern wollte, den übertragenden Rechtsträger zu einer Aufspaltung zu zwingen, wenn er vinkulierte Anteile im Wege der Spaltung ohne Zustimmung der Gesellschaft übertragen will. Der Gesetzgeber hat sich im Fall der Aufspaltung dafür entschieden, dass ein Übertragungsverbot eine Umstrukturierung nicht zum Scheitern bringen kann. Es ist nicht einsichtig, warum diese Entscheidung nicht auch bei Abspaltung gelten soll, bei der die zu übertragende Gesellschaft nach dem Wortlaut des § 132 S. 1 UmwG das Spaltungsvorhaben ebenfalls verhindern kann, wenn sie sich auf das Abtretungsverbot beruft.
Andere als vinkulierte Anteile können auf jeden Fall ohne zusätzliche Voraussetzungen übertragen werden. Dabei sollte im Spaltungsvertrag Firma und Handelsregisternummer zur eindeutigen Kennzeichnung angegeben werden.[162]

(4) Ergebnis

Die Übertragung von Beteiligungen bereitet in der Praxis solange keine Schwierigkeiten, wie GmbH-Anteile oder Aktien übertragen werden. Bei der Abspaltung von Beteiligungen an Personengesellschaften werden keine Probleme auftreten, soweit die zustimmungsfreie Übertragung von Beteiligungen im Gesellschaftsvertrag vereinbart ist, was insbesondere bei der Beteiligung von Kapitalgesellschaften häufig der Fall ist. Ohne eine solche Vereinbarung im Gesellschaftsvertrag ist jedenfalls eine Kommanditbeteiligung und eine stille Beteiligung ohne Zustimmung der übrigen Gesellschafter möglich. Bei der Übertragung von Komplementärstellungen ist Vorsicht geboten, da die Privilegierung der Abspaltung von Komplementärstellungen im Zusammenhang mit der Übertragung von Betrieben und Teilbetrieben, die zur Fortsetzung des Unternehmens führen, nicht allgemein anerkannt ist. Zur Sicherheit sollte die Zustimmung der übrigen Gesellschafter in solchen Fällen herbeigeführt werden. Stellt die Verweigerung der Zustimmung eine Verletzung der Treuepflicht des jeweiligen Gesellschafters dar, so sollte eine gerichtliche Ersetzung der Zustimmung in Betracht gezogen werden.[163]
Auch bei der Übertragung vinkulierter Anteile sollte die Zustimmung der übrigen Gesellschafter eingeholt werden, da sich diesbezüglich noch keine durch Rechtsprechung gesicherte Meinung herausgebildet hat. Nach der hier vertretenen Ansicht kann die

---

161 Müller, Klaus, BB 2000, S. 365 (366).

162 Mayer, in: Widmann/Mayer, § 126 UmwG Rn. 221.

163 In dem hier berührten Grundlagenbereich sind an treuwidrige Zustimmungsverweigerungen sehr hohe Anforderungen zu stellen: Emmerich, in: Heymann, § 119 HGB Rn. 18 ff.; Martens, in: Schlegelberger, § 119 HGB Rn. 45 ff. m.w.N; Schmidt, Gesellschaftsrecht, § 5 IV 2 d) S. 136 f.; Sester, Treupflichtverletzung, S. 77 ff. 92 ff., danach muss für eine Ersetzung der Zustimmung die Existenz der Gesellschaft gefährdet und die Zustimmung dem Gesellschafter zumutbar sein.

Vinkulierung eines Gesellschaftsanteils dessen Abspaltung nicht verhindern, wenn der Anteil in Verbindung mit einem Betrieb oder Teilbetrieb übertragen wird. Die in § 132 S. 2 UmwG konstituierte Differenzierung zwischen der Übertragung im Wege der Aufspaltung und der Übertragung im Wege der Abspaltung ist nicht gerechtfertigt.

ff) Zuweisung von Verbindlichkeiten und Haftungen

Aufgrund des in § 133 Abs. 1 UmwG festgelegten Gläubigerschutzes können Verbindlichkeiten im Wege der Spaltung ohne Einschränkungen übertragen werden.[164] § 415 Abs. 1 BGB, der eine Zustimmung des Gläubigers bei einer Schuldübernahme verlangt, ist im Spaltungsrecht wegen des ausgeprägten Gläubigerschutzes nicht anwendbar.[165]

Die quantitative Aufteilung von Verbindlichkeiten auf die an der Spaltung beteiligten Rechtsträger kann als Unterfall der Aufteilung von Vertragsverhältnissen bezeichnet werden und wird unter dem Unterpunkt hh) behandelt.

Neben der Übertragung von Verbindlichkeiten spielt die Möglichkeit, zivilrechtliche Haftungen und öffentlich-rechtliche Verantwortlichkeiten im Wege der Spaltung einem der beteiligten Rechtsträger zuzuweisen, eine erhebliche Rolle. Zukünftige Verbindlichkeiten wie Pensionsverpflichtungen, Gewährleistungspflichten oder Produkt[166]- und Umwelthaftungsrisiken können übertragen werden, wenn sie in der Bilanz des übertragenden Rechtsträgers als Rückstellung (§ 249 Abs. 1 S. 1 HGB) erfasst sind. Um eine eindeutige Zuordnung zu ermöglichen müssen diese Haftungen genau bezeichnet werden. Dabei bietet es sich an, einen Bezug zu einem übergehenden Betrieb oder Teilbetrieb herzustellen.[167]

Für die Übertragung privatrechtlicher Haftungsrisiken gelten keine Besonderheiten im Vergleich zur Übertragung von bereits entstandenen Verbindlichkeiten.[168] Zur privatrechtlichen Störerhaftung nach § 1004 BGB[169] ist anzumerken, dass die Eigenschaft des Zustandsstörers mit Abspaltung der Sache übergeht. Eine Rechtsnachfolge in die zivilrechtliche Handlungsstörerhaftung ist dagegen wegen der Höchstpersönlichkeit und der begrenzten Dauer der Handlungsvornahme nicht denkbar.[170]

---

164 A.A. Schmidt, Gesellschaftsrecht, § 13 IV 5 b) S. 407; ders., Handelsrecht, § 8 II 1 e); Voigt, Umwandlung, S. 94; ähnlich: Kallmeyer, in: Kallmeyer, § 126 UmwG Rn. 31; dazu näher: oben Teil 4 A) II 1 b).

165 Eingehend hierzu: oben Teil 4 A) II 1.

166 Dazu: Mayer, in: Widmann/Mayer, § 126 UmwG Rn. 255 f.

167 Dehmer, § 126 UmwG Rn. 92; Hörtnagl, in: Schmitt/Hörtnagl/Stratz, § 126 UmwG Rn. 85; Kallmeyer, in: Kallmeyer, § 126 Rn. 27.

168 Vgl. zur zeitlichen Grenze bei der Mithaftung für Produkt- und Altlastenhaftungen: oben Teil 4 A) II 1 a).

169 Zum Begriff des Störers und der Unterscheidung zwischen Handlungs- und Zustandsstörer: Bassenge, in: Palandt, § 1004 Rn. 16 ff.

170 Bassenge, in: Palandt, § 1004 BGB Rn. 21; Gursky, in: Staudinger, § 1004 BGB; Rieble, ZIP 1997, S. 301 (313).

(1) Übertragung öffentlich-rechtlicher Verantwortlichkeiten

Daher stellt sich insbesondere die Frage, ob auch öffentlich-rechtliche Haftungen im Wege der Spaltung übertragen werden können. Dies ist grundsätzlich zu bejahen, da § 133 Abs. 3 2. Halbsatz UmwG nur hinsichtlich des Zeitpunkts der Geltendmachung bei der öffentlichen Verbindlichkeit eine Sonderregelung trifft. Daraus ergibt sich, dass im übrigen die öffentliche Verbindlichkeit oder Haftung genauso zu behandeln ist wie die privatrechtliche Verbindlichkeit. Allerdings muss beachtet werden, dass die Mithaftungsregelung nur insoweit die Zustimmungspflicht des Gläubigers nach § 415 Abs. 1 S. 1 BGB ersetzt als finanzielle Belange des Gläubigers betroffen sind.[171] Sobald die öffentlich-rechtliche Verpflichtung darüber hinaus geht, kann sie im Wege der Spaltung nicht ohne Zustimmung der Behörden übertragen werden.

Im Zusammenhang mit der Übertragung einer öffentlich-rechtlichen Haftung stellt sich das Problem der Übertragung von Zustandshaftung und Handelndenhaftung für Altlasten. Öffentlich-rechtliche Haftungsrisiken unterteilt man zum einen in Zustandsstörerhaftung, die allein an das Eigentum an dem gefahrenverursachenden Gegenstand anknüpft, zum anderen in Handlungsstörerverantwortlichkeit, bei der der Verursacher zur Gefahrenbeseitigung herangezogen wird. Wen die Verwaltung zur Beseitigung der Gefahren in Anspruch nimmt, entscheidet sie nach pflichtgemäßem Ermessen unter dem Gesichtspunkt der Verhältnismäßigkeit und der effektiven Gefahrenabwehr.[172]

Die Rechtsnachfolge[173] in die Zustandshaftung bei einer Einzel- oder Gesamtrechtsnachfolge ist unumstritten, da als Anknüpfungspunkt allein das Eigentum dient.[174] Mit der Eigentumsübertragung geht daher auch die Zustandshaftung über. Die Rechtsnachfolge in die Handlungsstörerhaftung oder Handlungsverantwortlichkeit ist schwieriger zu begründen, da sie an die Person des Störers anknüpft. Soweit die Rechtsnachfolge in die Handlungsstörerhaftung in den Landesgesetzen nicht positiv geregelt war, war insbesondere die Nachfolge in die Handlungsverantwortlichkeit für Altlasten sehr umstritten.[175]

Diese unsichere Rechtslage wurde durch Einführung des § 4 Abs. 3 BBodSchG, der für alle nach dem 01.03.1999 vollzogenen Umwandlungen gilt, hin zu einer Rechtsnachfolge in die Haftung für Bodenverunreinigung und Altlasten aus Handlungs- und Zustandsverantwortlichkeit geregelt.[176] Die Rechtsnachfolge in die Handlungsverantwortlichkeit bereitet bei dem Erlöschen des übertragenden Rechtsträgers wie bei der Verschmelzung oder der Aufspaltung keine Schwierigkeiten, da die Haftung auf den

---

171 Vgl. im Einzelnen zu dieser Eigrenzung: unten Teil 4 A) II 2 c hh).

172 Zur Störerauswahl: Kohler-Gehring, NVwZ 1992, S. 1049 (1051) m.w.N.

173 Allgemein zur Rechtsnachfolge in die öffentlich-rechtliche Störerhaftung: Stadie, DVBl 1990, S. 501 ff.

174 BVerwG NJW 1971, S. 1624 (1624 f.).

175 Zur umstrittenen Rechtslage vor Einführung des § 4 Abs. 3 BBodSchG und die allgemeine Rechtsnachfolge in die Handlungsstörerhaftung: Rieble, ZIP 1997, S. 301 (313).

176 Zur Kritik aufgrund der Unbeschränktheit der Rechtsnachfolge und Zustandshaftung: Spieth/Wolfers, NVwZ 1999, S. 355 (360); Trurnit, VBlBW 2000, S. 261 (263), beide mit dem Ansatz, die Haftung des Rechtsnachfolgers auf das übertragene Vermögen zu beschränken.

übernehmenden Rechtsträger übergeleitet werden muss, um einer Flucht aus der Altlastenverantwortlichkeit durch Umstrukturierung entgegenzuwirken. Bei Abspaltung und Ausgliederung stellt sich aber aufgrund des Fortbestehen des ursprünglich verantwortlichen Unternehmens die Frage, ob die in § 4 Abs. 3 BBodSchG angeordnete Rechtsnachfolge entweder zu einer Vervielfachung der verantwortlichen Rechtsträger oder zum Erlöschen der Haftung des übertragenden Rechtsträgers bei einer Zuweisung im Spaltungsvertrag führt.

Zunächst ist festzustellen, dass § 4 Abs. 3 S. 4 BBodSchG auch auf die Spaltung als partielle Gesamtrechtsnachfolge anwendbar ist, da das Gesetz an den Begriff der zivilrechtlichen Gesamtrechtsnachfolge anknüpft und damit auch die Spaltung umfasst. Dies wird durch die Regierungsbegründung bestätigt, die auch die Fälle der Spaltung mit in den Anwendungsbereich des § 4 Abs. 3 S. 4 BBodSchG einbezieht.[177] Bei einer Spaltung trifft die Handlungsverantwortlichkeit des übertragenden Rechtsträgers gemäß §§ 4 Abs. 3 S. 4 BBodSchG nach der Spaltung auch die übrigen beteiligten Rechtsträger.

Für die Vertragspraxis stellt sich aufgrund der Anwendbarkeit des § 4 Abs. 3 S. 4 BBodSchG auf die Spaltung die Frage, ob diese Verdoppelung der Verantwortlichkeit durch Zuweisung der Haftung im Spaltungsvertrag mit der Konsequenz der bloßen Mithaftung des übertragenden Rechtsträgers für 5 Jahre nach § 133 Abs. 3 UmwG faktisch abbedungen werden kann.

Wie bereits dargestellt kann man öffentlich-rechtliche Verbindlichkeiten nach denselben Grundsätzen nach Maßgabe des Spaltungsvertrages übertragen wie privatrechtliche Verbindlichkeiten. Eine Ausnahme gilt dann, wenn die Verbindlichkeit nicht in Geld besteht, weil dann die besonderen Gläubigerschutzvorschriften des § 133 UmwG keinen angemessenen Ersatz für das Entfallen der Zustimmungspflicht nach § 415 Abs. 1 S. 1 BGB bieten können.

Bei der Sanierungspflicht aus Handlungsverantwortlichkeit kann die Übertragbarkeit wohl angenommen werden.[178] Zwar hat das BVerfG[179] zutreffend festgestellt, dass die Sanierungsverantwortlichkeit keine bloße Verbindlichkeit in Geld darstellt, sondern grundsätzlich eine Handlungspflicht zur Beseitigung der Altlasten begründet. Allerdings ist diese Handlungspflicht als nicht höchstpersönliche und damit vertretbare Handlungspflicht zu qualifizieren, die im Regelfall im Wege der Ersatzvornahme eine Erstattung der Beseitigungskosten nach sich zieht. Da die Sanierungspflicht keine höchstpersönliche Verpflichtung darstellt, kann sie grundsätzlich nach Maßgabe des Spaltungsvertrages einem der beteiligten Rechtsträger zugewiesen werden. Folge der Zuweisung ist - betrachtet man die Rechtslage ohne § 4 Abs. 3 S. 4 BBodSchG - , dass

---

177 BT-Drucks. 13/6701, S. 51; im Ergebnis ebenso: Giesberts/Frank, DB 2000, S. 505 (505 f.); Fleischer/ Empt, ZIP 2000 S. 905 (912).

178 Ausf. dazu: Schall/Horn, ZIP 2003, S. 327 (329 ff.); a.A. OVG Schleswig, DVBl. 2000, S. 1877 (1878 f.) mit der Anmerkung, dass die Handlungsverantwortlichkeit übergangsfähig, aber nicht privatrechtlich übertragbar sei. Zwar bestätigte das BVerwG (BVerwG, NVwZ 2001, S. 807 (808)) die Entscheidung des OVG, gleichzeitig wurde aber erklärt, dass öffentlich rechtliche Pflichten grundsätzlich der umwandlungsrechtlichen Gesamtrechtsnachfolge zugänglich und damit der Spaltungsfreiheit unterworfen seien.

179 BVerfGE 102, S. 1 (14).

der Rechtsträger, dem die Altlastenhaftung aus Handlungsverantwortlichkeit zugewiesen wurde, als Hauptschuldner haftet und die übrigen Rechtsträger für einen Zeitraum von fünf Jahren als mithaftende Rechtsträger zur Verantwortung gezogen werden können.

Zu diskutieren bleibt, ob man auch nach Einfügung des § 4 Abs. 3 S. 4 BBodSchG zu einem Ausscheiden des übertragenden Rechtsträgers aus der Handelndenhaftung nach fünf Jahren kommen kann. Die herrschende Meinung[180] geht davon aus, dass § 4 Abs. 3 S. 4 BBodSchG weder hinsichtlich der Übertragbarkeit der Altlastenhaftung noch hinsichtlich des Ausscheidens der Haftung der beteiligten Rechtsträger eine Änderung der Rechtslage bewirkt.

Giesberts/Frank[181] begründen dies damit, dass die Anordnung der Haftung des Gesamtrechtsnachfolgers nicht auf die unbeschränkte Haftung nach § 4 Abs. 3 S. 1 BBodSchG, sondern auf das geschlossene zivilrechtliche Haftungssystem der jeweiligen Gesamtrechtsnachfolge verweise. Nach Ansicht von *Giesberts/Frank* ist die Regelung in § 4 Abs. 3 S. 4 BBodSchG daher rein deklaratorischer Natur. Dem kann nicht gefolgt werden.

Eine bloße Bezugnahme auf das zivilrechtliche Haftungssystem und damit auf die beschränkte Mithaftung nach § 133 Abs. 3 UmwG widerspricht nicht nur dem gesetzgeberischen Willen, sondern auch dem Zweck des Gesetzes. In der Regierungsbegründung kommt zum Ausdruck, dass unter anderem die Flucht aus der Sanierungsverantwortlichkeit durch Unternehmensspaltungen verhindert werden soll.[182] Daraus geht eindeutig hervor, dass die bisherige Haftungssituation bei der Unternehmensspaltung nicht dem gewünschten Ziel der umfassenden Sanierungsverantwortlichkeit und dem Verhindern der Flucht aus der Sanierungspflicht[183] gerecht wird. Dass das faktische Leerlaufen des § 4 Abs. 3 S. 4 BBodSchG bei der Spaltung nicht mit der Gesetzesbegründung, die ausdrücklich auch die Unternehmensspaltung als Anwendungsfall des § 4 Abs. 3 S. 4 BBodSchG sehen wollte,[184] übereinstimmt, ist wohl offensichtlich.

Betrachtet man den Wortlaut des § 4 Abs. 3 S. 4 BBodSchG genauer, so erscheint eine andere Auslegung dieser Vorschrift viel einleuchtender. § 4 Abs. 3 S. 4 BBodSchG bezieht sich auf die Sanierungspflicht nach § 4 Abs. 3 S. 1 BBodSchG und erklärt damit § 4 Abs. 3 S. 1 BBodSchG hinsichtlich des unbeschränkten Umfangs der Sanierungspflicht im Fall einer Gesamtrechtsnachfolge für anwendbar. Damit ist § 4 Abs. 3 S. 4 BBodSchG lediglich als Vorschrift zu verstehen, die anordnet, wer der Haftung unterliegt. § 4 Abs. 3 S. 1 BBodSchG beschreibt dagegen den Umfang der Haftung. Im Ergebnis ist § 4 Abs. 3 S. 4 BBodSchG so zu verstehen, dass im Falle der Gesamt-

---

180 Giesberts/Frank, DB 2000, S. 505 (506 f.); ihnen folgend: Fleischer/Empt, ZIP 2000 S. 905 (912); Spindler, ZGR 2001, S. 385 (400); Theuer, DB 1999, S. 621 (622 f.).

181 Giesberts/Frank, DB 2000, S. 505 (506 f.); ihnen folgend: Fleischer/Empt, ZIP 2000 S. 905 (912); Spindler, ZGR 2001, S. 385 (400).

182 BT-Drucks. 13/6701, Rz. 21, S. 51.

183 BT-Drucks. 13/6701, Rz. 21, S. 52, wonach ein faktisches Abwälzen der Sanierungspflicht auf die öffentliche Hand verhindert werden soll.

184 BT-Drucks. 13/6701, Rz. 21, S. 51.

rechtsnachfolge, deren Voraussetzungen nach handels- und gesellschaftsrechtlichen Normen zu beurteilen sind, eine unbeschränkte Haftung nach § 4 Abs. 3 S. 1 BBodSchG eintritt.

Betrachtet man das Ziel des § 4 Abs. 3 S. 4 BBodSchG – nämlich die Vermeidung der Abwälzung der Sanierungsverantwortlichkeit auf die öffentliche Hand - so kommt die Auslegung der herrschenden Meinung diesem Ziel keinen Schritt näher.

Dabei ist das Problem der Abwälzung der Sanierungsverantwortlichkeit bei der Spaltung einleuchtend. Zu beachten ist nämlich, dass die Übertragbarkeit von Sanierungsverantwortlichkeiten nach Maßgabe des Spaltungsvertrages bei gleichzeitigem Ausscheiden der mithaftenden Rechtsträger nach Ablauf der fünf Jahre gemäß § 133 Abs. 3 UmwG zur Folge hätte, dass ein Unternehmen kontaminierte Grundstücke samt Sanierungsverantwortlichkeit auf einen finanziell ungenügend ausgestatteten Rechtsträger übertragen könnte und sich somit der Verantwortlichkeit jedenfalls nach Ablauf der fünfjährigen gemeinsamen Haftung entziehen könnte.[185] Die Handlungsverantwortlichkeit des übertragenden Rechtsträgers würde mit der Zuweisung der Handelndenhaftung an den übernehmenden Rechtsträger nach fünfjähriger Mithaftung erlöschen. Auch die Zustandshaftung erlischt, da diese mit dem Grundstück auf den übernehmenden Rechtsträger übergeht. Vor allem im Bereich der Sanierungsverantwortlichkeit, die häufig erst viele Jahre nach der Bodenverschmutzung entsteht, käme die Mithaftung von lediglich fünf Jahren in vielen Fällen einer Enthaftung gleich. Dies widerspräche aber - wie bereits erwähnt - dem gesetzgeberischen Willen, nach dem eine Abwälzung der Sanierung auf die öffentliche Hand gerade verhindert werden sollte.[186]

Einen anderen Weg der Begründung der Übertragbarkeit der Altlastenhaftung bei gleichzeitigem Ausscheiden des übertragenden Rechtsträgers nach fünfjähriger Mithaftung geht *Theuer*[187]. Er ist der Ansicht, die Verdoppelung der Handlungsverantwortlichkeit für Altlasten stelle ein erhebliches Spaltungshindernis dar, weil mit steigender Anzahl von Umstrukturierungsvorgängen und übernehmenden Rechtsträgern die Verhaltensverantwortlichkeiten nicht mehr aufklärbar und bewertbar wären.[188] Auch dieser Argumentation ist zu widersprechen. § 24 Abs. 2 BBodSchG und § 426 Abs. 1 BGB beinhalten eine Ausgleichsregelung im Innenverhältnis gerade für den Fall einer Vielzahl von Verantwortlichen. Außerdem wird die Verwaltung bereits im Rahmen ihrer Ermessensausübung gehalten sein, denjenigen zur Verantwortung zu ziehen, der im Spaltungsvertrag als Hauptschuldner bezeichnet wird. Im Unterschied zur herrschenden Auffassung hat die Zuweisung der Handlungsverantwortlichkeit auf einen der beteiligten Rechtsträger im Spaltungsvertrag nach der hier vertretenen An-

185 Dies erkennt auch: Theuer, DB 1999, S. 621 (622); allerdings mit dem Vorschlag, diese Umgehung mit dem Institut der rechtsmissbräuchlichen Rechtsanwendung zu verhindern. Diese Lösung wird jedoch dem Ziel der effektiven Gefahrenabwehr (BT-Drucks. 13/6701, zu § 4, S. 34) nicht gerecht.

186 BT-Drucks. 13/6701, Rz. 21, S. 51 f.

187 Theuer, DB 1999, S. 621 (621 ff.).

188 Theuer, DB 1999, S. 621 (624); im Ergebnis ebenso: Fleischer/Empt, ZIP 2000 S. 905 (912); Spindler, ZGR 2001, S. 385 (400); Giesberts/Frank, DB 2000, S. 505 (506 f.).

sicht nur Auswirkungen auf die Ermessensausübung der Behörde, nicht aber auf die Qualität der Mithaftung der übrigen Rechtsträger. Insoweit überschreibt § 4 Abs. 3 S. 4 BBodSchG die Enthaftungsmöglichkeit nach § 133 Abs. 3 UmwG.
Sicherlich birgt die Rechtsnachfolge in die Handlungsstörerverantwortlichkeit noch mehr als die Rechtsnachfolge in die Zustandshaftung ein erhebliches Risiko für den übernehmenden Rechtsträger. Dies folgt aus der Tatsache, dass eine Untersuchung der Zustandsstörerhaftung leichter zu bewerkstelligen ist als das Ermitteln einer vor Jahrzehnten begangenen Handlung, die zur Verhaltensverantwortlichkeit des übertragenden Rechtsträgers führte.[189] Die Rechtsnachfolge in die Handlungsverantwortlichkeit ist für den übernehmenden Rechtsträger auch schwerwiegender als die Nachfolge in die Zustandsstörereigenschaft, da bei der Handlungsverantwortlichkeit eine Grenze der Haftung durch den Wert des Eigentums als Ausfluss der begrenzten Sozialbindung des Eigentums nicht besteht.[190]
Das Umwandlungsinteresse allein rechtfertigt aber nicht ein Ausscheiden aus der Sanierungsverantwortlichkeit durch Parteivereinbarung. Dem steht – wie bereits ausgeführt - die Vorschrift des § 4 Abs. 3 S. 4, S. 1 BBodSchG entgegen. Den Spaltungsparteien bleibt die Möglichkeit, das Innenverhältnis wie bei der Übertragung sonstiger Verbindlichkeiten mit Ausgleichspflichten und Freistellungsansprüchen auszugestalten.[191] Darüber hinaus kann eine umfassende Auskunftspflicht des übertragenden Rechtsträgers gegenüber dem übernehmenden Rechtsträger verbunden mit einer Schadensersatzpflicht die Gefahr unerwarteter Haftungsrisiken schmälern. Schließlich wird die Verwaltungsbehörde im Rahmen ihrer Ermessensausübung zunächst den Rechtsträger zur Haftung heranziehen, der im Spaltungsvertrag als Hauptschuldner benannt ist. Erst wenn dieser Rechtsträger nicht in der Lage ist, die Beseitigungskosten aufzubringen, wird die Verwaltung einen anderen mithaftenden Rechtsträger in Anspruch nehmen. Die Zuweisung der Altlastenhaftung im Spaltungsvertrag wird daher nicht bedeutungslos, sondern wird für die Ausübung des Ermessens der Verwaltungsbehörde relevant.

(2) Übertragung von Versorgungsverbindlichkeiten

Im Bereich der betrieblichen Altersversorgung muss bei einer Übertragung von Versorgungsverbindlichkeiten § 4 Abs. 1 BetrAVG berücksichtigt werden. Danach kann eine Übernahme der Versorgungsverpflichtung und nach der Rechtsprechung des BAG[192] eine Übernahme laufender Rentenzahlungen nur von den dort genannten Institutionen erfolgen. Darüber hinaus muss der Übertragung neben dem Versorgungsberechtigten auch der Pensions-Sicherungs-Verein (PSV) zustimmen, [193] der seit 01.01.1982 die Zustimmung zur Übertragung von Versorgungsverbindlichkeiten gene-

189 Theuer, DB 1999, S. 621 (624).
190 BVerfGE 102, S. 1 (20 f.), wonach die Zustandsverantwortlichkeit auf den Verkehrswert des Grundstücks beschränkt ist, soweit der Rechtsnachfolger eine Sanierungsverantwortlichkeit nicht bewusst in Kauf genommen hat.
191 Vgl. dazu oben Teil 4 A) II 1 d).
192 BAG, DB 1980, S. 2141(2142); BAG, DB 1982, S. 1067 (1068).
193 BAG, DB 1980, S. 2141 (2142), BAG, DB 1988 S. 122 (123).

rell verweigert.[194] Obwohl der Übergang der Versorgungsverbindlichkeiten bei der Verschmelzung durch Gesamtrechtsnachfolge einhellig bejaht wird,[195] muss die Situation im Spaltungsrecht im Hinblick auf § 132 S. 1 UmwG näher geprüft werden. Das Zustimmungserfordernis des Pensions-Sicherungs-Vereins begründet das BAG mit der generellen Zustimmungspflicht durch den Gläubiger bei Übertragung von Verbindlichkeiten nach § 415 Abs. 1 BGB. Zwar sei in erster Linie der Versorgungsberechtigte zustimmungsberechtigter Gläubiger. Durch die Übertragung der Insolvenzsicherung nach §§ 7 ff. BetrAVG habe der Pensions-Sicherungs-Verein aber das wirtschaftliche Risiko eines Schuldnerwechsels übernommen, weshalb der Pensions-Sicherungs-Verein in die Frage der Übertragbarkeit nach § 415 Abs. 1 BGB einzubeziehen sei.[196] Dadurch, dass die Zustimmung des Pensions-Sicherungs-Vereins als Zustimmung nach § 415 Abs. 1 BGB eingeordnet wird, entfällt die Zustimmungspflicht, bei einer Spaltung aufgrund des besonderen Gläubigerschutzes im Spaltungsrecht.[197] Da der Zustimmung des Pensions-Sicherungs-Vereins privatrechtlicher Charakter zugesprochen wird, entfällt die Zustimmungspflicht bei einer Übertragung im Wege der Spaltung.[198] Das Gläubigerschutzkonzept des Umwandlungsgesetzes bietet nach §§ 133, 134 Abs. 2, 125 S. 1, 22 UmwG einen angemessenen Ausgleich für die Gefahr finanzieller Nachteile für den Pensions-Sicherungs-Verein.[199]

Die gesonderte Zustimmung des Arbeitnehmers zur Übertragung der Versorgungsverpflichtung ist bei einer Übertragung des Arbeitsverhältnisses im Rahmen des § 613a BGB entbehrlich, da die Versorgungsverpflichtung untrennbar mit dem Arbeitsverhältnis verbunden ist, § 1 Abs. 1 BetrAVG. Aufgrund dieser Akzessorietät enthält die Zustimmung zur Übertragung eines Arbeitsverhältnisses, das nicht im Zusammenhang mit einem Betrieb und damit außerhalb des § 613a BGB abgespalten wird, gleichzeitig die Zustimmung zur Übertragung der Versorgungsverpflichtung.

---

194 PSV Merkblatt 300/M10/2.91.

195 BAG NZA 1990, S. 685 (686); Dehmer, § 20 UmwG Rn. 80; Vossius, in Widmann/Mayer, § 20 UmwG Rn. 123.

196 BAG, DB 1988, S. 122 (123); a.A. Freitag, Der Einfluss von § 4 BetrAVG, S. 75, die § 4 BetrAVG als lex specialis zu §§ 414 ff. BGB ansieht.

197 Boecken, Unternehmensumwandlungen und Arbeitsrecht, Rn. 138 S. 95 ff.; ihm folgend: Brinkmann, Spaltung, S. 157, mit Hinweis auf § 134 Abs. 2 UmwG; Dehmer, § 131 UmwG Rn. 70; Gutzler, Übertragungshindernisse, S. 292 ff.; Hörtnagl, in: Schmitt/Hörtnagl/Stratz, § 131 UmwG Rn. 77; Kallmeyer, in: Kallmeyer, § 132 UmwG Rn. 11; Masing, betriebliche Altersversorgung, S. 129 ff., der §§ 414 ff BGB und damit die Zustimmung des PSV aufgrund des Charakters der Spaltung als Gesamtrechtsnachfolge entfallen lassen will; ebenso: Freitag, Der Einfluss von § 4 BetrAVG, S. 91 ff.; Wiesner, in: Habersack/Koch/Winter, S. 168 (181), der dieses Ergebnis daraus ableitet, dass die Zustimmungspflicht zur Übertragung von Verbindlichkeiten eine Übertragungsvoraussetzung darstellt und deshalb nicht unter § 132 S. 1 UmwG fällt.

198 Zum privatrechtlichen Charakter der Zustimmungspflicht des PSV: Wiesner, in: Habersack/Koch/ Winter, S. 168 (181 f.); zur Unterscheidung zwischen Übertragbarkeits- und Übertragungsvoraussetzungen: siehe Teil 4 A) II 2 b) aa).

199 Boecken, Unternehmensumwandlungen und Arbeitsrecht, Rn. 138 S. 95 ff.; Brinkmann, Spaltung, S. 157; Gutzler, Übertragungshindernisse, S. 294.

(3) Ergebnis

Öffentlich-rechtliche Verbindlichkeiten und Haftungen können genauso wie privatrechtliche Verbindlichkeiten und Haftungen ohne Zustimmung des Gläubigers übertragen werden, wenn die Gläubigerschutzvorschriften des UmwG einen ausreichenden Schutz der Interessen der Gläubiger sicherstellen. Während die öffentlich-rechtliche Zustandshaftung zusammen mit dem Eigentum an der Sache auf den übernehmenden Rechtsträger übergeht, bedarf es für den Übergang der Handelndenhaftung einer gesetzlichen Anordnung. Für die Altlastenverantwortlichkeit ordnet § 4 Abs. 3 S. 4 BBodSchG im Fall der Gesamtrechtsnachfolge einen Übergang der Handelndenhaftung auf den übernehmenden Rechtsträger an. Die Handelndenhaftung des übertragenden Rechtsträgers erlischt dadurch nicht. Der übertragende Rechtsträger kann sich der Handelndenhaftung auch nicht durch Zuweisung der Haftung im Spaltungsvertrag entledigen, da sonst die neu eingeführte Vorschrift des § 4 Abs. 3 S. 4 BBodSchG leer laufen würde. Die Zuweisung im Spaltungsvertrag hat lediglich Auswirkungen auf die Ermessensausübung der Verwaltungsbehörden bei der Frage, wen die Verwaltungsbehörde in Anspruch nimmt.

Der Übertragung der Versorgungsverpflichtungen im Wege einer Spaltung muss der Pensions -Sicherungs-Verein nicht zustimmen. Die Versorgungsverpflichtung ist eine künftige Verbindlichkeit, deren Übertragung im Wege der Einzelrechtsnachfolge der Zustimmung des Pensions-Sicherungs-Vereins bedarf. Diese Zustimmungspflicht entfällt bei einer Übertragung im Wege der Spaltung, da die Gläubigerschutzvorschriften des UmwG die Zustimmung nach § 415 Abs. 1 S. 1 BGB entbehrlich machen.

gg) Vollmachten

Eine Vollmacht ist grundsätzlich im Wege der Spaltung übertragbar.[200] Dies ergibt sich vor allem daraus, dass die vom übertragenden Rechtsträger erteilte Vollmacht von dem zugrundeliegenden Rechtsverhältnis gemäß § 168 S. 1 BGB abhängt. Bei Übertragung etwa des Geschäftsbesorgungsvertrages als Grundgeschäft bleibt die Vollmacht mit diesem verknüpft.[201]

Ist das zugrundeliegende Rechtsverhältnis nach § 613 S. 2 BGB als höchstpersönliches Verhältnis einzuordnen, so ist die Zustimmung des Vollmachtnehmers notwendig, wenn nicht ein Betrieb oder Teilbetrieb übertragen wird.[202] Diese Unterscheidung ist im Hinblick auf § 613 a BGB folgerichtig, da die Vollmacht mit dem zugrundeliegenden Arbeitsverhältnis verbunden ist und mit dem Betrieb übergeht. Wenn kein Betrieb oder Betriebsteil übergeht, kann diese Privilegierung nicht eingreifen.

Teilweise wird für Prokura nach § 52 Abs. 1 HGB und Handlungsvollmacht nach § 54 Abs. 1 HGB insbesondere im Hinblick auf die Verschmelzung ein anderes Ergebnis

200 Dazu ausführlich: Frey, Rechtsnachfolge, S. 177 ff.

201 Allgemeine Ansicht: Engelmeyer, Spaltung, S. 341; Gutzler, Übertragungshindernisse, S. 299; Teichmann, in: Lutter, § 132 UmwG Rn. 47; Wirth, Spaltungen einer eG, S. 353; zur unwiderruflichen Vollmacht: Frey, Rechtsnachfolge, S. 185 f.; Gutzler, Übertragungshindernisse, S. 302 ff.

202 So: Gutzler, Übertragungshindernisse, S. 302.

vertreten,[203] da aufgrund der Unbeschränkbarkeit der Prokura der übernehmende Rechtsträger mit deren Übertragung unangemessen belastet würde. Dem wird bereits im Verschmelzungsrecht entgegengehalten, dass die Prokura nach § 52 Abs. 1 HGB und die Handlungsvollmacht nach § 162 S. 2 BGB jederzeit widerruflich sind.[204] Darüber hinaus muss bei der Spaltung anders als bei der Verschmelzung eine Vermögensübersicht über die abzuspaltenden Rechtsverhältnisse angefertigt werden. Für den übernehmenden Rechtsträger ist aus dieser Vermögensübersicht erkennbar, dass eine Prokura oder Handlungsvollmacht auf ihn übergeht.[205] Ein Schutzbedürfnis für den übernehmenden Rechtsträger besteht demnach nicht.

hh) Zuweisung von Vertragsverhältnissen im Allgemeinen

Die Möglichkeit der Zuweisung von Vertragsverhältnissen im Spaltungsvertrag ist wie bereits ausgeführt allgemein anerkannt.[206] Trotz der allgemein anerkannten Zulässigkeit der Übertragung von Vertragsverhältnissen im Wege der Spaltung sind die Einzelheiten hierzu noch sehr umstritten. Zu klären sind Fragen bezüglich der Freiheit der Zuweisung von Verträgen, der Abspaltung von Verträgen mit vereinbartem Sukzessionsverbot, eines allgemeinen oder außerordentlichen Kündigungsrechts des Vertragspartners aufgrund der Spaltung, der quantitativen Aufteilung von Verbindlichkeiten und der Abtrennung einzelner Vertragsbestandteile sowie der Verdoppelung der Vertragsstellung durch Aufteilung des Vertragsverhältnisses.

(1) Einschränkung der Zuweisung von Verträgen

Die in der Regierungsbegründung[207] verkündete Zuweisungsfreiheit von Verträgen und Verbindlichkeiten wird von Teilen der Literatur unter Bezugnahme auf §§ 133 Abs. 1 S. 2 UmwG, 25 ff. HGB erheblich eingeschränkt, indem die §§ 25 ff. HGB als zwingende Überleitungsvorschriften unternehmensbezogener Verträge und Verbindlichkeiten verstanden werden.[208] Gegen das Verständnis der §§ 25 ff. HGB als Vertragsüberleitungsvorschrift spricht schon die Tatsache, dass § 25 Abs. 1 HGB nach seinem Wortlaut lediglich eine Haftung des neuen Firmeninhabers und einen Forderungsübergang bei Einwilligung des bisherigen Inhabers in die Firmenfortführung an-

---

203 Vgl. zum Verschmelzungsrecht: Dehmer, § 20 UmwG Rn. 8; Grunewald, in: Lutter, § 20 UmwG Rn. 24; Marsch-Barner, in: Kallmeyer, § 20 UmwG Rn. 24; Stratz, in: Schmitt/Hörtnagl/Stratz, § 20 UmwG Rn. 8; zum Spaltungsrecht: Teichmann, in: Lutter, § 132 UmwG Rn. 47; Wirth, Spaltungen einer eG, S. 353.

204 Für das Verschmelzungsrecht: Hennrichs, Formwechsel, S. 77 f.; ebenso: Goutier, in: Goutier/Knopf/Tulloch, § 20 UmwG Rn. 21; a.A. Dehmer, § 20 UmwG Rn. 8; Grunewald, in: Lutter, § 20 UmwG Rn. 24; Marsch-Barner, in: Kallmeyer, § 20 UmwG Rn. 24; Stratz, in: Schmitt/Hörtnagl/Stratz, § 20 UmwG Rn. 8.

205 Gutzler, Übertragungshindernisse, S. 301 f.

206 Vgl. hierzu: Teil 4 A) II 2 b).

207 BT-Drucks. 12/6699, zu § 126, S. 118.

208 Schmidt, Handelsrecht, § 8 I 4 c, S. 230 ff. m.w.N.; Voigt, Umwandlungsrecht, S. 101 ff.; a.A. BGHZ 42, S. 381 (384); Baumbach/Hopt, § 25 HGB Rn. 10; Emmerich in: Heymann, § 25 HGB Rn. 30; Oetker, Dauerschuldverhältnis, S. 658 f.; Oetker, Handelsrecht, § 4 D II 1a; Hüffer, in: Staub, § 25 HGB Rn. 50.

ordnet.[209] Daher ist der herrschenden Meinung zu folgen, die § 25 Abs. 1 HGB nicht als Haftungsüberleitungsnorm, sondern als gesetzlich angeordnete kumulative Schuldübernahme versteht. Folglich bestehen entsprechend der Aussage in der Regierungsbegründung keine Einschränkungen bezüglich der Zuweisungsfreiheit von Verträgen oder Verbindlichkeiten aufgrund ihrer Unternehmensbezogenheit.

(2) Übertragung von Verträgen mit Sukzessionsverbot

Bei der Übertragung der gesamten Vertragspartnerstellung ergeben sich in der Praxis regelmäßig erhebliche Schwierigkeiten, weil gerade wirtschaftlich bedeutende Dauerschuldverhältnisse von den Vertragspartnern als nicht übertragbar erklärt werden.[210] Dieses Singularsukzessionsverbot würde bei einer strengen und wortlautgetreuen Auslegung des § 132 S. 1 UmwG in der Praxis zu einem beinahe unüberwindbaren Spaltungshindernis führen. Der Vertragspartner wird im Zweifel mit der Übertragung nicht einverstanden sein oder sich seine Zustimmung gut bezahlen lassen. Um diese Gefahr für wirtschaftlich sinnvolle Umstrukturierungen nicht aufkommen zu lassen, soll eine teleologische Auslegung entweder des § 132 S. 1 UmwG[211] oder des zugrundeliegenden Vertragsverhältnisses[212] zu einer Übertragbarkeit des Vertragsverhältnisses trotz vereinbarten Singularsukzessionsverbots[213] führen, wenn das Vertragsverhältnis in wirtschaftlichem Zusammenhang mit einem Teilbetrieb abgespalten werden soll. Dass ein für die Einzelrechtsnachfolge vereinbartes Sukzessionsverbot bei Umwandlungsvorgängen teilweise zurückstehen muss, lässt sich schon aus § 132 S. 2 UmwG ablesen, der die Anwendung des § 399 BGB im Fall der Aufspaltung ausschließt. Auch im Verschmelzungsrecht wirkt ein Sukzessionsverbot nicht. Wenn aber insbesondere bei einer Aufspaltung ein Übertragungsverbot überwunden werden kann, ist es nicht einsichtig, den Abspaltungsvorgang insoweit schlechter zu stellen.[214] Einen Ausgleich für die verlorene Rechtsposition erhält der Vertragspartner auch bei einer Aufspaltung nicht. Das Argument, eine andere Lösung sei im Aufspaltungsrecht wegen des Erlöschens des übertragenden Rechtsträgers nicht möglich gewesen, begründet zwar,

209 Näher zum Verständnis der §§ 133 Abs. 1 S. 2 UmwG, 25, 26, 28 HGB: oben Teil 4 A) II 1 b).

210 Kallmeyer, in: Kallmeyer, § 132 UmwG Rn. 4; Wiesner, in: Habersack/Koch/Winter, S. 168 (175 f.).

211 Hennrichs, ZIP 1995, S. 794 (798); Mayer, GmbHR 1996, S. 403 (412 f.); ders., in: Widmann/Mayer, § 132 UmwG Rn. 22 f.; Schwedhelm/Streck/Mack, GmbHR 1995, S. 5 (9), Teichmann, in: Lutter, § 132 UmwG Rn. 20; ähnlich: Fuhrmann/Simon, AG 2000, S. 49 (57); vgl. auch: oben Teil 4 A) II 2 b) cc).

212 So: Kallmeyer, GmbHR 1996, S. 242 (244); Kallmeyer, in: Kallmeyer, § 132 UmwG Rn. 4 f.; Rieble, ZIP 1997, S. 301 (308);Tauchert-Nosko, Verschmelzung und Spaltung, S. 47 f.

213 Vgl. zum identischen Problem der Abspaltung vinkulierter Anteile: oben Teil 4 A) II 2 c ee) (3).

214 So auch: Müller, Klaus, BB 2000, S. 365 (366), der darauf hinweist, dass ein Schuldneraustausch gravierender ist als ein Gläubigeraustausch und insofern einerseits der Verweis auf § 399 BGB und andererseits der Ausschluss des § 415 BGB nicht folgerichtig sei; in anderem Zusammenhang gegen die Unterscheidung von Ab- und Aufspaltung: Hennrichs, Formwechsel, S. 138; Mertens, Umwandlung, S. 170; Teichmann, ZGR 1993, S. 396 (408); a.A. Petersen, Gläubigerschutz, S. 358.

rechtfertigt aber nicht die unterschiedlichen Regeln im Recht der Ab- und der Aufspaltung.[215]
Darüber hinaus hat der Vertragspartner kein schutzwürdiges Interesse an der Beibehaltung des ursprünglichen Vertragspartners, wenn er sich eine juristische Person als gegenüber ausgewählt hat, da er keinen Einfluss auf die unternehmerische Führung und die Zusammensetzung der Gesellschafter, die sich im Gegensatz zur natürlichen Person erheblich verändern kann, geltend machen kann.[216] Ausschlaggebend für den Vertragspartner ist daher die finanzielle Leistungsfähigkeit des Vertragspartners. Diesbezüglich wird er aber schon durch §§ 133, 125 S. 1, 22 UmwG geschützt.

(3) Kündigungsrecht des Vertragspartners

Als Ausgleich für die verlorene Rechtsposition will *Rieble* dem Vertragspartner ein Kündigungsrecht ohne wichtigen Grund zusprechen.[217] Gegen ein solches „allgemeines" Kündigungsrecht anlässlich einer Spaltung spricht, dass damit ein Druckmittel des Vertragspartners geschaffen wird, das letztendlich doch zu einem Zustimmungserfordernis führt.[218] Für ein solches Kündigungsrecht gibt es außerdem weder im Verschmelzungsrecht noch im Spaltungsrecht einen Anhaltspunkt im Gesetz. Es ist aber gar nicht notwendig, dem Vertragspartner ein Kündigungsrecht allein aufgrund des Umstrukturierungsvorgangs zuzusprechen, da der Vertragspartner bei Dauerschuldverhältnissen die Möglichkeit hat, unter Angabe eines wichtigen Grundes zu kündigen.[219] Er muss folglich darlegen, dass ihm die Fortführung des Vertrages unter Berücksichtigung der Interessen beider Vertragspartner nicht mehr zuzumuten ist.[220] Allerdings stellt die fehlende Bonität des Vertragspartners aufgrund des in §§ 133, 125 S. 1, 22 UmwG abschließend geregelten Gläubigerschutzes keinen ausreichenden Kündigungsgrund dar.[221] Jedes andere Ergebnis würde dem Vertragspartner eine Druckposition verschaffen, mit der er auf die Umstrukturierungsentscheidung des Unternehmens einwirken könnte.

---

215 Müller, Klaus, BB 2000, S. 365 (366).

216 So auch: Rieble, ZIP 1997, S. 301 (308); Teichmann, in: Lutter, § 132 UmwG Rn. 42.

217 Rieble, ZIP 1997, S. 301 (308 f.).

218 Hennrichs, Formwechsel, S. 120; so auch: Gutzler, Übertragungshindernisse, S. 83.

219 Ausführlich dazu: Gutzler, Übertragungshindernisse, S. 83 ff.; Petersen, Gläubigerschutz, S. 344 f., der geringe Anforderungen an ein Kündigungsrecht stellt, die Spaltung selbst aber noch nicht als Kündigungsgrund ansieht; Wiesner, in: Habersack/Koch/Winter, S. 168 (176 f.); für ein außerordentliches Kündigungsrecht auch: Aha, AG 1997, S. 354 (352); Engelmeyer, Spaltung, S. 345 f.; Fuhrmann/Simon, AG 2000, S. 49 (57); Teichmann, in: Lutter, § 132 UmwG Rn. 15, 40; a.A. Hennrichs, Formwechsel, S. 49, 120 f.: jedenfalls kein Kündigungsrecht in breitem Umfang.

220 BGHZ 41, S. 104 (108); BGH NJW-RR 1991, S. 1266 (1266); BGH NJW 1997, S. 1702 (1703).

221 Gutzler, Übertragungshindernisse, S. 85; Kallmeyer, in: Kallmeyer, § 132 UmwG Rn. 5; Wiesner, in: Habersack/Koch/Winter, S. 168 (179); a.A. Engelmeyer, Spaltung, S. 346, die ein außerordentliches Kündigungsrecht bei fehlender Bonität annimmt, wenn keine Sicherheit geleistet wird; Petersen, Gläubigerschutz, S. 349.

Für Schuldverhältnisse, die nicht als Dauerschuldverhältnisse zu qualifizieren sind, kann sich der Vertragspartner unter bestimmten Voraussetzungen auf ein Leistungsverweigerungsrecht nach §§ 313 BGB n.F. berufen.[222]

(4) Aufteilung einzelner Rechte und Pflichten eines Vertrages

Problematisch im Zusammenhang mit der Übertragung von Schuldverhältnissen im Wege der Spaltung ist weiterhin die Möglichkeit der Aufteilung von Verbindlichkeiten oder ganzen Schuldverhältnissen. In Teilen der Literatur sieht man in der Aufteilung eines Vertrages, also einer in sich abgeschlossenen Gesamtheit von Rechten und Pflichten, einen Verstoß gegen die einheitliche Natur eines Vertragsverhältnisses und der Abwägung von Leistung und Gegenleistung in einem Gesamtwerk.[223] In der Praxis kann insbesondere die Aufteilung von Mietverträgen, Finanzverbindlichkeiten oder Telekommunikationsverträgen für die an der Spaltung beteiligten Rechtsträger von Vorteil sein. Zu unterscheiden sind dabei die Aufspaltung von Verträgen in einzelne Rechte und Pflichten, die quantitative Aufteilung von Verbindlichkeiten und die Verdoppelung von Vertragsverhältnissen. Keine Schwierigkeiten bereitet die Abtrennung der Forderung aus einem Vertragsverhältnis oder die Übertragung einer Verbindlichkeit, §§ 414 f. BGB.[224] Beides ist, wie bereits gezeigt[225], bei der Spaltung ohne Zustimmung des Vertragspartners möglich.

Eine quantitative Aufteilung von Verbindlichkeiten sowie das Heraustrennen einzelner Vertragspflichten aus dem Gesamtgefüge kann grundsätzlich nur aufgrund einer Vertragsänderung geschehen, bei der beide Vertragspartner mitwirken. Eine Aufteilung von Verbindlichkeiten ist dem deutschen Gesetzgeber entgegen der Regierungsbegründung[226] bekannt, da § 420 BGB die Situation der Schuldner bei einer teilbaren Leistung regelt. Dass ein Heraustrennen einzelner Rechte und Pflichten und die Aufteilung von Verbindlichkeiten mit Zustimmung des Vertragspartners möglich sind, ergibt sich schon aus dem Grundsatz der Privatautonomie.[227]

---

222 Vgl. zur Anwendbarkeit des Instituts des Wegfalls der Geschäftsgrundlage: Petersen, Gläubigerschutz, S. 333; dazu auch: Gutzler, Übertragungshindernisse, S. 83 ff.; Wiesner, in: Habersack/Koch/Winter, S. 168 (176 f.).

223 Engelmeyer, Spaltung, S. 50; Kleindiek, ZGR 1992, S. 513 (520 f.); Rieble, ZIP 1997, S. 301 (310); Schwedhelm/Streck/Mack, GmbHR 1995, S. 5 (10); Teichmann, ZGR 1993, S. 396 (413 f.); Wiesner, in: Habersack/Koch/Winter, S. 168 (173).

224 So auch: Kallmeyer, in: Kallmeyer, § 126 UmwG Rn. 25 (je nach Auslegung des Vertrages); Mayer, in: Widmann/Mayer, § 126 UmwG Rn. 227; Rieble, ZIP 1997, S. 301 (310); Sagasser/Sickinger, in: Sagasser/Bula/Brünger, Umwandlungen, N Rn. 62; Schöne, Spaltung GmbH, S. 42; Teichmann, in: Lutter, § 132 UmwG Rn. 39; Wirth, Spaltungen einer eG, S. 347; gegen eine Zuteilung von Forderung und Verbindlichkeit aus einem Vertragsverhältnis auf verschiedene Rechtssubjekte: Teichmann, ZGR 1993, S. 396 (413 f.) für Leistung und Gegenleistung; Engelmeyer, Spaltung, S. 50; Schwedhelm/ Streck/Mack, GmbHR 1995, S. 5 (10); Wiesner, in: Habersack/Koch/Winter, S. 168 (173).

225 Vgl. oben Teil 4 A) II 2 c) cc) zur Übertragung einer Forderung und b) aa) zur Übertragung von Verbindlichkeiten.

226 BT-Drucks. 12/6699, zu § 126, S. 118.

227 Allgemeine Ansicht: z.B. Thode, in: Münchener Kommentar, § 305 Rn. 21, 21a, 1 ff.

Teilweise wird aus dem Prinzip der partiellen Gesamtrechtsnachfolge, das die Übertragung eines Vertragsverhältnisses ohne Zustimmung des Vertragspartners zulässt, geschlossen, dass auch eine Aufteilung des Vertragsverhältnisses in einzelne Bestandteile ohne Zustimmung der anderen Seite möglich sei.[228] Dies würde dann aber bedeuten, dass das UmwG nicht nur einen Austausch des Vertragspartners, sondern eine einseitige Inhaltsänderung des Vertragsgegenstands erlaube.[229] Gegen eine solche Argumentation spricht schon, dass eine Zustimmung des Vertragspartners nur entbehrlich ist, weil der Vertragspartner über §§ 125 S. 1, 22, 133 UmwG hinsichtlich der Liquidität des neuen Vertragspartners geschützt wird. Nur insoweit ist damit auch eine Änderung des Vertragsinhalts gerechtfertigt. Eine Änderung des Vertrages, die über die Auswechslung des Vertragspartners und über das finanzielle Interesse des Vertragspartners hinausgeht, kann nicht mehr mit dem Schutz des Gläubigers über §§ 125 S. 1, 22, 133 UmwG gerechtfertigt werden.[230] Außerdem hätte die Zulässigkeit einer Aufteilung des Vertragsverhältnisses die mittelbare Legitimierung des Vertrages zu Lasten Dritter zur Folge, da der Spaltungsvertrag zwischen den beteiligten Rechtsträgern eine negative Wirkung zu Lasten des Vertragspartners ausstrahlen könnte. Diese für den Vertragspartner nachteilige Wirkung lässt sich aus dem UmwG nicht rechtfertigen.

Diese Argumentation gilt allerdings nur für die Aufteilung von einzelnen Rechten und Pflichten innerhalb eines Vertragsgefüges, die keine geldwerte Leistung zum Gegenstand haben. Geldwerte Verpflichtungen können wie bereits angesprochen aufgrund des spaltungsrechtlichen Gläubigerschutzes auf verschiedene Rechtsträger aufgeteilt werden. Für Verpflichtungen, die zwar nicht in Geld bestehen, die aber eine vertretbare Handlung beinhalten, muss dasselbe gelten, da letztendlich die vertretbare Handlung durch Geldleistung von einem Dritten erfüllt werden kann.[231] Insofern greift die Gläubigerschutzvorschrift der §§ 133, 125 S. 1, 22 UmwG ein und macht die Zustimmung des Gläubigers entbehrlich. Jedes andere Ergebnis würde dazu führen, dass der übertragende Rechtsträger Verpflichtungen, die mit den abzuspaltenden Produktionskapazitäten erfüllt werden können, nur mit Zustimmung des Gläubigers übertragen könnte.

Das Aufteilungsverbot gilt ebenfalls nicht für die quantitative Aufteilung von Verbindlichkeiten, die ausschließlich in Geld bestehen. Wird eine Verbindlichkeit in Geld aufgeteilt und führt diese Aufteilung nicht zu einer über das Liquiditätsinteresse hinausgehenden Benachteiligung des Vertragspartners, so muss eine Aufteilung ohne

---

228 Mayer, in: Widmann/Mayer, § 126 UmwG Rn. 227, der eine weitgehende Verteilungsfreiheit von einzelnen Rechten und Pflichten befürwortet und deshalb empfiehlt, bei der Übertragung von ganzen Vertragsverhältnissen darauf hinzuweisen, dass alle Haupt- und Nebenpflichten übergehen sollen; wohl auch: Dehmer, § 131 UmwG Rn. 48; Gutzler, Übertragungshindernisse, S. 310; Hörtnagl, in: Schmitt/Hörtnagl/ Stratz, § 131 UmwG Rn. 48 ff.; Vossius, in: Widmann/Mayer, § 131 UmwG Rn. 98; a.A. Engelmeyer, Spaltung, S. 50; Heidenhain, NJW 1995, S. 2873 (2877); Rieble, ZIP 1997, S. 301 (310); Teichmann, in: Lutter, § 132 UmwG Rn. 39.

229 Rieble, ZIP 1997, S. 304 (310); Teichmann, in: Lutter, § 132 UmwG Rn. 39; Voigt, Umwandlung, S. 56; Wiesner, in: Habersack/Koch/Winter, S. 168 (173).

230 Ähnlich auch: Voigt, Umwandlung, S. 56.

231 Zur unvertretbaren Handlung: vgl. unten Teil 4 A) II 2 c) ll).

Zustimmung des Gläubigers als zulässig erachtet werden, da die Interessen der Umstrukturierung den Interessen des Vertragspartners, der über §§ 125 S. 1, 22, 133 UmwG geschützt wird, vorgehen.[232]
Dies muss auch für gesicherte Verbindlichkeiten gelten, da ansonsten die Übertragbarkeit von Verbindlichkeiten zu sehr eingeschränkt werden würde. Teilweise wird vertreten, dass im Ergebnis mit Ablauf der fünfjährigen gesamtschuldnerischen Haftung eine Schuldübernahme des übernehmenden Rechtsträgers vorläge, weshalb die Sicherungsrechte beim übertragenden Rechtsträger nicht ohne Zustimmung untergehen sollten, § 418 Abs. 1 S. 3 BGB. Diese Vorschrift gelte über § 132 S. 1 UmwG auch für die Spaltung.[233]
Gegen eine solche Auslegung spricht, dass die gesamtschuldnerische Haftung nach § 133 UmwG die Zustimmungspflicht des Gläubigers für die Übertragung von Verbindlichkeiten insgesamt entbehrlich machen sollte.[234] Die Gläubigerschutzvorschriften §§ 133, 125 S. 1, 22 UmwG sind insofern als lex specialis zu §§ 414 ff. BGB anzusehen. Dieses Ergebnis wird auch dadurch gestützt, dass der Gläubiger unter Glaubhaftmachung der Gefährdung seiner Forderung Sicherheitsleistung verlangen kann, §§ 125 S. 1, 22, 133 UmwG. Mit dieser Regelung sowie dem Verweis in § 133 Abs. 1 S. 2 UmwG auf §§ 25 ff. HGB hat der Gesetzgeber einen umfassenden Gläubigerschutz geregelt, der die Anwendung des § 418 Abs. 1 S. 3 BGB ausschließt. Da der Gesetzgeber den Übergang von Verbindlichkeiten im Rahmen der allgemeinen Spaltungsregeln überhaupt nicht aufgenommen hat, ist eine Vorschrift entsprechend § 156 S. 2 UmwG, der für die Ausgliederung aus dem Vermögen eines Einzelkaufmanns die Anwendung des § 418 Abs. 1 S. 3 BGB ausschließt, nicht zu erwarten.

(5) Verdoppelung der Vertragspartnerstellung

Schließlich ist auf die Frage einzugehen, ob die Position eines Vertragspartners nicht nur ausgetauscht, sondern vielleicht sogar vervielfältigt werden kann. Dies hätte den wichtigen Vorteil, dass Verträge für den übernehmenden Rechtsträger nicht neu ausgehandelt werden müssten, sondern die Vertragspartnerstellung einfach verdoppelt werden könnte. Eine Verdoppelung der Vertragspartnerstellung kann sicherlich mit Zustimmung des Vertragspartners durchgeführt werden. Ohne Zustimmung ist aufgrund des vertragsändernden Charakters eine Verdoppelung jedoch nicht möglich.[235]

---

232 Gutzler, Übertragungshindernisse, S. 306 ff., der die Bedenken, die sich aus § 266 BGB ergeben widerlegt; Kallmeyer, in: Kallmeyer, § 126 UmwG Rn. 25; Heidenhain, NJW 1995, S. 2873 (2877); Hörtnagl, in: Schmitt/Hörtnagl/Stratz, § 131 UmwG Rn. 43, anders noch in der Vorauflage bei Dehmer; Mayer, in: Widmann/Mayer, § 126 UmwG Rn. 196, 227; Priester, in: Lutter, § 126 UmwG Rn. 42; Sagasser/Sickinger, in: Sagasser/Bula/Brünger, Umwandlungen, N Rn. 62; Teichmann, in: Lutter, § 132 UmwG Rn. 39; a.A. Dehmer, § 131 UmwG Rn. 42 mit Hinweis auf die Regierungsbegründung: BT-Drucks. 12/6699, zu § 126 S. 118, in der ausgeführt wird, eine Aufteilung von Verbindlichkeiten sei dem deutschen Recht fremd; ebenso: Rieble, ZIP 1997, S. 304 (310); Teichmann, ZGR 1993, S. 396 (413 f.).

233 Teichmann, in: Lutter, § 132 UmwG Rn. 36; ebenso: Petersen, Gläubigerschutz, S. 361f.

234 Dehmer, § 131 UmwG Rn. 72; Gutzler, Übertragungshindernisse, S. 279 f.; Rieble, ZIP 1997, S. 301 (309).

235 Ebenso: Gutzler, Übertragungshindernisse, S. 310; Voigt, Umwandlung, S. 56; Wiesner, in:

Eine Verdoppelung brächte für den Vertragspartner nicht nur Probleme der Rechtsunsicherheit hinsichtlich der Ausübung von Gestaltungsrechten und der jeweiligen Empfangszuständigkeit mit sich,[236] sondern würde praktische Probleme wie etwa die Belieferung verschiedener Standorte bei Lieferverträgen oder die Verdoppelung des Buchhaltungs- und sonstigen Verwaltungsaufwands nach sich ziehen. Trotz vielleicht quantitativ gleichbleibender Leistung des Vertragspartners kann sich dessen Aufwand im Einzelfall erheblich erhöhen. Damit wäre ein Eingriff in den Ausgleich von Leistung und Gegenleistung verbunden, der auch mit einem außerordentlichen Kündigungsrecht des Vertragspartners nicht zu rechtfertigen ist. Auch die spaltungsrechtlichen Gläubigerschutzvorschriften können diese Nachteile für den Vertragspartner nicht ausgleichen. Eine solche Änderung des Vertragsinhalts kann daher nur aufgrund einer Vereinbarung mit dem Vertragspartner getroffen werden.[237] Ob im Einzelfall eine Verpflichtung des Vertragspartners zur Zustimmung zur Verdoppelung der Vertragspartnerstellung aus dem Grundsatz von Treu und Glauben hergeleitet werden kann, dürfte nur bei einer Verweigerung der Zustimmung seitens des Vertragspartners ohne sachlichen Grund zu bejahen sein. Dabei sind an den sachlichen Grund um so höhere Anforderungen zu stellen je einschneidender die Zustimmungsverweigerung bei den beteiligten Rechtsträgern wirkt.[238] Insbesondere bei der Aufteilung von Überlassungsverträgen kann die Verweigerung der Zustimmung zur Aufteilung des Vertragsverhältnisses im Einzelfall einen Verstoß gegen Treu und Glauben darstellen.

(6) Ergebnis

Diese Vielzahl von strittigen Einzelfragen bringt nicht unerhebliche Rechtsunsicherheit bei der Gestaltung des Spaltungsvertrages mit sich. Daher ist die Formulierung von Auffangklauseln in besonderem Maße wichtig.
Zunächst ist der zu übertragende Vertrag trotz der damit verbundenen Abspaltung einzelner Rechte, Schutz-, Treue- und Aufklärungspflichten als Gesamtheit lediglich mit

---

Habersack/Koch/Winter, S. 168 (173); für die Möglichkeit der Verdoppelung der Vertragsstellung: Dehmer, § 131 UmwG Rn. 48; Heidenhain, NJW 1995, S. 2873 (2877); Hörtnagl, in: Schmitt/Hörtnagl/Stratz, § 131 UmwG Rn. 52; Mayer, in: Widmann/Mayer, § 126 UmwG Rn. 227; Vossius, in: Widmann/Mayer, § 131 UmwG Rn. 98; ähnlich: Kallmeyer, in: Kallmeyer, § 126 UmwG Rn. 25, der diese Frage durch Auslegung des jeweiligen Vertrages beantworten will; Teichmann, in: Lutter, § 132 UmwG Rn. 39; eine Formulierungsempfehlung hinsichtlich der Verdoppelung der Vertragspartnerstellung findet sich in: Kiem, Verträge zur Umwandlung, Rn. 97, Ziff. e) und f) S. 85 ; Aufteilbarkeit für den Fall der Spaltung eines Mietvertrages bejahend: Dehmer, § 131 UmwG Rn. 50, für analoge Anwendung des § 571 BGB; Kleindiek, ZGR 1992, S. 513 (521), der eine Regelung zur Aufteilung von Überlassungsverträgen für erforderlich hält; Mutter, ZIP 1997, S. 139 (140) plädiert für die Anwendung der Härteklausel des § 595 BGB.

236 Darauf weist Gutzler, Übertragungshindernisse, S. 310 f. hin.

237 Im Ergebnis auch: Gutzler, Übertragungshindernisse, S. 310; Pentz, in: Habersack/Koch/Winter, S. 184 (185); Voigt, Umwandlung, S. 56; Wiesner, in: Habersack/Koch/Winter, S. 168 (173).

238 Dazu: Pentz, in: Habersack/Koch/Winter, S. 184 (185).

Objekt, Ort, Datum und Vertragsparteien im Spaltungsvertrag zu bezeichnen.[239] Alle darüber hinausgehenden Anforderungen wären in der Praxis nicht durchführbar, da die vollständige Aufzählung aller einzelnen durch den Vertrag begründeten Rechte und Pflichten nicht möglich ist.

Die Übertragung der Vertragspartnerstellung ohne die Zustimmung der anderen Seite ist grundsätzlich möglich, soweit der Vertrag kein Sukzessionsverbot enthält. In einem solchen Fall sollte die Zustimmung des Vertragspartners eingeholt werden, da andernfalls insbesondere bei Lieferanten- und Versorgungsverträgen eine Belieferung des übernehmenden Rechtsträgers nicht sichergestellt ist. Gerade bei wichtigen Vertragsobjekten kann ein Fehlschlagen der Übertragung äußerst negative Folgen haben, da in kurzer Zeit die Versorgungslücke des übernehmenden Rechtsträgers geschlossen werden muss. Der zeitliche Faktor verschlechtert dabei die Verhandlungssituation des übernehmenden Rechtsträgers in besonderer Weise.

Aus diesen Gründen sollte auch davon abgesehen werden, eine Verdoppelung der Vertragspartnerstellung im Wege der Spaltung herbeiführen zu wollen. Neben den möglichen wirtschaftlichen Konsequenzen ist hier zu beachten, dass in Teilen der Literatur die Aufteilung von Vertragsverhältnissen aufgrund des einseitigen Eingriffs in die Vertragsgestaltung nicht für zulässig hält.

Eine anderweitige Aufteilung von Verträgen ohne Verdoppelung der Vertragspartnerstellung nach einzelnen Rechten und Pflichten ist ebenso wenig anerkannt und dürfte wirtschaftlich auch nicht sinnvoll sein. Es wird empfohlen, im Spaltungsvertrag das Übergehen eines Vertragsverhältnisses so zu formulieren, dass alle Haupt- und Nebenpflichten mit übertragen werden.[240] Eine Ausnahme hierzu stellt wohl die Aufteilung von Kreditverträgen dar. Hier ist zu beachten, dass die Übertragung von Kreditverträgen ohne die vom übertragenden Rechtsträger gewährten Sicherheiten nicht ohne Zustimmung des Kreditgebers vorgenommen werden sollte. Die Rechtslage ist in diesem Bereich noch sehr unsicher.

Die quantitative Aufteilung von Verbindlichkeiten in Geld dürfte aufgrund des in §§ 133, 125 S. 1, 22 UmwG vorgesehenen Gläubigerschutzes dagegen zulässig sein.

Wird die Zustimmung zur Übertragung eines Vertrages mit Sukzessionsverbot nicht erteilt, so sollte der übertragende Rechtsträger das Vertragsverhältnis im eigenen Namen aber für Rechnung des übernehmenden Rechtsträgers fortsetzen. Dies kann im Rahmen eines Treuhandverhältnisses im Regelfall über § 39 Abs. 2 Nr. 1 S. 2 AO ohne steuerliche Nachteile durchgeführt werden.[241]

Da eine Verdoppelung des Vertragsverhältnisses nach herrschender Ansicht ausscheidet, sollten die Vertragsverhandlungen für den übernehmenden Rechtsträger frühzeitig angegangen werden, um eine möglichst gute Vertragsposition einzunehmen.

Auf jeden Fall sollte der Spaltungsvertrag eine salvatorische Klausel und eine schuldrechtliche Verpflichtungsklausel enthalten, wonach der Spaltungsvertrag beim Schei-

---

239 Hennrichs, Formwechsel, S. 127; Mayer, in: Widmann/Mayer, § 126 UmwG Rn. 225; Voigt, Umwandlung, S. 48; a.A. LG Hamburg, NJW-RR 1989, S. 995 (996 f.).

240 Mayer, in: Widmann/Mayer, § 126 UmwG Rn. 240, der allerdings davon ausgeht, Rechte und Pflichten eines Vertragsverhältnisses könnten beinahe uneingeschränkt verteilt werden.

241 So: Fuhrmann/Simon, AG 2000, S. 49 (57).

tern einzelner Übertragungen im übrigen für wirksam erklärt wird und sich die Parteien verpflichten, eine Lösung zu finden, die der vollständigen Rechtsübertragung wirtschaftlich am nächsten kommt.[242] Für den Fall des Scheiterns einer Gegenstandsübertragung sollten Treuhandverhältnisse beziehungsweise Untermiet- oder pachtverträge abgeschlossen werden, die mit einer aufschiebenden Bedingung versehen werden können.[243] Eine Forderungsübertragung kann durch eine Verpflichtung zum Abführung von Erlösen und eine Abspaltung von Verbindlichkeiten durch eine Erfüllungsübernahme aufgefangen werden.[244]

ii) Übertragung von speziellen Vertragsverhältnissen

Bei der Übertragung von Vertragsverhältnissen im Wege der Spaltung ergeben sich bei Versicherungs-, Miet-, Unternehmens- und Arbeitsverträgen Besonderheiten, auf die in den folgenden Ausführungen eingegangen werden soll.

(1) Übertragung von Versicherungsverträgen

Im Fall der Übertragung von versicherten Gegenständen stellt sich die Frage, ob gemäß § 69 VVG mit den Sachen automatisch der Versicherungsvertrag übergeht und dem Versicherer lediglich ein Sonderkündigungsrecht nach § 70 Abs. 1 VVG bleibt.[245] Im Gegensatz zur partiellen Gesamtrechtsnachfolge bei der Spaltung regelt § 69 VVG die Folgen der Übertragung versicherter Sachen im Wege der Einzelrechtsnachfolge. Anders als bei der Einzelrechtsnachfolge bedarf es bei der Übertragung durch Unternehmensspaltung keines automatischen Versicherungsübergangs, da die beteiligten Parteien anders als bei der Einzelrechtsnachfolge selbst in der Lage sind, ohne Zustimmung des Versicherers einen Vertragsübergang vorzunehmen.[246] Dem Versicherer

---

242 Jesch, in: Habersack/Koch/Winter, S. 148 (163); Heidenhain, in: Münchener Vertragshandbuch I, XI.18, S. 1346, der in § 5 (3) vorschlägt bei endgültiger Zustimmungsverweigerung des Vertragspartners einen Ausgleich im Innenverhältnis anzuordnen; Kallmeyer, in: Kallmeyer, § 126 UmwG Rn. 57; Teichmann, in: Lutter, § 132 UmwG Rn. 20; einige Formularbücher sind diesbezüglich lückenhaft: Arens/Spieker, Umwandlungsrecht, S. 128 ff (133), lediglich mit einer allgemeinen salvatorischen Klausel; Volhard/Tischbirek, in: Hopt, Vertrags- und Formularhandbuch, II. J.5. S. 404, 408 (Aufspaltung); II.J.6. S. 410 (Abspaltung), II.J.7. S. 415 (Abspaltung); vgl. zur Aufnahme einer salvatorischen Klausel in den Spaltungsvertrag: unten IV. 4.

243 So auch: Kiem, Verträge zur Umwandlung, Rn. 97, Ziff. e) und f) S. 85, der aber nur eine Verpflichtung zum Abschluss eines Untermietvertrages empfiehlt. Besser ist es wohl, insbesondere aufgrund der Zweifel über die Wirksamkeit einer Verdoppelung von Vertragsverhältnissen, einen Untermietvertrag unter aufschiebender Bedingung der Unwirksamkeit der Verdoppelung des Vertragsverhältnisses abzuschließen.

244 Kallmeyer, in: Kallmeyer, § 126 UmwG Rn. 57; Schwedhelm/Streck/Mack, GmbHR 1995, S. 5 (10).

245 So: Claussen, Gesamtnachfolge, S. 205 f.; Dehmer, § 131 UmwG Rn. 71; Rieble, ZIP 1997, S. 301 (310); Voigt, Umwandlung, S. 115 f.

246 Ausführlich dazu: Oetker, VersR 1992, S. 7 (11); Gutzler, Übertragungshindernisse, S. 242; im Ergebnis ebenso: Petersen, Gläubigerschutz, S. 340, 352.

bleibt unter den Voraussetzungen des § 314 Abs. 1 BGB n.F. ein außerordentliches Kündigungsrecht.[247]

(2) Übertragung von Arbeitsverhältnissen

Bei der Übertragung von Arbeitsverhältnissen im Rahmen einer Abspaltung ist § 613a BGB zu beachten, der nach § 324 UmwG auch im Spaltungsrecht anzuwenden ist. Damit gehen zusammen mit der Übertragung eines Betriebs oder Teilbetriebs die zugehörigen Arbeitsverhältnisse über.[248] Deshalb müssen die abzuspaltenden Arbeitsverhältnisse nur einzeln benannt werden, wenn nicht zugleich der entsprechende Betrieb, der nach § 126 Abs. 1 Nr. 9 UmwG exakt bezeichnet werden muss, übergeht. Eine zusätzliche Nennung der übergehenden Arbeitsverhältnisse neben der Bezeichnung der Betriebe hat lediglich deklaratorische Bedeutung und kann § 613a BGB nicht einschränken.[249] Anders verhält es sich bei der Übertragung von Anstellungsverhältnissen leitender Angestellter oder sonstiger Arbeitnehmer, die nicht vorwiegend in einem Betrieb oder Betriebsteil tätig sind und deshalb keinem Betrieb zugeordnet werden können.[250] Die Zuordnung solcher Arbeitsverhältnisse hängt aufgrund der Höchstpersönlichkeit der Arbeitsleistung nach §§ 132 S. 1 UmwG, 613 S. 2 BGB und der mit der Spaltung verbundenen Inhaltsänderung des Arbeitsvertrages von der Zustimmung des Arbeitnehmers ab.[251] § 613 S. 2 BGB ist aufgrund der Spezialregelung in § 613a BGB nur im Fall der Betriebsübertragung nicht anwendbar, da die Übertragung eines Betriebs als Vermögenseinheit eine Kontinuität des Arbeitsverhältnisses verspricht, die bei einer Abspaltung eines einzelnen Vertragsverhältnisses im Wege der Gesamtrechtsnachfolge nicht gewährleistet werden kann.[252] Auch bei der Abspaltung von Anstellungsverhältnissen - wie etwa das Anstellungsverhältnis eines Vorstandsmitglieds - ist aufgrund der Höchstpersönlichkeit dieses Dienstverhältnisses eine Zustimmung notwendig.[253]

Bei einem Betriebsübergang nach §§ 324 UmwG, 613a BGB ist zu beachten, dass der Arbeitnehmer der Übertragung des Arbeitsverhältnisses zwar nicht zustimmen muss.

---

247 Oetker, VersR 1992, S. 7 (11); Petersen, Gläubigerschutz, S. 340, 352f.

248 Vgl. dazu: BT-Drucks. 12/6699, zu § 126, S. 118, zu § 132, S. 121; Boecken, ZIP 1994, S. 1087 (1090); Joost, ZIP 1995, S. 976 (980); Kallmeyer, in: Kallmeyer, § 126 UmwG Rn. 34; Mayer, in: Widmann/Mayer, § 126 UmwG Rn. 183; Wlotzke, DB 1995, S. 40 (42).

249 Joost, ZIP 1995, S. 976 (980); Kallmeyer, in: Kallmeyer, § 126 UmwG Rn. 35; Wlotzke, DB 1995, S. 40 (42).

250 Kallmeyer, in: Kallmeyer, § 126 UmwG Rn. 35; Mayer, in: Widmann/Mayer, § 126 UmwG Rn. 40; Wlotzke, DB 1995, S. 40 (43).

251 Boecken, ZIP 1994, S. 1087 (1092 f.); Däubler, RdA 1995, S. 136 (142); Gutzler, Übertragungshindernisse, S. 226 f.; Kallmeyer, in: Kallmeyer, § 126 UmwG Rn. 35; Mayer, in: Widmann/Mayer, § 132 UmwG Rn. 40; Mayer, GmbHR 1996, S. 403 (409); Mengel, Umwandlungen im Arbeitsrecht, S. 220; a.A. Baumann, DStR 1995, S. 888 (888 f.), mit dem Argument, das Arbeitsverhältnis sei nicht als höchstpersönliches Rechtsverhältnis anzusehen; Wlotzke, DB 1995, S. 40 (43); a.A. für den Fall der Aufspaltung: Dehmer, § 131 UmwG Rn. 53; Nagl, DB 1996, S. 1221 (1225).

252 Ausführlich dazu: Gutzler, Übertragungshindernisse, S. 211 f.; Mayer, in: Widmann/Mayer, § 132 UmwG Rn. 40.

253 Heidenhain, NJW 1995, S. 2873 (2879); Gutzler, Übertragungshindernisse, S. 253.

Ihm wird allerdings nach den vom BAG entwickelten Grundsätzen[254] eingeräumt, der Übertragung seines Arbeitsverhältnisses zu widersprechen.[255] Der Arbeitnehmer ist bei einer Spaltung gleichermaßen schutzwürdig wie bei einem Betriebsübergang durch Einzelrechtsnachfolge. Die formelle Unterscheidung zwischen Einzelrechtsnachfolge und Gesamtrechtsnachfolge allein kann bei der Spaltung aufgrund der Verweisung in § 132 S. 1 UmwG auf die Vorschriften der Einzelrechtsübertragung nicht als Begründung dafür herangezogen werden, dass Voraussetzungen, die für die Übertragung im Wege der Einzelrechtsnachfolge gelten, bei der Spaltung nicht zu beachten seien. Das Widerspruchsrecht des Arbeitnehmers ist auch nicht mit der Zustimmungspflicht des Gläubigers bei der Übertragung einer Verbindlichkeit nach § 415 Abs. 1 S. 1 BGB zu vergleichen,[256] da das Widerspruchsrecht des Arbeitnehmers nicht auf Liquiditätserwägungen, sondern auf personenrechtlichen Aspekten beruht.[257]
Gleiches gilt für die Anwendung des § 571 BGB bei der Übertragung vermieteter Gegenstände, da diese Schutzvorschrift die Bindung des Vertrages an die Sache unabhängig von der Übertragungsart zum Ziel hat.[258]

(3) Übertragung von Unternehmensverträgen

Ein weiteres Problemfeld eröffnet sich bei der Abspaltung von Unternehmensverträgen.[259] Dabei ist zunächst darauf hinzuweisen, dass Unternehmensverträge gemäß § 292 AktG, mithin all diejenigen Unternehmensverträge, die weder Beherrschungs- noch Gewinnabführungsvereinbarungen enthalten, keine Besonderheiten bei der Übertragung im Wege der Spaltung mit sich bringen.[260] Beherrschungs- und Gewinnabführungsverträge nach § 291 AktG sind dagegen Statusrechte und können grundsätzlich

254 Zum Widerspruchsrecht allgemein: z.B. bereits BAG, NJW 1975, S. 1378 (1378 f.); BAG NJW 1993, S. 3156 (3157); Putzo, in: Palandt, § 613 a BGB Rn. 15. Seit 01.04.2002 ergibt sich das Widerspruchsrecht direkt aus § 613a Abs. 6 BGB. Vgl. zur Neuregelung des § 613a BGB: oben Teil 3 IV.

255 Vgl. § 613a Abs. 6 BGB n.F. Zum früheren Recht: BAG, DB 2000, S. 1966 (1967), wonach das Widerspruchsrecht auch bei einer privatisierenden Umwandlung gelte; Baumann, DStR 1995, S. 888 (889); Boecken, ZIP 1994, S. 1087 (1091 f.); Däubler, RdA 1995, S. 136 (142) Gutzler, Übertragungshindernisse, S. 227 ff; Joost, in: Lutter, § 324 UmwG Rn. 28; Mengel, Umwandlungen im Arbeitsrecht, S. 164 ff; Nagl, DB 1996, S. 1221 (1225); Vossius, in: Widmann/Mayer, § 131 UmwG Rn. 58 f. anders für den Fall der Aufspaltung: Dehmer, § 131 UmwG Rn. 53; Willemsen, in: Kallmeyer, § 324 Rn. 18, 23 ff.; Wlotzke, DB 1995, S. 40 (43); gegen ein Widerspruchsrecht: Engelmeyer, Spaltung, S. 351 ff.; Hennrichs, ZIP 1995, S. 794 (799); Hennrichs, Formwechsel, S. 130 ff.; Putzo, in: Palandt, § 613a BGB Rn. 15; Voigt, Umwandlung, S. 110 f.

256 So aber: Engelmeyer, Spaltung, S. 353 f.; Hennrichs, ZIP 1995, S. 794 (800).

257 Ausführlich zum Widerspruchsrecht bei der Spaltung vor Inkrafttreten des § 613a Abs. 6 BGB n.F.: Mengel, Umwandlungen im Arbeitsrecht, S. 164 ff.

258 Dehmer, § 131 UmwG, Rn. 71; Gutzler, Übertragungshindernisse, S. 237 f.; Petersen, Gläubigerschutz, S. 350, der darauf hinweist, dass bei der Vermietung beweglicher Gegenstände § 986 Abs. 2 BGB den in § 571 BGB vorgesehenen Schutz übernehme; Voigt, Umwandlung, S. 112 ff.; a.A. Oetker, VersR 1992, S. 7 (10 f.).

259 Vgl. dazu den Diskussionsbericht von Pentz, in: Habersack/Koch/Winter, S. 184 (186 f.).

260 Dehmer, § 131 UmwG Rn. 68; Gutzler, Übertragungshindernisse, S. 122; Heidenhain, NJW 1995, S. 2873 (2877); Mayer, in: Widmann/Mayer, § 126 UmwG Rn. 235.

nicht ohne Berücksichtigung der mit Ihnen verbundenen Drittinteressen übertragen werden.[261]

Der Unternehmensvertrag des übertragenden Rechtsträgers als herrschendes Unternehmen bleibt von der Spaltung unberührt, da das abhängige Unternehmen hinsichtlich seiner Ausgleichsansprüche mit der Stellung eines normalen Gläubigers, der sich auf die Gläubigerschutzvorschriften der §§ 133, 125 S. 1, 22 UmwG berufen kann, vergleichbar ist.[262] Soll der Beherrschungsvertrag übertragen werden, so steht der abhängigen Gesellschaft neben den allgemeinen Gläubigerschutzvorschriften ein außerordentliches Kündigungsrecht nach § 297 AktG zu.[263] Eine Verdoppelung der herrschenden Vertragspartnerstellung ist auf keinen Fall möglich, da diese eine erhebliche Inhaltsänderung des Unternehmensvertrages zur Folge hätte.[264]

Die Übertragung eines Unternehmensvertrages bei der Spaltung eines abhängigen Unternehmens erfordert die Zustimmung der herrschenden Gesellschaft, wenn diese nicht an der Spaltung beteiligt ist. Dies folgt aus dem Grundsatz der negativen Vertragsfreiheit, wonach sich die herrschende Gesellschaft keinen neuen Vertragspartner aufdrängen lassen muss.[265]

jj) Übertragung ausländischen Vermögens und internationaler Verträge

Die Einschränkung der Spaltungsfreiheit nach § 132 S. 1 UmwG gilt auch für ausländische Vermögensgegenstände, da der Begriff der „allgemeinen Vorschriften" eine Begrenzung auf inländische Bestimmungen nicht zulässt. Für im Ausland befindliche bewegliche und unbewegliche Gegenstände gilt für deren Übertragung nach dem Grundsatz der lex rei sitae das ausländische Recht.[266] Im übrigen ist das anzuwendende Recht nach den Regeln des internationalen Privatrechts zu bestimmen und nach

---

261 Heidenhain, NJW 1995, S. 2873 (2877); Mayer, in: Widmann/Mayer, § 126 UmwG Rn. 232; Teichmann, in Lutter: § 132 UmwG, Rn. 52.

262 Gutzler, Übertragungshindernisse, S. 122 f.; Wirth, Spaltungen einer eG, S. 355.

263 Dehmer, § 131 UmwG Rn. 68; Hörtnagl, in: Schmitt/Hörtnagl/Stratz, § 131 UmwG Rn. 72; Mayer, in: Widmann/Mayer, § 126 UmwG Rn. 232; ebenso für eine Übertragbarkeit der herrschenden Stellung im Unternehmensvertrag: Fuhrmann/Simon, AG 2000, S. 49 (58) für die Ausgliederung; Gutzler, Übertragungshindernisse, S. 123; Heidenhain, NJW 1995, S. 2873 (2877); Kallmeyer, in: Kallmeyer, § 126 UmwG Rn. 26; Meister, DStR 1999, 1741 (1742); Wirth, Spaltungen einer eG, S. 355; a.A. Priester, in: Lutter, § 126 UmwG Rn. 49; Teichmann, in: Lutter, § 132 Rn. 53, keine Übertragbarkeit, da abhängige Gesellschaft und Gesellschafter entscheidend betroffen würden.

264 Heidenhain, NJW 1995, S. 2873 (2877); Kallmeyer, in: Kallmeyer, § 126 UmwG Rn. 26; Mayer, in: Widmann/Mayer, § 126 UmwG Rn. 232.

265 Gutzler, Übertragungshindernisse, S. 125 f.; Heidenhain, NJW 1995, S. 2873 (2877); Kallmeyer, in: Kallmeyer, § 126 UmwG Rn. 26; Mayer, in: Widmann/Mayer, § 126 UmwG Rn. 232; Priester, in: Lutter, § 126 UmwG Rn. 49; Teichmann, in: Lutter, § 132 UmwG Rn. 52 anders für die Spaltung zur Neugründung: Dehmer, § 131 UmwG Rn. 67; Gutzler, Übertragungshindernisse, S. 124; Hörtnagl, in: Schmitt/Hörtnagl/Stratz, § 131 UmwG Rn. 74; Kallmeyer, in: Kallmeyer, § 126 UmwG Rn. 26; Teichmann, in: Lutter, § 132 UmwG Rn. 52.

266 Bermel, in: Goutier/Knopf/Tulloch, § 20 UmwG Rn. 10; Dehmer, § 20 UmwG Rn. 25, 26; Kallmeyer, in: Kallmeyer, § 131 UmwG Rn. 3; Mayer, in: Widmann/Mayer, § 132 UmwG Rn. 70; Stratz, in: Schmitt/Hörtnagl/Stratz, § 20 UmwG Rn. 25 f.; Vossius, in: Widmann/Mayer, § 131 UmwG Rn. 29.

Übertragungshindernissen genau zu untersuchen. Die im Ausland geltenden Voraussetzungen für die Übertragung der Vermögensgegenstände sind immer dann zu beachten, wenn ausländisches Recht anzuwenden ist und der jeweilige Staat eine partielle Gesamtrechtsnachfolge im Wege der Spaltung nicht kennt.[267] Aus diesem Grund sind häufig weitere Genehmigungen, Eintragungen oder Zustimmungen notwendig. Es empfiehlt sich daher eine Klausel im Spaltungsvertrag, wonach sich die Vertragsparteien bei Fehlschlagen der Rechtsnachfolge zur Einzelübertragung verpflichten.[268]
Die Übertragung von Auslandsbeteiligungen richtet sich nach deutschem internationalem Privatrecht entsprechend der Sitztheorie nach dem Recht des Staates, in dem die zu übertragende Gesellschaft ihren effektiven Verwaltungssitz hat.[269] Kennt das ausländische Recht eine Gesamtrechtsnachfolge bei der Spaltung nicht, so muss je nach ausländischem Recht möglicherweise die Zustimmung der Gesellschafter eingeholt werden.[270]
Verträge, die nach angelsächsischem Recht zu beurteilen sind, sind meist so genau formuliert, dass eine stillschweigende Zustimmung des Vertragspartners zur Übertragung des Vertrages im Wege der Spaltung nicht in Frage kommt. Daher sollte in jedem Fall ein Einverständnis des Vertragspartners herbeigeführt werden.[271]

kk) Immaterialgüterrechte

Für die Aufteilung von Patenten, Gebrauchs-, Geschmacksmustern sowie Marken (§§ 15 PatG, 22 GebrMG, 3 GeschmMG, 27 MarkenG) auf die an der Spaltung beteiligten Rechtsträger bestehen keine Hindernisse. Bereits abgeschlossene Lizenzverträge werden von der Spaltung nicht beeinträchtigt. Insoweit schränken die Vorschriften der §§ 15 Abs. 3 PatG, 3 GeschmacksmusterG, 22 GebrauchsmusterG, 8 WZG und 28 Abs. 1 VerlG als allgemeine Vorschriften im Sinn von § 132 S. 1 UmwG die Übertragungsfreiheit ein.
Urheberrechte sind nach § 7 UrhG höchstpersönliche Rechte und können daher gemäß § 29 S. 2 UrhG nicht übertragen werden. Dagegen kann das einem Dritten eingeräumte

267 Kallmeyer, in: Kallmeyer, § 131 UmwG Rn. 3; Mayer, in: Widmann/Mayer, § 126 UmwG Rn. 267, 353, § 132 UmwG Rn. 70; Vossius, in: Widmann/Mayer, § 131 UmwG Rn. 29; Zum inhaltsgleichen Problem bei der Verschmelzung: Bermel, in: Goutier/Knopf/Tulloch, § 20 UmwG Rn. 10; Dehmer, § 20 UmwG Rn. 25, 26; Stratz, in: Schmitt/Hörtnagl/Stratz, § 20 UmwG Rn. 25 f.

268 Mayer, in: Widmann/Mayer, § 132 UmwG Rn. 70; Kallmeyer, in: Kallmeyer, § 131 UmwG Rn. 3, der die Vornahme der Einzelrechtsübertragung vor der Anmeldung der Spaltung anrät.

269 Kegel, Internationales Privatrecht, § 17 II 1, S. 502; dabei ist jedoch die neuere Rechtsprechung des EuGH und insbesondere das Centros-Urteil (EuGH vom 09.03.1999 Rs. C-212/97 Centros Ltd.) und das Überseering-Urteil (EuGH vom 05.11.2002 – Rs. C-208/00) zu beachten. Bis zu einer klärenden Entscheidung des EuGH wird die Sitztheorie in Deutschland noch anzuwenden sein. Für die Tochtergesellschaften ist ihr eigener Verwaltungssitz maßgeblich: ders., Internationales Privatrecht, § 17 II 1, S. 504.

270 Fuhrmann/Simon, AG 2000, S. 49 (57).

271 Kallmeyer, in: Kallmeyer, § 132 UmwG Rn. 6.

Nutzungsrecht nach § 34 UrhG mit Zustimmung des Urhebers im Spaltungsvertrag einem anderen Rechtsträger zugeteilt werden.[272]
Dem Spaltungsvertrag sollten die Registerbezeichnungen in besonderen Verzeichnissen beigefügt werden.[273] Die Registerbezeichnungen ändern sich durch die Spaltung allerdings nicht.[274]

ll) Übertragung von Unterlassungspflichten und unvertretbaren Handlungspflichten

Unterlassungspflichten sind höchstpersönliche Verpflichtungen, da sie mit der verpflichteten Person im Regelfall untrennbar verbunden sind. Sie können daher nur unter Berücksichtigung der betroffenen Drittinteressen im Wege der Spaltung übertragen werden.
Eine Übertragung von unvertretbaren Handlungspflichten und Unterlassungspflichten ohne Zustimmung des Gläubigers ist aufgrund des höchstpersönlichen Charakters dieser Pflichten nur dann möglich, wenn auch die Fähigkeit, die Handlung vorzunehmen oder zu unterlassen mit übergeht.[275] Andernfalls wäre die Spaltung das ideale Instrument, sich einer Unterlassungspflicht - etwa in Form eines Wettbewerbsverbotes - zu entledigen. Entsprechend muss eine Handlungs- oder Unterlassungspflicht übertragen werden, wenn die jeweilige Grundlage der Verpflichtung abgespalten wird.[276] Daher muss mit einem Betrieb ein diesbezügliches Wettbewerbsverbot übertragen werden.[277]
Auf Seiten des Anspruchsinhabers ist ebenfalls eine Trennung des Unterlassungs- oder Beseitigungsanspruchs von der Sache, die diesen Anspruch begründet, aufgrund der unlösbaren Verbindung des Anspruchs mit dem absoluten Recht nicht möglich.[278]

mm) Abspaltung öffentlich-rechtlicher Genehmigungen

Im Spaltungsvertrag können öffentlich-rechtliche Genehmigungen nur übergeleitet werden, wenn sie nicht personenbezogen sind. Personenbezogene Genehmigungen

---

272 Dehmer, § 131 UmwG Rn. 37, § 132 UmwG Rn. 23; Hörtnagl, in: Schmitt/Hörtnagl/Stratz, § 131 UmwG Rn. 38, § 132 UmwG Rn. 27; Mayer, in: Widmann/Mayer, § 126 UmwG Rn. 224, § 132 Rn. 45 f.; für eine Übertragbarkeit des Urheberrechts bei Betriebs- oder Teilbetriebsabspaltung: Gutzler, Übertragungshindernisse, S. 275 f., der aber bereits die Unübertragbarkeit des Urheberrechts bezweifelt, da bei einer bloßen Umstrukturierung keine urheberrechtlichen Drittinteressen berührt seien.

273 Kallmeyer, in: Kallmeyer, § 126 UmwG Rn. 20.

274 Dehmer, § 131 UmwG Rn. 38; Hörtnagl, in: Schmitt/Hörtnagl/Stratz, § 131 UmwG Rn. 39.

275 Ihrig, in: Habersack/Koch/Winter, S. 80 (94); Rieble, ZIP 1997, S. 301 (313); Teichmann, in: Lutter, § 132 UmwG Rn. 37; a.A. Dehmer, § 131 UmwG Rn. 69, § 132 Rn. 33, § 133 Rn. 4, der von einer Verdoppelung der Unterlassungspflicht ausgeht; Hörtnagl, in: Schmitt/Hörtnagl/Stratz, § 131 UmwG Rn. 76; § 132 Rn. 38; § 133 Rn. 4.

276 Dehmer, § 131 UmwG Rn. 69, § 132 Rn. 33, § 133 Rn. 4; Hörtnagl, in: Schmitt/Hörtnagl/Stratz, § 131 UmwG Rn. 76; § 132 Rn. 38; § 133 Rn. 4; Ihrig, in: Habersack/Koch/Winter, S. 80 (94); Rieble, ZIP 1997, S. 301 (313); Teichmann, in: Lutter, § 132 UmwG Rn. 37; vgl. zur Haftungsproblematik bei höchstpersönlichen Verpflichtungen: oben 1a).

277 Fuhrmann,/Simon, AG 2000, S. 49 (58); Kallmeyer, in: Kallmeyer, § 126 UmwG Rn. 20.

278 Rieble, ZIP 1997, S. 301 (313).

muss der übernehmende Rechtsträger neu beantragen, da die teilweise bestehenden Fortführungsregelungen für Erben und Ehegatten[279] aufgrund ihres Ausnahmecharakters und dem fehlenden Härtefall bei der Umwandlung eines Unternehmens nicht analogiefähig sind.[280] Dingliche Genehmigungen, Baugenehmigungen oder Genehmigungen nach dem BImSchG gehen dagegen nach einhelliger Meinung wegen des ausschließlichen Sachbezugs mit dem Gegenstand auf den übernehmenden Rechtsträger über.[281]
In der Praxis empfiehlt es sich, frühzeitig mit den Verwaltungsbehörden in Kontakt zu treten und für den übernehmenden Rechtsträger eine entsprechende Genehmigung zu beantragen. Wurden anlässlich der Spaltung keine erheblichen Veränderungen in der Personalstruktur vorgenommen, so wird eine Genehmigungserteilung auch zeitnah erfolgen können.

nn) Auswirkungen der Spaltung auf Prozessrechtsverhältnisse

Die Auswirkungen der Spaltung auf schwebende Prozessrechtsverhältnisse können in zwei Problemkreise unterteilt werden. Zunächst ist festzustellen, dass eine Unterbrechung des Prozessrechtsverhältnisses aufgrund einer Abspaltung oder Ausgliederung analog §§ 239, 246 ZPO abzulehnen ist, da eine vergleichbare Rechtslage zu den in §§ 239, 246 ZPO geregelten Fällen mangels Auflösung des übertragenden Rechtsträgers nicht vorliegt. Außerdem besteht hinsichtlich der Rechtsnachfolge keine Unsicherheit, die eine analoge Anwendung der §§ 239, 246 ZPO rechtfertigen würde.[282]
Umstritten ist die Anwendung der Schutzvorschriften für den Prozessgegner nach §§ 265, 266 ZPO und damit das Entstehen einer gesetzlichen Prozessstandschaft durch die Übertragung einer streitbefangenen Sache nach Maßgabe des Spaltungsvertrages, da es sich bei der Spaltung nicht um eine Einzelrechtsnachfolge, sondern um eine partielle Gesamtrechtsnachfolge handelt. Im Gegensatz zur Verschmelzung wäre allerdings eine Prozessstandschaft im Fall der Abspaltung und Ausgliederung aufgrund des Fortbestehens des übertragenden Rechtsträgers möglich. Dieser Konflikt ist in der Weise zu lösen, dass bei einer Übertragung der streitbefangenen Sache im Zusammenhang mit einem Betrieb oder Teilbetrieb die Einzelrechtsübertragungsvorschriften nicht anzuwenden sind, da wie bei der Verschmelzung das Fortbestehen der Sachge-

---

279 Vgl. §§ 10 GastG, 30, 33c, 34a, 34c, 46 GewO, 4 HwO, 19 PbefG, 34 Abs. 2 KWG, 19 GüKG, § 5 VAG.

280 Ausführlich dazu: Gaiser, DB 2000, S. 361 (364) m.w.N.; so auch: Dehmer, § 131 UmwG Rn. 74; Fuhrmann/Simon, AG 2000, S. 49 (58); Hörtnagl, in: Schmitt/Hörtnagl/Stratz, § 131 UmwG Rn. 81; Kallmeyer, in: Kallmeyer, § 126 UmwG Rn. 20; Teichmann, in: Lutter: § 132 UmwG Rn. 55; für einen Übergang personenbezogener Genehmigungen, wenn die jeweiligen Voraussetzungen erfüllt werden: Grunewald, in: Lutter, § 20 UmwG Rn. 7; Gutzler, Übertragungshindernisse, S. 130 ff., 281 f.; a.A. Bermel, in: Goutier/Knopf/Tulloch, § 20 UmwG Rn. 36; Hennrichs, Formwechsel, S. 83 f., der auf die Widerrufsmöglichkeit verweist; Mertens, Umwandlung, S. 172 f., der sich auf die Fortführungsvorschriften im Todesfall beruft.

281 Anstatt aller: Gaiser, DB 2000, S. 361 (364) m.w.N.

282 Gutzler, Übertragungshindernisse, S. 283 f.; Teichmann, in: Lutter, § 132 UmwG Rn. 54; a.A. Dehmer, § 131 UmwG Rn. 76, der auf die Rechtslage bei der Verschmelzung verweist; Hörtnagl, in: Schmitt/Hörtnagl/Stratz, § 131 UmwG Rn. 83; Wirth, Spaltungen einer eG, S. 357.

samtheit die Privilegierung gegenüber den Einzelrechtsübertragungsvorschriften rechtfertigt. Darüber hinaus ist der Prozessgegner hinsichtlich seiner finanziellen Interessen durch die gemeinsame Haftung der beteiligten Rechtsträger nach § 133 UmwG abgesichert. Bei der Übertragung einzelner Gegenstände oder Rechtsverhältnisse droht dagegen eine Umgehung der Schutzvorschriften der §§ 265, 266 ZPO durch Abspaltung der Sache und damit des Prozessrechtsverhältnisses.[283]

d) Anforderungen an die Bestimmtheit der Angaben im Spaltungsvertrag

Zunächst ist darauf hinzuweisen, dass der Bestimmtheitsgrundsatz des Sachenrechts gemäß § 126 Abs. 2 UmwG auch für die Übertragung im Wege der Spaltung maßgeblich ist. Die genaue Bezeichnung der abzuspaltenden Gegenstände im Spaltungsvertrag ist in der Praxis nur schwer durchführbar, da sich der Vermögensbestand des übertragenden Rechtsträgers im Zeitraum zwischen Entwurf des Vertrages und Wirksamwerden der Spaltung ständig ändert und ein Geschäftsstillstand wirtschaftlich nicht möglich ist.

aa) Konkretisierung des abzuspaltenden Vermögens

Das Problem der exakten Bezeichnung der zu übertragenden Gegenstände erkennt auch der Gesetzgeber[284] und verlangt lediglich die Einhaltung der für die Sicherungsübereignung oder Veräußerung von Unternehmen durch Einzelrechtsnachfolge geltenden Anforderungen.[285] Dabei ist eine Bezugnahme auf Inventare und Urkunden, die dem Spaltungsvertrag beizufügen sind, zulässig, § 126 Abs. 2 S. 3 1.Halbsatz UmwG. Grundstücke sind im Spaltungsvertrag gemäß §§ 126 Abs. 2 S. 2 UmwG, § 28 GBO so genau zu bezeichnen wie bei einer Einzelrechtsübertragung.

Die Erstellung von Inventaren kommt wohl nur bei der Spaltung kleinerer Unternehmen in Frage, da der Aufwand bei größeren Unternehmen kaum zu bewältigen ist. Darüber hinaus unterliegt das Inventarverzeichnis als Mittel der Bestimmung des Umfangs des Rechtsübergangs der Beurkundungspflicht.[286] Geht man davon aus, dass nur bei der Abspaltung von Betrieben oder Teilbetrieben eine steuerneutrale Spaltung möglich ist (§ 15 UmwStG), so erfährt die Bilanz als Bestimmungsgrundlage für die zu übertragenden Gegenstände eine besondere praktische Bedeutung. Dass Bilanzen zur Konkretisierung des Vermögensübergangs zulässig sind, geht bereits aus § 126 Abs. 2 S. 3 1.Alt. UmwG hervor. Streitig ist daher nur, inwieweit neben den Bilanzen auf andere Unterlagen zurückzugreifen ist. Selbstverständlich kann die Bilanz nicht zur Bestimmung nicht bilanzierungsfähiger Vermögenswerte wie immaterielle Ver-

---

283 So ausführlich: Gutzler, Übertragungshindernisse, S. 283 ff., insbesondere S. 288; für uneingeschränkte Übertragbarkeit: Dehmer, § 131 UmwG Rn. 76; Hennrichs, Formwechsel, S. 138; Teichmann, in: Lutter, § 132 UmwG Rn. 54; Wirth, Spaltungen einer eG, S. 356 f.; offengelassen: Schmidt, FS Henckel, S. 770 f.

284 BT-Drucks. 12/6699, zu § 126, S. 119.

285 Kallmeyer, in: Kallmeyer, § 126 UmwG Rn. 19; Heidenhain, NJW 1995, S. 2873 (2876); Mayer, in: Widmann/Mayer, § 126 UmwG Rn. 202; Priester, in: Lutter, § 126 UmwG Rn. 39; zur Sicherungsübereignung: BGH, NJW 1992, S. 1161 (1161 f.).

286 Goutier, in: Goutier/Knopf/Tulloch, § 126 UmwG Rn. 17; Mayer, in: Widmann/Mayer, § 126 UmwG Rn. 211; Priester, in: Lutter, § 126 UmwG Rn. 40.

mögensgegenstände, Vertragsverhältnisse, Prozessrechtsverhältnisse oder öffentlich-rechtliche Rechtspositionen beitragen.[287] Gleiches gilt für Gegenstände, die aufgrund von Abschreibungen oder Wertberichtigungen nicht bilanziert werden.[288] Zur Konkretisierung von Einzelgegenständen ist die Bilanz ebenfalls untauglich, wenn von Sammelposten lediglich einzelne Gegenstände übergehen sollen.[289] Der Streit um die Verwendung von Bilanzen bei der Bestimmung der zu übertragenden Vermögensgegenstände konzentriert sich daher auf die Frage, ob die in der Bilanz aufgeführten Mengenangaben ausreichen, um die abzuspaltenden Gegenstände abzugrenzen. Teilweise wird vertreten, die Bilanz könne jedenfalls unter Heranziehung der weiteren Rechnungslegung die Einzelgegenstände ausreichend konkretisieren.[290] Dagegen wird vorgebracht, dass aus dem eindeutigen Wortlaut des § 126 Abs. 2 S. 3 1.Halbsatz UmwG hervorgeht, dass aus den Urkunden eine Individualisierung möglich sein muss. Da aus der Bilanz selbst eine Bestimmung der zu übertragenden Gegenstände nicht möglich ist, müssten dem Spaltungsvertrag neben der Bilanz Unterlagen der Anlagenbuchhaltung beigefügt werden, § 126 Abs. 2 S. 3 2.Halbsatz UmwG.[291] Eine Erleichterung für die Beurkundungspflicht ergibt sich dann aus §§ 13a, 14 BeurkG, indem bei einer Bezugsurkunde von der Vorlesepflicht befreit wird.[292]

In der Praxis wird es empfehlenswert sein, eine Konkretisierung sowohl durch Zuhilfenahme von Bilanzen als auch einer Verweisung auf die Übertragung aller im Zusammenhang mit einem Betrieb oder Teilbetrieb stehenden Gegenstände und Rechte zu bewerkstelligen.[293] Der Vorteil solcher sogenannter „Allklauseln" besteht darin, dass eine Auslegung der Vermögensaufstellung nach den Grundsätzen der Andeutungstheorie[294] regelmäßig zu dem Ergebnis kommen wird, dass der jeweilige Gegens-

287 Mayer, in: Widmann/Mayer, § 126 UmwG Rn. 203; Priester, in: Lutter, § 126 UmwG Rn. 41.

288 Sagasser/Sickinger, in: Sagasser/Bula/Brünger, Umwandlungen, N Rn. 116.

289 Dehmer, § 126 UmwG Rn. 70; Hörtnagl, in: Schmitt/Hörtnagl/Stratz, § 126 UmwG Rn. 82; Mayer, in: Widmann/Mayer, § 126 UmwG Rn. 203; Sagasser/Sickinger, in: Sagasser/Bula/Brünger, Umwandlungen, N Rn. 116.

290 Priester, in: Lutter, § 126 UmwG Rn. 41; Priester, in: Lutter, Kölner Umwandlungsrechtstage, S. 99 (110); zum SpTrUG: Ising/Thiell, DB 1991, S. 2021 (2021).

291 Dehmer, § 126 UmwG Rn. 70; Hörtnagl, in: Schmitt/Hörtnagl/Stratz, § 126 UmwG Rn. 82; Kallmeyer, in: Kallmeyer § 126 UmwG Rn. 20; Mayer, DB 1995, S. 861 (864); Mayer, in: Widmann/Mayer, § 126 UmwG Rn. 203; Sagasser/Sickinger, in: Sagasser/ Bula/Brünger, Umwandlungen, N Rn. 111; Schöne, Spaltung GmbH, S. 20.

292 Darauf hinweisend: Kallmeyer, in: Kallmeyer, § 125 UmwG Rn. 5.

293 BT-Drucks. 12/6699, zu § 126, S. 119, in der die Bezeichnung von Betrieben als Bestimmtheitsfaktor ausdrücklich genannt wird; Dehmer, § 126 UmwG Rn. 71, 73; Kallmeyer, in: Kallmeyer § 126 UmwG Rn. 20, Rn. 40; Mayer, in: Widmann/Mayer, § 126 UmwG Rn. 204; in der Formularliteratur: Arens/Spieker, Umwandlungsrecht, S. 129 f., II 2 a); Heidenhain, in: Münchener Vertragshandbuch I, XI.1, S. 1287; Kiem, Verträge zur Umwandlung, Rn. 97 S. 83; zum Teil werden Allklauseln aber nicht aufgegriffen: Langenfeld, GmbH-Vertragspraktikum, S. 180 Rn. 307, S. 183 Rn. 311; Limmer, Umwandlungsrecht, S. 80; Volhard/Tischbirek, in: Hopt, Vertrags- und Formularhandbuch, II. J.5. S. 404, 408 (Aufspaltung); II.J.6. S. 410 (Abspaltung), II.J.7. S. 415 I (Abspaltung).

294 Zur Andeutungstheorie: BGHZ 47, S. 172 (180); BGHZ 96, S. 245 (250); BGHZ 106, S. 67 (71).

tand im Zweifel mit dem Betrieb übertragen werden soll.[295] Diese Allklauseln können dann mit Ausnahmeregeln verbunden werden, wobei die Ausnahmen exakt benannt werden müssen.[296] Zur Sicherheit sollten alle Gegenstandsgruppen innerhalb des Betriebs nochmals mit Allklauseln und eventuellen Ausnahmen bezeichnet werden.[297] Derartige Auffangklauseln sind ebenfalls von Nutzen für die Bestimmung derjenigen Vermögensgegenstände, die zwischen Vermögensaufstellung und Registereintragung vom übertragenden Rechtsträger erworben werden und auf den übernehmenden Rechtsträger übergehen sollen. Diesbezüglich sollte ausdrücklich angeordnet werden, dass die zu dem jeweiligen Betrieb gehörigen Gegenstände, die nach der Vermögensaufstellung erworben werden, gleichfalls übergehen sollen. Daneben sollte in einer Surrogationsklausel geregelt werden, dass Surrogate für veräußerte Gegenstände, die zum abzuspaltenden Betrieb zu zählen sind, ebenso abgespalten werden.[298] Wichtige Einzelgegenstände, Verträge und öffentlich-rechtliche Rechtspositionen sollten darüber hinaus ausdrücklich in Anlagen aufgeführt werden, auf die im Spaltungsvertrag verwiesen wird.[299] Die möglichst genaue Untersuchung der zu übertragenden Gegenstände ist auf jeden Fall im Hinblick auf § 132 S. 1 UmwG und mögliche Übertragungshindernisse zu empfehlen.[300] *Mayer* und *Priester* weisen darauf hin, dass sich die Genauigkeit der Beschreibungen auch nach dem zu erwartenden Streitpotential richtet. Bei einer Gesellschaftertrennung oder Spaltung auf außenstehende Dritte ist größere Sorgfalt geboten als bei der konzern- oder familieninternen Spaltung.[301]

bb) Die Verteilung nicht zugeordneter Gegenstände

Vermögensgegenstände, die sich im Zeitpunkt der Eintragung der Spaltung im Eigentum des übertragenden Rechtsträgers befinden, im Spaltungsvertrag explizit aber keiner der Parteien zugeordnet wurden, müssen einem der beteiligten Rechtsträger zugewiesen werden. Wer die sogenannten „vergessenen“ Gegenstände erhält, ist zunächst nach § 131 Abs. 3 S. 1 UmwG durch Auslegung des Spaltungsvertrages nach

---

295 Gutzler, Übertragungshindernisse, S. 324; Kallmeyer, in: Kallmeyer § 126 UmwG Rn. 65; Schöne, Spaltung GmbH, S. 41; Teichmann, in: Lutter, § 131 UmwG Rn. 16; Voigt, Umwandlung, S. 48; Vossius, in: Widmann/Mayer, § 55 UmwG Rn. 204 ff.; a.A. zu §§ 50 ff. UmwG: LG Hamburg, NJW-RR 1989, S. 995, das offensichtlich davon ausgeht, dass die Vermögensaufstellung nicht ausgelegt werden könne.

296 Dehmer, § 126 UmwG Rn. 73; Hörtnagl, in: Schmitt/Hörtnagl/Stratz, § 126 UmwG Rn. 85; Kallmeyer, in: Kallmeyer § 126 UmwG Rn. 40.

297 Ein Beispiel hierzu findet sich in: Heidenhain, in: Münchener Vertragshandbuch I, XI.1, S. 1287 f.; Kallmeyer, in: Kallmeyer § 126 UmwG Rn. 40.

298 Gutzler, Übertragungshindernisse, S. 323; Kallmeyer, in: Kallmeyer § 126 UmwG Rn. 40, Vertragsmuster Absatz 4; Mayer, in: Widmann/Mayer, § 126 UmwG Rn. 314; Schöne, Spaltung GmbH, S. 41; näher zur Vereinbarung einer Surrogationsklausel und zum Problem der Änderung des Vermögensbestands: vgl. unten Teil 4 A) II 2 d) cc).

299 Kallmeyer, in: Kallmeyer § 126 UmwG Rn. 20; Priester, in: Lutter, § 126 UmwG Rn. 42; Priester, in: Lutter, Kölner Umwandlungsrechtstage, S. 99 (110).

300 Mayer, in: Widmann/Mayer, § 126 UmwG Rn. 205.

301 Mayer, in: Widmann/Mayer, § 126 UmwG Rn. 206; Priester, in: Lutter, § 126 UmwG Rn. 43.

objektiven Auslegungsgrundsätzen[302] zu ermitteln. Trotz der eindeutigen Bezugnahme auf die Aufspaltung[303], ist § 131 Abs. 3 S. 1 UmwG auch auf Abspaltung und Ausgliederung anzuwenden, da sich die Möglichkeit der Auslegung des Spaltungsvertrages als Rechtsgeschäft bereits aus allgemeinen Grundsätzen nach §§ 133, 157 BGB ergibt.[304] Bei der Auslegung können aufgrund der Publizität des Übertragungsvorgangs nur Umstände herangezogen werden, die für einen außenstehenden Dritten erkennbar waren.[305] Eine Zuordnung fällt daher leicht, wenn Gruppen von Vermögensgegenständen möglichst generell - wie etwa durch Bezeichnung des gesamten Vermögens eines Betriebes - gefasst werden.[306] Ist eine Zuteilung durch Auslegung nicht möglich, so bleibt der Gegenstand bei Abspaltung und Ausgliederung grundsätzlich bei der übertragenden Gesellschaft.[307] Im Gegensatz zur Aufspaltung[308] gilt für vergessene Verbindlichkeiten und Vertragsverhältnisse bei Abspaltung und Ausgliederung ebenfalls das Prinzip des Vorrangs der Auslegung vor der Zuweisung an den übertragenden Rechtsträger.

Für die Vertragsgestaltung ergibt sich erneut, dass die Umschreibung des übergehenden Vermögens mithilfe von „Allklauseln“ in vielen Fällen - jedenfalls nach einer Auslegung - eine eindeutige Zuordnung zu einem der beteiligten Rechtsträger zulässt.[309] Dabei sollte eine allgemeine Auffangklausel formuliert werden, die alle Gegenstände und Verbindlichkeiten, die im Zusammenhang mit einem bestimmten zu übertragenden Betrieb stehen, einschließlich zugehöriger Ansprüche aus Haftpflicht-

302 Vgl. dazu: BGHZ 47, S. 172 (180); BGHZ 96, S. 245 (250); BGHZ 106, S. 67 (71).

303 Zur Problematik der vergessenen Gegenstände bei der Aufspaltung: Dehmer, § 131 UmwG Rn. 94 ff.; Gutzler, Übertragungshindernisse, S. 313; Hörtnagl, in: Schmitt/Hörtnagl/Stratz, § 131 UmwG Rn. 101 ff.; Kallmeyer, in: Kallmeyer, § 131 Rn. 18; Teichmann, in: Lutter, § 131 UmwG Rn. 18 ff.; Wirth, Spaltungen einer eG, S. 360.

304 Dehmer, § 131 UmwG Rn. 103; Gutzler, Übertragungshindernisse, S. 312; Heidenhain, NJW 1995, S. 2873 (2878); Hörtnagl, in: Schmitt/Hörtnagl/Stratz, § 131 UmwG Rn. 110; Kallmeyer, in: Kallmeyer, § 126 UmwG Rn. 65; Teichmann, in: Lutter, § 131 UmwG Rn. 14, 16; Vossius, in: Widmann/Mayer, § 131 UmwG Rn. 203; Wirth, Spaltungen einer eG, S. 361; anders wohl die Regierungsbegründung (BT-Drucks. 12/6699 zu § 131, S. 121), die im Zweifel dem Gegenstand beim übertragenden Rechtsträger belassen will; ebenso: Naraschewski, DB 1995, S. 1265 (1265).

305 Priester, in: Lutter, § 126 UmwG Rn. 12; Teichmann, ZGR 1993, S. 396 (410); Teichmann, in: Lutter, § 131 UmwG Rn. 16; allgemein zur Andeutungstheorie bei der objektiven Auslegung: BGHZ 47, S. 172 (180); BGHZ 96, S. 245 (250); BGHZ 106, S. 67 (71).

306 BT-Drucks. 12/6699 zu § 126 S. 119; Dehmer, § 131 UmwG Rn. 95; Hörtnagl, in: Schmitt/Hörtnagl/Stratz, § 131 UmwG Rn. 102; Kallmeyer, in: Kallmeyer, § 126 UmwG Rn. 66; Teichmann, in: Lutter, § 131 UmwG Rn. 16; Vossius, in: Widmann/Mayer, § 131 UmwG Rn. 204; a.A Schöne, Spaltung GmbH, S. 41, der für eine Zuordnung zu einem Betrieb jedenfalls eine Surrogationsklausel verlangt.

307 So bereits die Regierungsbegründung: BT-Drucks. 12/6699, zu § 131, S. 121.

308 Zum Problem der vergessenen Verbindlichkeiten und Vertragsverhältnisse bei der Aufspaltung: Dehmer, § 131 UmwG Rn. 104 ff.; Gutzler, Übertragungshindernisse, S. 315 ff.; Hörtnagl, in: Schmitt/Hörtnagl/Stratz, § 131 UmwG Rn. 111 ff.; Teichmann, in: Lutter, § 131 UmwG Rn. 23 ff.; Wirth, Spaltungen einer eG, S. 360.

309 Zu den Vorteilen der Aufnahme von Allklauseln im Spaltungsvertrag vgl. oben Teil 4 A) II 2 d) aa).

versicherungen übergehen lässt.[310] Diese Auffangklausel kann dann mit einer Ausgleichsregelung im Innenverhältnis verbunden werden.[311] Dennoch sollte zur Sicherheit darauf geachtet werden, zweifelhafte Rechtspositionen nochmals zu benennen.

cc) Veränderungen im Vermögensbestand

Im Zeitpunkt der Aufstellung des Vermögensverzeichnisses und des Entwurfes des Spaltungsvertrages ist im Regelfall nicht absehbar, welche Gegenstände zur Zeit des Wirksamwerdens der Spaltung tatsächlich noch im Vermögen des übertragenden Rechtsträgers vorhanden sind. Gleiches gilt im Hinblick auf neu erworbene Gegenstände, die auf den übernehmenden Rechtsträger übergehen sollen. Zweifellos kann der übertragende Rechtsträger nur solche Gegenstände übertragen, die im Zeitpunkt des Wirksamwerdens der Spaltung noch in seinem Eigentum stehen.[312] Ein gutgläubiger Erwerb des übernehmenden Rechtsträgers scheidet unabhängig davon, ob man die partielle Gesamtrechtsnachfolge als rechtsgeschäftliche oder als gesetzliche Gesamtrechtsnachfolge einordnet, nach allgemeiner Meinung aus.[313]

Da eine dingliche Surrogationsnorm für Gegenstände, die anstatt des im Spaltungsvertrag bezeichneten Gegenstandes angeschafft wurden, im UmwG nicht enthalten ist und eine bestehende Surrogationsnorm[314] aufgrund deren Ausnahmecharakter nicht entsprechend angewandt werden kann,[315] verbleibt den Spaltungsparteien nur der Weg über die Gestaltung der Vermögensübersicht und damit des Spaltungsvertrages. Wie bereits unter Teil 4 A) II 2 d) aa) angesprochen stellen Allklauseln und Bezugnahmen auf Betriebseinheiten[316] einen Weg der Konkretisierung des übergehenden Vermögens

---

310 Kallmeyer, in: Kallmeyer, § 126 Rn. 27; Mayer, DB 1995, S. 861 (865).

311 Zur Aufspaltung: Heidenhain, in: Münchener Vertragshandbuch I, XI.1, § 5 II, S. 1289, XI.18, 5 (1); Teichmann, in: Lutter, § 131 UmwG Rn. 22.

312 Dehmer, § 131 UmwG Rn. 82; Gutzler, Übertragungshindernisse, S. 318; Hörtnagl, in: Schmitt/ Hörtnagl/Stratz, § 131 UmwG Rn. 89.

313 Ausführlich dazu: Gutzler, Übertragungshindernisse, S. 150 ff. m.w.N.; für den Fall der Annahme einer gesetzlichen Gesamtrechtsnachfolge bei der Spaltung ist dies natürlich unproblematisch, da ein gutgläubiger Erwerb insoweit nicht existiert; Begründungsansätze für die Ablehnung des gutgläubigen Erwerbs bei gleichzeitiger Annahme einer rechtsgeschäftlichen Gesamtrechtsnachfolge bei der Spaltung: Teichmann, in: Lutter, § 132 UmwG Rn. 32 beruft sich auf das Fehlen eines Besitzübergangs als konstitutives Element des gutgläubigen Erwerbs; andere sprechen der Übertragung im Wege der Spaltung den Charakter eines Verkehrsgeschäfts ab: Vossius, in: Widmann/ Mayer, § 131 UmwG Rn. 25; Schmidt, AcP 191 (1991), S. 495 (523 ff.), mit der Einschränkung, dass ein Verkehrsgeschäft lediglich bei internen Unternehmensumstrukturierungen zu verneinen ist.

314 Etwa: §§ 718 Abs. 2, 1418 Abs. 3 Nr.3, 1638 Abs. 2, 2041, 2111 BGB.

315 A.A. wohl Bruski, AG 1997, S. 17 (22), der meint, dass die in der Vermögensübersicht aufgeführten Gegenstände ein Sondervermögen bilden, auf das die bestehenden Surrogationsvorschriften analog angewendet werden könnten; Claussen, Gesamtnachfolge, S. 194 f. zieht § 281 Abs. 1 BGB a.F. als Surrogationsvorschrift heran und will ausnahmsweise eine dingliche Wirkung des § 281 Abs. 1 BGB a.F. annehmen.

316 Diese Erleichterung wird in der Regierungsbegründung ausdrücklich zugebilligt: BT-Drucks. 12/6699, zu § 126, S. 119.

dar.[317] Kann ein vom übertragenden Rechtsträger erworbener Gegenstand eindeutig einem in der Vermögensübersicht bezeichneten Betrieb zugeordnet werden, so ergibt sich bereits daraus, dass der Gegenstand im Wege der Spaltung auf den übernehmenden Rechtsträger übergehen soll. Daneben kann eine Surrogationsklausel im Vertrag klarstellen, welche Gruppen von Gegenständen bei einem zukünftigen Erwerb auf den übernehmenden Rechtsträger übergehen sollen. Eine solche Klausel kann selbst natürlich nicht zu einer dinglichen Surrogation führen.[318] Sie kann aber eine Zuteilung von Gegenständen, die im Zeitpunkt der Aufstellung des Spaltungsvertrages noch nicht vorhanden waren, auf die übernehmenden Rechtsträger vorwegnehmen und dann eine dingliche Wirkung über die Eintragung der Spaltung entfalten.[319] Die Surrogationsklausel muss so formuliert werden, dass zweifelsfrei festgestellt werden kann, für welche Gegenstände sie gelten soll. Dabei wird es wohl ausreichend sein, allgemein zu formulieren, dass auch diejenigen Gegenstände abgespalten werden sollen, die Gegenstände ersetzen, die nach Maßgabe des Spaltungsvertrages auf den übernehmenden Rechtsträger übergehen sollen.[320]

Für bis dahin ungeklärte Zweifelsfälle kann eine Auslegung der Vermögensübersicht Klarheit verschaffen.[321] Dabei empfiehlt sich auf jeden Fall die Aufstellung eines Verzeichnisses über Neuanschaffungen und Veräußerungen zur Erleichterung der Zuordnung.[322] Eine solche Fortschreibung des Vermögensbestandes bedarf wegen der umfassenden Beurkundungspflicht nach §§ 125 S. 1, 6 UmwG trotz des Charakters als bloße Auslegungshilfe der notariellen Beurkundung, da grundsätzlich auch Angaben, die den Vertragsinhalt konkretisieren oder umschreiben zu beurkunden sind.[323] Für das

---

317 Dehmer, § 131 UmwG Rn. 83; Gutzler, Übertragungshindernisse, S. 320 ff.; Hörtnagl, in: Schmitt/Hörtnagl/Stratz, § 131 UmwG Rn. 90; Kallmeyer, in: Kallmeyer, § 126 UmwG Rn. 20; ähnlich: Claussen, Gesamtrechtsnachfolge, S. 193 f.

318 Diesen Einwand bringt Bruski gegen eine Surrogationsklausel vor: Bruski, AG 1997, S. 17 (21).

319 Empfehlung für eine Surrogationsklausel im Vertrag: Arens/Spieker, Umwandlungsrecht, S. 129 II 2 d); Mayer, DB 1995, S. 861 (865); Mayer, in: Widmann/Mayer, § 126 UmwG Rn. 314 mit Formulierungsbeispiel; weiteres Formulierungsbeispiel: Kallmeyer, in: Kallmeyer, § 126 UmwG Rn. 40, IV S. 2; a.A. Bruski, AG 1997, S. 17 (21); Gutzler, Übertragungshindernisse, S. 322, die eine Surrogationsklausel für nicht bestimmt genug erachten. Dem ist aber entgegenzuhalten, dass, wenn die Bezeichnung des zu übertragenden Vermögens bestimmt genug ist, auch die Bezeichnung der Gegenstände, die eine zu übertragende Sache ersetzen, dem Bestimmtheitserfordernis genügt.

320 A.A. Bruski, AG 1997, S. 17 (21); Gutzler, Übertragungshindernisse, S. 322.

321 Teichmann, ZGR 1993, S. 396 (411); ebenso: Arens/Spieker, Umwandlungsrecht, S. 129 II 2 d); Dehmer, § 131 UmwG Rn. 83; Gutzler, Übertragungshindernisse, S. 323; Hennrichs, Formwechsel, S. 160 f.; Mayer, DB 1995, S. 861 (865); a.A. Claussen, Gesamtnachfolge, S. 194.

322 Dehmer, § 131 UmwG Rn. 83; Gutzler, Übertragungshindernisse, S. 323; Hennrichs, Formwechsel, S. 160 f.

323 Das Formerfordernis ist umfassend und mit den Erfordernissen bei §§ 313 BGB a.F. bzw. § 311b BGB n.F., 15 GmbHG vergleichbar (Zimmermann, in: Kallmeyer, § 6 UmwG Rn. 7). Jedes Dokument mit Regelungscharakter, das nicht nur der Erläuterung dient, ist beurkundungspflichtig. Das gilt auch für Auslegungsregelungen in gesonderten Urkunden, soweit sie

Verhältnis zwischen den Parteien kann es dennoch nützlich sein, das Vermögensverzeichnis fortzuschreiben, damit unabhängig von der rechtlichen Verbindlichkeit der Fortschreibung zwischen den Spaltungsparteien Klarheit über die beabsichtigte Zuordnung herrscht.[324] Diese sollten aber auf jeden Fall als bloße Orientierungshilfen für unverbindlich erklärt werden, da sonst im Zweifel nach § 139 BGB der gesamte Vertrag nichtig sein könnte. Aufgrund des § 139 BGB sollte der Spaltungsvertrag eine salvatorische Klausel enthalten, nach der die Nichtigkeit einzelner Bestimmungen die Wirksamkeit des übrigen Vertrages unberührt lassen.[325]

dd) Ergebnis

Neben der Frage der Übertragbarkeit von einzelnen Vermögensgegenständen ist bei der Formulierung des Spaltungsvertrages darauf zu achten, dass das sachenrechtliche Bestimmtheitserfordernis eingehalten wird. Es bietet sich an, Allklauseln zu formulieren, nach denen der gesamte Vermögensbestand eines Betriebes übergehen soll. Davon können im Spaltungsvertrag hinreichend bestimmte Ausnahmen benannt werden. Kann ein Vermögensgegenstand nach objektiver Auslegung des Spaltungsvertrages keinem der beteiligten Rechtsträger zugeordnet werden, so verbleibt er beim übertragenden Rechtsträger. Zur Vermeidung von Rechtsunsicherheiten bei Veränderungen des Vermögensbestandes bietet es sich an, Surrogationsklauseln zu formulieren, nach denen auch diejenigen Gegenstände übertragen werden, die im Spaltungsvertrag bezeichnete Gegenstände ersetzen. Schließlich kann die Fortschreibung des Vermögensverzeichnisses Klarheit über die abgespaltenen Gegenstände verschaffen, wenn diese lediglich als unverbindliche Orientierungshilfen bezeichnet werden.

3. Die Aufteilung des Vermögens in der Praxis anhand des Beispiels der Spaltung der Hoechst AG

Die soeben dargestellten Aufteilungsprobleme stellen sich bei einer Umstrukturierung eines bereits bestehenden Holdingkonzerns nicht in dem Maß wie bei der Spaltung eines Betriebes in mehrere Teilbetriebe, da der Konzern durch Übertragung von Beteiligungen ganze Unternehmen abspalten kann. Mit diesen - aus steuerlichen Gründen - zumeist 100%igen Beteiligungen gehen dann auch Verträge und sonstige zu der Tochtergesellschaft gehörende Gegenstände mittelbar auf die neue Muttergesellschaft über, ohne dass eine weitere Übertragung im Wege der Einzel- oder Gesamtrechtsnachfolge notwendig wäre. Etwas anderes gilt dagegen bei der Umstrukturierung eines Stammhauskonzerns in eine Holdinggesellschaft, da insoweit die Konzernführung selbst operativ tätig ist. Die der Konzernführung zustehenden Sachmittel müssen zunächst durch Einzel- oder Gesamtrechtsnachfolge auf Tochterunternehmen ausgegliedert werden, um eigenständige Tochterunternehmen zu schaffen. Eine Abspaltung aus einem Stammhauskonzern ohne vorhergehende Ausgliederung der operativen Geschäfte ist in

---

nicht nur Orientierungshilfen darstellen: BGH 74, S. 346 (351); a.A. Hennrichs, Formwechsel, S. 160, mit dem Argument, die Fortschreibung würde nur zur richtigen Auslegung beitragen.

324 Im Ergebnis auch: Hennrichs, Formwechsel, S. 160.

325 Vgl. zur salvatorischen Klausel: Teil 4 A) IV 4.

der Praxis aufgrund des Umfangs der zu übertragenden Vermögensgegenstände kaum zu bewältigen.
Bei der hier zu betrachtenden Spaltung der Hoechst AG handelte es sich um die Spaltung einer Holdinggesellschaft, bei der Beteiligungen, Verträge und Verbindlichkeiten den Großteil der zu übertragenden Gegenstände ausmachte.
Die folgende Darstellung der Übertragung von Vermögensgegenständen im Fall der Spaltung der Hoechst AG gliedert sich so, dass zunächst die vertraglichen Vereinbarungen hinsichtlich der Aufteilung der Vermögensgegenstände geschildert werden. Danach folgt eine Beurteilung anhand der oben aufgezeigten Probleme bei der Übertragung der einzelnen Objekte. Schließlich soll in geeigneten Fällen auf Schwierigkeiten oder Problemlösungen eingegangen werden, die in der Zwischenzeit aufgetreten sind.

a) Die Verteilung von Anteilen an verbundenen Unternehmen

Die Aufteilung der Beteiligungen an verbundenen Unternehmen ist in §§ 4.1, 4.2 sowie § 5 des Spaltungsvertrages geregelt. Unter § 4.1 werden alle Anteile an verbundenen inländischen und ausländischen Unternehmen, die in Anlage 1 aufgeführt sind, auf die Celanese AG übertragen. Darunter befinden sich Anteile an Aktiengesellschaften, GmbH-Anteile, eine Komplementärstellung in einer Kommanditgesellschaft und Kommanditstellungen. Die Anteile an den Kapitalgesellschaften sind nicht vinkuliert. Die Anlage 1 enthält Angaben über Firmenbezeichnung, Sitz, Handelsregisternummer, Grund- bzw. Stammkapital und DM-Betrag der abzuspaltenden Anteile.
Wie bereits unter Teil 3 A) I.5 a) dargestellt, war aus steuerlichen Gründen eine vorherige Ausgliederung einiger Beteiligungen auf die 100%ige Tochtergesellschaft Diogenes Dreizehnte Vermögensverwaltung GmbH notwendig.[326]
Für die Übertragung auf diese Zwischenholding wird daher in § 4.1 des Spaltungsvertrages angeordnet, dass bis 31.07.1999 die in Anlage 2 aufgeführten Beteiligungen zunächst in die Diogenes Dreizehnte Vermögensverwaltung GmbH eingebracht werden müssen. Auch die Anteile, die die Hoechst AG an der Diogenes Erste Vermögensverwaltungs AG[327], der späteren Celanese AG, hielt, wird in Anlage 1 als zu übertragende Unternehmensbeteiligung aufgeführt.

Die Bezeichnung der abzuspaltenden Anteile im Spaltungsvertrag durch Angabe der Firma, des Sitzes, der Handelsregisternummer sowie Art und Höhe der Beteiligungen ist bestimmt genug. Mit Eintragung der Spaltung im Handelsregister der Hoechst AG gingen alle Anteile auf die Celanese AG über. Zusätzlicher Übertragungsakte bedurfte es nicht.
Die übertragenen Anteile sind nicht vinkuliert, so dass eine Zustimmung der jeweils übrigen Gesellschafter entbehrlich war.

---

326 Spaltungsbericht der Hoechst AG und der Celanese AG, I.6.1.1., S. 15.

327 Obwohl die Diogenes Erste Vermögensverwaltungs AG Spaltungspartei war, soll aufgrund der Änderung der Firmenbezeichnung kurz nach der Spaltung in den folgenden Ausführungen von der Celanese AG als Spaltungspartei gesprochen werden.

Die Abspaltung der Anteile an den in Anlage 1 1b) genannten Kommanditgesellschaften war ebenfalls ohne Zustimmung der einzelnen Mitglieder der Kommanditgesellschaften möglich. Zum Teil wird dies - wie oben aufgezeigt[328] - damit begründet, dass die Anteilsinhaber juristische Personen sind und deshalb kein besonderes Vertrauensverhältnis zwischen den Gesellschaftern besteht. Andere vertreten die Ansicht, dass die Übertragung im Zusammenhang mit Betrieben oder Teilbetrieben ohne Zustimmung der restlichen Gesellschafter möglich ist. Die übertragenen Anteile an den Kommanditgesellschaften stehen in engem Zusammenhang zu den übrigen abgespaltenen 100%igen Beteiligungen, da die Kommanditgesellschaften als Besitzgesellschaften den abgespaltenen Unternehmen dienen.[329] Die Beteiligungen an den Kommanditgesellschaften wurden somit nicht einzeln, sondern im Zusammenhang mit steuerlichen Betrieben oder Teilbetrieben abgespalten. Dennoch hat die Hoechst AG versucht, die Zustimmung der übrigen Kommanditisten zur Übertragung im Wege der Abspaltung zu erhalten. Dabei gab es bis auf einen Fall keine Schwierigkeiten. Die Zustimmung dieses Kommanditisten war aber bereits aus gesellschaftsrechtlichen Gründen für die Anteilsübertragung nicht notwendig, da nach der Satzung der betroffenen Kommanditgesellschaft ein Mehrheitsbeschluss für die Anteilsübertragung ausreicht. Dieser Mehrheitsbeschluss wurde vor der Abspaltung gefasst.[330]

Für Anteile an ausländischen Unternehmen können bei einer Einzelrechtsübertragung je nach anzuwendendem nationalen Recht besondere Übertragungshandlungen notwendig werden, die dann gemäß § 132 S. 1 UmwG auch im Rahmen der Spaltung vorzunehmen sind.[331] Die Spaltungsparteien haben nach Wirksamwerden der Spaltung hinsichtlich der ausländischen Anteile nach den dort geltenden Vorschriften Abtretungsverträge geschlossen, in denen erklärt wurde, dass die jeweiligen Anteile bereits im Wege der Spaltung übergegangen seien. Zur Sicherheit wurde in diesen Abtretungsverträgen eine Übertragung nach dem dort geltenden Recht vorgenommen. Daneben wurde der Inhaberwechsel soweit erforderlich in die im Ausland befindlichen Aktionärsregister eingetragen.[332]

b) Die Übertragung der Anteile an der Celanese AG

In § 4.1 Unterpunkt 10 des Spaltungsvertrages vereinbaren die Vertragsparteien die Übertragung aller im Besitz der Hoechst AG befindlichen Anteile an der Celanese AG auf die Celanese AG. Diese werden dann nach § 8.2 des Spaltungsvertrages als Gegenleistung für das übertragene Vermögen an die Aktionäre der Hoechst AG ausgegeben.

---

328 Vgl. oben Teil 4 A) II 2 c) ee) (1).

329 Auskunft von Dr. Preissler (damals verantwortlicher Justiziar der Hoechst AG) vom 31.10.2001.

330 Auskunft von Dr. Preissler (damals verantwortlicher Justiziar der Hoechst AG) vom 09.01.2002.

331 Vgl. oben Teil 4 A) II 2 c) jj).

332 Auskunft von Dr. Preissler (damals verantwortlicher Justiziar der Hoechst AG) vom 31.10.2001.

Dadurch dass die Hoechst AG alle Anteile an der Celanese AG an ihre Aktionäre verteilt, kann sich der Wert der Beteiligungen der Aktionäre an der Hoechst AG durch die Spaltung nicht verändern. Eine wertmäßige Benachteiligung für die Anteilsinhaber der Hoechst AG kann aufgrund der verhältnismäßigen Aufteilung aller Anteile an der Celanese AG auf die Aktionäre der Hoechst AG als übertragende Gesellschaft nicht eintreten. Dies hat weitreichende Konsequenzen für die Ermittlung des Umtauschverhältnisses[333] und der Qualifizierung der Spaltung als verhältniswahrende Spaltung.[334]

c) Übertragung von Rechten und Pflichten

§ 4.2 S. 1 und S. 2 des Spaltungsvertrages bestimmen, dass mit der Übertragung der Anteile alle damit verbundenen Rechte einschließlich der Gewinnbezugsrechte, Pflichten, Verbindlichkeiten und Haftungen auf die Celanese AG übergehen. Steuerliche Guthaben und Gewinnausschüttungen, die ab dem Spaltungsstichtag beschlossen werden, sollen der Celanese AG zustehen.

Darüber hinaus werden alle Rechte, Pflichten, Verbindlichkeiten und Haftungen, die mit den abzuspaltenden Unternehmen in Zusammenhang stehen, übertragen, § 4.2 S. 3 des Spaltungsvertrages.

Alle Pflichten aus Verträgen, die die Hoechst AG vor dem Spaltungsstichtag abgeschlossen hat und zu deren Erfüllung die Mitwirkung abgespaltener Gesellschaften notwendig ist, werden von der Celanese AG übernommen, § 4.2 S. 4 des Spaltungsvertrages.

Außerdem erhält die Celanese AG alle Rechte und Pflichten, die zur Erfüllung der vorgenannten Pflichten nötig sind. Dabei stellt § 4.2 S. 5 des Spaltungsvertrages klar, dass die Gegenleistung bei einer Übertragung der Anteile an der Derivados Macroquimicos , S. A. de C.V. der Celanese AG zustehen soll.

Ausgenommen von der Abspaltung sind nach § 4.2 S. 6 des Spaltungsvertrages die in Anlage fünf aufgeführten Rechte, Pflichten, Verbindlichkeiten und Haftungen bezüglich der Jahrhunderthalle und Schloss Hoechst, die nach dem Kommanditvertrag eigentlich von dem Inhaber der an die Celanese AG abgespaltenen Anteile zu tragen wären.

Ebenso ausgenommen ist die Abspaltung von Devisentermingeschäften zwischen der Hoechst AG und abzuspaltenden Unternehmen sowie die zu deren Sicherung abgeschlossenen Verträge mit Banken, § 4.6 S. 2 des Spaltungsvertrages. Die noch nicht abgewickelten Devisentermingeschäfte und deren Sicherungsverträge sollen für Rechnung der Celanese AG zum Vollzugsdatum aufgelöst und abgerechnet werden.

Schließlich werden Forderungen und Verbindlichkeiten der Hoechst AG gegenüber abzuspaltenden Unternehmen nicht übertragen, soweit im Spaltungsvertrag nichts anderes vereinbart ist und die Forderungen oder Verbindlichkeiten in der Schlussbilanz der Hoechst AG bereits aktiviert oder passiviert wurden, § 4.6 S. 1 des Spaltungsvertrages.

---

333 Vgl. dazu: unten Teil 4 A) III. 3.

334 Vgl. dazu: unten Teil 4 A) III. 10.

Die Zuweisung aller Rechte und Pflichten, die mit den übertragenen Anteilen verbunden sind, ist lediglich deklaratorischer Natur, da grundsätzlich mit den Beteiligungen auch die damit zusammenhängenden Rechte und Pflichten übertragen werden.
Darüber hinaus sollen alle Rechte, Pflichten, Verbindlichkeiten und Haftungen im Zusammenhang mit den übertragenen Unternehmen und Geschäftsaktivitäten abgespalten werden. Diese Regelung bewirkt insbesondere, dass mit der Übertragung der Beteiligungen auch die mit den Beteiligungen verbundenen Tochtergesellschaften auf die Celanese AG übergehen. Ausnahmen zur Übertragung sämtlicher Rechtspositionen im Zusammenhang mit der Abspaltung der in § 4.1 des Spaltungsvertrages genannten Gegenstände enthalten § 4.2 S. 6 und § 4.6 des Spaltungsvertrages. Die Verwendung von „Allklauseln“ in Verbindung mit speziell angeordneten Ausnahmeregelungen ist ein geeignetes Mittel zur Konkretisierung der übergehenden Vermögensgegenstände. Der Spaltungsvertrag stellt klar, dass sämtliche Rechte, Pflichten, Verbindlichkeiten und Haftungen, die im Zusammenhang mit den übertragenen Unternehmen oder Geschäftsaktivitäten stehen, übergehen sollen.
Diese Formulierung ist bestimmt genug, da eine konkrete Aufführung von Gegenständen dann entbehrlich ist, wenn die Gegenstände einem Betrieb oder Betriebsteil zugeordnet werden können.[335] In dem Spaltungsvertrag können die einzelnen Rechte, Pflichten, Verbindlichkeiten und Haftungen dadurch individualisiert werden, dass sie in Zusammenhang mit einem übertragenen Unternehmen stehen. Welche Unternehmen abgespalten werden sollen, ergibt sich wiederum aus den Anlagen 1 und 2 in Verbindung mit § 4.1 des Spaltungsvertrages.
Daneben werden Pflichten aus vor dem Spaltungsstichtag abgeschlossenen Verträgen der Hoechst AG abgespalten, deren Erfüllung der Mitwirkung der abzuspaltenden Gesellschaften bedürfen, § 4.2 S. 4 des Spaltungsvertrages. Im Gegensatz zu der Übertragung der gesamten Vertragspartnerstellung in den Fällen des § 4.1 i.V.m. Anlage 3 sind die in § 4.2 S. 4 des Spaltungsvertrages angesprochenen Verträge bereits abgewickelt.
Wie oben ausgeführt ist die Übertragung ganzer Vertragsverhältnisse ohne Zustimmung des Vertragspartners möglich.[336] Auch die Trennung von Leistung und Gegenleistung wird in der Literatur zum Großteil anerkannt. Eine Grenze der Teilbarkeit ist dort zu ziehen, wo die Aufteilung der einzelnen Rechte und Pflichten zu einer Inhaltsänderung des Vertrages führt, da einseitige Vertragsänderungen weder allein durch das Spaltungsinteresse noch durch den Gläubigerschutz des Umwandlungsgesetzes gerechtfertigt werden können.[337] Die Übertragung der Pflichten aus den jeweiligen Verträgen der Hoechst AG ist wirksam, da jedenfalls vertretbare Handlungspflichten im Wege der Spaltung ohne Zustimmung des Gläubigers übertragbar sind.[338] Der Gläubiger wird durch die Mithaftungsvorschrift des § 133 UmwG und der Möglichkeit, nach §§ 125 S. 1, 22 UmwG Sicherheitsleistung zu verlangen, ausreichend geschützt. Soweit unvertretbare und höchstpersönliche Handlungs- oder Unter-

335 Zu den Anforderungen an die Bestimmtheit der Kennzeichnung: oben Teil 4 A) II 2 d).
336 Vgl. dazu: Teil 4 A) II 2 b) aa) und c hh).
337 Vgl. dazu: Teil 4 A) II 2 c) hh) (4).
338 Vgl. oben Teil 4 A) II 2 c) hh) (4).

lassungspflichten betroffen sind, müssen die Pflichten sogar im Zusammenhang mit dem übertragenen Betrieb oder Betriebsteil abgespalten werden.[339] Die Übertragung sämtlicher Pflichten aus Verträgen ist – wie im Fall der Spaltung der Hoechst AG - jedenfalls dann möglich, wenn die Betriebe und Teilbetriebe, mit denen die Verträge in Verbindung stehen, ebenfalls abgespalten werden.
Der Spaltungsvertrag kennzeichnet die zu übertragenden Pflichten aus Verträgen damit, dass für die Erfüllung der Pflichten die Mitwirkung von Gesellschaften notwendig ist, die auf die Celanese AG abgespalten werden sollen. Ob diese Art der Kennzeichnung der übergehenden Vertragspflichten ausreicht, erscheint fraglich. Zwar ist die Bezeichnung der einzelnen im Vertrag enthaltenen Pflichten nicht notwendig. Man könnte aber verlangen, die betroffenen Verträge einzeln zu kennzeichnen. Gegen eine solche Kennzeichnungspflicht spricht aber die Möglichkeit, Vermögensgegenstände im Rahmen der Übertragung von Betrieben oder Teilbetrieben allgemein zu umschreiben.[340] Die übertragenen Gesellschaften werden in Anlage 1 und 2 aufgeführt und sind damit ausreichend bestimmt. Die Notwendigkeit der Mitwirkung der abgespaltenen Gesellschaften für die Erfüllung der Verträge und die Übertragung der Verpflichtungen ist demnach zu bejahen, wenn die jeweilige Gesellschaft im Vertrag aufgeführt oder ihr Geschäftsbereich betroffen ist. Eine andersartige Bezeichnung erscheint in Anbetracht der Vielzahl der in Frage stehenden Verträge praktisch nicht durchführbar. Da die Regierungsbegründung[341] bei der Übertragung einzelner Gegenstände eine Bezugnahme auf einen Betrieb zulässt, kann die Zuordnung einer Vertragspflicht zu einem abzuspaltenden Betrieb als ausreichend bezeichnet werden.
In § 4.2 S. 5 des Spaltungsvertrages ist ein Sonderfall bezüglich der Beteiligung an der Derivados Macroquimicos S. A. geregelt. Danach sollen Tochtergesellschaften der Celanese AG die Beteiligung an der Derivados Macroquimicos an einen Dritten übertragen. Im Gegenzug soll der Celanese AG die Gegenleistung für diese Anteilsübertragung zustehen. Die Beteiligung an der Derivados Macroquimicos geht mit der Übertragung amerikanischer Tochtergesellschaften mittelbar auf die Celanese AG über. Die Hoechst AG hat dieses Spezialchemikaliengeschäft allerdings bereits vor dem Spaltungsstichtag verkauft.[342] Die Verpflichtung zur Übertragung der Beteiligung übernehmen die zukünftigen Tochtergesellschaften der Celanese AG nach § 4.2 S. 4 des Spaltungsvertrages. Dafür soll nach § 4.2 S. 5 des Spaltungsvertrages die Gegenleistung der Celanese AG zustehen. § 4.2 S. 5 des Spaltungsvertrages regelt damit im Ergebnis die Übertragung einer Forderung auf die Celanese AG.
Eine Ausnahme von dem in § 4.2 S. 1 des Spaltungsvertrages festgelegten Grundsatz der Übertragung aller Rechte und Pflichten mit den Unternehmensbeteiligungen wird hinsichtlich der Jahrhunderthalle und des Schlosses Hoechst vereinbart. Bis zum Verkauf der Liegenschaften soll die Hoechst AG Gewinne und Verluste im Zusammenhang mit der Abspaltung des Kommanditanteils an der InfraServ GmbH & Co.

339 Vgl. dazu: Teil 4 A) II 2 c) II).
340 Vgl. dazu: Teil 4 A) II 2 d) aa).
341 BT-Drucks. 12/6699, zu § 126, S. 119.
342 Auskunft von Dr. Preissler (damals verantwortlicher Justiziar der Hoechst AG) vom 31.10.2001.

Hoechst KG tragen. Diese Ausnahme von der Übertragung aller Rechte und Pflichten im Zusammenhang mit der Abspaltung der Beteiligungen kann im Spaltungsvertrag unproblematisch vereinbart werden. Gewinnansprüche oder Verlustbeteiligungen können von den Gesellschafterstellungen abgetrennt werden, da der Gewinnanspruch als künftige Forderung (§§ 161 Abs. 2, 105 Abs. 3 HGB, 717 S. 2 2.Alt. BGB) und die Verlustbeteiligung als künftige Verbindlichkeit übertragen werden kann. Die Ausnahmeregelung ist auch bestimmt genug, da sich die Gewinne und Verluste im Zusammenhang mit dem abzuspaltenden Kommanditanteil konkret ermitteln lassen.
Problematisch ist die Formulierung in § 4.6 S. 1 des Spaltungsvertrages, wonach Forderungen und Verbindlichkeiten gegenüber abzuspaltenden Unternehmen dann nicht übergehen sollen, wenn diese in der Schlussbilanz bereits aktiviert oder passiviert wurden und der Spaltungsvertrag keine anderweitige ausdrückliche Regelung enthält. Ausdrückliche Forderungsübertragungen gegenüber verbundenen Unternehmen enthält § 4.1 des Spaltungsvertrages. Daneben sollen alle Rechte und Pflichten, die mit den abzuspaltenden Unternehmen in Zusammenhang stehen ebenfalls auf die Celanese AG übergehen, § 4.2 S. 3 des Spaltungsvertrages. Dazu zählen grundsätzlich auch Forderungen der Hoechst AG gegenüber den abzuspaltenden Unternehmen. Hier soll aber nach § 4.6 S. 1 des Spaltungsvertrages eine Ausnahme gelten, wenn die Forderungen bereits von der Hoechst AG aktiviert oder die Verbindlichkeiten bereits passiviert wurden. Die Abgrenzung der Übertragung der Forderungen und Verbindlichkeiten je nach Aktivierung oder Passivierung in der Schlussbilanz dürfte im Hinblick auf den Bestimmtheitsgrundsatz nicht ausreichend sein. Der Bestimmtheitsgrundsatz ist nicht nur bei den übertragenen Wirtschaftsgütern einzuhalten, sondern auch bei den Ausnahmen zu einer Allklausel, da mit der Ausnahme der Umfang der Übertragung mittelbar bestimmt wird. Zwar kann die Schlussbilanz unter anderem als Bestimmungsfaktor herangezogen werden, § 126 Abs. 2 S. 3 UmwG.[343] Allerdings enthält die Schlussbilanz lediglich Sammel- und Mengenangaben. Auch die ergänzenden Angaben zur Schlussbilanz weisen nur Sammelpositionen an Forderungen und Verbindlichkeiten gegenüber verbundenen Unternehmen aus. Einzelne Forderungen und Verbindlichkeiten lassen sich daraus nicht entnehmen. Die bereits aktivierten und passivierten Forderungen und Verbindlichkeiten hätten daher in einer Anlage verdeutlicht werden müssen.
Dagegen ist der Verbleib der Devisentermingeschäfte zwischen der Hoechst AG und den abzuspaltenden Gesellschaften bei der Hoechst AG nach § 4.6 S. 2 des Spaltungsvertrages als Ausnahme zur Übertragung aller Rechte und Pflichten bestimmt genug bezeichnet.

d) Die Übertragung von Verträgen im Spaltungsvertrag

§ 4.1 des Spaltungsvertrages i.V.m. Anlage 3 regelt die Übertragung bestimmter Verträge auf die Celanese AG. Die Verträge sind durch Angabe der Vertragsparteien, des Datums des Vertragsabschlusses sowie des Vertragsgegenstands bezeichnet. Darunter befinden sich unter anderem Verträge über Unternehmensverkäufe und die Errichtung von Gemeinschaftsunternehmen.

---

343 Vgl. dazu: oben Teil 4 A) II 2 d) aa).

Im Zusammenhang mit den Unternehmensverkäufen an Saba Koch/Arteva und Johns Manville vereinbaren die Hoechst AG und Celanese AG in Anlage 3 Punkt 1 folgende Haftungsaufteilung:
Soweit Verbindlichkeiten entstehen, die keinen Zusammenhang mit Unternehmen aufweisen, die an die Celanese AG abgespalten wurden, verpflichtet sich die Hoechst AG zur Haftungsfreistellung. Entsprechend werden Rechte, die außerhalb der an die Celanese AG übertragenen Geschäftsaktivitäten stehen, der Hoechst AG zugewiesen.
Bei einer Höchstbetrags- oder Mindestbetragshaftung des Käufers für bestimmte Ersatzansprüche wird die von den Spaltungsparteien zu leistende Ausgleichszahlung nach einem Verhältnis, das aus verbleibenden und übertragenen Geschäftsaktivitäten zu ermitteln ist, aufgeteilt.
Für die Haftung für Umweltschäden aus dem jeweiligen Vertrag soll die Celanese AG nach § 7.2 des Spaltungsvertrages unabhängig davon haften, ob die Umweltschäden im Zusammenhang zu abgespaltenen Unternehmen stehen. Auch die Aufteilung der Höchstbeträge soll nicht gelten.
Im Zusammenhang mit dem Übergang einer Freistellungsvereinbarung zugunsten der Nutrinova GmbH verpflichtet sich die Celanese AG, die Nutrinova GmbH entsprechend des Vertrages von bestimmten Haftungen im Zusammenhang mit Kartellrechtsverfahren freizustellen. Im Innenverhältnis verpflichtet sich die Hoechst AG zum Ausgleich im Verhältnis vier Teile Hoechst AG zu einem Teil Celanese AG, da die Hoechst AG für die drohenden Ansprüche bereits Rückstellungen gemacht hat.[344]

Die Angabe von Vertragspartei, Vertragsgegenstand und Datum des Vertragsabschlusses reicht zur eindeutigen Bestimmung der übergehenden Verträge aus.
Die Zustimmung der Vertragspartner der abgespaltenen Unternehmenskaufverträge war bereits in den jeweiligen Unternehmenskaufverträgen enthalten. Schon im Zeitpunkt des Abschlusses der jeweiligen Verträge rechnete die Hoechst AG mit einer Abspaltung des Geschäftsbereichs „industrielle Chemie" und ließ eine Zustimmung der Vertragspartner zur Übertragung im Wege der Spaltung in den jeweiligen Vertrag aufnehmen.[345]
Mit Wirksamwerden der Spaltung gingen die gesamten Vertragsverhältnisse auf die Celanese AG über. Die Aufteilung der Haftungen betrifft lediglich das Innenverhältnis der Spaltungsparteien und konnte daher frei ausgestaltet werden. Die im Einzelfall ausgehandelten Ausgleichszahlungen sollten das Haftungsrisiko der Celanese AG vermindern.

e) Verdoppelung von Vertragspartnerstellungen und Mitgliedschaften

Obwohl die Verdoppelung von Vertragsverhältnissen gerade im Bereich der Telekommunikations- und Softwarenutzungsverträge aus wirtschaftlicher Sicht sehr sinnvoll gewesen wäre, entschlossen sich die Spaltungsparteien aufgrund der rechtlichen Risiken anstatt einer Verdoppelung von Vertragsverhältnissen eine Mitwirkungspflicht

344 Spaltungsbericht der Hoechst AG und der Celanese AG, V.4., S. 121.

345 Auskunft von Dr. Preissler (damals verantwortlicher Justiziar der Hoechst AG) vom 09.01.2002.

beider Parteien bei der Aushandlung neuer Verträge festzulegen, § 6.5 des Spaltungsvertrages.
Diese Mitwirkungspflicht ist so ausgestaltet, dass beide Spaltungsparteien alle erforderlichen und wirtschaftlichen Maßnahmen zu ergreifen haben, um die Softwarenutzungs- und Telekommunikationsverträge zu angemessenen Konditionen fortsetzen zu können.
Demnach schloss die Celanese AG nach Wirksamwerden der Spaltung neue Verträge im Bereich der Telekommunikation und Softwarenutzung ab. Man verzichtete aber auf eine Kontaktaufnahme mit den Vertragspartnern bereits während der Spaltungsvorbereitung, da man sich auf die Spaltung und die anschließende Verschmelzung mit Rhône Poulonc konzentrieren wollte. Aufgrund des zeitlich engen Ablaufplans mussten die Prioritäten auf Spaltung und Verschmelzung gesetzt werden.[346]
Weiterhin wird in der Literatur diskutiert, ob eine Verdoppelung von Mitgliedschaften in Arbeitgeberverbänden im Spaltungsvertrag wirksam vereinbart werden kann. Dies wird soweit ersichtlich einhellig verneint.[347] Auch diesbezüglich wählten die Spaltungsparteien den sicheren Weg. Die Celanese AG wurde unabhängig vom Spaltungsvertrag Mitglied in dem Arbeitgeberverband Hessen der Chemischen Industrie und verwandter Industrien e.V.

f) Die Auswirkungen des Gläubigerschutzes auf den Spaltungsvertrag

Für den Fall der Inanspruchnahme des Rechtsträgers, dem die jeweilige Verbindlichkeit nicht zugewiesen wurde (§ 133 UmwG), nach § 133 Abs. 1 S. 1 UmwG regelt § 7.1 des Spaltungsvertrages, dass der nach dem Spaltungsvertrag bestimmte Hauptschuldner die in Anspruch genommene Gesellschaft auf erstes Anfordern von der Verpflichtung freizustellen hat, falls die Ansprüche vollstreckbar oder unbestritten sind. Zum Regelungskomplex der Freistellung von Verbindlichkeiten und Haftungen im allgemeinen gehören auch die Bestimmungen in § 7.3 und § 7.4 des Spaltungsvertrages. Laut § 7.3 beinhaltet die Freistellungspflicht auch Kosten der Aufklärung des Sachverhalts und Kosten der Verteidigung gegen Ansprüche, nicht aber interne Kosten. § 7.4 des Spaltungsvertrages begründet zugunsten der freistellungsverpflichteten Partei einen Informationsanspruch, einen Anspruch auf Teilnahme an Verhandlungen sowie einen Anspruch auf Einleitung geeigneter Rechtsbehelfe. Ein Vergleichsabschluss, ein Anerkenntnis oder Verzicht soll nur im Einvernehmen mit der freistellungsverpflichteten Partei möglich sein. Bei einem Verstoß gegen die in § 7.4 des Spaltungsvertrages angeordneten Mitwirkungspflichten geht der Freistellungsanspruch nach § 7.4 S. 5 des Spaltungsvertrages unter. Nicht in diesen Zusammenhang fällt die in § 7.2 des Spaltungsvertrages getroffene spezielle Verteilung von Haftungen in Bezug auf Umweltschäden und Altlasten, die unter Teil 4 A) II 3 h) dargestellt wird.

346 Auskunft von Dr. Preissler (damals verantwortlicher Justiziar der Hoechst AG) vom 31.10.2001.

347 Vgl. dazu: Teil 4 A) II 2 c) ee) (2).

Die Begründung eines Freistellungsanspruchs bei Inanspruchnahme des mithaftenden Rechtsträgers durch den Gläubiger stellt die Zuweisung der Verbindlichkeit im Spaltungsvertrag sicher und verringert das Risiko der mithaftenden Gesellschaft, aufgrund der Inanspruchnahme einen finanziellen Schaden zu erleiden.
Die Formulierung ist im Vergleich zu den Vorschlägen in Formularbüchern ausführlicher und lässt keine auslegungsbedürftigen Lücken. Es wird nicht nur eindeutig geregelt, wann eine Freistellungspflicht besteht, sondern auch wie mit Kosten der Untersuchung und Rechtsverfolgung zu verfahren ist. Die Freistellung des mithaftenden Rechtsträgers hat auf erstes Anfordern zu erfolgen. Diese Formulierung hat jedoch aufgrund der Beschränkung auf unbestrittene und vollstreckbare Ansprüche keinen eigenen Regelungsgehalt, da ein Anspruch auf erstes Anfordern gerade die Erfüllungsverweigerung bei umstrittenen Ansprüchen verhindern soll. Dennoch ist die Beschränkung auf unbestrittene und vollstreckbare Ansprüche in Verbindung mit einer Mitwirkungspflicht bei dem Entstehen rechtlicher Streitigkeiten die sinnvollste Lösungsvariante. Bei einer uneingeschränkten Erfüllungspflicht auf erstes Anfordern besteht nämlich die Gefahr einer vorschnellen Zahlung und damit der Begünstigung des Gläubigers. Gerade bei der Spaltung auf Konzerntöchter erscheint eine strenge Formulierung von Ansprüchen auf erstes Anfordern nicht interessengerecht, da das Interesse des mithaftenden Rechtsträgers auf schnelle Freistellung wegen des gewöhnlich fortbestehenden kollegialen Verhältnisses zwischen früherer Tochter- und Muttergesellschaft zurückzustehen hat. Anders ist dies wohl bei einer Spaltung auf konzernfremde Gesellschaften zu beurteilen, da insoweit das Eigeninteresse auf sofortige Freistellung einer Rücksichtnahme auf den Hauptschuldner vorgeht.
Auch das Verfahren der Rechtstreitigkeiten zwischen freistellungsberechtigtem Rechtsträger und Gläubiger ist ausführlich in § 7.4 des Spaltungsvertrages erläutert. Informations- und Teilnahmeansprüche des Hauptschuldners sowie die Unterstützung bei der Einlegung von Rechtsbehelfen ermöglicht eine Streitbeilegung, die dem Hauptschuldner eine größtmögliche Einwirkung gewährt. Durch den Wegfall des Freistellungsanspruchs bei einer Vernachlässigung der Verpflichtung der freistellungsberechtigten Partei zur Mitwirkung wird ein entsprechender Anreiz zur Pflichterfüllung geschaffen und damit die Zusammenarbeit optimiert.

g) Die Übertragung von Haftungen

Hinsichtlich möglicher zivilrechtlicher oder öffentlich-rechtlicher Haftungen aus Altlasten, die in § 4.3 b) des Spaltungsvertrages für die Spaltungsparteien definiert werden, soll die Celanese AG im Außenverhältnis die Haftung voll übernehmen, § 4.3 a) des Spaltungsvertrages. Im Innenverhältnis verpflichtet sich die Hoechst AG aber nach § 4.3 a) des Spaltungsvertrages, zwei Drittel der Verbindlichkeiten zu übernehmen, soweit keine Ausgleichs- oder Freistellungsansprüche gegenüber Dritten bestehen. Diese Haftungsvereinbarung betrifft Altlasten und Umweltschäden, die auf die abgespaltenen Unternehmen zurückzuführen sind.
Die Übertragbarkeit von öffentlich-rechtlichen Sanierungsverantwortlichkeiten im Wege der Spaltung ist wie oben dargestellt[348] unklar. Für Umwandlungen seit dem

[348] Vgl. Teil 4 A) II 2 c) ff) (1).

01.03.1999 gilt die Rechtsnachfolge in die Handlungsstörerhaftung nach § 4 Abs. 3 S. 4 BBodSchG ohne Einschränkungen. Da das BBodSchG die Sanierungsverantwortlichkeit nicht einschränkt, kann ein Ausscheiden aus der Sanierungsverantwortlichkeit auch nicht durch Privatvereinbarung herbeigeführt werden. Die Verwaltungsbehörde kann einen für die Altlast verantwortlichen Rechtsträger in Anspruch nehmen. Bei der Ausübung des Ermessens, welcher Rechtsträger für die Altlastenhaftung heranzuziehen ist, muss die Verwaltung den Spaltungsvertrag heranziehen, in dem die Verbindlichkeit der Celanese AG zugewiesen wird. Insofern kommt der Haftungszuweisung eine gewisse Bedeutung zu. Ein Erlöschen der Haftung der Hoechst AG im Außenverhältnis wird aber nicht bewirkt. Die Haftungsverteilung im Innenverhältnis richtet sich dann aber in jedem Fall nach § 4.3 a) des Spaltungsvertrages.
Zivilrechtliche Altlastenhaftungen können wie gewöhnliche Verbindlichkeiten ohne Zustimmung eines Gläubigers auf den übernehmenden Rechtsträger übertragen werden.[349] Es muss aber darauf geachtet werden, dass die jeweiligen Haftungen konkret bestimmt werden. In § 4.3 des Spaltungsvertrages werden im Außenverhältnis sämtliche zivilrechtlichen Altlastenhaftungen auf die Celanese AG übertragen. Die notwendige Bestimmtheit ist daher zu bejahen.

h) Haftung für Umweltschäden aus Unternehmenskaufverträgen

§ 7.2 des Spaltungsvertrages regelt die Verantwortlichkeit für Umweltschäden, die bereits verkaufte Unternehmen hervorgerufen haben und bezüglich derer die Erwerber Regress gegenüber der Hoechst AG nehmen können. Grundsätzlich hat gemäß § 7.2 des Spaltungsvertrages die Celanese AG die Hoechst AG von Haftungen in diesem Bereich freizustellen. Dabei werden in Anlage 6 alle Unternehmensverkäufe aufgezählt, aus denen Haftungen für Umweltschäden entstehen können. Unter diesen Unternehmensverkäufen befinden sich die in § 4.1 Unterpunkt 2 i.V.m. Anlage 3 übertragenen Unternehmenskaufverträge mit den Käufern Mitsubishi Chemicals, Saba Koch/Arteva und Johns Manville. Die anderen in Anlage 6 aufgeführten Unternehmensverkäufe sind bereits abgewickelt und bedurften daher nicht der Übertragung auf die Celanese AG. Dennoch musste die Haftungsverantwortlichkeit für Umweltschäden geregelt werden.
In § 7.2.1 bis § 7.2.3 des Spaltungsvertrages folgt eine abgestufte Haftung für Umweltschäden, die sowohl für die abgewickelten wie auch die über Anlage 3 übertragenen Unternehmensverkäufe gilt.
Zunächst hat die Celanese AG nach § 7.2.1 bis zu einer Summe von € 250 Millionen die Hoechst AG von einer Haftung freizustellen. Bis zu € 750 Millionen trägt die Hoechst AG die Haftung für Umweltschäden ohne Freistellungsanspruch gegenüber der Celanese AG. Für den Haftungsbetrag über € 750 Millionen ist die Celanese AG dann wieder zu einem Drittel zur Freistellung der Hoechst AG verpflichtet, § 7.2.3 des Spaltungsvertrages.
Werden Ansprüche wegen Umweltschäden im Zeitraum zwischen Spaltungsstichtag und Vollzugsdatum gegen die Hoechst AG geltend gemacht, so sind die Haftungsregeln des § 7.2 des Spaltungsvertrages ebenso anzuwenden, § 7.2.3.

---

349 Vgl. oben Teil 4 A) II 2 c) ff).

Für die Freistellungsregelung hinsichtlich der Haftung für Umweltschäden gelten im übrigen die §§ 7.3, 7.4 des Spaltungsvertrages als allgemeine Regeln zur Freistellungspflicht.[350]

Die Übertragung der Haftung auf die Celanese AG steht vor dem Hintergrund, dass die Hoechst AG aufgrund der Konzentration auf den Life Science Bereich nicht mehr die Managementkapazitäten hat, um sich erfolgreich gegen mögliche Haftungsansprüche zu verteidigen. Im Interesse der Hoechst Aktionäre sollen diese Risiken auf die Chemiegesellschaft übergehen. Die vereinbarte Haftungsabstufung soll die Celanese AG vor zu großen Haftungsrisiken bewahren. Deshalb trägt die Hoechst AG bei sehr hohen Umwelthaftungen einen Teil des Schadens.[351]
Anders als im Bereich der zivilrechtlichen und öffentlich-rechtlichen Altlastenhaftung (§ 4.3 des Spaltungsvertrages) wurde der Begriff des Umweltschadens im Bereich der Umwelthaftung aus Unternehmensverkäufen im Spaltungsvertrag nicht definiert. Daher gab es zwischen Aventis und der Celanese AG bereits mehrere Diskussionen über den Begriff des Umweltschadens in Abgrenzung zum umweltbedingten Schaden. Dabei musste jeweils ein einvernehmliches Ergebnis herbeigeführt werden, da ansonsten Streit über das Erreichen der € 250 Mio. entstehen würde. Dies ist allerdings der einzige Punkt, bei dem seit Durchführung des Spaltungsvorhabens Probleme eingetreten sind.[352]

i) Die Abspaltung von Forderungen

Der Celanese AG werden in § 4.1 Unterpunkt 3 bis 7 des Spaltungsvertrages unter Bezeichnung von Schuldner, Datum des Vertragsabschlusses und Höhe der Gesamt- und Teilforderungen Forderungen über insgesamt US$ 465 Millionen gegenüber verbundenen Unternehmen abgespalten. Dabei handelt es sich um Darlehensrückzahlungsansprüche.[353] § 4.1 Unterpunkt 9 umfasst die Abtretung von Gewerbesteuererstattungsansprüchen der Hoechst AG in Höhe von € 7 Millionen.
Die Abspaltung von Teilforderungen ist wie oben aufgezeigt[354] unproblematisch, soweit -wie hier- Geldforderungen betroffen sind. Die Bezeichnung der Forderungen ist auch bestimmt genug.

j) Die Abspaltung von Arbeitsverhältnissen

Die Abspaltung von Arbeitsverhältnissen[355] einschließlich aller Rechte und Pflichten – wie etwa Pensionsrückstellungen - gemäß § 4.1 Unterpunkt 8 des Spaltungsvertrages erfolgt durch Bezeichnung der in Anlage 4 beigefügten Kostenstellen.

---

350 Vgl. dazu: oben Teil 4 A) II 3 e).

351 Spaltungsbericht der Hoechst AG und der Celanese AG, V.7., S. 86.

352 Auskunft von Dr. Preissler (damals verantwortlicher Justiziar der Hoechst AG) vom 31.10.2001.

353 Bericht über die Prüfung der Abspaltung der Hoechst AG, in: Spaltungsbericht der Hoechst AG und der Celanese AG, Anhang 3, C IX (3) Rn. 27, S. 136.

354 Vgl. dazu: oben Teil 4 A) II 2 c cc).

355 Vgl. dazu: Teil 4 A) II 2 c) ii).

Andere Arbeitsverhältnisse wurden nicht übertragen, da die Arbeitsverhältnisse bei den abgespaltenen Tochterunternehmen automatisch mit der Übertragung der Beteiligungen auf den neuen Celanese-Konzern übergehen. Die Arbeitsverhältnisse in den übertragenen Konzernunternehmen werden durch die Abspaltung der Beteiligungen nicht beeinflusst.
Mit der Übertragung von Arbeitsverhältnissen war in keinem Fall die Übertragung einer Prokura verbunden. Die Prokuren, die mit abzuspaltenden Arbeitsverhältnissen verbunden waren, wurden zunächst von der Hoechst AG nach § 52 Abs. 1 HGB widerrufen. In bestimmten Fällen erteilte die Celanese AG nach der Spaltung neue Prokuren.[356]
Ebenso wurden die Dienstverhältnisse von Vorstandsmitgliedern der Hoechst AG, die zur Celanese AG wechseln sollten, nicht abgespalten, sondern bei der Hoechst AG beendet und bei der Celanese AG neu begründet. Versorgungsanwartschaften und sonstige Zusagen der Vorstandsmitglieder gegenüber der Hoechst AG blieben erhalten.[357]

Die übergehenden Arbeitsverhältnisse waren konkret im Spaltungsvertrag zu bezeichnen, da es sich um nicht betriebszugehörige Anstellungsverhältnisse im Managementbereich mit Querschnitts- und Stabfunktion handelte. Die Bezeichnung der Kostenstellen ist für die Bestimmbarkeit der übertragenen Arbeitsverhältnisse ausreichend, da die Kostenstelle einen unmittelbaren Rückschluss auf das Arbeitsverhältnis zulässt. Die Celanese AG tritt nach §§ 324 UmwG, 613a BGB in die Rechte und Pflichten aus den Arbeitsverhältnissen ein, soweit der einzelne Arbeitnehmer nicht widersprochen hat.[358] Die Formulierung in § 4.4 des Spaltungsvertrages, wonach das Arbeitsverhältnis übergeht, falls nichts anderes vereinbart wurde, ist insoweit missverständlich, da es auf eine Vereinbarung zwischen Arbeitnehmer und Arbeitgeber nicht ankommt.
Hinsichtlich der Dienstverhältnisse mit den Vorständen liegt aufgrund der Höchstpersönlichkeit der Vertragspflicht nach §§ 613 S. 2 BGB, 132 S. 1 UmwG ein Übertragungshindernis vor. Anstatt der Zustimmung zur Übertragung des Dienstverhältnisses wählten die Parteien den Weg über die Auflösung des Dienstverhältnisses bei der Hoechst AG und der Neubegründung bei der Celanese AG.

k) Übertragung der betrieblichen Altersversorgung

Die Abspaltung von Verpflichtungen aus betrieblicher Altersversorgung ist nicht unumstritten.[359] Eine solche Abspaltung ist in dem Spaltungsvertrag zwischen der Hoechst AG und der Celanese AG aber nicht vorgesehen. Vielmehr bleiben die Arbeitnehmer, die den Hoechst-Konzern aufgrund der Spaltung verlassen, Mitglieder der Pensionskasse der Mitarbeiter der Hoechst Gruppe VVaG, der Sterbekasse für Mitar-

---

356 Auskunft von Dr. Preissler (damals verantwortlicher Justiziar der Hoechst AG) vom 09.01.2002.

357 Spaltungsbericht der Hoechst AG und der Celanese AG, V.4., S. 85.

358 Vgl. oben Teil 4 A) II 2 c) ii).

359 Vgl. dazu: Teil 4 A) II 2 c) ff) (2).

beiter der Hoechst Aktiengesellschaft VVaG und der Betriebskrankenkasse Hoechst, § 11.1 des Spaltungsvertrages. Ebenso werden bestehende Direktversicherungen im Rahmen des Konsortialgruppenversicherungsvertrages zwischen der Hoechst AG und der Allianz Lebensversicherungs AG auch für Arbeitnehmer, die aufgrund der Spaltung den Hoechst Konzern verlassen, fortgeführt. Die Celanese AG wird hierzu dem Gruppenversicherungsvertrag beitreten, § 11.1 des Spaltungsvertrages.

l) Auffangklausel für gescheiterte Übertragungen

Wie in der Literatur empfohlen[360] haben sich die Vertragsparteien in § 5 des Spaltungsvertrages verpflichtet, bei einem Scheitern der Übertragung einzelner Gegenstände im Wege der partiellen Gesamtrechtsnachfolge die notwendigen Maßnahmen zu ergreifen und die Gegenstände per Einzelrechtsnachfolge zu übertragen.
Bei Unzweckmäßigkeit oder unverhältnismäßigem Aufwand der Einzelrechtsübertragung – so der Spaltungsvertrag - sollen sich die Spaltungsparteien im Innenverhältnis so stellen, als ob die Übertragung auch im Außenverhältnis zum Vollzugszeitpunkt erfolgt wäre, § 5.1 S. 2 des Spaltungsvertrages.
Darüber hinaus verpflichten sich die Spaltungsparteien in § 5.2 des Spaltungsvertrages für den Fall, dass für die Übertragung von Gegenständen die Zustimmung Dritter, eine öffentliche Genehmigung oder eine Registrierung erforderlich ist, die Zustimmung oder Genehmigung zu beschaffen oder die Registrierung vorzunehmen, falls der Aufwand hierfür nicht unverhältnismäßig ist.

Diese Auffangklausel sichert die Unwägbarkeiten ab, die aus dem umstrittenen Anwendungsbereich des § 132 S. 1 UmwG resultieren. Die Einschränkung, dass eine Einzelrechtsübertragung nicht vorzunehmen und eine Zustimmung Dritter nicht zu beschaffen ist, wenn der Aufwand hierfür unverhältnismäßig ist, erscheint sinnvoll. Die gleichzeitige Anordnung, dass sich die Parteien im Fall eines Scheiterns der Übertragung von Vermögensgegenständen im Innenverhältnis so zu stellen haben, wie wenn die Übertragung erfolgt wäre, sichert den wirtschaftlichen Erfolg des Spaltungsvorhabens ab und stellt einen unverzichtbaren Bestandteil eines Spaltungsvertrages dar. Allerdings werden die Begriffe unverhältnismäßiger Aufwand und Unzweckmäßigkeit nicht näher definiert. Es hätte sich vielleicht angeboten, die Beurteilung der Unverhältnismäßigkeit einem im Spaltungsvertrag zu bezeichnenden unabhängigen Dritten zu übertragen, § 317 BGB. Die Unverhältnismäßigkeit der Einzelrechtsübertragung hätte auch durch eine Angabe einer finanziellen Grenze für den Aufwand beschrieben werden können. Durch die prozentuale Abhängigkeit der Aufwandsgrenze vom Wert des zu übertragenden Gegenstands hätte man die Unverhältnismäßigkeit variabel umschreiben können.

Mit Ausnahme der Notwendigkeit der Registereintragung des Inhaberwechsels an ausländischen Beteiligungen kam es zu keinen Übertragungshindernissen. Eine Einzel-

360 Vgl. oben Teil 4 A) II 2 b) dd).

rechtsübertragung war daher außer bei den vorsorglich vereinbarten Anteilsabtretungen ausländischer Beteiligungen nicht erforderlich.[361]

m) Mitwirkungspflichten

Verbunden mit der Verpflichtung zur Vornahme einer Einzelrechtsübertragung bei einem Scheitern der Übertragung im Wege der Gesamtrechtsnachfolge in § 5.1 des Spaltungsvertrages ist die Begründung umfassender Mitwirkungspflichten in § 6. Demnach verpflichten sich die Parteien zur Abgabe aller notwendigen Erklärungen, der Ausstellung von Urkunden und der Vornahme aller sonstigen Handlungen, die zur Übertragung des abzuspaltenden Vermögens notwendig oder zweckdienlich sind, § 6.1 des Spaltungsvertrages.

Die Vertragsparteien erklären, auch zukünftig alle Mitwirkungshandlungen zu erbringen, die für die Erfüllung von Verträgen des jeweils anderen Rechtsträgers notwendig sind, § 6.2 des Spaltungsvertrages.

In § 6.3 des Spaltungsvertrages verpflichtet sich die Hoechst AG zur Herausgabe aller Urkunden, die zur Geltendmachung der auf die Celanese AG übergegangenen Rechte erforderlich sind. Über die Zuordnung von Büchern, Aufzeichnungen und Betriebsdaten, die das abzuspaltende Vermögen betreffen, haben sich die Parteien unverzüglich nach Wirksamwerden der Abspaltung zu verständigen. Diejenige Partei, die den Besitz an den Unterlagen erhält, verpflichtet sich, der anderen Partei innerhalb der gesetzlichen Aufbewahrungsfristen die Einsichtnahme und das Fertigen von Kopien zu gestatten. Geschäfts- und Betriebsgeheimnisse sind dabei vertraulich zu behandeln.

Bei behördlichen oder steuerlichen Außenprüfungen, die den Zeitraum bis zum Vollzugsdatum betreffen, haben sich die Vertragsparteien nach § 6.3 S. 6 des Spaltungsvertrages gegenseitig zu unterstützen und Informationen und Unterlagen zur Verfügung zu stellen.

Eine Pflicht zur jeweiligen Verschaffung von Unterlagen und Informationen begründet auch § 6.4 des Spaltungsvertrages im Zusammenhang mit der Bilanzierung nach HGB, IAS oder den amerikanischen Bilanzierungsregeln sowie den vorgeschriebenen Veröffentlichungen.

Im Hinblick auf Softwarenutzung und Telekommunikationsdienstleistungen verpflichten sich die Vertragsparteien, die erforderlichen Maßnahmen zu ergreifen, um die in diesem Bereich bestehenden Verträge zu angemessenen Konditionen fortsetzen zu können, § 6.5 des Spaltungsvertrages.

Weiterhin wird in § 6.6 des Spaltungsvertrages der Celanese AG untersagt, mit ihrem Stimmrecht als Kommanditistin der in Anlage 1 genannten Kommanditgesellschaften ohne vorherige Zustimmung der Hoechst AG ihre Nachschussverpflichtungen hinsichtlich von Altlastenverpflichtungen einzuschränken oder aufzuheben. Bei einer Veräußerung muss die Celanese AG dem Erwerber die bestehenden Nachschusspflichten übertragen. Der Erwerber muss sich zugunsten der Hoechst AG ebenfalls verpflichten, bei einer weiteren Veräußerung die Nachschusspflichten mit zu übertragen.

---

361 Auskunft von Dr. Preissler (damals verantwortlicher Justiziar der Hoechst AG) vom 31.10.2001.

Hinsichtlich der Weiterveräußerung von Unternehmen wird in §§ 6.6, 6.7 des Spaltungsvertrages bestimmt, dass die Vertragsparteien die in § 6 aufgestellten Mitwirkungspflichten auf den Erwerber - soweit möglich - übertragen sollen.
Schließlich bestimmt § 6.8 des Spaltungsvertrages, dass die Hoechst AG intern getrennt Rechnung legt, wie wenn die Abspaltung bereits am 02.01.1999 erfolgt wäre.

Die wechselseitigen Mitwirkungspflichten sind detailliert geregelt und werden auch bei einer Übertragung auf mögliche Rechtsnachfolger gesichert, §§ 6.6, 6.7 des Spaltungsvertrages. Vertragslücken und damit Spielraum für eine Auslegung sollen durch die genaue Regelung vermieden werden.
Verschiedene praktische Probleme, wie etwa die Aufteilung der Unterlagen und der Zugänglichkeit der Urkunden, werden mit der erforderlichen Genauigkeit geregelt, §§ 6.3, 6.4 des Spaltungsvertrages. Gleichzeitig wurde festgelegt, dass die Zugänglichkeit zu Dokumenten nicht missbraucht werden darf, indem eine Pflicht zur Einhaltung von Geschäfts- und Betriebsgeheimnissen begründet wurde.
Bei einer Spaltung ist es notwendig, mögliche Benachteiligungen eines Rechtsträgers durch Handlungen des anderen vorherzusehen und diese zu verhindern. So bestimmt § 6.6 des Vertrages, dass die Nachschusspflichten der Celanese AG als Kommanditistin, die insbesondere Altlastenpflichten betreffen,[362] nicht eingeschränkt werden dürfen und dies auch für die Rechtsnachfolger gelten muss.

n) Surrogations- und Auffangklausel

§ 4.5 des Spaltungsvertrages enthält eine Surrogationsklausel,[363] wonach die bis zum Vollzugszeitpunkt erfolgten Zu- und Abgänge von Vermögensgegenständen bei der Ermittlung der zu übertragenden Gegenstände zu berücksichtigen sind. Es sollen über die vom Spaltungsvertrag ausdrücklich erfassten Gegenstände hinaus diejenigen Vermögensteile übertragen werden, die bis zum Vollzugszeitpunkt dem abzuspaltenden Vermögen zugegangen oder in ihm entstanden sind. Nicht mehr vorhandene Gegenstände sollen dagegen nicht übertragen werden. Im Zusammenhang mit der Vermögensänderung zwischen Entwurf des Spaltungsvertrages und Wirksamwerden der Spaltung regelt § 4.9 des Spaltungsvertrages, dass sich die Hoechst AG verpflichtet, in diesem Zeitraum lediglich Verfügungen im Rahmen des ordnungsmäßigen Geschäftsgangs und mit der Sorgfalt eines ordentlichen Kaufmanns vorzunehmen.
Eine Surrogationsklausel kann zwar keine dingliche Surrogation aus dem Vermögen des übertragenden Rechtsträgers ausscheidender Gegenstände bewirken, sie kann aber dazu führen, dass der Spaltungsvertrag so auszulegen ist, dass die erworbenen oder neu entstandenen Gegenstände ebenfalls auf den übernehmenden Rechtsträger übergehen. Im Zusammenhang mit der generellen Übertragung aller mit den abzuspaltenden Geschäftsaktivitäten zusammenhängenden Vermögensgegenstände in § 4.2 S. 3 des Spaltungsvertrages ermöglicht die Surrogationsklausel die Ermittlung des übergehenden Vermögens. § 4.9 des Spaltungsvertrages soll sicherstellen, dass die Hoechst AG

362 Spaltungsbericht der Hoechst AG und der Celanese AG, V.6, S. 85.

363 Ausführlicher dazu: oben Teil 4 A) II 2) d) cc).

im Zeitraum zwischen Entwurf des Vertrages und Eintragung der Spaltung nicht auf Kosten der Celanese AG Vermögen in größerem Umfang veräußert.

Zur Klarstellung der im Spaltungsvertrag bestimmten Übertragungen ordnet § 4.7 des Spaltungsvertrages an, dass alle nicht aufgezählten Vertragsverhältnisse, Vermögensgegenstände, Rechte, Verbindlichkeiten, Haftungen und Pflichten der Hoechst AG nicht auf die Celanese AG übertragen werden.
§ 4.7 des Spaltungsvertrages kommt keine selbständige Regelungsfunktion zu. Er dient lediglich als Klarstellung dafür, dass die Bezeichnung der zu übertragenden Gegenstände vollständig und abschließend sein soll.

o) Zeitpunkt der dinglichen Rechtsänderung

In § 4.8 des Spaltungsvertrages wird erläutert, dass die dingliche Wirkung der Spaltung erst mit Eintragung der Spaltung im Handelsregister der Hoechst AG eintritt. Zu diesem Zeitpunkt soll der Besitz an beweglichen Sachen auf die Celanese AG übergehen. Findet eine Übergabe zum Vollzugsdatum nicht statt, so wird die Übergabe durch eine Verwahrungsabrede gemäß § 930 BGB zwischen der Hoechst AG und der Celanese AG ersetzt. Soweit sich bewegliche Sachen im Besitz Dritter befinden, überträgt die Celanese AG ihre Herausgabeansprüche auf die Celanese AG. Hintergrund dieser Regelung war insbesondere die Besitzübertragung an Unterlagen und Dokumenten.[364]

Diese Regelung hat lediglich deklaratorische Bedeutung, da eine Besitzübertragung bei einer Vermögensübertragung kraft partieller Gesamtrechtsnachfolge kein konstitutives Element der Eigentumsübertragung darstellt. Das Eigentum geht durch bloße Bezeichnung im Spaltungsvertrag auf den übernehmenden Rechtsträger über, falls der übertragende Rechtsträger im Vollzugszeitpunkt Eigentümer des jeweiligen Gegenstands ist. Andernfalls ist ein Eigentumsübergang ausgeschlossen, da ein gutgläubiger Erwerb bei einer Übertragung im Wege der Spaltung ausscheidet.[365]
Im Fall des Scheiterns einer Eigentumsübertragung kann § 4.8 des Spaltungsvertrages nicht zu einer Einzelrechtsnachfolge führen, da es an der Bestimmtheit der zu übertragenden Gegenstände fehlt und lediglich der Besitzübergang angeordnet wird. Für ein Scheitern von Eigentumsübertragungen gilt stattdessen § 5 des Spaltungsvertrages, der eine Verpflichtung zur Vornahme einer Einzelrechtsnachfolge anordnet.

p) Ergebnis

Im Wesentlichen übertrug die Hoechst AG Beteiligungen, Verbindlichkeiten, Forderungen, Haftungen und Verträge auf die Celanese AG. Dabei gingen die Spaltungsparteien hinsichtlich der Übertragbarkeit der jeweiligen Vermögensgegenstände kein Risiko ein. Bei der Abspaltung von Komplementär- und Kommanditanteilen wurde ein Mehrheitsbeschluss gefasst, in dem die Zustimmung zur Übertragung der jeweiligen Anteile zum Ausdruck kam. Beteiligungen an ausländischen Unternehmen wurden zur

---

364 Auskunft von Dr. Preissler (damals verantwortlicher Justiziar der Hoechst AG) vom 31.10.2001.

365 Vgl. dazu: Teil 4 A) II 2) d) cc).

Sicherheit nach ausländischem Recht im Wege der Einzelrechtsnachfolge übertragen. Bei der Abspaltung der Verträge wurde die Zustimmung des Vertragspartners bereits im Vertrag geregelt. Freistellungspflichten und Mitwirkungspflichten regelten die Spaltungsparteien sehr sorgfältig. Andere Übertragungsrisiken gingen die Spaltungsparteien nicht ein. So wurden Prokuren und Dienstverhältnisse der Vorstandsmitglieder nicht abgespalten. Ebenso wenig versuchte man, im Telekommunikationsbereich eine Verdoppelung der Vertragspartnerstellung herbeizuführen. Auch die Verpflichtungen zur betrieblichen Altersversorgung der Arbeitnehmer wurde nicht übertragen. Problematisch erscheint lediglich die Ausnahme von der Übertragung aller Rechte, Pflichten, Verbindlichkeiten und Haftungen, die mit den abgespaltenen Beteiligungen in Zusammenhang stehen, insoweit als Aktivierung oder Passivierung der nicht zu übertragenden Rechtspositionen als Bestimmungsfaktor herangezogen wurden.

III. Zwingender Inhalt des Spaltungsvertrages im Übrigen

Inhaltlich muss der Spaltungsvertrag neben der Aufteilung der Vermögensgegenstände die in § 126 UmwG aufgeführten Angaben enthalten. Dabei entsprechen die Nummern 1 bis 8 und Nummer 11 den Mindestanforderungen an den Verschmelzungsvertrag nach § 5 Abs. 1 Nr. 1-9 UmwG.

1. Firma und Sitz der beteiligten Gesellschaften

Zunächst sind gemäß § 126 Abs. 1 Nr. 1 UmwG Firma und Sitz der beteiligten Gesellschaften zu bezeichnen und darzulegen, welche der Gesellschaften übernehmender und welche übertragender Rechtsträger ist. Befindet sich ein Sitz der beteiligten Gesellschaften im Ausland, so ist das deutsche UmwG nicht anwendbar.[366]

Die Spaltungsparteien sind in § 1 des Spaltungsvertrages der Hoechst AG und der Celanese AG mit Firma, Sitz, Grundkapital, Anzahl und Art der Anteile sowie Handelsregisternummer ausreichend bezeichnet. Übernehmender Rechtsträger ist die Diogenes Erste Vermögensverwaltungs AG. Die Umfirmierung des übernehmenden Rechtsträgers in Celanese AG fand erst nach Eintragung der Spaltung statt,[367] da bei einer Umfirmierung vor der Spaltung nicht nur zwei, sondern drei Registerrichter den Gesamtvorgang bearbeiten hätten müssen. Dies hätte die Gefahr einer Verzögerung der Durchführung der Spaltung erhöht.[368]

366 Dazu näher: Teil 2 B) II 1.

367 Handelsregisterauszug vom 14.06.2000 (HRB 42283), wonach die Eintragung der Spaltung im Register der Celanese AG am 18.10.1999 und die Eintragung der Umfirmierung am 21.10.1999 vorgenommen wurde.

368 Auskunft von Dr. Preissler (damals verantwortlicher Justiziar der Hoechst AG) vom 31.10.2001.

2. Festlegung der Übertragung als Gesamtheit

§ 126 Abs. 1 Nr. 2 UmwG ordnet an, eine Erklärung dahingehend abzugeben, ob die Teile des zu übertragenden Vermögens als Gesamtheit gegen Gewährung von Anteilen an dem übernehmenden Rechtsträger erfolgen soll. Die Formulierung der Übertragung als Gesamtheit sollte auch so in den Spaltungsvertrag übernommen werden, da sonst nicht zweifelsfrei feststeht, ob eine Gesamtrechtsnachfolge oder eine Einzelrechtsnachfolge gewollt ist.[369] Diese Bestimmung ist im Zusammenhang mit § 126 Abs. 1 Nr. 9 UmwG zu sehen, da nach § 126 Abs. 1 Nr. 9 UmwG die zu übertragenden Vermögensteile[370] anders als bei der Verschmelzung genau zu bezeichnen sind.

Die Spaltung ist nach §§ 123 Abs. 1, Abs. 2 UmwG dadurch gekennzeichnet, dass grundsätzlich eine Anteilsübertragung seitens des übernehmenden Rechtsträgers als Gegenleistung für die Vermögensabspaltung an die Anteilsinhaber des übertragenden Rechtsträgers erfolgt. Der Vorgang der Gewährung von Anteilen als Gegenleistung ist dann im Spaltungsvertrag zu bezeichnen. Ausnahmsweise entfällt eine Anteilsgewährung bei Abspaltungen auf Muttergesellschaften, da das Kapitalerhöhungsverbot nach §§ 68 Abs. 1 S. 1, 125 S. 1 UmwG der Anteilsgewährung entgegensteht.[371] Bei einer Ab- oder Aufspaltung auf eine beteiligungsidentische Schwestergesellschaft besteht nur dann keine Anteilsgewährungspflicht, wenn die Anteilsinhaber auf die Ausgabe von Anteilen verzichten.[372] Bei der Abspaltung der Muttergesellschaft auf deren Tochtergesellschaft gilt dagegen kein Kapitalerhöhungsverbot. Vielmehr gehen die Anteile an der Tochter mit Eintragung der Spaltung beim übertragenden Rechtsträger ohne weitere Übertragungsakte auf die Anteilseigner der Muttergesellschaft über.[373] Es ist nicht ersichtlich, warum von der gesetzlichen Anordnung der Gewährung von Anteilen als Gegenleistung für das übertragene Vermögen abgewichen werden sollte. Eine Abspaltung ist gerade gekennzeichnet durch die Gewährung von Anteilen an die Eigner des übertragenden Rechtsträgers. Eine Zulassung von Abspaltungen ohne Gewährung von Anteilen würde eine neue Art der Spaltung entstehen lassen. Dies ist mit dem Analogieverbot des § 1 Abs. 2 UmwG nicht vereinbar, soweit nicht eine gesetzliche Re-

369 Dehmer, § 126 UmwG Rn. 14; Hörtnagl, in: Schmitt/Hörtnagl/Stratz, § 126 UmwG Rn. 20; Kallmeyer, in: Kallmeyer, § 126 Rn. 5; Sagasser/Sickinger, in: Sagasser/ Bula/Brünger, Umwandlungen, N Rn. 121.

370 Zur Aufteilung der Vermögensgegenstände: Teil 4 A) II.

371 Dehmer, § 126 UmwG Rn. 40; Hörtnagl, in: Schmitt/Hörtnagl/Stratz, § 126 UmwG Rn. 46; Kallmeyer, in: Kallmeyer, § 126 UmwG Rn. 6; Mayer, in: Widmann/Mayer, § 126 UmwG Rn. 77; Priester, in: Lutter, § 126 UmwG Rn. 21; Schöne, Spaltung GmbH, S. 118.

372 Dehmer, § 126 UmwG Rn. 42; Kallmeyer, in: Kallmeyer, § 125 UmwG Rn. 58, § 126 UmwG Rn. 6.

373 Hörtnagl, in: Schmitt/Hörtnagl/Stratz, § 126 UmwG Rn. 44 (anders noch Dehmer in der Vorauflage); Mayer, in: Widmann/Mayer, § 126 UmwG Rn. 81 ff.; Priester, in: Lutter, § 126 UmwG Rn. 21; zur vergleichbaren Rechtslage bei der Verschmelzung: Bermel, in: Goutier/Knopf/Tulloch, § 20 UmwG Rn. 50; Grunewald, in: Lutter, § 20 UmwG Rn. 55; Marsch-Barner, in: Kallmeyer, § 20 UmwG Rn. 29; a.A. Dehmer, § 126 UmwG Rn. 41, mit der Begründung, die Verpflichtung zur Gewährung einer Gegenleistung entfalle aufgrund der vollständigen mittelbaren Beteiligung der Gesellschafter des übertragenden Rechtsträgers an der übernehmenden Gesellschaft, Ihrig, ZHR 160 (1996), S. 317 (328); Krieger, ZGR 1990, S. 317 (320); Schöne, Spaltung GmbH, S. 119.

gelung die Gewährung von Anteilen verbietet. Außerdem lässt § 131 Abs. 1 Nr. 3 UmwG eine Ausnahme von der Anteilsgewährungspflicht nur zu, wenn der übernehmende Rechtsträger Anteilsinhaber des übertragenden Rechtsträgers ist, nicht aber umgekehrt.[374]
Vom Gesetzgeber nicht entschieden wurde, wie die Mitgliedschaften oder Anteile beschaffen sein müssen, um eine ausreichende Gegenleistung darzustellen. Grundsätzlich muss es sich um gleichartige Gattungen handeln. So sind vinkulierte Anteile als Gegenleistung nach §§ 29 Abs. 1 S. 2, 125 S. 1 UmwG nur dann zulässig, wenn die Aktien der Anteilsinhaber des übertragenden Rechtsträgers ebenfalls vinkuliert waren.[375] Fraglich ist insbesondere, ob Namens- statt Inhaberaktien und Vorzugs- statt Stammaktien ausgegeben werden dürfen. Die Verteilung von stimmrechtslosen Vorzugsaktien anstatt von Stammaktien ist nach herrschender Ansicht wegen der Unwirksamkeit eines Stimmrechtsentzugs durch Mehrheitsbeschluss unzulässig.[376] Außerdem spricht gegen einen Tausch von Stammaktien gegen stimmrechtslose Vorzugsaktien, dass das UmwG für diesen Fall keine Barabfindung vorsieht. Daraus ist abzuleiten, dass ein solcher Tausch, der die Rechte der Anteilsinhaber erheblich beschneidet, nicht zulässig sein soll.[377] Anders verhält es sich bei einem Austausch von Inhaber- gegen Namensaktien, da es sich hierbei nicht um verschiedene Aktiengattungen im Sinn des § 11 AktG handelt.[378]

Die Abspaltung der Celanese AG stellt einen Sonderfall der Spaltung dar, da eine Muttergesellschaft Vermögen auf eine 100 %ige Tochtergesellschaft im Wege der Spaltung überträgt. Die Frage, ob eine Muttergesellschaft Vermögen auf ihre 100%ige Tochter ohne Anteilsgewährung im Wege der Spaltung übertragen kann, spielt aber für das hier maßgebliche Spaltungsvorhaben keine Rolle, da Anteile der Celanese AG an die Gesellschafter der Hoechst AG ausgegeben wurden.

---

374 Mayer, in: Widmann/Mayer, § 126 UmwG Rn. 81.

375 Zum gleichlautenden § 5 Abs. 1 Nr. 2 UmwG für die Verschmelzung: Lutter, in: Lutter, § 5 UmwG Rn. 10; Priester, ZGR 1990, S. 420 (441 f.); Sagasser/Ködderitzsch, in: Sagasser/Bula/Brünger, Umwandlungen, J Rn. 27; für ein Austrittsrecht nach § 29 UmwG, auch wenn bereits beim übertragenden Rechtsträger eine Verfügungsbeschränkung bestand: Grunewald, in: Lutter, § 29 UmwG Rn. 5, Bermel, A./ Müller, Karl-Dieter, NZG 1998 S. 331 (334); Reichert GmbHR 1995, S. 176 (187 f.).

376 Zur Verschmelzung: Heckschen, Verschmelzung, S. 18; ausf. Lutter, in: Lutter. § 5 Rn.12 UmwG; Marsch-Barner, in: Kallmeyer, § 5 UmwG Rn. 12; Sagasser/Ködderitzsch, in: Sagasser/Bula/Brünger, Umwandlungen, J Rn. 27; Semler/Grunewald, in: Geßler/Hefermehl/Eckardt/Kropff, § 320 AktG, Rn. 22; wohl auch: Mayer, in: Widmann/Mayer, § 5 UmwG Rn. 73.

377 Zur Verschmelzung: Heckschen, Verschmelzung, S. 18; ausf. Lutter, in: Lutter. § 5 Rn.12 UmwG; Marsch-Barner, in: Kallmeyer, § 5 UmwG Rn. 12; Mayer, in: Widmann/Mayer, § 5 UmwG Rn. 73; Sagasser/Ködderitzsch, in: Sagasser/Bula/Brünger, Umwandlungen, J Rn. 27; Semler/Grunewald, in: Geßler/Hefermehl/Eckardt/Kropff, § 320 AktG, Rn. 22.

378 Zur Verschmelzung: Heckschen, Verschmelzung, S. 18; Lutter, in: Lutter. § 5 Rn.11 UmwG; Marsch-Barner, in: Kallmeyer, § 5 UmwG Rn. 13; Sagasser/Ködderitzsch, in: Sagasser/Bula/Brünger, Umwandlungen, J Rn. 27.

Nach Maßgabe des § 126 Abs. 1 Nr. 2 UmwG beschreibt § 2 des Spaltungsvertrages, dass die in § 4 des Vertrages bezeichneten Vermögensgegenstände mit allen Rechten und Pflichten als Gesamtheit auf die Celanese AG gegen Gewährung von Anteilen an die Anteilsinhaber der Hoechst AG übergehen sollen. Sämtliche an der Diogenes Erste Vermögensverwaltungs AG gehaltenen Anteile sollen nach § 4.1 Unterpunkt 10 des Spaltungsvertrages auf die Anteilsinhaber der Hoechst AG übergehen.
Auch die Übertragung von Namensaktien anstatt der von der Hoechst AG ausgegebenen Inhaberaktien schadet nicht, da Inhaber- und Namensaktien zur selben Gattung gehören und eine Vinkulierung der Namensaktien nach § 68 Abs. 2 AktG nicht vorgenommen wurde.

3. Das Umtauschverhältnis nach § 126 Abs. 1 Nr. 3 UmwG

Das Umtauschverhältnis ist die tragende Säule des Verschmelzungsvertrages und wird definiert als Verhältnis, mit dem ausgedrückt wird, wie viele Anteile ein Anteilsinhaber des übertragenden Rechtsträgers an Anteilen des übernehmenden Rechtsträgers bezogen auf einen bestimmten Nennbetrag als Gegenleistung für das abzuspaltende Vermögen erhält.[379] Da sich im Fall der Abspaltung die Anzahl der Anteile der Gesellschafter des übertragenden Rechtsträgers regelmäßig nicht verändert, erfolgt auch kein Anteilstausch. Vielmehr stellt die Anteilshingabe des übernehmenden Rechtsträgers eine Gegenleistung für die Reduzierung des Wertes der Anteile am übertragenden Rechtsträger dar.[380] Daher ist bei der Abspaltung richtigerweise von einem Bezugsverhältnis und nicht von einem Umtauschverhältnis zu sprechen.
Im Rahmen der 10%-Grenze der §§ 68 Abs. 3, 125 S. 1 UmwG können bare Zuzahlungen die Gewährung von Anteilen ergänzen. Auch wenn die Möglichkeit der baren Zuzahlung vorrangig dem Ausgleich von Spitzenbeträgen dienen, die bei der Umrechnung der Unternehmensbewertungen in ein Umtausch- oder Bezugsverhältnis entstehen, können darüber hinaus bare Zuzahlungen bis zu 10 % des Gesamtnennbetrags der gewährten Gesellschaftsanteile vorgenommen werden.[381]

a) Anforderungen an die Festlegung des Umtauschverhältnisses

Die Festlegung des Umtauschverhältnisses nach § 126 Abs. 1 Nr. 3 UmwG ist für die Aktionäre der wichtigste Bestandteil des Spaltungsvertrages. Ausgangspunkt ist grundsätzlich eine Unternehmensbewertung der beteiligten Rechtsträger. Die Bestimmung des Umtauschverhältnisses stellt wegen der Bedeutung für den Aktionär und der

---

379 Dehmer, § 126 UmwG Rn. 17, 19; Engelmeyer, Spaltung, S. 36 f.; Hörtnagl, in: Schmitt/Hörtnagl/ Stratz, § 126 UmwG Rn. 21, 25; Schöne, Spaltung GmbH, S. 127; zum Verschmelzungsrecht: Bermel/Hannappel, in: Goutier/Knopf/Tulloch, § 5 UmwG Rn. 7; Mayer, in: Widmann/Mayer, § 5 UmwG Rn. 95; Müller, in: Kallmeyer, § 5 UmwG Rn. 18.

380 Dehmer, § 126 UmwG Rn. 16; Hörtnagl, in: Schmitt/Hörtnagl/Stratz, § 126 UmwG Rn. 25; Müller, in: Kallmeyer, § 126 UmwG Rn. 9; Schöne, Spaltung GmbH, S. 130; ähnlich: Mayer, in: Widmann/Mayer, § 126 UmwG Rn. 127.

381 Dehmer, § 126 UmwG Rn. 28; Heckschen, Verschmelzung, S. 16; Lutter, in: Lutter, § 5 UmwG Rn. 17; Mayer, in: Widmann/Mayer, § 126 UmwG Rn. 133; Müller, in: Kallmeyer, § 5 UmwG Rn. 22; Priester, in: Lutter, § 126 UmwG Rn. 24.

Fülle an Fehlerquellen bei der Ermittlung einen besonderen Unsicherheitsfaktor bei Verschmelzung und Spaltung dar.[382] Bei der Festlegung des Umtauschverhältnisses ist deshalb darauf zu achten, den jeweiligen Interessenlagen gerecht zu werden. Die Aktionäre des übertragenden Rechtsträgers legen Wert auf eine ausreichende Kompensation für die Wertminderung ihrer Anteile durch die Abspaltung. Die Anteilseigner der übernehmenden Gesellschaft dagegen wollen ein Missverhältnis von Anteilshingabe und hinzukommenden Vermögen verhindern.[383]
Ein solches Missverhältnis kann bei einer Spaltung zur Neugründung nicht entstehen, da sämtliche Anteile des neu zu gründenden Rechtsträgers auf die Anteilsinhaber der übertragenden Gesellschaft verteilt werden.[384] Eine wertmäßige Benachteiligung kann aufgrund der verhältnismäßigen Aufteilung aller Anteile am neu zu gründenden Rechtsträger auf die Anteilsinhaber der übertragenden Gesellschaft nicht eintreten. Eine Veränderung des Wertes der einzelnen Beteiligungen ist somit ausgeschlossen. Das bedeutet aber nicht, dass ein Umtauschverhältnis oder besser ein Bezugsverhältnis im Spaltungsplan gar nicht anzugeben ist.[385] § 135 Abs. 1 S. 1 UmwG bestimmt nicht, dass die Angabe des Bezugsverhältnis bei der Spaltung zur Neugründung entbehrlich wird. Daher muss davon ausgegangen werden, dass die Benennung des Bezugsverhältnisses im Spaltungsplan zwingender Bestandteil ist.[386] Es entfällt lediglich die Frage, ob das Umtausch- oder Bezugsverhältnis angemessen ist. Gleichzeitig wird damit - mit Ausnahme der Prüfung der Kapitalaufbringung beim übernehmenden Rechtsträger - die Durchführung einer Unternehmensbewertung entbehrlich.
Das zentrale Problem der Ermittlung des Umtauschverhältnisses kann aber auch auf einem anderen Weg vermieden werden. Spaltet der übertragende Rechtsträger als 100%ige Muttergesellschaft der übernehmenden Gesellschaft sämtliche Anteile auf ihre Anteilsinhaber ab, so entsteht faktisch die Situation einer Spaltung zur Neugründung, da alle Anteile am übernehmenden Rechtsträger auf die Anteilsinhaber der übertragenden Gesellschaft übergehen. Ein Konkurrenzverhältnis zwischen Gesellschafter des übertragenden und des übernehmenden Rechtsträgers wird dadurch ausgeschlossen. Eine Benachteiligung der Anteilsinhaber der übertragenden Gesellschaft ist ausgeschlossen, da eine Überbewertung des abzuspaltenden Vermögens genauso wie eine Unterbewertung keine Veränderung der Vermögensverhältnisse der Aktionäre herbeiführen kann. In jedem Fall bleibt der Aktionär der übertragenden Gesellschaft sowohl bei dieser wie auch bei der übernehmenden Gesellschaft im selben Verhältnis am Gesamtvermögen beteiligt wie vor der Spaltung. Auch in einer solchen Fallkonstellation

382 Lutter, in: Lutter, § 5 UmwG Rn. 16; ebenso: Dehmer, § 5 UmwG Rn. 5; § 126 UmwG Rn. 15.

383 Mayer, in: Widmann/Mayer, § 126 UmwG Rn. 127; Priester, in: Lutter, § 126 UmwG Rn. 22; Schöne, Spaltung GmbH, S. 134.

384 Dehmer, § 126 UmwG Rn. 24, 31; Hörtnagl, in: Schmitt/Hörtnagl/Stratz, § 126 UmwG Rn. 37.

385 So aber: Dehmer, § 126 UmwG Rn. 31, § 136 UmwG Rn. 9; anders die Neuauflage: Hörtnagl, in: Schmitt/Hörtnagl/Stratz, § 126 UmwG Rn. 37.

386 Schöne, Spaltung GmbH, S. 132 f.; Hörtnagl, in: Schmitt/Hörtnagl/Stratz, § 126 UmwG Rn. 37 (anders noch Dehmer in der Vorauflage); a.A. Dehmer, § 126 UmwG Rn. 31, § 136 UmwG Rn. 9.

muss aber ein Bezugsverhältnis im Spaltungsvertrag angegeben werden, obwohl das Bezugsverhältnis nicht auf einer angreifbaren Unternehmensbewertung nicht beruht.

Eine Abspaltung aus einem Konzernverbund wird typischerweise auf diesem Weg durchgeführt werden, da nur so das Problem der Unternehmensbewertung und die umstrittene Frage, unter welchen Voraussetzungen eine verhältniswahrende Spaltung[387] anzunehmen ist, umgangen werden kann. Eine Spaltung, die eine Änderung der Beteiligungsverhältnisse herbeiführt, bedarf nämlich der Zustimmung aller Gesellschafter, was bei einer Publikumsgesellschaft faktisch zum Ausschluss dieser Spaltungsvariante führt.
Da die Unternehmensbewertung somit in den hier zu betrachtenden Spaltungsfällen zumeist keinen für das Bezugsverhältnis verbindlichen Charakter hat, sollen die mit der Unternehmensbewertung verbundenen Probleme nur im Überblick dargestellt werden.

aa) Zeitpunkt der Bewertung

Zunächst ist aufgrund fehlender gesetzlicher Bestimmung zu fragen, in welchem Zeitpunkt die Bewertung des abzuspaltenden Vermögens zu erfolgen hat.
Teilweise wird angenommen, der Spaltungs- oder Verschmelzungsstichtag sei der maßgebliche Zeitpunkt für die Unternehmensbewertungen, da bereits einen Monat vor Beschlussfassung der Entwurf des Vertrages den Arbeitnehmervertretern mitzuteilen und in den Geschäftsräumen auszulegen ist, §§ 5 Abs. 3, 125 S. 1 UmwG. Im Spaltungsvertrag muss dann das Umtausch- oder Bezugsverhältnis als wesentliches Element bereits enthalten sein.[388] Erhebliche Wertveränderungen zwischen dem Spaltungsstichtag und der Beschlussfassung können durch Vereinbarung einer auflösenden Bedingung der Maßgeblichkeit des Umtauschverhältnisses abgefangen werden.[389] Andere vertreten die Auffassung, der Tag der Beschlussfassung sei für die Unternehmensbewertung ausschlaggebend, da den Anteilsinhabern im Zeitpunkt ihrer Entscheidung das tatsächliche Wertverhältnis präsentiert werden müsse.[390] Eine dritte Ansicht lässt den Vertragsparteien die Wahl, welchen der beiden dargestellten Zeitpunkte sie für die Ermittlung ihrer Unternehmenswerte bestimmen.[391] Dieser letzten Ansicht ist zu folgen, da sie den gesetzlichen Vorgaben, die lediglich ein angemesse-

387 Vgl. dazu: unten 10.

388 So für das Verschmelzungsrecht: OLG Bremen, DB 1992, S. 671 (671) m.w.N.; Bermel/Hannappel, in: Goutier/Knopf/Tulloch, § 5 UmwG Rn. 25; Heckschen, Verschmelzung, S. 16; Lutter, in: Lutter, § 5 UmwG Rn. 21; Seetzen, WM 1994, S. 45 (46).

389 Lutter, in: Lutter, § 5 UmwG Rn. 21.

390 Engelmeyer, Spaltung, S. 38; für das Verschmelzungsrecht: Bula/Schlösser, in: Sagasser/Bula/Brünger, Umwandlungen, J Rn. 31; Hoffmann-Becking, FS Fleck, S. 115 ff.; Mayer, in: Widmann/Mayer, § 5 UmwG Rn. 132,

391 Für das Verschmelzungsrecht: OLG Düsseldorf, WM 1984, S. 732 (734); OLG Hamm, WM 1992, S. 946 (947), die die Vereinbarung des Stichtags als Bewertungszeitpunkt nicht beanstandeten; so auch: Kraft, in: Kölner Kommentar, § 340 b AktG Rn. 11; Lutter, in: Lutter, § 5 UmwG Rn. 21; wohl auch: Marsch-Barner, in: Kallmeyer, § 8 UmwG Rn. 21.

nes Umtauschverhältnis in § 12 Abs. 2, 125 S. 1 UmwG[392] verlangen, am ehesten entspricht. Der mit dieser Formulierung verliehene Spielraum umfasst auch die Bestimmung des Bewertungszeitpunktes. Eine Einschränkung der Vertragsfreiheit der Spaltungsparteien dahingehend, dass die Unternehmensbewertung zu einem bestimmten Zeitpunkt erfolgen muss, kann nicht aus dem Gedanken des Aktionärsschutzes begründet werden, da der Aktionär das Umtauschverhältnis im Spruchstellenverfahren nach §§ 125 S. 1, 14, 15 UmwG überprüfen lassen kann.

bb) Unternehmensbewertung

Die Feststellung des Umtauschverhältnisses ist aufgrund der verschiedenen Methoden der Unternehmensbewertung schwierig und häufig angreifbar. Um diese Schwierigkeiten abzumildern, legte der Gesetzgeber in §§ 125 S. 1, 12 Abs. 2 UmwG fest, dass das Umtauschverhältnis lediglich „angemessen" sein muss. Damit wird den Verwaltungen der beteiligten Rechtsträger ein gewisser Spielraum bei der Auswahl der Unternehmensbewertungsmethode zugestanden. Auch wenn rechtliche und wirtschaftliche Hintergründe des Umtauschverhältnisses nach § 127 S. 1 UmwG im Spaltungsbericht darzulegen sind und das Umtauschverhältnis bezüglich der Angemessenheit nach §§ 125 S. 1, 15 UmwG einer gerichtlichen Nachprüfung unterzogen werden kann, ist die Bestimmung des Umtauschverhältnisses immer auch eine Frage der Verhandlung der Spaltungsparteien.[393]

Die Methode der Unternehmensbewertung ist weder gesetzlich festgelegt noch von der Rechtsprechung eindeutig geklärt. Unstreitig ist, dass der reine Buchwert des Vermögens zur Unternehmensbewertung nicht herangezogen werden kann.[394] Auch der Börsenkurs ist im Rahmen der Spaltung anders als bei der Verschmelzung[395] zur Unternehmensbewertung ungeeignet, da anhand der Börsenkurse nur das Unternehmen als Ganzes, nicht aber Teile davon bewertet werden können. Daher ist der Wert des abzuspaltenden Vermögens anhand des inneren Wertes der Anteile zu bestimmen, der sich mit der reinen Ertragswertmethode berechnen lässt.[396] Die Ertragswertmetho-

---

392 Vgl. dazu auch die Ausführungen unter bb).

393 Zum Verschmelzungsrecht: Bermel/Hannappel, in: Goutier/Knopf/Tulloch, § 5 UmwG Rn. 11; Limmer, FS Schippel, S. 415 (422); wohl auch für das Spaltungsrecht: Schöne, Spaltung GmbH, S. 136.

394 Für das Verschmelzungsrecht: Lutter, in: Lutter, § 5 UmwG Rn. 23 m.w.N.; Bula/Schlösser, in: Sagasser/Bula/Brünger, Umwandlungen, J Rn. 32.

395 Gerade im Verschmelzungsrecht mehren sich die Stimmen, die einen durchschnittlichen Börsenkurs als geeigneten Bewertungsmaßstab erachten: BayObLG, DB 1998, S. 2315 (2316); Luttermann, ZIP 1999, S. 45 ff; Rodloff, DB 1999, S. 1149 ff. Nach dem BVerfG ZIP 1999, S. 1436 stellt bei Entschädigungen nach §§ 304, 305, 320 b AktG der Börsenwert eine Untergrenze dar; ob diese Entscheidung auch für die Ermittlung des Umtauschverhältnisses gilt, ist umstritten: offengelassen: LG München, ZIP 2000, S. 1055 (1055); für eine Anwendung auf die Ermittlung des Umtauschverhältnisses: Marsch-Barner, in: Kallmeyer, § 8 UmwG Rn. 14; Piltz, ZGR 2001, S. 185 (205 ff.) m.w.N. Bei der Berechnung von Abfindung und Ausgleich im Rahmen der §§ 304 ff. AktG kann der Börsenkurs jedenfalls herangezogen werden: BGH, NZG 2001, S. 603 f.; OLG Hamburg, NZG 2003, S. 89 f.

396 Zur Ertragswertmethode: Bermel/Hannappel, in: Goutier/Knopf/Tulloch, § 5 UmwG Rn. 14 ff.; Bula/Schlösser, in: Sagasser/Bula/Brünger, Umwandlungen, J Rn. 37; Dehmer, § 5 UmwG

de geht davon aus, dass der Unternehmenswert durch den künftigen Erfolg des Unternehmens bestimmt wird und nimmt als Ausgangspunkt für die Bewertung die voraussichtlichen Überschüsse der Einnahmen über die Ausgaben anhand absehbarer Zukunftserfolge. Die Zukunftserfolge werden mit einem Kapitalisierungszinssatz[397] abgezinst und bilden so den Ertragswert des Unternehmens.[398] Für die Ermittlung der Zukunftserfolge stehen mit Phasen- und Pauschalmethode zwei unterschiedliche Verfahren zur Verfügung, die jeweils auf Planungen der künftigen Unternehmensentwicklung basieren.[399] Der Unternehmenswert ergibt sich dann aus der Summe des festgestellten Ertragswertes und des Zeitwertes des nicht betriebsnotwendigen Vermögens.[400]

Anhand der Unternehmensbewertungen muss zunächst festgestellt werden, welchen Wert ein Anteilsschein des übernehmenden Rechtsträgers tatsächlich repräsentiert. Dazu wird der Gesamtwert des Unternehmens zum gezeichneten Kapital ins Verhältnis gesetzt.[401] Danach wird anhand des Wertes des abzuspaltenden Vermögens ermittelt, wie viele Anteile der übernehmende Rechtsträger an die Gesellschafter des übertragenden Rechtsträgers als Gegenleistung auszugeben hat. Die Anzahl der zu gewährenden Anteile muss dann ins Verhältnis zu der Anzahl des beim übertragenden Rechtsträger bestehenden Anteile gesetzt werden, um so ein Bezugsverhältnis ermitteln zu können.

Ist es aus mathematischen Gründen nicht möglich, das anhand der Unternehmensbewertungen ermittelte Umtauschverhältnis allein durch einen Anteilsaustausch festzulegen, so verbleibt für die entstandenen Spitzenbeträge die Möglichkeit der baren Zuzahlung an die Aktionäre, §§ 125 S. 1, 68 Abs. 3 UmwG.

Reicht dagegen die Anzahl der Anteile eines Aktionärs nicht aus, um einen Anteil am übernehmenden Rechtsträger zu erhalten, so kann er nur die Aktien zum Zweck der Verwertung zur Verfügung stellen oder Teilrechte erwerben, um so ein Vollrecht zu erhalten. Eine bare Zuzahlung kann er nicht verlangen,[402] da es sich insoweit nicht um

---

Rn. 9 ff.; Lutter, in: Lutter, § 5 UmwG Rn. 23 f. m.w.N.; Mayer, in: Widmann/Mayer, § 5 UmwG Rn. 102 ff.; Stratz, in: Schmitt/Hörtnagl/Stratz, § 5 UmwG Rn. 9 ff.

397 Der Kapitalisierungszinssatz umfasst einen Basiszins, der sich nach der durchschnittlichen Rendite für öffentliche Anleihen richtet, sowie einen Geldentwertungsabschlag und einen Unternehmensrisikoaufschlag: Bula/Schlösser, in: Sagasser/Bula/Brünger, Umwandlungen, J Rn. 44; Seetzen, WM 1994, S. 45 (46 ff.), jeweils m.w.N.

398 Zum Verschmelzungsrecht: Bermel/Hannappel, in: Goutier/Knopf/Tulloch, § 5 UmwG Rn. 15; Bula/Schlösser, in: Sagasser/Bula/Brünger, Umwandlungen, J Rn. 37; Dehmer, § 5 UmwG Rn. 9; Lutter, in: Lutter, § 5 UmwG Rn. 24.

399 Ausf. zu Phasen- und Pauschalmethode: Bula/Schlösser, in: Sagasser/Bula/Brünger, Umwandlungen, J Rn. 38 ff.; Seetzen, WM 1994, S. 45 (46 ff.).

400 Zum Verschmelzungsrecht: Marsch-Barner, in: Kallmeyer, § 8 UmwG Rn. 19 m.w.N..

401 Zum Verschmelzungsrecht: Lutter, in: Lutter, § 5 UmwG Rn. 25.

402 Ausf. Schöne, Spaltung GmbH, S. 141 ff.; zum Verschmelzungsrecht: Bermel, in: Goutier/Knopf/ Tulloch, § 54 UmwG Rn. 25; Dehmer, § 54 UmwG Rn. 17; Kallmeyer, in: Kallmeyer, § 54 UmwG Rn. 7; Lutter, in: Lutter, § 5 UmwG Rn. 25; Sagasser/Ködderitzsch, in: Sagasser/Bula/Brünger, Umwandlungen, J Rn. 55; Vetter, AG 1997, S. 6 (8); a.A. Grunewald, in: Geßler/Hefermehl/Eckardt/ Kropff, § 344 AktG, Rn. 16; Grunewald/Winter, in: Lutter, Kölner Umwandlungsrechtstage, S. 19 (49); Winter, in: Lutter, § 54 UmwG Rn. 37, Stratz, in:

eine Zuzahlung, sondern um einen Ersatz der Anteilsgewährung handeln würde.[403] Die Möglichkeit, Teilrechte mit einer Geldleistung abzufinden, müsste als Ausnahme vom Prinzip der Anteilsgewährungspflicht nach §§ 123 Abs. 1, Abs. 2 UmwG genauso gesetzlich geregelt sein wie die Möglichkeit der baren Zuzahlung für Spitzenbeträge oder der Abfindung nach § 29 ff. UmwG. Da es an einer solchen Regelung fehlt, bleibt es bei dem Prinzip der Anteilsgewährungspflicht. Ein Kleinstgesellschafter kann eine Verschmelzung oder Spaltung aber nicht allein dadurch verhindern, dass er eine Zusammenlegung von Teilrechten zu einer Rechtsgemeinschaft verweigert.[404] Wie bei der formwechselnden Umwandlung[405] ist dem Kleinaktionär eine Zustimmung zur Zusammenlegung der Teilrechte aufgrund des schwerwiegenden Umstrukturierungsinteresses des Unternehmens zumutbar.[406]

Stellt der Aktionär bei einer Verschmelzung seine Aktien zur Zusammenlegung nicht zur Verfügung, so können die Anteile für kraftlos erklärt und vernichtet werden.[407] Dieses Verfahren sieht bereits § 72 Abs. 1 UmwG mit einem Verweis auf § 226 Abs. 1, Abs. 2 AktG bei der Erforderlichkeit eines Zusammenlegens von Aktien vor.[408]

Die Verwertung der Teilrechte kann bei der Abspaltung in abgemilderter Form ohne Vernichtung der Teilrechte erfolgen. Da bei einer Abspaltung kein Anteilstausch, sondern lediglich ein Bezugsrecht des Aktionärs des übertragenden Rechtsträgers auf ein Teilrecht an einer Aktie am übernehmenden Rechtsträger entsteht, benötigen die Spaltungsparteien die Anteile des Aktionärs am übertragenden Rechtsträger zur Verwertung des Teilrechtes nicht. Daher können die Spaltungsparteien ohne Zustimmung des Aktionärs über das Teilrecht zum Zweck der Zusammenlegung verfügen und den bei der Verwertung des Teilrechtes erlangten Geldwert an den Aktionär auskehren. Anstatt einer Auskehrung kann auch eine Hinterlegung des Geldbetrags bei Vorliegen der Voraussetzungen vorgenommen werden.

Ein Anfechtungsrecht von Kleinstaktionären, die einer Vereinigung von Teilrechten nicht zustimmen wollen, ist jedenfalls abzulehnen. Ein solches Anfechtungsrecht würde dazu führen, dass neben der Zustimmung einer drei Viertel Mehrheit in der Hauptversammlung auch noch jeder einzelne Kleinstaktionär der Vereinigung seiner Teilrechte zustimmen müsste. Die damit einhergehende wesentliche Beeinträchtigung von Umstrukturierungsvorgängen kann vom Gesetzgeber nicht beabsichtigt sein. Au-

---

Schmitt/Hörtnagl/Stratz, § 54 UmwG Rn. 17 (anders noch Dehmer in der Vorauflage), die ein Barabfindungsangebot auch für Zwergenanteile für zulässig halten.

403 Schöne, Spaltung, GmbH, S. 141 ff; zum Verschmelzungsrecht: Lutter, in: Lutter, § 5 UmwG Rn. 25.

404 So aber zum Verschmelzungsrecht: Kallmeyer, in: Kallmeyer, § 54 UmwG Rn. 7; wohl auch: Dehmer, § 54 UmwG Rn. 17.

405 Dazu: Dehmer, § 242 UmwG Rn. 2; Flesch, ZIP 1996, S. 2153 (2156); Happ, in: Lutter, § 242 UmwG Rn. 12 f.; Stratz, in: Schmitt/Hörtnagl/Stratz, § 242 UmwG Rn. 5.

406 Schöne, Spaltung GmbH, S. 143 ff.; zum Verschmelzungsrecht: Winter, in: Lutter, § 54 UmwG Rn. 38.

407 Sagasser/Ködderitzsch, in: Sagasser/Bula/Brünger, Umwandlungen, J Rn. 55; Vetter, AG 1997, S. 6 (9).

408 Vgl. dazu Vetter, AG 1997, S. 6 (8 f.).

ßerdem müsste ein derart weitgehendes Mitbestimmungsrecht von Kleinaktionären im Umwandlungsgesetz ausdrücklich geregelt werden.

b) Festlegung des Umtauschverhältnisses bei der Spaltung der Hoechst AG

Da bei der Abspaltung im Gegensatz zur Verschmelzung von Gesellschaften kein Austausch von Anteilen stattfindet, gingen die Spaltungsparteien richtigerweise von einem Bezugsverhältnis bei der Spaltung der Hoechst AG aus.
Dieses Bezugsverhältnis konnte relativ frei ausgehandelt werden, da durch die Übertragung aller Anteile an der Celanese AG an die Anteilsinhaber der Hoechst AG nicht nur eine rechnerische, sondern auch eine wertmäßige Sicherung der Beteiligungsquoten der Aktionäre der Hoechst AG erreicht wurde.[409] Die Aktionäre der Hoechst AG wurden nicht nur verhältniswahrend an den von der Celanese AG ausgegebenen Anteilen beteiligt, sondern auch an der Celanese AG selbst. Eine Unterbewertung des einen Vermögensanteils hätte immer eine spiegelbildliche Überbewertung der anderen Seite zur Folge gehabt. Da die Aktionäre nach der Spaltung an beiden Gesellschaften in Höhe ihres früheren Beteiligungsverhältnis beteiligt waren, wurde eine Wertveränderung der einzelnen Anteile durch die Festlegung des Bezugsverhältnisses verhindert. Faktisch entstand die Situation einer Spaltung zur Neugründung, bei der das Bezugsverhältnis nicht auf einer Unternehmensbewertung basiert. Die damit erreichte Vermeidung einer verbindlichen und angreifbaren Unternehmensbewertung erleichterte das Spaltungsvorhaben erheblich, da die Gefahr, ein unangemessenes und nach §§ 125 S. 1, 14 Abs. 2, 15 UmwG angreifbares Umtauschverhältnis festzulegen, nicht bestehen konnte.
Selbstverständlich wurde dennoch eine umfassende Unternehmensbewertung durchgeführt, um ein Bezugsverhältnis zu ermitteln, das eine angemessene Eigenkapitalausstattung der Celanese AG sicherstellen konnte.[410] Da ein gesundes Verhältnis des Grundkapitals zu den Verbindlichkeiten auch für den Börsenkurs der Celanese AG wichtig war und ein Börsenkurs von 5 € oder weniger vermieden werden sollte, rieten die Investmentbanken zu einem Bezugsverhältnis von zehn zu eins.[411] Für den zu erwartenden Börsenkurs der Celanese AG wirkte sich auch das Aktienrückkaufprogramm der Hoechst AG, das vorrangig der Verringerung des Wertes der Hoechst AG diente, positiv aus. Eine sinkende Anzahl im Umlauf befindlicher Hoechst Aktien hatte zur Folge, dass weniger Celanese Aktien ausgegeben werden mussten. Schließlich durfte die Hoechst AG als Inhaber eigener Anteile keine Anteile an der Celanese AG beziehen, § 131 Abs. 1 Nr.1 S. 1 2.Halbsatz, 2.Alt. UmwG. Eine geringere Anzahl von Anteilsscheinen an der Celanese AG ließ dann wiederum einen höheren Börsenkurs erwarten.
Die Gegenleistung für die Übertragung der abzuspaltenden Vermögensgegenstände bestimmt § 8 des Spaltungsvertrages. Die Celanese AG gewährte danach den Hoechst-

409 Zur rechnerischen und wertmäßigen Beteiligungsquote: vgl. Ausführungen unten 10.

410 Auskunft des früheren stellvertretenden Vorstandsvorsitzenden der Hoechst AG und jetzigen Aufsichtsratsvorsitzenden der Celanese AG, Dr. Günter Metz.

411 Auskunft von Dr. Preissler (damals verantwortlicher Justiziar der Hoechst AG) vom 31.10.2001.

Aktionären für je zehn Inhaberaktien eine Namensaktie der Celanese AG. Die Stückaktien beider Gesellschaften verkörpern einen Anteil von DM 5,00 am jeweiligen Grundkapital. Die Aktien der Celanese AG stammten teilweise aus dem Aktienbestand der Hoechst AG, teilweise aus durch Kapitalerhöhung geschaffenen neuen Aktien.[412] Bare Zuzahlungen zum Ausgleich von Spitzenbeträgen wurden nicht geleistet. Ebenso wenig sollten bare Zuzahlungen für Kleinstaktionäre aufgebracht werden, deren Beteiligung am Hoechst Konzern weniger als zehn Aktien betrug. Vielmehr wurde den Aktionären die Möglichkeit eingeräumt, bereits vor der Börsennotierung in einem Umplatzierungsverfahren neben Vollrechten an Celanese Aktien auch durch das Bezugsverhältnis entstehende Teilrechte zu handeln.[413] Ohne einen Kauf- oder Verkaufsauftrag von Teilrechten im Umplatzierungsverfahren oder im Zeitraum vom 25.10.1999 bis 25.01.2000 war es unmöglich, ein Vollrecht zu erwerben. Der nicht fristgerechte Eintausch der Teilrechte führte zur Verwertung dieser Teilrechte durch die Celanese AG für Rechnung der Anteilsinhaber und einer Auskehrung des Erlöses an diese.[414] Daher diente das Umplatzierungsverfahren zum einen der Vereinigung von Teilrechten, zum anderen konnte die zukünftige Börsennotierung der Celanese AG abgeschätzt werden. Turbulenzen bei der Börseneinführung konnten durch den vorbörslichen Handel im Umplatzierungsverfahren vermieden werden.[415]
Wie oben bereits angesprochen ist die zwangsweise Vereinigung von Teilrechten, die Hoechst und Celanese bei verspäteten Kauf- oder Verkaufsaufträgen durch Verkauf der Teilrechte durchführte, zulässig.

c) Ergebnis

Das Problem der Ermittlung des Umtausch- oder Bezugsverhältnisses anhand einer Unternehmensbewertung stellte sich bei der Spaltung der Hoechst AG nicht. Die Hoechst AG übertrug alle Anteile an ihrer Tochtergesellschaft Celanese AG im Wege der Abspaltung an ihre Anteilsinhaber. Damit garantierte sie, dass sich das Beteiligungsverhältnis eines jeden Aktionärs an der Hoechst AG nach der Spaltung an der Hoechst AG und der Celanese AG fortsetzte. Eine Wertveränderung der Beteiligungen war ausgeschlossen, da sich eine Unterbewertung des Vermögens der Celanese AG in einer Überbewertung des Vermögens der Hoechst AG und umgekehrt niederschlagen würde. Eine identische Beteiligungsquote an beiden Gesellschaften stellte sicher, dass der Wert der Anteile unabhängig von einer Unternehmensbewertung war. Das Problem des Entstehens von Teilrechten an Celanese Anteilen aufgrund des Bezugsverhältnisses von zehn zu eins wurde dadurch gelöst, dass den Hoechst-Aktionären ein vorbörslicher Handel mit Celanese Anteilen oder Teilrechten in einem Umplatzie-

---

412 55.895.369 neue Aktien der Celanese AG wurden im Rahmen der Spaltung geschaffen: Handelsregisterauszug der Celanese AG vom 14.06.2000, HRB 42283, Eintragung vom 18.10.1999.

413 Auskunft von Dr. Preissler (damals verantwortlicher Justiziar der Hoechst AG) vom 31.10.2001.

414 Anzeige der Hoechst AG und der Celanese AG im Handelsblatt vom 25.10.1999, S. 50.

415 Auskunft von Dr. Preissler (damals verantwortlicher Justiziar der Hoechst AG) vom 31.10.2001.

rungsverfahren ermöglicht wurde. Teilrechte die im Umplatzierungsverfahren nicht veräußert wurden, veräußerte die Hoechst AG und kehrte den Erlös an die jeweiligen Aktionäre aus. Eine Zustimmung der Kleinaktionäre zu einer solchen Zwangsveräußerung musste nicht eingeholt werden, da die Zustimmungserfordernisse in §§ 128, 125 S. 1, 65 Abs. 1 S. 1 UmwG abschließend sind und das Umstrukturierungsinteresse gegenüber dem Interesse des Aktionärs an der Aufrechterhaltung eines Teilrechtes überwiegen.

4. Angabe von Einzelheiten zur Übertragung der Anteile an die Gesellschafter des übertragenden Rechtsträgers

Nach § 126 Abs. 1 Nr.4 UmwG muss der Spaltungsvertrag Einzelheiten zur Übertragung der Anteile des übernehmenden Rechtsträgers auf die Anteilseigner der übertragenden Gesellschaft beinhalten. Gemäß §§ 125 S. 1, 71 Abs. 1, 78 UmwG ist ein Treuhänder zu bestellen, der die Anteile des übernehmenden Rechtsträgers in Empfang nimmt und an die Aktionäre des übertragenden Rechtsträgers ausgibt. Dieser Treuhänder, mit dem ein gesonderter Vertrag zu schließen ist, muss im Spaltungsvertrag namentlich benannt werden.[416]

In § 8.3 bestimmt der Spaltungsvertrag die Dresdner Bank als Treuhänder für den Empfang der Aktien der Celanese AG und deren Aushändigung an die Aktionäre der Hoechst AG. Die Celanese AG verpflichtet sich in § 8.3 S. 2 des Spaltungsvertrages, der Dresdner Bank vor Eintragung der Abspaltung Besitz an den Anteilen zu verschaffen.

5. Zeitpunkt des Gewinnbezugs

Nicht ohne Schwierigkeiten gestaltet sich die Festlegung des Zeitpunkts der Gewinnberechtigung gemäß § 126 Abs. 1 Nr. 5 UmwG, da nicht vorhersehbar ist, wann die Handelsregistereintragung erfolgt und damit die Anteilsinhaber des übertragenden Rechtsträgers Gesellschafter des übernehmenden Rechtsträgers werden, § 131 Abs. 1 Nr.3 S. 1 UmwG. Legt man die Gewinnberechtigung auf den Zeitpunkt der Handelsregistereintragung mithilfe einer aufschiebenden Befristung,[417] so stellt sich die Frage, wie die Dividenden zu berechnen sind. Schwierigkeiten sind bei der Festlegung der Gewinnberechtigung auf den Zeitpunkt der Eintragung im Handelsregister wohl unvermeidbar. Der Zeitpunkt der Handelsregistereintragung spaltet das Geschäftsjahr in zwei ungleiche Hälften. Eine für alte und neue Anteilsinhaber gleichsam akzeptable Gewinnverteilung kann deshalb nicht exakt berechnet werden.[418] Daher besteht die

---

416 Kallmeyer, in: Kallmeyer, § 126 UmwG Rn. 13; Mayer, in: Widmann/Mayer, § 5 UmwG Rn. 138, § 126 UmwG Rn. 151; Priester, in: Lutter, § 126 UmwG Rn. 6.

417 Dahingehende Vorschläge für das Verschmelzungsrecht: Grunewald, in: Geßler/Hefermehl/Eckardt/ Kropff, § 340 AktG, Rn. 14 f.; Hoffmann-Becking, FS Fleck, S. 105 (119); Martens, AG 1986, S. 57 (57 Fn.1); Priester, in: Lutter, § 126 UmwG Rn. 27.

418 Zum Verschmelzungsrecht: Marsch-Barner, in: Kallmeyer, § 5 UmwG Rn. 28; Sagasser/Köd-

Möglichkeit, die Gewinnberechtigung auf den Beginn des der Eintragung nachfolgenden Geschäftsjahres festzulegen.[419] So wird zum einen eine eindeutige Berechnung der Dividende ermöglicht, zum anderen besteht nicht die Gefahr der Überzahlung, wenn die Gewinnberechtigung vor den Zeitpunkt der Eintragung gelegt und die Spaltung angefochten wird.[420]
Aufgrund nicht unwahrscheinlicher Verzögerungen durch Anfechtungsklagen wird außerdem die Vereinbarung von variablen Stichtagen empfohlen.[421] Damit verschiebt sich die Gewinnberechtigung automatisch um ein Geschäftsjahr, wenn die Eintragung nicht zu einem bestimmten Zeitpunkt erfolgt. Der Beginn des Dividendenrechts kann auch auf spätere Geschäftsjahre verlegt werden, wenn dies im Umtauschverhältnis berücksichtigt wurde. Auf diese Weise kann ein für die Aktionäre des übertragenden Rechtsträgers günstig ausgestaltetes Umtauschverhältnis ausgeglichen werden.[422] Für frühere Geschäftsjahre kann ein Dividendenrecht nur vereinbart werden, wenn noch kein Gewinnverwendungsbeschluss gefasst wurde.[423]

Im Spaltungsvertrag der Hoechst AG und der Celanese AG wurde nach § 3.1 des Spaltungsvertrages der Spaltungsstichtag auf den 01.01.1999 festgelegt. Die Schlussbilanz der Hoechst AG fiel mit der letzten Jahresbilanz zusammen, § 3.2 des Spaltungsvertrages. Die Schlussbilanz datiert ebenfalls auf den 01.01.1999. Dieses Datum ist auch für den Zeitpunkt der Gewinnberechtigung nach § 8.1 S. 2 des Spaltungsvertrages maßgeblich. Für den Fall, dass die Eintragung der Abspaltung erst nach der Hauptversammlung der Celanese AG, die über die Gewinnverwendung für das Geschäftsjahr 1999 entscheidet, stattfindet, bestimmt § 15.2 des Spaltungsvertrages, dass die Gewinnberechtigung am 01.01.2000 beginnt. Bei weiteren Verzögerungen soll sich die

deritzsch, in: Sagasser/Bula/Brünger, Umwandlungen, J Rn. 62.

419 Engelmeyer, Spaltung, S. 41; Engelmeyer, AG 1996, S. 193 (195); für das Verschmelzungsrecht: Bermel/Hannappel, in: Goutier/Knopf/Tulloch, § 5 UmwG Rn. 47; Grunewald, in: Geßler/Hefermehl/Eckardt/Kropff, § 340 AktG, Rn. 12; Lutter, in: Lutter, § 5 UmwG Rn. 30; Marsch-Barner, in: Kallmeyer, § 5 UmwG Rn. 28; Priester, BB 1992, S. 1594 (1594); Sagasser/Ködderitzsch, in: Sagasser/Bula/Brünger, Umwandlungen, J Rn. 62.

420 Zum Verschmelzungsrecht: Lutter, in: Lutter, § 5 UmwG Rn. 30; Sagasser/Ködderitzsch, in: Sagasser/Bula/Brünger, Umwandlungen, J Rn. 62.

421 Zum Verschmelzungsrecht: Bermel/Hannappel, in: Goutier/Knopf/Tulloch, § 5 UmwG Rn. 47; Hoffmann-Becking, FS Fleck, S. 105 (119 f.); Lutter, in: Lutter, § 5 UmwG Rn. 30 (mit Formulierungsbeispiel in Fn. 132); Martens, AG 1986, S. 57 (57 Fn. 1) mit Formulierungsbeispiel; weitere Formulierungsbeipiele: Heidenhain, in: Münchener Vertragshandbuch I, XI.1, S. 1292 § 17; Hoffmann-Becking, in: Münchener Vertragshandbuch I, X.1, S. 1241 § 8.

422 Engelmeyer, Spaltung, S. 41; Engelmeyer, AG 1996, S. 193 (195); zum Verschmelzungsrecht: Barz, AG 1972, S. 1 (3); Grunewald, in: Geßler/Hefermehl/Eckardt/Kropff, § 340 AktG, Rn. 14 f.; Lutter, in: Lutter, § 5 UmwG Rn. 30; Priester, BB 1992, S. 1594 (1594); Sagasser/Ködderitzsch, in: Sagasser/Bula/Brünger, Umwandlungen, J Rn. 62;

423 Zum Verschmelzungsrecht: Bermel/Hannappel, in: Goutier/Knopf/Tulloch, § 5 UmwG Rn. 48; ; Hoffmann-Becking, FS Fleck, S. 105 (119); Lutter, in: Lutter, § 5 UmwG Rn. 30 Fn. 128; Marsch-Barner, in: Kallmeyer, § 5 UmwG Rn. 28; Priester, BB 1992, S. 1594 (1594).

Gewinnberechtigung jeweils um ein weiteres Jahr hinausschieben, § 15.2 S. 2 des Spaltungsvertrages.
Diese Regelung des Beginns der Gewinnberechtigung hat viele Vorteile. Zum einen ist die frühzeitige Gewinnbeteiligung ein Anreiz für die Aktionäre der Hoechst AG, der Abspaltung zuzustimmen und das weitere Verfahren nicht zu behindern. Zum anderen wird durch die Verschiebung der Gewinnbeteiligung bei etwaiger Verzögerung der Eintragung verhindert, dass die Aktionäre der Hoechst AG nachträglich am Gewinn der Celanese AG beteiligt werden. Die Wahl des Gewinnverwendungsbeschlusses der Hauptversammlung als den Zeitpunkt, zu dem die Eintragung im Handelsregister erfolgt sein muss, entspricht ebenfalls den praktischen Bedürfnissen. Erst mit der Eintragung der Abspaltung erhalten die Aktionäre der Hoechst AG Anteile an der Celanese AG. Logische Konsequenz ist, dass die Aktionäre der Hoechst AG nur gewinnberechtigt sein sollen, wenn sie an der Entscheidung über die Gewinnverwendung als Aktionäre der Celanese AG in der Hauptversammlung teilnehmen können. Dies ist aber nur der Fall, wenn die Eintragung der Spaltung der Entscheidung über die Gewinnverwendung zeitlich vorangeht.

6. Spaltungsstichtag

Der Spaltungsstichtag, der nach § 126 Abs. 1 Nr. 6 UmwG im Spaltungsvertrag zu benennen ist, wird definiert als Zeitpunkt, ab dem die Handlungen als für Rechnung der übernehmenden Gesellschaft vorgenommen gelten.[424] Damit wird das Innenverhältnis zwischen den Vertragsparteien - und insbesondere der Übergang der Rechnungslegung - bestimmt.[425]
Verluste und Gewinne, die im abzuspaltenden Vermögensteil nach Übergang der Rechnungslegung entstehen, werden dem übernehmenden Rechtsträger zugeordnet. Dies bedeutet, dass wirtschaftliche Folgen und dingliche Wirkungen der Spaltung, die nach § 131 Abs. 1 UmwG erst mit Eintragung der Spaltung im Handelsregister des übertragenden Rechtsträgers eintreten, voneinander getrennt werden.[426]
Außerdem wird der Spaltungsstichtag für die steuerliche Beurteilung der Umwandlung nach § 2 Abs. 1 UmwStG herangezogen. Der Spaltungsstichtag muss mit dem Stichtag der Schlussbilanz des übertragenden Rechtsträgers, die nach §§ 125 S. 1, 17 Abs. 2 UmwG anzufertigen ist, zusammenfallen, nicht aber mit dem Beginn der Gewinnbe-

---

424 Engelmeyer, Spaltung, S. 42; Engelmeyer, AG 1996, S. 193 (196); für das Verschmelzungsrecht: Bermel/Hannappel, in: Goutier/Knopf/Tulloch, § 5 UmwG Rn. 51; Grunewald, in: Geßler/Hefermehl/Eckardt/Kropff, § 340 AktG, Rn. 17; Kiem, ZIP 1999, S. 173 (178); Lutter, in: Lutter, § 5 UmwG Rn. 31; Mayer, in: Widmann/Mayer, § 5 UmwG Rn. 152; Müller, in: Kallmeyer, § 5 UmwG Rn. 31; Sagasser/Ködderitzsch, in: Sagasser/Bula/Brünger, Umwandlungen, J Rn. 63.

425 Engelmeyer, Spaltung, S. 42; Engelmeyer, AG 1996, S. 193 (196); Heidenhain, NJW 1995, S. 2873 (2875); zum Verschmelzungsrecht: Bermel/Hannappel, in: Goutier/Knopf/Tulloch, § 5 UmwG Rn. 52; Grunewald, in: Geßler/Hefermehl/Eckardt/Kropff, § 340 AktG, Rn. 18; Lutter, in: Lutter, § 5 UmwG Rn. 31; Mayer, in: Widmann/Mayer, § 5 UmwG Rn. 153; Müller, in: Kallmeyer, § 5 UmwG Rn. 33; Sagasser/Ködderitzsch, in: Sagasser/Bula/Brünger, Umwandlungen, J Rn. 63.

426 Kiem, ZIP 1999, S. 173 (178).

rechtigung.[427] Aufgrund der Unsicherheit, wann die Eintragung in die Handelsregister der beteiligten Rechtsträger erfolgt, bietet sich - wie bei der Bestimmung des Beginns der Gewinnberechtigung - die Vereinbarung eines variablen oder alternativen Stichtags an.[428] Dies hat insbesondere den Vorteil, dass Bilanzierungsschwierigkeiten vermieden werden. Bei der Vereinbarung eines starren Stichtags dürfen nach dem Imparitätsprinzip Gewinne aus dem abzuspaltenden Vermögensteil dem übernehmenden Rechtsträger zunächst nicht als eigene Erträge zugewiesen werden, da das Wirksamwerden der Spaltung noch nicht mit Sicherheit feststeht. Für Verluste muss der übernehmende Rechtsträger allerdings Rückstellungen machen. Diese negativen Auswirkungen auf die Bilanzierung im Zeitraum zwischen Stichtag und Eintragung der Spaltung werden durch die Vereinbarung eines variablen Stichtags umgangen.[429] Dabei ist allerdings zu beachten, dass bei einer Verschiebung des Stichtags aufgrund des Gleichlaufs von Stichtagsregelung und Schlussbilanz beim Handelsregister eine aktualisierte Schlussbilanz einzureichen ist.[430] Außerdem sollten sich die Spaltungsparteien vor Augen führen, dass mit der Verschiebung des Stichtags der Zeitpunkt des Übergangs der Rechnungslegung und damit auch das Werteverhältnis zwischen übertragendem und übernehmendem Rechtsträger verändert wird.[431] Wurde das Umtauschverhältnis von der Hauptversammlung bereits gebilligt, so liegen dem Umtauschverhältnis andere Werte zugrunde als die zum Zeitpunkt des neuen Stichtags bestehenden tatsächlichen Wertverhältnisse.[432] Ob die Veränderung der tatsächlichen Werte eine erneute Ermittlung des Umtauschverhältnisses und eine erneute Abstimmung seitens der Hauptversammlungen erforderlich macht, ist noch ungeklärt.[433]
Der Spaltungsvertrag zwischen der Hoechst AG und der Celanese AG setzt den Spaltungsstichtag auf den 01.01.1999 fest, § 3.1 des Spaltungsvertrages. Ab 02.01.1999

---

427 Heidenhain, NJW 1995, S. 2873 (2875); Priester, in: Lutter, § 126 UmwG Rn. 26; für das Verschmelzungsrecht: Hoffmann-Becking, FS Fleck, S. 105 (117); Ihrig, GmbHR 1995, S. 622 (628); Kiem, ZIP 1999, S. 173 (178); Lutter, in: Lutter, § 5 UmwG Rn. 31; Müller, in: Kallmeyer, § 5 UmwG Rn. 33; demnach ist der Spaltungsstichtag auf den 01.01. 0.00 Uhr festzulegen, wenn der Bilanzstichtag auf den 31.12. 24.00 Uhr lautet. In der Praxis werden Stichtag des letzten Jahresabschlusses, Spaltungsstichtag und Stichtag der Schlussbilanz auf denselben Tag gelegt: Mayer, in: Widmann/Mayer, § 5 UmwG Rn. 160.

428 Zum Verschmelzungsrecht: Grunewald, in: Geßler/Hefermehl/Eckardt/Kropff, § 340 AktG, Rn. 21; Hoffmann-Becking, FS Fleck, S. 105 (117); Lutter, in: Lutter, § 5 UmwG Rn. 32 mit Formulierungsvorschlag; Mayer, in: Widmann/Mayer, § 5 UmwG Rn. 164; Müller, in: Kallmeyer, § 5 UmwG Rn. 36; Sagasser/Ködderitzsch, in: Sagasser/Bula/Brünger, Umwandlungen, J Rn. 63; a.A. Schütz/Fett, DB 2002, S. 2696 (2697 ff.), die insbesondere auf das Problem der Veränderung der Wertrelation hinweisen.

429 Vgl. zum Verschmelzungsrecht: Kiem, ZIP 1999, S. 173 (179).

430 Zum Verschmelzungsrecht: Kiem, ZIP 1999, S. 173 (178).

431 Zum Verschmelzungsrecht: Hoffmann-Becking, FS Fleck, S. 105 (120); Kiem, ZIP 1999, S. 173 (178); ausf. Schütz/Fett, DB 2002, S. 2696 (2697 ff.).

432 Vgl. zu den Konsequenzen der Änderung der Werterelation für die Vertragsgestaltung und der Vereinbarung eines Kündigung- oder Rücktrittsrechtes: unten IV.3.

433 Nach OLG Karlsruhe wirkt die Eintragung in jedem Fall auf den ursprünglich beabsichtigten Zeitpunkt zurück: OLG Karlsruhe, AG 1998, S. 288 (288); anders wohl: BGH, DB 1992, S. 2432, wonach eine Rückwirkung der Eintragung nicht eintrete (Nichtannahmebeschluss).

0.00 Uhr sollen alle Geschäfte und Handlungen der Hoechst AG bezüglich des abzuspaltenden Vermögens für Rechnung der Celanese AG erfolgen. Der Spaltungsstichtag fällt daher mit dem Zeitpunkt der Schlussbilanz nach § 3.2 des Spaltungsvertrages und dem Tag der Gewinnberechtigung nach § 8.1 S. 2 des Spaltungsvertrages zusammen. Zusätzlich haben die Vertragsparteien den steuerlichen Übertragungszeitpunkt ausdrücklich in § 13 des Spaltungsvertrages mit dem Spaltungsstichtag gleichgesetzt. Wie für den Beginn der Gewinnberechtigung sieht § 15 des Spaltungsvertrages eine Verschiebung sowohl des Spaltungsstichtags wie auch des steuerlichen Übertragungszeitpunktes vor, sollte die Spaltung nicht bis zum 31.12.1999 eingetragen sein. In diesem Fall wird der Spaltungsstichtag auf den 01.01.2000 0.00 Uhr und der steuerliche Übertragungszeitpunkt auf den 31.12.1999 24.00 Uhr festgeschrieben. Außerdem soll die Schlussbilanz der Hoechst AG vom 31.12.1999 ausschlaggebend sein. Bei einer weiteren Verzögerung jeweils über den 31.12. des Folgejahres hinaus soll auch die ausschlaggebende Schlussbilanz die des Folgejahres sein.

7. Besonderer Rechte und Vorteile einzelner Anteilsinhaber

Gemäß § 126 Abs. 1 Nr. 7 UmwG muss der Spaltungsvertrag alle besonderen Rechte und Maßnahmen aufführen, die der übernehmende Rechtsträger einzelnen Anteilsinhabern gewährt. Es müssen daher alle gesellschaftsrechtlichen oder mitgliedschaftsrechtlichen Sondervorteile unabhängig davon, ob sie in unmittelbarem Zusammenhang mit der Abspaltung stehen, aufgezeigt werden.[434]
Sonderrechte können beispielsweise einem Teil der Aktionäre des übernehmenden Rechtsträgers gewährt werden, um deren Widerstand zu brechen.[435] Ein Sondervorteil ist bereits dann anzunehmen, wenn vom gesellschaftsrechtlichen Gleichbehandlungsgebot wie etwa bei Vorzugsrechten auf Gewinn oder Liquidationserlös abgewichen wird. Sonderrechte, die allen Aktionären zugestanden werden, fallen nicht unter § 126 Abs. 1 Nr. 7 UmwG, da der Wortlaut auf „einzelne" Sondervorteile abstellt.[436]
Inhaber eines besonderen Rechts nach § 126 Abs. 1 Nr. 7 UmwG ist derjenige, der Wertpapiere im Sinn des § 23 UmwG besitzt.[437] Dabei muss es sich um mitgliedschaftsähnliche Vermögensrechte wie die in § 23 UmwG aufgeführten Wandel-, Ge-

434 Kallmeyer, in: Kallmeyer, § 126 UmwG Rn. 17; zum Verschmelzungsrecht: Lutter, in: Lutter, § 5 UmwG Rn. 33; Sagasser/Ködderitzsch, in: Sagasser/Bula/Brünger, Umwandlungen, J Rn. 64.

435 Priester, in: Lutter, § 126 UmwG Rn. 31; zum Verschmelzungsrecht: Sagasser/Ködderitzsch, in: Sagasser/Bula/Brünger, Umwandlungen, J Rn. 64.

436 Engelmeyer, Spaltung, S. 44; zum Verschmelzungsrecht: Dehmer, § 5 UmwG Rn. 39; Lutter, in: Lutter, § 5 UmwG Rn. 33 f.; Mayer, in: Widmann/Mayer, § 5 UmwG Rn. 168 f.; Marsch-Barner, in: Kallmeyer, § 5 UmwG Rn. 40 f.; Sagasser/Ködderitzsch, in: Sagasser/Bula/Brünger, Umwandlungen, J Rn. 65; Stratz, in: Schmitt/Hörtnagl/Stratz, § 5 UmwG Rn. 39.

437 Zum Verschmelzungsrecht: Lutter, in: Lutter, § 5 UmwG Rn. 35; Mayer, in: Widmann/Mayer, § 5 UmwG Rn. 168; Sagasser/Ködderitzsch, in: Sagasser/Bula/Brünger, Umwandlungen, J Rn. 66.

winnschuldverschreibungen, Genussrechte und ähnliche Rechte[438] handeln. Auch Optionsrechte fallen aufgrund des damit verliehenen Bezugsrechts auf Gesellschaftsanteile unter den Begriff der Sonderrechte.[439] Sonstige Sonderstellungen schuldrechtlicher Natur wie besondere Lieferrechte oder Verträge zu Sonderkonditionen werden von § 23 UmwG nicht erfasst.[440] Auch schuldrechtliche Vereinbarungen zwischen den Aktionären bei Optionen oder Stimmbindungsverträgen führen nicht zu einem Sonderrecht im Sinn des § 126 Abs. 1 Nr.7 UmwG.[441]
Rechte, die nicht von § 23 UmwG umfasst werden, sind nicht nach § 126 Abs. 1 Nr. 7 UmwG anzugeben, sondern werden allein durch die Gläubigerschutzvorschriften nach §§ 133, 22, 125 S. 1 UmwG geschützt.[442]
Das Bestehen von Sonderrechten beim übertragenden Rechtsträger hat neben der Pflicht, diese im Spaltungsvertrag zu bezeichnen, die Konsequenz, dass den Rechtsinhabern bei der Abspaltung oder Ausgliederung entweder beim übernehmenden nach §§ 125 S. 1, 23 UmwG oder beim übertragenden Rechtsträger gemäß § 133 Abs. 2 S. 2 UmwG ein gleichwertiges Recht einzuräumen ist. Dadurch soll die Verringerung des Wertes des Sonderrechts durch die Spaltung vermieden werden. Das mit § 23 UmwG verfolgte Ziel des Verwässerungs- und Wertminderungsschutzes kann bei einer Abspaltung oder Ausgliederung auch durch Anpassung des jeweiligen Rechts beim übertragenden Rechtsträger - wie in § 133 Abs. 2 S. 2 UmwG vorgesehen - erfolgen.[443] Umtausch- und Bezugsrechte sind so anzupassen, dass das neue Bezugsrecht dem alten gleichwertig ist. Die Gleichwertigkeit kann im Klageweg festgestellt werden.[444] Soweit der übertragende Rechtsträger keine Sonderrechte ausgegeben hat, sollte dies ausdrücklich im Spaltungsvertrag angegeben werden.[445]

Das einzige Sonderrecht, das nach § 126 Abs. 1 Nr.7 UmwG im Spaltungsvertrag der Hoechst AG und der Celanese AG zu regeln war, ist das Aktienoptionsprogramm für

---

438 Zum Verschmelzungsrecht: Lutter, in: Lutter, § 5 UmwG Rn. 35; Marsch-Barner, in: Kallmeyer, § 5 UmwG Rn. 42; Mayer, in: Widmann/Mayer, § 5 UmwG Rn. 169; Sagasser/Ködderitzsch, in: Sagasser/Bula/Brünger, Umwandlungen, J Rn. 66.

439 Zum Verschmelzungsrecht: Dehmer, § 23 UmwG Rn. 5, 12; Grunewald, in: Lutter, § 23 UmwG Rn. 12; Marsch-Barner, in: Kallmeyer, § 23 UmwG Rn. 5, 11.

440 Zum Verschmelzungsrecht: Lutter, in: Lutter, § 5 UmwG Rn. 35; Mayer, in: Widmann/Mayer, § 5 UmwG Rn. 168; Sagasser/Ködderitzsch, in: Sagasser/Bula/Brünger, Umwandlungen, J Rn. 66.

441 Zum Verschmelzungsrecht: Lutter, in: Lutter, § 5 UmwG Rn. 34; Marsch-Barner, in: Kallmeyer, § 5 UmwG Rn. 41; Sagasser/Ködderitzsch, in: Sagasser/Bula/Brünger, Umwandlungen, J Rn. 64.

442 Zum Verschmelzungsrecht: Lutter, in: Lutter, § 5 UmwG Rn. 35; Sagasser/Ködderitzsch, in: Sagasser/Bula/Brünger, Umwandlungen, J Rn. 66.

443 BT-Drucks. 12/6699, zu § 133, S. 122.

444 Zum Verschmelzungsrecht: Marsch-Barner, in: Kallmeyer, § 23 UmwG Rn. 13; für eine Leistungsklage: Dehmer, § 23 UmwG Rn. 16; Stratz, in: Schmitt/Hörtnagl/Stratz, § 23 UmwG Rn. 16; für eine Feststellungsklage: Grunewald, in: Lutter, § 23 UmwG Rn. 12.

445 Heidenhain, NJW 1995, S. 2873 (2875); Kallmeyer, in: Kallmeyer, § 126 UmwG Rn. 17; Priester, in: Lutter, § 126 UmwG Rn. 31.

Vorstandsmitglieder und Führungskräfte der Hoechst AG und verbundener Unternehmen. Hierfür beschloss die Hauptversammlung am 05.05.1998 ein bedingtes Kapital in Höhe von DM 18 Mio. Dieser sogenannte „Stock Option Plan" wurde in der Weise gestaltet, dass jedes Bezugsrecht zum Bezug einer Aktie der Hoechst AG zum Basispreis, der sich nach dem durchschnittlichen Schlusskurs des Präsenzhandels an der Frankfurter Wertpapierbörse während der letzten fünf Handelstage vor dem Ausgabetag bestimmt, berechtigt. Die Hoechst AG gab die Bezugsrechte am 30.09.1998 zu einem Basispreis von DM 68,22 aus.

Die Bezugsrechte können nach einer Wartefrist von drei Jahren ab dem Ausgabetag innerhalb von zwei Jahren ausgeübt werden. Für die Ausübung muss der Schlusskurs der Aktie der Hoechst AG mindestens 25 % über dem Basispreis liegen und zugleich eine bessere Entwicklung des Aktienkurses vorliegen als ein spezifischer auf Basis von Konkurrenzunternehmen erstellter Index. Die Kapitalerhöhung erfolgt dann nur in Höhe der ausgeübten Bezugsrechte.

Die Bezugsberechtigten sind Inhaber von besonderen Rechten im Sinn von §§ 126 Abs. 1 Nr.7, 125 S. 1, 23 UmwG. Von dem übertragenden Rechtsträger ausgegebene Optionsrechte sind Sonderrechte im Sinn von §§ 125 S. 1, 23 UmwG. Deshalb sind die Maßnahmen, die für diese Sonderrechtsinhaber getroffen werden nach § 126 Abs. 1 Nr. 7 UmwG im Spaltungsvertrag zu regeln. Die Tatsache, dass die Optionsrechte nicht anlässlich der Spaltung ausgegeben wurden, spielt für die Angabepflicht nach § 126 Abs. 1 Nr.7 UmwG keine Rolle. Sonderrechtsinhabern sind nach §§ 125 S. 1, 23 UmwG wegen des aus der Vermögensabspaltung resultierenden Wertverlustes gleichwertige Rechte einzuräumen. Diese gleichwertigen Rechte müssen nach § 133 Abs. 2 S. 2 UmwG nicht unbedingt am übernehmenden Rechtsträger gewährt werden. Daher bestimmt § 10 des Spaltungsvertrages eine Anpassung der Bezugsrechte dahingehend, dass lediglich der Basispreis verringert und die Zahl der Bezugsrechte erhöht wird. Hierbei ist auf das Wertverhältnis des abzuspaltenden Vermögens zum Gesamtvermögen der Hoechst AG abzustellen. Darüber hinaus ist die Anzahl der Bezugsrechte, deren Ausgabetag ebenfalls der 30.09.1998 sein soll, zu erhöhen.[446]

Sonstige Inhaber von Sonderrechten oder Sondervorteilen existierten nach § 8.4 des Spaltungsvertrages nicht.[447]

Insbesondere stellen das von der Hoechst AG 1997 eingeführte aktienkursorientierte Bonusprogramm und ähnliche Programme kein Sonderrecht im Sinn des §§ 125 S. 1, 23 UmwG dar,[448] da diese Programme nicht zum Erwerb von Aktien oder zum Erwerb eines Bezugsrechts auf Aktien berechtigen, sondern auf schuldrechtlicher Basis fingieren, dass die berechtigten Mitarbeiter ein derartiges Recht haben und ausüben. Daher erhalten die Berechtigten den jeweiligen Wert der Rechte in bar. Ein Mitgliedschafts-

446 Zu Beschreibung und Berechnung des Anpassungsvorgangs: Spaltungsbericht der Hoechst AG und der Celanese AG, V.10 S. 87 ff.

447 Dies wird durch den Spaltungsprüfungsbericht bestätigt: Bericht über die Prüfung der Abspaltung der Hoechst AG, in: Spaltungsbericht der Hoechst AG und der Celanese AG, Anhang 3, C 22, S. 135.

448 Vgl. zu diesen Programmen: Spaltungsbericht der Hoechst AG und der Celanese AG, III.1.3., S. 64 f.

recht oder ein sonstiges Sonderrecht entsteht nicht. Obwohl diese Bonusprogramme keine Sonderrechte im Sinn des §§ 125 S. 1, 23 UmwG darstellen, regelt § 11.1 des Spaltungsvertrages, dass auf diese Bonusprogramme das für die Aktienoptionsprogramme geltende Verfahren anzuwenden ist.[449]
Es sind auch keine Maßnahmen zur Schaffung von Sonderrechten anlässlich der Spaltung vorgesehen wie aus § 8.4 des Spaltungsvertrages hervorgeht. Beide Aussagen werden durch die Spaltungsprüfung unter C VII, Rn. 22[450] bestätigt.

8. Sondervorteile für Mitglieder der Vertretungs- oder Aufsichtsorgane

Die Angabe von Sondervorteilen für Mitglieder eines Vertretungs- oder Aufsichtsorgans sowie Abschluss- und Spaltungsprüfer nach § 126 Abs. 1 Nr. 8 UmwG soll vorrangig die Anteilsinhaber über mögliche Zweifel an der Objektivität der begünstigten Personen informieren.[451] Der Kreis der Personen ist aufgrund des Schutzzwecks des § 126 Abs. 1 Nr. 8 UmwG weit auszulegen. So ist unter dem Begriff „Aufsichtsorgan" nicht nur der obligatorische Aufsichtsrat der AG zu verstehen, sondern alle Organe mit Überwachungsfunktion wie etwa Beiräte oder Gesellschafterausschüsse.[452]
Unter den Begriff „besondere Vorteile" fallen Abfindungszahlungen, aber auch Zusagen an Führungskräfte der übertragenden Gesellschaft, bei der übernehmenden Gesellschaft in einer bestimmten Position eingesetzt zu werden.[453] Die Verteilung von Führungspositionen im Spaltungsvertrag hat jedoch keine konstitutive oder verpflichtende Wirkung, da die Bestellung der Organe nach den dafür vorgesehenen Regeln zu erfolgen hat.[454] Dies spricht aber nicht gegen eine Pflicht zur Aufführung der gemachten Zusagen, da die Anteilsinhaber umfassend über die möglichen Vorteile der ver-

---

449 Spaltungsbericht der Hoechst AG und der Celanese AG, III.1.3., S. 65.

450 Bericht über die Prüfung der Abspaltung der Hoechst AG, in: Spaltungsbericht der Hoechst AG und der Celanese AG, Anhang 3, C 22, S. 135.

451 Zum Verschmelzungsrecht: Lutter, in: Lutter, § 5 UmwG Rn. 36; Sagasser/Ködderitzsch, in: Sagasser/Bula/Brünger, Umwandlungen, J Rn. 67.

452 Kallmeyer, in: Kallmeyer, § 126 UmwG Rn. 18; Priester, in: Lutter, § 126 UmwG Rn. 33; zum Verschmelzungsrecht: Lutter, in: Lutter, § 5 UmwG Rn. 36; Marsch-Barner, in: Kallmeyer, § 5 UmwG Rn. 45; Mayer, in: Widmann/Mayer, § 5 UmwG Rn. 171.

453 Kallmeyer, in: Kallmeyer, § 126 UmwG Rn. 18; Priester, in: Lutter, § 126 UmwG Rn. 33; zum Verschmelzungsrecht: Bermel/Hannappel, in: Goutier/Knopf/Tulloch, § 5 UmwG Rn. 63; Mayer, in: Widmann/Mayer, § 5 UmwG Rn. 172; Sagasser/Ködderitzsch, in: Sagasser/Bula/Brünger, Umwandlungen, J Rn. 67 a.A. Marsch-Barner, in: Kallmeyer, § 5 UmwG Rn. 44; nicht eindeutig: Dehmer, § 5 UmwG Rn. 42, Grunewald, in: Geßler/Hefermehl/Eckardt/Kropff, § 340 AktG, Rn. 26; Hoffmann-Becking, in: Münchener Vertragshandbuch Bd. 1 X.1 3., S. 1243; Lutter, in: Lutter, § 5 UmwG Rn. 38, Stratz, in: Schmitt/Hörtnagl/Stratz, § 5 UmwG Rn. 42; die lediglich feststellen, dass die Aufnahme von Zusagen im Umwandlungsvertrag keine bindende oder verpflichtende Wirkung hat.

454 Zum Verschmelzungsrecht: Dehmer, § 5 UmwG Rn. 42; Grunewald, in: Geßler/Hefermehl/Eckardt/Kropff, § 340 AktG, Rn. 26; Hoffmann-Becking, in: Münchener Vertragshandbuch Bd. 1 X.1 3., S. 1243; Lutter, in: Lutter, § 5 UmwG Rn. 38; Marsch-Barner, in: Kallmeyer, § 5 UmwG Rn. 44; Stratz, in: Schmitt/Hörtnagl/Stratz, § 5 UmwG Rn. 42; a.A. Hockemeier, Auswirkungen, S. 25 ff.; für eine verpflichtende Wirkung der Aufnahme im Umwandlungsvertrag: Barz, AG 1972, S. 1 (4).

antwortlichen Personen informiert werden sollen. Die Anteilsinhaber sollen absehen können, wer von der Umstrukturierungsmaßnahme profitieren wird, um abschätzen zu können, welche Aussagen tatsächlich glaubhaft sind. Müssten lediglich rechtswirksame Zusagen im Spaltungsvertrag angegeben werden, so wäre der Umgehung der Vorschrift etwa durch Vereinbarungen von aufschiebenden Bedingungen Tür und Tor geöffnet. Ein wirksamer Schutz der Anteilsinhaber durch Informationspflichten kann nur gewährleistet werden, wenn die Angabepflicht nach § 126 Abs. 1 Nr. 8 UmwG weit verstanden wird. Schließlich wird eine solche weite Auslegung auch bei dem Begriff des Aufsichtsorgans vorgenommen. Ist dem Registerrichter das Fehlen einer Angabe nach § 126 Abs. 1 Nr. 8 UmwG bekannt, so darf er wie bei anderen Verstößen gegen zwingende Vorschriften des UmwG die Eintragung der Spaltung nicht vornehmen.[455] Deshalb ist in der Praxis zu empfehlen, Zusagen über die Bestellung von Führungspositionen im Spaltungsvertrag anzugeben. Dabei kann auf die Unverbindlichkeit der Benennung im Spaltungsvertrag hingewiesen werden.
Angemessene Prüfer- und Sachverständigenhonorare sind dagegen nicht anzugeben, da es sich hierbei um Gegenleistungen für erbrachte Tätigkeiten und nicht um besondere Vorteile handelt.[456]

In § 8.4 S. 2 des Spaltungsvertrages wird erklärt, dass keiner der in § 126 Abs. 1 Nr. 8 UmwG genannten Personenkreise einen Sondervorteil erhalten wird. Diesbezüglich wird von den Spaltungsprüfern festgestellt, dass sich keine Anhaltspunkte für mögliche Sondervorteile finden ließen.[457]
Diese Feststellung ist im Hinblick auf einen Großteil der Literatur, die auch das in Aussicht stellen von führenden Positionen beim übernehmenden Rechtsträger als Sondervorteile ansehen, nicht unproblematisch. Wie bei der Verschmelzung kann die Zusage von Führungspositionen beim übernehmenden Rechtsträger die Objektivität der verantwortlichen Personen beeinflussen. Zwar ist eine Abspaltung häufig das aktionärsfreundlichste Umstrukturierungsinstrument[458] und meist weniger umstritten als Verschmelzungen. Die Abspaltung wird häufig sogar durch institutionelle Anleger und andere Aktionäre mit dem Ziel der Verbesserung des Shareholder Value veranlasst. Nachteile für Aktionäre sind zumeist ausgeschlossen, da gerade bei Abspaltungen aus einem Konzern auf die Beibehaltung der wertmäßigen Beteiligungsquoten geachtet wird. Dennoch hätte man zur Sicherheit im Spaltungsvertrag die bereits zugesagten Vorstandspositionen aufführen können, um den Anforderungen des § 126 Abs. 1 Nr. 8 UmwG auf jeden Fall gerecht zu werden. Bei den vergebenen Vorstandspositionen handelte es sich ohnehin nicht um Unternehmensgeheimnisse, da die Verteilung der

455 Zum Verschmelzungsrecht: Grunewald, in: Geßler/Hefermehl/Eckardt/Kropff, § 340 AktG, Rn. 27; Mayer, in: Widmann/Mayer, § 5 UmwG Rn. 175.

456 Engelmeyer, Spaltung, S. 44 f.; Priester, in: Lutter, § 126 UmwG Rn. 33; zum Verschmelzungsrecht: Dehmer, § 5 UmwG Rn. 43; Lutter, in: Lutter, § 5 UmwG Rn. 37; Sagasser/Ködderitzsch, in: Sagasser/Bula/Brünger, Umwandlungen, J Rn. 67; Stratz, in: Schmitt/Hörtnagl/Stratz, § 5 UmwG Rn. 43.

457 Bericht über die Prüfung der Abspaltung der Hoechst AG, in: Spaltungsbericht der Hoechst AG und der Celanese AG, Anhang 3, C Rn. 23, S. 135.

458 Vgl. dazu: Teil 2 A).

Vorstandsämter im Spaltungsbericht [459] offengelegt wird. Im Hinblick auf die Gefahr, dass der Registerrichter die Eintragung der Spaltung ins Handelsregister hätte verweigern können, wäre die Benennung der Vorstandspositionen als Sondervorteile die wohl sicherere Lösung gewesen.

9. Die Vermögensaufteilung

Die Vermögensaufteilung, die bei der Spaltung nach § 126 Abs. 1 Nr. 9 UmwG im Spaltungsvertrag exakt zu bezeichnen ist, wurde als Kernelement der Spaltung unter Teil 4 A) I) und II) bereits dargestellt. Ein Verweis hierauf soll an dieser Stelle genügen.

10. Die Aufteilung der Anteile an der übernehmenden Gesellschaft

Grundsätzlich regelt das Umtauschverhältnis die Aufteilung der Anteile des übernehmenden Rechtsträgers auf die Anteilsinhaber des übertragenden Rechtsträgers. Maßstab der Anteilsaufteilung und Anteilsinhaber müssen aber nur dann nach § 126 Abs. 1 Nr.10 UmwG im Spaltungsvertrag offen gelegt werden, wenn durch die Spaltung die Beteiligungsverhältnisse an der übertragenden Gesellschaft geändert werden.

a) Anforderungen an die Zuteilung der Gesellschaftsanteile

Die Bestimmung der Aufteilung der Anteile der übernehmenden Gesellschaft auf die Gesellschafter der übertragenden Gesellschaft ist nach § 126 Abs. 1 Nr.10 UmwG bei einer nicht verhältniswahrenden Spaltung notwendiger Bestandteil des Spaltungsvertrages. Die Spaltungsparteien können frei entscheiden, ob eine verhältniswahrende oder einer nicht verhältniswahrende Spaltung durchgeführt werden soll. In letzterem Fall müssen alle Gesellschafter der übertragenden Gesellschaft nach § 128 S. 1 UmwG dem Spaltungsvertrag zustimmen.[460]

Eine nicht verhältniswahrende Spaltung ist bei der Spaltung zur Aufnahme daran zu erkennen, dass sich die rechnerische Beteiligungsquote der Anteilseigner der übertragenden Gesellschaft an den als Gegenleistung gewährten Anteilen untereinander ändern.[461] Auf die wertmäßige Beteiligungsquote beim übernehmenden Rechtsträger insgesamt kommt es nach § 128 S. 2 UmwG nicht an.[462] *Mayer* ist dagegen der An-

---

459 Spaltungsbericht der Hoechst AG und der Celanese AG, III.2, S. 67.

460 Aufgrund des faktischen Ausschlusses der nicht verhältniswahrenden Spaltung in einer Vielzahl von Spaltungen von Aktiengesellschaften wird in § 128 UmwG ein Verstoß gegen die Spaltungsrichtlinie gesehen: Heidenhain, EuZW 1995, S. 327 (328); Mayer, in: Widmann/Mayer, § 128 UmwG Rn. 18; ähnlich: Engelmeyer, Spaltung, S. 175 f.; a.A. Pieroth, Nicht-verhältniswahrende Spaltung, S. 99; Priester, in: Lutter, § 128 UmwG Fn. 2.

461 Dehmer, § 128 UmwG Rn. 2; Hörtnagl, in: Schmitt/Hörtnagl/Stratz, § 128 UmwG Rn. 2; Kallmeyer, in: Kallmeyer, § 128 UmwG Rn. 3 mit erläuterndem Beispiel; Priester, in: Lutter, § 128 UmwG Rn. 9; Schöne, Spaltung GmbH, S. 200.

462 So ausdrücklich: Dehmer, § 128 UmwG Rn. 2; Hörtnagl, in: Schmitt/Hörtnagl/Stratz, § 128 UmwG Rn. 2; Kallmeyer, in: Kallmeyer, § 128 UmwG Rn. 3; Priester, in: Lutter, § 126 UmwG Rn. 54, § 128 UmwG Rn. 9; Sagasser/Sickinger, in: Sagasser/Bula/Brünger, Umwandlungen, N Rn. 33; a.A. Mayer, in: Widmann/Mayer, § 128 UmwG Rn. 43; wohl ebenso: BT-

sicht, die Anteilsinhaber des übertragenden Rechtsträgers müssten am übernehmenden Rechtsträger wertmäßig genauso beteiligt werden wie bei dem übertragenden Rechtsträger.[463] Die wertmäßige Beteiligungsquote ergebe sich aus der Multiplikation der rechnerischen Beteiligungsquote mit dem zu übertragenden Vermögen geteilt durch die Summe des Wertes der aufnehmenden Gesellschaft und des Wertes der zu übertragenden Vermögensgüter.[464] Wird den Anteilsinhabern des übertragenden Rechtsträgers eine andere als die so errechnete Quote zugewiesen, so müssten nach § 128 UmwG sämtliche Anteilsinhaber dem Spaltungsvorhaben zustimmen.[465] Im Ergebnis, so *Mayer*, seien kaum Sachverhaltsgestaltungen denkbar, bei denen eine Spaltung zur Aufnahme ohne Zustimmung aller Anteilsinhaber beim übertragenden Rechtsträger möglich sei.[466] Entgegen *Mayer*[467] lässt der Wortlaut des § 128 S. 2 UmwG nicht nur eine Auslegung dahingehend zu, dass für eine verhältniswahrende Spaltung die Anteilsinhaber wertmäßig mit denselben Beteiligungsquoten am übernehmenden Rechtsträger beteiligt werden müssen wie sie vor der Spaltung am übertragenden Rechtsträger beteiligt waren. Der Wortlaut des § 128 S. 2 UmwG legt fest, dass die Berechnung des Beteiligungsverhältnisses anhand des übertragenen Vermögen vorzunehmen ist. Ob dabei die rechnerische oder die wertmäßige Beteiligungswahrung ausschlaggebend sein soll, lässt sich dem Wortlaut nicht entnehmen. Gegen das Heranziehen der wertmäßigen Beteiligungsverhältnisse spricht zunächst - wie Mayer selbst feststellt[468]-, dass nahezu alle Spaltungen zur Aufnahme als nicht verhältniswahrende Spaltungen zu qualifizieren wären und deshalb dem spaltungsfeindlichen Einstimmigkeitserfordernis des § 128 UmwG unterlägen. Darüber hinaus soll das Kriterium der Verhältniswahrung nicht dazu dienen, einen wertmäßigen Ausgleich für den Anteilsinhaber des übertragenden Rechtsträgers sicherzustellen. Ungerechtfertigte Wertverschiebungen, die durch die Spaltung veranlasst sind, können allein nach §§ 125 S. 1, 14 Abs. 2, 15 UmwG gerügt und abgeändert werden. Der Schutz der Anteilseigner gebietet eine Zustimmung aller Gesellschafter dann nicht, wenn das rechnerische Beteiligungsverhältnis untereinander nicht verändert wird. Eine vermögensrechtliche Schlechterstellung des einzelnen Aktionärs gegenüber den übrigen Anteilsinhabern des übertragenden Rechtsträgers wird bei rechnerisch gleichbleibenden Beteiligungsquoten ausgeschlossen.[469] Lediglich vermögensrechtliche Verschiebungen gegenüber den Anteilsinhabern des übernehmenden Rechtsträgers können ohne Verstoß gegen die Verhältniswahrung auftreten. Schlechterstellungen dieser Art können und müssen über §§ 125 S. 1, 14 Abs. 2, 15 UmwG geltend gemacht werden. Jede andere Auffassung würde Umstrukturierungen insbesondere von Aktien-

Drucks. 12/6699, zu § 128, S. 119 f.; Engelmeyer, Spaltung, S. 52; Goutier, in: Goutier/Knopf/Tulloch, § 128 UmwG Rn. 5 f.

463 Mayer, in: Widmann/Mayer, § 128 UmwG Rn. 40, 43.

464 Mayer, in: Widmann/Mayer, § 128 UmwG Rn. 40.

465 Mayer, in: Widmann/Mayer, § 128 UmwG Rn. 42.

466 Mayer, in: Widmann/Mayer, § 128 UmwG Rn. 46.

467 Mayer, in: Widmann/Mayer, § 128 UmwG Rn. 40 ff.

468 Mayer, in: Widmann/Mayer, § 128 UmwG Rn. 46.

469 So auch: Mayer, in: Widmann/Mayer, § 128 UmwG Rn. 45.

gesellschaften erheblich erschweren, da eine Zustimmung aller Aktionäre einer börsennotierten Gesellschaft nahezu unmöglich ist.[470] Die Voraussetzung einer Zustimmung aller Gesellschafter zum Spaltungsvorhaben kann aufgrund der stark umwandlungshindernden Wirkung nur gerechtfertigt werden, wenn entsprechend erhebliche Nachteile für die Anteilsinhaber durch die jeweilige Durchführung der Spaltung drohen. Bei einer rechnerischen Beteiligungswahrung verlieren die Anteile weder Wert noch Stimmrecht. Lediglich die einzelne Stimmkraft wird aufgrund anderer Beteiligungsverhältnisse am übernehmenden Rechtsträger verringert. Dies rechtfertigt aber nicht die Zustimmungspflicht aller Gesellschafter, da sonst auch bei einer Verschmelzung oder einer Kapitalerhöhung, die beide eine Änderung der Beteiligungsverhältnisse nach sich ziehen, eine Zustimmung aller Anteilsinhaber vorausgesetzt werden müsste. Sowohl Verschmelzung - §§ 50, 65 UmwG - wie auch Kapitalerhöhung - § 182 Abs. 1 S. 1 AktG - können jedoch mit einer drei Viertel Mehrheit beschlossen werden.

Eine Erschwerung der Spaltung einer Aktiengesellschaft durch extensive Auslegung der Anwendungsfälle der nicht verhältniswahrenden Spaltung wäre auch nicht mit der Spaltungsrichtlinie[471] zu vereinbaren. In Art. 5 Abs. 2 S. 1 der Spaltungsrichtlinie wird eine nicht verhältniswahrende Spaltung so beschrieben, dass „die Aktien der begünstigten Gesellschaften den Aktionären der gespaltenen Gesellschaft nicht im Verhältnis zu ihren Rechten an deren Kapital gewährt werden.“ Dieser Wortlaut stellt bei der Ermittlung der Verhältniswahrung eindeutig auf die vom übernehmenden Rechtsträger zu gewährenden Anteile und nicht auf das Beteiligungsverhältnis beim übernehmenden Rechtsträger nach der Spaltung ab. Demnach kann der Begriff der nicht verhältniswahrenden Spaltung in § 128 UmwG nur dann richtlinienkonform ausgelegt werden, wenn die Verhältniswahrung nach der rechnerischen Beteiligung an den als Gegenleistung zu gewährenden Anteilen ermittelt wird.

Der Unsicherheit hinsichtlich der Auslegung des § 128 S. 2 UmwG sollte bei der Durchführung einer Spaltung dadurch begegnet werden, dass auch die wertmäßige Beteiligung der Anteilsinhaber der übertragenden Gesellschaft bei der übernehmenden Gesellschaft gesichert ist. Bei der Abspaltung auf eine 100%ige Tochtergesellschaft sollten daher alle Anteile der Muttergesellschaft am aufnehmenden Rechtsträger auf ihre Anteilsinhaber übertragen werden. So kann gewährleistet werden, dass die wertmäßige Beteiligungsquote bei der übertragenden Gesellschaft nach der Spaltung auch bei der übernehmenden Gesellschaft vorliegt.

Wird eine verhältniswahrende Spaltung durchgeführt, so ist die Angabe im Spaltungsvertrag, dass es sich um eine solche handelt, ausreichend.[472]

b) Die Zuteilung der Anteile an der Celanese AG

Im Spaltungsvertrag der Hoechst und der Celanese AG wird nicht ausdrücklich erklärt, dass die Spaltung verhältniswahrend durchgeführt wird. Die Verhältniswahrung ergibt

---

470 Heidenhain, EuZW 1995, S. 327 (328); Mayer, in: Widmann/Mayer, § 128 UmwG Rn. 17.

471 6. Richtlinie vom 17.12.1982, 82/891 ABl. EG Nr. L 378 v. 31.12.1982, S. 47 ff.

472 Dehmer, § 126 UmwG Rn. 100; Hörtnagl, in: Schmitt/Hörtnagl/Stratz, § 126 UmwG Rn. 114; Priester, in: Lutter, § 126 UmwG Rn. 54.

sich aber aus § 8.1 des Spaltungsvertrages. Danach erhält jeder Aktionär der Hoechst AG für zehn Anteile einen Anteil an der Celanese AG. Gleichzeitig überträgt die Hoechst AG sämtliche an der Celanese AG gehaltenen Anteile auf die Hoechst-Aktionäre, § 8.2 des Spaltungsvertrages. Die Anteilsinhaber der Hoechst AG werden daher im selben Verhältnis an der Celanese AG beteiligt, in dem sie an der Hoechst AG beteiligt waren.

Auch das Problem, ob die Eigenschaft der Verhältniswahrung nach den rechnerischen oder wertmäßigen Beteiligungsverhältnissen ermittelt werden muss, wurde durch die Vertragsgestaltung bei der Abspaltung der Celanese AG umgangen. Durch die Übertragung aller Anteile an der Celanese AG auf die Anteilsinhaber der Hoechst AG hat man sich nicht nur eine verbindliche und anfechtbare Unternehmensbewertung erspart, sondern hat darüber hinaus den Streit um die Frage, welches Verhältnis für die Ermittlung der Verhältniswahrung maßgeblich ist, vermieden. Hätte die Hoechst AG die Anteile an der Celanese AG nicht gleichfalls übertragen, so wäre die Hoechst AG auch nach der Spaltung Anteilsinhaber der Celanese AG gewesen. Die Anteilsinhaber der Hoechst AG wären durch eine verhältnismäßige Aufteilung der von der Celanese AG gewährten Anteile zwar untereinander rechnerisch in einem gleichen Verhältnis wie bei der Hoechst AG beteiligt gewesen. Eine Identität der Beteiligungsquoten wäre allerdings nicht zustande gekommen, da die Hoechst AG durch ihre Anteile an der Celanese AG das Werteverhältnis verändert hätte. Dies hätte zwar nicht unbedingt Auswirkungen auf die Werterelation gehabt, da die Aktionäre der Hoechst AG an der Celanese AG über die Hoechst AG mittelbar beteiligt gewesen wären. Allerdings hätte das Aufrechterhalten der Beteiligung der Hoechst AG an der Celanese AG eine Verschiebung der Stimmrechtsverhältnisse nach sich gezogen.
Aufgrund der dargestellten Unsicherheiten war es die sicherste Lösung, alle Anteile an der Celanese AG im Wege der Spaltung auf die Anteilsinhaber der Hoechst AG zu übertragen.
Auf diese Weise wurde der Charakter einer verhältniswahrenden Spaltung auf jeden Fall sichergestellt. Im übrigen entsprach die vollständige Trennung der Geschäftsbereiche dem Ziel der Hoechst AG, möglichst viel Wert zu verlieren, um mit Rhône Poulonc einen „Merger of Equals“ zu verwirklichen.

c) Ergebnis

Die Spaltungsparteien haben durch die gewählte Durchführungsvariante ein weiteres Problem umgangen. Nach einer Auffassung in der Literatur ist die Frage, ob eine Spaltung verhältniswahrend ausgeführt wird, danach zu beurteilen, ob sich die Beteiligungsquoten der Anteilsinhaber des übertragenden Rechtsträgers anlässlich der Spaltung wertmäßig verschieben. Danach wäre die Spaltung der Hoechst AG als nicht verhältniswahrend einzuordnen gewesen, wenn die Hoechst AG ihre Anteile an der Celanese AG behalten hätte. Nach § 128 S. 1 UmwG hätten dann sämtliche Anteilsinhaber der Hoechst AG der Spaltung zustimmen müssen. Eine richtlinienkonforme Auslegung des Begriffs der nicht verhältniswahrenden Spaltung ergibt, dass eine solche erst dann anzunehmen ist, wenn den Aktionären der übertragenden Gesellschaft die von der übernehmenden Gesellschaft zu gewährenden Anteile nicht im Verhältnis der Beteiligungsquoten an dem übertragenden Rechtsträger gewährt werden.

11. Angaben über die Folgen der Spaltung für Arbeitnehmer und Arbeitnehmervertreter

Seit 01.04.2002 bestehen neben den in § 126 Abs. 1 Nr. 11 UmwG geregelten Angabepflichten im Spaltungsvertrag auch in § 613a Abs. 5 BGB n.F. näher bestimmte Informationspflichten gegenüber den einzelnen von einem Betriebsübergang betroffenen Arbeitnehmern.[473] Im Zuge der Einführung der neuen Berichtspflichten, die nach § 324 UmwG n.F. auch für Umwandlungen nach dem UmwG gelten, wurde das Widerspruchsrecht des Arbeitnehmers im Fall eines Betriebsübergangs in § 613a Abs. 6 BGB n.F. kodifiziert.[474] Nähere Ausführungen hierzu wurden bereits unter Teil 3 C) IV gemacht, auf die an dieser Stelle verwiesen werden soll.
Im Zeitpunkt der Spaltung der Hoechst AG genügten dagegen Angaben zu den Folgen der Spaltung für Arbeitnehmer und Arbeitnehmervertreter im Spaltungsbericht[475] und Spaltungsvertrag nach § 126 Abs. 1 Nr. 11 UmwG.

a) Gesetzliche Vorgaben in § 126 Abs. 1 Nr. 11 UmwG

§ 126 Abs. 1 Nr. 11 UmwG verlangt Angaben über die Folgen der Spaltung für die Arbeitnehmer und deren Vertreter sowie diesbezüglich vorgesehene Maßnahmen.[476] Diese Vorschrift entspricht dem für die Verschmelzung geltenden § 5 Abs. 1 Nr. 9 UmwG und dient der frühzeitigen Information der Arbeitnehmervertreter.[477]
Die arbeitsrechtlichen Angaben im Spaltungsvertrag umfassen sowohl individual- als auch kollektivarbeitsrechtliche Folgen. Daneben sind Auswirkungen der Spaltung auf die Arbeitnehmermitbestimmung und die bestehenden Betriebsstrukturen zu machen.
Zunächst sind die übergehenden Arbeitsverhältnisse durch genaue Bezeichnung der entsprechenden Betriebe und Betriebsteile zu benennen, §§ 324 UmwG, 613a BGB. Arbeitnehmerlose übertragende Rechtsträger müssen lediglich eine Negativerklärung abgeben. Nach OLG Düsseldorf[478] befreit dies aber nicht von der Beschreibung der Auswirkungen für die individual- und kollektivarbeitsrechtlichen Auswirkungen beim übernehmenden Rechtsträger, selbst wenn eine Veränderung der dortigen Verhältnisse nicht zu erwarten ist.

---

473 Vgl. Gesetz zur Änderung des Seemannsgesetzes und anderer Gesetze vom 23.03.2002, BGBl. I 2002, S. 1163.

474 Vgl. dazu Willemsen/Lembke, NJW 2002, S. 1159 (1160)

475 Vgl. dazu unten Teil 4 B) II 1 a).

476 Ein Muster hierzu findet sich bezüglich der Verschmelzung in: Hoffmann-Becking, in: Münchener Vertragshandbuch I, X.1, S. 1240 § 6; Lutter, in: Lutter, § 5 UmwG Rn. 61. Darüber hinaus müssten im Spaltungsvertrag Angaben über §§ 321, 323, 325 UmwG gemacht werden.

477 BT-Drucks. 12/6699, zu § 5, S. 83.

478 Zum Verschmelzungsrecht: OLG Düsseldorf, GmbHR 1998, S. 745 (745), wonach nicht nur nachteilige Wirkungen, sondern alle Änderungen für die Arbeitnehmer wie etwa Umgruppierungen, Versetzungen oder Zuweisungen neuer Arbeitsplätze aufzuführen sind.

Daneben sollte auf das Verbot der Verschlechterung der kündigungsrechtlichen Stellung in § 323 UmwG hingewiesen werden.[479] Auch die Folgen der Spaltung auf die Versorgungsanwartschaften sowohl der noch tätigen wie auch der ausgeschiedenen Arbeitnehmer sind im Spaltungsvertrag zu erläutern.[480]
Aus kollektivarbeitsrechtlicher Sicht sind Angaben darüber zu machen, ob sich die Mitgliedschaft in einem Arbeitgeberverband oder die Tarifvertragssituation[481] der Arbeitnehmer durch die Spaltung ändern.[482] Bei einer vertraglichen Einbeziehung von Tarifverträgen in den Arbeitsvertrag ohne eigene Tarifbindung sind Aussagen über die Fortführung dieser vertraglichen Bestimmungen nach § 613 a Abs. 1 S. 1 BGB zu treffen.[483] Darüber hinaus ist über die Fortgeltung von Betriebsvereinbarungen[484] oder den künftigen Abschluss identischer Betriebsvereinbarungen bei Betriebsänderungen zu berichten.[485] Entsprechendes gilt für Gesamtbetriebsvereinbarungen und Konzernbetriebsvereinbarungen.
Unverzichtbar ist auch eine Erklärung, inwieweit die Mitbestimmung der Arbeitnehmer auf Unternehmensebene betroffen werden.[486] Da bei einer Abspaltung die beteiligten Rechtsträger fortbestehen, bleiben auch die Aufsichtsräte in ihrer persönlichen Zusammensetzung bis zum Ablauf ihrer Amtszeit erhalten.[487] Bei einer Spaltung zur

---

479 Dehmer, § 126 UmwG Rn. 102; Hörtnagl, in: Schmitt/Hörtnagl/Stratz, § 126 UmwG Rn. 118; Mayer, in: Widmann/Mayer, § 126 UmwG Rn. 284; Priester, in: Lutter, § 126 UmwG Rn. 59.

480 Zum Verschmelzungsrecht: Willemsen, in: Kallmeyer, § 5 UmwG Rn. 60a.

481 Es ist zu beachten, dass Tarifvertragsbindungen aufgrund des Erfordernisses der Tarifverbundenheit des Arbeitgebers (§ 3 Abs. 1 TVG) nicht auf den übernehmenden Rechtsträger übertragen werden können. Der Tarifvertrag gilt aber nach § 4 Abs. 5 TVG analog jedenfalls bei Verbandstarifverträgen zunächst weiter, auch wenn der übernehmende Rechtsträger nicht Mitglied des Arbeitgeberverbandes ist: zum Verschmelzungsrecht: BAG, NZA 1995, S. 479 (481 f.); Bermel/Hannappel, in: Goutier/Knopf/Tulloch, § 5 UmwG Rn. 78; Lutter, in: Lutter, § 5 UmwG Rn. 45. Zur Übertragung der Mitgliedschaft im Arbeitgeberverband: vgl. A) II 2 c) ee).

482 Zum Verschmelzungsrecht: Bermel/Hannappel, in: Goutier/Knopf/Tulloch, § 5 UmwG Rn. 77 f.; Dehmer, § 5 UmwG Rn. 47, § 20 Rn. 83; ausf. dazu: Lutter, in: Lutter, § 5 UmwG Rn. 45; Mayer, in: Widmann/Mayer, § 5 UmwG Rn. 186; Willemsen, in: Kallmeyer, § 5 UmwG Rn. 53, 60a; Stratz, in: Schmitt/Hörtnagl/Stratz, § 5 UmwG Rn. 4.

483 Zum Verschmelzungsrecht: Willemsen, in: Kallmeyer, § 5 UmwG Rn. 60a.

484 Aufgrund der unmittelbaren und zwingenden Wirkung von Betriebsvereinbarungen nach § 77 Abs. 4 S. 1 BetrVG gehen diese im Fall der Beibehaltung der Betriebsidentität auf den übernehmenden Rechtsträger automatisch über: zum Verschmelzungsrecht: Dehmer, § 20 UmwG Rn. 82; Kreßel, BB 1995, S. 925 (929); Lutter, in: Lutter, § 5 UmwG Rn. 46; Mayer, in: Widmann/Mayer, § 5 UmwG Rn. 188; Stratz, in: Schmitt/Hörtnagl/Stratz, § 20 UmwG Rn. 82.

485 Zum Verschmelzungsrecht: Bermel/Hannappel, in: Goutier/Knopf/Tulloch, § 5 UmwG Rn. 76; Dehmer, § 5 UmwG Rn. 47, § 20 Rn. 82; ausf. dazu: Lutter, in: Lutter, § 5 UmwG Rn. 46; Mayer, in: Widmann/Mayer, § 5 UmwG Rn. 188; Stratz, in: Schmitt/Hörtnagl/Stratz, § 5 UmwG Rn. 47, § 20 Rn. 82; Willemsen, in: Kallmeyer, § 5 UmwG Rn. 53, 60a.

486 Zum Verschmelzungsrecht: Bermel/Hannappel, in: Goutier/Knopf/Tulloch, § 5 UmwG Rn. 92 ff.; Lutter, in: Lutter, § 5 UmwG Rn. 52; Willemsen, in: Kallmeyer, § 5 UmwG Rn. 53, 60a.

487 Seibt, in: W/H/S, Umstrukturierung, Rn. F 150; für die insoweit vergleichbare Rechtslage bei der Verschmelzung: Bermel/Hannappel, in: Goutier/Knopf/Tulloch, § 5 UmwG Rn. 96.

Aufnahme kann es dazu kommen, dass der übernehmende Rechtsträger erst durch die Umstrukturierung unter das MitbestG fällt[488] oder aber zusätzliche Aufsichtsratsmitglieder[489] zu bestellen hat. In einem solchen Fall ist unter Anwendung der §§ 97 ff. AktG der Aufsichtsrat zu ergänzen oder neu zu bilden.[490] Der Vorstand muss nach § 97 Abs. 1 AktG umgehend das Statusverfahren einleiten. In der Zwischenzeit übt der bereits existierende Aufsichtsrat sein Amt aus.[491]

Im Spaltungsvertrag ist darüber hinaus eine zeitlich begrenzte Mitbestimmungssicherung nach § 325 Abs. 1 UmwG zu umschreiben, wenn durch die Abspaltung die gesetzlichen Voraussetzungen für eine Beteiligung von Arbeitnehmern im Aufsichtsrat entfallen. § 325 Abs. 1 UmwG betrifft dabei ausschließlich die Beibehaltung der Mitbestimmung beim übertragenden Rechtsträger, keinesfalls beim übernehmenden Rechtsträger.[492] Wichtigster Fall der Mitbestimmungsbeibehaltung ist die Verringerung der Arbeitnehmeranzahl unter die gesetzlichen Mindestgrenzen nach § 1 Abs. 1 Nr. 2 MitbestG, § 1 Abs. 2 Montan-MitbestG, §§ 76, 77a BetrVG 1952. Eine Mitbestimmungsbeibehaltung findet nach § 325 Abs. 1 S. 2 UmwG dann nicht statt, wenn die Arbeitnehmeranzahl des übertragenden Rechtsträgers sogar unter ein Viertel der gesetzlichen Mindestzahl an Arbeitnehmern gesunken ist. Häufig entfällt allerdings die Wirkung des § 325 Abs. 1 UmwG aufgrund der Konzernklausel in § 5 MitbestG oder §§ 76, 77a BetrVG 1952,[493] kraft derer die Anzahl der Arbeitnehmer in einem Konzern zusammengerechnet wird.

Ebenfalls angabepflichtig sind geplante Betriebsänderungen wie Zusammenfassung oder Spaltung von Betrieben sowie deren Folgen für bestehende Betriebsräte, des Gesamt- und Konzernbetriebsrates und der Sprecherausschüsse.[494] Weiterhin ist bei einer Betriebsspaltung auf Übergangsmandate nach § 321 UmwG[495] und Vereinbarungen

---

488 Vgl. dazu: ausf. zum Statusverfahren bei Änderung der Zusammensetzung des Aufsichtsrates: Göz, ZIP 1998, S. 1523 (1524 ff.); Seibt, in: W/H/S, Umstrukturierung, Rn. F 144.

489 Vgl. Seibt, in: W/H/S, Umstrukturierung, Rn. F 145 m.w.N.

490 Dies gilt nach h.M. auch für den zweiten Fall, also wenn vor der Umstrukturierung noch kein Aufsichtsrat bestand: Göz, ZIP 1998, S. 1523 (1524 f.); Seibt, in: W/H/S, Umstrukturierung, Rn. F 144; ebenso für die Verschmelzung: Bermel/Hannappel, in: Goutier/Knopf/Tulloch, § 5 UmwG Rn. 95. Zum Verfahren bei der Durchführung der Veränderung der Aufsichtsratsgröße: Vgl. Seibt, in: W/H/S, Umstrukturierung, Rn. F 148 ff.

491 So die herrschende Meinung: Seibt, in: W/H/S, Umstrukturierung, Rn. F 150 m.w.N.; für die insoweit vergleichbare Rechtslage bei der Verschmelzung: Bermel/Hannappel, in: Goutier/Knopf/Tulloch, § 5 UmwG Rn. 95.

492 Bermel, in: Goutier/Knopf/Tulloch, § 325 UmwG Rn. 11 f.; Dehmer, § 325 UmwG Rn. 8; Joost, ZIP 1995, S. 976 (983); Joost, in: Lutter, § 325 UmwG Rn. 27; Kreßel, BB 1995, S. 925 (926); Seibt, in: W/H/S, Umstrukturierung, Rn. F 103 ff. mit Anwendungsbeispielen; Sagasser/Schmidt, in: Sagasser/Bula/Brünger, Umwandlungen, F Rn. 66; Willemsen, in: Kallmeyer, § 325 UmwG Rn. 3.

493 Seibt, in: W/H/S, Umstrukturierung, Rn. F 103; Willemsen, in: Kallmeyer, § 325 UmwG Rn. 6.

494 Bermel/Hannappel, in: Goutier/Knopf/Tulloch, § 5 UmwG Rn. 86 ff.; Priester, in: Lutter, § 126 UmwG Rn. 59; Willemsen, in: Kallmeyer, § 5 UmwG Rn. 60a, § 126 Rn. 43.

495 Das Übergangsmandat ist seit 28.07.2001 in § 21a BetrVG (BGBl. 2001 I, S. 1852 (2524)) ge-

nach § 325 Abs. 2 UmwG einzugehen.[496] Für Gesamt- oder Konzernbetriebsräte sowie für Wirtschaftsausschüsse gilt § 321 UmwG nach seinem Wortlaut jedoch nicht.[497] Auch eine Analogie des Übergangsmandates scheidet aus, da sämtliche Beteiligungsrechte vom Einzelbetriebsrat ausgeübt werden können.[498]
Ein ähnliches Problem zeigt sich bei der Spaltung eines Leitungsbereichs, bei dem ein Sprecherausschuss besteht. Auch hier könnte man an eine analoge Anwendung des § 321 UmwG auf den Sprecherausschuss leitender Angestellter (§ 1 SprAuG) denken. Dabei ist aber zu beachten, dass eine Anwendbarkeit des BetrVG auf den Sprecherausschuss nach § 5 Abs. 3 BetrVG grundsätzlich ausgeschlossen ist. Da die Rechte des Sprecherausschusses im Vergleich zum Betriebsrat erheblich weniger ausgeprägt sind, scheidet eine analoge Anwendung des Übergangsmandates auf jeden Fall aus.[499]
Sind bereits nachfolgende Umstrukturierungen geplant, so müssen auch diese einschließlich der Auswirkungen für die Arbeitnehmer und ihre Vertretungen erläutert werden.[500]

Noch ungeklärt ist, was der Gesetzgeber unter der Pflicht zur Angabe von vorgesehenen Maßnahmen nach § 126 Abs. 1 Nr. 11 UmwG verstanden wissen wollte. Äußerst umstritten ist dabei, ob auch mittelbare Auswirkungen auf die Arbeitnehmer - wie etwa eine geplante Betriebsstillegung oder ein Personalabbau in näherer Zukunft aber ohne unmittelbaren Zusammenhang mit der Umstrukturierung im Spaltungsvertrag - aufgeführt werden müssen.[501] Einer Auslegung des § 126 Abs. 1 Nr. 11 UmwG, wo-

regelt. Wesentliche Änderungen im Vergleich zu § 321 UmwG a.F. sind in § 21a BetrVG nicht enthalten.

496 Mayer, in: Widmann/Mayer, § 126 UmwG Rn. 284; Priester, in: Lutter, § 126 UmwG Rn. 59; Willemsen, in: Kallmeyer, § 5 UmwG Rn. 60a.

497 Joost, in: Lutter, § 321 UmwG Rn. 41 f.; Mengel, Umwandlungen, S. 319; Oetker/Busche, NZA 1991, Beilage Nr. 1, S. 18 (25); Willemsen, in: Kallmeyer, § 321 UmwG Rn. 29; gleiches gilt für § 21a BetrVG.

498 Joost, in: Lutter, § 321 UmwG Rn. 41 f.; im Ergebnis ebenso: Mengel, Umwandlungen, S. 319; Oetker/Busche, NZA 1991, Beilage Nr. 1, S. 18 (25); Willemsen, in: Kallmeyer, § 321 UmwG Rn. 29; für § 21a BetrVG kann wohl nichts anderes gelten, da der Gesetzgeber ein Übergangsmandat von Gesamtbetriebsrat oder Wirtschaftsausschuss hätte einführen können.

499 Ausf. dazu: Joost, in: Lutter, § 321 UmwG Rn. 45; ebenso: Hohenstatt, in: W/H/S, Umstrukturierung, Rn. D 113; Jung, M., Übergangsmandat, S. 181 f.; Mengel, Umwandlungen im Arbeitsrecht, S. 319; Willemsen, in: Kallmeyer, § 321 UmwG Rn. 31; a.A. Oetker/Busche, NZA 1991, Beilage Nr.1, S. 18 (23), die eine planwidrige Regelungslücke annehmen. Für § 21a BetrVG gilt die Ablehnung der analogen Anwendung des § 21a BetrVG auf Sprecherausschüsse wohl um so mehr, da der Gesetzgeber in Kenntnis des Streites um die analoge Anwendung des § 321 UmwG auf Sprecherausschüsse bewusst kein Übergangsmandat für diese geschaffen hat.

500 Zum Verschmelzungsrecht: Willemsen, in: Kallmeyer, § 5 UmwG Rn. 60a.

501 So: Bachner, NJW 1995, S. 2881 (2886), der auch Angaben über verlängerte Anfahrtswege und der Möglichkeit der Nutzung öffentlicher Verkehrsmittel im Spaltungsvertrag verlangt; Boecken, Unternehmensumwandlungen, Rn. 319 f.; Däubler, RdA 1995, S. 136 (138), die derartige Globalbehauptungen für nicht ausreichend hält; Engelmeyer, DB 1996, S. 2542 (2542 f.); wohl auch: Grunewald, in: Lutter, Kölner Umwandlungsrechtstage, S. 19 (22); Wlotzke, DB 1995, S. 40 (45), der sich vorwiegend auf den Wortlaut der „vorgesehenen Maß-

nach auch Ausführungen zu mittelbaren Auswirkungen auf Arbeitnehmer und deren Vertreter im Spaltungsvertrag aufzunehmen sind, kann nicht gefolgt werden. §§ 127 S. 2, 8 Abs. 2 UmwG erkennt das Interesse der an der Spaltung beteiligten Unternehmen auf Wahrung von Betriebsgeheimnissen an. Umfassende Informationspflichten würden diesem Geheimhaltungsinteresse aber diametral entgegenstehen.[502] Dabei ist zu beachten, dass der Vorrang des Geheimhaltungsinteresses bei der Schilderung von mittelbaren Auswirkungen der Spaltung auf die Arbeitnehmer nicht zur Folge hat, dass die Informationsinteressen der Arbeitnehmer beeinträchtigt würden, da den Betriebsräten im BetrVG in §§ 111 ff BetrVG ein eigenes Informations- und Beteiligungsrecht eingeräumt wird.[503] Eine nochmalige Information im Spaltungsvertrag, der in erster Linie der Unterrichtung der Anteilsinhaber dient, erscheint insbesondere im Hinblick auf das Geheimhaltungsinteresse der Unternehmen übertrieben und überflüssig.
Dennoch ist anzuraten, die Ausführungen im Spaltungsvertrag so genau wie möglich zu halten, soweit nicht erhebliche Interessen des Unternehmens entgegenstehen. Diese Empfehlung steht vor dem Hintergrund, dass die Auffassung des jeweiligen Registerrichters aufgrund des Fehlens einer hinreichend sicheren herrschenden Meinung schwer vorhersehbar ist.[504]

Die Rechtsfolgen einer unterlassenen oder ungenügenden Information der Arbeitnehmer im Spaltungsvertrag ist ebenfalls nicht endgültig geklärt.
Der Registerrichter prüft zunächst, ob nach §§ 126 Abs. 3, 125 S. 1, 17 Abs. 1 UmwG der Spaltungsvertrag oder dessen Entwurf dem Betriebsrat[505] einen Monat[506] vor Beschlussfassung in der Hauptversammlung zugeleitet wurde. Hierfür hat der übertragende Rechtsträger gemäß §§ 125 S. 1, 17 Abs. 1 UmwG am besten eine Empfangsbestätigung des Vorsitzenden des zuständigen Betriebsrates (§ 26 Abs. 3 S. 1 BetrVG) als Zugangsnachweis vorzulegen. Zuständiger Betriebsrat ist, soweit ein solcher besteht, der Gesamt- oder Konzernbetriebsrat des übertragenden Rechtsträ-

---

nahmen" beruft; ausdrücklich offengelassen: OLG Düsseldorf, GmbHR 1998, S. 745 (745), allerdings tendierend zur Darstellungspflicht auch von mittelbaren Folgen, da künftige Versetzungen und Auskünfte über sonstige künftige personelle Maßnahmen nicht fehlen dürften.

502 Zum Verschmelzungsrecht: Drygala, ZIP 1996, S. 1365 (1368); Lutter, in: Lutter, § 5 UmwG Rn. 56; Mayer, in: Widmann/Mayer, § 5 UmwG Rn. 183; Sagasser/Ködderitzsch, in: Sagasser/Bula/Brünger, Umwandlungen, J Rn. 69; im Ergebnis genauso: Bermel/Hannappel, in: Goutier/Knopf/Tulloch, § 5 UmwG Rn. 97; Bungert, DB 1997, S. 2209 (2211), der allerdings die Darstellungspflicht auf den subjektiven Erfahrungshorizont der Vertragsparteien begrenzen will; Dehmer, § 5 UmwG Rn. 47; Müller, K., DB 1997, S. 713 (715); Priester, in: Lutter, § 126 UmwG Rn. 59; Willemsen, in: Kallmeyer, § 5 UmwG Rn. 51.

503 Zum Verschmelzungsrecht: Drygala, ZIP 1996, S. 1365 (1368 f.); Lutter, in: Lutter, § 5 UmwG Rn. 57; Mayer, in: Widmann/Mayer, § 5 UmwG Rn. 183; Sagasser/Ködderitzsch, in: Sagasser/Bula/Brünger, Umwandlungen, J Rn. 69; Willemsen, in: Kallmeyer, § 5 UmwG Rn. 51.

504 So auch: Willemsen, in: Kallmeyer, § 5 UmwG Rn. 52.

505 Zum Verfahren, wenn ein Betriebsrat nicht existiert: Lutter, in: Lutter, § 5 UmwG Rn. 87 m.w.N.; Willemsen, in: Kallmeyer, § 5 UmwG Rn. 78 m.w.N.

506 Zur Fristberechnung: Krause, NJW 1999, S. 1448 f.; Melchior, GmbHR 1996, S. 833 (837); Müller, K., DB 1997, S. 713 (716 f.).

gers.[507] Dies folgt aus der Bezugnahme in der Regierungsbegründung[508] auf §§ 50, 58 BetrVG. Besteht kein Gesamtbetriebsrat, so ist der Spaltungsvertrag allen bestehenden Betriebsräten zuzuleiten.[509] Vorsorglich sollte der Vertrag aufgrund des Zuständigkeitsstreites jedenfalls bei Existenz eines Konzernbetriebsrates sowohl bei dem Konzernbetriebsrat als auch dem Gesamtbetriebsrat oder allen Betriebsräten vorgelegt werden.[510] Bei einer Abänderung des Spaltungsvertrages oder des Vertragsentwurfs zwischen Zuleitung an den Betriebsrat und Beschlussfassung der Anteilsinhaber muss die Neufassung dem Betriebsrat wiederum einen Monat vor der Abstimmung in der Hauptversammlung vorgelegt werden, falls die Änderungen wesentlich waren.[511] Wesentlich sind die Änderungen nach Sinn und Zweck der Zuleitungspflicht aber nur dann, wenn sie die Rechte der Arbeitnehmer oder deren Vertreter betreffen.[512]
Kann der übertragende Rechtsträger den Empfang nicht nachweisen, fehlen Informationen gänzlich oder enthält der Spaltungsvertrag offensichtliche Falschangaben, so fordert der Registerrichter die Spaltungsparteien zur Nachbesserung auf.[513] Bei einer

---

507 Engelmeyer, DB 1996, S. 2542 (2544 f.); zum Verschmelzungsrecht: Dehmer, § 5 UmwG Rn. 54; Joost, ZIP 1995, S. 976 (984 f.); Mayer, in: Widmann/Mayer, § 5 UmwG Rn. 252; Sagasser/Ködderitzsch, in: Sagasser/Bula/Brünger, Umwandlungen, J Rn. 70; Stratz, in: Schmitt/Hörtnagl/ Stratz, § 5 UmwG Rn. 54, die jedenfalls aufgrund der mittelbaren Auswirkungen auf den Konzern auch die Zuständigkeit des Konzernbetriebsrates annehmen; Zweifel hinsichtlich der Zuständigkeit des Konzernbetriebsrates: Däubler, RdA 1995, S. 136 (138); Melchior, GmbHR 1996, S. 833 (834 f.); Wlotzke, DB 1995, S. 40 (45) a.A. Boecken, Unternehmensumwandlungen, Rn. 333 f.; Lutter, in: Lutter, § 5 UmwG Rn. 86; Willemsen, in: Kallmeyer, § 5 UmwG Rn. 75, die zwar die Zuständigkeit des Gesamtbetriebsrates annehmen, bei einem Konzernbetriebsrat die Zuständigkeit allerdings ablehnen, da die Angelegenheit auch auf Ebene der einzelnen Betriebsräte oder des Gesamtbetriebsrates geregelt werden könne; für eine Doppelzuständigkeit von Konzernbetriebsrat und Gesamt- oder einzelnen Betriebsräten: Müller, K., DB 1997, S. 713 (715).

508 BT-Drucks. 12/6699, § 5, S. 83; Sagasser/Ködderitzsch, in: Sagasser/Bula/Brünger, Umwandlungen, J Rn. 70.

509 Engelmeyer, DB 1996, S. 2542 (2544); zum Verschmelzungsrecht: Dehmer, § 5 UmwG Rn. 55; Joost, ZIP 1995, S. 976 (984); Lutter, in: Lutter, § 5 UmwG Rn. 86; Mayer, in: Widmann/Mayer, § 5 UmwG Rn. 252; Stratz, in: Schmitt/Hörtnagl/Stratz, § 5 UmwG Rn. 55.

510 Willemsen, in: Kallmeyer, § 5 UmwG Rn. 75, der aber in allen Fällen eine Zuleitung an alle Betriebsräte empfiehlt. Jedenfalls bei Nichtexistenz eines Konzernbetriebsrates ist die Zuständigkeitsverteilung zwischen Gesamtbetriebsrat und Betriebsräten eindeutig. Bei Konzernspaltungen kann die Zuleitung an alle Betriebsräte einen erheblichen und unnötigen Aufwand darstellen, wenn ein Gesamtbetriebsrat besteht; eine Pflicht zur Zuleitung an alle Betriebsräte nimmt Müller, K. bereits von Gesetzes wegen an: Müller, K., DB 1997, S. 713 (715).

511 BT-Drucks. 12/6699, § 5, S. 83.

512 Zum Verschmelzungsrecht: OLG Naumburg, DB 1997, S. 466 (467); Mayer, in: Widmann/Mayer, § 5 UmwG Rn. 261; Willemsen, in: Kallmeyer, § 5 UmwG Rn. 77; Müller, K., DB 1997, S. 713 (713); für eine uneingeschränkte erneute Zuleitungspflicht: Priester, in: Lutter, Kölner Umwandlungsrechtstage, S. 99 (116); Ising/Thiell, DB 1991, S. 2021 (2024).

513 Priester, in Lutter, § 126 UmwG Rn. 62; ähnlich: Engelmeyer, DB 1996, S. 2542 (2544); zum Verschmelzungsrecht: Bermel/Hannappel, in: Goutier/Knopf/Tulloch, § 5 UmwG Rn. 109; Bungert, DB 1997, S. 2209 (2211); Dehmer, § 5 UmwG Rn. 48; Joost, ZIP 1995, S. 976 (986); Sagasser/Ködderitzsch, in: Sagasser/Bula/Brünger, Umwandlungen, J Rn. 70; Mayer, in: Widmann/Mayer, § 5 UmwG Rn. 205; Melchior, GmbHR 1996, S. 833 (835); Willemsen,

Nachbesserungsaufforderung durch den Registerrichter droht das Verstreichen der acht-Monatsfrist, §§ 125 S. 1, 17 Abs. 2 S. 4 UmwG, zwischen Aufstellung der Schlussbilanz und dem Anmeldetag.[514]
Der Registerrichter kann die Eintragung aber nicht mit der Begründung verweigern, die Ausführungen zu den Belangen der Arbeitnehmer seien nach seiner Auffassung unzureichend, da der Registerrichter nur ein formelles nicht aber ein materielles Prüfungsrecht hat.[515] Auf eine Vollständigkeit aller Angaben sollte dennoch geachtet werden, da das OLG Düsseldorf bereits das Fehlen einzelner Angaben ausreichen lässt, um eine Eintragung zu verweigern.[516] Um die Abgeschlossenheit der Angaben zu verdeutlichen, sollten bei fehlenden Auswirkungen auf Arbeitnehmer oder deren Vertreter immer Negativerklärungen abgegeben werden.[517]

b) Die Darstellung der Auswirkungen für Arbeitnehmer und Arbeitnehmervertreter im Spaltungsvertrag der Hoechst AG

Die Darstellung der Arbeitnehmerbelange im Spaltungsvertrag der Hoechst AG und der Celanese AG erfolgt in § 11. Dabei benennt § 11.1 des Spaltungsvertrages individualrechtliche, § 11.2 kollektivrechtliche Auswirkungen und § 11.3 Folgen der Spaltung für die Zusammensetzung der Aufsichtsratsgremien. § 11.4 enthält Ausführungen zu Betriebsänderungen.

aa) Individualarbeitsrechtliche Auswirkungen

Zunächst wird in § 11.1 klargestellt, dass nach § 4.4 des Spaltungsvertrages die in Anlage 4 aufgeführten Arbeitsverhältnisse mit Wirksamwerden der Spaltung auf die Celanese AG übergehen. Dabei handelt es sich um betriebsunabhängige Arbeitsverhältnisse leitender Angestellter.
Weiterhin wird ausgeführt, dass sämtliche Arbeitsverhältnisse in den nach § 4.1 des Spaltungsvertrages i.V.m. Anlage 1 und Anlage 2 abzuspaltenden Unternehmen von der Abspaltung nicht berührt und ohne Änderungen fortgeführt werden. Die Arbeits-

---

in Kallmeyer, § 5 UmwG Rn. 58; ähnlich: auch OLG Düsseldorf, GmbHR 1998, S. 745 (746), ohne ein noch weitergehendes Prüfungsrecht auszuschließen.

514 AG Duisburg, GmbHR 1996, S. 372 (372); Sagasser/Ködderitzsch, in: Sagasser/Bula/Brünger, Umwandlungen, J Rn. 70.

515 Engelmeyer, DB 1996, S. 2542 (2544); Priester, in: Lutter, Kölner Umwandlungsrechtstage, S. 99 (114); Priester, in: Lutter, § 126 UmwG Rn. 62; zum Verschmelzungsrecht: Bermel/Hannappel, in: Goutier/Knopf/Tulloch, § 5 UmwG Rn. 109; Bungert, DB 1997, S. 2209 (2211 f.); Dehmer, § 5 UmwG Rn. 48; Mayer, D., DB 1995, S. 861 (864); Melchior, GmbHR 1996, S. 833 (835); für ein formelles Prüfungsrecht als Mindestprüfungsrecht: OLG Düsseldorf, GmbHR 1998, S. 745 (746).

516 Zum Verschmelzungsrecht: OLG Düsseldorf, GmbHR 1998, S. 745 (745); a.A. Joost, ZIP 1995 S. 976 (986); Mayer, in: Widmann/Mayer, § 5 UmwG Rn. 205; Willemsen, in Kallmeyer, § 5 UmwG Rn. 59, die es genügen lassen wollen, wenn wesentliche Aspekte der Arbeitnehmerbelange aufgeführt werden.

517 So auch: Willemsen, in Kallmeyer, § 5 UmwG Rn. 59; dies ist insbesondere aufgrund der Entscheidung des OLG Düsseldorf zu empfehlen, das klarstellt, dass fehlende Angaben nicht dahingehend auszulegen sind, dass es auch an Auswirkungen auf die Arbeitnehmer fehlt: OLG Düsseldorf, GmbHR 1998, S. 745 (746).

verhältnisse der direkt oder indirekt über die Diogenes Dreizehnte Vermögensverwaltungs GmbH abgespaltenen Unternehmen werden ebenso wenig verändert. Anschließend wird erläutert, dass eine Angleichung der Arbeitsbedingungen mit Arbeitnehmern der Celanese AG nicht erforderlich sei, da die Celanese AG vor der Abspaltung weder über eigene Betriebe noch Arbeitnehmer verfügt hat.
Da die bisher nicht operativ tätige und nicht tarifgebundene Celanese AG wie die Hoechst AG Mitglied in dem Arbeitgeberverband Hessen der Chemischen Industrie und verwandter Industrien werde, würde sich an bestehenden Tarifbestimmungen nichts ändern.
Die unter III. 7. angesprochenen Mitarbeiterbeteiligungsprogramme „Stock Appreciation Rights" würden entsprechend den nach § 10 des Spaltungsvertrages für die für Aktienbezugsrechte geltenden Regeln angepasst, § 11.1 des Spaltungsvertrages.[518]
In § 11 S. 8 des Spaltungsvertrages wird darauf hingewiesen, dass Direktversicherungen im Rahmen des Konsortialgruppenversicherungsvertrages zwischen der Hoechst AG und der Allianz Lebensversicherungs AG für die Arbeitnehmer, die von der Abspaltung betroffen sind, durch Beitritt der Celanese AG zum Gruppenversicherungsvertrag fortgeführt werden.
Ebenso bleiben die von der Abspaltung betroffenen Arbeitnehmer Mitglieder der Pensions- und Sterbekasse der Mitarbeiter der Hoechst Gruppe sowie der Betriebskrankenkasse Hoechst.

Die Ausführungen zu den individualrechtlichen Arbeitnehmerbelangen scheinen jedenfalls den in der Entscheidung des OLG Düsseldorf angestellten Anforderungen nicht gerecht zu werden.
Zwar reicht die Negativerklärung über die Auswirkungen der Spaltung auf die Arbeitnehmer der direkt oder indirekt abgespaltenen Unternehmen aus, da Veränderungen in den Betrieben anlässlich der Spaltung nicht zu erwarten sind. Es gibt auch keine Anhaltspunkte für Versetzungen oder Umgruppierungen.
Etwas anderes gilt jedoch für die abgespaltenen Arbeitsverhältnisse der leitenden Angestellten. Hierzu fehlen jegliche Ausführungen. Es wird weder dargestellt, ob Umgruppierungen, Versetzungen oder Ortswechsel für die betroffenen Arbeitnehmer anstehen, noch wird auf die Zustimmungspflicht zum Übergang der Arbeitsverhältnisse eingegangen. Ebenso wenig wird das Verschlechterungsverbot hinsichtlich der kündigungsrechtlichen Stellung der Arbeitnehmer nach § 323 Abs. 1 UmwG beschrieben. Es wird auch keine Negativerklärung dahingehend abgegeben, dass Veränderungen für die Arbeitnehmer nicht zu erwarten sind. Die Auswirkungen der Spaltung auf die Arbeitsverhältnisse der leitenden Angestellten bleiben unklar.
Bei den hier zu treffenden Aussagen handelt es sich wohl auch nicht um mittelbare Auswirkungen, da die Arbeitsverhältnisse direkt durch die Spaltung verändert werden. Jedenfalls nach den strengen Anforderungen des OLG Düsseldorf[519] hätten Angaben zu den Folgen der Spaltung für die Arbeitsverhältnisse der leitenden Angestellten ge-

518 Vgl. dazu: oben Teil 4 A) III. 7.

519 OLG Düsseldorf, GmbHR 1998, S. 745 (745 f.).

macht werden müssen. Das OLG Düsseldorf[520] verlangt auch Ausführungen zu Arbeitnehmerbelangen, die für den Arbeitnehmer vorteilhaft sind. Fehlen einzelne darstellungspflichtige Angaben, so rechtfertigt dies bereits die Ablehnung der Eintragung der Spaltung in das Handelsregister seitens des Registerrichters.[521]
Vor diesem Hintergrund hätten die Ausführungen zu den individualrechtlichen Konsequenzen für die abgespaltenen Arbeitsverhältnisse umfangreicher ausfallen müssen. Gleiches gilt für die Darstellung konkret geplanter weiterer Umstrukturierungen. Die geplante Fusion mit Rhône Poulonc und die damit zusammenhängenden Strukturveränderungen für die Arbeitnehmer werden mit keinem Wort angesprochen. Selbst wenn im Zeitpunkt der Zuleitung des Vertragsentwurfs an den Gesamtbetriebsrat das Verschmelzungsvorhaben noch nicht feststand, so hätte jedenfalls die Möglichkeit der Fusion und die damit zusammenhängenden Arbeitnehmerbelange beschrieben werden müssen, da die Verschmelzung mit Rhône Poulonc bereits seit Dezember 1998 geplant war. Auch dabei handelt es sich wohl nicht nur um eine mittelbare Auswirkung auf die Arbeitnehmer, weil die Verschmelzung unmittelbar im Anschluss an die Abspaltung der Celanese AG erfolgen sollte und die Abspaltung Voraussetzung für die nachfolgende Verschmelzung war.
Die Ausführungen hinsichtlich der Versorgungsanwartschaften und hinsichtlich der fehlenden Notwendigkeit, Arbeitsverhältnisse aufeinander anzupassen, können dagegen als ausreichend bezeichnet werden. Auch die künftige Mitgliedschaft der Celanese AG im Arbeitgeberverband Hessen der Chemischen Industrie und verwandter Industrien e.V. wurde im Spaltungsvertrag erwähnt. Man hätte allerdings klarstellend angeben können, dass die zum Zeitpunkt der Spaltung geltenden Tarifbestimmungen auf jeden Fall fortgelten.

bb) Kollektivarbeitsrechtliche Auswirkungen

Auch in § 11.2 des Spaltungsvertrages wird zunächst klargestellt, dass die in Anlage 1 und 2 genannten Unternehmen eigenständige Betriebsräte und Gesamtbetriebsräte haben, die von der Abspaltung unberührt bleiben. Außerdem besteht bei der Hoechst AG selbst zwar ein Sprecherausschuss, nicht aber ein Betriebsrat oder Gesamtbetriebsrat. Lediglich einzelne Arbeitsverhältnisse des Corporate Center, das selbst keinen eigenständigen Betrieb darstellt, werden von der Spaltung betroffen.
In § 11.2 S. 4 des Spaltungsvertrages wird bekannt gegeben, dass Mitglieder der Betriebsräte oder Gesamtbetriebsräte der abzuspaltenden Gesellschaften mit Wirksamwerden der Spaltung nicht mehr Mitglieder des Konzernbetriebsrates der Hoechst AG sein werden.
Auch die Arbeitnehmer, deren Arbeitsverhältnisse auf die Celanese AG übergehen, werden mit Wirksamwerden der Spaltung keine Mitglieder des Sprecherausschusses des Corporate Centers der Hoechst AG mehr sein.

---

520 OLG Düsseldorf, GmbHR 1998, S. 745 (745 f.).

521 OLG Düsseldorf, GmbHR 1998, S. 745 (745); a.A. Joost, ZIP 1995 S. 976 (986); Mayer, in: Widmann/Mayer, § 5 UmwG Rn. 205; Willemsen, in Kallmeyer, § 5 UmwG Rn. 59, die es genügen lassen wollen, wenn wesentliche Aspekte der Arbeitnehmerbelange aufgeführt werden. Vgl. oben 1 1 a).

In § 11.2 des Spaltungsvertrages wird weiterhin darauf hingewiesen, dass unter den Voraussetzungen des § 54 BetrVG beziehungsweise des Sprecherausschussgesetzes und der Vorschriften über Europäische Betriebsräte ein Konzernbetriebsrat, ein Sprecherausschuss, ein Konzernsprecherausschuss und ein Europäischer Betriebsrat bei der Celanese AG gebildet werden können.

Der Spaltungsvertrag beschreibt alle Folgen für die Arbeitnehmervertretungen der abzuspaltenden Unternehmen einerseits und der Arbeitnehmervertreter, deren Arbeitsverhältnisse direkt übertragen werden, andererseits. Die logische Konsequenz, dass alle Arbeitnehmervertreter mit direkt oder indirekt abzuspaltendem Vertragsverhältnis aus den übergeordneten Gremien ausscheiden, wird für jede Arbeitnehmergruppe gesondert und abschließend aufgezählt.
Da die zu spaltende Leitungsebene der Hoechst AG weder Betriebsrat noch Gesamtbetriebsrat hat, treten darüber hinaus keine kollektivrechtlichen Veränderungen ein.
Außerdem wird auf die Möglichkeit, im Celanese-Konzern übergeordnete Gremien zu schaffen, hingewiesen.
Angaben zu einem Übergangsmandat nach § 321 UmwG - jetzt § 21a BetrVG - waren überflüssig, da die Spaltung der Hoechst AG keine Aufspaltung von Betrieben zur Folge hatte und daher auch keine Übergangsmandate entstanden sind. Auf einen Sprecherausschuss ist nach herrschender Auffassung § 321 UmwG und damit das Übergangsmandat nicht analog anzuwenden, so dass Ausführungen hierzu entbehrlich waren.

cc) Darstellung der Auswirkungen für die Aufsichtsratsgremien

Die Veränderung der Zusammensetzung der Aufsichtsräte bei der Hoechst und der Celanese AG anlässlich der Spaltung wird in § 11.3 des Spaltungsvertrages beschrieben. Mit der Abspaltung ihrer Gesellschaften verlieren zwei namentlich benannte Arbeitnehmervertreter nach § 24 Abs. 1 MitbestG ihr Aufsichtsratsmandat in der Hoechst AG. An ihre Stelle treten namentlich benannte Ersatzmitglieder. Ansonsten sollen in der laufenden Amtsperiode keine Veränderungen im Aufsichtsrat eintreten.
Bei der Celanese AG soll der Aufsichtsrat von drei Anteilseignervertretern auf sechs Anteilseignervertreter nach § 7 Abs. 1 S. 1 Nr.1 MitbestG aufgestockt werden. Die zusätzlichen Aufsichtsratmitglieder sollen laut Spaltungsvertrag noch vor Wirksamwerden der Abspaltung von der Hauptversammlung gewählt werden. Da der Aufsichtsrat nach der Abspaltung nach § 7 Abs. 1 S. 1 Nr.1 MitbestG aus sechs Anteilseignervertretern und sechs Arbeitnehmervertretern zusammenzusetzen ist, kündigt § 11.3 S. 6 des Spaltungsvertrages an, dass der Vorstand unverzüglich nach Wirksamwerden der Abspaltung die fehlerhafte Zusammensetzung des Aufsichtsrates bekannt machen und damit das Statusverfahren nach § 97 AktG einleiten wird.
Die Arbeitnehmervertreter sollen nach Abschluss des Statusverfahrens gerichtlich bestellt werden, während die von der Hauptversammlung zu bestimmenden Aufsichtsräte vor Wirksamwerden der Abspaltung für eine Amtszeit bis zur ordentlichen Hauptversammlung der Celanese AG, die nach Wirksamwerden der Abspaltung stattfinden soll, gewählt werden.

Die Celanese AG musste, da sie nach der Spaltung nach § 5 Abs. 1 S. 1 MitbestG in Deutschland rund 4.100 Arbeitnehmer beschäftigen wird, gemäß § 7 Abs. 1 S. 1 Nr.1 MitbestG sechs Anteilseignervertreter und sechs Arbeitnehmervertreter als Aufsichtsratsmitglieder bestellen. Die Anteilseignervertreter sollten nach § 101 Abs. 1 S. 1 AktG bereits vor der Abspaltung vorübergehend bis zur nächsten ordentlichen Hauptversammlung nach der Abspaltung ernannt werden.
Da das für die Bestellung der Arbeitnehmervertreter notwendige Wahlverfahren nicht vor Wirksamwerden der Spaltung durchgeführt werden konnte, war der Aufsichtsrat der Celanese AG zunächst nicht vorschriftsmäßig besetzt. Deshalb musste das Statusverfahren nach § 97 AktG durch den Vorstand der Celanese AG sofort nach der Spaltung eingeleitet werden. In diesem Verfahren bestellt das zuständige Gericht die Arbeitnehmervertreter auf Antrag des Vorstandes nach § 104 Abs. 1 S. 1 AktG. Bis zur Durchführung des Wahlverfahrens nach dem MitbestG bleiben die so ernannten Aufsichtsratsmitglieder im Amt, § 104 Abs. 5 AktG. Der Vorstand musste den Antrag auf Ergänzung des Aufsichtsrates nach § 104 Abs. 1 S. 2 AktG - wie im Spaltungsvertrag erklärt - unverzüglich stellen.
Die Folgen der Spaltung auf die Mitbestimmung der Arbeitnehmer wurden ausreichend dargestellt. Dass der Aufsichtsrat der Hoechst AG in Zukunft von 20 auf 16 Mitglieder nach § 7 Abs. 1 S. 1 Nr.2 MitbestG reduziert werden kann, musste nicht im Spaltungsvertrag angegeben werden, da eine Verkleinerung nicht vor Ablauf der Amtsperiode der amtierenden Aufsichtsratsmitglieder möglich ist. Die Spaltung selbst hat daher unmittelbar keine Wirkung auf die Größe des Aufsichtsrates. Folgt man allerdings der Auffassung, dass auch mittelbare Folgen für Arbeitnehmervertreter im Spaltungsvertrag zu benennen sind, so hätte man auch diese Konsequenz der Spaltung aufführen müssen. Da diesbezügliche Angaben allerdings im Spaltungsbericht aufgenommen wurden, erscheint die nochmalige Benennung der Möglichkeit, die Aufsichtsratsmitglieder zu reduzieren, entbehrlich. Zur Sicherheit ist dennoch zu empfehlen, die Reduzierungsmöglichkeit im Spaltungsvertrag kurz zu bezeichnen.

dd) Angaben im Spaltungsvertrag über Betriebsänderungen

Unter § 11.4 des Spaltungsvertrages wird bestimmt, dass mit Ausnahme des Corporate Centers keine Betriebsänderungen vorgenommen werden. Falls dies dennoch geschehen sollte, verpflichten sich beide Rechtsträger, die Belegschaftsgremien nach dem BetrVG zu beteiligen. Weitere Ausführungen hierzu können wohl nicht verlangt werden.

c) Ergebnis

Über die Genauigkeit der Angaben zu den Folgen der Spaltung für Arbeitnehmer und Arbeitnehmervertreter herrscht weitgehend Unklarheit. Um die Angabepflicht nicht zu überspannen und ein Mindestmaß an Geheimhaltungsinteresse der beteiligten Rechtsträger zu wahren, sollten Erklärungen über lediglich mittelbare Folgen für Arbeitnehmer und deren Vertreter für entbehrlich erachtet werden. Schließlich bleibt den Arbeitnehmervertretern das Informationsrecht nach dem BetrVG.
Im Hinblick auf die strenge Entscheidung des OLG Düsseldorf sind die Angaben im Spaltungsvertrag der Hoechst AG und der Celanese AG insbesondere bezüglich der

Darstellung der individualrechtlichen Auswirkungen auf die abzuspaltenden Arbeitsverhältnisse der leitenden Angestellten kritisch zu beurteilen. Die vom OLG Düsseldorf geforderten Ausführungen über Versetzungen oder Umsetzungen sowie über § 323 Abs. 1 UmwG und die Zustimmungspflicht der Arbeitnehmer zur Übertragung der Arbeitsverhältnisse fehlen. Ebenso wenig werden die Auswirkungen der nachfolgenden Verschmelzung, die bereits konkret geplant war, auch nur andeutungsweise beschrieben.

12. Abfindungsangebot im Spaltungsvertrag

Neben den in § 126 Abs. 1 UmwG ausdrücklich genannten zwingenden Bestandteile, muss der Spaltungsvertrag ein Abfindungsangebot nach den Vorschriften der §§ 125 S. 1, 29 Abs. 1 S. 1, S. 2, 30 Abs. 1 UmwG beinhalten, wenn der übernehmende Rechtsträger eine andere Rechtsform als der übertragende hat oder die Anteile an dem übernehmenden Rechtsträger mit Verfügungsbeschränkungen verbunden sind.

Bei der Abspaltung der Celanese AG von der Hoechst AG muss der Spaltungsvertrag kein Abfindungsangebot enthalten, da der übernehmende Rechtsträger, die Celanese AG, ebenso in Form einer Aktiengesellschaft konstituiert ist wie die Hoechst AG. Außerdem bestehen keine Verfügungsbeschränkungen an den Anteilen der Celanese AG.

13. Ergebnis

Bei der Gestaltung des Spaltungsvertrages muss auf die geeignete Formulierung des Zeitpunktes der Gewinnberechtigung und des Spaltungsstichtages geachtet werden. Jedenfalls, wenn eine Unternehmensbewertung für die Ermittlung des Umtauschverhältnisses entbehrlich ist, sollten sämtliche Stichtage variabel ausgestaltet werden, um einen Anreiz für die Aktionäre zu schaffen, dem Spaltungsvorhaben zuzustimmen. Mit der variablen Ausgestaltung des Spaltungsstichtages können Bilanzschwierigkeiten vermieden werden. Die Verschiebung des Spaltungsstichtags und der für die Spaltung maßgeblichen Schlussbilanz bei einer variablen Stichtagsregelung führt zu einem Problem, wenn eine Unternehmensbewertung für die Ermittlung des Umtauschverhältnisses notwendig war, da das Umtauschverhältnis trotz veränderter Wertrelationen durch den Wechsel der Stichtage und Bilanzen gleich bleibt.
Die Angabe besonderer Rechte und Vorteile für einzelne Anteilsinhaber richtet sich danach, ob der übertragende Rechtsträger Sonderrechte im Sinn des § 29 UmwG ausgegeben hat. Darunter fallen auch Stock Option Pläne, die unter gewissen Voraussetzungen ein Bezugsrecht auf Aktien gewähren. Daneben sind Sondervorteile für Mitglieder der Vertretungs- und Aufsichtsorgane im Spaltungsvertrag zu bezeichnen. Aus dem damit bezweckten Schutz der Anteilsinhaber folgt, dass der Vorteilsbegriff weit zu verstehen ist und deshalb auch in Aussicht gestellte Führungspositionen beim übernehmenden Rechtsträger umfasst sind.

IV. Fakultative Bestandteile des Spaltungsvertrages

Die Parteien des Spaltungsvertrages können über die gesetzlich vorgeschriebenen Inhalte hinaus weitere Vereinbarungen im Spaltungsvertrag treffen. Aufgrund des Sachzusammenhangs einiger fakultativer Regelungen mit der Übertragung von Vermögensgegenständen und den Gläubigerschutzvorschriften - wie etwa Freistellungsvereinbarungen oder Auffangklauseln - beschränkt sich die folgende Darstellung auf übrige fakultative Bestandteile des Spaltungsvertrages, die einen Spaltungsvertrag sinnvoll ergänzen können.[522]

1. Satzungsänderungen und Bestimmung von Organstellungen

Satzungsänderungen der beteiligten Rechtsträger wie etwa anstehende Kapitalerhöhungen oder Kapitalherabsetzungen zur Durchführung der Spaltung können im Spaltungsvertrag aufgeführt werden. Dies hat den Vorteil der Klarstellung, dass es sich um eine Kapitalerhöhung oder Kapitalherabsetzung zur Durchführung der Spaltung handelt und damit ein vereinfachtes Verfahren zur Anwendung kommen kann. Auch Satzungsänderungen bezüglich der Firmierung, des Sitzes oder des Unternehmensgegenstands können benannt werden.

Allerdings ersetzt die Regelung im Spaltungsvertrag nicht die formellen Anforderungen an die einzelnen Satzungsänderungen.[523] Der notwendige Beschluss der Hauptversammlung kann aber zusammen mit dem Spaltungsbeschluss vorgenommen werden.[524]

Klauseln im Spaltungsvertrag, die bereits Organstellungen beim übernehmenden Rechtsträger bestimmen, ersetzen nicht den ausdrücklichen Bestellungsbeschluss bei der übernehmenden Gesellschaft, da die bloße Zustimmung zum Spaltungsvertrag nicht die Zustimmung zur Bestellung der Organe einschließt.[525]

Der Spaltungsvertrag zwischen der Hoechst AG und der Celanese AG beinhaltet bereits in der Parteibezeichnung den Hinweis, dass der eigentliche Vertragspartner Diogenes Erste Vermögensverwaltungs AG künftig als Celanese AG firmieren wird und deshalb im Vertrag bereits so bezeichnet wird.

Darüber hinaus wird in § 9 des Spaltungsvertrages auf die bei der Celanese AG durchzuführende Kapitalerhöhung hingewiesen.

Außerdem beschreibt § 2 des Spaltungsvertrages nach der in § 1 erfolgten Bezeichnung der Vertragsparteien den Spaltungsvorgang im Überblick und erklärt, dass es sich aufgrund der Übertragung der Anteile der Celanese AG auf die Anteilsinhaber der Hoechst AG um eine Abspaltung im Sinn des § 123 Abs. 2 Nr.1 UmwG handelt.

---

522 Zu Freistellungs- und Auffangklauseln im Zusammenhang mit der Aufteilung von Vermögensgegenständen: vgl. Teil 4 A) II 1 d), 2 d).

523 Kallmeyer, in: Kallmeyer, § 126 UmwG Rn. 62; Sagasser/Sickinger, in: Sagasser/Bula/Brünger, Umwandlungen, N Rn. 137; zur Verschmelzung: Mayer, in: Widmann/Mayer, § 5 UmwG Rn. 225.

524 Priester, in: Lutter, § 126 UmwG Rn. 68; Für die Organbestellung: Kallmeyer, in: Kallmeyer, § 126 UmwG Rn. 63; zum Verschmelzungsrecht: Mayer, in: Widmann/Mayer, § 5 UmwG Rn. 225.

525 Kallmeyer, in: Kallmeyer, § 126 UmwG Rn. 63; Priester, in: Lutter, § 126 UmwG Rn. 69; Sagasser/Sickinger, in: Sagasser/Bula/Brünger, Umwandlungen, N Rn. 137; zum Verschmelzungsrecht: Mayer, in: Widmann/Mayer, § 5 UmwG Rn. 226.

Eine Bestimmung der Vorstandsmitglieder der Celanese AG enthält der Spaltungsvertrag nicht. Lediglich im Spaltungsbericht wird die künftige Besetzung des Vorstands der Celanese AG dargestellt.[526]

2. Vorschriften zur Gewährleistung im Spaltungsvertrag

Vereinbarungen über Ertragskraft und Wert des abzuspaltenden Vermögens sowie Zusicherungen zu den Bewertungsgrundlagen des Umtauschverhältnisses können im Spaltungsvertrag als Gewährleistungsvereinbarungen getroffen werden.[527] Dies bietet sich vor allem bei der Abspaltung auf einen konzernfremden Rechtsträger und bei der Bildung von Gemeinschaftsunternehmen an, da sich insoweit die Probleme der Gewährleistung beim Unternehmenskauf stellen.[528] Die Gewährleistungspflichten treffen dabei die jeweiligen Parteien des Spaltungsvertrages, nicht dagegen die Anteilsinhaber. Dies folgt aus dem Grundsatz, dass für die mit der Gewährleistung begründeten Einlagepflichten nur Anteilsinhaber herangezogen werden könnten, die dem Spaltungsvertrag zugestimmt haben.[529] Die Gewährleistungspflichten haben keine Naturalrestitution sondern nur einen Wertausgleich zur Folge,[530] da mit Eintragung der Spaltung das Umtauschverhältnis nicht mehr abgeändert werden kann, §§ 131 Abs. 2, 125 S. 1, 15 UmwG.
Daneben ist bei der Übertragung auf Gemeinschaftsunternehmen und konzernfremde Rechtsträger eine Garantie für das buchmäßige Eigenkapital zu empfehlen, da die Schlussbilanz bis zu 8 Monate alt sein kann. In der Zwischenzeit besteht die Gefahr der Schmälerung des Eigenkapitals.[531]

Obwohl die Hoechst AG den Vermögensteil auf eine 100%ige Tochtergesellschaft abspaltet, findet sich in § 12 des Spaltungsvertrages ein Ausschluss jeder Gewähr gleich aus welchem Rechtsgrund. Sogar die Haftung aufgrund Zusicherung wird ausgeschlossen, soweit im Vertrag nichts anderes bestimmt ist.
Dieser Haftungsausschluss erscheint für die Hoechst AG auch sinnvoll, da sie durch die Abspaltung sämtlicher Anteile an der Celanese AG den Einfluss auf ihre Tochter-

---

526 Spaltungsbericht der Hoechst AG und der Celanese AG, III.3.2, S. 67; zur Angabepflicht von Zusagen über künftige Führungspositionen im Spaltungsvertrag: vgl. oben Teil 4 A) III 8.

527 Ausf. Kallmeyer, in: Kallmeyer: § 126 UmwG Rn. 44 ff. mit einem Formulierungsvorschlag zu einer Klausel zur Absicherung der Bewertungsgrundlagen; Priester, in: Lutter, § 126 UmwG Rn. 71; Sagasser/Sickinger, in: Sagasser/Bula/Brünger, Umwandlungen, N Rn. 135; auf solche Klauseln verzichten die bisher veröffentlichten Vertragshandbücher: Arens/Spieker, Umwandlungsrecht, S. 128 ff.; Brünger, in: Sagasser/Bula/Brünger, Umwandlungen, N Rn. 170 A; Heidenhain, in: Münchener Vertragshandbuch I, XI.18, S. 1344 ff. zur Abspaltung; Kiem, Verträge zur Umwandlung, Rn. 97, S. 82 ff.; Langenfeld, GmbH-Vertragspraktikum, S. 180 Rn. 307, S. 183 Rn. 311.

528 Priester, in: Lutter, § 126 UmwG Rn. 71; Sagasser/Sickinger, in: Sagasser/Bula/Brünger, Umwandlungen, N Rn. 135.

529 Heidenhain, NJW 1995, S. 2873 (2880); Kallmeyer, in: Kallmeyer, § 126 UmwG Rn. 49; Priester, in: Lutter, § 126 UmwG Rn. 71.

530 Kallmeyer, in: Kallmeyer, § 126 UmwG Rn. 49.

531 Kallmeyer, in: Kallmeyer, § 126 UmwG Rn. 45.

gesellschaft verliert. Die Aufzählung aller möglichen Anspruchsgrundlagen soll verdeutlichen, dass jegliche Haftung der Hoechst AG im Zusammenhang mit der Übertragung der Vermögensteile ausgeschlossen sein soll. Darüber hinaus wird festgelegt, dass sich eventuelle Ansprüche ausschließlich aus dem Spaltungsvertrag ergeben sollen.

Eine von *Kallmeyer* vorgeschlagene Zusicherung über die Richtigkeit und Vollständigkeit der dem Geschäftsbericht zugrundeliegenden Auskünfte bezüglich der Unternehmensbewertung[532] scheidet in vorliegendem Fall aus, da - wie oben bereits ausgeführt - die Unternehmensbewertung keine verbindliche Grundlage für die Ermittlung des Bezugsverhältnisses darstellte. Auch die Garantie des buchmäßigen Eigenkapitals ist entbehrlich, da den Anteilsinhabern der Hoechst AG selbst bei einer Überbewertung des abzuspaltenden Vermögens keine Nachteile entstünden. Solche Garantien und Zusicherungen sind nur dann notwendig und sinnvoll, wenn die Unternehmensbewertung Einfluss auf die Festlegung des Umtausch- oder Bezugsverhältnisses hatte.

3. Aufnahme von Bedingungen und Befristungen

In der Phase zwischen Spaltungsstichtag und Eintragung der Spaltung herrscht eine schwebende Rechtslage, da aus wirtschaftlicher Sicht aufgrund des Übergangs der Rechnungslegung mit dem Spaltungsstichtag der abzuspaltende Vermögensteil bereits zum übernehmenden Rechtsträger gehört. Dinglich sind in diesem Zeitraum allerdings noch keine Veränderungen eingetreten, da die Spaltung erst mit Eintragung in das Handelsregister des übertragenden Rechtsträgers vollzogen wird, § 131 Abs. 1 UmwG. Werden die Eintragungen in die Handelsregister durch Nachbesserungsaufforderungen der Registerrichter oder durch Anfechtungsklagen derart in die Länge gezogen, dass aufgrund von variablen Gewinnberechtigungs- und Stichtagsklauseln die ursprüngliche Ausgangslage um ein Jahr verschoben wird, so droht die Veränderung der Werterelation zwischen den Spaltungsparteien und damit ein Umkippen des Umtauschverhältnisses, da im Gegensatz zu starren Stichtagsvereinbarungen die Rechnungslegung für den übernehmenden Rechtsträger bei Überschreiten der Datumsgrenze rückwirkend entfällt.[533] Die Rechnungslegung für den übernehmenden Rechtsträger beginnt erneut von dem verschobenen Stichtag an. Wurde das Umtauschverhältnis von der Hauptversammlung bereits gebilligt, so liegen dem Umtauschverhältnis andere Werte zugrunde als die zum Zeitpunkt des neuen Stichtags bestehenden tatsächlichen Wertverhältnisse. *Kiem*[534] schlägt daher eine Verpflichtung zur Koordinierung der Unternehmens- und Ausschüttungspolitik im Spaltungsvertrag vor. Gegen diesen Vorschlag spricht bereits, dass die Aufnahme einer solchen Verpflichtung keine Klarheit über deren Inhalt gibt. Durch eine solche Klausel wird für keine der Vertragsparteien deutlich, welche Unternehmenspolitik die maßgebliche sein soll. Eine Verpflichtung zur koordinierten Ausschüttungspolitik ist ebenfalls ungeeignet, um ein

---

532 Kallmeyer, in: Kallmeyer, § 126 UmwG Rn. 44.

533 Zum Verschmelzungsrecht: Hoffmann-Becking, FS Fleck, S. 120; Kiem, ZIP 1999, S. 173 (179 f.); vgl. dazu auch: oben III 6.

534 Kiem, ZIP 1999, S. 173 (180 f.).

verändertes Werteverhältnis auszugleichen, da durch den Spaltungsvertrag die Zuständigkeit der Hauptversammlung für den Beschluss zur Gewinnverwendung nach § 119 Abs. 1 Nr.2 AktG keinesfalls abbedungen werden kann.[535]
Daher muss ein anderer Weg gefunden werden, um einerseits den Zeitraum des Schwebezustands so weit wie möglich zu verkürzen und andererseits eine Bindung an ein nicht mehr angemessenes Umtauschverhältnis zu verhindern.
Um diese Ziele zu erreichen bietet es sich an, einen festen Termin zu vereinbaren, an dem die Zustimmung in der Hauptversammlung, die Anmeldung zur Eintragung und die Eintragung spätestens stattzufinden haben.[536] Wird der jeweilige Termin nicht eingehalten, so kann der Spaltungsvertrag durch eine auflösende Bedingung nach § 158 Abs. 2 BGB oder eine aufschiebende Bedingung § 158 Abs. 1 BGB für unwirksam erklärt werden. Die Zulässigkeit der Aufnahme einer aufschiebenden Bedingung in den Spaltungsvertrag ergibt sich bereits aus §§ 125 S. 1, 7 UmwG.[537] § 7 UmwG regelt ein Kündigungsrecht der Spaltungsparteien bei Ausbleiben einer aufschiebenden Bedingung nach einem Zeitraum von fünf Jahren nach Abschluss des Spaltungsvertrages. Diese Vorschrift ist aber sowohl hinsichtlich der Anwendung des Kündigungsrechts bei Nichteintritt einer aufschiebenden Bedingung als auch hinsichtlich der Frist von fünf Jahren dispositiv.[538] Die Wirkung der jeweiligen Bedingung und deren Nichteintritt sollte daher im Vertrag klargestellt werden.
Anstatt einer aufschiebenden Bedingung kann grundsätzlich eine auflösende Bedingung im Spaltungsvertrag vereinbart werden. Tritt die auflösende Bedingung erst nach Eintragung der Spaltung ein, so kann dies an der Wirksamkeit der Spaltung nichts mehr ändern,[539] da der Vollzug der Spaltung nicht rückgängig gemacht werden kann. Eine Reversibilität von Spaltung oder Verschmelzung nach deren Eintragung würde den in § 131 UmwG und § 20 UmwG angeordneten Rechtsfolgen widersprechen.[540]

---

535 Im Ergebnis ebenso: Kallmeyer, in: Kallmeyer, § 126 UmwG Rn. 57.

536 Engelmeyer, Spaltung, S. 56; Kallmeyer, in: Kallmeyer, § 126 UmwG Rn. 57; Mayer, in: Widmann/Mayer, § 126 UmwG Rn. 319 (mit Formulierungsbeispiel); zum Verschmelzungsrecht: Barz, AG 1972, S. 1 (4).

537 Dehmer, § 7 UmwG Rn. 4; Körner/Rodewald, BB 1999 S. 853 (854); Kraft, in: Kölner Kommentar, § 341 AktG Rn. 17; Lutter, in: Lutter, § 4 UmwG Rn. 21; Marsch-Barner, in: Kallmeyer, § 7 Rn. 1; Stratz, in: Schmitt/Hörtnagl/Stratz, § 7 UmwG Rn. 4.

538 Dehmer, § 7 UmwG Rn. 7; Körner/Rodewald, BB 1999 S. 853 (855); Stratz, in: Schmitt/Hörtnagl/ Stratz, § 7 UmwG Rn. 7; ähnlich: Lutter, in: Lutter, § 5 UmwG Rn. 77.

539 Dies gilt auf jeden Fall bei einem Erlöschen des übertragenden Rechtsträgers (so bei: Verschmelzung und Aufspaltung). Da die Rechtswirkungen zwischen Auf-, Abspaltung und Ausgliederung grundsätzlich parallel verlaufen, soweit keine besonderen gesetzlichen Regelungen bestehen, kann auch bei Abspaltung und Ausgliederung von der Irreversibilität des Umwandlungsvorganges gesprochen werden. Zum Verschmelzungsrecht: Dehmer, § 7 UmwG Rn. 4; Stratz, in: Schmitt/Hörtnagl/Stratz, § 7 UmwG Rn. 4; zum alten Recht: Grunewald, in: Geßler/Hefermehl/Eckardt/Kropff, § 341 AktG, Rn. 13; Kraft, in: Kölner Kommentar, § 341 AktG Rn. 18. Vgl. zur Irreversibilität des Vollzugs der Spaltung: unten E) IV.

540 Eine Rückabwicklung ist nach § 131 Abs. 2 UmwG ausgeschlossen: Kallmeyer, in: Kallmeyer, § 131 UmwG Rn. 16; Körner/Rodewald, BB 1999, S. 853 (856); für das Verschmelzungsrecht (§ 20 Abs. 2 UmwG): BayObLG, DB 1999, S. 2504; Bork, in: Lutter, Kölner Umwandlungsrechtstage, S. 261 (266 f.); Dehmer, § 20 UmwG Rn. 3; Grunewald, in Lutter; §

Daraus ergibt sich, dass eine auflösende Bedingung zwar grundsätzlich vereinbart werden kann.[541] Tritt die Bedingung allerdings nach Eintragung der Spaltung ein, so entfaltet der Bedingungseintritt keine Wirkungen.[542] Bei der aufschiebenden Bedingung stellt sich dieses Problem nicht, da der Registerrichter den Nachweis des Bedingungseintritts als Voraussetzung für die Eintragung der Spaltung verlangen wird.[543]
Da die Nichteinhaltung des festgelegten Termins bei einer aufschiebenden Bedingung ohne weiteres den Spaltungsvertrag unwirksam werden lässt, bietet die Vereinbarung eines Kündigungs- oder Rücktrittsrechts für die Spaltungsparteien eine flexiblere Handhabung.[544] Dabei sollte auf jeden Fall erklärt werden, dass das Kündigungs- oder Rücktrittsrecht ohne Mitwirkung der Anteilsinhaber erfolgen kann, da sonst kein Druck auf die Anteilsinhaber zur Beschleunigung des Spaltungsverfahrens ausgeübt werden könnte. Außerdem würde die Zuständigkeit der Hauptversammlung zur Ausübung des Kündigungs- oder Rücktrittsrechts die für die Spaltungsparteien wünschenswerte Flexibilität erheblich einschränken. Der Ansicht, das Kündigungs- oder Rücktrittsrecht könne nicht ohne Zustimmung der Anteilsinhaber ausgeübt werden,[545] kann nicht gefolgt werden.[546]
Entgegen der Ansicht *Heckschens* haben die Anteilsinhaber keinen Anspruch auf Vollzug des Umwandlungsvorhabens, da die Wirksamkeit der Spaltung von Anfechtungen seitens der Anteilsinhaber, von den Anteilsinhabern des Vertragspartners und

---

20 UmwG Rn. 71 f.; Lutter, in Lutter, § 4 UmwG Rn. 21; Marsch-Barner, in: Kallmeyer, § 20 UmwG Rn. 38; Stratz, in: Schmitt/Hörtnagl/Stratz, § 20 UmwG Rn. 3; in der Formularliteratur enthalten nur wenige Vorschläge ein Kündigungs- oder Rücktrittsrecht: für ein Rücktrittsrecht allerdings ohne Regelung der Zuständigkeit für dessen Ausübung: Hoffmann-Becking, in: Münchener Vertragshandbuch I, X.1, S. 1241 § 9; für aufschiebende Bedingung: Brünger, in: Sagasser/Bula/Brünger, Umwandlungen, N Rn. 170A.

541 Gegen die Zulässigkeit der Vereinbarung einer auflösenden Bedingung zum alten Recht: Godin-Wilhelmi, § 341 AktG Rn.2.

542 Hommelhoff, in Lutter, § 126 Rn. 73; ausf. Körner/Rodewald, BB 1999, S. 853 (856); Marsch-Barner, in: Kallmeyer, § 123 UmwG Rn. 2; zum Verschmelzungsrecht: Bermel, in: Goutier/Knopf/Tulloch, § 7 UmwG Rn. 10; Dehmer, § 7 UmwG Rn. 4; Lutter, in: Lutter, § 4 UmwG Rn. 21; Stratz, in: Schmitt/Hörtnagl/Stratz, § 7 UmwG Rn. 4; zum alten Recht: Grunewald, in: Geßler/Hefermehl/Eckardt/Kropff, § 341 AktG, Rn. 13; Kraft, in: Kölner Kommentar, § 341 AktG Rn. 18; a.A. Heckschen, in: Widmann/Mayer, § 7 UmwG Rn. 18, der eine Vereinbarung einer auflösenden Bedingung nur für zulässig erachtet, wenn die Bedingung vor der Eintragung erfüllt sein muss. Warum eine solche Klausel unzulässig sein soll, ist nicht ersichtlich. Vielmehr reicht es aus, wenn die Bedingung aufgrund der §§ 20, 131 UmwG leer läuft. Zum alten Recht: Kraft, in: Kölner Kommentar, § 341 AktG Rn. 18.

543 Körner/Rodewald, BB 1999, S. 853 (855).

544 Engelmeyer, Spaltung, S. 56; Mayer, in: Widmann/Mayer, § 126 UmwG Rn. 320; zum Verschmelzungsrecht: Barz, AG 1972, S. 1 (4); Heckschen, in: Widmann/Mayer, § 7 UmwG Rn. 25.

545 So: Heckschen, in: Widmann/Mayer, § 7 UmwG Rn. 30 ff.

546 Im Ergebnis auch zum Verschmelzungsrecht: Dehmer, § 7 UmwG Rn 9; Lutter, in: Lutter, § 7 UmwG Rn. 7; Marsch-Barner, in: Kallmeyer, § 7 UmwG Rn. 4; Stratz, in: Schmitt/Hörtnagl/Stratz, § 7 UmwG Rn. 9; zum alten Recht: Grunewald, in: Geßler/Hefermehl/Eckardt/Kropff, § 341 AktG, Rn. 22; Kraft, in: Kölner Kommentar, § 341 AktG Rn. 14, 25.

dem Registerrichter abhängt. Mit der Zustimmung zum Spaltungsvertrag sind die Anteilsinhaber daher noch weit entfernt von einem Anwartschaftsrecht.[547] §§ 125 S. 1, 13 UmwG verlangen die Zustimmung der Anteilsinhaber, weil damit die Grundlagen der Aktiengesellschaft verändert werden[548] und die Anteilsinhaber durch die Umstrukturierung Nachteile erleiden können. Dies kann aber nicht bei der Aufgabe eines Umstrukturierungsvorhabens gelten, da die bisher bestehende Grundlage noch gar nicht geändert wurde. Darüber hinaus wird der einzelne Anteilseigner durch die Kündigung eines Spaltungsvertrages nicht benachteiligt. Folge der Kündigung ist lediglich die Wiederherstellung der vor dem Umwandlungsbeschluss bestehenden Rechts- und Sachlage. Die Durchführung des Spaltungsvorhabens und die Aufgabe desselben sind daher qualitativ unterschiedlich und nicht vergleichbar. Ein Umkehrschluss dahingehend, dass die Hauptversammlung auch die Kündigung als actus contrarius zur Zustimmung zum Spaltungsvorhaben billigen müsse, kann folglich nicht gezogen werden. Außerdem haben die Aktionäre auch der Rücktritts- und Kündigungsmöglichkeit im Spaltungsvertrag durch die Unternehmensverwaltung zugestimmt. Es kann wohl nicht ernsthaft verlangt werden, dass die Anteilseigner jeder einzelnen Regelung des Spaltungsvertrages zuzustimmen haben. Davon geht auch das UmwG nicht aus, das die Zustimmung zum Spaltungsvertrag als Gesamtwerk verlangt. Schließlich enthält § 7 UmwG als einzige die Kündigung betreffende Vorschrift keinen Anhaltspunkt dafür, dass eine Zustimmung der Anteilsinhaber zu Kündigung oder Rücktritt erfolgen muss. Die Zuständigkeit des Vorstandes für die Kündigungsentscheidung entspricht im Übrigen der Regelung für die Kündigung von Unternehmensverträgen nach § 297 AktG, die ebenfalls eine schwerwiegende Änderung der Grundlagen des Unternehmens zum Gegenstand haben.[549] Jedenfalls dürfte ein Kündigungs- oder Rücktrittsrecht, das nur bei einer Verzögerung des Spaltungsvorhabens und damit nur bei einer Verschiebung von Stichtag und Gewinnberechtigung ausgeübt werden dürfte, selbst nach der Auffassung von *Heckschen* wirksam vereinbart werden können, da so die Ausübung des Rücktrittsrechtes nicht im freien Ermessen des Vorstands steht.[550]
Natürlich muss das Kündigungsrecht vor Eintragung der Spaltung ausgeübt werden, da mit der Eintragung der Spaltung die Umstrukturierung vollzogen und irreversibel ist.[551] Da Teile der Literatur von der Unzulässigkeit einer auflösenden Bedingung und wohl auch eines Kündigungsrechts ausgehen,[552] wenn die Bedingung auch noch nach Eintragung der Spaltung eintreten kann, sollte zur Sicherheit vereinbart werden, dass

547 A.A. Heckschen, in: Widmann/Mayer, § 7 UmwG Rn. 34.

548 So: Engelmeyer, Spaltung, S. 161; Priester, ZGR 1990, S. 420 (434).

549 So: Lutter, in: Lutter, § 7 UmwG Rn. 7; Grunewald, in: Geßler/Hefermehl/Eckardt/Kropff, § 341 AktG, Rn. 22.

550 Heckschen, in: Widmann/Mayer, § 7 UmwG Rn. 35, der insbesondere völlig freie Kündigungsrechte des Vorstands für unzulässig hält.

551 Vgl. oben zur auflösenden Bedingung.

552 Für die Unzulässigkeit der Vereinbarung einer auflösenden Bedingung überhaupt: Godin-Wilhelmi, § 341 AktG Rn.2; für die Unzulässigkeit einer auflösenden Bedingung, wenn die Bedingung nach Eintragung des Umwandlungsvorganges eintreten kann: Heckschen, in: Widmann/Mayer, § 7 UmwG Rn. 18.

die Bedingung nur vor der Eintragung der Spaltung eintreten kann. Gleiches gilt für die Ausübung eines vereinbarten Kündigungsrechts.

Nachdem § 16 des Spaltungsvertrages die gesetzlichen Voraussetzungen für die Wirksamkeit der Spaltung - nämlich Zustimmungen der Hauptversammlungen der Hoechst AG und der Celanese AG sowie Eintragung in die jeweiligen Handelsregister - benennt, enthält § 17 des Spaltungsvertrages ein jederzeitiges Rücktrittsrecht der Hoechst AG, das ohne Zustimmung der Hauptversammlung ausgeübt werden kann, wenn die Eintragung der Spaltung nicht bis 31.12.1999 erfolgt ist.
Das Rücktrittsrecht als flexibleres Gestaltungsinstrument im Vergleich zur aufschiebenden Bedingung soll der Hoechst AG die Möglichkeit geben, die vertraglichen Bindungen zu lösen, um sich veränderten Umständen anpassen zu können.[553] Eine Verpflichtung zur Ausübung des Rücktrittsrechts besteht nicht, so dass die Hoechst AG bei nicht fristgerechter Eintragung ein Wahlrecht hat, ob sie sich vom Vertrag löst und eine andere Umstrukturierungs-entscheidung trifft oder ob sie an dem eingeschlagenen Weg der Spaltung festhält.
Diese Formulierung bietet den Spaltungsparteien maximale Flexibilität und trägt dazu bei, das Spaltungsvorhaben in dem gewünschten Zeitrahmen durchzuführen. Gerade bei der Abspaltung der Celanese AG von der Hoechst AG war die Einhaltung des Zeitrahmens äußerst wichtig, da bereits am 25.10.1999 die Börseneinführung der Celanese AG geplant war.
Durch die Begrenzung des Rücktrittsrechts auf den Fall, dass die Eintragung der Spaltung nicht bis zum 31.12.1999 erfolgen sollte, ist die Vereinbarung wohl nicht einmal nach Ansicht von *Heckschen* unwirksam, da das Rücktrittsrecht vom Vorstand nicht völlig frei ausgeübt werden kann.

4. Aufnahme einer salvatorischen Klausel

Für den Fall, dass einzelne Bestimmungen des Vertrages unwirksam sein sollten, kann - wie bei jedem anderen Vertrag - eine salvatorische Klausel aufgenommen werden. Man unterscheidet dabei die Teilnichtigkeitsklausel, die die Vermutung der Gesamtnichtigkeit des Vertrages im Fall der Teilnichtigkeit nach § 139 BGB ausräumt, von der Ersetzungsklausel. Die Ersetzungsklausel beinhaltet Maßstäbe, die bei der Ausfüllung der durch die Nichtigkeit einzelner Vorschriften entstandenen Lücken Anwendung finden sollen.[554] Normalerweise wird eine derartige Klausel so formuliert, dass nichtige oder undurchführbare Bestimmungen durch eine andere, beiden Parteien zumutbare Regelung zu ersetzen sind, die dem durch die nichtige Regelung angestrebten Zweck am Nähesten kommt.[555] Eine solche Vereinbarung wird empfohlen, auch wenn sie lediglich Maßstäbe der allgemein gültigen ergänzenden Vertragsauslegung festlegt, da eine Ersetzungsklausel die Parteien über die ergänzende Vertragsauslegung hinaus

553 Spaltungsbericht der Hoechst AG und der Celanese AG, V.17, S. 92.

554 Vgl. ausf. Westermann, FS Möhring, S. 135 (140 f.).

555 Vgl. zu ähnlichen Formulierungen: Westermann, FS Möhring, S. 135 (137 f.); Heidenhain, in: Münchener Vertragshandbuch I, XI.1, S. 1292 § 18.

zur aktiven Mitwirkung bei einer Ersetzung der nichtigen Klausel verpflichtet.[556] Die Ersetzungsklausel hat damit eine Hinweisfunktion auf die Mitwirkungspflicht zur Ergänzung des Vertrages im Rahmen des Zumutbaren.[557] Die Verweigerung der Mitwirkung hat dann eine Vertragspflichtverletzung zur Folge.[558]
Gerade die Verbindung der Teilnichtigkeitsklausel mit einer Ersetzungsklausel kann eine sinnvolle Ergänzung des Vertragswerkes darstellen, um beide Parteien zu einer schnellen und interessengerechten Lösung in Streitfällen zu veranlassen.[559]

Der Spaltungsvertrag zwischen Hoechst AG und Celanese AG enthält in § 18.3 eine Kombination aus Teilnichtigkeits- und Ersetzungsklausel. Zwar kann der Ersetzungsklausel keine Pflicht zur Mitwirkung bei der Ausfüllung entstandener Lücken entnommen werden. Allerdings gibt § 18.3 des Spaltungsvertrages vor, dass die Ausfüllung der Lücken so vorgenommen werden soll, dass sie dem Sinn und Zweck des im Vertrag Gewollten am nächsten kommen.
Aufgrund der fehlenden Mitwirkungspflicht bei der Lückenfüllung hat diese Formulierung vorrangig die Funktion, auf die ergänzende Vertragsauslegung hinzuweisen.

5. Sonstige fakultative Vertragsbestandteile

Aus praktischer Sicht ist die Aufnahme einer Bestimmung über die Kostentragung von Vorteil.[560] Dabei kann danach unterschieden werden, ob das Spaltungsvorhaben Erfolg hat oder aber - aus welchen Gründen auch immer - gescheitert ist.

Die Kostentragung bei der Spaltung der Hoechst AG ist in § 14 des Spaltungsvertrages geregelt. Aus § 14.1 des Spaltungsvertrages ergibt sich, dass die Hoechst AG die Kosten der Spaltung zu tragen hat, falls die Abspaltung scheitern sollte. Im Fall der Wirksamkeit der Abspaltung tragen die Vertragsparteien die Kosten für den Spaltungsvertrag, Spaltungsbericht, Spaltungsprüfung sowie Kosten für Berater und Investmentbanken je zur Hälfte, § 14.2 des Spaltungsvertrages. Die hälftige Kostenteilung soll nach § 14.2 a) des Spaltungsvertrages auch für die Grunderwerbsteuer gelten. Dabei bestimmt § 14.2 a) S. 3 des Spaltungsvertrages, dass die Hoechst AG und Celanese AG den Gesellschaften des Konzerns, bei denen die Grunderwerbsteuer anfällt, den jeweiligen Betrag zu erstatten hat.
Folgerichtig regelt § 14.2 des Spaltungsvertrages die hälftige Erstattungspflicht der Celanese AG hinsichtlich der bereits von der Hoechst AG getragenen Kosten.
Die übrigen Kosten für die Durchführung der Hauptversammlung, der Börseneinführung und Kreditkosten der Celanese AG wie etwa Bereitstellungskosten für neue Kre-

556 Westermann, FS Möhring, S. 135 (143).
557 Westermann, FS Möhring, S. 135 (142, 147).
558 Westermann, FS Möhring, S. 135 (144).
559 Westermann, FS Möhring, S. 135 (145).
560 Kallmeyer, in: Kallmeyer, § 126 UmwG Rn. 63b; Mayer, in Widmann/Mayer, § 126 UmwG Rn. 329; Priester, in: Lutter, § 126 UmwG Rn. 74; für das Verschmelzungsrecht: Heckschen, Verschmelzung, S. 16; zum alten Recht: Grunewald, in: Geßler/Hefermehl/Eckardt/Kropff, § 340 AktG, Rn. 11.

ditlinien haben die Vertragsparteien jeweils selbst zu tragen, § 14.2 b) des Spaltungsvertrages.

Die Aufteilung der Kosten erscheint logisch und konsequent. Die alleinige Kostentragungspflicht der Hoechst AG bei einem Scheitern der Abspaltung ist sinnvoll, da der Vertragspartner, die Diogenes Erste Vermögensverwaltungs AG, bei einem Fehlschlagen der Abspaltung eine 100%ige Tochtergesellschaft der Hoechst AG bleibt. Gemeinsam anfallende Kosten zu teilen, ist ebenso selbstverständlich, wie die alleinige Kostentragung der Celanese AG für die Durchführung ihrer Hauptversammlungen und der Börseneinführung.
Die exakte Aufzählung der entstehenden Kosten und die jeweilige Unterteilung der Kosten trägt der Rechtssicherheit und der späteren Streitvermeidung bei.

Als sonstige vertragliche Schlussbestimmung enthält § 18.1 des Spaltungsvertrages eine Schiedsgerichtsklausel, die besagt, dass alle rechtlichen Streitigkeiten im Zusammenhang mit der Spaltung, die nicht gütlich beigelegt werden können, nach der Schiedsgerichtsordnung der Deutschen Institution für Schiedsgerichtsbarkeit e.V. (DIS) vom Schiedsgericht in Frankfurt am Main unter Ausschluss des ordentlichen Rechtswegs entschieden werden. Die Schiedsgerichtsklausel hat mehrere Vorteile. Zunächst findet das Verfahren unter Ausschluss der Öffentlichkeit statt, was insbesondere für Streitigkeiten zwischen Großkonzernen aufgrund der erhöhten Aufmerksamkeit der Presseagenturen von Bedeutung ist.[561] Daneben spielt die wirtschaftliche Sachkunde des Schiedsgerichts eine erhebliche Rolle. Die Vertragsparteien können Spezialistengruppen oder auch bestimmte Personen zu Schiedsrichtern berufen.[562] Die Schiedsrichter können dann ausgiebige Verhandlungen über teilweise ein bis zwei Tage leiten, in denen ausführlich auf die Komplexität des Sachverhalts, die wirtschaftlichen sowie menschlichen Hintergründe eingegangen werden kann.[563] Schließlich kann das Verfahren vor dem Schiedsgericht auch schneller abgeschlossen werden, da von den Parteien lediglich eine Instanz beschritten werden kann.[564] Vor allem im Gesellschaftsrecht bietet sich daher die Aufnahme einer Schiedsgerichtsklausel in den meisten Fällen an.

6. Ergebnis

Die zwingenden Bestandteile eines Spaltungsvertrages nach § 126 Abs. 1 UmwG sollten durch bestimmte zusätzliche Vorschriften ergänzt werden. Neben deklaratorischen Umschreibungen zur Verbesserung der Verständlichkeit des Vertragswerkes sollten Regelungen zur Gewährleistung getroffen werden. Es sollten Garantien zu den Unternehmensbewertungen vereinbart werden, wenn das Umtauschverhältnis auf solchen

561 Riegger, in: Münchener Vertragshandbuch I, III.4, Rn. 42 S. 248; Westermann, FS Fischer, S. 853 (859).

562 Westermann, FS Fischer, S. 853 (856 ff.).

563 Westermann, FS Fischer, S. 853 (858 f.).

564 Westermann, FS Fischer, S. 853 (859).

beruht. Darüber hinaus ist ein umfassender Gewährleistungsausschluss sinnvoll, um eine Vielzahl von Rechtsstreitigkeiten im Voraus zu vermeiden.
Die Hoechst AG formulierte neben einem Gewährleistungsausschluss für das übertragene Vermögen auch ein Rücktrittsrecht, das die Verwaltungsorgane hätten ausüben können, wenn die Eintragung der Spaltung nicht bis zum 31.12.1999 erfolgt wäre. Ein Rücktrittsrecht der Spaltungsparteien löst das Problem, das mit der Verschiebung der Stichtage und der Veränderung der Wertverhältnisse der beteiligten Rechtsträger bei einer Verzögerung des Vollzugs der Spaltung entsteht. Tritt eine gravierende Veränderung der Wertverhältnisse der beteiligten Rechtsträger ein, so können diese von dem Spaltungsvorhaben zurücktreten und die Gesamtsituation neu beurteilen. Ein Rücktritts- oder Kündigungsrecht – ausgeübt durch die Vorstände der beteiligten Rechtsträger - kann auch wirksam vereinbart werden, da die Anteilsinhaber zwar dem Spaltungsvorhaben zustimmen müssen. Die Entscheidung über den Rücktritt von dem Spaltungsvorhaben kann dagegen den Vorständen übertragen werden, da die Rücktrittsentscheidung anders als die Entscheidung zur Spaltung des Unternehmens nicht dazu führt, dass bereits etablierte Grundlagen des Unternehmens verändert werden.

V. Ergebnis

Der Spaltungsvertrag der Hoechst AG entspricht im Wesentlichen den gesetzlichen Vorgaben des § 126 Abs. 1 UmwG. Darüber hinaus enthält er wichtige Vorschriften, die das Spaltungsvorhaben beschleunigen und ergänzen können. Variable Stichtage und ein Rücktrittsrecht der Spaltungsparteien stellen sicher, dass auf Verzögerungen des Vollzugs der Spaltung angemessen reagiert werden kann.

B) Der Spaltungsbericht

Zum Zweck der Information der Anteilsinhaber und der Vorbereitung der Abstimmung über die Spaltung in der Hauptversammlung verlangt § 127 S. 1 UmwG die Anfertigung eines Spaltungsberichts.[565] Darin müssen das Spaltungsvorhaben, der Spaltungsvertrag oder dessen Entwurf sowie alle wichtigen Begleitumstände erläutert werden. Grundsätzlich muss bei der Durchführung einer Spaltung ein Bericht erstellt werden, unabhängig von der Rechtsform der beteiligten Rechtsträger.[566] Der Spaltungsbericht entspricht hinsichtlich der formellen und inhaltlichen Anforderungen im Wesentlichen dem Verschmelzungsbericht.
Die Anfertigung eines Spaltungsberichtes ist dann nicht notwendig, wenn eine 100%ige Tochtergesellschaft auf die Muttergesellschaft abgespalten wird oder sämtliche Anteilseigner aller beteiligten Rechtsträger auf den Spaltungsbericht verzichten, §§ 127 S. 2, 8 Abs. 3 UmwG.

---

565 Engelmeyer, Spaltung, S. 67; Hommelhoff, in: Lutter, § 127 UmwG Rn. 4; Mayer, in: Widmann/Mayer, § 127 UmwG Rn. 3; für den Verschmelzungsbericht: Dehmer, § 8 UmwG Rn. 4; Sagasser/Ködderitzsch, in: Sagasser/Bula/Brünger, Umwandlungen, J Rn. 80.

566 So ausdrücklich: Kallmeyer, in: Kallmeyer, § 127 UmwG Rn. 3

I. Formelle Anforderungen an den Spaltungsbericht

Die Vorstände der beteiligten Rechtsträger können wählen, ob sie einen gemeinsamen oder zwei selbständige Spaltungsberichte verfassen, § 127 S. 1, 2. Halbsatz UmwG.[567] Die Möglichkeit, einen gemeinsamen Bericht anzufertigen, befreit nicht von der Pflicht, die Anteilsinhaber umfassend über rechtliche und wirtschaftliche Folgen der Spaltung für beide Gesellschaften zu unterrichten.[568]
Der Spaltungsbericht ist von sämtlichen Vorstandsmitgliedern[569] zu unterzeichnen. Der Spaltungsbericht ist, um seinem Informationscharakter gerecht zu werden, spätestens mit der Einberufung der Hauptversammlung in den Geschäftsräumen der Gesellschaft auszulegen, §§ 125 S. 1, 63 Abs. 1 Nr. 4, UmwG.

Die Hoechst AG und die Celanese AG haben sich für einen gemeinsamen Spaltungsbericht entschieden. Dies war auch sinnvoll, da die Celanese AG als übernehmender Rechtsträger vor der Spaltung kein operatives Geschäft ausgeführt hat. Vor dem Hintergrund, dass die Hoechst AG vor der Spaltung 100%ige Muttergesellschaft der Celanese AG war, musste sich der Spaltungsbericht primär an die Anteilseigner der Hoechst AG richten.
Die Unterschriften sämtlicher Vorstandsmitglieder der Hoechst AG und der Celanese AG befinden sich auf Seite 95 des Spaltungsberichts, vor dem beigefügten Anhang.

II. Inhaltliche Anforderungen an den Spaltungsbericht

1. Begründung und Erläuterung des Spaltungsvorhabens

a) Allgemeine Angaben

Nach § 127 S. 1 1.Halbsatz UmwG muss der Spaltungsbericht vorrangig wirtschaftliche und rechtliche Erläuterungen zum Spaltungsvorhaben beinhalten. Diese Angaben sollen den Anteilsinhaber in die Lage versetzen, den unternehmerischen Zweck der Maßnahme zu beurteilen. Dabei muss auf das Informationsbedürfnis der Anteilseigner eingegangen werden. Ein zu ausführliches Zahlenwerk würde diesem Zweck ebenso wenig entsprechen wie zu ungenaue und aus der Luft gegriffene Prognosen. Aus-

567 Die folgenden Ausführungen beziehen sich auf einen gemeinsamen Spaltungsbericht, da in den typischen Konzernspaltungsfällen nur eine der beteiligten Gesellschaften vor der Spaltung operativ tätig ist.

568 Hommelhoff, in: Lutter, § 127 UmwG Rn. 14; Kallmeyer, in: Kallmeyer, § 127 UmwG Rn. 10; Mayer, in: Widmann/Mayer, § 127 UmwG Rn. 11.

569 Hommelhoff, in: Lutter, § 127 UmwG Rn. 10; Kallmeyer, § 127 UmwG Rn. 4; zum Verschmelzungsbericht: Bermel, in: Goutier/Knopf/Tulloch, § 8 UmwG Rn. 4; Dehmer, § 8 UmwG, Rn. 5; Stratz, in: Schmitt/Hörtnagl/Stratz, § 8 UmwG Rn. 5; a.A. Müller, Klaus, NJW 2000, S. 2001 (2002), wonach es ausreichen soll, wenn die Vorstandsmitglieder den Umwandlungsbericht in vertretungsberechtigter Anzahl unterzeichnen. Diese Ansicht verkennt allerdings, dass die Vorstände durch ihre Unterschrift keine Willenserklärung abgeben, sondern eine Wissenserklärung. Eine solche Wissenserklärung muss aber jedes Vorstandsmitglied höchstpersönlich abgeben (vgl. Stratz, in: Schmitt/Hörtnagl/Stratz, § 8 UmwG Rn. 5).

schlaggebend ist, dass der Anteilseigner die Möglichkeit einer Plausibilitätskontrolle hat.[570] Die exakte Prüfung der Einhaltung rechtlicher und inhaltlicher Vorgaben im Spaltungsvertrag und die Angemessenheit des Umtauschverhältnisses ist dagegen den Spaltungsprüfern zugewiesen, §§ 125 S. 1, 9 Abs. 1 UmwG.[571]
Misslich ist allerdings die Tatsache, dass der Mindestinhalt eines Spaltungsberichtes ebenso wenig gesetzlich geregelt ist wie der Mindestinhalt des Verschmelzungsberichts. Dies gilt um so mehr, als die Verschmelzungs- oder Spaltungsdokumentation im Bericht häufig Anlass für Anfechtungsklagen gibt.[572] Die mit einer Anfechtungsklage verbundene Gefahr einer erheblichen zeitlichen Verzögerung des Umstrukturierungsvorhabens wird durch das Unbedenklichkeitsverfahren nach §§ 125 S. 1, 16 Abs. 3 UmwG, in dem nach einer Interessenabwägung ein Vorrang des Umwandlungsinteresses vor dem Interesse des Anteilsinhabers an einem rechtsfehlerfreien Umwandlungsbeschluss festgestellt werden kann, zwar abgeschwächt.[573] Bei gravierenden Fehlern kann den beteiligten Rechtsträgern aber auch das Unbedenklichkeitsverfahren nicht helfen.[574] Dann droht die zeitliche Verschiebung des Vollzugs des Spaltungsvorhabens bis zur Erledigung der Anfechtungsklage oder bei einem Erfolg der Anfechtungsklage darüber hinaus.[575]
Die Vorgabe in § 127 S. 1 1.Halbsatz UmwG, der Spaltungsbericht müsse wirtschaftliche und rechtliche Angaben über das Spaltungsvorhaben enthalten sowie den Spaltungsvertrag erläutern und begründen, trägt nur wenig zur Klarheit darüber bei, was tatsächlich aufgeführt werden muss. Auch in der Rechtsprechung wurde bisher nicht höchstrichterlich entschieden, welche Angaben der Umwandlungsbericht enthalten muss. Der BGH hat sich damit begnügt, festzustellen, dass lediglich die Darlegung der Grundsätze, nach denen der Unternehmenswert und damit das Umtauschverhältnis ermittelt wurde, nicht ausreicht.[576] Die bisherigen Entscheidungen verlangen die Angabe, welche Unternehmenswerte aufgrund welcher Grundlage ermittelt wurden. Anhand dieser Angaben muss ein Anteilsinhaber eine Stichhaltigkeitskontrolle durchführen können.[577] Aufgrund der fehlenden gesetzlichen und richterlichen Anord-

570 Hommelhoff, in: Lutter, § 127 UmwG Rn. 16; Kallmeyer, in: Kallmeyer, § 127 UmwG Rn. 8; Mayer, in: Widmann/Mayer, § 127 UmwG Rn. 16; für das Verschmelzungsrecht: BGHZ 107, S. 296 (302 ff.); OLG Hamm, ZIP 1999, S. 798 (801); OLG Düsseldorf, ZIP 1999, S. 793 (795); Aha, Unternehmensvertragsbericht, S. 70; Dehmer, § 8 UmwG, Rn. 10.

571 Engelmeyer, Spaltung, S. 77; für das Verschmelzungsrecht: OLG Düsseldorf, ZIP 1999, S. 793 (794); zustimmend: Keil, EWiR 1999, S. 1185 (1186); dabei ist aber zu beachten, dass allein die Anteilsinhaber die Zweckmäßigkeit des Umwandlungsvorhabens zu beurteilen haben: Priester, NJW 1983, S. 1459 (1462); ebenso: Bayer, AG 1988, S. 323 (328); Becker, AG 1988, S. 223 (225).

572 Keil, EWiR 2000, S. 1125 (1126).

573 Vgl. dazu unten Teil 4 D) III 2.

574 So ausdr. OLG Frankfurt/M., ZIP 2000, S. 1928 (1934); zustimmend: Keil, EWiR 2000, S. 1125 (1126).

575 Vgl. Kiem, ZIP 1999, S. 173 (174 f.) mit einzelnen Beispielen aus der Praxis in Fn. 16, 19.

576 BGHZ 107, S. 296 (302 f.).

577 OLG Karlsruhe, WM 1989, S. 1134 (1137); so auch die neuere Rechtsprechung, die bei der Darstellung der Bewertungsmethode auch Einzelplanzahlen verlangt. Allgemeine Ausführun-

nung eines Mindestinhalts, ist auf die in der Literatur aufgeführten Anforderungen an einen Spaltungsbericht zurückzugreifen.
Danach wird empfohlen, den Spaltungsbericht so zu gliedern, dass einleitend ein Gesamtüberblick über das Spaltungsvorhaben gegeben wird.[578] Daran anschließend sollte die Ausgangslage der beteiligten Gesellschaften dargestellt werden.[579] Die Ausgangslage umfasst die momentanen Tätigkeitsfelder, Umsätze, Marktanteile und Mitarbeiterzahlen. Daneben ist über das Aktiv- und Passivvermögen der beteiligten Rechtsträger zu informieren. Steuerlasten, Eigenkapitalquoten und Verschuldungsgrad der beteiligten Gesellschaften sind anzugeben.[580] Sind bei der aufnehmenden Gesellschaft Synergieeffekte zu erwarten, so müssen diese schätzungsweise angegeben werden.[581] Auf der anderen Seite muss über steuerliche Auswirkungen und Kosten des Spaltungsvorhabens berichtet werden.[582] Weiterhin sollten die Folgen der Spaltung für Arbeitnehmer unter Bezugnahme auf den Spaltungsvertrag ausführlich dargestellt werden, indem die im Spaltungsvertrag enthaltenen Ausführungen ausgeweitet werden.[583] Darüber hinaus soll dem Anteilsinhaber im Rahmen einer Darstellung der Wirtschaftlichkeit und Zweckmäßigkeit des Vorhabens verdeutlicht werden, welche Vor- und Nachteile eine Spaltung mit sich bringen und welche Alternativen bestehen.[584] Die Entscheidung für die Unternehmensspaltung muss unter Darlegung der Alternativen schlüssig und nachvollziehbar begründet werden.[585]
Mit besonderer Genauigkeit müssen die mit der Spaltung verbundenen Haftungsrisiken beschrieben werden.[586] Gerade beim nur mithaftenden Rechtsträger ist auf die Li-

---

gen reichen nicht: OLG Frankfurt/M., ZIP 2000, S. 1928 (1930 ff.); LG München, AG 2000, S. 86 (87).

578 Hommelhoff, in: Lutter, § 127 UmwG Rn. 17; zu einer möglichen Gliederung bei einem Verschmelzungsbericht: Hoffmann-Becking, in: Münchener Vertragshandbuch I, X.2, S. 1249 ff.

579 Schöne, Spaltung GmbH, S. 319; Wirth, Spaltungen einer eG, S. 172; für die Verschmelzung: Hoffmann-Becking, in: Münchener Vertragshandbuch I, X.2, S. 1249 ff.

580 Kallmeyer, in: Kallmeyer: § 127 UmwG Rn. 5; Wirth, Spaltungen einer eG, S. 172 f.

581 Kallmeyer, in: Kallmeyer: § 127 UmwG Rn. 5; Schöne, Spaltung GmbH, S. 319; zum Verschmelzungsrecht: OLG Hamm, ZIP 1999, S. 798 (801); OLG Düsseldorf, ZIP 1999, S. 793 (795), wonach eine grobe Schätzung der Synergieeffekte und die schlagwortartige Aufzählung von Maßnahmen zur Kosteneinsparung ausreichen; Bayer, in: Lutter, § 82 UmwG Rn. 22; Bermel, in: Goutier/Knopf/ Tulloch, § 8 UmwG Rn. 14; Dehmer, § 8 UmwG Rn. 11.

582 Mayer, in: Widmann/Mayer, § 127 UmwG Rn. 17; Schöne, Spaltung GmbH, S. 320; Wirth, Spaltungen einer eG, S. 173; für das Verschmelzungsrecht: LG Essen, AG 1999, S. 329 (331); Lutter, in: Lutter, § 8 UmwG Rn. 17.

583 Priester, in: Lutter, § 126 UmwG Rn. 60; a.A. Lutter, in: Lutter, § 8 UmwG Rn. 17; Schöne, Spaltung GmbH, S. 345 f., die einen Verweis auf den Spaltungsvertrag als ausreichend erachten; vgl. zur Darstellung der Arbeitnehmerbelange im Spaltungsvertrag: oben Teil 4 A) III 11a).

584 Mayer, in: Widmann/Mayer, § 127 UmwG Rn. 16; Schöne, Spaltung GmbH, S. 319; Wirth, Spaltungen einer eG, S. 173; für das Verschmelzungsrecht: Bermel, in: Goutier/Knopf/Tulloch, § 8 UmwG Rn. 14; Dehmer, § 8 UmwG Rn. 11.

585 LG München, AG 2000, S. 86 (87); a.A. Kallmeyer, in: Kallmeyer: § 127 UmwG Rn. 5, der eine Erörterung von Alternativen nicht für notwendig hält.

586 Goutier, in: Goutier/Knopf/Tulloch, § 127 UmwG Rn. 5; Mayer, in: Widmann/Mayer, § 127

quidität des Hauptschuldners einzugehen und auf die Schicksalsgemeinschaft für einen Zeitraum von fünf Jahren besonders hinzuweisen.[587] Aus der Beschreibung der finanziellen Fähigkeiten des Hauptschuldners, müssen die Anteilsinhaber ermessen können, inwieweit ein Ausfallrisiko des Hauptschuldners besteht und die Inanspruchnahme ihrer Gesellschaft droht. Eine Auseinandersetzung mit einer Prognose über die Wahrscheinlichkeit der Erfüllung von Verbindlichkeiten durch den Hauptschuldner kann der berichtspflichtigen Gesellschaft aber nicht auferlegt werden.[588] Die Pflicht zur Darlegung von Zahlungsprognosen würde das Risiko, dass das Spaltungsvorhaben angefochten wird, unangemessen in die Höhe treiben. Freistellungsklauseln und Ausgleichsansprüche bedürfen dagegen einer eingehenden Diskussion.[589]
Des weiteren ist den Anteilsinhabern mitzuteilen, ob ihre Gesellschaft mit Wahrscheinlichkeit zu einer Sicherheitsleistung nach §§ 133 Abs. 1 S. 2, 2. Halbsatz, 125 S. 1, 22 UmwG verpflichtet sein wird.[590]
Nach der Darstellung der gegenwärtigen Situation der Spaltungsparteien und der erhofften Entwicklung soll ein Kommentar der Geschäftsverwaltungen folgen, der sich mit der zukünftigen Entwicklung der beteiligten Unternehmen auf dem Kapitalmarkt und der Entwicklung der Aktienkurse zu beschäftigen hat.[591]

b) Begründung und Erläuterung des Spaltungsvertrages

§ 127 S. 1 UmwG verlangt neben der Begründung des Spaltungsvorhabens die Erläuterung des Spaltungsvertrages oder dessen Entwurfes. Diese Erläuterung ist so auszugestalten, dass nicht aus sich heraus verständliche Vorschriften einzeln erklärt und erläutert sowie rechtliche und bilanzielle Auswirkungen dargestellt werden.[592] Zu beachten ist, dass die Erläuterungen für einen nicht juristisch vorgebildeten Anteilsinhaber verständlich und nachvollziehbar sind.[593]

UmwG Rn. 21; Hommelhoff, in: Lutter, § 127 UmwG Rn. 21 ff.; Schöne, Spaltung GmbH, S. 320 f.; Wirth, Spaltungen einer eG, S. 173.

587 Hommelhoff, in: Lutter, § 127 UmwG Rn. 23; Schöne, Spaltung GmbH, S. 322.

588 Goutier, in: Goutier/Knopf/Tulloch, § 127 UmwG Rn. 5; Mayer, in: Widmann/Mayer, § 127 UmwG Rn. 21; Schöne, Spaltung GmbH, S. 321; a.A. Hommelhoff, in: Lutter, § 127 UmwG Rn. 22, ihm folgend: Kallmeyer, in: Kallmeyer: § 127 UmwG Rn. 5.

589 Hommelhoff, in: Lutter, § 127 UmwG Rn. 23; Schöne, Spaltung GmbH, S. 322.

590 Goutier, in: Goutier/Knopf/Tulloch, § 127 UmwG Rn. 5; Kallmeyer, in: Kallmeyer: § 127 UmwG Rn. 5.

591 Hommelhoff, in: Lutter, § 127 UmwG Rn. 24 f.; Wirth, Spaltungen einer eG, S. 184; für das Verschmelzungsrecht: Hoffmann-Becking, in: Münchener Vertragshandbuch I, X.2, S. 1250; Lutter, in: Lutter, § 8 UmwG Rn. 17.

592 Hommelhoff, in: Lutter, § 127 UmwG Rn. 26; Kallmeyer, in Kallmeyer: § 127 UmwG Rn. 6; ausf. zur Erläuterung des Spaltungsvertrages: Schöne, Spaltung GmbH, S. 329 ff.; zum Verschmelzungsrecht: Bayer, ZIP 1997, S. 1613 (1619); Bermel, in: Goutier/Knopf/Tulloch, § 8 UmwG Rn. 16; Dehmer, § 8 UmwG Rn. 12; Sagasser/Ködderitzsch, in: Sagasser/Bula/Brünger, Umwandlungen, J Rn. 84; weniger streng: Lutter, in: Lutter, § 8 UmwG Rn. 19; Mayer, in: Widmann/Mayer, § 127 UmwG Rn. 22, nach denen nur auf erläuterungsbedürftige Vorschriften einzugehen ist. Im Zweifel sollte in der Praxis auf alle Vorschriften des Spaltungsvertrages kurz eingegangen werden.

593 Hommelhoff, in: Lutter, § 127 UmwG Rn. 26; Lutter, in: Lutter, § 8 UmwG Rn. 19.

c) Begründung und Erläuterung des Umtauschverhältnisses

Der für die Anteilseigner wichtigste Teil des Spaltungsberichtes ist die Erläuterung und Begründung des Umtauschverhältnisses sowie einer möglicherweise anzubietenden Barabfindung.[594] Die Aktionäre müssen darüber informiert sein, wie sich die Wertverhältnisse ihrer Beteiligungen vor und nach der Spaltung darstellen. Ein besonderes Augenmerk ist auf die Unternehmensbewertung einschließlich der angewandten Bewertungsmethode zu richten. Sie muss einer Plausibilitätskontrolle der Anteilseigner standhalten. Das bedeutet, dass die Bewertungsgrundlagen für das Umtauschverhältnis sowie Plan- und Prognosezahlen nachvollziehbar sein müssen.[595] Die beteiligten Rechtsträger müssen bei der Bewertung mittels Ertragswertmethode[596] insbesondere Planzahlen für die nächsten drei Jahre und Kapitalisierungszinssatz in verständlicher Weise darlegen.[597]

Bei einer wertmäßig verhältniswahrenden Abspaltung[598] auf eine 100%ige Tochtergesellschaft beruht das Umtauschverhältnis nicht auf einer Unternehmensbewertung, da Wertverschiebungen ausgeschlossen sind.[599] Daher muss der Spaltungsbericht in solchen Fällen lediglich eine für den Anteilsinhaber nachvollziehbare Begründung enthalten, warum eine Veränderung des Umtauschverhältnisses keine Auswirkungen auf die Wertverhältnisse der Aktionäre hat.

d) Angaben über die Mitgliedschaften

Erläuterungen über Veränderungen der Mitgliedschaften anlässlich der Spaltung sind nach dem eindeutigen Wortlaut des § 127 S. 1 UmwG nur dann erforderlich, wenn der übernehmende Rechtsträger aufgrund seiner Rechtsform - wie etwa bei der Genossen-

---

594 So befassten sich die aktuellen Entscheidungen zu angeblich mangelhaften Verschmelzungsberichten jeweils mit der Beurteilung der Angaben über das Umtauschverhältnis und die zugrundeliegende Bewertungsmethode: OLG Frankfurt/M., ZIP 2000, S. 1928 (1930 ff.); LG München, AG 2000, S. 86 (87); OLG Düsseldorf, ZIP 1999, S. 793 (796 ff.); OLG Hamm, ZIP 1999, S. 798 (803 f.).

595 Vgl. ausf. zur Darstellung der Bewertungsmethode und des Umtauschverhältnisses: Engelmeyer, Spaltung, S. 78 ff.; Hommelhoff, in: Lutter, § 127 UmwG Rn. 27 ff.; Kallmeyer, in Kalllmeyer: § 127 UmwG Rn. 8; Mayer, in: Widmann/Mayer, § 127 UmwG Rn. 24 ff.; Schöne, Spaltung GmbH, S. 336 ff.; Wirth, Spaltungen einer eG, S. 175 ff.; zum Verschmelzungsrecht: Aha, Unternehmensvertragsbericht, S. 35 ff.; Bayer, AG 1988, S. 323 (327); ders., ZIP 1997, S. 1613 (1619); ders., in: Lutter, § 82 UmwG Rn. 22; Bermel, in: Goutier/Knopf/Tulloch, § 8 UmwG Rn. 17 ff.

596 Wird eine weniger gängige Bewertungsmethode angewandt, so muss begründet werden, warum gerade diese Bewertungsmethode herangezogen wurde.

597 OLG Frankfurt/M., ZIP 2000, S. 1928 (1930 f.); LG München, AG 2000, S. 86 (87); Engelmeyer, Spaltung, S. 79 ff.; Hommelhoff, in: Lutter, § 127 UmwG Rn. 32; Mayer, in: Widmann/Mayer, § 127 UmwG Rn. 34 ff.; Schöne, Spaltung GmbH, S. 339 f.; Wirth, Spaltungen einer eG, S. 175 f.; für das Verschmelzungsrecht: Bayer, AG 1988, S. 323 (327); ders. ZIP 1997, S. 1613 (1619); ders., in: Lutter, § 82 UmwG Rn. 22.

598 Vgl. zum Begriff der wertmäßigen Verhältniswahrung: oben Teil 4 A) III 10 a).

599 Vgl. zum Umtauschverhältnis bei der Abspaltung auf eine 100%ige Tochtergesellschaft bei gleichzeitiger Übertragung der Anteile an der Tochtergesellschaft auf die Anteilsinhaber der Muttergesellschaft: oben Teil 4 A) III 3.

schaft oder dem Versicherungsverein auf Gegenseitigkeit - keine Anteile ausgegeben hat.[600] Einer berichtigenden Auslegung bedarf es nicht, da bereits nach §§ 127 S. 2, 8 Abs. 1 S. 2 UmwG Folgen für die Beteiligung der Anteilsinhaber und damit auch der Mitgliedschaft zu beschreiben sind.[601] Die konkrete Ausgestaltung der neuen Mitgliedschaften, insbesondere deren Vinkulierung, spezielle Wettbewerbsvereinbarungen oder abweichende Gewinnvereinbarungen muss daher im Rahmen der Darstellung der Folgen für die Beteiligung der Anteilsinhaber nach §§ 127 S. 2, 8 Abs. 1 S. 2 UmwG behandelt werden. Ob darunter auch steuerrechtliche Auswirkungen der Spaltung für die Anteilsinhaber verstanden werden können, wird angezweifelt.[602] Im Ergebnis muss der Spaltungsbericht eine allgemeine Auskunft über steuerrechtliche Veränderungen für den Anteilseigner beinhalten, auch wenn eine individuelle Beratung durch diese Angaben nicht ersetzt werden kann und muss. Eine dahingehende Berichtspflicht ergibt sich schon aus Sinn und Zweck des Spaltungsberichts, der die Anteilseigner über das Spaltungsvorhaben umfassend informieren muss. Dabei muss Berücksichtigung finden, dass der Anteilseigner ein erhebliches Interesse an einer steuerneutralen Ausgestaltung auf Gesellschafterebene hat. Ohne eine allgemeine Information über die steuerlichen Auswirkungen auf Gesellschafterebene würde dem Anteilsinhaber ein für ihn wesentlicher Umstand des Spaltungsvorhabens vorenthalten.

e) Darstellung der Folgen für die Beteiligung der Anteilsinhaber

Gemäß §§ 127 S. 2, 8 Abs. 1 S. 2 UmwG sind die Folgen für die Beteiligung der Anteilsinhaber im Spaltungsbericht aufzuzeigen. Darunter fällt jedenfalls eine grundlegende Veränderung der Beteiligungsquoten. Aus dem Zweck des Spaltungsberichts, die Anteilsinhaber umfassend zu informieren, ist abzuleiten, dass eine wesentliche Veränderung der Beteiligungsquote anderer Anteilsinhaber - insbesondere die Entstehung von Sperrminoritäten, einfachen oder qualifizierten Mehrheiten - mitzuteilen ist.[603] Eine individuelle Berechnung der Veränderung der Beteiligungsquoten ist dagegen nur nötig bei Rechtsträgern mit weniger als zehn Anteilsinhabern. Bei Publikumsgesellschaften genügt es, wenn die Beteiligungsveränderung exemplarisch dargestellt wird und sich der einzelne Anteilsinhaber die Veränderung seiner Beteiligung daraus herleiten kann.[604]

---

600 So: BT-Drucks. 12/6699, zu § 2, S. 81; Kallmeyer, in: Kallmeyer: § 127 UmwG Rn. 9; a.A. Hommelhoff, in: Lutter, § 127 UmwG Rn. 35; Mayer, in: Widmann/Mayer, § 127 UmwG Rn. 40 f.; Schöne, GmbHR 1995, S. 325 (330); Wirth, Spaltungen einer eG, S. 177.

601 Kallmeyer, in: Kallmeyer: § 127 UmwG Rn. 9.

602 Lutter, in: Lutter, § 8 UmwG Rn. 37; gegen eine Pflicht zur Darstellung der steuerlichen Konsequenzen für die Anteilsinhaber: Geck, DStR 1995, S. 416 (421).

603 Hommelhoff, in: Lutter, § 127 UmwG Rn. 29; Kallmeyer, in: Kallmeyer: § 127 UmwG Rn. 12; Schöne, Spaltung GmbH, S. 325 f.; Wirth, Spaltungen einer eG, S. 179; für das Verschmelzungsrecht: Bayer, ZIP 1997, S. 1613 (1619); Bermel, in: Goutier/Knopf/Tulloch, § 8 UmwG Rn. 24; Lutter, in: Lutter, § 8 UmwG Rn. 33; ebenso: LG Essen, AG 1999, S. 329 (331), für die Notwendigkeit der Angabe einer erstmaligen Sperrminorität (mehr als 25% der Anteile).

604 Hommelhoff, in: Lutter, § 127 UmwG Rn. 38; Schöne, Spaltung GmbH, S. 326; für das Verschmelzungsrecht: Lutter, in: Lutter, § 8 UmwG Rn. 32.

f) Angaben über verbundene Unternehmen

Die Berichtspflicht der beteiligten Rechtsträger erstreckt sich gemäß §§ 127 S. 2, 8 Abs. 1 S. 3 UmwG über die eigenen Angelegenheiten hinaus auf Angelegenheiten der verbundenen Unternehmen. In der Hauptversammlung zur Abstimmung über das Spaltungsvorhaben trifft die Geschäftsleitungen dann auch eine erweiterte Auskunftspflicht, §§ 127 S. 2, 8 Abs. 1 S. 4 UmwG.

Ob ein verbundenes Unternehmen an der Spaltung beteiligt ist und somit eine erweiterte Berichtspflicht zu bejahen ist, richtet sich nach § 15 AktG. Aus § 15 AktG ergibt sich, dass über alle Mehrheitsbeteiligungen und alle mehrfach abhängigen Unternehmen Auskünfte zu erteilen sind.[605] Über gleichgewichtige Beteiligungen im Rahmen eines Joint-Ventures muss wegen dem Erfordernis der Mehrheitsbeteiligung in § 15 AktG nicht berichtet werden.[606] In der Praxis empfiehlt sich dennoch, eine kurze Schilderung der wirtschaftlichen und rechtlichen Situation der Gemeinschaftsunternehmen, da das formale Kriterium des § 15 AktG im Zweifel im Interesse einer umfassenden Information der Anteilseigner zurückstehen muss.

Anzugeben sind die Konzernstrukturen sowie wirtschaftliche und rechtliche Verhältnisse in und zwischen den verbundenen Unternehmen.[607] Der Grad der Genauigkeit der mitzuteilenden Angelegenheiten ist schwierig zu ermitteln. Die Darstellung aller Mehrheitsbeteiligungen, ihre wirtschaftliche Tätigkeit und zukünftige Entwicklung kann bei komplizierten und verzweigten Konzernstrukturen zu einer extremen Informationsfülle führen, die es dem Anteilsinhaber unmöglich macht, den Gesamtzusammenhang zu verstehen und zu beurteilen.[608] Beim betroffenen Rechtsträger würde eine derartige Informationspflicht zu teuren und unendlichen Spaltungsberichten führen, was letztendlich eine Spaltung in der Praxis verhindern könnte.[609] Um dennoch einen verständlichen und finanzierbaren Spaltungsbericht zu gewährleisten, ist dem betroffenen Rechtsträger zuzugestehen, nur die bedeutenden abhängigen Tochtergesellschaften zu beschreiben. Eine solche Auslegung geht mit dem Wortlaut des §§ 127 S. 2, 8 Abs. 1 S. 3 UmwG, wonach über „wesentliche Angelegenheiten“ der verbundenen Unternehmen zu berichten ist, konform.[610]

---

605 Hommelhoff, in: Lutter, § 127 UmwG Rn. 40; Schöne, Spaltung, GmbH, S. 324; für das Verschmelzungsrecht: Bermel, in: Goutier/Knopf/Tulloch, § 8 UmwG Rn. 25 f.; Lutter, in: Lutter, § 8 UmwG Rn. 39.

606 Zum Verschmelzungsrecht: Lutter, in: Lutter, § 8 UmwG Rn. 39.

607 Ausf. Hommelhoff, in: Lutter, § 127 UmwG Rn. 43; Schöne, Spaltung GmbH, S. 325; zum Verschmelzungsrecht: Lutter, in: Lutter, § 8 UmwG Rn. 40 ff.; Marsch-Barner, in: Kallmeyer, § 8 UmwG Rn. 27.

608 Zum Verschmelzungsrecht: Lutter, in: Lutter, § 8 UmwG Rn. 41.

609 Hommelhoff, in: Lutter, § 127 UmwG Rn. 45.

610 Hommelhoff, in: Lutter, § 127 UmwG Rn. 45; ähnlich: Mayer, in: Widmann/Mayer, § 127 UmwG Rn. 55; zum Verschmelzungsrecht: Lutter, in: Lutter, § 8 UmwG Rn. 41, eine besondere Behandlung der Tochtergesellschaft sollte vor allem dann erfolgen, wenn ihr Wert mindestens 10% des Wertes der Muttergesellschaft ausmacht. Kleinere Tochtergesellschaften könnten dagegen unter einer Rubrik dargestellt werden.

g) Einschränkung der Berichtspflicht

Eine Einschränkung erfährt die Berichtspflicht in §§ 127 S. 2, 8 Abs. 2 S. 1 UmwG, wonach Tatsachen, die den Beteiligten bei einer Veröffentlichung einen nicht unerheblichen Nachteil zufügen können, im Spaltungsbericht nicht dargelegt werden müssen. Im Zweifel ist die Ausnahme des § 8 Abs. 2 S. 1 UmwG eng auszulegen, da die den Vorschriften zum Spaltungs- und Verschmelzungsbericht zugrundeliegende Verschmelzungsrichtlinie[611] keine Einschränkung der Informationspflicht beinhaltet.[612] Von dem in § 8 Abs. 2 S. 1 UmwG anerkannten Geheimhaltungsinteresse sind alle Angaben erfasst, die den Konkurrenzunternehmen eine Einschätzung der Stellung des betroffenen Rechtsträgers oder dessen abhängigen Unternehmen im Markt erlauben.[613] Dabei muss es sich nach kaufmännischer Betrachtung um objektive und gerichtlich nachprüfbare Kriterien handeln.[614] Beispiele hierfür sind etwa Informationen zur internen Preispolitik oder zu bestimmten Ertragsquellen.[615]
Beruft sich ein Rechtsträger auf das Geheimhaltungsinteresse, so muss er nach §§ 127 S. 2, 8 Abs. 2 S. 2 UmwG im Spaltungsbericht eine Begründung für die Geheimhaltung angeben, soweit diese nicht zur Offenlegung des Geheimnisses zwingt.[616] Es reicht aus, wenn aus der Veröffentlichung mit einiger Wahrscheinlichkeit eine Schädigung des Rechtsträgers zu erwarten ist.[617]

---

611 10. Richtlinie vom 08.01.1985, 85 IC 23/08 ABl. v. 25.01.1985 Nr. C 23/11.

612 Hommelhoff, in: Lutter, § 127 UmwG Rn. 46; Schöne, Spaltung GmbH, S. 347 Fn. 300; dennoch können wohl die Grundsätze zur Auskunftsverweigerung nach § 131 Abs. 3 S. 1 AktG, dem § 8 Abs. 2 UmwG nachgebildet wurde, Anwendung finden: Engelmeyer, Spaltung, S. 85; Mayer, in: Widmann/Mayer, § 127 UmwG Rn. 57; zum Verschmelzungsrecht: Bermel, in: Goutier/Knopf/Tulloch, § 8 UmwG Rn. 38; Dehmer, § 8 UmwG Rn. 25; Lutter, in: Lutter, § 8 UmwG Rn. 45; vgl. zu § 131 Abs. 3 S. 1 AktG anstatt aller: Hüffer, § 131 AktG Rn. 23 ff. m.w.N.

613 Mayer, in: Widmann/Mayer, § 127 UmwG Rn. 57; zum Verschmelzungsrecht: OLG Zweibrücken, WM 1990, S. 185 (186); LG Mainz, WM 1987, S. 1129 (1131); Bermel, in: Goutier/Knopf/Tulloch, § 8 UmwG Rn. 38.

614 Zum Verschmelzungsrecht: OLG Düsseldorf, WM 1991, S. 2148 (2152) zu § 131 AktG; Dehmer, § 8 UmwG Rn. 25; Lutter, in: Lutter, § 8 UmwG Rn. 45; Hüffer, § 131 AktG Rn. 25 m.w.N.

615 Zum Verschmelzungsrecht: OLG Zweibrücken, WM 1990, S. 185 (186); LG Mainz, WM 1987, S. 1129 (1131).

616 Hommelhoff, in: Lutter, § 127 UmwG Rn. 47; Kallmeyer, in: Kallmeyer, § 127 UmwG Rn. 15; Mayer, in: Widmann/Mayer, § 127 UmwG Rn. 60; Schöne, Spaltung GmbH, S. 349 f.; Schöne, GmbHR 1995, S. 325 (334 f.); zum Verschmelzungsrecht: Bermel, in: Goutier/Knopf/Tulloch, § 8 UmwG Rn. 41; Lutter, in: Lutter, § 8 UmwG Rn. 47.

617 Mayer, in: Widmann/Mayer, § 127 UmwG Rn. 58; zum Verschmelzungsrecht: Bermel, in: Goutier/Knopf/Tulloch, § 8 UmwG Rn. 38; Marsch-Barner, in: Kallmeyer, § 8 UmwG Rn. 30.

2. Der Spaltungsbericht der Hoechst AG

a) Einführung

Wie von *Hommelhoff*[618] vorgeschlagen beginnt der Spaltungsbericht der Hoechst AG nach einer Übersicht über die Konzernstrukturen vor und nach der Spaltung mit einem Gesamtüberblick über die Entwicklung des Konzerns und die angestrebte Umstrukturierung. Zunächst wird die neue Ausrichtung der Hoechst AG anhand der Marktverhältnisse für die verschiedenen Produktangebote aufgezeigt. Danach folgt eine Begründung für die Abspaltung anhand der Darstellung der Wirtschaftlichkeit und Zweckmäßigkeit der Umstrukturierung. Es wird erklärt, warum die Neuordnung mit dem Instrument der Abspaltung vollzogen werden soll. Hierzu wird auf eine Wertsteigerung der Aktien nach der Spaltung und auf andere Vorteile einer Spaltung eingegangen. Darüber hinaus werden alternative Umstrukturierungswege beleuchtet und nachvollziehbar als weniger geeignet qualifiziert.
Danach werden die an der Spaltung beteiligten Rechtsträger vorgestellt und ihre zukünftige Strategie nach der Abspaltung aufgezeigt. Weiterhin wird erklärt, wie die beiden Konzerne Hoechst AG und Celanese AG nach der Abspaltung aufgebaut sind und welche Tochtergesellschaften zu welchem Konzern gehören sollen.
Anschließend wird der Umfang der Abspaltung kurz aufgezeigt und das Umtauschverhältnis festgelegt. Das Umtauschverhältnis von zehn zu eins wird damit begründet, dass die Celanese AG mit einer angemessenen Eigenkapitalstruktur ausgestattet werden soll, um einen Börsenkurs zu erreichen, der vergleichbaren Unternehmen ähnlich ist.

Die einleitende Darstellung über die Geschichte des Konzerns bis zum geplanten Spaltungsvorhaben gibt einen angemessenen Überblick über Ausgangslage und angestrebte Zukunft. Problematisch erscheint, dass die Nachteile der Spaltung der Hoechst AG, die insbesondere in den Transaktionskosten von etwa € 400 Mio. bestehen, nicht als Nachteile im Zusammenhang mit den Vorteilen dargestellt werden. Die Transaktionskosten finden sich versteckt im ersten Kapitel unter dem Gliederungspunkt „rechtliche Umsetzung der Spaltung". Für den Anteilsinhaber wäre die Gesamtlage besser zu erkennen gewesen, wenn Vor- und Nachteile der Spaltung gegenübergestellt worden wären. Da der Spaltungsbericht überhaupt Angaben über Vor- und Nachteile des Spaltungsvorhabens enthält, kann das bloße mehr an Verständlichkeit bei einer Gegenüberstellung der Vor- und Nachteile eine Anfechtbarkeit des Zustimmungsbeschlusses aber wohl nicht begründen.

b) Die Darstellung verbundener Unternehmen im Spaltungsbericht

Im zweiten Kapitel werden die Finanzkennzahlen der Konzernmutter sowie der einzelnen Töchter aus den Jahren 1997 und 1998 dargelegt. Die Darstellung umfasst auch Prognosen für die Zukunft. Bei der Hoechst AG verbleibende und abzuspaltende Unternehmen werden getrennt voneinander aufgeführt.

---

618 Hommelhoff, in: Lutter, § 127 UmwG Rn. 17.

Bei den bei der Hoechst AG zurückbleibenden Tochterunternehmen werden neben den Kennzahlen des Unternehmens, also Umsatzerlöse, Betriebsergebnis, Mitarbeiterzahl, Investitions-, Forschungs- und Entwicklungsaufwand, das Tätigkeitsfeld einschließlich Produkte und Marktstellung beschrieben. Selbst die Vorhaben in Forschung und Entwicklung sowie die zukünftige Unternehmensstrategie werden benannt. Die sonstigen Beteiligungen und Gemeinschaftsunternehmen werden vor allem durch das Tätigkeitsfeld, den Umsatzerlös von 1998 und die Beteiligungsquote gekennzeichnet.
Bei der Beschreibung der abzuspaltenden Gesellschaften wird ebenfalls nach Bedeutung und Höhe der Beteiligung differenziert. Da die Hoechst AG und ihre Tochtergesellschaften nach den International Accounting Standards, die an die Celanese AG abzuspaltenden Unternehmen aber nach den allgemein anerkannten Bilanzierungsgrundsätzen in den USA bilanzieren, werden die wesentlichen Unterschiede der beiden Systeme aufgezeigt.

Die Abstufung des Umfangs der Schilderung der Angelegenheiten der verbundenen Unternehmen ist im Hinblick auf die Übersichtlichkeit und Nachvollziehbarkeit für die Anteilsinhaber und die Grenzen der Darstellungsfähigkeit für die Hoechst AG zu akzeptieren.
Die Unterschiede zwischen den Bilanzierungssystemen werden verständlich dargelegt. Der Anteilsinhaber kann daher die dargelegten Bilanzzahlen nachvollziehen.
Nähere Informationen zur Konzernierungsform der Hoechst AG enthält der Spaltungsbericht nicht. Die Vielzahl der Schaubilder über die Konzernstruktur verdeutlicht aber die Abhängigkeitsverhältnisse im Konzern ausreichend. Die Angabe, dass der Hoechst Konzern überwiegend ein faktischer Konzern ist, erscheint entbehrlich. Die Hoechst AG beruft sich im Spaltungsbericht nicht auf das Geheimhaltungsinteresse. Falls die Hoechst AG Informationen geheim gehalten hätte, so hätte sie diese Geheimhaltung im Spaltungsbericht begründen müssen.

c) Angaben über rechtliche und finanzielle Strukturen im Spaltungsbericht

Kapitel drei behandelt die rechtliche und finanzielle Struktur von Hoechst und Celanese nach der Abspaltung. Hier wird die Zusammensetzung und Veränderung des Vorstands der Hoechst AG und der Celanese AG vorgestellt. Außerdem finden sich Angaben zur voraussichtlichen Dividende, zu Eigenkapital, Finanzschulden beider Rechtsträger sowie zu geplanten Satzungsänderungen bei der Celanese AG.

Insgesamt erscheint die Darstellung der rechtlichen und finanziellen Strukturen der beteiligten Rechtsträger ausreichend. Dennoch ist anzumerken, dass die Abspaltung eine wesentliche Änderung der Aktionärsstruktur bewirkt, auf die im Spaltungsbericht nicht eingegangen wird. Vor der Abspaltung der Celanese AG hielt die Kuwait Petroleum Corporation (KPC) als größter Gesellschafter 24,5% der Anteile an der Hoechst AG. Nach der Abspaltung erhöhte sich die Beteiligung der KPC aufgrund des vor der Spaltung durchgeführten Aktienrückkaufprogramms der Hoechst AG mit nachfolgender Kapitalherabsetzung auf 29%.[619] Mithin entstand durch die Abspaltung erstmalig

[619] Geschäftsbericht der Celanese AG 2000, S. 14.

eine echte Sperrminorität der KPC bei der Celanese AG. Eine solche Änderung der Aktionärsstruktur muss im Spaltungsbericht grundsätzlich erläutert werden.[620] Dem könnte entgegengehalten werden, dass die KPC bereits vor der Spaltung durch eine 24,5%ige Beteiligung eine faktische Sperrminorität bei der Hoechst AG hatte. Ein solches Argument kann aber nicht durchschlagen, da bei der theoretisch möglichen Anwesenheit aller Anteilsinhaber eine Sperrminorität der KPC nicht vorgelegen hätte. Um eine trennscharfe Abgrenzung zu ermöglichen, muss auf die formale 25%-Beteiligung an einer Gesellschaft als Kriterium für die Annahme einer Sperrminorität festgehalten werden. Für die Maßgeblichkeit der formalen Beteiligungshöhe spricht auch, dass bei der Mitteilungspflicht nach §§ 20 f. AktG ausschließlich die formale Höhe der Kapitalbeteiligung und nicht die faktische Einflussmöglichkeit den Ausschlag für eine Mitteilungspflicht gibt.[621] Deshalb hätte der Spaltungsbericht jedenfalls ausführen müssen, dass aufgrund der Spaltung aus der faktischen Sperrminorität der KPC eine echte Sperrminorität entsteht. Darüber hinaus hätte die Hoechst AG zumindest in einem Überblick auf die Veränderung der Beteiligung durch die Spaltung eingehen müssen. Eine exemplarische Darstellung der Beteiligungsveränderung hätte genügt.[622]

Gegen eine Pflicht zur Darlegung der Beteiligungsveränderung im Spaltungsbericht könnte weiterhin vorgebracht werden, dass die Spaltung selbst keine Veränderung der Beteiligung bewirkt hat. Lediglich das vor der Spaltung durchgeführte Aktienrückkaufprogramm mit anschließender Kapitalherabsetzung hatte Auswirkungen auf die Beteiligungsquote der Aktionäre. Die Spaltung selbst wurde verhältniswahrend durchgeführt. Dafür spricht auch die Tatsache, dass das Aktienrückkaufprogramm und die damit einhergehende Kapitalherabsetzung unabhängig von der Spaltung bereits im Mai 1999 von der Hauptversammlung beschlossen wurden.[623] Andererseits steht die Durchführung des Aktienrückkaufprogramms in engem zeitlichen Zusammenhang zur Spaltung. Das Aktienrückkaufprogramm war im Zeitpunkt des Hauptversammlungsbeschlusses noch nicht abgeschlossen. Eine sachliche Verbindung zwischen Verschmelzung mit Rhône Poulonc, der Abspaltung des Geschäftsbereichs „industrielle Chemie“ und dem Aktienrückkaufprogramm ist wohl nicht zu verleugnen.

Gegen eine Erklärungspflicht ließe sich schließlich vorbringen, dass die Veränderung der Beteiligung für den einzelnen Aktionär positiv ist, da sich seine Beteiligungsquote durch den Aktienrückkauf erhöht hat. Auch dieses Argument beschränkt sich auf die Betrachtung einer Seite. Es muss nämlich berücksichtigt werden, dass insbesondere die Beteiligung der KPC zu einer echten Sperrminorität wird. Dies beeinträchtigt die

---

620 Hommelhoff, in: Lutter, § 127 UmwG Rn. 29; Kallmeyer, in: Kallmeyer: § 127 UmwG Rn. 12; Schöne, Spaltung GmbH, S. 325 f.; Wirth, Spaltungen einer eG, S. 179; zum Verschmelzungsrecht: Bermel, in: Goutier/Knopf/Tulloch, § 8 UmwG Rn. 24; Lutter, in: Lutter, § 8 UmwG Rn. 33; LG Essen, AG 1999, S. 329 (331), für die Notwendigkeit der Angabe einer erstmaligen Sperrminorität (mehr als 25% der Anteile); vgl. oben Teil 4 B) II 1e).

621 Vgl. ausf. Bayer, in: Münchener Kommentar, § 20 AktG Rn. 12; Hüffer, § 20 AktG Rn. 3.

622 Hommelhoff, in: Lutter, § 127 UmwG Rn. 38; Schöne, Spaltung GmbH, S. 326; zum Verschmelzungsrecht: Lutter, in: Lutter, § 8 UmwG Rn. 32.

623 Spaltungsbericht der Hoechst AG und der Celanese AG, V.8., S. 87.

anderen Aktionäre trotz der Steigerung ihrer Beteiligungsquote in der Beschlusskraft ihrer Beteiligung.
Es kann daher festgehalten werden, dass das Entstehen einer echten Sperrminorität aufgrund eines hohen Anfechtungspotentials im Spaltungsbericht hätte erläutert werden sollen. Auch auf die Veränderung der Beteiligungsquote der Aktionäre hätte hingewiesen werden sollen, da das Aktienrückkaufprogramm in direktem Zusammenhang mit dem Gesamtvorhaben Spaltung und Verschmelzung der Hoechst AG zu sehen ist. Dieser mögliche Angriffspunkt wiegt aber wohl nicht so schwer, als dass er nicht in einem Unbedenklichkeitsverfahren nach §§ 125 S. 1, 16 Abs. 3 UmwG aus dem Weg hätte geräumt werden können.

d) Sonstiger Inhalt des Spaltungsberichts

Im folgenden Kapitel des Spaltungsberichtes werden die bilanziellen und steuerlichen Auswirkungen der Abspaltung unter Gegenüberstellung der Bilanzen beider Rechtsträger erläutert. Dabei gehen die Verfasser des Spaltungsberichtes auch auf die Auswirkungen der Spaltung auf die steuerliche Situation der Gesellschafter nach der Spaltung ein. Im Spaltungsbericht weisen die Spaltungsparteien aber darauf hin, dass die allgemein gehaltenen Ausführungen zu den steuerlichen Auswirkungen auf Gesellschafterebene eine Steuerberatung im Einzelfall nicht ersetzen kann.[624]
Die steuerlichen Auswirkungen der Spaltung der Hoechst AG werden hinreichend dargestellt. Es wird auf Ertragssteuer, Grunderwerbsteuer und Umsatzsteuer eingegangen. Auch die Besteuerung auf Gesellschafterebene findet Berücksichtigung im Spaltungsbericht.
Neben den durch die Spaltung entstehenden Steuerlasten können Eigenkapitalsquoten und Verschuldungsgrad der beteiligten Rechtsträger anhand der geprüften und erläuterten Schlussbilanz ermittelt werden.
Das fünfte Kapitel setzt sich mit der Erläuterung des Spaltungsvertrages auseinander. Dabei wird auf jede Vorschrift des Spaltungsvertrages detailliert eingegangen.
Die einzelnen Vorschriften des Spaltungsvertrages werden verständlich dargelegt. Eine juristische Ausbildung ist für das Verständnis der Erläuterungen bis auf wenige Ausnahmen nicht notwendig.
Über die Haftungsrisiken einer Spaltung aufgrund des §§ 133 Abs. 1, Abs. 3 UmwG erfahren die Anteilseigner aber nur im Rahmen der Erläuterung der Haftungsfreistellungsvereinbarung in § 7 des Spaltungsvertrages. Die von der Literatur geforderte eingehende Beschäftigung mit dem Gläubigerschutz und den Konsequenzen für die beteiligten Rechtsträger fehlt somit. Auch eine Risikoanalyse für die Inanspruchnahme des jeweils nur mithaftenden Rechtsträgers enthält der Spaltungsbericht nicht. Das führt allerdings bei der von der Hoechst AG gewählten Ausführungsalternative nicht zur Fehlerhaftigkeit des Spaltungsberichts. Im Gegensatz zu einer Abspaltung auf einen fremden Rechtsträger sind die Anteilseigner bei der Celanese AG in gleichem Verhältnis beteiligt wie bei der Hoechst AG. Ob daher ihr Wertanteil an der Celanese AG oder der Wertanteil an der Hoechst AG durch die Inanspruchnahme der Gläubiger geschmälert wird, spielt für die Aktionäre keine Rolle.

---

[624] Spaltungsbericht der Hoechst AG und der Celanese AG, IV. 2.1., S. 78.

Daher reicht es aus, wenn der Spaltungsbericht lediglich im Rahmen der Erläuterung des Spaltungsvertrages kurz auf den Gläubigerschutz und die Freistellungsvereinbarungen eingeht.
Im Zusammenhang mit dem Anspruch der Gläubiger auf Sicherheitsleistung seitens der Hoechst AG gilt dasselbe. Da der Gläubiger für diesen Anspruch glaubhaft machen muss, dass ein Risiko des Forderungsausfalls besteht, ist die Wahrscheinlichkeit eines solchen Anspruchs angesichts der Größe und der Finanzlage der Hoechst AG sehr gering. Der Hinweis in der Erläuterung des Spaltungsvertrages zu § 7 auf die Möglichkeit der Gläubiger, eine Sicherheitsleistung zu fordern, kann daher als ausreichend bezeichnet werden.
Ebenso ist die Erläuterung des Umtauschverhältnisses anhand einer Unternehmensbewertung entbehrlich. Die Aktionäre der Hoechst AG erhalten sämtliche Anteile der Celanese AG für das abzuspaltende Vermögen. Das bedeutet, dass sich der Gesamtwert der Beteiligung des einzelnen Anteilsinhabers nicht verändert.[625] Die Entbehrlichkeit einer Unternehmensbewertung für die Ermittlung des Umtauschverhältnisses wird sowohl im Rahmen der Erläuterung des Spaltungsvertrages wie im Rahmen der Spaltungsprüfung eingehend erörtert.
Die Tatsache, dass eine Unternehmensbewertung für die Feststellung des Umtauschverhältnisses nicht notwendig ist, befreit natürlich nicht gänzlich von der Begründung des festgelegten Umtauschverhältnisses. Eine diesbezügliche Begründung wird am Ende des ersten Kapitels gegeben. Demnach soll das Umtauschverhältnis eine angemessene Eigenkapitalausstattung und eine erfolgreiche Börseneinführung der Celanese AG ermöglichen. Diese Angaben dürften genügen.
Eine Barabfindung nach §§ 125 S. 1, 29 UmwG musste nicht angeboten werden.[626] Insoweit entfielen auch Angaben im Rahmen des Spaltungsberichts.
Hinsichtlich der Auswirkungen des Spaltungsvorhabens auf die Arbeitnehmer und deren Vertreter ergänzt der Spaltungsbericht die Angaben im Spaltungsvertrag und rundet so die Informationen über die Arbeitnehmerbelange ab.

Auch die Börsenzulassung der Celanese AG und die Auswirkungen der Spaltung auf den Börsenhandel werden im Spaltungsbericht angesprochen.
Als Anhang wurde dem Spaltungsbericht der Entwurf des Spaltungsvertrages samt Anlagen, eine Liste der direkt und indirekt abzuspaltenden Gesellschaften, der Bericht über die Prüfung der Abspaltung, ein Entwurf der Satzung der Celanese AG und die Schlussbilanz der Hoechst AG zum 01.01.1999 beigefügt. Damit wird der Spaltungsbericht abgeschlossen und eine für den Aktionär insgesamt ausreichende Informationsquelle geschaffen.

---

625 Vgl. zur Entbehrlichkeit einer Unternehmensbewertung als Grundlage für das Umtauschverhältnis: oben Teil 4 A) III 3 b).

626 Vgl. dazu: oben Teil 4 A) III 12.

III. Folgen eines mangelhaften Spaltungsberichts

Ein Spaltungsbericht, der den in § 127 UmwG vorgeschriebenen Inhalt nicht oder nur ungenügend behandelt, kann nicht durch die mündliche Darlegung im Rahmen der Hauptversammlung geheilt werden.[627] Der Zustimmungsbeschluss der Gesellschafterversammlung ist grundsätzlich anfechtbar, wenn er auf dem Mangel des Umwandlungsberichtes beruht.[628] An dieses Kausalitätserfordernis sind aber nur geringe Anforderungen zu stellen.[629]
Nach Erhebung der Anfechtungsklage erfolgt regelmäßig das Unbedenklichkeitsverfahren nach §§ 125 S. 1, 16 Abs. 3 S. 1 UmwG, in dem der Rechtsträger, dessen Zustimmungsbeschluss angefochten wurde, gerichtlich feststellen lassen kann, dass die Klage der Eintragung ins Handelsregister nicht entgegensteht.[630]

IV. Ergebnis

Der gemeinsame Spaltungsbericht der Hoechst AG und der Celanese AG genügt im Wesentlichen den von der Literatur gestellten Anforderungen. Die kurz gehaltenen Ausführungen zu den Konsequenzen des in § 133 UmwG angeordneten Gläubigerschutzes reichen im Fall der Spaltung der Hoechst AG aus. Das kann damit begründet werden, dass die Anteilsinhaber unabhängig davon, welcher der beteiligten Rechtsträger von einem Gläubiger in Anspruch genommen wird, aufgrund der verhältniswahrenden Spaltung bei gleichzeitiger Übertragung aller an der Celanese AG gehaltenen Anteile immer auf die gleiche Weise betroffen sind. Auch die Ermittlung des Umtauschverhältnisses hätte nicht umfassender geschildert werden müssen, da das Umtauschverhältnis nicht auf einer Unternehmensbewertung beruht. Lediglich die fehlende Darstellung der Beteiligungsveränderung und die fehlende Benennung der neu entstandenen Sperrminorität bei der Celanese AG kann gerügt werden. Auch wenn das für die Beteiligungsveränderung verantwortliche Aktienrückkaufprogramm mit anschließender Aktieneinziehung losgelöst von der Spaltung beschlossen wurde, so steht es dennoch in unmittelbarem Zusammenhang mit der Verschmelzung mit Rhône

---

627 Hommelhoff, in: Lutter, § 127 UmwG Rn. 54; zum Verschmelzungsrecht: BGHZ 107, S. 296 (305); LG München, AG 2000, S. 86 (87); Lutter, in: Lutter, § 8 UmwG Rn. 55 m.w.N. auch zur Gegenauffassung; ebenso: Bermel, in: Goutier/Knopf/Tulloch, § 8 UmwG Rn. 52; Marsch-Barner, in: Kallmeyer, § 8 UmwG Rn. 35.

628 Zum Verschmelzungsrecht: BGHZ 107, S. 296 (306); OLG Frankfurt/M., ZIP 2000, S. 1928 (1932); OLG Karlsruhe, WM 1989, S. 1134 (1140); LG Essen, AG 1999, S. 329 (331); Dehmer, § 8 UmwG Rn. 32; Lutter, in: Lutter, § 8 UmwG Rn. 54; Marsch-Barner, in: Kallmeyer, § 8 UmwG Rn. 35; a.A. zum früheren Umwandlungsrecht: Grunewald, in: Geßler/Hefermehl/Eckardt/Kropff, § 340a AktG, Rn. 21.

629 Zum Verschmelzungsrecht: BGHZ 107, S. 296 (306 f.); OLG Karlsruhe, WM 1989, S. 1134 (1140); OLG Frankfurt/M., ZIP 2000, S. 1928 (1932); Dehmer, § 8 UmwG Rn. 32; Lutter, in: Lutter, § 8 UmwG Rn. 54 m.w.N. zu abweichenden Auffassungen; im Ergebnis führen die geringen Anforderungen an die Kausalität praktisch immer zur Anfechtbarkeit des Zustimmungsbeschlusses wegen eines Berichtsmangels: Bermel, in: Goutier/Knopf/Tulloch, § 8 UmwG Rn. 55; Wirth, Spaltungen einer eG, S. 191.

630 Vgl. dazu: unten Teil 4 D) III 2.

Poulonc und damit auch mit der Abspaltung der Celanese AG. Eine Beteiligungsveränderung bei einer Spaltung muss zum Zweck der Information und des Schutzes der Anteilsinhaber im Spaltungsbericht exemplarisch erläutert werden.

C) Die Spaltungsprüfung

Wie der Verschmelzungsvertrag ist auch der Spaltungsvertrag oder dessen Entwurf bei Beteiligung einer Aktiengesellschaft von einem sachverständigen Prüfer zu untersuchen, §§ 125 S. 1, 9 ff., 60 UmwG.
Die bei einer Aktiengesellschaft zwingend angeordnete Prüfung des Spaltungsvertrages bezweckt entsprechend dem Spaltungsbericht einen vorbeugenden Schutz der Anteilseigner.[631] Daher ist die Beurteilung des Umtauschverhältnisses als für den Anteilsinhaber wichtigstes Element des Spaltungsvertrages der Hauptteil der Spaltungsprüfung.[632]
Die Spaltungsprüfung ist nur dann entbehrlich, wenn sämtliche Aktionäre nach §§ 125 S. 1, 9 Abs. 3, 8 Abs. 3 UmwG auf die Prüfung verzichten.

I. Bestellung des Spaltungsprüfers

Grundsätzlich muss für jede beteiligte Aktiengesellschaft gemäß §§ 125 S. 1, 60 Abs. 2 UmwG vom Vorstand ein eigener Prüfer bestellt werden. Die Vertretungsorgane der beteiligten Rechtsträger haben nach §§ 125 S. 1, 10 Abs. 1 S. 1 UmwG die Wahl, ob sie ein Privatgutachten erstellen lassen oder das Landgericht, in dessen Bezirk der übertragende Rechtsträger seinen Sitz hat (§§ 125 S. 1, 10 Abs. 2 UmwG), beauftragen, einen Gutachter zu benennen. Ein gemeinsamer Prüfer reicht nach §§ 125 S. 1, 60 Abs. 3 S. 1 UmwG dann aus, wenn die Vorstände beider Gesellschaften die gerichtliche Bestellung eines einzigen Prüfers beantragen.
Vorteil eines gerichtlich bestellten Gutachters ist vor allem das größere Vertrauen der Anteilseigner in einen von neutraler Stelle eingesetzten Gutachter. Eine gerichtliche Bestellung kann so zur Vermeidung eines Spruchstellenverfahrens nach § 305 ff. UmwG führen.[633] Die Bestellung eines gemeinsamen Spaltungsprüfer hat darüber hinaus natürlich auch eine Kostenersparnis zur Folge.
Voraussetzung für die gerichtliche Bestellung ist ein schriftlicher Antrag der jeweiligen Vertretungsorgane oder eine Erklärung zu Protokoll des Landgerichts, § 11 FGG. Bei einer gemeinsamen Bestellung nach §§ 125 S. 1, 60 Abs. 3 UmwG müssen die Vorstände beider Rechtsträger den Antrag unterzeichnen.

---

631 Schöne, Spaltung GmbH, S. 393; zum Verschmelzungsrecht: Bula/Schlösser, in: Sagasser/Bula/Brünger, Umwandlungen, J Rn. 94; Lutter, in: Lutter, § 9 UmwG Rn. 4; Mayer, in: Widmann/Mayer, § 9 UmwG Rn. 15; Müller, Welf, in: Kallmeyer, § 9 UmwG Rn. 2.

632 Schöne, Spaltung GmbH, S. 394; zum Verschmelzungsrecht: BGH, WM 1990, S. 140 (142); OLG Frankfurt/M., ZIP 2000, S. 1928 (1932); Bayer, ZIP 1997, S. 1613 (1620); Lutter, in: Lutter, § 9 UmwG Rn. 10 m.w.N.; Müller, Welf, in: Kallmeyer, § 9 UmwG Rn. 12.

633 Zum Verschmelzungsrecht: Bula/Schlösser, in: Sagasser/Bula/Brünger, Umwandlungen, J Rn. 98; Dehmer, § 9 UmwG Rn. 5; Lutter, in: Lutter, § 10 UmwG Rn. 10.

Dem Antrag ist der Umwandlungsvertrag oder dessen Entwurf beizufügen.[634] Als Prüfer kommen gemäß §§ 125 S. 1, 11 Abs. 1 S. 1 UmwG, 319 Abs. 1 HGB Wirtschaftsprüfer und Wirtschaftsprüfungsgesellschaften in Betracht. Dabei ist aber nach §§ 11 Abs. 1 UmwG, 319 Abs. 2, Abs. 3 HGB zu beachten, dass keinerlei Abhängigkeitsgründe gegenüber einem der beteiligten Rechtsträger bestehen. Eine solche Abhängigkeit ist bereits dann zu bejahen, wenn der Wirtschaftsprüfer bereits an der Ermittlung des Umtauschverhältnisses mitgewirkt hat.[635] Die bloße Beteiligung als Jahresabschlussprüfer ist dagegen unschädlich.[636] Gemäß §§ 11 Abs. 2 UmwG, 323 HGB sind die Prüfer zu einer gewissenhaften und unparteiischen Prüfung verpflichtet.

II. Ablauf und Umfang der Prüfung

Zur Wahrnehmung ihrer Aufgabe haben die Spaltungsprüfer gemäß §§ 125 S. 1, 11 Abs. 1 S. 1 UmwG, 320 Abs. 1 S. 2, Abs. 2 S. 1 und S. 2 HGB ein Recht, alle Aufklärungen und Nachweise zu verlangen, die für eine sorgfältige Prüfung notwendig sind. Dieses Auskunftsrecht besteht nach §§ 125 S. 1, 11 Abs. 1 S. 4 UmwG auch gegenüber allen beteiligten Rechtsträgern, Konzernunternehmen sowie allen abhängigen und herrschenden Unternehmen.

In §§ 125 S. 1, 9 Abs. 1 UmwG bestimmt der Gesetzgeber, dass lediglich der Umwandlungsvertrag von den Spaltungsprüfern zu beurteilen ist. Nach dem eindeutigen Gesetzeswortlaut und der Tatsache, dass dem Gesetzgeber der Streit um die Aufnahme des Umwandlungsberichts als Prüfungsgegenstand bekannt war, ist der Spaltungsbericht grundsätzlich nicht Gegenstand der Untersuchung.[637] Nur wenn die Angaben im Spaltungsbericht eng mit dem Spaltungsvertrag zusammenhängen und der Spaltungsvertrag ohne den Spaltungsbericht nicht klar zu verstehen ist, müssen die jeweiligen Angaben im Spaltungsbericht vom Spaltungsprüfer berücksichtigt und auf ihre Richtigkeit kontrolliert werden.[638]

---

634 Zum Verschmelzungsrecht: Bula/Schlösser, in: Sagasser/Bula/Brünger, Umwandlungen, J Rn. 98; Schwarz, in: Widmann/Mayer, § 10 UmwG Rn. 11.4, mit Ausführungen zur Ausgestaltung des Antrags in Rn. 11.3.

635 IDW Stellungnahme 6/1988, WPg 1989, S. 42 (43); Bula/Schlösser, in: Sagasser/Bula/Brünger, Umwandlungen, J Rn. 108; Hannappel, in: Goutier/Knopf/Tulloch, § 11 UmwG Rn. 7.

636 BT- Drucks. 9/1785, S. 23; Hannappel, in: Goutier/Knopf/Tulloch, § 11 UmwG Rn. 7; Lutter, in: Lutter, § 11 UmwG Rn. 6; Mayer, in: Widmann/Mayer, § 11 UmwG Rn. 18; Müller, Welf, in: Kallmeyer, § 11 UmwG Rn. 4.

637 Zum Verschmelzungsrecht: IDW Stellungnahme 6/1988, WPg 1989, S. 42 (43); Bula/Schlösser, in: Sagasser/Bula/Brünger, Umwandlungen, J Rn. 105; Dehmer, § 9 UmwG Rn.4; Lutter, in: Lutter, § 9 UmwG Rn. 12 m.w.N.; Mayer, in: Widmann/Mayer, § 9 UmwG Rn. 18; Müller, Welf, in: Kallmeyer, § 10 UmwG Rn. 10; a.A. Bayer, AG 1988, S. 323 (328); ders., ZIP 1997, S. 1613 (1621) m.w.N.; Priester, NJW 1983, S. 1459 (1462).

638 Ähnlich zum Verschmelzungsrecht: Bayer, ZIP 1997, S. 1613 (1621), allerdings mit der Forderung, die Richtigkeitskontrolle müsse sich auf den gesamten Verschmelzungs- oder Spaltungsbericht beziehen; Hoffmann-Becking, FS Fleck, S. 105 (122); Mayer, in: Widmann/Mayer, § 12 UmwG Rn. 16; Priester, ZGR 1990, S. 420 (430 Fn. 49); wie hier: IDW Stellungnahme 6/1988, WPg 1989, S. 42 (43), wonach der Verschmelzungs- oder Spal-

Der Spaltungsvertrag ist danach zu untersuchen, ob er den gesetzlich vorgesehenen Mindestinhalt enthält und ob der Inhalt des Vertrages sachlich richtig und widerspruchsfrei ist.[639] Die Beurteilung fakultativer Bestandteile des Vertrags[640] sowie der Wirtschaftlichkeit und Zweckmäßigkeit der Spaltung werden nicht von der Prüfung umfasst.[641]
Da die Spaltungsprüfung den Interessen der Anteilseigner dient, liegt ihr Schwerpunkt auf der Beurteilung der Angemessenheit des Umtauschverhältnisses und der Richtigkeit der Unternehmensbewertung sowie auf der Angemessenheit eines Barabfindungsangebots, soweit ein solches abzugeben ist. Der Spaltungsprüfer muss außerdem feststellen, ob alle Gesellschafter des übertragenden Rechtsträgers gleich behandelt wurden und ob die angewandte Unternehmensbewertungsmethode zur Darstellung des tatsächlichen Wertes geeignet ist.[642]

III. Der Prüfungsbericht

Anders als beim Spaltungsbericht sieht das Gesetz in §§ 125 S. 1, 12 Abs. 2 S. 2 UmwG den Mindestinhalt des nach § 12 Abs. 1 UmwG schriftlich abzufassenden Prüfungsberichtes vor. Es ist demnach anzugeben, nach welchen Methoden das Umtauschverhältnis ermittelt wurde (§ 12 Abs. 2 S. 2 Nr. 1 UmwG), aus welchen Gründen die angewandte Methode angemessen ist (§ 12 Abs. 2 S. 2 Nr. 2 UmwG) und welcher Gegenwert sich bei Anwendung verschiedener Methoden - falls verschiedene Methoden angewandt wurden - jeweils ergeben würde (§ 12 Abs. 2 S. 2 Nr. 3 UmwG).
Bei der Anfertigung des Prüfungsberichtes haben sich die Wirtschaftsprüfer nach den Empfehlungen des Instituts der Wirtschaftsprüfer[643] zu richten.

Die Stellungnahme HFA 6/1988 gibt hinsichtlich des Prüfungsberichtes folgende Gliederung vor:[644]

tungsbericht nicht geprüft werden müsse. Allerdings stelle der Bericht eine wichtige Unterlage dar, anhand derer das Ergebnis der Berechnungen nachvollzogen werden müsse.

639 Schöne, Spaltung GmbH, S. 394; zum Verschmelzungsrecht: Bula/Schlösser, in: Sagasser/Bula/ Brünger, Umwandlungen, J Rn. 106; Lutter, in: Lutter, § 9 UmwG Rn. 9 ff.; Mayer, in: Widmann/Mayer, § 9 UmwG Rn. 19 ff.; Müller, Welf, in: Kallmeyer, § 9 UmwG Rn. 19.

640 Dazu: Bula/Schlösser, in: Sagasser/Bula/Brünger, Umwandlungen, J Rn. 107.

641 Zum Verschmelzungsrecht: Bula/Schlösser, in: Sagasser/Bula/Brünger, Umwandlungen, J Rn. 107; Dehmer, § 9 UmwG Rn. 5; Lutter, in: Lutter, § 9 UmwG Rn. 12; Müller, Welf, in: Kallmeyer, § 9 UmwG Rn. 20; Mayer, in: Widmann/Mayer, § 9 UmwG Rn. 22 f.; a.A. Bayer, ZIP 1997, S. 1613 (1621); Bayer, AG 1988, S. 323 (328); Priester, NJW 1983, S. 1459 (1462), die davon ausgehen, dass eine Rechtskontrolle hinsichtlich der Angaben über die Wirtschaftlichkeit und Zweckmäßigkeit im Spaltungsbericht stattfinden müsse. Dem steht jedoch der Wortlaut des § 9 Abs. 1 UmwG entgegen.

642 Zum Verschmelzungsrecht: Bula/Schlösser, in: Sagasser/Bula/Brünger, Umwandlungen, J Rn. 131; Müller, Welf, in: Kallmeyer, § 9 UmwG Rn. 24 f.

643 Vgl. zum Verschmelzungsrecht: IDW Stellungnahme 6/1988, WPg 1989, S. 42 (43).

644 Vgl. vorherige Fn.

A. Auftrag und Auftragsdurchführung
B. Prüfung des (Entwurfes eines) Umwandlungsvertrags
   I. Vollständigkeit des Umwandlungsvertrags
   II. Methodik zur Ermittlung des vorgeschlagenen Umtauschverhältnisses (§ 12 Abs. 2 S. 2 Nr. 1 UmwG)
   III. Angemessenheit der angewandten Bewertungsmethoden (§ 12 Abs. 2 S. 2 Nr. 2 UmwG)
C. Erklärung zur Angemessenheit des vorgeschlagenen Umtauschverhältnisses (§ 12 Abs. 2 S. 1 UmwG)

Nach einer kurzen Einführung über Auftrag und Auftragsdurchführung sowie Art und Umfang der Prüfung soll zur Vollständigkeit und Richtigkeit des Spaltungsvertrages Stellung genommen werden. Über den Spaltungsbericht und damit über Zweckmäßigkeit und Wirtschaftlichkeit des Spaltungsvorhabens werden in der Praxis aufgrund des eindeutigen Wortlauts des § 9 Abs. 1 UmwG grundsätzlich keine Ausführungen gemacht. Fakultative Angaben im Prüfungsbericht sind entbehrlich, soweit im Spaltungsbericht auf die jeweilige Frage eingegangen wird. Eine Verweisung auf den Spaltungsbericht genügt in diesem Fall, da es Ziel des Prüfungsberichtes ist, zusammen mit dem Spaltungsbericht die Anteilsinhaber umfassend über die Problemstellungen des Spaltungsvorhabens zu informieren.[645] Darauf folgt die Darlegung und Begründung der angewandten Bewertungsmethode.[646]
Umstritten ist, ob der Prüfungsbericht darüber hinaus weiteres Zahlenmaterial und sonstige Tatsachen enthalten muss, um dem Anteilsinhaber eine Stichhaltigkeitskontrolle zu ermöglichen. Rechtstechnisch lässt sich die Notwendigkeit der Offenlegung von Zahlenmaterial im Prüfungsbericht mithilfe eines Gegenschlusses aus der Verweisung des § 12 Abs. 3 UmwG auf § 8 Abs. 2 UmwG begründen.[647] Der Verweis auf die Geheimhaltung von Wirtschaftsdaten im Rahmen der Anfertigung des Spaltungsprüfungsberichtes wäre nämlich völlig sinnentleert, wenn Zahlenmaterial und Daten überhaupt nicht veröffentlicht werden müssten. Außerdem soll der Prüfungsbericht eine zusätzliche Informationsquelle für den Anteilsinhaber darstellen. Bloße pauschale Beurteilungen oder reine Wiederholungen aus dem Spaltungsbericht werden dem nicht gerecht. Deshalb muss im Prüfungsbericht eine wertende und ergänzende Stellungnahme zum Spaltungsvorhaben unter Angabe von Zahlenmaterial und Tatsachen ent-

645 Zum Verschmelzungsrecht: BGH, WM 1990, S. 140 (142); Müller, Welf, in: Kallmeyer, § 12 UmwG Rn. 6.

646 Vgl. dazu: Lutter, in: Lutter, § 12 UmwG Rn. 7.

647 So zum Verschmelzungsrecht: OLG Frankfurt/M., ZIP 2000, S. 1928 (1932); OLG Karlsruhe, ZIP 1989, S. 988 (992); Bayer, AG 1988, S. 323 (328); ders. WM 1989, S. 121 (123); ähnlich: Bula/Schlösser, in: Sagasser/Bula/Brünger, Umwandlungen, J Rn. 111; Müller, Welf, in: Kallmeyer, § 12 UmwG Rn. 6; nicht eindeutig: IDW Stellungnahme 6/1988, WPg 1989, S. 42 (43), wonach der Prüfungsbericht in aller Regel keine ins einzelne gehende Zahlenangaben zu enthalten hat; a.A. Schöne, Spaltung GmbH, S. 394; zum Verschmelzungsrecht: OLG Hamm, ZIP 1988, S. 1051 (1054); Dehmer, § 12 UmwG Rn. 10 f.; Lutter, in: Lutter, § 9 UmwG Rn. 10; Mayer, in: Widmann/Mayer, § 12 UmwG Rn. 14; Priester, ZGR 1990, S. 420 (431).

halten sein.[648] Die Pflicht zur Darlegung von Zahlenmaterial ist nicht damit zu verwechseln, dass der Verlauf der Prüfung dargestellt werden müsste.[649] Vielmehr muss lediglich das Ergebnis der Prüfung mit Zahlenmaterial unterlegt werden.[650]
Im abschließenden Gesamturteil, das als Testat bezeichnet wird, muss sich der Prüfer dazu äußern, ob er die Bewertung insgesamt für angemessen hält.[651]

IV. Die Spaltungsprüfung bei der Spaltung der Hoechst AG

1. Beschreibung der Prüfungsdurchführung

Der Prüfungsbericht, der dem Spaltungsbericht der Hoechst AG und der Celanese AG beigefügt ist, wurde am 02.06.1999 von der PwC Deutsche Revision AG Wirtschaftsprüfungsgesellschaft angefertigt.
Die PwC Deutsche Revision wurde auf gemeinsamen Antrag der Vorstände der Hoechst AG und der Celanese AG, damals noch Erste Vermögensverwaltungs AG, vom Landgericht Frankfurt/Main mit Beschluss vom 10./18. November 1998 als Spaltungsprüfer für beide Gesellschaften nach §§ 125 S. 1, 10, 60 Abs. 3 UmwG bestellt.[652]
Der Wirtschaftsprüfungsgesellschaft haben der Spaltungsvertrag, der Spaltungsbericht, sowie der Bericht der PwC Deutsche Revision AG über die Prüfung des Jahresabschlusses der Hoechst AG für das Geschäftsjahr 1998 sowie die Satzungen der Hoechst AG und der Celanese AG vorgelegen.[653]
Der Prüfungsbericht beginnt entsprechend der Stellungnahme HFA 6/1988 mit der Beschreibung von Auftrag und Auftragsdurchführung. Darunter befinden sich Informationen darüber, dass die Prüfungsarbeiten im April, Mai und Juni 1999 in den Geschäftsräumen der Hoechst AG durchgeführt wurden und alle erbetenen Aufklärungen und Nachweise erteilt wurden. Außerdem haben die Vorstände der beteiligten Rechtsträger eine Vollständigkeitserklärung dahingehend abgegeben, dass sie den Wirtschaftsprüfern alle sachverhaltsrelevanten Daten zugänglich gemacht hätten.
An die Auftragsbeschreibung schließt sich das Kapitel über Art und Umfang der Prüfung an. Hier werden die Vorgehensweise und die zu untersuchenden Materialien und Themengebiete dargestellt. Bereits an dieser Stelle wird abweichend vom Vorschlag des Instituts der Wirtschaftsprüfer dargelegt, dass eine Unternehmensbewertung zur Ermittlung des Umtauschverhältnisses nicht notwendig gewesen sei, da das zu übertragende Vermögen die Anteile der Hoechst AG an der Celanese AG einschließt. Da-

---

648 So ausdr. zum Verschmelzungsrecht: OLG Frankfurt/M., ZIP 2000, S. 1928 (1932).

649 So aber wohl: Dehmer, § 12 UmwG Rn. 11.

650 OLG Frankfurt/M., ZIP 2000, S. 1928 (1932).

651 Vgl. IDW Stellungnahme 6/1988, WPg 1989, S. 42 (43).

652 Bericht über die Prüfung der Abspaltung der Hoechst AG, in: Spaltungsbericht der Hoechst AG und der Celanese AG, Anhang 3, A. 3, S. 129.

653 Bericht über die Prüfung der Abspaltung der Hoechst AG, in: Spaltungsbericht der Hoechst AG und der Celanese AG, Anhang 3, A. 4, S. 129.

her ständen sämtliche Aktien der Celanese AG den Anteilsinhabern der Hoechst AG zu den bisherigen Beteiligungsverhältnissen zu. Die geplante verhältniswahrende Spaltung, so der Spaltungsprüfer, würde sich nicht auf den Gesamtwert der Beteiligungen des einzelnen Aktionärs auswirken.
Der Prüfungsbericht erwähnt ausdrücklich, dass eine Aussage über die Wirtschaftlichkeit und Zweckmäßigkeit sowie über den Spaltungsbericht nicht getroffen wird.
Unter dem Kapitel „Prüfung des Entwurfes des Spaltungsvertrages" werden die einzelnen in § 126 UmwG vorgeschriebenen Mindestangaben anhand des Spaltungsvertrages geprüft und jeweils kurze Ausführungen gemacht. Beanstandungen werden nicht erhoben.
Die Spaltungsprüfer verzichteten auf die Darstellung der in § 12 Abs. 2 UmwG aufgeführten Mindestinhalte mit der Begründung, dass eine Unternehmensbewertung nicht erforderlich gewesen sei.
In dem Prüfungsergebnis unter Kapitel D) kommt die Prüfungsgesellschaft zu dem Schluss, dass der Spaltungsvertrag die erforderlichen Angaben vollständig und widerspruchsfrei enthält und das Umtauschverhältnis von zehn zu eins unter der Prämisse, dass eine Unternehmensbewertung entbehrlich war, nicht zu beanstanden ist.

2. Stellungnahme zur Spaltungsprüfung

Die Hoechst AG und Celanese AG haben auch hier wegen der gemeinsamen Beauftragung eines Spaltungsprüfer durch gerichtliche Bestellung den kostengünstigsten und zweckmäßigsten Weg gewählt. Eine Prüfung war nach §§ 125 S. 1, 60 Abs. 1 UmwG auf jeden Fall für beide beteiligten Rechtsträger notwendig, auch wenn die Celanese AG bisher noch nicht operativ tätig war. Gerade deshalb bot sich eine gemeinsame Prüfung an.
Dadurch, dass die gerichtliche Bestellung frühzeitig beantragt wurde, konnte die Prüfung mit der Fertigstellung des Entwurfes des Spaltungsvertrages vorgenommen werden. Dies ermöglichte außerdem die Beifügung des Prüfungsberichtes als Anhang zum Spaltungsbericht.
Eine Abhängigkeit des Spaltungsprüfers von einem der beteiligten Rechtsträger nach §§ 11 Abs. 1 UmwG, 319 Abs. 2, Abs. 3 HGB ist zu verneinen. Es schadet nicht, wenn Jahresabschlussprüfer und Spaltungsprüfer personenidentisch sind. Darüber hinaus hat die PwC Deutsche Revision an der Erstellung des Spaltungsvertrages nicht mitgewirkt. Insbesondere ist das Umtauschverhältnis unabhängig von der durch die PwC Deutsche Revision durchgeführten Unternehmensbewertung festgelegt worden.
Inhaltlich geht der Prüfungsbericht nicht auf alle notwendigen Elemente ein. Die Richtigkeit und Vollständigkeit des Spaltungsvertrages wird nicht anhand des Spaltungsberichts untersucht, was die PwC Deutsche Revision AG im Prüfungsbericht auch ausdrücklich erklärt. Zwar ist umstritten, ob die Wirtschaftsprüfer den Spaltungsbericht einer Rechtskontrolle unterziehen müssen. Nach der herrschenden Meinung ist das Eingehen auf den Spaltungsbericht sowie auf Wirtschaftlichkeit und Zweckmäßigkeit des Spaltungsvorhabens entbehrlich, da §§ 125 S. 1, 9 Abs. 1 UmwG ausschließlich die Prüfung des Spaltungsvertrags anordnet. Der Spaltungsbericht ist bei der Prüfung aber dann heranzuziehen, wenn er nähere Informationen zum Spaltungsver-

trag enthält und für die Prüfung des Spaltungsvertrags unerlässlich ist. Im Übrigen muss der Spaltungsbericht nicht geprüft werden. Angaben zu Wirtschaftlichkeit und Zweckmäßigkeit des Spaltungsvorhabens muss der Spaltungsbericht, nicht der Prüfungsbericht beinhalten.
Der Wirtschaftsprüfer hätte in vorliegendem Fall prüfen müssen, ob der gemeinsame Spaltungsbericht zusätzliche Informationen enthält, die für die Beurteilung des Spaltungsvertrags unerlässlich sind. Der Spaltungsprüfer kann nicht von vornherein ohne jegliche Begründung auf die Prüfung des Spaltungsberichts verzichten, da im Einzelfall die Prüfung bestimmter Teile des Spaltungsberichts zur Beurteilung des Spaltungsvertrags notwendig sein kann. Ein Prüfungsbericht muss daher kurz darauf eingehen, dass die im Spaltungsbericht enthaltenen Informationen und Erläuterungen zum Spaltungsvertrag beachtet und gegebenenfalls geprüft wurden. Ansonsten kann der Spaltungsbeschluss aufgrund nicht ordnungsgemäß durchgeführter Spaltungsprüfung angefochten werden.
Da das Umtauschverhältnis nicht anhand der Unternehmensbewertung ermittelt wurde, musste sich der Prüfungsbericht nicht eingehend mit Zahlenmaterial und im Spaltungsbericht dargelegten Tatsachen befassen. Der Anteilsinhaber ist ausreichend informiert, wenn er erfährt, dass das Umtauschverhältnis keinesfalls Auswirkungen auf den Wert seiner Beteiligung hat. Eine derartige Erklärung enthält der Prüfungsbericht.
Schließlich legt die Prüfungsgesellschaft folgerichtig dar, dass eine Unternehmensbewertung zur Ermittlung des Bezugsverhältnisses aufgrund gleichbleibender Wertverhältnisse unterbleiben konnte. Insofern kann an die Festlegung des Umtausch- oder Bezugsverhältnisses und eine entsprechende Kontrolle durch den Spaltungsprüfer kein strenger Maßstab gestellt werden. Dennoch hätte im Prüfungsbericht kurz dargelegt werden sollen, warum gerade ein Bezugsverhältnis von zehn zu eins als angemessen erachtet wird. Die Anfechtbarkeit begründet das Fehlen der Erläuterung des konkreten Bezugsverhältnisses dennoch nicht, da im Ergebnis eine Benachteiligung von Aktionären durch die Festlegung des Bezugsverhältnisses – wie bereits dargelegt – ausgeschlossen ist.

V. Ergebnis

Die Spaltungsprüfung beinhalt insbesondere die Kontrolle des Spaltungsvertrages aus wirtschaftlicher und rechtlicher Sichtweise. Schwerpunkt ist dabei das Umtausch- oder Bezugsverhältnis. Der Spaltungsbericht unterliegt der Prüfung nur insoweit als der Spaltungsvertrag im Spaltungsbericht ergänzt und erläutert wird. Die Richtigkeit und Vollständigkeit des Spaltungsberichtes beurteilen die Spaltungsprüfer im Übrigen nicht. Der Prüfungsbericht darf sich nicht mit pauschalen Verweisen auf den Spaltungsbericht begnügen. Vielmehr ist auch die Auseinandersetzung mit Zahlenmaterial notwendig, um dem Anteilsinhaber die Möglichkeit einer Stichhaltigkeitskontrolle zu geben. Dies ergibt sich bereits aus dem Verweis des § 12 Abs. 3 UmwG auf § 8 Abs. 2 UmwG.
Die Spaltungsprüfung bei der Spaltung der Hoechst AG ist unter Zugrundelegung der hier vertretenen Auffassung nicht fehlerfrei. Neben der Prüfung des Spaltungsvertrages und der Erläuterung, dass und warum die Ermittlung des Bezugsverhältnisses an-

hand einer Unternehmensbewertung nicht erforderlich war, muss sich der Spaltungsprüfungsbericht jedenfalls mit dem Teil des Spaltungsberichts näher auseinandersetzen, in dem der Spaltungsvertrag dargestellt und erläutert wird. Der pauschale Hinweis, der Spaltungsbericht sei nicht geprüft worden, führt nach der hier vertretenen Auffassung zur Anfechtbarkeit des Spaltungsbeschlusses, da im Einzelfall im Spaltungsbericht Informationen enthalten sein können, die für die Auslegung und Beurteilung des Spaltungsvertrags unerlässlich sind.

D) Der Spaltungsbeschluss

I. Gesetzliche Anforderungen an den Spaltungsbeschluss

Nach pflichtgemäßer Vorbereitung der Hauptversammlung durch Auslegung der in §§ 125 S. 1, 63 UmwG genannten Dokumente und der Zuleitung des Spaltungsvertrages an den Betriebsrat mindestens einen Monat vor der Abstimmung gemäß § 126 Abs. 3 UmwG müssen die Anteilsinhaber jedes beteiligten Rechtsträgers dem Spaltungsvertrag zustimmen, §§ 125 S. 1, 13 UmwG.

Bereits mit Einberufung der Hauptversammlung müssen die in § 63 Abs. 1 UmwG genannten Unterlagen nach §§ 125 S. 1, 63, 64 UmwG in den Geschäftsräumen ausgelegt werden. In der Einberufung selbst ist der wesentliche Inhalt des Spaltungsvertrages gemäß § 124 Abs. 2 S. 2 AktG bekannt zu machen.[654] Empfohlen wird eine wörtliche Wiedergabe des Spaltungsvertrages.[655] Im Übrigen gelten die allgemeinen Vorschriften des Aktienrechts zur Einberufung der Hauptversammlung.

Der Vorstand ist verpflichtet, in der Hauptversammlung den Spaltungsvertrag mündlich zu erläutern und den Aktionären über alle wesentlichen Angelegenheiten Auskunft zu erteilen, §§ 125 S. 1, 64 Abs. 1 S. 2, 64 Abs. 2 UmwG.[656] Der mündliche Bericht soll den Spaltungsbericht inhaltlich vollständig aber hinsichtlich des Umfangs verkürzt wiedergeben.[657] Dabei muss auch auf wirtschaftliche und rechtliche Hintergründe sowie aktuelle Veränderungen eingegangen werden.[658]

---

654 Zum Verschmelzungsbeschluss: OLG Stuttgart, ZIP 1997, S. 75 (76); Bayer, ZIP 1997, S. 1613 (1622); Dehmer, § 63 UmwG Rn. 2; Marsch-Barner, in: Kallmeyer, § 63 UmwG Rn. 10; Rieger, in: Widmann/Mayer, § 63 UmwG Rn. 3.

655 Jeweils für den Verschmelzungsbeschluss: Dehmer, § 63 UmwG Rn. 2; Marsch-Barner, in: Kallmeyer, § 63 UmwG Rn. 10; Rieger, in: Widmann/Mayer, § 63 UmwG Rn. 4; nach OLG Stuttgart, ZIP 1997, S. 75 (76) genügt dagegen der wesentliche Inhalt des Spaltungsvertrages mit einem Hinweis auf die Auslage des Spaltungsvertrages in den Geschäftsräumen und das Einsichtsrecht des Aktionärs.

656 Vgl. dazu: Schöne, Spaltung GmbH, S. 435; für das Verschmelzungsrecht: Bayer, AG 1988, S. 323 (327 ff.); Bermel, in: Goutier/Knopf/Tulloch, § 64 UmwG Rn. 7 ff.; Dehmer, § 64 UmwG Rn. 3 ff.; Grunewald, in: Lutter, § 64 UmwG Rn. 3 ff.; Marsch-Barner, in: Kallmeyer, § 64 UmwG Rn. 3 ff.; Rieger, in: Widmann/Mayer, § 64 UmwG Rn. 5 ff.

657 Schöne, Spaltung GmbH, S. 435; für das Verschmelzungsrecht: Bayer, AG 1988, S. 323

Der Zustimmungsbeschluss muss mindestens mit einer Mehrheit von drei Vierteln der anwesenden Anteilsinhaber gefasst werden, wenn nicht die Satzung eine größere Mehrheit verlangt, §§ 125 S. 1, 65 Abs. 1 UmwG. Verschiedene Gattungen von stimmberechtigten Anteilen haben dem Spaltungsvertrag nach §§ 125 S. 1, 65 Abs. 2 UmwG getrennt zuzustimmen. Bei einer nicht-verhältniswahrenden Spaltung müssen gemäß § 128 UmwG sogar sämtliche Anteilsinhaber des übertragenden Rechtsträgers dem Spaltungsvertrag zustimmen.
Fraglich ist, ob der Zustimmungsbeschluss einer sachlichen Rechtfertigung bedarf. Unter der sachlichen Rechtfertigung eines Hauptversammlungsbeschlusses ist die Prüfung der Geeignetheit, Erforderlichkeit und Verhältnismäßigkeit des mit dem Beschluss beabsichtigten Zwecks zu verstehen.[659] Dies bewirkt eine materielle Beschlusskontrolle. Das Erfordernis der sachlichen Rechtfertigung, das im Aktienrecht für die Kapitalerhöhung mit Bezugsrechtsausschluss entwickelt wurde,[660] muss im Rahmen des Umwandlungsrechts nicht beachtet werden.[661] Zwar ergibt sich dies nicht ausdrücklich aus dem UmwG, da insoweit weder eine bejahende noch eine ablehnende Regelung existiert.[662] Die durch eine materielle Beschlusskontrolle hervorgerufene Durchbrechung der Mehrheitsentscheidung kann aber nur dann gerechtfertigt werden, wenn ein ausreichender Minderheitenschutz in der konkreten Fallgestaltung nicht besteht.[663] Im UmwG ist der Minderheitenschutz jedoch ausgeprägt. Dies zeigt sich in

---

(329).

658 Schöne, Spaltung GmbH, S. 435; für das Verschmelzungsrecht: Bayer, AG 1988, S. 323 (329); Bermel, in: Goutier/Knopf/Tulloch, § 64 UmwG Rn. 7; Dehmer, § 64 UmwG Rn. 3; Grunewald, in: Lutter, § 64 UmwG Rn. 3 f.; Marsch-Barner, in: Kallmeyer, § 64 UmwG Rn. 3 f.; Rieger, in: Widmann/Mayer, § 6 UmwG Rn. 5 f.

659 BGHZ 71, S. 40 (46); BGHZ 83, S. 319 (321); BGHZ 136, S. 133 (135).

660 Vgl. BGHZ 71, S. 40 (44 ff.) für den Bezugsrechtsausschluss bei einer Kapitalerhöhung; darüber hinaus wird eine sachliche Rechtfertigung (BGHZ 83, S. 319 (321); mit weniger strengen Voraussetzungen: BGHZ 136, S. 133 (136 f.)) für das genehmigte Kapital, nach BGHZ 80, S. 69 (74 f.) für die Zustimmung zur Befreiung von einem Wettbewerbsverbot und nach BGHZ 120, S. 141 (145) für die Ausgabe von Genussrechten unter Bezugsrechtsausschluss; keine sachliche Rechtfertigung ist notwendig bei einem Auflösungsbeschluss (BGHZ 76, S. 352 (353)) einem nachträglichen Beschluss über ein Höchststimmrecht (BGHZ 70, S. 117 (119 ff.)) und einer Kapitalherabsetzung (BGHZ 138, S. 71 (76)); Hüffer, § 186 AktG Rn. 25.

661 Ebenso: Engelmeyer, Spaltung, S. 189 ff.; Schöne, Spaltung, S. 253; zur Ausgliederung: Dietz, Ausgliederung, S. 200; zum Verschmelzungsrecht: Bermel, in: Goutier/Knopf/Tulloch, § 13 UmwG Rn. 24 f.; Dehmer, § 13 UmwG Rn. 21; Heckschen, in: Widmann/Mayer, § 13 UmwG Rn. 219; Lutter, in: Lutter, § 13 UmwG Rn. 34 ff., der bei einer abhängigkeitsbegründenden Verschmelzung eine Ausnahme macht; Schmidt, Gesellschaftsrecht, § 13 III 5, S. 396; Timm, ZGR 1987, S. 403 (438); Zimmermann, in: Kallmeyer, § 13 UmwG Rn. 12; nicht eindeutig: BT-Drucks. 12/6699, zu § 13 Abs. 2, S. 86, in der aber Zweifel hinsichtlich der Anwendbarkeit des Erfordernisses der sachlichen Rechtfertigung im Verschmelzungsrecht geäußert werden; a.A. Bayer, ZIP 1997, S. 1613 (1624 f.); Winter, in: Lutter, Kölner Umwandlungsrechtstage, S. 19 (41).

662 Hommelhoff, ZGR 1993, S. 452 (458 f.); zum Verschmelzungsrecht: Lutter, in: Lutter, § 13 UmwG Rn. 31; Zimmermann, in: Kallmeyer, § 13 UmwG Rn. 12.

663 BGHZ 71, S. 40 (45); BGHZ 138, S. 71 (76); Lutter, ZGR 1979, S. 401 (411); ders., in: Lutter, § 13 UmwG Rn. 33; Timm, ZGR 1987, S. 403 (438).

den Erfordernissen hoher Beschlussmehrheiten (§§ 65 Abs. 1, 125 S. 1, 128 UmwG), der Anteilsgewährungspflicht (§§ 2, 123 UmwG), der Barabfindungspflicht (§§ 29 Abs. 1, 125 S. 1 UmwG), der Notwendigkeit von Spaltungsbericht und Spaltungsprüfung, sowie dem besonderen Schutz von Sonderrechtsinhabern (§§ 23, 125 S. 1 UmwG).[664] Diese Regelungen enthalten eine abschließende Abwägung der Belange der Aktionäre und der betroffenen Gesellschaft.[665]

Teilweise wird das Erfordernis der sachlichen Rechtfertigung des Verschmelzungs- oder Spaltungsbeschlusses damit begründet, dass bei beiden Umwandlungsvorgängen regelmäßig eine Kapitalerhöhung mit Bezugsrechtsausschluss verbunden ist, für die der BGH die Notwendigkeit der sachlichen Rechtfertigung gerade entwickelt hat.[666] Diese Ansicht überzeugt jedoch nicht. Die spaltungsbedingte Kapitalerhöhung weist im Vergleich zur gewöhnlichen Kapitalerhöhung einen erheblichen Unterschied auf. So kann die spaltungsbedingte Kapitalerhöhung nach §§ 125 S. 1, 69 Abs. 1 UmwG unter erleichterten Voraussetzungen durchgeführt werden.[667] Der Gesetzgeber wollte die spaltungs- und verschmelzungsbedingte Kapitalerhöhung privilegieren, indem er die Verfahrensvorschriften vereinfachte. Dieser umstrukturierungsfreundlichen Absicht des Gesetzgebers würde diametral entgegenstehen, wenn man eine sachliche Rechtfertigung aufgrund der in der Umwandlung enthaltenen Kapitalerhöhung mit Bezugsrechtsausschluss befürworten würde. So argumentiert auch der BGH, wenn er eine sachliche Rechtfertigung dort nicht für notwendig hält, wo die vom Gesetzgeber geschaffenen Vorteile gerade beseitigt würden.[668]

Des weiteren ist die Wirksamkeit der Kapitalerhöhung untrennbar mit dem Vollzug der Spaltung verbunden,[669] da erst durch sie Anteile geschaffen werden, die an die Anteilsinhaber der übertragenden Gesellschaft als Gegenleistung für das abgespaltene Vermögen ausgegeben werden können. Die Kapitalerhöhung ist unwirksam, wenn es zu keinem Vollzug der Umwandlung kommt.[670] Diese Besonderheiten bei der spaltungsbegründeten Kapitalerhöhung sind auch bei der Frage zu berücksichtigen, ob der Kapitalerhöhungsbeschluss einer sachlichen Rechtfertigung bedarf. Die spaltungs- oder verschmelzungsbedingte Kapitalerhöhung ist lediglich ein Element des Gesamtgefüges eines Umwandlungsvorgangs und findet seine Rechtfertigung im Rahmen des Gesamtvorhabens, bei dem ein ausreichender Minderheitenschutz – wie oben aufge-

---

664 Engelmeyer, Spaltung, S. 189 ff.; für das Verschmelzungsrecht: Bermel, in: Goutier/Knopf/Tulloch, § 13 UmwG Rn. 24 f.; Dehmer, § 13 UmwG Rn. 21; Heckschen, in: Widmann/Mayer, § 13 UmwG Rn. 219; Zimmermann, in: Kallmeyer, § 13 UmwG Rn. 12.

665 Unter diesen Voraussetzungen bedarf es keiner sachlichen Rechtfertigung: BGHZ 71, S. 40 (45); BGHZ 138, S. 71 (76).

666 Bayer, ZIP 1997, S. 1613 (1624 f.); Winter, in: Lutter, Kölner Umwandlungsrechtstage, S. 19 (41).

667 Vgl. dazu: oben Teil 3 C) I 2).

668 BGHZ 136, S. 133 (138).

669 Vgl. dazu: oben Teil 3 C) I 4).

670 Zum Verschmelzungsrecht: Bermel, in: Goutier/Knopf/Tulloch, § 69 UmwG Rn. 29; Grunewald, in: Lutter, § 69 UmwG Rn. 22; Rieger, in: Widmann/Mayer, § 69 UmwG Rn. 43; Zimmermann, in: Kallmeyer, § 66 UmwG Rn. 22; zur Verschmelzung von GmbH: Winter, in: Lutter, § 55 UmwG Rn. 3; a.A. Dehmer, § 69 UmwG Rn. 26, 28.

zeigt – geschaffen wurde. Einer zusätzlichen sachlichen Rechtfertigung bedarf es daher weder für die Spaltungsbeschlüsse noch für den Kapitalerhöhungsbeschluss.[671]
Das Argument, dass der Minderheitenschutz im Spaltungsrecht durch das Erfordernis des einstimmigen Hauptversammlungsbeschlusses bei einer nicht verhältniswahrenden Spaltung nach § 128 UmwG bereits gegen eine materielle Beschlusskontrolle spricht, überzeugt dagegen nicht.[672] Zwar garantiert § 128 UmwG einen ausgeprägten Minderheitenschutz bei der Abstimmung der Hauptversammlung des übertragenden Rechtsträgers. Allerdings gilt dieses Einstimmigkeitserfordernis bei der nicht verhältniswahrenden Spaltung nicht beim Hauptversammlungsbeschluss des übernehmenden Rechtsträgers. Gerade beim übernehmenden Rechtsträger besteht jedoch das Problem der Kapitalerhöhung unter Bezugsrechtsausschluss. Mit § 128 UmwG kann daher nicht begründet werden, dass eine sachliche Rechtfertigung des Umwandlungsbeschlusses entbehrlich ist.

II. Die Spaltungsbeschlüsse bei der Hoechst AG und der Celanese AG

§§ 125 S. 1, 65 Abs. 1 UmwG verlangt die Zustimmung einer Mehrheit von drei Vierteln der anwesenden Anteilsinhaber bei der Beschlussfassung über den Spaltungsvertrag, wenn nicht die Satzung des jeweiligen Rechtsträgers eine größere Mehrheit verlangt. Die Satzungen der Hoechst AG und der Celanese AG sehen grundsätzlich eine Satzungsänderung mit einfacher Mehrheit vor, soweit gesetzliche Bestimmungen kein anderes Mehrheitsverhältnis verlangen.[673] Daher galt die gesetzliche Regelung, wonach drei Viertel der anwesenden Anteilseigner der Hoechst AG und der Celanese AG dem Spaltungsvertrag zustimmen mussten.
Aufgrund der Tatsache, dass die Hoechst AG eine verhältniswahrende Spaltung durchführte, war die Zustimmung jedes einzelnen Aktionärs der Hoechst AG gemäß § 128 UmwG nicht notwendig.
Die außerordentliche Hauptversammlung der Hoechst AG über die Abspaltung der Celanese AG, die Fusion mit Rhône Poulonc und die Verkürzung des Geschäftsjahres fand am 15. und 16.07.1999 statt.[674]
Vorbereitet auf eine Vielzahl von Fragen seitens sogenannter „kritischer Aktionäre“, setzte die Hoechst AG vorsorglich zwei Tage für die Durchführung der Hauptver-

---

671 Engelmeyer, Spaltung, S. 189 ff.; Schöne, Spaltung, S. 253; zur Ausgliederung: Dietz, Ausgliederung, S. 200; zum Verschmelzungsrecht: Bermel, in: Goutier/Knopf/Tulloch, § 13 UmwG Rn. 24 f.; Dehmer, § 13 UmwG Rn. 21; Heckschen, in: Widmann/Mayer, § 13 UmwG Rn. 219; Lutter, in: Lutter, § 13 UmwG Rn. 34 ff., der bei einer abhängigkeitsbegründenden Verschmelzung eine Ausnahme macht; Schmidt, Gesellschaftsrecht, § 13 III 5, S. 396; Timm, ZGR 1987, S. 403 (438); Zimmermann, in: Kallmeyer, § 13 UmwG Rn. 12; a.A. Bayer, ZIP 1997, S. 1613 (1624 f.); Winter, in: Lutter, Kölner Umwandlungsrechtstage, S. 19 (41).

672 So aber wohl: Engelmeyer, Spaltung, S. 196.

673 So § 15.2 des Entwurfes der Satzung der Celanese AG, in: Spaltungsbericht der Hoechst AG und der Celanese AG, Anhang 4, § 15.2., S. 146; in diesem Punkt stimmt die Satzung der Celanese AG mit der der Hoechst AG überein: Spaltungsbericht der Hoechst AG und der Celanese AG, III.3.1., S. 66.

674 Protokoll der Hauptversammlung der Hoechst AG vom 15. und 16.7.1999, Anlage 2.

sammlung an. Dies war auch notwendig, da Beginn und Ende einer Hauptversammlung für den Aktionär zumutbar sein müssen.[675] Die Fortsetzung über 24 Uhr hinaus stellt je nach Zumutbarkeitsprüfung im Einzelfall einen Anfechtungsgrund dar.[676] Sowohl das Abbrechen der Fragen[677] wie auch das Überschreiten dieser Zeitgrenze hat die Anfechtbarkeit des Beschlusses zur Folge. Hätte die Hoechst AG keine zwei Tage für die Hauptversammlung angesetzt,[678] so hätte sie eine erneute Einberufung unter Beachtung sämtlicher Formalien durchführen müssen,[679] was das Projekt wohl zum Scheitern gebracht hätte.[680]
Dementsprechend kündigte Herr Manfred Klein, einer der bei der Hauptversammlung der Hoechst AG anwesenden „kritischen Aktionäre", bereits am 15.07.1999 an, er sei in der Lage, die Zeit bis zum 16.07.1999 um 24 Uhr auszuschöpfen und damit eine Abstimmung über die Umstrukturierungsmaßnahmen zu verhindern.[681]
Der Ablauf der Hauptversammlung wurde häufig von den Aktionären Manfred Klein, Karl-Walter Freitag und Thomas Kloth unterbrochen, die nicht nur viele Fragen stellten, sondern auch den formellen Ablauf der Hauptversammlung, wie etwa eine angeblich mangelhafte Lautsprecherübertragung, rügten.[682] Die Fragen wurden an Expertenteams, unter anderem der Sozietät Boesebeck Droste,[683] hinter den Kulissen weitergeleitet, die die jeweiligen Antworten formulierten und vorlesefertig ausdruckten.[684] Die an das Vorstandsmitglied weitergeleiteten Antworten mussten nur noch vorgelesen werden. Allein Karl-Walter Freitag stellte am 15.07.1999 mehr als 60 Fragen, die durch anschließende Fragen des Herrn Thomas Kloth ergänzt wurden.[685] Die Hauptversammlung wurde aufgrund der Vielzahl von Fragen am 15.07.1999 um 23.00 Uhr unterbrochen und am Freitag den 16.07.1999 fortgesetzt. Nachdem Karl-Walter Freitag, Manfred Klein und Thomas Roth am frühen Nachmittag des 16.07.1999 immer noch beanstandeten, dass ihre Fragen noch nicht beantwortet seien, bat die Verwaltung der Hoechst AG um schriftliche Einreichung der nicht ausreichend

---

675 Hüffer, § 121 AktG Rn. 17; Werner, in: Großkomm., § 121 AktG Rn. 53; Zöllner, in: Kölner Kommentar, § 121 AktG Rn. 38.

676 Happ/Freitag, AG 1998, S. 493 (495 f.), mit ausf. Anmerkungen zum Konflikt Vorstand - Aktionär in der Hauptversammlung; Hüffer, § 121 AktG Rn. 17; Zöllner, in: Kölner Kommentar, § 121 AktG Rn. 38.

677 Vgl. zur Verletzung von Informationspflichten: Hüffer, § 243 AktG Rn. 17 m.w.N., § 131 AktG Rn. 8 ff.

678 Die Einberufung einer Hauptversammlung für zwei aufeinanderfolgende Tage ist zulässig: Hüffer, § 121 AktG Rn. 17; Werner, in: Großkomm., § 121 AktG Rn. 55; Zöllner, in: Kölner Kommentar, § 121 AktG Rn. 38.

679 Zöllner, in: Kölner Kommentar, § 121 AktG Rn. 38.

680 Weber, Handelsblatt vom 19.7.1999, S. 15.

681 Protokoll der Hauptversammlung der Hoechst AG vom 15. und 16.7.1999, S. 9.

682 Protokoll der Hauptversammlung der Hoechst AG vom 15. und 16.7.1999, S. 8 f.

683 Protokoll der Hauptversammlung der Hoechst AG vom 15. und 16.7.1999, S. 18.

684 Auskunft des früheren stellvertretenden Vorstandsvorsitzenden der Hoechst AG und jetzigen Aufsichtsratsvorsitzenden der Celanese AG vom 16.10.2001.

685 Protokoll der Hauptversammlung der Hoechst AG vom 15. und 16.7.1999, S. 9.

beantworteten Fragen, auf die der Vorstand nach Verlesung durch den Notar Eckart Wilcke erwiderte.[686]
Die zu Protokoll genommenen Fragen des Herrn Karl-Walter Freitag beschäftigten sich vor allem mit der Verschmelzung der Hoechst AG mit Rhône Poulonc. Herr Freitag stellte Fragen zu dem voraussichtlichen Stellenabbau im Rahmen der Verschmelzung, der zu erwartenden Dividende der Aventis S. A. im ersten Geschäftsjahr, dem Umtauschverhältnis der Aktien der Hoechst AG zu Aktien der Rhône Poulonc S. A. sowie den Gründen, die für einen Widerruf der Börsenzulassung der Hoechst AG (Delisting) sprechen würden.[687]
Neben einer Frage zu den voraussichtlichen Beteiligungsverhältnissen, Stimmverhältnissen und Vermögensverhältnissen bei der künftigen Aventis Pharma AG und der künftigen Aventis Crop Science S. A. nach Vollzug der Verschmelzung stellte Herr Kloth zwei Fragen zu der Abspaltung der Celanese AG. Zum einen wollte Herr Kloth eine Darstellung sämtlicher Auskünfte an den Großaktionär Kuwait Petroleum Corporation zwischen Dezember 1998 und Juli 1999, zum anderen eine Beschreibung aller konkreten Tatsachen, aus denen sich die Wirtschaftlichkeit und Zweckmäßigkeit der Abspaltung ergeben sollte. Zu den Auskünften an den Großaktionär erklärte die Verwaltung der Hoechst AG, dass inzwischen alle anderen Aktionäre durch die schriftlichen Berichte zur Vorbereitung der Hauptversammlung, den während der Hauptversammlung ausgelegten Unterlagen und den mündlichen Vorträgen und Auskünften des Vorstands dieselben Informationen wie Kuwait Petroleum Corporation erhalten hätten. Ein nochmaliger Vortrag dieser Auskünfte verlange auch der Gleichbehandlungsgrundsatz, auf den sich Herr Kloth berief, nicht. Es sei vielmehr ausreichend, wenn der Vorstand keine Informationen gegenüber den übrigen Aktionären verweigere, die er dem Großaktionär zu einem früheren Zeitpunkt hat zukommen lassen.[688] Bei der Beantwortung der zweiten Frage zur Begründung der Wirtschaftlichkeit und Zweckmäßigkeit der Abspaltung der Celanese AG verwies der Vorstand auf Seite 7 und 8 des Spaltungsberichts und wiederholte die dortigen Ausführungen mit ergänzenden Anmerkungen.[689]
Die Fragen des Herrn Klein beschränkten sich auf die Anwesenheit der Aufsichtsratsmitglieder während der Hauptversammlung vom 15. und 16.07.1999, eine Vereinbarung zwischen der Petrochemical Ressources Holding B.V. und Rhône Poulonc zu der Verschmelzung von Hoechst und Rhône Poulonc, sowie auf die Zustimmungsquote bei der Abstimmung des Aufsichtsrates und des Vorstands der Hoechst AG über die Umstrukturierungsmaßnahmen.[690] Hinsichtlich der Abstimmung über die Umstrukturierungsmaßnahmen erklärte die Verwaltung der Hoechst AG, dass der Vorstand den jeweiligen Maßnahmen einstimmig und der Aufsichtsrat die Maßnahmen beraten und ihnen zugestimmt hatte. Das Abstimmungsverhalten der einzelnen Aufsichtsratsmit-

---

686 Protokoll der Hauptversammlung der Hoechst AG vom 15. und 16.7.1999, S. 10.

687 Protokoll der Hauptversammlung der Hoechst AG vom 15. und 16.7.1999, Anlage 6.

688 Protokoll der Hauptversammlung der Hoechst AG vom 15. und 16.7.1999, Anlage 7.2.

689 Protokoll der Hauptversammlung der Hoechst AG vom 15. und 16.7.1999, Anlage 7.3.

690 Protokoll der Hauptversammlung der Hoechst AG vom 15. und 16.7.1999, Anlage 8.

glieder sei jedoch vertraulich und könne daher nicht preisgegeben werden.[691] Nach Beantwortung der Fragen durch den Vorstand erklärten die Herren Freitag, Kloth und Klein zu Protokoll, dass sie die Anworten nicht für ausreichend hielten. Um etwa 16 Uhr erläuterte der Vorsitzende des Aufsichtsrates, Herr Dr. Frühauf, das Abstimmungsverfahren. Nach Abgabe der Stimmen wurde bei einer Präsenz von 64,8 % des Kapitals eine Zustimmung zur Verschmelzung von 99,7 %, zur Abspaltung von 99,9 % und zur Verkürzung des Geschäftsjahres ebenfalls von 99,9 % und damit jeweils mit einer Mehrheit von mehr als drei Vierteln festgestellt.[692] Insbesondere die Aktionäre Manfred Klein, Thomas Kloth und die Metropol Vermögensverwaltungs- und Grundstücksgesellschaft mbH, vertreten durch Karl-Walter Freitag, legten Widerspruch gegen sämtliche Beschlüsse der Hauptversammlung der Hoechst AG zu Protokoll des Notars ein. Um 16.55 Uhr schloss der Vorsitzende des Aufsichtsrates die Hauptversammlung.

Der Zustimmungsbeschluss bei der Celanese AG war im Vergleich zur Hauptversammlung der Hoechst AG unkompliziert. Gewöhnlich wird für die Abstimmung bei einer 100%igen Tochtergesellschaft ein Vorstands- oder Aufsichtsratsmitglied der Muttergesellschaft zur Stimmabgabe bevollmächtigt. Ein Notar verliest dann in Anwesenheit des Bevollmächtigten das Hauptversammlungsprotokoll.[693] In der Hauptversammlung der Celanese AG vom 29.07.1999 wurde gleichzeitig die Kapitalerhöhung, die Spaltung und die Firmenänderung beschlossen.[694]

III. Die Anfechtung eines Spaltungsbeschlusses und ihre Folgen

1. Die Erhebung einer Anfechtungs- oder Nichtigkeitsklage gegen einen Spaltungsbeschluss

Der Spaltungsbeschluss kann nach allgemeinen aktienrechtlichen Vorschriften gemäß §§ 243 ff. AktG angefochten oder es kann eine Klage auf Feststellung der Nichtigkeit des Beschlusses nach §§ 241 f., 249 AktG erhoben werden.[695] Zuständig für die Anfechtungs- oder Nichtigkeitsklage ist ausschließlich das Landgericht, in dessen Bezirk die Gesellschaft ihren Sitz hat, §§ 246 Abs. 3 S. 1, 249 Abs. 1, 246 Abs. 3 S. 1 AktG, und bei diesem, soweit vorhanden, die Kammer für Handelssachen, §§ 93 ff. GVG. Die Klage gegen die Wirksamkeit eines Spaltungsbeschlusses muss jedoch innerhalb eines Monats nach der Beschlussfassung erhoben werden, §§ 125 S. 1, 14 Abs. 1 UmwG. Diese Ausschlussfrist gilt auch für die aktienrechtliche Nichtigkeitsklage, für

691 Protokoll der Hauptversammlung der Hoechst AG vom 15. und 16.7.1999, S. 12.

692 Protokoll der Hauptversammlung der Hoechst AG vom 15. und 16.7.1999, S. 10 ff.

693 Auskunft von Dr. Preissler (damals verantwortlicher Justiziar der Hoechst AG) vom 31.10.2001.

694 Vgl. vorherige Fn.

695 Vgl. allgemein zur aktienrechtlichen Anfechtungsklage Bayer, in: Gesellschaftsrecht 1999, S. 35 (36 ff.).

die nach § 242 AktG außerhalb des Anwendungsbereichs des § 14 Abs. 1 UmwG längere Fristen gelten.[696] Außerdem kann die Klage gegen die Wirksamkeit des Spaltungsbeschlusses des übertragenden Rechtsträgers gemäß §§ 125 S. 1, 14 Abs. 2 UmwG nicht darauf gestützt werden, dass das Umtauschverhältnis oder Bezugsverhältnis nicht angemessen ist. Insoweit muss der Anspruch auf bare Zuzahlung nach §§ 125 S. 1, 15 Abs. 1 UmwG in dem Spruchverfahren nach §§ 305 ff. UmwG geltend gemacht werden.
Folge der Klageerhebung ist im Gegensatz zur Einleitung des Spruchverfahrens, dass die Spaltung während der Rechtshängigkeit der Klage außer im Fall eines Freigabebeschlusses[697] nicht in das Handelsregister eingetragen werden kann, da die Vertretungsorgane der beteiligten Rechtsträger keine für die Eintragung der Spaltung ins Handelsregister notwendige Erklärung nach §§ 125 S. 1, 16 Abs. 2 UmwG abgeben können, wonach eine Klage gegen die Wirksamkeit des Spaltungsbeschlusses nicht oder nicht rechtzeitig erhoben wurde. Ohne eine solche sogenannte Negativerklärung darf der Registerrichter die Eintragung der Spaltung nicht vornehmen, §§ 125 S. 1, 16 Abs. 2 S. 2 1. Halbsatz UmwG.[698] Hintergrund dieser sogenannten Eintragungssperre ist, dass die Rückabwicklung einer Umstrukturierung im Fall eines Erfolgs der Anfechtungsklage nach Eintragung faktisch ausgeschlossen ist.[699]

2. Das Unbedenklichkeitsverfahren nach § 16 Abs. 3 UmwG

Die vorgenannte Eintragungssperre kann überwunden werden, wenn die klageberechtigten Anteilsinhaber nach §§ 125 S. 1, 16 Abs. 2 S. 2 2. Halbsatz UmwG auf die Klage gegen die Wirksamkeit des Spaltungsbeschlusses verzichten oder wenn das für die Klage zuständige Prozessgericht auf Antrag des Rechtsträgers, gegen dessen Spaltungsbeschluss sich die Klage richtet, durch rechtskräftigen Beschluss festgestellt hat, dass die Erhebung der Klage der Eintragung nicht entgegensteht, §§ 125 S. 1, 16 Abs. 3 S. 1 UmwG. Das in §§ 125 S. 1, 16 Abs. 3 UmwG geregelte sogenannte Unbedenklichkeits- oder Freigabeverfahren ermöglicht dem Rechtsträger, gegen dessen Spaltungsbeschluss sich die Klage richtet, die Sperrwirkung der Anfechtungs- oder Nichtigkeitsklage durch rechtskräftigen Beschluss des für die erhobene Klage zuständigen Gerichts zu beseitigen.
Der von der Klage betroffene Rechtsträger muss das Unbedenklichkeitsverfahren durch Antrag einleiten und die Voraussetzungen für einen Freigabebeschluss nach §§ 125 S. 1, 16 Abs. 3 S. 4 UmwG glaubhaft machen. Grundsätzlich ergeht der Beschluss aufgrund einer mündlichen Verhandlung. Nur bei besonderer Dringlichkeit, etwa wenn weitere Verzögerungen besonders schwerwiegende Nachteile der beteiligten Rechtsträger befürchten lassen,[700] kann eine mündliche Verhandlung im Einzelfall entbehr-

---

696 Bermel, in: Goutier/Knopf/Tulloch, § 69 UmwG Rn. 32; Klepsch, Arbeit der Registerrichter, S. 95; Marsch-Barner, in: Kallmeyer, § 14 UmwG Rn. 9; Bork, in: Lutter, § 14 UmwG Rn. 4, 12.

697 Vgl. dazu unten Teil 4 D) III 2.

698 Zur Eintragungssperre vgl. ausf. Klepsch, Arbeit der Registerrichter, S. 129 ff.

699 BT-Drucks. 12/6699, zu § 16 UmwG, S. 88; Bayer, ZGR 1995, S. 613 (619).

700 Vgl. OLG Frankfurt/Main, WM 1996, S. 534 (536 f.), LG Frankfurt/Main, DB 1999, S. 2304

lich sein. In einem solchen Fall muss dem Antragsgegner aufgrund des Anspruchs auf rechtliches Gehör eine Frist zur Stellungnahme eingeräumt werden, die die einwöchige Mindestfrist nach § 217 Abs. 1 ZPO nur unter den Voraussetzungen des § 226 Abs. 1 ZPO unterschreiten darf. Auf das einstweilige Verfügungsverfahren, in dem im Ausnahmefall ein Beschluss auch ohne Anhörung zulässig ist,[701] kann in diesem Zusammenhang nicht verwiesen werden,[702] da das Unbedenklichkeitsverfahren wegen der irreversiblen Eintragungsfolgen nicht als Verfahren im einstweiligen Rechtsschutz, sondern als Eilverfahren sui generis ausgestaltet wurde.[703]

Die für den Registerrichter verbindliche[704] Entscheidung im Unbedenklichkeitsverfahren kann aber nur dann ergehen, wenn die Anfechtungs- oder Nichtigkeitsklage im Hauptsacheverfahren unzulässig oder offensichtlich unbegründet ist oder wenn das Interesse der an der Spaltung beteiligten Rechtsträger und ihrer Anteilsinhaber am alsbaldigen Vollzug der Spaltung das Interesse der klagenden Anteilsinhaber am Aufschub des Vollzugs überwiegt, §§ 125 S. 1, 16 Abs. 3 S. 2 UmwG.

Die Klage ist dann offensichtlich unbegründet im Sinn der §§ 125 S. 1, 16 Abs. 3 S. 2 UmwG, wenn sie zweifelsfrei ohne Erfolgsaussichten ist, also vernünftigerweise keine andere Entscheidung als die Zurückweisung des klägerischen Begehrens in Betracht kommt.[705] Für die Entscheidung, ob die Klage offensichtlich unbegründet ist, muss eine Prognose des Ausgangs des Hauptsacheverfahrens angestellt werden.[706] Sobald eine umfangreiche Beweisaufnahme erforderlich erscheint oder eine komplizierte Rechtsfrage zu beantworten ist, wird eine offensichtliche Unbegründetheit aufgrund des Charakters eines Eilverfahrens nicht vorliegen.[707] Offensichtlich unbegründet ist auch die von sogenannten „räuberischen" Aktionären erhobene Anfechtungsklage, die vorrangig das Ziel verfolgt, einen möglichst hohen Betrag als Gegenleistung für eine Klagerücknahme zu fordern.[708] Diese Fälle des Rechtsmissbrauchs sind jedoch häufig

(2305).

701 Vgl. dazu Vollkommer, in: Zöller, § 937 ZPO Rn. 2.

702 So Bork, in: Lutter, § 16 UmwG Rn. 26 (Fn. 93); im Ergebnis ebenso Riegger/Schockenhoff, ZIP 1997, S. 2105 (2111).

703 Bork, in: Lutter, § 16 UmwG Rn. 17, 26 (Fn. 93); Dehmer, § 16 UmwG Rn. 43; Rettmann, Rechtmäßigkeitskontrolle, S. 101.

704 Vgl. dazu BT-Drucks. 12/6699, zu § 16 UmwG, S. 89; Bork, in: Lutter, § 16 UmwG Rn. 30; ausf. Klepsch, Arbeit der Registerrichter, S. 140 ff.; Marsch-Barner, in: Kallmeyer, § 16 UmwG Rn. 33.

705 So bereits vor Einführung des § 16 Abs. 3 UmwG: BGHZ, 112, S. 9 (23f.); LG Bielefeld, DB 1988, S. 385 (386); ebenso: OLG Hamm, NZG 1999, S. 560 (560); Bermel, in: Goutier/Knopf/Tulloch, § 16 UmwG Rn. 40; Marsch-Barner, in: Kallmeyer, § 16 UmwG Rn. 41; Schwarz, in: Widmann/Mayer, § 16 UmwG Rn. 23.2.

706 Bermel, in: Goutier/Knopf/Tulloch, § 16 UmwG Rn. 40; Schwarz, in: Widmann/Mayer, § 16 UmwG Rn. 23.2.

707 BT-Drucks. 12/6699, zu § 16 UmwG, S. 89; OLG Stuttgart, AG 1997, S. 138 (139); LG Freiburg, AG 1998, S. 536 (537); LG Duisburg, NZG 1999, S. 564 (564); OLG Düsseldorf, NZG 1999, S. 565 (565); Bork, in: Lutter, § 16 UmwG Rn. 19a; Decher, AG 1997, S. 388 (390); Marsch-Barner, in: Kallmeyer, § 16 UmwG Rn. 41; a.A. OLG Hamm, NZG 1999, S. 560 (560).

708 Vor Einführung des § 16 Abs. 3 UmwG: BGHZ 107, S. 296 (310 f.); BGH, ZIP 1990, S. 168

nicht eindeutig festzustellen. Allein die Tatsache, dass der klagende Aktionär erst kurz vor der Beschlussfassung eine geringe Anzahl an Aktien erworben hat, darf aus Gründen des Minderheitenschutzes und des Fehlens eines gesetzlich verankerten Anfechtungsquorums für die Annahme eines Rechtsmissbrauchs nicht ausreichen. Vorstellbar wäre allerdings, die Klagen der bekannten und häufiger auftretenden „kritischen" Aktionäre als rechtsmissbräuchlich zu qualifizieren, wenn es Anzeichen dafür gibt, dass der Kläger lediglich einen finanziellen Vorteil aus der Anfechtungs- oder Nichtigkeitsklage herausschlagen will.[709] Diese Absicht wird der Kläger allerdings nicht offen darlegen, da ihm strafrechtliche und zivilrechtliche Konsequenzen wegen Nötigung und Erpressung drohen.[710] In den meisten Fällen wird sich das Prozessgericht bei einem Freigabebeschluss aufgrund des schwierigen Nachweises eines Rechtsmissbrauchs nicht auf die offensichtliche Unbegründetheit der Klage berufen.
Vielmehr kann das Gericht unter Berücksichtigung einerseits der wesentlichen Nachteile für die an der Spaltung beteiligten Rechtsträger und andererseits der vom Kläger dargelegten Schwere der Rechtsverletzung nach seiner freien Überzeugung eine Entscheidung treffen. §§ 125 S. 1, 16 Abs. 3 S. 2 3. Var. UmwG eröffnet dem Gericht die Möglichkeit, im Rahmen eines erheblichen Beurteilungsspielraums[711] eine Abwägung zwischen den Interessen der beteiligten Rechtsträger und ihren Anteilsinhabern am alsbaldigen Wirksamwerden der Spaltung auf der einen Seite und den Interessen des Klägers am Aufschub des Vollzugs auf der anderen Seite vorzunehmen und mit dem überwiegenden Vollzugsinteresse die stattgebende Entscheidung zu begründen.[712] Die Erfolgsaussichten der Klage sind bei dieser Interessenabwägung im Unterschied zur Prüfung der offensichtlichen Unbegründetheit der Klage nicht zu berücksichtigen. Stattdessen ist zu unterstellen, dass die in der Klage vorgebrachten Beschlussmängel tatsächlich vorliegen.[713] Dabei ist die Frage zu stellen, ob trotz dieser

(171 f.); zu § 16 Abs. 3 UmwG: BT-Drucks. 12/6699, zu § 16 UmwG,S. 89; Bork, in: Lutter, § 16 UmwG Rn. 19; Marsch-Barner, in: Kallmeyer, § 16 UmwG Rn. 41; vgl. auch zu den Motiven bei der Einführung des § 16 Abs. 3 UmwG: Bayer, ZGR 1995, S. 613 (621 f.). Zur Geschichte der „gewerbsmäßigen Anfechtung": Bayer, in: Gesellschaftsrecht 1999, S. 35 (43 f.).

709 Bayer, ZGR 1995, S. 613 (622 Fn. 49); Boujong, FS Kellermann, S. 1 (7 ff.); die Feststellbarkeit der Absicht zum Rechtsmissbrauch bezweifeln dagegen: Bermel, in: Goutier/Knopf/Tulloch, § 16 UmwG Rn. 40; Marsch-Barner, in: Kallmeyer, § 16 UmwG Rn. 41.

710 Schwarz, in: Widmann/Mayer, § 16 UmwG Rn. 20.1.

711 Vgl. dazu: Bork, in: Lutter, § 16 UmwG Rn. 23.

712 BT-Drucks. 12/6699, zu § 16 UmwG, S. 89 f.; Marsch-Barner, in: Kallmeyer, § 16 UmwG Rn. 43; kritisch: Bayer, ZGR 1995, S. 613 (623), der auf die Gefahr einer Interessenabwägung zu Lasten der Informationsrechte der Minderheitsgesellschafter hinweist.

713 BT-Drucks. 12/6699, S. 89 ; LG Essen, NZG 1999, S. 556 (558); Bermel, in: Goutier/Knopf/Tulloch, § 16 UmwG Rn. 50; Bork, in: Lutter, § 16 UmwG Rn. 20; Marsch-Barner, in: Kallmeyer, § 16 UmwG Rn. 44; Rettmann, Rechtmäßigkeitskontrolle, S. 143 ff.; Schmid, ZGR 1997, S. 493, (497 f.); Schwarz, in: Widmann/Mayer, § 16 UmwG Rn. 25.1; a.A. Heermann, ZIP 1999, S. 1861 (1864 f.); Noack, ZHR 164 (2000), S. 274 (283), die eine Berücksichtigung der Erfolgsaussichten im Hauptsacheverfahren befürworten; vgl. zu den verschiedenen Vorschlägen über die Ausgestaltung einer Eilentscheidung vor Einführung des Unbedenklichkeitsverfahrens: Bork, ZGR 1993, S. 343 (363 Fn. 88).

Mängel das Eintragungsinteresse dem Aufschubinteresse vorgeht. Die Interessenabwägung bezieht sich auf den Einzelfall und schließt wirtschaftliche Gesichtspunkte ebenso wie die geltend gemachte Rechtsverletzung ein.[714] Auch wenn die Verletzung der gerügten Normen zur Nichtigkeit des Beschlusses führen würde oder die Verletzung von Normen in Frage steht, die dem Schutz öffentlicher Interessen dienen, wird man nicht von vornherein davon ausgehen können, dass das Aufschubinteresse dem Vollzugsinteresse vorgeht.[715] Einen solchen Automatismus der Beurteilung sieht das Gesetz nicht vor. Das Gesetz gibt auch keine Anhaltspunkte dafür, dass bei einer möglichen Nichtigkeit des Beschlusses eine Interessenabwägung grundsätzlich ausscheidet. Das Gericht muss die mögliche Nichtigkeit eines Beschlusses lediglich in angemessenem Umfang in die Interessenabwägung einfließen lassen.

Eine stattgebende Entscheidung des Gerichts darf nur dann ergehen, wenn die Registersperre zu wesentlichen Nachteilen der beteiligten Rechtsträger und deren Anteilsinhaber führt. Der von der Klage betroffene Rechtsträger muss insbesondere darlegen, dass ein Aussetzen des sofortigen Vollzugs der Umstrukturierung erhebliche wirtschaftliche Nachteile mit sich bringen würde.[716] Ein wesentlicher Nachteil kann unter anderem auch darin gesehen werden, dass anschließende Kooperationen oder Umstrukturierungsmaßnahmen aufgrund der zeitlichen Verzögerung beeinträchtigt oder gar verhindert würden.[717] Auch die Quote der Mehrheitszustimmung kann in die Interessenabwägung einfließen,[718] da das nach §§ 125 S. 1, 16 Abs. 3 S. 2 3. Var. UmwG zu berücksichtigende Interesse der Anteilsinhaber an der Verwirklichung der Umwandlung um so höher einzuschätzen ist, je mehr Aktionäre dem Vorhaben zustimmen. Ein wesentlicher Nachteil der beteiligten Rechtsträger darf allerdings nicht mit dem Argument verneint werden, dass die durch die Spaltung erwünschten Vorteile möglicherweise auch auf einem anderen Weg hätten erreicht werden können.[719]

Auf der anderen Seite muss das Gericht die Schwere der mit der Klage geltend gemachten Rechtsverletzung in die Abwägung einbeziehen und sich die Frage stellen, ob die voraussichtlichen Nachteile des Klägers wegen der Schwere des gerügten Mangels hinzunehmen sind und der Verweis auf Schadensersatzansprüche nach §§ 125 S. 1, 16 Abs. 3 S. 6 1. Alt. UmwG zumutbar erscheint. Zu berücksichtigen ist dabei die Bedeutung der verletzten Norm sowie das Ausmaß des Gesetzesverstoßes. Die Gesetzesbegründung geht in diesem Zusammenhang davon aus, dass die unzureichende Erläuterung des Umtauschverhältnisses einen zu überwindenden Mangel darstelle.[720]

---

714 BT-Drucks. 12/6699, zu § 16 UmwG, S. 89.

715 Marsch-Barner, in: Kallmeyer, § 16 UmwG Rn. 44; a.A. Bork, in: Lutter, § 16 UmwG Rn. 22; Decher, AG 1997, S. 388 (391, 394); ähnlich Bermel, in: Goutier/Knopf/Tulloch, § 16 UmwG Rn. 52.

716 Vgl. Bork, in: Lutter, § 16 UmwG Rn. 21 mit Beispielen und weiteren Nachweisen.

717 OLG Stuttgart, ZIP 1997, S. 75 (77); LG Frankfurt/Main, DB 1999, S. 2304 (2304); Marsch-Barner, in: Kallmeyer, § 16 UmwG Rn. 45.

718 LG Frankfurt/Main, DB 1999, S. 2304 f.; Marsch-Barner, in: Kallmeyer, § 16 UmwG Rn. 45; Noack, ZHR 164 (2000), S. 274 (285).

719 OLG Düsseldorf, ZIP 1999, S. 793 (798); Bork, in: Lutter, § 16 UmwG Rn. 20.

720 BT-Drucks, 12/6699, S. 89; ebenso: OLG Düsseldorf, ZIP 1999, S. 793 (797); Bork, in: Lutter, § 16 UmwG Rn. 22a; kritisch: Bayer, ZGR 1995, S. 613 (624 f.).

Darauf aufbauend wird teilweise vertreten, dass auch andere Informationsmängel hinzunehmen seien, wenn nicht ein besonders gravierender Verstoß wie etwa eine vollständige Informationsverweigerung vorliege.[721] Dem ist entgegenzuhalten, dass Informationsmängel oder gar die Verweigerung der Erteilung von Informationen an die Anteilsinhaber nicht als Beschlussmängel zweiter Klasse erklärt werden darf. Für eine solche generelle Abstufung gibt es keine Anhaltspunkte im Gesetz. Falls das Vorenthalten oder Verschleiern von Information dazu geeignet ist, die Entscheidung der Anteilsinhaber zu beeinflussen,[722] muss die Verletzung der Informationspflicht als schwerwiegender Beschlussmangel qualifiziert werden. Hätte ein objektiv urteilender Aktionär bei umfangreicher und ausreichender Information anders abgestimmt, so ist dies als schwerwiegender Mangel im Rahmen der Interessenabwägung zu berücksichtigen, da die Entscheidungsfreiheit des Aktionärs auf jeden Fall gewährleistet sein muss. Die Verletzung von Informationspflichten kann daher nur dann als weniger schwerwiegend bezeichnet werden, wenn trotz des Informationsmangel eine umfangreiche Darstellung aller für die Entscheidung der Anteilsinhaber objektiv relevanten sachlichen Grundlagen erfolgt ist[723] oder die Anfechtungskläger bei Nachfrage in der Hauptversammlung ausreichend informiert hätten werden können.[724] Daher muss im Unbedenklichkeitsverfahren die Frage gestellt werden, ob die Aktionäre über das Umstrukturierungsvorhaben und alle Begleitumstände umfassend informiert wurden.[725] Zu diesem Zweck muss das Prozessgericht die Berichterstattung der beteiligten Rechtsträger anhand des Spaltungsberichts und des Hauptversammlungsprotokolls prüfen.
Umstritten ist, ob die Tatsache, dass der Kläger nur wenige oder nur einen Anteil an der betroffenen Gesellschaft besitzt, in die Interessenabwägung im Rahmen des § 16 Abs. 3 S. 2 3. Var. UmwG einbezogen werden darf.[726] Gegen eine solche Einbeziehung spricht, dass das Gesetz ausschließlich die Schwere des Gesetzesverstoßes bei der Beschlussfassung als Maßstab für die Abwägung nennt.[727] Der Gesetzgeber hat damit die Abwägungskriterien festgelegt. Der Anteilsbesitz ist folglich kein Kriterium, das im Rahmen der Schwere der mit der Klage geltend gemachten Rechtsverletzung

721 So wohl: Bork, in: Lutter, § 16 UmwG Rn. 22a; a.A. Bayer, ZGR 1995, S. 613 (624 f.).

722 Auf die Änderung des Abstimmungsverhaltens eines objektiv urteilenden Aktionärs abstellend (Relevanztheorie): BGHZ 107, S. 296 (307); BGHZ 119, S. 1 (19); Bayer, Gesellschaftsrecht 1999, S. 35 (54 f.).

723 Ähnlich: Schwarz, in: Widmann/Mayer, § 16 UmwG Rn. 25.2; ihm folgend: LG Essen, NZG 1999, S. 556 (558 f.).

724 OLG Düsseldorf, ZIP 1999, S. 793 (797); LG Essen, NZG 1999, S. 556 (558); Bork, in: Lutter, § 16 UmwG Rn. 22a; Decher, AG 1997, S. 388 (392); Schwarz, in: Widmann/Mayer, § 16 UmwG Rn. 25.2.

725 Vgl. Bayer, ZGR 1995, S. 613 (624 f.).

726 LG Heilbronn, EWiR 1997, S. 43, mit krit. Anm.: Bayer/Schmitz-Riol; Heckschen, DB 1998, S. 1385 (1392); Marsch-Barner, in: Kallmeyer, § 16 UmwG Rn. 45; Noack, ZHR 164 (2000), S. 274 (285); Riegger/Schockenhoff, ZIP 1997, S. 2105 (2109); a.A. Bayer, ZGR 1995, S. 613 (625); Bayer, in: Gesellschaftsrecht 1999, S. 35 (49); Bork, in: Lutter, § 16 UmwG Rn. 22a; Decher, AG 1997, S. 388 (394); Schwarz, in: Widmann/Mayer, § 16 UmwG Rn. 27.

727 Bork, in: Lutter, § 16 UmwG Rn. 22a.

vorgebracht werden könnte.[728] Darüber hinaus würde die präventive Wirkung der Anfechtungsklage[729] durch ein Anfechtungsquorum, das bei Berücksichtigung der Beteiligungshöhe im Rahmen des Unbedenklichkeitsverfahrens zumindest für die Anfechtung von Umwandlungsbeschlüssen faktisch eingeführt würde, wesentlich beeinträchtigt werden.[730] Die Rechtmäßigkeitskontrolle bezüglich eines Hauptversammlungsbeschlusses und insbesondere eines Umwandlungsbeschlusses muss auch ein Aktionär veranlassen können, der lediglich eine kleine Beteiligung hält, da insbesondere für den Privatanleger eine für die Gesellschaft winzige Beteiligung von wesentlicher wirtschaftlicher Bedeutung sein kann. Ohne ausdrückliche gesetzliche Festlegung eines Anfechtungsquorums kann einem Privatanleger nicht zugemutet werden, rechtswidrige Beschlüsse, die möglicherweise einen Großteil seines Vermögens betreffen, mit dem Verweis auf mögliche Schadensersatzansprüche hinzunehmen, nur weil er aus Sicht der Gesellschaft mit einem vergleichsweise geringen Anteil beteiligt ist. Für eine derartige faktische Reduzierung des Stimmrechtes des Kleinaktionärs bedürfte es einer gesetzlichen Grundlage. Ferner ist zu beachten, dass nicht jeder Kleinaktionär ein „räuberischer Aktionär“ ist. Deshalb kann die Einführung eines faktischen Anfechtungsquorums durch Berücksichtigung der Beteiligungsquote im Rahmen eines Unbedenklichkeitsverfahrens nicht einfach mit dem Hinweis auf die mit der Anfechtungsklage zusammenhängenden Missbrauchsmöglichkeiten begründet werden. Schließlich gibt es keine gesetzlichen Anhaltspunkte, ab welcher Beteiligungshöhe eine Einbeziehung in die Interessenabwägung zulässig sein könnte.

Hinsichtlich der Wirkung des Freigabebeschlusses ist zu beachten, dass nur ein rechtskräftiger Unbedenklichkeitsbeschluss des Prozessgerichts die Negativerklärung der Vertretungsorgane der beteiligten Rechtsträger nach § 16 Abs. 3 S. 1 UmwG ersetzt und die mit Erhebung der Anfechtungs- oder Nichtigkeitsklage eingetretene Registersperre beseitigt. Legt der Kläger eine sofortige Beschwerde nach § 16 Abs. 3 S. 5 UmwG gegen den Freigabebeschluss ein, so entfällt die Registersperre erst, wenn die Beschwerdeinstanz den Beschluss aufrechterhält.

Der Hauptsacheprozess wird von dem Ausgang des Unbedenklichkeitsverfahren nicht berührt, da das Unbedenklichkeitsverfahren die Eintragungsfähigkeit der Umstrukturierung, das Hauptsacheverfahren dagegen die Wirksamkeit des Spaltungsbeschlusses zum Gegenstand hat.[731]

3. Die Anfechtung des Spaltungsbeschlusses der Hoechst AG

Die Hoechst AG konnte bei der Anmeldung der Abspaltung zum Handelsregister keine Negativerklärung nach §§ 125 S. 1, 14 Abs. 2 UmwG abgeben, da gegen den Spaltungsbeschluss der Hauptversammlung vom 15. und 16.07.1999 eine Nichtigkeits- und Anfechtungsklage erhoben wurde. In der Klageschrift beantragten Thomas Kloth, an-

---

728 a.A. LG Heilbronn, EWiR 1997, S. 43, mit krit. Anm. Bayer/Schmitz-Riol; Heckschen, DB 1998, S. 1385 (1392); Marsch-Barner, in: Kallmeyer, § 16 UmwG Rn. 45; Noack, ZHR 164 (2000), S. 274 (285); Riegger/Schockenhoff, ZIP 1997, S. 2105 (2109).

729 Vgl. Bayer, in: Gesellschaftsrecht 1999, S. 35 (40 f.).

730 Vgl. Bayer, in: Gesellschaftsrecht 1999, S. 35 (40 f.); Hommelhoff, ZGR 1990, S. 447 (454).

731 BT-Drucks. 12/6699, zu § 16 UmwG, S. 90; Bork, in: Lutter, § 16 UmwG Rn. 32.

waltlich vertreten durch die Rechtsanwaltssozietät Dr. Braun & Jöckel, und die Metropol Vermögensverwaltungs- und Grundstücksgesellschaft mbH, gesetzlich vertreten durch Karl-Walter Freitag und anwaltlich vertreten durch die Rechtsanwaltssozietät M. Hamburger und Kollegen, die Nichtigkeit der Hauptversammlungsbeschlüsse der Hoechst AG vom 15. und 16.07.1999, hilfsweise die Nichtigkeit des Spaltungsbeschlusses, wiederum hilfsweise die Unwirksamkeit des Spaltungsbeschlusses festzustellen.[732]

4. Das Unbedenklichkeitsverfahren bei der Spaltung der Hoechst AG

a) Der Eilantrag nach § 16 Abs. 3 UmwG bei der Spaltung der Hoechst AG

Aufgrund der mit der Klage verbundenen Sperrwirkung für die Handelsregistereintragung stellte die Hoechst AG mit Schriftsatz vom 20.08.1999, anwaltlich vertreten durch die Rechtsanwaltssozietät Hengeler, Müller, Weitzel, Wirtz einen Antrag auf Durchführung des Unbedenklichkeitsverfahrens nach § 16 Abs. 3 UmwG.[733] Darin wurde zunächst klargestellt, dass Gegenstand des Verfahren lediglich der Spaltungsbeschluss der Hauptversammlung der Hoechst AG vom 15. und 16.07.1999 sei. Die Abspaltung der Celanese AG sei rechtlich und wirtschaftlich unabhängig von dem Zusammenschluss der Hoechst AG und Rhône Poulonc S. A. Daher seien sämtliche Fragen, die mit der anstehenden Verschmelzung zusammenhängen, bei dem Eilantrag nach § 16 Abs. 3 UmwG hinsichtlich der Anfechtung des Spaltungsbeschlusses unerheblich.
Die Hoechst AG legte in dem Schriftsatz vom 20.08.1999 dar, dass die Klage gegen den Spaltungsbeschluss der Hoechst AG offensichtlich unbegründet sei. Gegen die Argumentation der Klägerseite, die Wirtschaftlichkeit und Zweckmäßigkeit des Abspaltungsvorhabens sei im Spaltungsbericht[734] und auch auf Nachfrage[735] in der Hauptversammlung vom 15. und 16.07.1999 nicht ausreichend begründet worden, wird vorgebracht, dass die Ausführungen im Spaltungsbericht zu der Wirtschaftlichkeit und Zweckmäßigkeit in der Hauptversammlung noch ergänzt wurden und im Übrigen auf eine derart pauschale Frage nicht genauer geantwortet werden könne als in der Hauptversammlung geschehen.
Dem Vorwurf der Klägerseite, die bisherigen Angaben zur voraussichtlichen Dividendenpolitik der Celanese AG seien ungenügend, hielt die Hoechst AG entgegen, dass zum einen die künftige Dividendenpolitik der Celanese AG auf Seite 71 des Spaltungsberichts beschrieben werde,[736] zum anderen die Dividendenpolitik allein in der Entscheidung des künftigen Vorstands und Aufsichtsrates der Celanese AG läge.

---

[732] Nach Auskunft von Dr. von Bülow, Partner bei Freshfields, Bruckhaus, Deringer (Nachfolgesozietät der die Spaltung betreuenden Kanzlei Deringer, Tessin, Herrmann & Sedemund) am 25.06.2002.

[733] Nach Auskunft von Dr. von Bülow, Partner bei Freshfields, Bruckhaus, Deringer (Nachfolgesozietät der die Spaltung betreuenden Kanzlei Deringer, Tessin, Herrmann & Sedemund) am 25.06.2002.

[734] Vgl. oben Teil 4 B) II 1 a) und 2 a).

[735] Vgl. oben Teil 4 D) II.

[736] Vgl. oben Teil 4 B) II 2 c).

Die Kläger und Antragsgegner meinten in ihrer Klagebegründung, dem Spaltungsvorhaben hätten nach § 128 S. 1 UmwG sämtliche Anteilsinhaber zustimmen müssen, da einzelne Aktionäre aufgrund des Umtauschverhältnisses von 1 zu 10 keine Anteile an der Celanese AG erhalten würden. Hierauf erwiderte die Hoechst AG, dass nach §§ 125 S. 1, 72 UmwG, 226 AktG eine Teilrechtsregulierung möglich und dies auch allgemein anerkannt sei, da andernfalls eine Abspaltung von einem größeren Unternehmen ausgeschlossen wäre.[737]
Ferner beanstandeten die Kläger die Bestimmtheit der Aufteilung des Vermögens zwischen übertragenden und übernehmenden Rechtsträger nach § 129 Abs. 1 Nr. 9 UmwG. Die Hoechst AG hielt dagegen die Bestimmungen der §§ 4.1 bis 4.6 des Spaltungsvertrages für eine ausreichende Abgrenzung der Vermögensmassen.[738]
Weiterhin bestritt die Hoechst AG in ihrem Schriftsatz vom 20.08.1999 die Behauptung der Anfechtungskläger, die Kuwait Petroleum Corporation habe unter Verstoß gegen den Gleichbehandlungsgrundsatz der Aktionäre nach § 53a AktG Auskünfte erhalten, die den übrigen Aktionären entgegen der Pflicht nach § 131 Abs. 4 S. 1 AktG vorenthalten worden seien.
Auch der Behauptung der Anfechtungskläger, die Kuwait Petroleum Corporation habe als Gegenleistung für ihre Zustimmung zu den Umstrukturierungsvorhaben Sondervorteile erlangt, wies die Hoechst AG als abwegig zurück. Ein Vorteil der Kuwait Petroleum Corporation könne, wenn überhaupt, nur bei der Verschmelzung der Hoechst AG mit Rhône Poulonc entstanden sein.
Schließlich gehe, so die Vertreter der Hoechst AG, auch das Argument, Rhône Poulonc erhalte Sondervorteile durch ein Delisting der Hoechst AG ins Leere, da die Hoechst AG ein solches Delisting nicht beabsichtige, sondern börsennotiert bleiben werde.
Neben der offensichtlichen Unbegründetheit der Anfechtungsklage beruft sich die Hoechst AG in ihrem Schriftsatz vom 20.08.1999 unter Darlegung der besonderen Marktsituation im Bereich der industriellen Chemie auf das überwiegende Vollzugsinteresse und die erheblichen wirtschaftlichen Belange des Unternehmens, die einen Verweis der Aktionäre auf einen Schadensersatzanspruch nach § 16 Abs. 3 S. 6 UmwG im Fall eines Obsiegens im Rahmen des Hauptsacheverfahrens rechtfertigen würden.

b) Der Freigabebeschluss des LG Frankfurt/Main

Dem Eilantrag der Hoechst AG gab die erste Kammer für Handelssachen des LG Frankfurt am Main[739] am 17.09.1999 statt (Az. 3/1 O 84/99) und stellte nach §§ 125 S. 1, 16 Abs. 3 UmwG fest, dass die Anfechtungsklage der Eintragung der Abspaltung der Celanese AG nicht entgegensteht. Das Gericht begründete seine Entscheidung damit, dass die Antragstellerin jedenfalls hinreichend glaubhaft gemacht habe, dass das alsbaldige Wirksamwerden des Beschlusses gegenüber der mit der Klage geltend gemachten Rechtsverletzungen für die Abwendung wesentlicher Nachteile für die betei-

---

737 Vgl. dazu oben Teil 4 A) III 3 a) bb) und Teil 4 A) III 3 b).
738 Vgl. oben Teil 4 A) II 3.
739 LG Frankfurt/Main, DB 1999, S. 2304 (2304 f.).

ligten Rechtsträger und deren Anteilsinhaber vorrangig erscheint, §§ 125 S. 1, 16 Abs. 3 S. 2 3. Var. UmwG. Es könne daher dahinstehen, ob die Anfechtungsklagen der Antragsgegner offensichtlich unbegründet sind.
In den folgenden Ausführungen stellt das LG Frankfurt/Main klar, dass nach vorläufiger Betrachtung die Nichtigkeit des angefochtenen Beschlusses gemäß §§ 241 Nr. 1-4, 243 AktG nicht festgestellt werden konnte.
Insbesondere aufgrund drohender wesentlicher Nachteile für die beteiligten Rechtsträger und deren Anteilsinhaber sei von einem Vorrang des Vollzugsinteresses gegenüber dem Aufschubsinteresse auszugehen. Das besondere Vollzugsinteresse der Hoechst AG ergebe sich aus der speziellen Marktsituation im Bereich der industriellen Chemie und der damit einhergehenden Notwendigkeit einer zeitnahen Umsetzung der neuen Zielorientierung. Jede Verzögerung würde aufgrund der drohenden Effizienzverluste wesentliche Entwicklungsnachteile für die beabsichtigte neue Unternehmensstruktur bedeuten. Darüber hinaus hätte das Hinausschieben der Abspaltung der Celanese AG erhebliche negative Auswirkungen auf den Zusammenschluss der Hoechst AG mit Rhône Poulonc. Damit würden zu erwartende und zeitnah nutzbare Synergieeffekte verhindert, was wiederum einen erheblichen wirtschaftlichen Schaden für die Unternehmen wie auch für die Anteilsinhaber zur Folge hätte. Außerdem sei zu berücksichtigen, dass eine überwältigende Mehrheit der Aktionäre der Neuausrichtung der Hoechst AG in der Hauptversammlung zugestimmt hat. Bei der Abwägung im Rahmen des § 16 Abs. 3 S. 2 3. Var. UmwG müsse nach Ansicht des LG Frankfurt/Main auch das Interesse der nicht klagenden Mehrheit der Aktionäre, die nach pflichtgemäßer Information durch einen umfangreichen und detaillierten Spaltungsbericht der Abspaltung zugestimmt haben, beachtet werden.
Die erste Kammer für Handelssachen des LG Frankfurt/Main geht schließlich davon aus, dass die drohenden wesentlichen Nachteile für die wirtschaftliche Weiterentwicklung des Antragstellers und seiner Anteilsinhaber stärker berücksichtigt werden müssen als die jedenfalls nicht auf den ersten Blick ersichtlichen greifbaren und gravierenden Gesetzesverstöße.
Aufgrund der Dringlichkeit einer alsbaldigen Entscheidung und weil die Argumentation der Antragsgegner in Form der Anfechtungsklage dem LG Frankfurt/Main vorlag, hat die erste Kammer für Handelssachen ohne mündliche Verhandlung und ohne Gewährung einer weiteren Stellungnahmefrist den Freigabebeschluss erlassen.

c) Anmerkungen zu dem Freigabebeschluss des LG Frankfurt/Main

Der Entscheidung des LG Frankfurt/Main ist im Ergebnis zuzustimmen. Das LG Frankfurt/Main hätte wohl nur schwer damit argumentieren können, dass die Nichtigkeits- und Anfechtungsklage im Hauptsacheverfahren insgesamt offensichtlich unbegründet war. Da die Kläger in dem Hauptsacheverfahren Rechtsverletzungen behauptet hatten, die der Antragsteller im Unbedenklichkeitsverfahren bestritt, konnte man ohne eine Beweisaufnahme nicht feststellen, ob die Kuwait Petroleum Corporation nicht tatsächlich spezielle Informationen oder Sondervorteile im Zusammenhang mit der Abspaltung erhalten hatte, die den übrigen Aktionären gegenüber nicht offengelegt wurden. Der Ausgang des Hauptsacheverfahrens war insoweit nicht absehbar und die Klage daher nicht offensichtlich unbegründet.

Teilweise hätte das klägerische Vorbringen allerdings als offensichtlich unbegründet zurückgewiesen werden können. Die offensichtliche Unbegründetheit der Klage ist dann zu bejahen, wenn das Gericht anhand der ihm zur Verfügung stehenden Dokumente selbst unschwer feststellen kann, dass von einer Rechtsverletzung der Aktionäre auszugehen ist. Die Frage, ob die Informationen zur Wirtschaftlichkeit und Zweckmäßigkeit und der künftigen Dividendenpolitik der Celanese AG im Spaltungsberichts und während der Hauptversammlung ausreichend waren, kann ohne größeren Aufwand durch Einsichtnahme in den Spaltungsbericht und in das Protokoll der Hauptversammlung beantwortet werden. Insoweit hätte das Landgericht die Klage für offensichtlich unbegründet erklären müssen, da die Auskünfte im Spaltungsbericht und in der Hauptversammlung bezüglich der Wirtschaftlichkeit und Zweckmäßigkeit der Spaltung sowie der künftigen Dividendenpolitik der Celanese AG detailliert, nachvollziehbar und lückenlos waren.
Möglicherweise hätte die Entscheidung insgesamt aber auch damit begründet werden können, dass aufgrund rechtsmissbräuchlicher Klageerhebung das Hauptsacheverfahren offensichtlich keine Aussicht auf Erfolg hat. Der Nachweis, dass die Klage vorrangig dem Ziel dient, eine möglichst hohe Summe als Gegenleistung für eine Klagerücknahme zu fordern, wäre aber wohl auch in vorliegendem Fall schwer gefallen. Die Tatsache, dass jedenfalls Herr Freitag bekannter Vertreter der „kritischen" Aktionäre ist, dürfte nicht ausreichen, zumal nicht er selbst, sondern die Metropol Vermögensverwaltungs- und Grundstücksgesellschaft mbH als Klägerin auftrat. Darüber hinaus gab es keine Anhaltspunkte dafür, dass die Kläger bereit gewesen wären gegen Zahlung eines erheblichen Geldbetrages die Klage zurückzunehmen. Aus diesem Grund blieb jedenfalls für die bestrittenen Behauptungen der Kläger und die komplizierten Rechtsfragen letztlich nur der vom LG Frankfurt/Main beschrittene Weg über die Interessenabwägung nach §§ 125 S. 1, 16 Abs. 3 S. 2 3. Alt. UmwG.
§§ 125 S. 1, 16 Abs. 3 S. 2 3. Var. UmwG eröffnet dem Gericht die Möglichkeit eine Abwägung zwischen den Interessen der beteiligten Rechtsträger und ihren Anteilsinhabern am alsbaldigen Wirksamwerden der Spaltung auf der einen Seite und der Schwere der mit der Klage geltend gemachten Rechtsverletzung auf der anderen Seite vorzunehmen und mit dem überwiegenden Vollzugsinteresse die Entscheidung zu begründen. Die Erfolgsaussichten der Klage sind im Unterschied zur Prüfung der offensichtlichen Unbegründetheit der Klage bei dieser Interessenabwägung nach herrschender Auffassung nicht zu berücksichtigen. Stattdessen ist zu unterstellen, dass die in der Klage vorgebrachten Beschlussmängel tatsächlich vorliegen.
Diesen Ausgangspunkt der Interessenabwägung hat das Gericht nicht beachtet. Vielmehr hat das LG Frankfurt/Main, offensichtlich um seine Entscheidung einleuchtender zu begründen, die beanstandeten Beschlussmängel als nicht auf den ersten Blick ersichtlich qualifiziert und damit eine Prüfung der Erfolgsaussichten des Hauptsacheverfahrens vorgenommen. Wäre man strikt nach dem vom Gesetzgeber beabsichtigten Verfahren vorgegangen, so hätte man von den Behauptungen der Kläger ausgehen müssen, wonach die Kuwait Petroleum Corporation Sondervorteile und spezielle Information und Rhône Poulonc durch ein mögliches Delisting der Hoechst AG ebenfalls Sondervorteile erhalten hätten, über die die Verwaltung der Hoechst AG die Aktionäre nicht informierte. Ob diese Tatsachen überhaupt substantiiert vorgetragen

wurden und deshalb eine Beweisaufnahme im Hauptsacheverfahren überhaupt hätte stattfinden müssen, kann der Verfasser nicht beurteilen, da die Klageschrift im Hauptsacheverfahren nicht eingesehen werden konnte.
Falls die Gewährung von Sondervorteilen und das Vorenthalten von Informationen ausreichend vorgetragen worden wäre, so hätte das Gericht nicht davon ausgehen dürfen, dass greifbare Gesetzesverstöße auf den ersten Blick nicht ersichtlich waren. Vielmehr hätte das Gericht von einem fehlerhaften Beschluss ausgehen und die Schwere der Rechtsverletzung feststellen müssen.
Geht man allerdings davon aus, dass die Behauptungen der Kläger kaum substantiiert dargelegt wurden, so muss das Prozessgericht in der Eilentscheidung nach § 16 Abs. 3 S. 2 UmwG nicht davon ausgehen, dass eine Rechtsverletzung tatsächlich eingetreten ist, da sonst Tatsachen in die Abwägung einbezogen werden müssten, die im Hauptsacheverfahren ohne Beweisaufnahme zurückgewiesen werden könnten. In einem solchen Fall hätte das Gericht bereits von einer offensichtlichen Unbegründetheit der Klage im Hauptsacheverfahren ausgehen können.
Die ausreichend von den Klägern vorgetragenen Tatsachen müssen dagegen nach herrschender Meinung als wahr unterstellt werden, unabhängig davon ob sie bestritten sind oder nicht.[740] Das LG Frankfurt/Main hat die vorgebrachten Behauptungen aber weder als nicht substantiiert zurückgewiesen noch hat es das Vorbringen der Kläger im Hauptsacheverfahren als wahr unterstellt.
Das Gericht hat es außerdem unterlassen, die Schwere der mit der Klage geltend gemachten Rechtsverletzungen zu diskutieren, die allein durch rechtliche Argumentation zu beantworten gewesen wäre. So hat sich das Gericht nicht dazu geäußert, ob die von der Hoechst AG beabsichtigte Teilrechtszusammenlegung von Aktienspitzen eine schwere Rechtsverletzung darstellt. Ferner fehlen jegliche Ausführungen zu der Frage, ob die Aufteilung der Vermögensmassen den Anforderungen des § 129 Abs. 1 Nr. 9 UmwG genügen. Es erscheint höchst problematisch, wenn das Gericht zu diesen Punkten lediglich ausführt, dass auf den ersten Blick ein gravierender Gesetzesverstoß bei der Beschlussfassung nicht anzunehmen sei. Insbesondere wenn die Übertragung von wesentlichen Teilen des abzuspaltenden Vermögens aufgrund der Verletzung des sachenrechtlichen Bestimmtheitsgrundsatzes scheitern würde, müsste dies als erheblicher Nachteil für die Anteilsinhaber in die Abwägung einbezogen werden. Das zur Entscheidung berufene Gericht kann an dieser Stelle entweder die Rechtsfrage entscheiden oder aber, wenn es die Rechtsfrage als für das Eilverfahren zu kompliziert erachtet, von einem Gesetzesverstoß ausgehen und dann die Schwere des Gesetzesverstoßes beurteilen. Entscheidet das Gericht die Rechtsfrage und kommt es zu dem Ergebnis, dass überhaupt kein Rechtsverstoß vorliegt, so ist das Vorbringen der Kläger bereits als offensichtlich unbegründet zurückzuweisen. Ist das Gericht dagegen der Auffassung, dass ein Rechtsverstoß vorliegt oder muss das Gericht hiervon ausgehen, weil es aufgrund kurzfristiger Befassung nicht in der Lage ist, die Rechtsfrage zu beantworten, so muss das Gericht die Schwere einer solchen Rechtsverletzung beurteilen und in die Interessenabwägung einstellen. Der pauschale Hinweis, auf den ersten Blick seien greifbare Gesetzesverstöße nicht erkennbar, ist keinesfalls zufriedenstellend. Ei-

[740] Vgl. oben Teil 4 D) III 2.

ne solche undifferenzierte Beurteilung erweckt den Anschein, dass die möglichen Rechtsverletzungen gar nicht herausgearbeitet wurden. In einem solchen Fall kann aber auch keine Abwägung stattfinden, da eine Interessenabwägung voraussetzt, dass eine ausreichende Rechts- und Tatsachengrundlage ermittelt wurde und im Zeitpunkt der Abwägung feststeht. In vorliegendem Fall hätte das Gericht die Rechtsfragen entscheiden können und die klägerische Argumentation als offensichtlich unbegründet zurückweisen können.[741]

Die Ausführungen des LG Frankfurt/Main zu der Frage der wesentlichen Nachteile der an der Spaltung beteiligten Rechtsträger und deren Anteilsinhaber ist dagegen nicht zu beanstanden. Sowohl die zu erwartenden Entwicklungsnachteile bei der vorläufigen Beibehaltung der bisherigen Konzernstruktur als auch die Verhinderung oder jedenfalls Beeinträchtigung der nachfolgend geplanten Verschmelzung der Hoechst AG mit Rhône Poulonc müssen als wesentliche Nachteile in die Interessenabwägung einbezogen werden. Die geplante Konzernumstrukturierung liegt darüber hinaus im Interesse der Anteilsinhaber der Hoechst AG. Andernfalls hätte nicht eine derart überwältigende Mehrheit für die Umstrukturierung der Hoechst AG votiert. Dieses offensichtliche Interesse der Anteilsinhaber an der Durchführung der Konzernumstrukturierung ist nach dem Wortlaut des §§ 125 S. 1, 16 Abs. 3 S. 2 3. Var. UmwG ebenfalls zu berücksichtigen.

Im Ergebnis ist daher aufgrund des überwiegenden Vollzugsinteresses der Hoechst AG gegenüber dem Aufschubsinteresse der Anfechtungskläger der Entscheidung des LG Frankfurt/Main zuzustimmen.

Fraglich erscheint allerdings die Zulässigkeit der Durchführung des Unbedenklichkeitsverfahrens ohne Anhörung der Antragsgegner. Das Gesetz geht in § 16 Abs. 3 S. 4 UmwG lediglich davon aus, dass das Verfahren ohne mündliche Verhandlung durchgeführt werden kann. Eine Anhörung der Antragsgegner ist keinesfalls entbehrlich, da es sich wegen der irreversiblen Eintragungsfolgen nicht um ein Verfahren des einstweiligen Rechtsschutzes handelt.[742] Der Verzicht auf eine Stellungnahme kann entgegen der Auffassung des LG Frankfurt/Main auch nicht damit begründet werden, dass in der dem Gericht vorliegenden Klageschrift bereits sämtliche Argumente der Antragsgegner enthalten seien. Die Streitgegenstände des Hauptsacheverfahrens und des Unbedenklichkeitsverfahrens sind unterschiedlich. Ein Vorbringen in dem einen Verfahren kann daher nicht als Anhörung oder Vorbringen in dem anderen Verfahren gewertet werden. Außerdem ist der Beurteilungsmaßstab des Gerichts in beiden Verfahren ein völlig anderer. Während im Unbedenklichkeitsverfahren eine Interessenabwägung unter Berücksichtigung wirtschaftlicher Gesichtspunkte stattfindet, beinhaltet das Hauptsacheverfahren ausschließlich eine Rechtmäßigkeitskontrolle. Jedenfalls aufgrund dieses Verfahrensfehlers hätte der Beschluss des LG Frankfurt/Main in der Beschwerdeinstanz aufgehoben werden müssen. Zu einer Entscheidung in der Beschwerdeinstanz kam es aber aufgrund des nachfolgend darzustellenden Prozessvergleichs nicht mehr.

---

741 Vgl. dazu oben Teil 4 A) III 3 a) bb) und Teil 4 A) III 3 b) sowie Teil 4 A) II 3.

742 Vgl. oben Teil 4 D) III 2.

5. Der Prozessvergleich über die Anfechtungsklage gegen die Hauptversammlungsbeschlüsse vom 15./16. Juli 1999

Die Anfechtungsklage des Herrn Thomas Kloth und der Metropol Vermögensverwaltungs- und Grundstücksgesellschaft mbH gegen die Beschlüsse der Hauptversammlung der Hoechst AG vom 15. und 16.07.1999 wurde durch Prozessvergleich im Antragsverfahren am 04.10.1999 beigelegt. Dieser Prozessvergleich[743] bezieht sowohl die Rhône Poulonc S. A. als auch sämtliche außenstehenden Aktionäre der Hoechst AG mit ein. Letzteres hat bewirkt, dass sich der Streitwert des Verfahrens auch auf die Aktien sämtlicher außenstehender Aktionäre erhöhte.

In diesem Prozessvergleich vom 04.10.1999 verpflichtet sich die Hoechst AG, keinen Antrag auf Widerruf der Börsenzulassung (Delisting[744]) der Aktien der Hoechst AG zu stellen, soweit sie hierzu nicht rechtlich zwingend verpflichtet ist. Ferner enthält der Prozessvergleich die Regelung, dass bei einem freiwilligen öffentlichen Angebot, einem späteren weiteren Umtauschangebot, einem gesetzlich vorgeschriebenen Barabfindungsangebot der Rhône Poulonc oder einem öffentlichen Kaufangebot der Hoechst AG zum Erwerb eigener Aktien der Kaufpreis nicht unter dem Höchstkurs im Handel der Frankfurter Wertpapierbörse der letzten drei Monate festgelegt werden darf. Dabei darf die Hoechst AG und Rhône Poulonc S. A. innerhalb von drei Monaten vor Bekanntmachung einer der beabsichtigten Maßnahmen keine Aktien der Hoechst AG über die Börse erwerben. Weiterhin verpflichten sich die Hoechst AG und die Rhône Poulonc S. A., den Übernahmekodex der Börsensachverständigenkommission beim Bundesinnenministerium der Finanzen vom 14.07.1995 in der jeweils geltenden Fassung einzuhalten. Außerdem muss Rhône Poulonc Tagesordnungen, Teilnahmebedingungen und Einladungen zu Hauptversammlungen sowie Aktionärsinformationen den Anteilsinhabern unverzüglich und unaufgefordert in deutscher Sprache mitteilen. Darüber hinaus beinhaltet der Prozessvergleich die Pflicht, in künftigen Rechnungslegungen neben den französischen Rechnungslegungsvorschriften auch eine Konzernrechnungslegung nach US-GAAP oder IAS vorzunehmen. In einem weiteren Punkt des Prozessvergleichs wird der Rhône Poulonc S. A. aufgegeben, Hauptversammlungstermine und Tagesordnungen derart bekannt zu machen, dass zwischen dem Tag der Bekanntmachung und der Hauptversammlung mindestens dreißig Tage liegen. Schließlich hat die Rhône Poulonc S. A. sicherzustellen, dass die Einführung einer Beschränkung der Teilnahme an der Hauptversammlung auf Aktionäre mit einem Mindestbesitz einer bestimmten Anzahl von Aktien verzichtet. Die vorgenannten Regelungen gelten bis zum 31.12.2006 und längstens bis zum 31.12.2009, wenn sich aufgrund des Aktienbuches und der Anmeldung von Banken ergibt, dass sich mindestens 10% der zur Teilnahme an der Hauptversammlung angemeldeten Aktien im Besitz deutscher Aktionäre befinden.

Dieser Prozessvergleich, der die Anfechtungsklage bezüglich des Spaltungsbeschlusses als auch bezüglich der übrigen Anfechtungen erledigte und damit den Weg für die Eintragung der Abspaltung der Celanese AG freimachte, verfolgt zunächst das Ziel,

---

743 Abgedruckt in: Frankfurter Allgemeine Zeitung vom 08.10.1999.

744 Vgl. zu den nunmehr durch den BGH festgelegten Voraussetzungen eines Delisting: BGH, ZIP 2003, S. 387 ff.

dass sämtliche Anteilsinhaber, die weiterhin Aktionäre der Hoechst AG bleiben wollen, nicht durch ein „Delisting“ der Hoechst AG geschädigt werden können. Daneben soll gewährleistet werden, dass die verbleibenden Hoechst Aktionäre bei einem Erwerbsangebot von Rhône Poulonc oder Hoechst einen angemessen Preis erhalten. Schließlich soll sichergestellt werden, dass ausgewählte deutsche Aktionärsrechte auch bei einem Zusammenschluss der Hoechst AG mit der Rhône Poulonc S. A. garantiert werden. Eigentliches Ziel der Anfechtungskläger war jedoch wohl die Einbeziehung sämtlicher außenstehender Aktionäre, um so den Streitwert des Prozessvergleichs und damit die zu erstattenden Anwaltsgebühren in die Höhe zu treiben.

IV. Ergebnis

Das Spaltungsvorhaben muss von drei Vierteln der in der Hauptversammlung anwesenden Anteilsinhaber jeder der beteiligten Gesellschaften beschlossen werden. Weder der Spaltungsbeschluss noch der Kapitalerhöhungsbeschluss bedurfte - anders als der gewöhnliche Kapitalerhöhungsbeschluss unter Bezugsrechtsausschluss - einer sachlichen Rechtfertigung, da die Kapitalerhöhung im Rahmen eines Spaltungsvorhabens nur Teil eines Gesamtvorhabens ist, in dem der Minderheitenschutz von Aktionären ausreichend berücksichtigt ist. In der Hauptversammlung muss das Spaltungsvorhaben nochmals begründet und erläutert werden. Dabei sind die im Spaltungsbericht enthaltenen Angaben zu aktualisieren. In der Praxis bedarf die Durchführung der Hauptversammlung einer exzellenten Vorbereitung, da „kritische“ Aktionäre in vielen Fällen versuchen werden, durch geschickte Fragestellungen eine Anfechtbarkeit des Zustimmungsbeschlusses herbeizuführen. Auch der Hoechst AG ist es trotz intensiver Vorbereitung der Hauptversammlung nicht gelungen, eine Anfechtungsklage zu verhindern. Nachdem das LG Frankfurt am 17.09.1999 einem von der Hoechst AG gestellten Antrag nach § 16 Abs. 3 UmwG stattgab einigten sich die Parteien auf einen Prozessvergleich, der sowohl das Unbedenklichkeitsverfahren als auch die Anfechtungsklagen erledigte.

E) Die Registereintragung

Die für die Eintragung der Spaltung in das Handelsregister maßgeblichen Vorschriften erschließen sich nicht auf Anhieb. Zum einen enthält das Spaltungsrecht in §§ 129 ff. UmwG Sondervorschriften zu Eintragungsanmeldung und Eintragung, zum anderen ist im Fall von Regelungslücken der Verweis des § 125 S. 1 UmwG auf das Verschmelzungsrecht zu beachten.[745] Zunächst sind immer die besonderen Regelungen im Spaltungsrecht ausschlaggebend. Nur wenn das Spaltungsrecht Regelungslücken hinsichtlich der Registeranmeldung oder Registereintragung aufweist, greift die Verweisung des § 125 S. 1 UmwG auf das Verschmelzungsrecht. So richtet sich die Registeranmeldung vorrangig nach § 129 UmwG, die Registereintragung nach § 130 UmwG und schließlich die Wirkung der Eintragung der Spaltung nach § 131 UmwG.

745 Vgl. dazu: Bayer/Wirth, ZIP 1996, S. 817 (818 f.).

Für das Anmeldungsverfahren gelten jedoch §§ 125 S. 1, 16, 17 UmwG und für die Bekanntmachung der Eintragung §§ 125 S. 1, 19 Abs. 3 UmwG.
Da der Schwerpunkt dieser Untersuchung auf der Darstellung der Spaltung der Hoechst AG liegt, beschränken sich die Ausführungen über die Anmeldung der Eintragung und der Eintragung an dieser Stelle auf die Spaltung zur Aufnahme.[746]

I. Die Registeranmeldung

Die Registeranmeldung richtet sich sowohl nach verschmelzungsrechtlichen Vorschriften - §§ 125 S. 1, 16, 17 UmwG - als auch nach der Sondervorschrift des Spaltungsrechts hinsichtlich der Anmeldung, § 129 UmwG.[747]
Danach haben die Vertretungsorgane der beteiligten Rechtsträger jeweils bei dem an ihrem Sitz gelegenen Handelsregister die Spaltung anzumelden. Bei der Anmeldung haben die Vorstände in vertretungsberechtigter Zahl und bei einer Kapitalerhöhung des übernehmenden Rechtsträgers zusätzlich der Aufsichtsratsvorsitzende nach §§125 S. 1, 69 Abs. 1 UmwG, 184 Abs. 1 S. 1, 188 Abs. 1 AktG mitzuwirken. Zeitlich muss die Anmeldung beim Register des übertragenden Rechtsträgers innerhalb von acht Monaten nach dem Stichtag der Schlussbilanz eingehen, §§ 125 S. 1, 17 Abs. 2 S. 4 UmwG.[748] Bei welchem Register die beteiligten Rechtsträger die Spaltung zuerst anmelden, bleibt ihnen überlassen. § 129 UmwG erleichtert das Anmeldungsverfahren insoweit, als dass auch das Vertretungsorgan der übernehmenden Gesellschaft beim Register der übertragenden Gesellschaft zur Anmeldung befugt ist.
Die Anmeldung umfasst zunächst die Angabe, um welche Art der Spaltung es sich handelt und ob mit der Spaltung eine Kapitalerhöhung, -herabsetzung oder sonstige Satzungsänderungen verbunden werden sollen.[749] Außerdem müssen die Vertretungsorgane eine Erklärung – sogenannte Negativerklärung - mit dem Inhalt abgeben, dass gegen die Wirksamkeit eines der beiden Spaltungsbeschlüsse keine oder keine fristgemäße Klage erhoben oder eine solche Klage rechtskräftig abgewiesen oder zurückgenommen wurde, §§ 125 S. 1, 16 Abs. 2 UmwG.[750]
Daneben muss der Vorstand einer Aktiengesellschaft als übertragender Rechtsträger aufgrund der mit der Abspaltung verbundenen Schrumpfung der Gesellschaft eine Soliditätserklärung abgeben, in der er versichert, dass das satzungsmäßige Grundkapital trotz Abspaltung durch das Nettobuchvermögen gedeckt ist.[751]

---

746 Zum Problem der Eintragung bei der Spaltung zur Neugründung: vgl. oben Teil 2 D) sowie: Bayer/ Wirth, ZIP 1996, S. 817 (819 ff.); Bruski, AG 1997, S. 17 (19).

747 Zur Form der Anmeldung (Anmeldung per Telefax): OLG Jena, NZG 2003, S. 43 f.

748 Vgl. zur Möglichkeit des Nachreichens der Schlussbilanz: OLG Jena, NZG 2003, S. 43 f.

749 Engelmeyer, Spaltung, S. 251f.; Priester, in: Lutter, § 129 UmwG Rn. 6; Zimmermann, in: Kallmeyer, § 129 UmwG, Rn. 6.

750 Fehlt die Negativerklärung bei der Anmeldung, so führt dies nach h.M. nicht zu einer Anmeldesperre, sondern lediglich zu einer Eintragungssperre. Vgl. dazu ausf. Klepsch, Arbeit der Registerrichter, S. 129 ff.

751 Dehmer, § 146 UmwG Rn. 4; Hommelhoff, in: Lutter, § 146 UmwG Rn. 1f., 10; Rieger, in: Widmann/Mayer, § 146 UmwG Rn. 10; Zimmermann, in: Kallmeyer, § 146 UmwG, Rn. 3.

Der Anmeldung ist ein Anlagenkonvolut in einer den §§ 125 S. 1, 17 Abs. 1 UmwG entsprechenden Form mit folgenden Dokumenten beizufügen:[752]

- der Spaltungsvertrag
- die Niederschriften der Spaltungsbeschlüsse
- gegebenenfalls weitere notwendige Zustimmungserklärungen beziehungsweise Zustimmungserklärungen nicht erschienener Anteilsinhaber in notariell beurkundeter Form.
- der Spaltungsbericht oder diesbezügliche Verzichtserklärungen
- der Prüfungsbericht oder diesbezügliche Verzichtserklärungen
- ein Nachweis über die rechtzeitige Zuleitung des Spaltungsvertrages an die zuständigen Betriebsräte
- die Schlussbilanz der übertragenden Gesellschaft
- eine Erklärung des zu bestellenden Treuhänders, dass die auszugebenden Aktien und baren Zuzahlungen bei ihm eingegangen sind (§§ 125 S. 1, 71 Abs. 1 UmwG)

Wurde bei einer der beteiligten Gesellschaften eine Satzungsänderung beschlossen, so sind der Anmeldung zusätzlich anzufügen:[753]

- das Beschlussprotokoll in notariell beurkundeter Form
- der vollständige Wortlaut der geänderten Satzung
- der Bericht über die Sacheinlagenprüfung bei der Kapitalerhöhung des übernehmenden Rechtsträgers

Falls der übertragende Rechtsträger eine Aktiengesellschaft ist, kann auf Verlangen der Registerrichter der Nachweis, dass die Aktiengesellschaft länger als zwei Jahre besteht, notwendig werden, § 141 UmwG. Liegt die Eintragung des übertragenden Rechtsträgers weniger als zwei Jahre zurück, so ist eine Unternehmensspaltung nach § 141 UmwG unzulässig.

II. Prüfungskompetenz des Registerrichters

Die Eintragung der Spaltung kann nicht nur durch Anfechtungsklagen seitens der Anteilsinhaber, sondern auch dadurch erschwert werden, dass der Registerrichter nach einer Prüfung des Spaltungsvorhabens die Eintragung verweigert. Bei heilbaren Mängeln ergeht zunächst eine Zwischenverfügung, in der den Spaltungsparteien aufgetragen wird, die jeweiligen Fehler im Spaltungsverfahren zu beseitigen.[754]

Zu klären ist, wie weit die Prüfungskompetenz des Registerrichters reicht.[755] Jedenfalls hat er neben der Prüfung der Vollständigkeit der oben angeführten Dokumente auch eine eingeschränkt materiell-rechtliche Prüfung vorzunehmen.[756]

752 Ausf. dazu: Ittner, MittRhNotK, 1997 S. 105 (121 ff.).

753 Priester, in: Lutter, § 129 UmwG Rn. 11.

754 Kiem, ZIP 1999, S. 173 (175); ausf. zur Zwischenverfügung bei der Eintragung einer Verschmelzung: Schwarz, in: Widmann/Mayer, § 19 UmwG Rn. 7.

755 Vgl. zur Prüfungspflicht des Registergerichts im Allgemeinen Klepsch, Arbeit der Registerrichter, S. 32 ff.

Die Prüfungskompetenz des Registerrichters umfasst jedoch lediglich die wesentlichen Eckpunkte des Umwandlungsvertrages und –berichts. Eine Prüfung kommt insoweit in Frage, als der Richter gemäß §§ 142 Abs. 1, 144 Abs. 2 FGG von Amts wegen den Hauptversammlungsbeschluss nach erfolgter Eintragung ohnehin löschen müsste.[757] Es kann nämlich nicht verlangt werden, dass der Registerrichter eine Eintragung vornimmt, die später von Gesetzes wegen gelöscht werden müsste. Ein Grund zur Löschung der Handelsregistereintragung ist nach §§ 142 Abs. 1, 144 Abs. 2 FGG anzunehmen, wenn zwingende Gesetzesvorschriften verletzt wurden und ein öffentliches Interesse an der Beseitigung des Hauptversammlungsbeschlusses zu bejahen ist.[758]

Eine umfassende Überprüfung der Unterlagen steht dem Registerrichter darüber hinaus nicht zu, da §§ 125 S. 1, 16 Abs. 2 UmwG nur die Befugnis der Verweigerung der Eintragung erteilt, wenn der Spaltungsbeschluss angefochten wurde oder die Vertretungsorgane keine Negativerklärung beibringen. Daraus folgt im Gegenschluss, dass eine generelle materiellrechtliche Inhaltskontrolle auf Anfechtbarkeit des Spaltungsbeschlusses nicht stattfinden soll.[759] Nicht geprüft werden daher die Erforderlichkeit und Zweckmäßigkeit der Spaltung sowie das Umtauschverhältnis.[760] Dem entspricht auch das Ziel des neuen Umwandlungsrechts, eine Umstrukturierung in angemessener Zeit und ohne übertriebene Hürden zu ermöglichen. Die Kontrolle der bloßen Anfechtbarkeit und damit die Berücksichtigung von Individualinteressen bei der Prüfung durch das Registergericht würde aufgrund der Vielzahl von Einzelfragen die Eintragung und Vollziehung der Umwandlung erheblich verzögern.

Weiterhin stellt sich die Frage, inwieweit das Registergericht die nach § 146 Abs. 1 UmwG abzugebende Soliditätserklärung zu prüfen hat.[761] Eine dahingehende Prü-

756 Ittner, MittRhNotK, 1997 S. 105 (125); Zimmermann, in: Kallmeyer, § 130 UmwG Rn. 2; § 19 UmwG Rn. 5; zum Verschmelzungsrecht: OLG Naumburg, NJW-RR 1998 S. 178 (179); Bayer, EWiR 1997, S. 807 (807); Bermel, in: Goutier/Knopf/Tulloch, § 19 UmwG Rn. 11 f.; Bork, in: Lutter, § 16 UmwG Rn. 5; Schwarz, in: Widmann/Mayer, § 19 Rn. 3.1. und 3.2.

757 Bork, in: Lutter, § 16 UmwG Rn. 5; Lüke, ZGR 1990, S. 657 (669 f.); Lutter, NJW 1969, S. 1873 (1878 f.).

758 BayObLG, BB 1991, S. 1729 (1729); Bermel, in: Goutier/Knopf/Tulloch, § 19 UmwG Rn. 16; Bork, in: Lutter, § 16 UmwG Rn. 5; ausf. Klepsch, Arbeit der Registerrichter, S. 96 ff.; Lüke, ZGR 1990, S. 657 (669 f.); Lutter, NJW 1969, S. 1873 (1878 f.); Sagasser/Ködderitzsch, in: Sagasser/Bula/Brünger, Umwandlungen, J Rn. 142; Schmid, ZGR 1997, S. 493 (498); für eine umfassende Rechtmäßigkeitskontrolle über § 144 Abs. 2 FGG hinaus: Bokelmann, DB 1994 S. 1341 (1344), der die Auffassung vertritt, dass auch die Verletzung von Individualinteressen vom Registerrichter geprüft werden sollte.

759 Ittner, MittRhNotK, 1997 S. 105 (125); zum Verschmelzungsrecht: OLG Hamm, OLGZ 1994, S. 415 (417); Bermel, in: Goutier/Knopf/Tulloch, § 19 UmwG Rn. 17; Sagasser/Ködderitzsch, in: Sagasser/Bula/Brünger, Umwandlungen, J Rn. 142; Schwarz, in: Widmann/Mayer, § 19 Rn. 3.2.1.; Zimmermann, in: Kallmeyer, § 19 UmwG Rn. 5; a.A. Bokelmann, DB 1994 S. 1341 (1344).

760 Ittner, MittRhNotK, 1997 S. 105 (125); Priester, in: Lutter, § 130 UmwG Rn. 6; zum Verschmelzungsrecht: Bermel, in: Goutier/Knopf/Tulloch, § 19 UmwG Rn. 13; Dehmer, § 19 UmwG Rn. 9; Schwarz, in: Widmann/Mayer, § 19 Rn. 3.2.1.; Zimmermann, in: Kallmeyer, § 19 UmwG Rn. 5.

761 Vgl. zur Soliditätserklärung: oben Teil 4 E) I.

fungskompetenz des Registerrichters ist abzulehnen. Wie aus der Gesetzesbegründung zu § 140 UmwG - der Parallelvorschrift zu § 146 UmwG für die Spaltung der GmbH - hervorgeht, soll die Soliditätserklärung die Prüfung des Registerrichters gerade ersetzen.[762] Die fehlende Prüfungskompetenz kann auch daraus abgeleitet werden, dass § 146 Abs. 1 UmwG nicht auf die Prüfungspflicht des Registerrichters nach § 38 Abs. 1 S. 1 AktG verweist.[763] Die Soliditätserklärung sollte die Prüfung durch den Registerrichter ersetzen, um das ohnehin komplizierte Spaltungsverfahren zu vereinfachen.[764] Schließlich fördert auch die Strafandrohung bei einer unrichtigen Erklärung nach § 313 Abs. 2 UmwG wahrheitsgemäße Angaben. Außerdem kann der Registerrichter bei begründeten Zweifeln an der Richtigkeit der Erklärung gemäß § 12 FGG weitere Nachweise verlangen.[765]

Innerhalb der Registergerichte ist die Prüfungskompetenz folgendermaßen aufgeteilt: Jedes Registergericht hat die Spaltung grundsätzlich selbständig anhand der bei ihm eingereichten Unterlagen zu prüfen.[766] Sobald eines der Registergerichte eine Eintragung vorgenommen hat, sind die übrigen Registerrichter an diese Eintragung gebunden.[767] Eine gegenseitige vorherige Absprache zwischen den Gerichten ist nicht ausgeschlossen.[768]

III. Ablauf der Eintragungen

Die zwingend vorgeschriebene Folge der Eintragungen beginnt mit der Eintragung der Kapitalerhöhung des übernehmenden Rechtsträgers, falls eine solche erfolgen soll, §§ 125 S. 1, 66 UmwG. Danach wird die Spaltung im Register des übernehmenden Rechtsträgers mit einem Vorläufigkeitsvermerk eingetragen, § 130 Abs. 1 S. 2 UmwG. Nach der Eintragung der Spaltung in das Register des übernehmenden Rechtsträgers muss beim Register der übertragenden Gesellschaft durch Vorlage eines beglaubigten Handelsregisterauszugs die durchgeführte Eintragung nachgewiesen werden.[769] Erst dann kann die Spaltung auch in das Register des übertragenden Rechtsträgers eingetragen werden, § 130 Abs. 1 S. 1 UmwG. Auf diese Eintragung folgt die Übersendung

---

762 BT-Drucks. 12/6699, zu § 140, S. 125; Mayer, DB 1995, S. 861 (866); Priester, FS Schippel, S. 487 (501); a.A. Hommelhoff, in: Lutter, § 146 UmwG Rn. 5.

763 Hommelhoff, in: Lutter, § 146 UmwG Rn. 4, der allerdings im Ergebnis anderer Auffassung ist; Rieger, in: Widmann/Mayer, § 146 Rn. 5; im Ergebnis auch: Dehmer, § 146 UmwG Rn. 1; Zimmermann, in: Kallmeyer, § 146 UmwG Rn. 7.

764 So auch: Rieger, in: Widmann/Mayer, § 146 UmwG Rn. 5.

765 Zimmermann, in: Kallmeyer, § 146 UmwG Rn. 7.

766 Priester, in: Lutter, § 130 UmwG Rn. 7; zum Verschmelzungsrecht: Bermel, in: Goutier/Knopf/Tulloch, § 19 UmwG Rn. 10; Schwarz, in: Widmann/Mayer, § 19 Rn. 2; Zimmermann, in: Kallmeyer, § 19 UmwG Rn. 6.

767 Priester, in: Lutter, § 130 UmwG Rn. 7; zum Verschmelzungsrecht: Bermel, in: Goutier/Knopf/Tulloch, § 19 UmwG Rn. 10; Schwarz, in: Widmann/Mayer, § 19 UmwG Rn. 2; Zimmermann, in: Kallmeyer, § 19 UmwG Rn. 6.

768 Priester, in: Lutter, § 130 UmwG Rn. 7.

769 Es erfolgt keine Benachrichtigung von Amts wegen: Dehmer, § 130 UmwG Rn. 7; Priester, in: Lutter, § 130 UmwG Rn. 10; Zimmermann, in: Kallmeyer, § 130 UmwG Rn. 11.

einer Kontrollmitteilung mit einem Vermerk über das Datum der Registereintragung im Register des übertragenden Rechtsträgers und weiteren in § 130 Abs. 2 S. 1 UmwG genannten Unterlagen an das Register des übernehmenden Rechtsträgers. Nach Eingang dieser Mitteilung vermerkt das Register des übernehmenden Rechtsträgers den Tag der Eintragung der Spaltung im Register des übertragenden Rechtsträgers im eigenen Register, § 130 Abs. 2 S. 2 UmwG. Daraufhin folgt die Bekanntmachung jeder Eintragung im Bundesanzeiger und mindestens einem anderen Blatt gemäß §§ 125 S. 1, 19 Abs. 3 UmwG, 11 HGB. Die Bekanntmachung umfasst den gesamten Inhalt der jeweiligen Eintragung sowie einen Hinweis auf das Recht der Gläubiger, Sicherheitsleistung fordern zu können, §§ 125 S. 1, 22 Abs. 1 S. 3 UmwG.[770]
In das Register sind die Art der Spaltung, die beteiligten Rechtsträger, das übertragene Vermögen und die Daten des Spaltungsvertrages und der Spaltungsbeschlüsse aufzunehmen.[771]
Ein Verstoß gegen die soeben geschilderte Reihenfolge der Eintragungen hat mit der Eintragung beim übertragenden Rechtsträger keine Auswirkungen auf die Wirksamkeit der Spaltung, § 131 Abs. 1 UmwG. Fehlende Eintragungen müssen lediglich nachgeholt werden.[772]

IV. Rechtsfolgen der Eintragung

Dem System einer Gesamtrechtsnachfolge entsprechend ordnet § 131 Abs. 1 Nr. 1 S. 1 UmwG das automatische Übergehen der im Spaltungsvertrag bezeichneten Vermögensgegenstände auf den übernehmenden Rechtsträger mit der Eintragung der Spaltung in das Handelsregister des übertragenden Rechtsträgers an.[773]
Für Vermögensgegenstände, die zwischen Vertragsschluss und Eintragung entstanden sind und ebenfalls auf den übernehmenden Rechtsträger übergehen sollen, muss eine Einzelrechtsübertragung erfolgen. Die dingliche Wirkung greift insoweit nicht, da § 131 Abs. 1 Nr. 1 S. 1 UmwG auf die Vermögensverteilung im Spaltungsvertrag abstellt.[774] Etwas anderes gilt dann, wenn die neu entstandenen Vermögensgegenstände bereits im Spaltungsvertrag bestimmt genug bezeichnet wurden. Insbesondere eine Allklausel verbunden mit der Übertragung eines Betriebs oder Teilbetriebs kann zur Abspaltung von Gegenständen führen, die erst nach dem Abschluss des Spaltungsvertrages entstanden sind oder erworben wurden.[775]

---

770 Priester, in: Lutter, § 130 UmwG Rn. 13; Wirth, Spaltungen einer eG, S. 324; zum Verschmelzungsrecht: Bermel, in: Goutier/Knopf/Tulloch, § 19 UmwG Rn. 19; Schwarz, in: Widmann/Mayer, § 19 UmwG Rn. 17; Zimmermann, in: Kallmeyer, § 19 UmwG Rn. 14 f.

771 Priester, in: Lutter, § 130 UmwG Rn. 8; Zimmermann, in: Kallmeyer, § 130 UmwG Rn.10.

772 Dehmer, § 130 UmwG Rn. 8; Priester, in: Lutter, § 130 UmwG Rn. 11; Zimmermann, in: Kallmeyer, § 130 UmwG Rn.13.

773 Zur Aufteilung des Vermögens und diesbezüglichen Übertragungshindernissen: vgl. oben Teil 4 A) II 2).

774 BT-Drucks. 12/6699, zu § 131, S. 120; Claussen, Gesamtnachfolge, S. 138; Gutzler, Übertragungshindernisse, S. 6; Schöne, Spaltung GmbH, S. 39; Steuck, NJW 1995, S. 2887 (2889).

775 Vgl. dazu: oben Teil 4 A) II 2 d) cc).

Mit Eintragung der Spaltung in das Register des übertragenden Rechtsträgers erhalten die Anteilsinhaber des übertragenden Rechtsträgers bei Auf- und Abspaltung kraft Gesetzes die Anteile am übernehmenden Rechtsträger, § 131 Abs. 1 Nr. 3 UmwG. Insoweit besteht kein Unterschied zur Verschmelzung. Dieser automatische Anteilserwerb gilt auch für Anteile an der übernehmenden Gesellschaft, die vor der Spaltung die übertragende Gesellschaft innehatte und die nach Maßgabe des Spaltungsvertrages auf die Anteilsinhaber der übertragenden Gesellschaft übergehen sollen. Ein Durchgangserwerb der übernehmenden Gesellschaft findet dabei nicht statt.[776]

§ 131 Abs. 1 Nr. 3 S. 2 UmwG will sicherstellen, dass sich Rechte Dritter an den Anteilen des übertragenden Rechtsträgers bei den Anteilen des übernehmenden Rechtsträgers fortsetzen.[777] Dies gilt auch für den Fall der Abspaltung, obwohl hier kein echter Anteilstausch der Anteile des übertragenden Rechtsträgers gegen Anteile des übernehmenden Rechtsträgers vorgenommen wird. Vielmehr stellen die Anteile des übernehmenden Rechtsträgers einen Ausgleich für die durch die Abspaltung begründete Wertminderung der Anteile am übertragenden Rechtsträger dar. Trotz des Fehlens eines echten Anteilstausches müssen die Rechte Dritter an den Anteilen des übertragenden Rechtsträgers durch die Bestimmung des § 131 Abs. 1 Nr. 3 S. 2 UmwG geschützt werden.[778]

Ebenso wie bei der Verschmelzung gemäß § 20 Abs. 1 Nr. 4 UmwG werden bei der Spaltung nach § 131 Abs. 1 Nr. 4 UmwG Mängel bei der notariellen Beurkundung des Spaltungsvertrages sowie das Fehlen von Zustimmungs- oder Verzichtserklärungen einzelner Anteilsinhaber geheilt. Nachträglich vereinbarte Nebenabreden werden aber nur dann wirksam, wenn den Anteilseignern im Zeitpunkt des Zustimmungsbeschlusses die jeweiligen Vertragsänderungen vorgelegen haben.[779] Für die Heilung von Fehlern bei der Beurkundung des Zustimmungsbeschlusses gilt die Vorschrift des § 242 Abs. 1 AktG analog.[780]

Parallel zur Verschmelzung können auch Mängel bei der Durchführung der Spaltung die Wirksamkeit nach Eintragung der Spaltung im Handelsregister des übertragenden Rechtsträgers nicht mehr beeinträchtigen, § 131 Abs. 2 UmwG. Damit soll eine umfassende Heilung bewirkt werden, um eine aus praktischer Sicht unmögliche Rückab-

---

776 Kallmeyer, in: Kallmeyer, § 131 UmwG Rn. 11; zum Verschmelzungsrecht: Bermel, in: Goutier/Knopf/Tulloch, § 20 UmwG Rn. 50; Grunewald, in: Lutter, § 20 UmwG Rn. 55; Marsch-Barner, in: Kallmeyer, § 20 UmwG Rn. 29; zum alten Recht: Grunewald, in: Geßler/Hefermehl/ Eckardt/Kropff, § 346 AktG, Rn. 43.

777 Zum Verschmelzungsrecht: Bermel, in: Goutier/Knopf/Tulloch, § 20 UmwG Rn. 53; Grunewald, in: Lutter, § 20 UmwG Rn. 63; Marsch-Barner, in: Kallmeyer, § 20 UmwG Rn. 31; Vossius, in: Widmann/Mayer, § 20 UmwG Rn. 355 ff.

778 Engelmeyer, Spaltung, S. 368; Kallmeyer, in: Kallmeyer, § 131 UmwG Rn. 14.

779 Kallmeyer, in: Kallmeyer, § 131 UmwG Rn. 15; für das Verschmelzungsrecht: Bermel, in: Goutier/Knopf/Tulloch, § 20 UmwG Rn. 56; Grunewald, in: Lutter, § 20 UmwG Rn. 66; Marsch-Barner, in: Kallmeyer, § 20 UmwG Rn. 32; Vossius, in: Widmann/Mayer, § 20 UmwG Rn. 369.

780 Kallmeyer, in: Kallmeyer, § 131 UmwG Rn. 15; zum Verschmelzungsrecht: Bermel, in: Goutier/Knopf/ Tulloch, § 20 UmwG Rn. 56; Marsch-Barner, in: Kallmeyer, § 20 UmwG Rn. 32; Vossius, in: Widmann/Mayer, § 20 UmwG Rn. 371 f.

wicklung zu ersparen.[781] Auch Fehler bei der Kapitalerhöhung des übernehmenden Rechtsträgers werden über § 131 Abs. 2 UmwG geheilt, da die Anteilsgewährung als Gegenleistung für das übertragene Vermögen untrennbar mit der Spaltung verbunden ist.[782] Mit dem Ausschluss einer Rückabwicklung der vollzogenen Spaltung wird eine Legalisierung des jeweiligen Mangels nicht bewirkt.[783] So ist die Geltendmachung von Schadenersatzansprüchen nach §§ 125 S. 1, 25 ff. UmwG mit dem Vollzug der Spaltung nicht ausgeschlossen. Nur eine Rückabwicklung der Spaltung in Form einer Naturalrestitution kann nicht mehr verlangt werden.[784]

V. Die Eintragung bei der Spaltung der Hoechst AG

Seitens der Registerrichter gab es bei der Eintragung der Spaltung keine Komplikationen.[785] Dagegen bewirkte die Anfechtungsklage einer Opponentengruppe zunächst eine Registersperre nach §§ 125 S. 1, 16 Abs. 2 S. 2 UmwG. Die für Anfang Oktober 1999 geplante Registereintragung musste verschoben werden. Erst nach Abschluss eines Prozessvergleichs konnte Mitte Oktober 1999 die Handelsregistereintragung vorgenommen werden.[786] Zunächst wurde am 18.10.1999 die Spaltung der Hoechst AG als verhältniswahrende Abspaltung zur Aufnahme nach § 123 Abs. 2 Nr. 1 UmwG unter Angabe des Datums des Spaltungsvertrages, der beteiligten Rechtsträger, der Bezeichnung des zu übertragenden Vermögens und der Benennung der Spaltungsbeschlüsse mit dem jeweiligen Datum in das Handelsregister der Celanese AG als übernehmenden Rechtsträger eingetragen. Außerdem erfolgte die Eintragung der Kapitalerhöhung der Celanese AG. Die gleichzeitige Eintragung von Kapitalerhöhung und Spaltung ist anders als bei einer Verschmelzung unschädlich.[787] Hinsichtlich der Spaltung enthält die Registereintragung den Hinweis, dass die Spaltung erst mit der

---

781 Zum Verschmelzungsrecht: BT-Drucks. 12/6699, zu § 20, S. 91 f.; BayObLG, DB 1999, S. 2504 (2504); Bermel, in: Goutier/Knopf/Tulloch, § 20 UmwG Rn. 57; Bork, in: Lutter, Kölner Umwandlungsrechtstage, S. 261 (267); Grunewald, in: Lutter, § 20 UmwG Rn. 68; Marsch-Barner, in: Kallmeyer, § 20 UmwG Rn. 33; Priester, NJW 1983, S. 1459 (1465); Vossius, in: Widmann/Mayer, § 20 UmwG Rn. 377.

782 Zum Verschmelzungsrecht: Bermel, in: Goutier/Knopf/Tulloch, § 20 UmwG Rn. 59; Dehmer, § 20 UmwG Rn. 102; Grunewald, in: Lutter, § 20 UmwG Rn. 78; Kort, ZGR 1994, S. 291 (311); Krieger, ZHR 159 (1994), S. 35 (50); Marsch-Barner, in: Kallmeyer, § 20 UmwG Rn. 42, 45; a.A. wohl: LG Mannheim, ZIP 1990, S. 992 (993); OLG Karlsruhe, ZIP 1991, S. 1145 (1147 f.).

783 BT-Drucks. 9/1065, S. 20; Bermel, in: Goutier/Knopf/Tulloch, § 20 UmwG Rn. 60; Dehmer, § 20 UmwG Rn. 97; Marsch-Barner, in: Kallmeyer, § 20 UmwG Rn. 34, 38; Priester, NJW 1983, S. 1459 (1465).

784 Zum Verschmelzungsrecht: BT-Drucks. 9/1065, S. 20; BT-Drucks. 12/6699, zu § 20, S. 91 f.; Bermel, in: Goutier/Knopf/Tulloch, § 20 UmwG Rn. 62; Bork, ZGR 1993, S. 343 (355); Dehmer, § 20 UmwG Rn. 98; Grunewald, in: Lutter, § 20 UmwG Rn. 69; Priester, NJW 1983, S. 1459 (1465).

785 Auskunft von Dr. Preissler (damals verantwortlicher Justiziar der Hoechst AG) vom 31.10.2001.

786 Handelsblatt vom 05.10.1999, S. 21.

787 Vgl. dazu: oben Teil 3 B) I 4.

Eintragung im Handelsregister der übertragenden Gesellschaft wirksam wird § 130 Abs. 1 S. 2 UmwG.
Im Register der Celanese AG wurde am 21.10.1999 die Änderung des Unternehmensgegenstands und die Änderung der Firmenbezeichnung eingetragen.
Die Eintragung der Spaltung beim übertragenden Rechtsträger fand am 22.10.1999 statt. Zunächst wurde die Kapitalherabsetzung bei der Hoechst AG um 144.000.000 DM eingetragen. Danach wurde die Spaltung getrennt von der Eintragung der Kapitalherabsetzung unter Hinweis auf beide Hauptversammlungsbeschlüsse eingetragen.
Schließlich beinhaltet das Handelsregister der Celanese AG entsprechend § 130 Abs. 2 S. 2 UmwG einen Vermerk vom 22.10.1999, wonach die Abspaltung in das Register der Hoechst AG am 22.10.1999 eingetragen wurde.
Mit der Eintragung der Spaltung im Handelsregister der Hoechst AG am 22.10.1999 war die Spaltung somit vollzogen. Die im Spaltungsvertrag bezeichneten Vermögensgegenstände gingen damit ex lege auf die Celanese AG über, § 131 Abs. 1 Nr. 1 UmwG. Soweit an der Übertragbarkeit von Gegenständen Zweifel bestanden, übertrug die Hoechst AG die betroffenen Wirtschaftsgüter zur Sicherheit im Wege der Einzelrechtsnachfolge. Dies galt insbesondere für ausländische Beteiligungen, die sicherheitshalber nach Vollzug der Spaltung nach dem jeweils geltenden ausländischen Recht abgetreten wurden.[788]
Nicht zuzuordnende Gegenstände gab es nicht. Allklauseln[789] und Surrogationsklauseln[790] stellten sicher, dass Unklarheiten bezüglich des Umfangs der abzuspaltenden Vermögensgüter beseitigt wurden.
Die durch die Kapitalerhöhung geschaffenen neuen Anteile an der Celanese AG gingen mit der Eintragung der Spaltung von Gesetzes wegen auf die Anteilsinhaber der Hoechst AG nach dem Umtauschverhältnis von zehn zu eins über, § 131 Abs. 1 Nr. 3 UmwG.[791] Daneben wurden die von der Hoechst AG an der Celanese AG gehaltenen Anteile ohne Durchgangserwerb an die Anteilsinhaber übertragen.

VI. Ergebnis

Die Eintragung der Spaltung kann entweder durch eine rechtshängige Anfechtungsklage oder durch eine Eintragungsverweigerung seitens der Registerrichter verzögert werden. Die Registerrichter prüfen neben der Vollständigkeit der eingereichten Unterlagen die materielle Rechtmäßigkeit des Spaltungsvorhabens nur eingeschränkt, da §§ 125 S. 1, 16 Abs. 2 UmwG die Ablehnung der Eintragung auf bestimmte Fälle begrenzt. Nur wenn die Eintragung nach §§ 144 Abs. 1, 144 Abs. 2 FGG ohnehin gelöscht werden müsste, darf der Registerrichter die Eintragung über §§ 125 S. 1, 16 Abs. 2 UmwG hinaus verweigern.
Die Eintragung der Spaltung im Register der Hoechst AG als übertragender Rechtsträger bewirkte den Übergang des im Spaltungsvertrag bezeichneten Vermögens auf die

---

788 Vgl. oben Teil 4 A) II 3 a).
789 Vgl. oben Teil 4 A) II 2 d) aa), bb), 3 n).
790 Vgl. oben Teil 4 A) II 2 d) cc), 3 n).
791 Vgl. zur Behandlung von Teilrechten: Teil 4 A) III 3 b).

Celanese AG. Gleichzeitig erwarben die Anteilsinhaber der Hoechst AG die durch die Kapitalerhöhung bei der Celanese AG geschaffenen neuen Anteile sowie die im Wege der Spaltung von der Hoechst AG übertragenen Anteile an der Celanese AG. Die für Anfang Oktober 1999 geplante Eintragung der Spaltung wurde lediglich durch eine Anfechtungsklage, die im Rahmen eines Prozessvergleiches erledigt werden konnte, bis Mitte Oktober verzögert.

Teil 5: Schlussbetrachtung: Die Zukunft der Konzernspaltung in Deutschland

A) Die Spaltung der Hoechst AG – ein Erfolgsmodell ?

Sowohl die Hoechst AG als auch die Celanese AG bezeichneten die im Jahr 1999 durchgeführten Umstrukturierungen als großen Erfolg. Im Anschluss an die Abspaltung der Celanese AG fusionierte die Hoechst AG mit Rhône Poulonc zur Aventis S. A.. Diese weitere Umstrukturierung müsste aus der Betrachtung des wirtschaftlichen Erfolgs der Spaltung der Hoechst AG ausgeschlossen werden, da die Unternehmensentwicklung der Aventis S. A. aufgrund der vielfältigen Einflüsse durch die Verschmelzung nicht als exakter Maßstab für den wirtschaftlichen Erfolg der Spaltung der Hoechst AG dienen kann.

Dennoch kann festgehalten werden, dass die Verschmelzung der Hoechst AG mit Rhône Poulonc erfolgreich war. So steigerte sich der Nettoumsatz von Aventis von € 20 452 Mio. im Jahr 1999 auf € 22 304 Mio. im Jahr 2000. Diese Umsatzsteigerung war in erster Linie auf den Aventis-Pharma-Bereich zurückzuführen. Das Ergebnis pro Aktie wuchs von € 0,89 auf € 1,44. Auch der Gewinn nach Steuern und vor Einmalfaktoren erhöhte sich von € 691 Mio. auf € 1126 Mio. Bezieht man dagegen Einmalfaktoren ein, so ist eine Verringerung des Verlustes von € 1365 Mio. im Jahr 1999 auf einen Verlust von € 147 Mio. im Jahr 2000 zu verzeichnen.[1]

Viel aussagekräftiger als die Entwicklung der Aventis S. A. ist dagegen die der Celanese AG als reines Produkt der Spaltung der Hoechst AG. Die Zukunftsaussichten der Celanese AG wurden zum Zeitpunkt des Vollzugs der Abspaltung weniger positiv gesehen.[2] Die Celanese AG wurde als potentieller Übernahmekandidat gehandelt.[3]

Dem Geschäftsbericht der Celanese AG kann aber entnommen werden, dass die Abspaltung der Celanese AG aus dem Hoechst-Konzern durchaus als wirtschaftlicher Erfolg gefeiert werden kann. So konnte das negative Betriebsergebnis von € 521 Mio. im Jahr 1999 in den positiven Bereich (€ 83 Mio. im Jahr 2000) übergeführt werden. Nachdem 1999 ein Jahresfehlbetrag von € 207 Mio. zu verzeichnen war, konnte man im Jahr 2000 einen Jahresüberschuss von € 58 Mio. erzielen.[4] Ebenfalls positiv entwickelte sich das Ergebnis pro Aktie. Während 1999 noch ein Verlust von € 3,70 pro Aktie entstand, konnte im Jahr 2000 ein positives Ergebnis von € 1,09 pro Aktie verbucht werden.[5] Hinsichtlich des Kursverlaufes der Celanese Aktie im Jahr 2000 kann festgestellt werden, dass sich der Aktienkurs der Celanese AG im Vergleich zu ihrer internationalen Wettbewerbsgruppe überdurchschnittlich entwickelte.[6] Bereits aus die-

---

1 Vgl. Geschäftsbericht der Aventis S. A. 2000, S. 11.

2 Handelsblatt vom 25.10.1999, S. 22; Handelsblatt vom 26.10.1999, S. 36.

3 Handelsblatt vom 26.10.1999, S. 36.

4 Geschäftsbericht der Celanese AG 2000, S. 6, 7.

5 Geschäftsbericht der Celanese AG 2000, S. 12.

6 Geschäftsbericht der Celanese AG 2000, S. 12.

sen Zahlen lässt sich der Erfolg der Abspaltung der Celanese AG ablesen. Dass der Erfolg auf die Umstrukturierung im Jahr 1999 zurückzuführen ist, konstatiert auch der Geschäftsbericht 2000.[7] Die von der Wirtschaftspresse vorhergesagte Übernahme der Celanese AG ist noch nicht eingetreten. Zwar kursierte im Februar 2003 das Gerücht, die Celanese AG könnte von einem nicht näher benannten Finanzinvestor übernommen werden.[8] Dieses Gerücht hat sich allerdings bis Juli 2003 nicht bewahrheitet.

Während die Wirtschaftspresse einen Erfolg der Fusion von Hoechst und Rhône Poulonc als Life-Science-Unternehmen mehr oder weniger erwartete, glaubte sie bei der abgespaltenen Celanese AG keinesfalls an eine gute wirtschaftliche Entwicklung.

Die Analysten waren zufrieden mit der Fusion von Hoechst und Rhône Poulonc. 18 von 21 von ihnen empfahlen die Aventis Aktie zum Kauf.[9] Schließlich stieg die addierte Marktkapitalisierung beider Unternehmen seit Ankündigung der Fusion bis Ende Dezember 1999 um mehr als ein Viertel.[10] Nach der Fusion nahm Aventis immerhin weltweit die Nummer eins im Life Science Bereich, die Nummer fünf im Pharmabereich und die Nummer zwei im Agrobereich ein.[11] Auch die Wertentwicklung der Aventis-Aktie war trotz hoher Erwartungen erstaunlich. Von dem Eröffnungskurs von € 57,70 stieg der Aktienkurs der Aventis S. A. auf einen Schlusskurs von € 93,50 und verzeichnete einen Wertzuwachs von 62 %. Damit übertraf der Wertzuwachs der Aventis-Aktie nicht nur den Pharmakursindex Europa und den Pharmaindex USA, sondern stellte die zweitbeste Wertentwicklung im Dox Jones Euro Stoxx dar.[12] Im Jahr 2001 sank der Kurs der Aventis-Aktie auf etwa € 80 und verzeichnete bis Mitte des Jahres 2002 nochmals eine Wertverringerung auf unter € 70.

In besonderem Masse erstaunt war die Wirtschaftspresse aber über die Entwicklung der Celanese AG. Berichtete man im Oktober 1999 von deutlichen operativen Verlusten und einem skeptischen Blick in die Zukunft,[13] so stellte man Ende Februar fest, dass der Kurs der Celanese AG stärker anstieg als der der Aventis S. A..[14] Dies wurde als Bestätigung für den Umwandlungsprozess gedeutet.[15] Nachdem die Celanese AG bereits im Mai 2000 schwarze Zahlen schrieb,[16] besann man sich der Voraussagen vor einem Jahr und stellte fest, dass die Celanese AG mehr erreichte als viele geglaubt hatten.[17] Mit der Gesamtentwicklung des Geschäftsjahres 2000 waren die Analysten zufrieden und stuften die Aktie von „Underperformer" auf „Marketperformer" herauf.[18]

7 Geschäftsbericht der Celanese AG 2000, S. 6.
8 Handelsblatt vom 04.02.2003, S. 12.
9 Hofmann, Handelsblatt vom 20.12.1999, S. 18.
10 Hofmann, Handelsblatt vom 20.12.1999, S. 18.
11 Hofmann, Handelsblatt vom 20.12.1999, S. 18.
12 Geschäftsbericht der Aventis S. A. 2000, S. 18 ff.
13 Handelsblatt vom 05.10.1999, S. 21.
14 Handelsblatt vom 29.02.2000, S. 32.
15 Handelsblatt vom 29.02.2000, S. 32.
16 Handelsblatt vom 10.05.2000, S. 17.
17 Fröndhoff, Handelsblatt vom 10.05.2000, S. 24.
18 Handelsblatt vom 23.02.2001, S. 18.

Zwar setzte sich die rasante Anfangsentwicklung nicht ungebremst fort. Dennoch kann beobachtet werden, dass sich der Kurs der Celanese AG im Jahr 2002 auf etwa € 20 stabilisiert. Jedenfalls gibt es keine Anzeichen für die von der Wirtschaftspresse heraufbeschworene Übernahme der Celanese AG.

B) Die Abspaltung auf eine 100%ige Tochtergesellschaft zur Aufnahme - ein Modell für künftige Spaltungsvorhaben ?

Neben der Abspaltung der Celanese AG aus dem Hoechst Konzern fand im Jahr 1999 eine zweite Konzernspaltung statt. Die Gehe AG übertrug einen Teil ihres Vermögens auf die Takkt AG, um so den Versandhandel vom Kerngeschäft des Pharma- und Gesundheitsbereichs abzutrennen.[19]

Vergleicht man das Verfahren der Abspaltung der Celanese AG mit der Abspaltung der Takkt AG, so fällt auf, dass beide Umstrukturierungen nach demselben Muster durchgeführt wurden:

Beide Unternehmensteilungen können als Abspaltung „down stream" zur Aufnahme qualifiziert werden.[20] Die Gehe AG gründete zum 01.03.1999 speziell für die Abspaltung im Vorfeld eine 100%ige Tochtergesellschaft, um so eine Entzerrung von Gründung und Abspaltung herbeizuführen. Außerdem sollte ein übernehmender Rechtsträger geschaffen werden, der bereits vor der Eintragung der Spaltung im Handelsregister handlungsfähig ist.[21] Die Spaltung der Gehe AG wurde so ausgeführt, dass sämtliche Anteile der drei 100%igen Zwischenholdinggesellschaften auf die Takkt AG im Wege der Spaltung übertragen wurden. Vorbereitend wurden sonstige Tochtergesellschaften diesen Zwischenholdinggesellschaften zugeordnet. Da es sich hierbei hauptsächlich um ausländische Beteiligungen handelte, konnte die interne Anteilsverschiebung nach § 8b Abs. 2 KStG überwiegend steuerneutral durchgeführt werden.[22] Soweit vorbereitende Veräußerungen zu einer Ertragssteuerpflicht führten, wurden sie unter die aufschiebende Bedingung der Zustimmung der Anteilsinhaber zum Spaltungsvorhaben gestellt. Im Unterschied zur Abspaltung der Celanese AG wurden die Anteile der Gehe AG an der Takkt AG nicht im Wege der Spaltung mit auf die Anteilsinhaber der Gehe AG übertragen. Vielmehr sah die Satzung der Takkt AG bereits vor, dass die Gründungsaktien zwangsweise nach § 237 Abs. 1, Abs. 6 AktG eingezogen werden sollten.

Im Ergebnis ist die Spaltungsgeschichte der Gehe AG weitaus einfacher, da ausschließlich 100%ige Tochtergesellschaften abgespaltet wurden. Die Probleme der Abspaltung von Verträgen und Verbindlichkeiten im Gesellschafts- und Steuerrecht stellten sich hier nicht.

---

19 Spaltungsbericht der Gehe AG und der Takkt AG, IV.4.1, S. 12.

20 Vgl. zur Abspaltung down stream: oben Teil 2 B) II 2 b).

21 Spaltungsbericht der Gehe AG und der Takkt AG, IV.3, S. 12.

22 Spaltungsbericht der Gehe AG und der Takkt AG, IV.3, S. 13.

Die Abspaltung „down stream“ hatte auch für die Gehe AG den Vorteil, Bewertungsschwierigkeiten zu vermeiden.[23] Die Variante der Abspaltung auf einen bereits bestehenden Rechtsträger sollte Gründung und Unternehmensspaltung auseinanderziehen, um damit die Problembereiche der Gründung und der Spaltung zeitlich zu verteilen.[24] Es kann daher festgehalten werden, dass die Abspaltung auf eine 100%ige Tochtergesellschaft zur Aufnahme durchaus Modellcharakter für künftige Konzernspaltungen haben wird.

C) Die Zukunft der Konzernspaltung im Licht neuer Gesetzgebung–frühes Ende der deutschen Spaltungsgeschichte?

Mit dem Steuersenkungsgesetz,[25] dem Steuersenkungsergänzungsgesetz[26] und dem Gesetz zur Änderung des Investitionszulagengesetzes[27] erfährt auch die Besteuerung von Konzernen eine grundlegende Änderung. Zwar hat die Unternehmenssteuerreform 2001 auf das UmwStG und die Besteuerung von Spaltungsvorhaben unmittelbar wenig Einfluss.[28] Aufgrund der Änderung der Besteuerung der Veräußerung inländischer Beteiligungen durch die Neufassung des § 8b Abs. 2 KStG verliert die Spaltung, die nur unter den Voraussetzungen des § 15 UmwStG steuerneutral durchgeführt werden kann, ihre Attraktivität.

Nach bisherigem Recht waren Gewinnausschüttungen von Beteiligungen einer Kapitalgesellschaft an unbeschränkt steuerpflichtige Körperschaften unter Anrechnung der Besteuerung der ausschüttenden Körperschaft voll steuerpflichtig. Zur Vermeidung der mit dem Wegfall des Anrechnungsverfahrens entstehenden Mehrfachbelastungen wurde in § 8b Abs. 1 KStG eine Dividendenfreistellung eingeführt, die die in § 8b Abs. 2 KStG a.F. geregelte Steuerfreistellung von ausländischen Dividendenerträgen bei einer Mindestbeteiligung von 10% aber ohne Mindestbesitzzeit auf inländische Gewinnausschüttungen ausweitet.[29] Entsprechend der laufenden Gewinnausschüttung bleiben auch Gewinne bei der Veräußerung von Anteilen an Kapitalgesellschaften

23 So ausdrücklich: Spaltungsbericht der Gehe AG und der Takkt AG, V.3.4, S. 28.

24 Spaltungsbericht der Gehe AG und der Takkt AG, IV.3, S. 12.

25 BStBl. I 2000, S. 1428 ff.

26 BStBl. I 2001, S. 25 ff.; vgl. zu den Änderungen gegenüber des Steuerentlastungsgesetzes: Kessler/ Schmalz/Schmidt, DStR 2001, S. 1865 (1865 ff.).

27 BStBl. I 2001, S. 28 ff.; vgl. zu den Änderungen gegenüber des Steuerentlastungsgesetzes: Kessler/ Schmalz/Schmidt, DStR 2001, S. 1865 (1865 ff.).

28 Vgl. zum Einfluss der Unternehmenssteuerreform auf die Besteuerung der Spaltung nach dem UmwStG: Teil 3 A) I.

29 Vgl. dazu: Köster, FR 2000, S. 1263 (1263); Neufang, Steuerberaterrichtlinien, S. 156; Pricewaterhouse Coopers, Unternehmenssteuerreform 2001, S. 53. Die allgemeine Freistellung der Dividenden von der Besteuerung wurde Ende 2001 auf die Weise abgeändert, dass Gewerbesteuern auf Dividendeneinkünfte von Beteiligungen unter 10% zu leisten sind (Wolber, Welt vom 13.12.2001, S. 12).

außer Ansatz. § 8b Abs. 2 KStG[30] wird also dahingehend erweitert, dass nicht nur die Veräußerung von Anteilen an ausländischen Gesellschaften, sondern die Veräußerung von Beteiligungen an Kapitalgesellschaften insgesamt steuerfrei ist.[31] Im Gegensatz zur Besteuerung bei natürlichen Personen existiert bei der Besteuerung von Kapitalgesellschaften kein Halbeinkünfteverfahren.[32] Erst bei der Ausschüttung der Veräußerungsgewinne an die Anteilseigner der veräußernden Gesellschaft kommt es zur Besteuerung und damit zur Anwendung des Halbeinkünfteverfahrens.[33]
Im Vergleich zum früheren § 8b Abs. 2 KStG setzt die Steuerfreiheit von Gewinnen aus einer Beteiligungsveräußerung lediglich eine Mindestbeteiligungsquote von 10 % voraus.[34] Allerdings sind bestimmte Einschränkungen der Steuerfreiheit zu beachten. Wurden in der Vergangenheit steuerwirksame Teilwertabschreibungen vorgenommen, die noch nicht durch eine steuerpflichtige Wertaufholung ausgeglichen wurden, so entfällt die Steuerbefreiung nach § 8b Abs. 2 S. 2 KStG.[35] Die Steuerfreistellung gilt nach § 8b Abs. 4 S. 1 KStG ebenfalls nicht für einbringungsgeborene Anteile, es sei denn, zwischen der Umwandlung und dem ertragsauslösenden Ereignis liegen mehr als sieben Jahre, § 8b Abs. 4 S. 2 KStG.[36] Diese Regelung zielt darauf ab, zu verhindern, dass Kapitalgesellschaften Teilbetriebe oder Mitunternehmeranteile in eine Tochtergesellschaft ausgliedern und daraufhin die erworbenen Anteile steuerfrei veräußern können.[37] Daraus folgt, dass bestehende Holdingstrukturen, bei denen die operativen Bereiche bereits ausgegliedert wurden, gegenüber Stammhauskonzernen bevorzugt werden. Es wird daher zur generellen Vorbereitung von Umstrukturierungen empfohlen, Betriebe, Teilbetriebe und Mitunternehmeranteile nach § 20 UmwStG steuerneutral in Kapitalgesellschaften auszugliedern, um später die Vorteile des § 8b Abs. 2 KStG nutzen zu können.[38]

30 Die Steuerfreistellung nach § 8b Abs. 2, Abs. 3 KStG n.F. gelten nach § 34 Abs. 6 d Nr.2 KStG für Gewinne und Verluste, die ab 01.01.2002 entstehen, wenn Wirtschaftsjahr und Kalenderjahr übereinstimmen. Andernfalls gilt die Steuerfreiheit für Gewinne und Verluste die nach Ablauf des Wirtschaftsjahres 2001/2002 entstehen; die Steuerneutralität des Verkaufs von Auslandsbeteiligungen ist bereits ab 01.01.2001 nach § 8b Abs. 2 KStG n.F. zu beurteilen; vgl. auch: Eilers/Wienands, GmbHR 2000, S. 1229 (1233); Scheffler, DB 2003, S. 680 ff.; Töben, FR 2000, S. 905 (906); .

31 Vgl. zur Änderung von Einzelheiten durch das Steuersenkungsergänzungsgesetz: Kessler/ Schmalz/Schmidt, DStR 2001, S. 1865 (1865 ff.); Scheffler, DB 2003, S. 680 ff.

32 Neufang, Steuerberaterrichtlinien, S. 156.

33 Eilers/Wienands, GmbHR 2000, S. 1229 (1230).

34 Pricewaterhouse Coopers, Unternehmenssteuerreform 2001, S. 65; Seibt, DStR 2000, S. 2061 (2067).

35 vgl. dazu: Eilers/Wienands, GmbHR 2000, S. 1229 (1235). Vgl. zur erneuten Änderung der Unternehmenssteuerreform durch das Gesetz zur Fortentwicklung des Unternehmenssteuerrechts: Kessler/Schmalz/Schmidt, DStR 2001, S. 1865 (1865 ff.); vgl. allgemein zu § 8b Abs. 2 KStG: Scheffler, DB 2003, S. 680 ff.

36 vgl. dazu: Eilers/Wienands, GmbHR 2000, S. 1229 (1236 ff.); Hörger/Scheipers, DB 2000, S. 1988 (1989); Seibt, DStR 2000, S. 2061 (2068 f.).

37 ausf. Hörger/Scheipers, DB 2000, S. 1988 (1989); Pricewaterhouse Coopers, Unternehmenssteuerreform 2001, S. 66; Seibt, DStR 2000, S. 2061 (2068).

38 Pricewaterhouse Coopers, Unternehmenssteuerreform 2001, S. 226; ähnlich: Eilers/Wienands,

Bei der Steuerfreistellung der Veräußerung von Anteilen an Kapitalgesellschaften ist allerdings zu beachten, dass nach § 8b Abs. 3 KStG Verluste aus der Veräußerung, Gewinnminderungen aus dem Ansatz des niedrigeren Teilwertes und Gewinnminderungen aus der Herabsetzung des Nennkapitals steuerlich nicht berücksichtigt werden.[39]
Die Neufassung des § 8b Abs. 2 KStG hat weitreichende Konsequenzen, da nicht nur konzerninterne Beteiligungsverschiebungen von der Besteuerung freigestellt werden, sondern auch Beteiligungsveräußerungen an konzernfremde Gesellschaften steuerneutral erfolgen können. So wird es beispielsweise möglich sein, eine inländische oder ausländische Beteiligung einer inländischen Kapitalgesellschaft gegen Gewährung von Gesellschaftsrechten in eine ausländische Gesellschaft steuerneutral einzubringen, um ein Joint Venture zu verwirklichen.[40]
Aufgrund dieser steuerrechtlichen Neuheiten werden Umstrukturierungen in Zukunft häufig außerhalb des UmwStG stattfinden.[41] Die Anwendung des UmwStG wird sich darauf reduzieren, Vermögensteile steuerneutral in Kapitalgesellschaftsbeteiligungen umzuwandeln, um so weitere Umstrukturierungen über § 8b Abs. 2 KStG zu ermöglichen.[42] Insbesondere wenn sich die Spaltung auf die Verschiebung von Beteiligungen beschränkt - wie im Fall der Abspaltung der Takkt AG von der Gehe AG - ist der Weg über § 8b Abs. 2 KStG n.F. der steuerlich günstigere. Dabei ist auch zu berücksichtigen, dass gerade die internationale Umstrukturierung aus Deutschland heraus häufig nur mithilfe des neuen § 8b Abs. 2 KStG durchgeführt werden kann, da das UmwG und damit auch das UmwStG auf grenzüberschreitende Umstrukturierungen nicht anzuwenden ist.[43] Hier offenbart sich die Schwäche des Umwandlungssteuerrechts in voller Breite. Zum einen erschwert das geltende Umwandlungssteuerrecht die internationale Umstrukturierung. Zum anderen verhindert die 20%-Grenze des § 15 Abs. 3 S. 3, 4 UmwStG die ertragssteuerneutrale Abspaltung von einzelnen Geschäftsfeldern aus einem Konzern. Dieser Widerspruch zwischen der Besteuerung der Abspaltung aus dem Konzern auf der einen Seite und der Steuerfreiheit der Veräußerung inländischer und ausländischer Beteiligungen auf der anderen Seite muss vom Gesetzgeber aufgelöst werden, um wirtschaftlich sinnvolle Spaltungen in Deutschland nicht unangemessen zu behindern.

GmbHR 2000, S. 1229 (1232).

39 Vgl. dazu: Köhler, DStR 2000, S. 1849 (1851 f.); ausf. Utescher/Blaufus, DStR 2000, S. 1581 (1582 ff.); vgl. zu Einzelheiten der erneuten Änderung der Unternehmenssteuerreform durch das Steuersenkungsergänzungsgesetz und das Gesetz zur Änderung des Investitionszulagengesetzes: Kessler/Schmalz/Schmidt, DStR 2001, S. 1865 (1865 ff.).

40 Eilers/Wienands, GmbHR 2000, S. 1229 (1230); Herzig, DB 2000, S. 2236 (2242); Pricewaterhouse Coopers, Unternehmenssteuerreform 2001, S. 227; ähnlich: Köhler, DStR 2000, S. 1849 (1852).

41 Herzig, DB 2000, S. 2236 (2242); ähnlich: Eilers/Wienands, GmbHR 2000, S. 1229 (1230); Köhler, DStR 2000, S. 1849 (1852); Seibt, DStR 2000, S. 2061 (2072).

42 Herzig, DB 2000, S. 2236 (2245).

43 Herzig, DB 2000, S. 2236 (2243).

Neben der Unternehmenssteuerreform war von der Bundesregierung angedacht, auch die Grunderwerbsteuer bei Anteilsübertragungen im Konzern abzuschaffen.[44] Die bei Anteilsübertragungen im Konzern anfallenden Mehrfachbelastungen durch Grunderwerbsteuern wurden häufig durch unübersichtliche Verpachtungslösungen umgangen und verhinderten die Schaffung einer klaren Unternehmensstruktur.[45] Eine Beseitigung der umstrukturierungshemmenden Besteuerung der Umhängung grundstücksbelasteter Beteiligungen im Konzern wurde daher nachhaltig angeraten.[46] Der Gesetzgeber hat jedoch die Absicht der Erleichterung konzerninterner Umstrukturierung durch Abschaffung der Grunderwerbsteuerpflicht bei konzerninternen Anteilsverschiebungen wieder auf Eis gelegt.[47] Diese Entscheidung hat auch Auswirkungen auf die Attraktivität der Spaltung in Deutschland, da einer Unternehmensteilung zumeist konzerninterne Umstrukturierungsvorgänge vorausgehen, bei denen häufig Unternehmen mit Grundstücksbesitz verschoben werden. Mit steigenden Transaktionskosten durch Anfall von Grunderwerbsteuern verringert sich dann auch die Attraktivität einer Umstrukturierung.

Schließlich darf auch die Neuregelung des § 613a BGB[48] bei der Beurteilung der künftigen Attraktivität einer Konzernspaltung nicht außer Betracht gelassen werden. Die umfassende Unterrichtungspflicht nach § 613a Abs. 5 BGB n.F. führt nicht nur zu einem wesentlich erhöhten Verwaltungsaufwand, sondern begründet eine neue Rechtsunsicherheit hinsichtlich des Übergangs von Arbeitsverhältnissen. Da § 613a BGB bei der Betriebsveräußerung durch Übertragung von Beteiligungen („share deal") nicht anwendbar ist, erscheint auch aus diesem Grund die Veräußerung von Kapitalbeteiligungen im Vergleich zur Spaltung die attraktivere Gestaltung einer Umstrukturierung.

D) Ergebnis

Sowohl den Geschäftsberichten der aus der Spaltung der Hoechst AG hervorgegangenen Unternehmen wie auch den Kommentaren in der Wirtschaftspresse lässt sich entnehmen, dass sich sowohl die Celanese AG als auch die Aventis S. A. nach der Spaltung positiv entwickelt haben. Demnach stellt die Spaltung unter gewissen Voraussetzungen[49] ein geeignetes Mittel zur Umstrukturierung eines Konzerns dar. Allerdings sind die steuerlichen Auswirkungen der Abspaltung eines Geschäftsbereichs aus einem Konzern zum einen in vielen Einzelfragen ungeklärt und zum anderen aufgrund der Unternehmenssteuerreform 2001/2002 gegenüber einer Anteilsveräußerung von Nachteil.

Geht man von einer - sicherlich wünschenswerten - Reform des UmwStG aus, nach der die Spaltung eines Konzerns zum Großteil steuerneutral durchgeführt werden

44 Welt vom 03.11.2001, S. 11; vgl. zur Grunderwerbsteuer: oben Teil 3 A) II.

45 Herzig, DB 2000, S. 2236 (2238).

46 Herzig, DB 2000, S. 2236 (2238); Stoschek, BB 1997, S. 1929 (1930).

47 Wolber, Welt vom 13.12.2001, S. 12.

48 Vgl. oben Teil 3 C) IV.

49 Vgl. zu den wirtschaftlichen Voraussetzungen für eine Spaltung: Teil 2 C) I 2.

kann, so kommt der Spaltung der Hoechst AG durchaus Modellcharakter zu. Die Abspaltung zur Aufnahme auf eine 100%ige Tochtergesellschaft bereitet im Vergleich zu anderen Gestaltungsvarianten die wenigsten Hindernisse. Dies wird durch die Spaltung der Gehe AG, die in etwa zeitgleich mit der Spaltung der Hoechst AG im Wesentlichen auf dieselbe Art und Weise vollzogen wurde, bestätigt.

Teil 6: Zusammenfassung der wesentlichen Ergebnisse in Thesenform

1. Vor der Spaltung bestand die Hoechst AG einerseits aus einem Pharma- und Life Science Bereich, der durch kontinuierliche Neuinvestitionen verstärkt wurde, und andererseits aus einem Geschäftsbereich „Industrielle Chemie", der durch Veräußerungen stetig verkleinert wurde. Man entschied sich für eine Verselbständigung des Geschäftsbereichs „Industrielle Chemie".

2. Eine Verselbständigung eines Tätigkeitsfeldes eines Konzerns kann im Wege der Abspaltung oder der Veräußerung von Unternehmen und Beteiligungen vollzogen werden. Bei der Veräußerung kann man zwischen der Veräußerung an einen Wettbewerber und der Veräußerung über die Börse (Sekundärplatzierung) unterscheiden. Die Börsennotierung der Tochtergesellschaft durch Primärplatzierung ist dagegen keine wirkliche Alternative zur Abspaltung, da im Rahmen einer Primärplatzierung lediglich die durch Kapitalerhöhung neu geschaffenen Anteile an der Tochtergesellschaft an der Börse veräußert werden. Eine vollständige Trennung von einem Tochterunternehmen kann mit einer Primärplatzierung nicht erreicht werden.

3. Der Verkauf von Betrieben oder Beteiligungen hat gegenüber der Spaltung den Vorteil, dass der Konzern für das übertragene Vermögen über die Börse oder von einem Wettbewerber eine Gegenleistung in Geld oder Beteiligungen erhält. Bei der Abspaltung erhalten dagegen die Anteilsinhaber des übertragenden Rechtsträgers die Gegenleistung. Dem Konzern geht durch die Spaltung eine Aquisitionswährung zugunsten der Anteilsinhaber verloren. Eine Abspaltung kann daher als besonders aktionärsfreundlich bezeichnet werden.

4. Mit zunehmender Größe des abzutrennenden Geschäftsfeldes wird der Verkauf schwieriger. Die Verhandlungen mit Kaufinteressenten sowie das Einholen von zumeist wettbewerbsrechtlichen Genehmigungen nimmt viel Zeit in Anspruch. Bei einer Sekundärplatzierung muss darüber hinaus die allgemeine Wirtschaftslage beachtet werden. Außerdem besteht bei einer Sekundärplatzierung mit zunehmender Größe die Gefahr, dass das verkaufte Geschäftsfeld aufgrund fehlender Akzeptanz des Papiers an der Börse einen erheblichen Ansehensverlust erleidet.

5. Die Verselbständigung einer Tochtergesellschaft durch Abspaltung ist die Folge einer Unternehmensentscheidung zugunsten einer Konzentration des Unternehmens auf die Kerngeschäftsbereiche.

6. Häufig werden Unternehmensspaltungen wie auch bei der Hoechst AG mit der Steigerung des Shareholder Value begründet. Die Trennung der Geschäftsfelder führt nach vorwiegend in den USA vertretender Ansicht in der Betriebswirtschaftslehre zur

Aufdeckung von Wertpotential. Mit der Auftrennung eines Mischkonzerns könne dem Anleger die Entscheidung übertragen werden, in welches Geschäftsfeld er investieren will. Ob der Börsenwert eines Unternehmens mit dessen Spaltung steigt, ist in der Betriebswirtschaftslehre sehr umstritten. Neue Studien zeigen, dass der Börsenwert eines Unternehmens nicht von dem Grad der Diversifikation abhängt.

7. Eine Konzentration auf die Kerngeschäftsfelder durch Unternehmensspaltung hat unabhängig von dem umstrittenen Ansteigen des Börsenwertes den Vorteil der Abflachung der Hierarchien. Entscheidungswege werden kürzer. Das Unternehmen wird flexibler und transparenter. Gleichzeitig spiegelt der Börsenwert unmittelbar die Leistung der Belegschaft und des Managements wieder. Der Aktienkurs kann daher Kontroll- und Anreizfunktion übernehmen. Darüber hinaus entsteht mit der Abspaltung eines Geschäftsfeldes eine neue Kapitalmarktadresse, die zur Beschaffung neuen Kapitals herangezogen werden kann.

8. Die Abspaltung zur Aufnahme ist die Spaltungsform mit den wenigsten Hindernissen. Im Vergleich zur Aufspaltung wirft die Abspaltung weniger gesellschaftsrechtliche Probleme auf, da die Zuordnung vergessener und unübertragbarer Gegenstände bei der Aufspaltung aufgrund des Erlöschens des übertragenden Rechtsträgers viele Rechtsunsicherheiten mit sich bringt. Darüber hinaus fallen bei der Abspaltung im Gegensatz zur Aufspaltung weniger Transaktionskosten an. Die Spaltung zur Aufnahme ist der Spaltung zur Neugründung vorzuziehen, weil damit die Problembereiche Gründung und Spaltung zeitlich aufgeteilt werden. Außerdem ist die haftungsrechtliche Situation bei der Spaltung zur Neugründung bei einer Geschäftsaufnahme vor Vollzug der Spaltung noch weitgehend ungelöst.

9. Die Hoechst AG hat sich 1998 für eine Verselbständigung des Tätigkeitsfeldes „Industrielle Chemie" entschieden. Da der Bereich der „Industriellen Chemie" für einen Verkauf an einen Wettbewerber zu groß war und ein Verkauf über die Börse aufgrund der schlechten Wirtschaftslage ungünstig erschien, entschloss sich die Hoechst AG, diesen Geschäftsbereich abzuspalten.

10. Die Spaltung der Hoechst AG ist als Abspaltung zur Aufnahme auf eine Tochtergesellschaft (Abspaltung zur Aufnahme „down stream") zu qualifizieren. Der Celanese AG, früher Diogenes Erste Vermögensverwaltungs AG, wurden Vermögensgegenstände und Verbindlichkeiten als Gesamtheit im Wege der Spaltung nach dem UmwG übertragen.

11. Im Vorfeld einer Spaltung müssen die steuerrechtlichen Vorgaben für eine steuergünstige Durchführung eines Spaltungsvorhabens beachtet werden. Aufgrund der Zustimmungspflicht der Anteilsinhaber zum Spaltungsvorhaben muss die Umstrukturierung zumindest auf Gesellschafterebene steuerneutral erfolgen können. Dies setzt die Einhaltung des doppelten Teilbetriebserfordernisses nach § 15 Abs. 1 UmwStG voraus. Danach darf das zu übertragende Vermögen ausschließlich aus

originären Teilbetrieben, 100%igen Beteiligungen oder Mitunternehmeranteilen bestehen. Gleichzeitig darf beim übertragenden Rechtsträger nach § 15 Abs. 1 S. 2 UmwStG kein Vermögensgegenstand verbleiben, der keinem Teilbetrieb zugeordnet werden kann.

12. Bei der Spaltung einer Holdinggesellschaft wirft das doppelte Teilbetriebserfordernis erhebliche Probleme auf, da die Finanzverwaltung eine Zuordnung von neutralen Wirtschaftsgütern zu 100%igen Beteiligungen oder Mitunternehmeranteilen nur bei einem unmittelbar wirtschaftlichen Zusammenhang anerkennt. Diese Ansicht ist mit dem Wortlaut des § 15 Abs. 1 S. 3 UmwStG, der die Gleichstellung von fiktiven Teilbetrieben mit originären Teilbetrieben uneingeschränkt anordnet, nicht vereinbar. Die Zuordnung von neutralen Wirtschaftsgütern zu fiktiven Teilbetrieben kann auf der anderen Seite nicht grenzenlos gestattet werden, da sonst die Besteuerung der Veräußerung von Wirtschaftsgütern mithilfe einer Abspaltung leicht umgangen werden könnte. Statt der von der Finanzverwaltung vertretenen formalen Abgrenzung muss sich die Frage der Zuordnung von neutralen Wirtschaftsgütern danach richten, ob nach der Abspaltung jeweils lebensfähige Unternehmen entstehen. Zur Gewährleistung von Rechtssicherheit sollte ein bestimmtes Wertverhältnis zwischen Beteiligung und zuzuordnenden neutralen Wirtschaftsgütern festgelegt werden. Die bisherige Rechtslage führt dazu, dass eine Holdinggesellschaft nach Auffassung der Finanzverwaltung nicht steuervergünstigt gespalten werden kann. Nur eine Absprache mit der Finanzverwaltung kann bisher zur Einhaltung des doppelten Teilbetriebserfordernisses führen.

13. Während die Einhaltung des doppelten Teilbetriebserfordernisses des § 15 Abs. 1 UmwStG die Wertfortführung auf Gesellschafterebene, die Steuerfreiheit von Übernahmegewinnen, die Fortführung der Bilanzbewertungen und die Möglichkeit des Verlustvortrages sicherstellt, hängt die Buchwertfortführung der übertragenen Wirtschaftsgüter auf Gesellschaftsebene zusätzlich davon ab, ob ein Missbrauchstatbestand des § 15 Abs. 3 UmwStG eingreift. Bei der Spaltung einer börsennotierten Publikumsgesellschaft scheitert die Buchwertfortführung an § 15 Abs. 3 S. 2- 4 UmwStG, da regelmäßig mehr als 20% der Anteile, die vor der Spaltung am übertragenden Rechtsträger bestanden, innerhalb von fünf Jahren seitens der Anteilsinhaber des übertragenden oder übernehmenden Rechtsträgers veräußert werden. Dieser Missbrauchstatbestand, der eigentlich nur die Veräußerung von Anteilen nach der Spaltung durch steuerbefreite Anteilsinhaber verhindern sollte, ist jedenfalls im Hinblick auf börsennotierte Aktiengesellschaften verfehlt. Anders als kleinere Kapitalgesellschaften kann eine Publikumsgesellschaft auf Anteilsveräußerungen im Anschluss an eine Spaltung keinen Einfluss ausüben. Bei börsennotierten Gesellschaften ist eine steuerneutrale Spaltung faktisch ausgeschlossen. Die 20%-Grenze steht vor dem Hintergrund der Fortführung des personellen Engagements als Voraussetzung für eine steuerneutrale Spaltung. Das personelle Engagement hat bei einer börsennotierten Gesellschaft anders als bei kleineren Kapitalgesellschaften aufgrund der Trennung von Unternehmensführung und Gesellschaftern aber keine Bedeutung. Deshalb sollte die Anteilsveräußerung über die

Börse bei der Berechnung der 20%-Grenze außer acht gelassen werden. Hierfür bedarf es jedoch einer gesetzlichen Regelung. Ohne eine solche Gesetzesänderung bleibt die steuerneutrale Spaltung börsennotierter Gesellschaften, die eigentlich durch das UmwStG ermöglicht werden sollte, unmöglich.

14. Die Hoechst AG spaltete ausschließlich Beteiligungen auf die Celanese AG ab, die das Teilbetriebserfordernis des § 15 Abs. 1 S. 1, 3 UmwStG erfüllten. Zu diesem Zweck brachte die Hoechst AG in einem ersten Schritt Beteiligungen mit einer Beteiligungsquote von unter 100% in die 100%ige Tochtergesellschaft Diogenes GmbH ein. Die Diogenes GmbH wurde dann als 100%ige Tochtergesellschaft nach Maßgabe des Spaltungsvertrages auf die Celanese AG übertragen. Ausländische Beteiligungen wurden nach § 8b Abs. 2 KStG a.F. steuerfrei an die Diogenes GmbH veräußert. Die dabei aufzudeckenden stillen Reserven unterlagen nicht der deutschen Besteuerung. Die inländischen Beteiligungen wurden in die Rücklagen der Diogenes GmbH eingelegt. Die Einlage in die Rücklagen einer Gesellschaft ist als Ausgliederung im Wege der Einzelrechtsnachfolge zu qualifizieren. Ein Hauptversammlungsbeschluss war für die Ausgliederung nicht notwendig, da die Einlage in die Diogenes GmbH lediglich einen Zwischenschritt darstellte, der von dem Gesamtvorhaben der Spaltung umfasst war. Eine Benachteiligung der Anteilsinhaber durch die Ausgliederung war ausgeschlossen.
Die Hoechst AG konnte das doppelte Teilbetriebserfordernis dennoch nicht einhalten. Neben fiktiven Teilbetrieben übertrug die Hoechst AG Verträge und Verbindlichkeiten auf die Celanese AG, die nach den Grundsätzen der Finanzverwaltung einem fiktiven Teilbetrieb nicht zugeordnet werden konnten, da es an einem unmittelbar wirtschaftlichen Zusammenhang fehlte. Außerdem verblieben bei der Hoechst AG Beteiligungen, die keinen fiktiven Teilbetrieb darstellten. Dennoch konnte die Abspaltung nach einer Absprache mit der Finanzverwaltung unter den steuerlichen Vergünstigungen der §§ 15 Abs. 1 , 12, 13 UmwStG durchgeführt werden.
Hinsichtlich der direkten Abspaltung von 100%igen Beteiligungen mussten die stillen Reserven aufgedeckt werden, soweit sie nicht bereits im Rahmen der Einbringung in die Diogenes GmbH aufzudecken waren. Die Einhaltung der 20%-Grenze des § 15 Abs. 3 S. 3, 4 UmwStG war nicht möglich. Eine Buchwertfortführung hinsichtlich des übertragenen Vermögens konnte daher nicht erreicht werden.

15. Regelmäßig sind bei der Vorbereitung eines Spaltungsvorhabens die Vorschriften des GrEStG zu beachten. Die Übertragung von grundstücksbesitzenden 100%igen Beteiligungen sowie eine unmittelbare oder mittelbare Anteilsvereinigung führen zu einer Grunderwerbsteuerpflicht. Dies gilt auch für Anteilsverschiebungen im Konzern, wenn eine Beteiligung nicht lediglich nach oben übertragen wird und damit die Beteiligungskette verkürzt wird. Bei einer Personengesellschaft fällt Grunderwerbsteuer bereits an, wenn sämtliche Beteiligungen innerhalb von fünf Jahren mindestens ein Mal veräußert werden.
Die Abspaltung von Anteilen an grundstücksbesitzenden Kommanditgesellschaften auf die Celanese AG führte dazu, dass die Anteile, die bis zu dem damaligen Zeitpunkt

noch nicht veräußert wurden, aufgrund der Spaltung innerhalb des fünf Jahres Zeitraumes übertragen wurden.

16. Neben der Spaltung an sich muss der übernehmende Rechtsträger in der Regel eine Kapitalerhöhung vornehmen, um den Anteilsinhabern des übertragenden Rechtsträgers Anteile als Gegenleistung für das abzuspaltende Vermögen gewähren zu können. Läuft - wie bei der Spaltung der Hoechst AG - bei dem übertragenden Rechtsträger im Zeitpunkt der Aufstellung des Spaltungsvertrages, in dem der Umfang der Kapitalerhöhung festzulegen ist, ein Aktienrückkaufprogramm, so kann die Kapitalerhöhung mit einem Höchstbetrag beschrieben werden. Die Höhe der Kapitalerhöhung kann bei laufendem Aktienrückkaufprogramm allerdings nicht endgültig festgelegt werden, da der übertragende Rechtsträger für eigene Anteile keine Anteile am übernehmenden Rechtsträger beziehen darf, § 131 Abs. 1 Nr.3 S. 1, 2.HS., 2.Alt. UmwG. Deshalb hat das laufende Aktienrückkaufprogramm unmittelbaren Einfluss auf die Höhe der Kapitalerhöhung. Spätestens bei der Anmeldung von Spaltung und Kapitalerhöhung zum Handelsregister sollte der genaue Umfang der Kapitalerhöhung feststehen, da viele Registerrichter bei unvollständigen Anmeldungsunterlagen die Unterbrechung der Acht-Monats-Frist des §§ 125 S. 1, 17 II S. 4 UmwG ablehnen. Das Verstreichen der Frist hat zur Folge, dass die ursprüngliche Schlussbilanz nicht mehr den gesetzlichen Anforderungen genügt.

17. Im Gegensatz zur Verschmelzung kann die Kapitalerhöhung des übernehmenden Rechtsträgers bei der Spaltung auch gleichzeitig mit der Spaltung eingetragen werden - so geschehen bei der Spaltung der Hoechst AG -, da die Spaltung erst mit der Eintragung im Register des übertragenden Rechtsträgers wirksam wird und zu diesem Zeitpunkt die Kapitalerhöhung anders als bei der Verschmelzung bereits eingetragen ist.

18. Eine durch eine Spaltung begründete vereinfachte Kapitalherabsetzung des übertragenden Rechtsträgers kann nach § 145 S. 1 UmwG nur durchgeführt werden, wenn offene und ungebundene Rücklagen nicht zum Ausgleich des abgespaltenen Nettobuchvermögens herangezogen werden können. Wird eine Kapitalherabsetzung nach § 145 S. 1 vorgenommen, so ist die Ausschüttungsbeschränkung des § 233 AktG nicht anzuwenden, da § 233 AktG auf die sanierungsbedingte Kapitalherabsetzung zugeschnitten ist. Das Auszahlungsverbot des § 230 AktG gilt dagegen auch bei einer spaltungsbedingten vereinfachten Kapitalherabsetzung.
Bei der Kapitalherabsetzung der Hoechst AG handelte es sich um einen Erwerb eigener Aktien mit anschließender Einziehung nach § 71 I Nr.8 S. 6 AktG, der ausschließlich der Wertreduzierung im Hinblick auf einen „merger of equals" mit Rhône Poulonc diente.

19. Die Nachgründungsvorschriften des Aktienrechts sind nach §§ 125 S. 1, 67 S. 1 UmwG auch bei einer Spaltung zu beachten. Bei der Verwendung eines AG-Mantels oder einer AG-Vorratsgesellschaft im Rahmen einer Spaltung zur Aufnahme müssen die Nachgründungsvorschriften unabhängig vom Ablauf der Zwei-Jahres-Frist des §§

125 S. 1, 67 S. 1 UmwG beachtet werden. Im Aktienrecht sind bei einer Verwendung eines AG-Mantels oder einer AG-Vorratsgesellschaft anders als im GmbH-Recht nicht die Gründungsvorschriften, sondern die Nachgründungsvorschriften einzuhalten, da der Gründungsvorgang bereits abgeschlossen wurde. Die Verwendung eines AG-Mantels ist vergleichbar mit einer Nachgründung, nicht aber mit einer Gründung selbst.
Die Hoechst AG verwendete eine Vorratsgesellschaft – Diogenes Erste Vermögensverwaltungs AG – als aufnehmenden Rechtsträger. Obwohl die Zwei-Jahres-Frist verstrichen war, wurden die Nachgründungsvorschriften eingehalten.

20. Der Gläubigerschutz in § 133 UmwG spielt für die Gestaltung des Spaltungsvertrages eine wichtige Rolle. Für bereits zum Zeitpunkt der Spaltung begründete Verbindlichkeiten des übertragenden Rechtsträgers haften neben dem Hauptschuldner alle beteiligten Rechtsträger akzessorisch. Eine Beschränkung der Haftung der mithaftenden Rechtsträger bei Sachleistungs- und Unterlassungspflichten auf eine Einwirkungs- und Schadenersatzpflicht ist abzulehnen, da die beteiligten Rechtsträger die Schwierigkeit der Erfüllung von Sachleistungspflichten wegen der Übertragung von Produktionskapazitäten durch Vereinbarung einer Freistellungspflicht auf erstes Anfordern lösen können. Auch im Übrigen ist eine Klausel im Spaltungsvertrag zu empfehlen, wonach der Hauptschuldner die anderen beteiligten Rechtsträger auf erstes Anfordern freizustellen hat.

21. Der Verweis des § 133 Abs. 1 S. 2 UmwG auf §§ 25 ff. HGB hat keine umfassende Einschränkung der Spaltungsfreiheit im Sinn einer Vertragsüberleitung zur Folge. Die Verweisung auf §§ 25 ff. HGB bewirkt lediglich, dass der firmenfortführende Rechtsträger, dem die mit der Firma verbundenen Verbindlichkeiten nicht zugewiesen wurden, nach § 25 Abs. 1 HGB zeitlich unbegrenzt in Anspruch genommen werden kann. Darüber hinaus kann die Haftung nach § 25 Abs. 1 HGB durch Vereinbarung zwischen den Spaltungsparteien unter Voraussetzung der Eintragung des Haftungsausschlusses im Handelsregister abbedungen werden (§§ 133 Abs. 1 S. 2 UmwG, 25 Abs. 2 HGB).

22. Die Verweisung des § 132 S. 1 UmwG bei einer Übertragung im Wege der Spaltung auf die Vorschriften der Einzelrechtsübertragung umfasst nicht § 415 Abs. 1 S. 1 BGB, der die Übertragung von Verbindlichkeiten und Verträgen von der Zustimmung des Gläubigers abhängig macht. Das Entfallen der Zustimmungspflicht bei der Abspaltung von Verbindlichkeiten und Verträgen lässt sich daraus ableiten, dass der Gesetzgeber besondere Gläubigerschutzvorschriften in das UmwG eingeführt hat, die die Schutzfunktion des § 415 Abs. 1 S. 1 BGB übernehmen und ersetzen. Aus dem Wortlaut des § 132 S. 1 UmwG lässt sich dies aber nicht entnehmen. Der Gegenstandsbegriff des § 132 S. 1 UmwG umfasst ebenso wie der Gegenstandsbegriff des § 126 I Nr. 9 UmwG Verbindlichkeiten, Verträge und Sachgesamtheiten. Auch die Unterscheidung zwischen Übertragungsvoraussetzung und Übertragbarkeitsvoraussetzung kann nicht dazu führen, dass § 415 Abs. 1 S. 1 BGB nicht unter die Verweisung des § .132 S. 1 UmwG fällt, da die Zustimmungspflicht eine

Übertragbarkeitsvoraussetzung darstellt, auf die in § 132 S. 1 UmwG umfassend verwiesen wird.

23. § 132 S. 1 UmwG ist dahingehend teleologisch zu reduzieren, dass die Übertragungserleichterungen des Verschmelzungsrechts bei einer Abspaltung grundsätzlich Anwendung finden, wenn lediglich Teilbetriebe im steuerrechtlichen Sinn übertragen werden. Im Einzelfall können Besonderheiten des Spaltungsrechts zu einem anderen Ergebnis führen. Für diese teleologische Reduktion besteht ein erhebliches Bedürfnis, da andernfalls die Abspaltung von Verträgen mit Übertragungsverbot und Verträgen mit höchstpersönlichen Rechten weitgehend ausgeschlossen wäre. Die Beurteilung, ob ein oder mehrere Teilbetriebe übertragen werden übernimmt im Regelfall die Finanzverwaltung im Vorfeld des Spaltungsvorhabens. Diese Entscheidung kann der Registerrichter übernehmen. Damit kann eine zügige Eintragung der Spaltung nachfolgen.

24. Die teleologische Reduktion des § 132 S. 1 UmwG gilt auch für die Übertragung von Anteilen an Personengesellschaften, da das Interesse der übrigen Gesellschafter an der Beibehaltung der Unternehmensstrukturen gewahrt wird, wenn die Mitgliedschaft im Zusammenhang mit einem Teilbetrieb übertragen wird. Auch vinkulierte Anteile können wie im Verschmelzungsrecht übertragen werden. Der naheliegende Gegenschluss aus § 132 S. 2 UmwG dahingehend, dass Übertragungsverbote bei einer Abspaltung zu beachten seien, kann nicht gezogen werden, da die unterschiedliche Behandlung von Auf- und Abspaltung nicht zu rechtfertigen ist. Die Mitgliedschaft in einem Verein kann dagegen wie bei der Verschmelzung nur dann übertragen werden, wenn sich eine Übertragbarkeit durch Auslegung der Vereinssatzung ergibt.

25. Die Zuweisung der Handlungsverantwortlichkeit für Altlasten im Spaltungsvertrag führt aufgrund des § 4 III S. 4 BBodSchG entgegen § 133 III UmwG nicht zu einer Enthaftung des übertragenden Rechtsträgers nach fünf Jahren. Die Zuweisung bewirkt lediglich, dass die Verwaltung im Rahmen ihrer Ermessensausübung zunächst den Hauptschuldner in Anspruch nehmen muss.

26. Betriebliche Versorgungsverpflichtungen können wie andere Verbindlichkeiten ohne Zustimmung des Pensions-Sicherungs-Vereins auf den übernehmenden Rechtsträger übertragen werden.

27. Verbindlichkeiten und Verträge können im Ganzen ohne Zustimmung des Gläubigers oder Vertragspartners im Wege der Spaltung übertragen werden. Dies gilt auch für die quantitative Aufteilung oder die Aufteilung einzelner Verpflichtungen aus einem einheitlichen Vertrag, wenn die abgespaltenen Rechtspositionen in Geld bewertet werden können. Andere Verpflichtungen können nicht ohne Zustimmung des Vertragspartners aufgeteilt werden, da der Gläubigerschutz im Spaltungsrecht nur einen Ausgleich für finanzielle Interessen bieten kann. Aus diesem Grund kann eine Verdoppelung einer Vertragspartnerstellung im Spaltungsvertrag nicht wirksam angeordnet werden. Die Verdoppelung einer Vertragspartnerstellung würde eine

Inhaltsänderung des Vertrages nach sich ziehen, die nicht durch die Gläubigerschutzvorschriften des UmwG ausgeglichen wird.
Ein Dauerschuldverhältnis mit Übertragungsverbot kann ohne Zustimmung des Vertragspartners abgespalten werden, wenn es im Zusammenhang mit einem Betrieb oder Teilbetrieb übertragen wird. Dem Vertragspartner steht ein Kündigungsrecht nur dann zu, wenn er nach den Voraussetzungen des § 626 BGB geltend machen kann, dass die Fortsetzung des Vertrages für ihn unzumutbar ist.

28. Bei der Übertragung spezieller Vertragsverhältnisse im Wege der Spaltung sind Besonderheiten zu beachten. Wird eine versicherte Sache übertragen so geht anders als bei der Einzelrechtsübertragung der Versicherungsvertrag nicht automatisch über, da die Vertragsüberleitung durch die Spaltungsparteien selbst vorgenommen werden kann. Die Übertragung von Arbeitsverhältnissen im Zusammenhang mit Betrieben oder Betriebsteilen erfolgt nach §§ 324 UmwG, 613a BGB ohne Zustimmung des Arbeitnehmers. Dem Arbeitnehmer steht allerdings ein Widerspruchsrecht nach den vom BAG entwickelten Grundsätzen zu. Arbeitsverhältnisse und Dienstverhältnisse, die keinem Betrieb angehören, können nur übertragen werden, wenn der Arbeitnehmer der Abspaltung des Arbeitsverhältnisses zustimmt, § 132 S. 1 UmwG, 613 S. 2 BGB.

29. Bei der Bezeichnung der abzuspaltenden Gegenstände im Spaltungsvertrag ist der sachenrechtliche Bestimmtheitsgrundsatz zu beachten. Dabei reicht es aus, wenn formuliert wird, dass alle Gegenstände eines konkret benannten Betriebs auf den übernehmenden Rechtsträger übergehen sollen. Von dieser „Allklausel" können wiederum Ausnahmen gemacht werden. Zur Vermeidung von Rechtsunsicherheiten bei Veränderungen des Bestandes des zu übertragenden Vermögens bietet es sich an, eine Surrogationsklausel in den Spaltungsvertrag aufzunehmen, nach der auch diejenigen Gegenstände übertragen werden, die im Spaltungsvertrag bezeichnete Gegenstände ersetzen. Schließlich kann die Fortschreibung des Vermögensverzeichnisses Klarheit über die abgespaltenen Gegenstände verschaffen, wenn das fortgeschriebene Vermögensverzeichnis lediglich als unverbindliche Orientierungshilfe bezeichnet wird.

30. Die Aufteilung der Vermögensgegenstände im Spaltungsvertrag der Hoechst AG und der Celanese AG konzentrierte sich auf die Übertragung von Beteiligungen, Forderungen, Verbindlichkeiten, Haftungen und Verträge. Soweit die Übertragbarkeit einzelner Gegenstände im Schrifttum umstritten war, wählten die Spaltungsparteien die sicherste Variante. Für die Übertragung von Kommandit- und Komplementärstellungen wurden Zustimmungserklärungen der übrigen Gesellschafter eingeholt. Ausländische Beteiligungen wurden zur Sicherheit im Wege der Einzelrechtsübertragung nach ausländischem Recht übertragen und Zustimmungserklärungen zur Abspaltung von Verträgen wurden bereits in den Verträgen vereinbart. Der Spaltungsvertrag enthält die von der Literatur empfohlenen Allklauseln, Auffangklauseln und Surrogationsklauseln. Die Aufteilung von Haftungen und Verbindlichkeiten wird sehr genau geregelt und mit Freistellungsvereinbarungen verbunden.

Problematisch erscheint lediglich die Formulierung einer Ausnahme von der Übertragung aller Rechte, Pflichten, Haftungen und Verbindlichkeiten, die im Zusammenhang mit den abzuspaltenden Beteiligungen standen. So wurde im Spaltungsvertrag festgelegt, dass diejenigen Forderungen und Verbindlichkeiten nicht auf die Celanese AG übergehen sollen, die bereits aktiviert oder passiviert wurden. Diese Einschränkung der Übertragung aller Rechtspositionen verstößt wohl gegen das Bestimmtheitsgebot, da sich aus der Bilanz, die lediglich Sammelpositionen enthält, nicht entnehmen lässt, welche Forderungen oder Verbindlichkeiten im Einzelnen nicht übertragen werden sollen.

31. Das Umtausch- oder Bezugsverhältnis bei der Spaltung der Hoechst AG musste nicht auf einer Unternehmensbewertung beruhen, da die Hoechst AG im Wege der Spaltung sämtliche Anteile an ihrer Tochtergesellschaft, der Celanese AG, an ihre Anteilsinhaber übertrug, um so eine wertmäßig verhältniswahrende Spaltung durchzuführen. Diese Durchführungsvariante garantiert, dass die Beteiligungsverhältnisse vor der Spaltung auch nach der Spaltung sowohl bei der Hoechst AG wie auch bei der Celanese AG unverändert fortgesetzt werden.
Die durch das Bezugsverhältnis von zehn zu eins entstehenden Teilrechte veräußerte die Hoechst AG zwangsweise, falls die Teilrechte nicht im Umplatzierungsverfahren aufgestockt oder veräußert wurden. Dieses Verfahren ist zulässig, da den Aktionären die Möglichkeit eingeräumt wurde, Vollrechte zu erwerben oder Teilrechte eigenständig zu veräußern. Einer Zustimmung des Aktionärs zur Veräußerung des Teilrechtes bedarf es nicht, da das Umwandlungsinteresse des Unternehmens schwerer wiegt als das Interesse des Aktionärs auf Beibehaltung des Teilrechtes.

32. In der Praxis - und so auch bei der Spaltung der Hoechst AG - werden Zeitpunkt der Gewinnberechtigung, Spaltungsstichtag und Zeitpunkt der Aufstellung der maßgeblichen Schlussbilanz auf denselben Tag festgelegt. Meist werden die Stichtage variabel ausgestaltet. Das heißt, dass bei einer Verzögerung der Eintragung der Spaltung über ein bestimmtes Datum hinaus der jeweilige Stichtag um ein Jahr verschoben wird. Die Verschiebung des Spaltungsstichtags und der für die Spaltung ausschlaggebenden Schlussbilanz führt zu einem Problem, wenn eine Unternehmensbewertung für die Ermittlung des Umtauschverhältnisses maßgeblich war, da das bereits festgelegte Umtauschverhältnis trotz veränderter Wertrelationen durch die Verschiebung der Stichtage gleich bleibt. Die Hoechst AG konnte dieses Problem vermeiden, indem eine Durchführungsvariante gewählt wurde, bei der die Unternehmensbewertung für die Festlegung des Bezugsverhältnisses nicht ausschlaggebend war.

33. Eine Spaltung ist dann nicht verhältniswahrend im Sinn des § 128 UmwG, wenn den Aktionären der übertragenden Gesellschaft die von der übernehmenden Gesellschaft zu gewährenden Anteile nicht im Verhältnis ihrer Beteiligungsquoten an dem übertragenden Rechtsträger gewährt werden. Nicht die wertmäßige Wahrung der Beteiligungsquoten ist maßgeblich für eine verhältniswahrende Spaltung, sondern die Beibehaltung der rechnerischen Beteiligungsquoten. Für eine verhältniswahrende

Spaltung kommt es daher nicht darauf an, ob die Anteilsinhaber des übertragenden Rechtsträgers nach der Spaltung beim übernehmenden Rechtsträger im selben Verhältnis beteiligt sind, in dem sie am übertragenden Rechtsträger vor der Spaltung beteiligt waren. Andernfalls würde eine verhältniswahrende Spaltung immer schon dann zu verneinen sein, wenn frühere Anteilsinhaber des übernehmenden Rechtsträgers auch nach der Spaltung Anteile an dem übernehmenden Rechtsträger halten.

34. Die Angaben zu den Folgen für Arbeitnehmer und Arbeitnehmervertreter im Spaltungsvertrag umfassen keine mittelbaren Auswirkungen, da sonst das Geheimhaltungsinteresse der Spaltungsparteien zu sehr eingeschränkt werden würde. Auch wenn man die Darstellung mittelbarer Folgen nicht verlangt, ist an der Beschreibung der individualrechtlichen Folgen für Arbeitnehmer und deren Vertreter im Spaltungsvertrag der Hoechst AG Kritik zu üben. Weder die Zustimmungspflicht zur Übertragung der betriebsunabhängigen Arbeitsverhältnisse noch sonstige mögliche Veränderungen für die abgespaltenen Arbeitsverhältnisse durch die Spaltung werden dargelegt.

35. Der Spaltungsvertrag der Hoechst AG enthält als fakultativen Bestandteil ein Rücktrittsrecht, das durch die Vorstände der beteiligten Rechtsträger ausgeübt werden kann, wenn die Spaltung nicht bis zum 31.12.1999 vollzogen ist. Eine solche Vereinbarung ist wirksam. Die Entscheidung über die Ausübung des Rücktrittsrechts kann den Verwaltungsorganen der beteiligten Rechtsträger übertragen werden, da die Anteilsinhaber durch Ausübung des Rücktrittsrechts keine bereits erlangte Rechtsposition verlieren und § 7 UmwG, der das Rücktrittsrecht im Verschmelzungsrecht teilweise regelt, keine Bestimmung über die Zuständigkeit der Hauptversammlung für die Ausübung des Rücktrittsrechts enthält.

36. Dadurch dass die Hoechst AG die Spaltung auf die Weise durchführte, dass sich die Beteiligungsquoten der Anteilsinhaber auch beim übernehmenden Rechtsträger fortsetzten, konnte der Inhalt des Spaltungsberichts reduziert werden. Entbehrlich waren genaue Angaben über die Gläubigerschutzvorschriften des UmwG und deren Auswirkungen, den Anspruch der Gläubiger auf Sicherheitsleistung und das Umtausch- oder Bezugsverhältnis.
Lediglich an der fehlenden exemplarischen Darstellung der Beteiligungsveränderung für die Anteilsinhaber aufgrund der Kapitalherabsetzung und der fehlenden Benennung der neu entstandenen Sperrminorität bei der Celanese AG kann Kritik geübt werden. Auch wenn das für die Beteiligungsveränderung verantwortliche Aktienrückkaufprogramm mit anschließender Einziehung der Aktien losgelöst von der Spaltung beschlossen wurde, steht es in unmittelbarem Zusammenhang mit der Verschmelzung mit Rhône Poulonc und damit auch mit der Abspaltung der Celanese AG. Ausführungen zur Beteiligungsveränderung wären daher notwendig gewesen.

37. Die Spaltungsprüfung bei der Spaltung der Hoechst AG befasste sich mit der Kontrolle des Spaltungsvertrages. Hinsichtlich des Bezugsverhältnisses konnte sich

der Prüfungsbericht auf eine Erklärung dahingehend beschränken, dass eine Unternehmensbewertung für die Ermittlung des Bezugsverhältnis entbehrlich war und aus welchem Grund. Der Spaltungsbericht musste aufgrund des eindeutigen Wortlauts der §§ 125 S. 1, 9 I UmwG nicht geprüft werden.

38. Sowohl die Anteilsinhaber der Hoechst AG als auch die Hauptversammlung der Celanese AG stimmten dem Spaltungsvorhaben und der Kapitalerhöhung zu. Weder der Spaltungsbeschluss noch der Kapitalerhöhungsbeschluss bei der Celanese AG bedurften einer sachlichen Rechtfertigung, da die Kapitalerhöhung im Rahmen eines Spaltungsvorhabens nur Teil eines Gesamtvorhabens ist, in dem der Minderheitenschutz von Aktionären ausreichend berücksichtigt ist.

39. Nach Anfechtung des Spaltungsbeschlusses durch sogenannte „kritische“ Aktionäre erging im Rahmen eines von der Hoechst AG eingeleiteten Unbedenklichkeitsverfahrens ein Freigabebeschluss, wonach die Anfechtung des Spaltungsbeschlusses der Eintragung der Spaltung ins Handelsregister nicht entgegensteht.

40. Nachdem die rechtshängige Anfechtungsklage einer Opponentengruppe durch Prozessvergleich erledigt wurde, fand am 22.10.1999 die Eintragung der Spaltung im Handelsregister der Hoechst AG statt. Das gesetzlich vorgeschriebene Eintragungsverfahren wurde von den Spaltungsparteien und den Registerrichtern eingehalten.

41. Die Spaltung der Hoechst AG wird sowohl in der Wirtschaftspresse wie auch in den Geschäftsberichten der beteiligten Rechtsträger als wirtschaftlicher Erfolg bezeichnet. Auch die wirtschaftlichen Kennzahlen lassen auf einen Erfolg der Spaltung des Hoechst Konzerns schließen.

42. Mit Einführung der Unternehmenssteuerreform 2001/2002 gewinnt allerdings die Anteilsveräußerung im Vergleich zur Abspaltung von Unternehmensteilen erheblich an Attraktivität. Nur wenn der Gesetzgeber die Abspaltung als besonders aktionärsfreundliches Umstrukturierungsinstrument ebenfalls steuerneutral ausgestaltet, werden auch künftig Abspaltungen in Deutschland zu empfehlen sein.

43. Geht man von einer – dringend erforderlichen - Reform des UmwStG aus, nach der die Spaltung eines Konzerns zum Großteil steuerneutral durchgeführt werden kann, so kommt der Spaltung der Hoechst AG durchaus Modellcharakter zu. Die Abspaltung zur Aufnahme auf eine 100%ige Tochtergesellschaft bereitet im Vergleich zu anderen Gestaltungsvarianten die wenigsten Hindernisse. Dies wird durch die Spaltung der Gehe AG, die in etwa zeitgleich mit der Spaltung der Hoechst AG im Wesentlichen auf dieselbe Art und Weise vollzogen wurde, bestätigt.

Literaturverzeichnis

Aha, Christof: Einzel- oder Gesamtrechtsnachfolge bei der Ausgliederung?, AG 1997, S. 345 ff.

ders. Welche Fakten müssen in den Unternehmensvertragsbericht? – Zugleich eine Abhandlung über die inhaltlichen Anforderungen an den Verschmelzungsbericht, Diss. Frankfurt/M. 1995 (zitiert: Aha, Unternehmensvertragsbericht)

Ahrens, Claus: Kapitalgesellschaftliche Mantelverwertung und Vorgesellschafterhaftung, DB 1998, S. 1069 ff.

Altmeppen, Holger: Zur Mantelverwendung in der GmbH, NZG 2003, S. 145 ff.

Arens, Wolfgang; Spieker Ulrich: Umwandlungsrecht in der Beratungspraxis, Bonn 1996 (zitiert: Arens/Spieker, Umwandlungsrecht)

Bachner, Michael: Individualarbeits- und kollektivarbeitsrechtliche Auswirkungen des neuen Umwandlungsgesetzes, NJW 1995, S. 2881 ff.

Bärwaldt, Roman; Schabacker, Joachim: Keine Angst vor Mantel- und Vorratsgesellschaften, GmbHR 1998, S. 1005 ff.

Ballreich, Hilbert: Fallkommentar zum Umwandlungsrecht, Umwandlungsgesetz, Umwandlungssteuergesetz, Neuwied, Kriftel 1999 (zitiert: Ballreich, Fallkommentar)

Banerjea, Nirmal Robert: Die rechtliche Behandlung des Mantelkaufs, GmbHR 1998, S. 814 ff.

Barz, Carl Hans: Rechtliche Fragen zur Verschmelzung von Unternehmungen, AG 1972 S. 1 ff.

Bauer, Jobst-Hubertus; von Steinau-Steinrück, Robert: Neuregelung des Betriebsübergangs: Erhebliche Risiken und viel mehr Bürokratie!, ZIP 2002, S. 457 ff.

Baumbach, Adolf; Hopt, Klaus: Handelsgesetzbuch, mit GmbH &Co., Handelsklauseln, Bank- und Börsenrecht, Transportrecht, 29. Aufl. München 1995 (zitiert: Baumbach/Hopt)

Baumann, Thomas: Arbeitsrechtliche Aspekte des neuen Umwandlungsrechts, DStR 1995, S. 888 ff.

Bayer, Walter: 1000 Tage neues Umwandlungsrecht – eine Zwischenbilanz, ZIP 1997, S. 1613 ff.

ders. Anmerkung zum Beschl. OLG Naumburg v. 12.02.1997, EWiR 1997, S. 807 f.

ders. Rezension von Annette Voigt, Umwandlung und Schuldverhältnis, ZHR 163 (1999), S. 138 ff.

ders. Die Kontrollfunktion der aktienrechtlichen Anfechtungsklage – Rechtsdogmatische Grundlegung – in: Gesellschaftsrecht in der Diskussion 1999, Köln 1999, S. 35 ff.
(zitiert: Bayer, in: Gesellschaftsrecht 1999)

ders. Informationsrechte bei der Verschmelzung von Aktiengesellschaften, AG 1988, S. 323 ff.

ders. Kein Abschied vom Minderheitenschutz durch Information – Plädoyer für eine restriktive Anwendung des § 16 III UmwG –, ZGR 1995, S. 613 ff.

ders. Verschmelzung und Minderheitenschutz –Besprechung der Entscheidung des OLG Hamm WM 1988, 1164-, WM 1989 S. 121 ff.

Bayer, Walter; Schmitz-Riol, Thomas: Anmerkung zum Beschl. LG Heilbronn v. 02.08.1996, EWiR 1997, S. 43f.

Bayer, Walter; Wirth, Gernot: Eintragung der Spaltung und Eintragung der neuen Rechtsträger – oder Pfadsuche im Verweisungsdschungel des neuen Umwandlungsrechts, ZIP 1996, S. 817 ff.

Becker, Robert: Die gerichtliche Kontrolle von Maßnahmen bei der Verschmelzung von Aktiengesellschaften, AG 1988, S. 223 ff.

Beckmann, Klaus: Grunderwerbsteuer bei Umstrukturierungen, GmbHR 1999, S. 217 ff.

Bermel, Arno; Müller, Karl-Dieter: Vinkulierte Namensaktien und Verschmelzung, NZG 1998 S. 331 ff.

Bernhard, Ursula: Die deutsch-französische Pharmafusion stößt auf Skepsis, Handelsblatt vom 02.12.1998, S.2

dies. Eine Zweckehe, keine Liebesheirat, Handelsblatt vom 26.11.1998, S. 2

dies. Zellteilung, Hoechst folgt dem Vorbild von ICI, Handelsblatt vom 18.11.1998, S. 14

Biergans, Enno: Zur personellen Zurechnung latenter Einkünfte, in: Festschrift für Ludwig Schmidt, München 1993, S. 74 ff.

(zitiert: Biergans, FS Schmidt)

Binz, Mark K.: Die GmbH & Co., 8.Aufl. München 1992

Blaschka, Bruno: Profitcenters in gesellschaftsrechtlicher Form: dargestellt am Beispiel der PWA AG, ZfB 1982, S. 397 ff.

Blumers, Wolfgang: Ausgliederung und Spaltung und wesentliche Betriebsgrundlagen, DB 1995, S. 496 ff.

ders. Demerger – Spaltung börsennotierter Gesellschaften (national und international), DB 2000, S. 589 ff.

ders. Der Teilbetrieb im Umwandlungssteuerrecht, in: Neues Umwandlungssteuerrecht - Praxisfälle und Gestaltungen im Querschnitt, Köln 1996, S. 45 ff.
(zitiert: Blumers, in: Neues Umwandlungssteuerrecht)

ders. Die Teilbetriebe des Umwandlungssteuerrechts, DB 2001, S. 722 ff.

Blumers, Wolfgang; Kramer, Andreas: Ausgliederung und Spaltung mit Teilbetrieben, DB 1993, S. 852 ff.

Blumers, Wolfgang; Siegels, Jörg: Ausgliederung und Spaltung und Zuordnung von Wirtschaftsgütern, DB 1996, S. 7 ff.

Boecken, Winfried: Der Übergang von Arbeitsverhältnissen bei Spaltungen nach dem neuen Umwandlungsrecht, ZIP 1994, S. 1087 ff.

ders. Unternehmensumwandlungen und Arbeitsrecht, Köln 1996
(zitiert: Boecken, Unternehmensumwandlungen)

Bohne, Andreas: Erste Abspaltung dieser Art in Deutschland, Handelsblatt vom 18.11.1998, S. 14

Bokelmann, Gunther: Eintragung eines Beschlusses: Prüfungskompetenz des Registerrichters bei Nichtanfechtung, rechtsmissbräuchlicher Anfechtungsklagen und bei Verschmelzung, DB 1994, S. 1341 ff.

Bommert, Rainer: GmbH-Mantelkauf und Gründungsrecht, BB 1983, S. 209 ff.

Borges, Georg: Einheitlicher Vertrag bei Ausgliederung mehrerer Vermögensteile?, BB 1997, S. 589 ff.

Bork, Reinhard: Beschlussverfahren und Beschlusskontrolle nach dem Referentenentwurf eines Gesetzes zur Bereinigung des Umwandlungsgesetzes, ZGR 1993, S. 343 ff.

Boruttau, Ernst Paul (Hrsg.): Grunderwerbsteuergesetz, 14. Aufl. München 1997 (zitiert: Bearbeiter, in: Boruttau)

Brönner, Herbert; Rux, Hans-Joachim; Wagner, Heidemarie: Die GmbH & Co.KG in Recht und Praxis, 7.Aufl. Freiburg, Berlin 1996

Bühner, Rolf: Die schlanke Managment-Holding, ZfO 1993, S. 9 ff.

ders. Marktwert und Realteilung, ZfB 1984, S. 947 ff.

ders. Management Holding, WiSt 1993, S. 158 ff.

ders. Gestaltungsmöglichkeiten und rechtliche Aspekte einer Management Holding, ZfO 1990, S. 299 ff.

ders. Strategie und Organisation, Analyse und Planung der Unternehmensdiversifikation mit Fallbeispielen, 2. Aufl. Wiesbaden 1993 (zitiert: Bühner, Strategie)

ders. Unternehmensspaltung- Motive und Aktienmarktreaktionen, ZfBf 1998, S. 809 ff.

Brinkmann, Antje: Die Spaltung von Rechtsträgern nach dem neuen umwandlungsrecht: Eine Analyse ihrer individualarbeitsrechtlichen Folgen; Diss. Göttingen 1998 (zitiert: Brinkmann, Spaltung)

Bröcker, Norbert: Die aktienrechtliche Nachgründung: Wieviel Kontrolle benötigt die junge Aktiengesellschaft, ZIP 1999, S. 1029 ff.

Bruski, Johannes: Die Gründungsphase der Aktiengesellschaft bei der Spaltung zur Neugründung, AG 1997, S. 17 ff.

Bungert, Hartwin: Darstellungsweise und Überprüfbarkeit der Angaben über Arbeitnehmerfolgen im Umwandlungsvertrag, DB 1997, S. 2209 ff.

ders. Die Übertragung beschränkter persönlicher Dienstbarkeiten bei der Spaltung, BB 1997, S. 897 ff.

Bungert, Hartwin; Hentzen, Matthias: Kapitalerhöhung zur Durchführung von Verschmelzung oder Abspaltung bei parallelem Rückkauf eigener Aktien durch die übertragende Aktiengesellschaft, DB 1999, S. 2501 ff.

Bunjes, Johann; Geist, Reinhold: Umsatzsteuergesetz Kommentar, 5. Aufl. München 1997 (zitiert: Bearbeiter, in: Bunjes/Geist)

Claussen, Lorenz: Gesamtnachfolge und Teilnachfolge, Diss. Berlin 1994 (zitiert: Claussen, Gesamtnachfolge)

Comment, Robert; Jarrel Gregg A.: Corporate focus and stock returns, Journal of Financial Economics, Vol. 37 (1995), S. 67 ff.

Cronos, W.: Sind Vorteile des kleineren mittelständischen Betriebs im Großkonzern realisierbar?, DB 1992, S. 1689 ff.

Däubler, Wolfgang: Das Arbeitsrecht im neuen Umwandlungsgesetz, RdA 1995, S. 136 ff.

Decher, Christian E.: Die Überwindung der Registersperre nach § 16 Abs.3 UmwG, AG 1997, S. 388 ff.

Dehmer, Hans: Umwandlungsgesetz, Umwandlungssteuergesetz – Kommentar, 2.Aufl. München 1996 (zitiert: Dehmer)

Dietz, Steffen: Die Ausgliederung nach dem UmwG und nach Holzmüller, Diss. Jena 1999 (zitiert: Dietz, Ausgliederung)

Dötsch, Ewald: Umwandlungssteuerrecht, Umstrukturierung von Unternehmen, Verschmelzung – Spaltung – Formwechsel – Einbringung, 4.Aufl. Stuttgart 1998 (zitiert: Dötsch, Umwandlungssteuerrecht)

Dötsch, Ewald; Eversberg, Horst; Jost, Werner; Witt, Georg: Die Körperschaftssteuer, Kommentierung zum Körperschaftssteuergesetz, Bd. 3 Stuttgart, Loseblatt-Sammlung, 25. Erg.-Lieferung Juli 1995 (zitiert: Bearbeiter, in: Dötsch/Eversberg/Jost/Witt)

Dormann, Jürgen: Geschäftssegmentierung bei Hoechst, ZfBf 1993, S. 1067 ff.

Drumm, Hans Jürgen: Rechtlich selbständige Geschäftsbereiche - ein allgemeines Modell? Anmerkungen zur Reorganisation der PWA AG, ZfB 1982, S. 404 ff.

Drygala, Anja: Die Reichweite der arbeitsrechtlichen Angaben im Verschmelzungsvertrag, ZIP 1996, S. 1365 ff.

Eilers, Stephan; Wienands, Hans Gerd: Steuersenkungsgesetz: Anteilsveräußerungen durch die Körperschaften nach der Neufassung von § 8b II KStG, GmbHR 2000, S. 1229 ff.

Engelmeyer, Cäcilie: Ausgliederung durch partielle Gesamtrechtsnachfolge und Einzelrechtsnachfolge – ein Vergleich, AG 1999, S. 263 ff.

dies. Die Informationsrechte des Betriebsrates und der Arbeitnehmer bei Strukturänderungen, DB 1996, S. 2542 ff.

dies. Das Spaltungsverfahren bei der Spaltung von Aktiengesellschaften, AG 1996, S. 193 ff.

dies. Die Spaltung von Aktiengesellschaften nach dem neuen Umwandlungsrecht, Diss. Bielefeld 1995
(zitiert: Engelmeyer, Spaltung)

Everling, Wolfgang: Eine Profit-Center-Konzeption für die Beteiligungen der Unternehmung, DB 1980, S. 121 ff.

Fey, Achim; Neyer, Wolfgang: Veränderungssperre für Konzernstrukturen nach steuerneutraler Spaltung?, GmbHR 1999, S. 274 ff.

Fleischer, Heinrich: Die Vermeidung von Grunderwerbsteuer durch steuergünstige Gestaltungen bei der Umstrukturierung von Unternehmen, DStR 1996, S. 1390 ff.

Fleischer, Holger; Empt, Martin: Gesellschaftsrechtliche Durchgriffs- und Konzernhaftung und öffentlich-rechtliche Altlastenverantwortlichkeit, ZIP 2000, S. 905 ff.

Flesch, Karin: Die Beteiligung von 5-DM-Aktionären an der GmbH nach einer formwechselnden Umwandlung, ZIP 1996, S. 2153 ff.

Förster, Guido: Steuerfreie Veräußerung von Auslandsbeteiligungen nach § 8b KStG, DB 1994, S. 385 ff.

ders. Umstrukturierung deutscher Tochtergesellschaften im Ertragssteuerrecht, Diss. Aachen, 1991
(zitiert: Förster, Umstrukturierung)

Forsthoff, Ulrich: EuGH fördert Vielfalt im Gesellschaftsrecht, DB 2002, S. 2471 ff.

Freitag, Angelika: Der Einfluss von § 4 BetrAVG auf Spaltungen nach dem neuen Umwandlungsgesetz- zugleich ein Beitrag zu § 132 UmwG; Diss. Bonn 1998
(zitiert: Freitag, Der Einfluss von § 4 BetrAVG)

Frese, Erich: Geschäftssegmentierung als organisatorisches Konzept, ZfBf 1993, S. 999 ff.

Frey, Kaspar: Rechtsnachfolge in Vollmachtnehmer- und Vollmachtgeberstellungen; Habil-Schr. Köln 1996
(zitiert: Frey, Rechtsnachfolge)

Fritz, Michael: Die Spaltung von Kapitalgesellschaften, Diss. Freiburg 1991 (zitiert: Fritz, Spaltung)

Fröndhoff, Bert: Bayer lehnt Aufspaltung strikt ab, Handelsblatt vom 26.04.2001, S. 24

ders. Der Sympathieträger, Handelsblatt vom 10.05.2000, S. 24

Fuhrmann, Lambertus; Simon, Stefan: Praktische Probleme der umwandlungsrechtlichen Ausgliederung, AG 2000, S. 49 ff.

Gäbelein, Wolfgang: Die Unternehmensspaltung: Aktuelle Probleme und Gesetzgebungsvorhaben, BB 1989, S. 1420 ff.

Gaiser, Anja Sofia: Die Umwandlung und ihre Auswirkungen auf personenbezogene öffentlich-rechtliche Erlaubnisse – Ein unlösbarer Konflikt zwischen Umwandlungsrecht und Gewerberecht?, DB 2000, S. 361 ff.

Ganske, Joachim: Reform des Umwandlungsrechts –Ein Bericht- , WM 1993, S. 1117 ff.

Geck, Reinhard: Die Spaltung von Unternehmen nach dem neuen Umwandlungsrecht, DStR 1995, S. 416 ff.

Germann, Winfried: Die Acht- Monats- Frist für die Einreichung der Schlussbilanz nach Verschmelzung und ihre Bedeutung für die Praxis, GmbHR 1999, S. 591 ff.

Geßler, Ernst; Hefermehl, Wolfgang; Eckardt, Ulrich; Kropff, Bruno: Aktiengesetz, Kommentar,
Band I München
§§ 1-22 (1.Lieferung 1973)
§§ 23-53 (8. Lieferung 1984)
§§ 53a-75 (7. Lieferung 1983)
Band IV; München
§§ 179-191 (Dezember 1988)
§§ 192-206 (Juli 1993)
§§ 207-220 (Februar 1994)
§§ 221-240 (November 1993)
Band VI, München
§§ 291-318 (6.Lieferung 1976)
§§ 319-358a (13.Lieferung 1991)
§§ 359-395 (14. Lieferung 1993)
§§ 396- 410 (18.Lieferung 1994)
(zitiert: Bearbeiter, in: Geßler/Hefermehl/Eckardt/Kropff)

Giesberts, Ludger; Frank, Oliver: Sanierungsverantwortlichkeit nach BBodSchG bei Erwerb, Veräußerung und Umwandlung von Unternehmen und bei Grundstückstransaktionen, DB 2000, S. 505 ff.

Godin, Freiherr von; Wilhelmi, Hans: Aktiengesetz, Kommentar, 4. Aufl. Berlin, New York 1971 (zitiert: Godin/Wilhelmi)

Goette, Wulf: Auslandsbeurkundungen im Kapitalgesellschaftsrecht, DStR 1996, S. 709 ff.

Göz, Philipp: Statusverfahren bei Änderungen in der Zusammensetzung des Aufsichtsrates, ZIP 1998, S. 1523 ff.

Goutier, Klaus; Knopf, Rüdiger; Tulloch, Anthony (Hrsg.): Kommentar zum Umwandlungsrecht: Umwandlungsgesetz – Umwandlungssteuergesetz, Heidelberg 1996 (zitiert: Bearbeiter, in: Goutier/Knopf/Tulloch)

Grooterhorst, Johannes: Praktische Probleme beim Erwerb einer Vorrats-AG, NZG 2001, S. 145 ff.

Grotherr, Siegfried: Grunderwerbsteuerliche Probleme bei der Umstrukturierung von Unternehmen und Konzernen, BB 1994, S. 1970 ff.

Großkommentar: Großkommentar zum Aktiengesetz,
§§ 23- 40 AktG, 4.Aufl. Berlin 1996
§§ 121-130 AktG, 4.Aufl. Berlin 1993
(zitiert: Bearbeiter, in: Großkomm.)

Günkel, Manfred: Ausländische Anteilseigner im Umwandlungssteuergesetz, in: Neues Umwandlungssteuerrecht- Praxisfälle und Gestaltungen im Querschnitt, Köln 1996, S. 79 ff. (zitiert: Günkel, in: Neues Umwandlungssteuerrecht)

Gutzler, Stephan: Übertragungshindernisse bei der Unternehmensspaltung, Diss. Mainz 1999 (zitiert: Gutzler, Übertragungshindernisse)

Habersack, Mathias: Grundfragen der Spaltungshaftung nach § 133 Abs.1 S.1 UmwG, in: Festschrift für Gerold Bezzenberger, S. 93 ff., Berlin New York 2000 (zitiert: Habersack, FS Bezzenberger)

Hachenburg: Gesetz betreffend die Gesellschaften mit beschränkter Haftung (GmbHG) – Großkommentar, Bd. 1 (§§ 1-34 GmbHG) 8.Aufl. Berlin, New York 1992 (zitiert: Bearbeiter, in: Hachenburg)

Hahn, Hartmut: Gesamtrechtsnachfolge und Verschmelzung, Anmerkung zum Urteil des BFH vom 15.10.1997, BStBl II 1998, S. 168, DStZ 1998, S. 561 ff.

ders. Zum Gläubigerschutz bei der Spaltung von Kapitalgesellschaften; GmbHR 1991, S. 242 ff.

Happ, Wilhelm (Hrsg.): Aktienrecht, Handbuch-Mustertexte-Kommentar, Köln, Berlin, Bonn, München 1995
(zitiert: Happ, Aktienrecht)

Happ, Wilhelm; Freitag, Angelika: Die Mitternachtsstund' als Nichtigkeitsgrund?, AG 1998, S. 492 ff.

Haritz, Detlef; Benkert, Manfred (Hrsg.): Umwandlungssteuergesetz, 2.Aufl. München 2000
(zitiert: Bearbeiter, in: Haritz/Benkert)

Haritz, Detlef; Wisniewski, Thomas: Das Umwandlungssteuerrecht nach Verabschiedung der Unternehmenssteuerreform, GmbHR 2000, S. 789 ff.

Hartmann, Beate: Die Spaltung von Kapitalgesellschaften nach dem neuen UmwStG in ertragssteuerrechtlicher und betriebswirtschaftlicher Sicht, Diss. Frankfurt am Main 1997
(zitiert: Hartmann, Spaltung nach UmwStG)

Heckschen, Heribert: Die Entwicklung des Umwandlungsrechts aus Sicht der Rechtsprechung und Praxis, DB 1998, S. 1385 ff.

ders. Verschmelzung von Kapitalgesellschaften, Stuttgart 1989
(zitiert: Heckschen, Verschmelzung)

Heerma, Jan Dirk: Mantelverwendung und Kapitalaufbringungspflichten, Diss. Passau 1996
(zitiert: Heerma: Mantelverwendung)

Heermann, Peter W.: Auswirkungen einer Behebbarkeit oder nachträglichen Korrektur von gerügten Verfahrensmängeln auf das Unbedenklichkeitsverfahren nach § 16 Abs.3 UmwG, ZIP 1999, S. 1861 ff.

Heidenhain, Martin: Fehlerhafte Umsetzung der Spaltungs-Richtlinie, EuZW 1995, S. 327 ff.

ders. Sonderrechtsnachfolge bei der Spaltung, ZIP 1995, S. 801 ff.

ders. Spaltungsvertrag und Spaltungsplan, NJW 1995, S. 2873 ff.

Heiss, Manuela: Gläubigerschutz bei der Unternehmensspaltung, DZWir 1993, S. 12 ff.

Hennings, Robert: Die Börseneinführung von Tochtergesellschaften: Entscheidungsproblem im Konzern, Diss Köln 1995
(zitiert: Hennings, Börseneinführung)

Hennrichs, Joachim: Formwechsel und Gesamtrechtsnachfolge bei Umwandlungen, Diss. Mainz 1994

(zitiert: Hennrichs, Formwechsel)

ders. Zum Formwechsel und zur Spaltung nach dem neuen Umwandlungsgesetz, ZIP 1995, S. 794 ff.

Henze, Hartwig: Die „zweistufige" Konzernverschmelzung, AG 1993, S. 341 ff.

Herzig, Norbert: Die Realteilung von Kapitalgesellschaften im Ertragssteuerrecht, DB 1986, S. 1401 ff.

ders. Gestaltung steuerorientierter Umstrukturierungen im Konzern, DB 2000, S. 2236 ff.

ders. Verbesserung der steuerneutralen Umstrukturierungsmöglichkeiten, insbesondere durch das neue Umwandlungssteuergesetz, in: Steuerorientierte Umstrukturierung von Unternehmen, Stuttgart 1997, S. 1 ff.
(zitiert: Herzig, in: Steuerorientierte Umstrukturierung)

Herzig, Norbert; Dautzenberg, Norbert; Heyeres Ralf: System und Schwächen der Fusionsrichtlinie, DB 1991, Beilage 12, S. 1 ff.

Herzig, Norbert; Förster, Guido: Problembereiche bei der Auf- und Abspaltung von Kapitalgesellschaften nach neuem Umwandlungssteuerrecht, DB 1995, S. 338 ff.

dies. Steuerneutrale Umstrukturierung von Konzernen, StuW 1998, S. 99 ff.

Herzig, Norbert; Momen, Leila: Die Spaltung von Kapitalgesellschaften im neuen Umwandlungssteuerrecht (Teil I), DB 1994, S. 2157 ff.

dies. Die Spaltung von Kapitalgesellschaften im neuen Umwandlungssteuerrecht (Teil II), DB 1994, S. 2210 ff.

Heymann, Ernst: Handelsgesetzbuch Kommentar, Band 1, 2.Aufl. Berlin, New York 1995
(zitiert: Bearbeiter, in: Heymann)

Himmelreich, Reinhard: Unternehmensteilung durch partielle Universalsukzession, Diss. Frankfurt 1986
(zitiert: Himmelreich, Unternehmensteilung)

Hockemeier, Hartmut: Die Auswirkung der Verschmelzung von Kapitalgesellschaften auf die Anstellungsverhältnisse der Geschäftsleiter, Diss. Münster 1989
(zitiert: Hockemeier, Auswirkung)

Hörger, Helmut: Aufspaltung, Abspaltung und Vermögensübertragung (Teilübertragung) (§ 15 UmwStG), DStR 1998, Beilage zu Heft 17, S. 29 ff.

ders. Ist die Spaltung von Kapitalgesellschaften zufriedenstellend geregelt?, StbJb 1994/95, S. 225 ff.

ders. Spaltung von Kapitalgesellschaften, FR 1994, S. 765 ff.

Hörger, Helmut; von Gronau, Franz-Stephan: Spaltung von Kapitalgesellschaften – Anmerkungen zum BMF-Schreiben vom 9.01.1992, DStR 1992, S. 92 ff.

Hörger, Helmut; Scheipers, Thomas: Steuersenkungsgesetz: Einschränkung der Steuerfreiheit für Veräußerungsgewinne gem. § 8b II KStG durch § 8b IV KStG, DB 2000, S. 1988 ff.

Hommelhoff, Peter: Minderheitenschutz bei Umstrukturierungen, ZGR 1993, S. 452 ff.

ders. Zur Kontrolle strukturändernder Gesellschafterbeschlüsse, ZGR 1990, S. 446 ff.

Hoffmann-Becking, Michael: Das neue Verschmelzungsrecht in der Praxis, in Festschrift für Hans-Joachim Fleck, Berlin, New York 1988, S. 105 ff.
(zitiert: Hoffmann-Becking, FS Fleck)

Hofmann, Ruth (Hrsg.): Grunderwerbssteuergesetz – Kommentar, 7.Aufl. Berlin 2001

Hofmann, Siegfried: Aventis startet in unruhigen Zeiten, Handelsblatt vom 20.12.1999, S. 18

Holzapfel, Hans-Joachim; Roschmann, Christian: Nachgründung gemäß § 52 AktG, in: Festschrift für Gerold Bezzenberger, Berlin, New York 2000, S. 163 ff.
(zitiert: Holzapfel/Roschmann, FS Bezzenberger)

Hopt, Klaus J.: Vertrags- und Formularbuch zum Handels-, Gesellschafts-, Bank- und Transportrecht, 2.Aufl. München 2000
(zitiert: Bearbeiter, in: Hopt, Vertrags- und Formularbuch)

Hüffer, Uwe: Aktiengesetz, 5.Aufl. München 2002.

Hügel, Hanns F.: Verschmelzung und Einbringung: Unternehmensübertragung auf verbandsrechtlicher Grundlage im österreichischen und deutschen Gesellschafts-, Bilanz- und Ertragssteuerrecht der Kapitalgesellschaften, Habil.- Schr. Wien 1993
(zitiert: Hügel, Verschmelzung)

Hundt, Florenz: Standortsicherungsgesetz: Außensteuerliche Änderungen – Einfügung von § 8b KStG sowie Änderungen des § 26 KStG, des

UmwStG und des AstG, DB 1993, S. 2099 ff.

Hungenberg, Harald: Strategisches Management in Unternehmen: Ziele- Prozesse-Verfahren, 1.Aufl. Wiesbaden 2000
(zitiert: Hungenberg, Management)

IDW Stellungnahme HFA 6/1988, WPg 1989, S. 42 ff.

IDW Stellungnahme HFA 1/1998, WPg 1998, S. 508 ff.

Ihrig, Hans-Christoph: Die Verwertung von GmbH-Mänteln: Steuerrechtliche Möglichkeiten und gesellschaftsrechtliche Risiken, BB 1988, S. 1197 ff.

ders. Gläubigerschutz durch Kapitalaufbringung bei Verschmelzung und Spaltung nach dem neuen Umwandlungsrecht, GmbHR 1995, S. 622 ff.

ders. Verschmelzung und Spaltung ohne Gewährung neuer Anteile?, ZHR 160 (1996), S. 317 ff.

ders. Zum Inhalt der Haftung bei der Spaltung, in: Habersack/Koch/Winter (Hrsg.), Die Spaltung im neuen Umwandlungsrecht und ihre Rechtsfolgen, Heidelberg 1999, S. 80 ff.
(zitiert: Ihrig, in: Habersack/Koch/Winter)

Ising, Peter; Thiell, Marie-Theres: Erfahrungen mit dem Spaltungsgesetz, DB 1991, S. 2021 ff.

Ittner, Dirk: Die Spaltung nach dem neuen Umwandlungsrecht, MitthRhNotK 1997, S. 105 ff.

Jesch, Volkmar: Höchstpersönliche Rechte und Abspaltung, in: Habersack/Koch/Winter (Hrsg.), Die Spaltung im neuen Umwandlungsrecht und ihre Rechtsfolgen, Heidelberg 1999, S. 148 ff.
(zitiert: Jesch, in: Habersack/Koch/Winter)

John, Kose; Ofek, Eli: Asset sales and increase in focus, Journal of Financial Economics, Vol. 37 (1995), S. 105 ff.

Joost, Detlev: Arbeitsrechtliche Angaben im Umwandlungsvertrag, ZIP 1995, S. 976 ff.

Jung, Martin: Das Übergangsmandat des Betriebsrats, Diss. Bayreuth 1999
(zitiert: Jung, Martin, Übergangsmandat)

Jung, Peter: Die stille Gesellschaft in der Spaltung, ZIP 1996, S. 1734 ff.

Kallmeyer, Harald: Anwendung von Verfahrensvorschriften des Umwandlungsgesetzes auf Ausgliederungen nach Holzmüller, Zusammenschlüsse nach der Pooling-of-interests-Methode und die sogenannte übertragende Auflösung, in: Festschrift für Marcus Lutter, Köln 2000, S. 1245 ff.
(zitiert: Kallmeyer, FS Lutter)

ders. Das neue Umwandlungsgesetz, ZIP 1994, S. 1746 ff.

ders. Der Einsatz von Spaltung und Formwechsel nach dem UmwG 1995 für die Zukunftssicherung von Familienunternehmen, DB 1995, S. 28 ff.

ders. Spaltung: Wie man mit § 132 UmwG 1995 leben kann, GmbHR 1996, S. 242 ff.

ders. Spaltung nach dem neuen Umwandlungsgesetz: Anwendung des § 133 UmwG auf Arbeitnehmeransprüche, ZIP 1995 S. 550 ff.

ders. Tragweite des Überseering-Urteils des EuGH vom 5.11.2002 zur grenzüberschreitenden Sitzverlegung, DB 2002, S. 2521 f.

ders. Umwandlungsgesetz- Kommentar: Verschmelzung, Spaltung und Formwechsel bei Handelsgesellschaften, 2. Aufl. Köln 2001
(zitiert: Bearbeiter, in: Kallmeyer)

Kaserer, Christoph; Ahlers, Martin: Kursreaktionen anlässlich der Börseneinführung von Tochterunternehmen- Signaling oder verbesserte Unternehmenskontrolle in Konzernen, ZfBf 2000, S. 537 ff.

Kegel, Gerhard: Internationales Privatrecht, 8.Aufl. München 2000

Keil, Tilo: Anmerkung zum Beschl. OLG Frankfurt/Main v. 22.08.2000 (ZIP 2000, S. 1928), EWiR 2000, S. 1125 f.

ders. Anmerkung zum Beschl. OLG Düsseldorf v. 15.03.1999 (ZIP 1999, S. 793), EWiR 1999, S. 1185 f.

Keller, Thomas Die Einrichtung einer Holding: Bisherige Erfahrungen und neuere Entwicklungen, DB 1991, S. 1633 ff.

Kessler, Wolfgang; Schmalz, Andrea; Schmidt, Wolfgang: Die Verschärfung, Verbesserung und Verkomplizierung der Besteuerung von Beteiligungserträgen nach der geplanten Neufassung des § 8b II KStG, DStR 2001, S. 1865 ff.

Kiem, Roger: Die schwebende Umwandlung, ZIP 1999, S. 173 ff.

ders. Verträge zur Umwandlung von Unternehmen, RWS Vertragsmuster 11, Köln 1998

(zitiert: Kiem, Verträge zur Umwandlung)

Kirchhof, Paul (Hrsg.): EStG KompaktKommentar, Heidelberg 2001 (zitiert: Bearbeiter, in: Kirchhof)

Kleindiek, Detlef: Vertragsfreiheit und Gläubigerschutz im künftigen Spaltungsrecht nach dem Referentenentwurf UmwG, ZGR 1992, S. 513 ff.

Klepsch, Michael:: Die Arbeit der Registerrichter in Theorie und Praxis, Diss. Jena (im Druck) 2002 (zitiert: Klepsch, Arbeit der Registerrichter)

Köhler, Stefan: Unternehmenssteuerreform 2001: Auswirkungen des Steuersenkungsgesetzes auf deutsche Auslandsinvestitionen, DStR 2000, S. 1849 ff.

Kölner Kommentar: Kölner Kommentar zum Aktiengesetz,
Bd. 1, §§ 1-147 AktG, 1.Aufl. Köln, Berlin, Bonn, München 1985
Bd. 1, §§ 1-75 AktG, 2.Aufl. Köln, Berlin, Bonn, München 1988
Bd. 5, §§ 179-240 AktG, 2.Aufl. Köln, Berlin, Bonn, München 1994
Bd. 7, §§ 339-361 AktG, 2.Aufl. Köln, Berlin, Bonn, München 1990
(zitiert: Bearbeiter, in: Kölner Kommentar)

Körner, Julia; Rodewald, Jörg: Bedingungen, Befristungen, Rücktritts- und Kündigungsrechte in Verschmelzungs- und Spaltungsverträgen, BB 1999, S. 853 ff.

Köster, Beate-Katrin: StSenkG: Befreiung innerkonzernlicher Beteiligungserträge; Dividenden und Veräußerungsgewinne, Abzugsbegrenzung, FR 2000, S. 1263 ff.

Kohler-Gehrig, Eleonora: Der gesamtschuldnerische Innenausgleich zwischen Zustands- und Handlungsstörer im Polzei- und Ordnungsrecht, NVwZ 1992 S. 1049 ff.

Kort, Michael: Aktien aus vernichteten Kapitalerhöhungen, ZGR 1994, S. 291 ff.

Kottmann, Bernd: Die Spaltung einer Aktiengesellschaft, München 1986 (zitiert: Kottmann, Spaltung)

Krause, Hartmut: Wie lange ist ein Monat? – Fristberechnung am Beispiel des § 5 III UmwG, NJW 1999, S. 1448 f.

Kreßel, Eckhard: Arbeitsrechtliche Aspekte des neuen Umwandlungsbereinigungsgesetzes, BB 1995, S. 925 ff.

Krieger, Gerd: Der Konzern in Fusion und Umwandlung, ZGR 1990, S. 517 ff.

ders. Fehlerhafte Satzungsänderungen: Fallgruppen und Bestandskraft, ZHR 158 (1994), S. 35 ff.

ders. Zur Reichweite des § 52 AktG, in: Festschrift für Carsten Peter Claussen, Köln, Berlin, Bonn, München 1997, S. 223 ff.
(zitiert: Krieger, FS Claussen)

Küblböck, Herbert: Die Spaltung von Kapitalgesellschaften, Diss. Hamburg 1988
(zitiert: Küblböck, Spaltung)

Kupfer, Christine: Das Teilbetriebserfordernis als Voraussetzung steuerrechtlicher und zivilrechtlicher Privilegierung bei der Spaltung von Kapitalgesellschaften, Diss. Tübingen 2000
(zitiert: Kupfer, Teilbetriebserfordernis)

Kußmaul, Heinz : Betriebswirtschaftliche Steuerlehre, 2.Aufl. München Wien 2000
(zitiert: Kußmaul, Steuerlehre)

Langenfeld, Gerrit: GmbH-Vertragspraktikum, Gestaltungs- und Beratungsempfehlungen, Verträge und Formulare zum GmbH-Recht, 2.Aufl. Köln 1995
(zitiert: Langenfeld, GmbH-Vertragspraktikum)

Lennerz, Ursula: Die internationale Verschmelzung und Spaltung unter Beteiligung deutscher Gesellschaften, Diss. Freiburg 1999
(zitiert: Lennerz, internationale Verschmelzung und Spaltung)

Limmer, Peter : Anteilsgewährung und Kapitalschutz bei Verschmelzung und Spaltung nach dem neuen Umwandlungsrecht, in Festschrift für Helmut Schippel, München 1996, S. 415 ff.
(zitiert: Limmer, FS Schippel)

ders. Umwandlungsrecht; Gesetz zur Bereinigung des Umwandlungsrechts, mit Praxishinweisen und Vertragsmustern von Peter Limmer; Herne/Berlin 1995
(zitiert: Limmer, Umwandlungsrecht)

Luckey, Günter: Gewinnrealisierung bei Unternehmensumwandlung und bei Übertragung einzelner Wirtschaftsgüter, StuW 1977, S. 129 ff.

ders. Steuerliche Gewinnrealisierung bei Umwandlung von Unternehmungen und Übertragung einzelner Wirtschaftsgüter, Diss. Köln 1977
(zitiert: Luckey, Gewinnrealisierung)

Lüke, Wolfgang: Das Verhältnis von Auskunfts-, Anfechtungs- und Registerverfahren im Aktienrecht, ZGR 1990, S. 657 ff.

Lüttge, Jörg W.: Das neue Umwandlungs- und Umwandlungssteuerrecht, NJW 1995, S. 417 ff.

Lutter, Marcus: Die Eintragung anfechtbarer Hauptversammlungsbeschlüsse im Handelsregister, NJW 1969, S. 1873 ff.

ders. Materielle und förmliche Erfordernisse eines Bezugsrechtsausschlusses – Besprechung der Entscheidung BGHZ 71, 40 (Kali + Salz) - , ZGR 1979, S. 401 ff.

ders. „Überseering" und die Folgen, BB 2003, S. 7 ff.

ders. (Hrsg.): Umwandlungsgesetz- Kommentar, 1.Aufl. Köln 1996 (zitiert: Bearbeiter, in: Lutter 1.Aufl.)

ders. (Hrsg.): Umwandlungsgesetz- Kommentar, Bd. 1 und Bd. 2, jeweils 2.Aufl. Köln 2000 (zitiert: Bearbeiter, in: Lutter)

ders. (Hrsg.): Verschmelzung – Spaltung – Formwechsel nach dem Umwandlungsrecht und Umwandlungssteuerrecht / Kölner Umwandlungsrechtstage, Köln 1995. (zitiert: Bearbeiter, in: Lutter: Kölner Umwandlungsrechtstage)

Lutter, Marcus; Hommelhoff, Peter: GmbH-Gesetz – Kommentar, 15.Aufl. Köln 2000 (zitiert: Lutter/Hommelhoff)

Luttermann, Claus: Zum Börsenkurs als gesellschaftsrechtliche Bewertungsgrundlage, ZIP 1999, S. 45 ff.

Martens, Klaus-Peter: Kontinuität und Diskontinuität im Verschmelzungsrecht der Aktiengesellschaft, AG 1986, S. 57 ff.

Masing, Tobias: Betriebliche Altersversorgung in der Unternehmensspaltung: Der individuelle Schutz von unmittelbaren Versorgungszusagen in einer neuen Sukzessionsform; Diss. Berlin 1995 (zitiert: Masing, Betriebliche Altersversorgung)

Mayer, Dieter: Erste Zweifelsfragen bei der Unternehmensspaltung, DB 1995, S. 861 ff.

ders. Spaltungsbremse? Ein Vorschlag zur sachgerechten Auslegung des § 132 UmwG, GmbHR 1996, S. 403 ff.

Meister, Norbert: Übergang von Unternehmensverträgen bei der Spaltung der herrschenden Gesellschaft, DStR 1999, S. 1741 ff.

Melchior, Robin: Die Beteiligung von Betriebsräten an Umwandlungsvorgängen aus Sicht des Handelsregisters, GmbHR 1996, S. 833 ff.

Mengel, Anja: Umwandlungen im Arbeitsrecht: Eine Untersuchung der arbeitsrechtlichen Vorschriften des Gesetzes zur Bereinigung des Umwandlungsrechts vom 28.10.1994, Diss. Köln 1996 (zitiert: Mengel, Umwandlungen im Arbeitsrecht)

Mellert, Christofer: Kein Vorteil mehr für Vorratsgesellschaften, Frankfurter Allgemeine Zeitung vom 19.02.2003, S. 21.

Mellewigt, Thomas; Matiaske, Wenzel: Strategische Konzernführung: Stand der empirischen betriebswirtschaftlichen Forschung, ZfB 2000, S. 611 ff.

Mertens, Kai: Umwandlung und Universalsukzession, Diss. Kiel 1992 (zitiert: Mertens, Umwandlung)

ders. Zur Universalsukzession in einem neuen Umwandlungsrecht, AG 1994, S. 66 ff.

Momen, Leila: Steuerneutralität grenzüberschreitender Spaltungen von Kapitalgesellschaften im deutschen Ertragssteuerrecht, Diss. Köln 1997. (zitiert: Momen, Steuerneutralität)

dies. Veräußerung durch Spaltung: Die Missbrauchsklausel des § 15 III Satz 2 UmwStG auf dem Prüfstand, DStR 1997, S. 355 ff.

Müller, Klaus J.: Die Zuleitung des Verschmelzungsvertrages an den Betriebsrat nach § 5 III Umwandlungsgesetz, DB 1997, S. 713 ff.

ders. Spaltung nach dem Umwandlungsgesetz und der Übergang von Verträgen mit Abtretungsbeschränkungen, BB 2000, S. 365 ff.

ders. Unterzeichnung des Verschmelzungsberichts, NJW 2000, S. 2001 ff.

Müller, Michael A.: Ertragssteuerliche Behandlung der Grunderwerbsteuer in Umstrukturierungsfällen, DB 1997, S. 1433 ff.

Münchener Kommentar: Kommentar zum Aktiengesetz, Bd.1 (§§ 1-53 AktG), Bd. 7 (§§ 222-277 AktG), Bd. 8 (§§278-328 AktG) 2.Aufl. des Geßler/Hefermehl/ Eckardt/Kropff Kommentars, München 2000/2001 (zitiert: Bearbeiter, in: Münchener Kommentar)

Münchener Kommentar: Kommentar zum Bürgerlichen Gesetzbuch, Bd. 2 (§§ 241-432 BGB), 3. Aufl., München 1994; Bd. 5 (§§ 705-853 BGB), 3.Aufl., München 1997 (zitiert: Bearbeiter, in: Münchener Kommentar)

Münchener Vertragshandbuch: Band 1, Gesellschaftsrecht, 5.Aufl. München 2000 (zitiert: Bearbeiter, in: Münchener Vertragshandbuch I)

Mutter, Stefan: Teilbarkeit von Grundstücksmietverträgen in der Unternehmensspaltung?, ZIP 1997, S. 139 f.

Nagl, Ruth: Die Spaltung durch Einzelrechtsnachfolge und nach dem neuen Umwandlungsrecht, DB 1996, S. 1221 ff.

Naraschewski, Alexander: Haftung bei der Spaltung von Kommanditgesellschaften, DB 1995, S. 1265 ff.

ders. Die vereinfachte Kapitalherabsetzung bei der Spaltung einer GmbH, GmbHR 1995, S. 697 ff.

Neufang, Bernd: Deutsche Steuerberaterrichtlinien, Neue Beratungsempfehlungen zur Unternehmenssteuerreform 2001/2002, Offenburg 2001 (zitiert: Neufang, Steuerberaterrichtlinien)

Neye, Hans-Werner: Der Regierungsentwurf zur Reform des Umwandlungsrechts, ZIP 1994, S. 165 ff.

ders. Nochmals: Entstehung vermögens- und subjektloser Kapitalgesellschaften – Erwiderung auf Heidenhain, GmbHR 1995, 264, GmbHR 1995, S. 565 ff.

Nick, Andreas: Börseneinführung von Tochtergesellschaften: Instrument der Konzernfinanzierung und –gestaltung, Diss. Koblenz 1994 (zitiert: Nick, Börseneinführung)

Noack, Ulrich: Das Freigabeverfahren bei Umwandlungsbeschlüssen – Bewährung und Modell, ZHR 164 (2000), S. 274 ff.

Odenthal, Stefan: Management von Unternehmensteilungen, Diss. Göttingen 1999 (zitiert: Odenthal, Management)

Oetker, Hartmut: Das Dauerschuldverhältnis und seine Beendigung, Habil.-Schr. Tübingen 1994 (zitiert: Oetker, Dauerschuldverhältnis)

ders. Handelsrecht, 2.Aufl. Berlin, Heidelberg, New York 1999

ders. Partielle Universalsukzession und Versicherungsvertrag, VersR 1992, S. 7 ff.

Oetker, Hartmut; Busche, Jan: Entflechtung ehemals volkseigener Wirtschaftseinheiten im Lichte des Arbeitsrechts, NZA 1991 Beilage 1, S. 18 ff.

Ott, Hans: Die Realteilung einer Kapitalgesellschaft im Ertragssteuerrecht, Diss. Aachen 1989 (zitiert: Ott, Realteilung) *o. V.* Aktienkurs bricht nach Gewinnwarnung ein, Handelsblatt vom 13.10.1998, S. 15

Hoechst trennt sich vom Chemiegeschäft, Handelsblatt vom 18.11.1998, S. 1

Industriegeschäft wird abgespalten, Handelsblatt vom 18.11.1998, S. 13

Börse verzichtet auf Applaus für Abschied vom Konglomerat, Handelsblatt vom 18.11.1998, S. 14

Hoechst vor Pharma Zweckehe; Handelsblatt vom 26.11.1998, S. 1

Hoechst und Rhône Poulonc haben wieder Kurspotential, Handelsblatt vom 26.11.1998, S.21

Hoechst und Rhône Poulonc schmieden Pharmagiganten, Handelsblatt vom 02.12.1998, S.1

Aventis als Formel für die Fusion, Handelsblatt vom 02.12.1998, S.13

Schering setzt sich durch, Handelsblatt vom 17.02.1999, S. 13

Hoechst Aktionären winkt Aventis-Mehrheit, Handelsblatt vom 18.02.1999, S.1

Dormann reist nach Kuwait, Handelsblatt vom 11.03.1999, S.21

Hoechst beugt sich den Kuwaitis, Handelsblatt vom 17.03.1999, S. 13

Nur Chemie macht Hoechst Sorgen, Handelsblatt vom 19./20.03.1999, S. 16

Hoechst-Chef schweigt zu Aventis, Handelsblatt vom 05.05.1999, S. 14

Hoechst soll offenbar Mehrheit an Aventis erhalten, Handelsblatt vom 12.05.1999, S. 14

Der Scheich lässt Hoechst weiter zappeln, Handelsblatt vom 15.05.1999, S. 2

Wenn Hoechst platzt, platzt den Franzosen der Kragen, Handelsblatt vom 15.05.1999, S. 22

o. V. Hoechst besiegelt Pharmafusion, Handelsblatt vom 18.05.1999, S.1

Celanese geht gut gerüstet an den Start in die Selbständigkeit, Handelsblatt vom 18.05.1999, S. 17

Rhône Poulonc bereit für Projekt Aventis, Handelsblatt vom 14.07.1999, S. 14

Der neue Pharma-Riese auf der Aufholjagd, Handelsblatt vom 15.07.1999, S. 16

Heftige Kritik an Hoechst-Fusion, Handelsblatt vom 16./17.07.1999, S. 16

Wenig Beifall für Dormanns Visionen, Handelsblatt vom 16./17.07.1999, S. 12

Hoechst-Aktionäre stimmen für Aventis, Handelsblatt vom 19.07.1999, S. 13

Kritischer Blick auf die neue Aventis, Handelsblatt vom 19.07.1999, S. 23

Tiefrote Zahlen bei der Celanese AG, Handelsblatt vom 05.10.1999, S. 21

Bekanntmachung eines Prozessvergleichs mit Wirkung auf alle außenstehenden Aktionäre unserer Gesellschaft, Anzeige der Hoechst AG in Frankfurter Allgemeine Zeitung vom 08.10.1999

Hoechsts Abschied von der Chemie ohne Tränen, Handelsblatt vom 25.10.1999, S. 22

Celanese – Kandidat für eine Übernahme?, Handelsblatt vom 26.10.1999, S. 36

Fusion zu Aventis endgültig perfekt, Handelsblatt vom 16.12.1999, S. 18

Chemie schlägt Pharma, Handelsblatt vom 29.02.2000, S. 32

Konglomerate sind besser als ihr Ruf, Handelsblatt vom 07.03.2000, S. 20

Starkes Quartal bei Degussa und Celanese, Handelsblatt vom 10.05.2000, S. 17

o.V. Celanese macht wieder Gewinne und hebt Dividende an, Handelsblatt vom 23.02.2001, S. 18

Länder kritisieren Steuerpläne, Welt vom 03.11.2001, S. 11

Celanese-Großaktionär kennt kein Kaufangebot, Handelsblatt vom 04.02.2003, S. 12

Pahlke, Armin; Franz, Willy (Hrsg.): Grunderwerbsteuergesetz, 2.Aufl. München 1999 (zitiert: Bearbeiter, in: Pahlke/Franz)

Palandt, Otto: Bürgerliches Gesetzbuch – Kommentar, 60.Aufl. München 2001 (zitiert: Bearbeiter, in: Palandt)

Peetz, Carsten Anmerkung zum Beschl. BGH vom 09.12.2002, GmbHR 2003, S. 229 ff.

Pellens, Bernhard: Börseneinführung von Tochterunternehmen – Aktienmarktreaktionen auf die Performance des Mutterunternehmens, ZfBf 1993, S. 852 ff.

Pentz, Andreas: Diskussionsbericht zum Referat Wiesner, in: Habersack/Koch/Winter (Hrsg.), Die Spaltung im neuen Umwandlungsrecht und ihre Rechtsfolgen, Heidelberg 1999, S. 184 ff.
(zitiert: Pentz, in: Habersack/Koch/Winter)

Peters, Carsten: „Erleichterungswirkungen" der Spaltung? – Das Verhältnis der §§ 123 ff. UmwG zur Umstrukturierung von Unternehmen im Wege der Einzelrechtsnachfolge, Diss. Münster 2001
(zitiert: Peters, Erleichterungswirkungen der Spaltung)

Petersen, Jens: Der Gläubigerschutz im Umwandlungsrecht, München Habil.-Schr. 2000/2001
(zitiert: Petersen, Gläubigerschutz)

Pickhardt, Natalie: Die Abgrenzung des spaltungsrelevanten Vermögensteils als Kernproblem der Spaltung, DB 1999, S. 729 ff.

Picot, Arnold: Strukturwandel und Wettbewerbsdruck, ZfBf 1990, S. 119 ff.

Pieroth, Johannes: Schutz von Minderheitengesellschaftern bei nicht-verhältniswahrenden Spaltungen von Kapitalgesellschaften, Diss. Mainz 1994
(zitiert: Pieroth, Nicht-verhältniswahrende Spaltung)

Piltz, Detlev J.: Unternehmensbewertung und Börsenkurs im aktienrechtlichen Spruchverfahren, ZGR 2001, S. 185 ff.

Pricewaterhouse Coopers (Hrsg.): Unternehmenssteuerreform 2001, 1.Aufl. Freiburg, Berlin, München 2000

Priester, Hans-Joachim: Bilanzierung bei schwebender Verschmelzung, BB 1992, S. 1594 ff.

ders. Das neue Umwandlungsrecht aus notarieller Sicht, DNotZ 1995, S. 427 ff.

ders. Das neue Verschmelzungsrecht, NJW 1983, S. 1459 ff.

ders. Die klassische Ausgliederung – ein Opfer des Umwandlungsgesetzes 1994?, ZHR (163) 1999, S. 187 ff.

ders. Kapitalschutz bei der übertragenden Gesellschaft in Spaltungsfällen, in: Festschrift Schippel, München 1996, S. 487 ff.
(zitiert: Priester, FS Schippel)

ders. Mantelverwendung und Mantelgründung bei der GmbH, DB 1983, S. 2291 ff.

ders. Notwendige Kapitalerhöhung bei Verschmelzung von Schwestergesellschaften, BB 1983, S. 363 ff.

ders. Strukturänderungen – Beschlussvorbereitung und Beschlussfassung, ZGR 1990, S. 420 ff.

Pung, Alexandra: Steuersenkungsgesetz: Änderungen des UmwStG, DB 2000, S. 1835 ff.

Raupach, Arndt: Der international tätige Spartenkonzern: Organisation- Recht- Steuern, IStR 1993, S. 194 ff.

Rawert, Peter: Anmerkung zum Beschl. LG Duisburg v. 18.09.1997, EWiR 1998, S. 223 f.

Rettmann, Stephanie: Die Rechtmäßigkeitskontrolle von Verschmelzungsbeschlüssen. Das Unbedenklichkeitsverfahren nach § 16 Abs. 3 UmwG, Diss. Hamburg 1998
(zitiert: Rettmann, Rechtmäßigkeitskontrolle)

Reichert, Jochem: Ausstrahlungswirkungen der Ausgliederungsvoraussetzungen nach UmwG auf andere Strukturänderungen, in: Habersack/Koch/Winter (Hrsg.), Die Spaltung im neuen Umwandlungsrecht und ihre Rechtsfolgen, Heidelberg 1999, S. 168 ff.
(zitiert: Reichert, in: Habersack/Koch/Winter)

ders. Folgen der Anteilsvinkulierung für die Umstrukturierungen von Gesellschaften mit beschränkter Haftung und Aktiengesellschaften nach dem Umwandlungsgesetz 1995, GmbHR 1995, S. 176 ff.

ders. Probleme der Nachgründung nach altem und neuem Recht, ZGR 2001, S. 554 ff.

Rieble, Volker: Verschmelzung und Spaltung von Unternehmen und ihre Folgen für Schuldverhältnisse mit Dritten, ZIP 1997, S. 301 ff.

Riegger, Bodo: Zum Schicksal von Beteiligungen an Drittgesellschaften bei Verschmelzungen, in: Festschrift Bezzenberger, Berlin, New York 2000, S. 379 ff.
(zitiert: Riegger, FS Bezzenberger)

Riegger, Bodo; Schockenhoff, Martin: Das Unbedenklichkeitsverfahren zur Eintragung der Umwandlung ins Handelsregister, ZIP 1997, S. 2105 ff.

Riotte, Michael: Die ertragssteuerliche Behandlung der Spaltung von Unternehmen, Diss. Mannheim 1993
(zitiert: Riotte, ertragssteuerliche Behandlung)

Rodloff, Frank: Börsenkurs statt Unternehmensbewertung – Zur Ermittlung der Abfindung im Spruchstellenverfahren, DB 1999, S. 1149 ff.

Rödder, Thomas: DStR-Fachliteratur-Auswertung: Umwandlungssteuerrecht, DStR 1995, S. 322 ff.

Rowedder, Heinz (Hrsg.): Gesetz betreffend die Gesellschaften mit beschränkter Haftung (GmbHG), Kommentar, 4.Aufl. München 2002
(zitiert: Bearbeiter, in: Rowedder)

Sagasser, Bernd; Bula, Thomas; Brünger, Thomas R. (Hrsg.): Umwandlungen: Verschmelzung- Spaltung- Formwechsel- Vermögensübertragung; Zivil-, Handels- und Steuerrecht / 2.Aufl. München 2000
(zitiert: Bearbeiter, in: Sagasser/Bula/Brünger, Umwandlungen)

Schäfer, Carsten: Höchstpersönliche Rechte (Gegenstände) in der Aufspaltung, in: Habersack/Koch/Winter (Hrsg.), Die Spaltung im neuen Umwandlungsrecht und ihre Rechtsfolgen, Heidelberg 1999, S. 114 ff.
(zitiert: Schäfer, in: Habersack/Koch/Winter)

Schall, Alexander; Horn, Michael: Der Übergang öffentlich-rechtlicher Pflichten in der Spaltung am Beispiel der abstrakten Polizeipflicht, ZIP 2003, S. 327 ff.

Scheffler, Wolfram: Beteiligungsveräußerungen durch Kapitalgesellschaften: Die Steuerbefreiung nach § 8b Abs. 2 KStG ist gerechtfertigt, DB

2003, S. 680 ff.

Schick, Rainer: GmbH-Mantelkauf und verdeckte Sacheinlage, GmbHR 1997, S. 982 ff.

Schlegelberger, Franz (Begr.): Handelsgesetzbuch, Kommentar, Band III 1.Halbband, 5.Aufl. München 1992
(zitiert: Bearbeiter, in: Schlegelberger)

Schmid, Christoph: Das umwandlungsrechtliche Unbedenklichkeitsverfahren und die Reversibilität registrierter Verschmelzungsbeschlüsse, ZGR 1997, S. 493 ff.

Schmidt, Karsten: Gesellschaftsrecht, 3.Aufl. Köln, Berlin, Bonn, München 1997

ders. Gläubigerschutz bei Umstrukturierungen –Zum Referentenentwurf eines Umwandlungsgesetzes-, ZGR 1993, S. 366 ff.

ders. Handelsrecht, 5.Aufl. Köln, Berlin, Bonn, München 1999

ders. Das Prozessrechtsverhältnis bei Umstrukturierung, Auflösung und Konkurs einer Handelsgesellschaft, in: Festschrift für Wolfram Henckel, S. 749 ff., Berlin, New York 1995
(zitiert: Schmidt, FS Henckel)

ders. Universalsukzession kraft Rechtsgeschäft, eine Bewährungsprobe eines zivilrechtlich dogmatischen Rechtsinstituts im Unternehmensrecht, AcP 191 (1991) S. 495 ff.

Schmitt, Joachim; Hörtnagl, Robert; Stratz, Rolf-Christian Umwandlungsgesetz, Umwandlungssteuergesetz, 3. Aufl. des von Dehmer, Hans begründeten Kommentars München 2001
(zitiert: Bearbeiter, in: Schmitt/Hörtnagl/Stratz)

Schmitz, Ronaldo H.: Going Public von Tochtergesellschaften deutscher Konzerne, ZfgK 1993, S. 842 ff.

Scholz, Franz: Kommentar zum GembH-Gesetz mit Nebengesetzen und dem Anhang Konzernrecht, Bd. 1 (§§ 1-44), 9.Aufl. Köln 2000
(zitiert: Bearbeiter, in: Scholz)

Schöne, Torsten: Das Aktienrecht als „Maß aller Dinge“ im neuen Umwandlungsrecht?, GmbHR 1995, S. 325 ff.

ders. Die Spaltung unter Beteiligung von GmbH gem. §§ 123 ff. UmwG; Grundlagen, Anteilsgewährung, Beschlussfassung, Informationspflichten, Münster Habil.-Schr. 1997/98
(zitiert: Schöne, Spaltung GmbH)

Schütz, Carsten; Fett, Torsten: Variable oder starre Stichtagsregelungen in Verschmelzungsverträgen, DB 2002, S. 2696 ff.

Schulze-Osterloh, Joachim: Bilanzierung nach dem Referentenentwurf eines Gesetzes zur Bereinigung des Umwandlungsrechts, ZGR 1993, S. 421 ff.

Schwab, Martin T.: Die Nachgründung im Aktienrecht – Tatbestand, Rechtsfolgen und Verfahren, Diss. Jena 2002 (im Druck)
(zitiert: Schwab, Nachgründung)

Schwedhelm, Rolf; Streck, Michael; Mack, Alexandra: Die Spaltung der GmbH nach dem neuen Umwandlungsrecht (Teil I), GmbHR 1995, S. 7 ff.

dies. Die Spaltung der GmbH nach dem neuen Umwandlungsrecht (Teil II), GmbHR 1995, S. 100 ff.

Seetzen, Uwe: Die Bestimmung des Verschmelzungswertverhältnisses im Spruchstellenverfahren, WM 1994, S. 45 ff.

Seibt, Christoph: Unternehmenskauf und –verkauf nach dem Steuersenkungsgesetz, DStR 2000, S. 2061 ff.

Sester, Peter: Treupflichtverletzung bei Widerspruch und Zustimmungsverweigerung im Recht der Personengesellschaften, Diss. Heidelberg 1995
(zitiert: Sester, Treupflichtverletzung)

Spindler, Gerald: Gesellschaftsrechtliche Verantwortlichkeit und Bundesbodenschutzgesetz: Grundlagen und Grenzen, ZGR 2001, S. 385 ff.

Stadie, Holger: Rechtsnachfolge im Verwaltungsrecht, DVBl. 1990, S. 501 ff.

Staub, Hermann: Handelsgesetzbuch, Großkommentar, Band 1, 4.Aufl. Berlin, New York 1995
(zitiert: Bearbeiter, in: Staub)

Staudinger, J. von: Kommentar zum Bürgerlichen Gesetzbuch, Band 3, 13. Aufl. Berlin 1999
(zitiert: Bearbeiter, in: Staudinger)

Steuck, Jens-Peter: Die privatisierende Umwandlung, NJW 1995, S. 2887 ff.

Stoschek, Uwe: Übertragung aller Gesellschaftsanteile auf eine vom Veräußerer zu 100% beherrschte AG grunderwerbssteuerpflichtig, BB 1997, S. 1929 f.

Tauchert-Nosko, Martina: Verschmelzung und Spaltung von Kapitalgesellschaften in Deutschland und Frankreich, Diss. Freiburg 1998

(zitiert: Tauchert-Nosko, Verschmelzung und Spaltung)

Teichmann, Arndt: Die Spaltung von Rechtsträgern als Akt der Vermögensübertragung, ZGR 1993, S. 396 ff.

Thaeter, Ralf; Meyer, Stefan: Vorratsgesellschaften – Folgen für die Praxis aus der Entscheidung des BGH vom 09.12.2002, DB 2003, 539 ff.

Theißen, Thomas: Gläubigerschutz bei der Spaltung von Gesellschaften nach dem Umwandlungsgesetz, Diss. Düsseldorf 2001
(zitiert: Theißen, Gläubigerschutz)

Theuer, Andreas: Sanierungsverantwortlichkeit des Gesamtrechtsnachfolgers nach dem Bundesbodenschutzgesetz am Beispiel der Spaltung von Unternehmen, DB 1999, S. 621 ff.

Thiel, Jochen: Die Spaltung (Teilverschmelzung) im Umwandlungsgesetz und im Umwandlungssteuergesetz – neue Möglichkeiten zur erfolgsneutralen Umstrukturierung von Kapitalgesellschaften, (Teil I), DStR 1995 S. 237 ff.

ders. Die Spaltung (Teilverschmelzung) im Umwandlungsgesetz und im Umwandlungssteuergesetz – neue Möglichkeiten zur erfolgsneutralen Umstrukturierung von Kapitalgesellschaften, (Teil II), DStR 1995 S. 276 ff.

ders. Muss das Tauschgutachten umgeschrieben werden? – Die Rechtssätze des Gutachtens in Konkurrenz zu den gesetzlichen Tatbeständen der steuerfreien Anteilsübertragung (§ 8b II KStG, § 20 VI UmwStG 1977), StbJb1994/95, S. 185 ff.

Thiel, Jochen; Eversberg, Horst; Van Lishaut, Ingo; Neumann, Steffen: Umwandlungssteuer-Erlass, Text mit praktischen Hinweisen, Köln 1998
(zitiert: Thiel/Eversberg/v. Lishaut/Neumann, Umwandlungssteuer-Erlass)

Thies, Angelika: Spaltung eines international tätigen, börsennotierten Konzerns und die „schädliche Veräußerung" i.S. von § 15 III Sätze 2 bis 5 UmwStG, DB 1999, S. 2179 ff.

Timm, Wolfram: Zur Sachkontrolle von Mehrheitsentscheidungen im Kapitalgesellschaftsrecht – dargestellt am Beispiel „strukturverändernder Entscheidungen" - , ZGR 1987, S. 403 ff.

Töben, Thomas: Steuersenkungsgesetz: Steuerbefreiung von Anteilsveräußerungsgewinnen nach § 8b II KStG n.F., FR 2000, S. 905 ff.

Tries, Hermann-Josef: Gesamtschuldnerische Haftung und Bilanzausweis, in: Habersack/ Koch/Winter (Hrsg.), Die Spaltung im neuen Umwandlungsrecht und ihre Rechtsfolgen, Heidelberg 1999, S. 96 ff.
(zitiert: Tries, in: Habersack/Koch/Winter)

Trurnit, Christoph: Sanierungsverantwortung nach § 4 III BBodSchG, VBlBW. 2000, S. 261 ff.

Uhde, Olaf: Structure follows Shareholder Value?- Merkmale und Kennzeichen wertorientierter Unternehmensstrukturen in der deutschen Chemischen Industrie, ZfB 2000, S. 331 ff.

Ulmer, Peter: Die wirtschaftliche Neugründung einer GmbH unter Verwendung eines GmbH-Mantels, BB 1983 S. 1123 ff.

Utescher, Tanja; Blaufus, Kai: Unternehmenssteuerreform 2001: Begrenzung des Betriebsausgabenabzugs bei Beteiligungserträgen, DStR 2000, S. 1581 ff.

Vetter, Jochen: Zum Ausgleich von Spitzen(beträgen) bei der Abfindung in Aktien, AG 1997, S. 6 ff.

Voigt, Annette: Umwandlung und Schuldverhältnis; Untersuchungen im Spannungsfeld von Umstrukturierungsfreiheit und vertraglicher Bindung nach dem Inkrafttreten des Umwandlungsgesetzes, Diss. Hamburg 1997
(zitiert: Voigt, Umwandlung)

Volk, Gerrit: Abspaltung von Konzernteilen ist attraktiv, Handelsblatt vom 08.05.2001, S. 29.

Volk, Gerrit: Shareholder Value und die Börseneinführung von Tochtergesellschaften, in: Going Public: Der Gang an die Börse: Beratung, Erfahrungen, Begleitung, Neuer Markt, 3.Aufl. Stuttgart 2000, S. 123 ff.
(zitiert: Gerrit, Going Public)

Wälzholz, Eckhard: Der Teilbetriebsbegriff im Steuerrecht, Diss. Würzburg 1999
(zitiert: Wälzholz, Teilbetriebsbegriff)

Wassermeyer, Franz: Ausländische Anteilseigner im Umwandlungssteuergesetz, in: Neues Umwandlungssteuerrecht- Praxisfälle und Gestaltungen im Querschnitt, Köln 1996, S. 79 ff.
(zitiert: Wassermeyer, in: Neues Umwandlungssteuerrecht)

ders. Spaltung von Kapitalgesellschaften als steuerliches Gestaltungsinstrument bei der Unternehmensnachfolge, DStR 1993, S. 589 ff.

Weber, Joachim: Drei Jahre Zeit zum Nachdenken?, Handelsblatt vom 18.02.1999, S. 2

ders. Robin Hood der Aktionäre, Handelsblatt vom 19.07.1999, S. 12

ders. Zwickmühle, Hauptversammlung bei Hoechst, Handelsblatt vom 19.07.1999, S. 15

Wegener, Wolfgang: Die Spaltung von Kapitalgesellschaften im Umwandlungs-(steuer)recht: Analyse der Voraussetzungen und Auswirkungen, Diss. Saarbrücken 1997
(zitiert: Wegener, Spaltung)

Welzbacher, Roland; Christoph, Jochen Freiheit für das Management- Mit der Steuerreform wird die Zahl der Abspaltungen steigen, Handelsblatt vom 08.05.2001, S. 29

Westermann, Harry: Gesellschaftsrechtliche Schiedsgerichte, in: Festschrift für Robert Fischer, Berlin, New York 1979, S. 853 ff.
(zitiert: Westermann, FS Fischer)

ders. Zur Problematik der „salvatorischen" Klausel, in: Festschrift für Philipp Möhring, München 1975, S. 135 ff.
(zitiert: Westermann, FS Möhring)

Widmann, Siegfried; Mayer, Dieter (Hrsg.): Umwandlungsrecht: Umwandlungsgesetz, Umwandlungssteuergesetz (Loseblatt-Kommentar), Stand Januar 1998
(zitiert: Bearbeiter, in: Widmann/Mayer)

Wienands, Hans-Gerd: Grunderwerbsteuer und konzerninterne Restrukturierung, DB 1997, S. 1362 ff.

Wiesner, Georg: Dauerschuldverhältnisse in der Aufspaltung, in: Habersack/Koch/ Winter (Hrsg.), Die Spaltung im neuen Umwandlungsrecht und ihre Rechtsfolgen, Heidelberg 1999, S. 168 ff.
(zitiert: Wiesner, in: Habersack/Koch/Winter)

Willemsen, Heinz Josef; Lembke, Mark: Die Neuregelung von Unterrichtung und Widerspruchsrecht der Arbeitnehmer beim Betriebsübergang, NJW 2002, S. 1159 ff.

Willemsen, Heinz Josef; Hohenstatt, Klaus-Stefan; Schweibert Ulrike (Hrsg.) Umstrukturierung und Übertragung von Unternehmen: - Arbeitsrechtliches Handbuch -, München 1999
(zitiert: Bearbeiter, in: W/H/S, Umstrukturierung)

Wirth, Gernot : Spaltungen einer eingetragenen Genossenschaft, Diss. Jena 1997 (zitiert: Wirth, Spaltungen einer eG)

Wlotzke, Otfried: Arbeitsrechtliche Aspekte des neuen Umwandlungsrechts, DB 1995, S. 40 ff.

Wochinger, Peter: Der Teilbetrieb im Umwandlungssteuerrecht, in: Neues Umwandlungssteuerrecht - Praxisfälle und Gestaltungen im Querschnitt, Köln 1996, S. 45 ff.
(zitiert: Wochinger, in: Neues Umwandlungssteuerrecht)

ders. Realteilung (Spaltung) von Kapitalgesellschaften, DB 1992, S. 163 ff.

Wochinger, Peter; Dötsch, Ewald: Das neue Umwandlungssteuergesetz und seine Folgeänderungen bzw. Auswirkungen bei der Einkommen-, Körperschaft- und Gewerbesteuer, DB 1994, Beilage zu Heft 14, S. 1 ff.

Wöhe, Günter: Betriebwirtschaftliche Steuerlehre II/1, der Einfluss der Besteuerung auf die Wahl und den Wechsel der Rechtsform des Betriebes, 5.Aufl. 1990
(zitiert: Wöhe, Steuerlehre II/1)

Wolber, Cornelia : Industrie kritisiert Steuereinigung, Welt vom 13.12.2001, S.12

Worzalla, Michael: Neue Spielregeln bei Betriebsübergang – Änderungen des § 613a BGB, NZA 2002, S. 353 ff.

Zimmermann, Daniel: Wie es Euch gefällt? Offene Fragen nach dem Überseering-Urteil des EuGH, BB S. 1 ff.

Zöller, Richard: Zivilprozessordnung mit Gerichtsverfassungsgesetz und den Einführungsgesetzen, mit Internationalem Zivilprozessrecht, EG-Verordnungen, Kostenanmerkungen – Kommentar, 23.Aufl. Köln 2002
(zitiert: Bearbeiter, in: Zöller)

Gesprächsverzeichnis

Metz, Günter: Gespräch vom 16.10.2001 über das Spaltungsvorhaben insgesamt.

Müller-Dott, Johannes Peter: Gespräch vom 08.01.2002 über vorwiegend steuerrechtliche Aspekte des Spaltungsvorhabens.

Preissler, Tino: Gespräch vom 31.10.2001 über vorwiegend gesellschaftsrechtliche Aspekte des Spaltungsvorhabens.

Preissler, Tino: Gespräch vom 09.01.2002 über vorwiegend gesellschaftsrechtliche Aspekte des Spaltungsvorhabens.

Von Bülow, Christian: Gespräch und Einsicht in Prozessunterlagen am 25.06.2002 über Anfechtungsklage und Unbedenklichkeitsverfahren bei der Spaltung der Hoechst AG.

FSC
www.fsc.org
MIX
Papier | Fördert gute Waldnutzung
FSC® C083411

Kolibri 360 GmbH
Ferdinand-Jühlke-Straße 7
99095 Erfurt, Deutschland
produktsicherheit@kolibri360.de

Druck:
CPI Druckdienstleistungen GmbH
im Auftrag der
Kolibri 360 GmbH
Ferdinand-Jühlke-Str. 7
99095 Erfurt